1945년 중국

소 련

외몽골

중 국

티베트

네 팔

부탄

인 도

버 마

쿤밍

완딩

프랑스령
인도차이

태국
(샴)

0 km   500
0 miles   500

1945
중국,
미국의
치명적
선택

1945 중국, 미국의 치명적 선택

G2 시대는
어떻게 시작되었는가

—

리처드 번스타인 지음
이재황 옮김

책과함께

일러두기

1. 이 책은 Richard Bernstein의 *CHINA, 1945: Mao's Revolution and America's Fateful choice*(ALFRED A. KNOPF, 2014)를 완역한 것이다.
2. 인명과 지명은 외래어 표기법에 따라 표기하였다.

사람들이 자발적으로 지배자를 바꾸는 것은 자신들의 형편이 더 나아지기를 바라기 때문이고, 이런 희망을 가지고 그들은 지배자에 대항하여 무기를 든다. 그러나 그들은 속아넘어간다. 나중에 경험하여 알게 되듯이 그들은 작은 악에서 더 큰 악으로 가는 것이기 때문이다.

– 니콜로 마키아벨리

군대, 경찰, 법정 등을 포함하는 모든 국가 기구는 한 계급이 다른 계급을 억압하는 도구다. (……) 그것은 '자애'가 아니라 폭력이다.

– 마오쩌둥

차례

사진 출처

21쪽 미국 국립문서기록관리청(NARA)

45쪽 Wikimedia Commons

120쪽 Wikimedia Commons

146쪽 John Paton Davies, Jr., *China Hand: An Autobiography*, University of Pennsylvania Press에서 전재

176쪽 Fairbank 가(家) 제공

207쪽 John Byron 제공

251쪽 U.S. Naval Institute

404쪽 미국 국립문서기록관리청(NARA)

441쪽 http://ww2db.com

450쪽 미국 국립문서기록관리청(NARA)

464쪽 Look and Learn/Elgar Collection/The Bridgeman Art Library

481쪽 미국 국립문서기록관리청(NARA)

554쪽 Wikimedia Commons

들어가는 글

2013년 연말 무렵, 중국 앞바다에 새로운 존재가 모습을 드러냈다. 그것은 우크라이나로부터 사들여 칭다오靑島항에서 개장改裝한 항공모함이었다. 이 항공모함은 랴오닝함遼寧艦으로 불렸는데, 중국에는 이전에 그런 항공모함이 없었다. 그것은 세계의 대양을 순찰하는 미국의 거함에 거의 맞먹을 정도로 빠르고 강력할 뿐만 아니라, 커져가는 중국의 힘을 드러내는 징표이자 더욱 중요하게는 그 힘을 자기네 해안에서 멀리 떨어진 곳까지 과시하려는 의도를 드러낸 것이었다.

당연한 일이지만 이 항공모함은 미국의 관심을 끌었다. 미국은 랴오닝함이 공해에서 구축함과 순양함을 호송하는 모습을 관찰하기 위해 자국의 항공모함들을 보냈다. 그런데 중국의 군함 한 척이 미국의 순양함 카우펜스호의 뱃머리를 스친 듯이 저돌적으로 지나가서 충돌할 뻔한 일이 발생하자 양측은 가시 돋친 설전을 벌였다.[1]

미국 국방부 장관은 중국의 행동이 "무책임하다"고 비난했다. 중국은 관영 언론들을 통해 카우펜스호가, 중국이 선포한 남중국해의 항해 금지 구역을 침범했다고 맞받아쳤다. 중국은 이 구역의 거의 대부분을 자기네 영해라고 주장했지만, 미국이나 다른 아시아 국가들이 그 주장을 받아들이지 않고 있었다. 중국 공산당 중앙선전부의 영문 기관지인《글로벌 타임스Global Times》(중문판은《환구시보環球時報》— 옮긴이)는 중국은 자국 영토를 수호할 권리가 있으며, "중국이 과거에 자국의 이익을 주장할 수 없었다고 해서 그것이 이런 권리를 포기했다는 의미는 아니"[2]라고 경고했다.

중국과 미국은 21세기 초에 공해상에서 이 밖에도 몇 차례 충돌을 했다. 중국이 장기적으로 동아시아와 서태평양에서 미국을 대신하여 지배력을 행사할 의도를 드러내면서부터 벌어진 일이었다.

그러나 역사가의 입장에서 이런 중미 관계의 최근 국면을 보면서 놀라게 되는 것은, 그것이 과거의 사실과 너무도 빼닮았다는 점이다. 특히 이전에 중국 공산당 군대가 미국에게 경고하여, 아시아에서 가장 큰 영향력을 지녔다고 생각되는 미국이 그 힘을 더 이상 행사하지 못하게 하려 했던 조치들이 그렇다. 그중 가장 중요하고 잘 알려진 조치가 1950년에 일어난 한국전쟁 기간에 취해졌다. 당시 중국과 미국은 처음으로, 그리고 현재까지는 유일하게 대규모 적대 행위를 벌였다. 그러나 미국과 공산 중국 사이의 첫 번째 무장 대치는 그보다 5년 전에 중국 항구 톈진天津과 옛 제국의 수도 베이징北京(당시에는 베이핑北平으로 불렸다) 사이의 가로수가 늘어선 비포장 도로에서 있었다. 그곳은 미국 해병 파견대가 순찰하는 지역이었다.

때는 1945년 9월이었다. 8년 동안 중국의 상당 부분을 점령했던 일본과의 처참한 전쟁이 끝난 지 몇 주 되지 않은 때였다. 미국은 중국의 북부 해안 지방의 질서를 유지하고 중국 중앙정부가 이전에 차지하고 있던 영토를 탈환하는 것을 돕기 위해 자국 해병대를 그곳에 보냈다. 그러나 얼마 전까지 미국의 군인, 외교관, 언론인 들을 환대했던 중국의 공산 세력은 이제 미국 군대가 중국 땅에 있는 것을 원하지 않았다. 그래서 그들은 최근에 공해상에서 벌어진 그 어느 대결보다도 치명적인 공격과 위협 행동에 나섰다. 분노에 찬 총격을 가하고, 병사들을 살해했으며, 포로를 잡아갔다. 포로들 가운데는 거의 70년 뒤에 카우펜스호의 경우처럼 공산 세력이 숨기고 싶은 정보를 수집하는 임무를 수행하던 사람들도 있었다.

그런 의미에서 1945년은 미국과 중국의 공산 세력 사이에 벌어진 경쟁의 시발점이라 할 만하다. 그 경쟁은 재발하는 병처럼 항상 원점으로 돌아가게 했으며, 열광에 가까운 친밀함을 드러내고 공동의 이익을 선언하여 과거의 의구심과 적대감을 영구히 해소한 것처럼 보였던 시기를 겪고 난 후에도 양측 관계를 어렵게 했다.

그것은 그 자체로 이상한 경쟁 관계다. 최근 수십 년 동안 중국과 미국은 갈등보다는 우호적인 협력을 통해 얻은 것이 더 많아 보이기 때문이다. 두 나라는 무역과 투자, 그리고 환경 파괴와 테러와 핵 확산 문제에 관한 협력으로 얻은 소득이 많았다. 1945년에도 톈진과 베이징 사이의 도로에서 시작된 충돌이 있기 전까지는 미국과 중국 공산 세력이 일본 점령군에 맞서는 전쟁에서 협력했을 뿐만 아니라, 장래의 주요 계획에 대해서도 열심히 대화하고 있었다. 예컨대 미국의 자본과 기술이 중국의 빈곤 퇴치에 기여할 것이라는 이야기 등등이었다.

물론 협력은 이루어지지 않았다. 1945년 초에 그렇게 낙관적으로 보이던 분위기는 악화되었고, 그 이전의 파티와 축배와 우호 선언 대신 무장 충돌과 상호 비방이 이어졌고, 특히 공산 세력으로부터는 영구적이고 운명적인 적이라는 과격한 표현까지 터져나왔다. 최근 벌어진 중국과 미국 사이의 적대감이 모두 그해에 뿌리를 두고 있는 것은 아니지만, 먼저 한국에서, 다음에 베트남에서 벌어진 두 차례의 파괴적인 전쟁으로 귀결되는 적대감의 원형은 아시아에서 2차 세계대전이 끝나기 직전과 끝난 직후의 몇 달 동안에 만들어졌다.

이 원형은 피할 수 있었을까? 사태가 다르게 전개될 수 있었을까? 이런 의문에 대한 대답을 찾으려면 1945년에 일어난 사건들로 거슬러 올라가야 할 것이다. 1945년은 중국과 미국 모두에게 전환점이 되는 해였고, 이후 두 나라의 관계는 지구상의 다른 어떤 두 나라 사이의 관계보다도 더 세계의 모습에 영향을 주게 된다.

제1부

중국 속의 미국

제 1 장

희귀한 승리

중국과 일본이 전쟁에 돌입하여 8년째가 되던 1945년은 중국이 군사적으로 성과를 거두면서 시작되었다. 그것은 아마도 패배에 익숙해지지는 않았지만 그 패배와 뒤이은 대량의 인명 살상에 대해 잘 알고 있었을 중국인들에게 희귀하고 따라서 고무적인 사건이었다.

승리를 거둔 곳은 윈난성雲南省 서부, 버마(지금의 미얀마)와의 국경 부근에 있는 완딩畹町이라는 곳이었다. 완딩은 아열대 지역의 세관 출장소가 있던 곳으로, 보통의 상황이라면 그 지역 바깥의 사람들은 이름도 들어보지 못했을 곳이다. 이 마을은 그때나 지금이나 살윈 강(중국명은 누강怒江)의 지류에 놓인 편도의 나무 다리를 건너면 버마와 연결된다. 그곳은 그다지 매력적인 장소는 아니었다. 작은 상품 시장과 세관 창고들과 국경 검문소가 있었다. 계단식 대지에 흙탕물이 빠르게 흐르고, 끝없이 이어진 먼 계곡들에서 내려온 짙은 안개에 싸여 숨이 턱 막히는 곳이었다. 그곳에서 1945년 1월 3일에 2개의 대규모 중국군 부대(한 부대는 동쪽에서 윈난성을 가로질러 왔고, 또 한 부대는 서쪽 버마에서 왔다)가, 지치고 굶주렸지만 전투 경험이 많고 참을성이 강한 2000명가량의 일본인 부대와 마주쳤다.

이 순간 완딩이 중요했던 것은 버마 시웰리 강(중국명 루이리강瑞麗江 또는 룽촨강隴川江) 유역의 북동쪽 출구라는 위치 때문이었다. 3년 전 일본군은 정글 속을 강행군하고 공중과 육상에서 합동 공격을 가하여 그때까지 영국의 식민지였던 버마 전역을 장악했다. 이로써 일본은 아시아 전역에서 지배력을 확장하고자 추구해온 대로 두 가지 중요한 목표를 이루었다.

하나는 영국을 버마에서 축출함으로써 동아시아와 동남아시아에서 유럽 백인들의 식민주의를 제거하는 일을 완성했다는 것이다. 일본은 이미 영국을 홍콩, 말라야, 싱가포르의 점령지에서 쫓아냈고, 미국을 그들의 유일한 아시아 식민지인 필리핀에서 쫓아낸 바 있었다(나치스 독일과 동맹 관계에 있던 비시 프랑스가 명목상으로는 여전히 베트남, 라오스, 캄보디아 등 인도차이나 국가들을 통제하고 있었으나, 일본은 그곳 역시 대체로 지배하고 있었다).

일본의 또 다른 목표는 중국을 봉쇄하여 사실상 포위 상태에 놓이게 함으로써, 중국이 외부 세계로부터 물자를 공급받는 것을 막고 항복을 압박한다는 것이었다. 일본은 1937년에 중국에 대한 전면적인 침략을 시작하면서 태평양 연안의 항구들을 손아귀에 넣었다. 중국 북동부의 다롄大連·뤼순旅順·잉커우營口·후루다오葫蘆島·친황다오秦皇島, 중부의 톈진·즈푸芝罘(지금의 옌타이煙臺)·칭다오·닝보寧波·상하이上海, 남부의 샤먼廈門(아모이)·산터우汕頭·광저우廣州와 영국 식민지 홍콩 등이었다. 일본은 또한 비시 프랑스를 설득하여 베트남 수도 하노이에서 중국 남서부 쿤밍昆明으로 이어지는 옛 철도를 폐쇄하게 해서, 과거의 육상 교통로를 모두 차단했다. 개전 초기에 소련은 중국에 상당량의 무기와 장비를 공급했으나 1941년에 중단했다. 나치스 독일과 싸우느라 중국에 대량으로 물자를 보낼 처지가 아니었기 때문이다.

그 결과 대륙만 한 크기의 땅덩이에 4억 2500만 명의 인구를 품고 있던 중국은 금방이라도 세계의 나머지 부분과 완전히 격리되어 군수품 공급원과 차단될 위험에 처했다. 이에 대응하기 위해 중국 정부는 윈난에서 20만 명의 노동자를 버마로 보내 왕복 2차선의 전천후 도로를 건설했다. 이것이 5년 동안 중국으로 가는 기나긴 물자 보급로 역할을 했다. 샌프란시스코에서 선적한 물건들은 화물선에 실려 영국령 버마의 랑군(지금의 양곤) 항구에 도착했고, 거기서 철도로 800킬로미터 더 내륙으로 들어가서 버마 동부 샨주의 라시오까지 갔다. 화물은 그곳에서 트럭에 실려 버마의 여러 종족들이 사는 변경의 가파른 경사지를 올라간 뒤, 완딩의 다리를 건너 목적지인 중국으로 들어갔다. 길은 계속해서 윈난성 농촌의 오르락내리락하는 초원을 지나 북동쪽으로 800킬로미터 더 뻗쳐 있고, 살윈 강의 깊고 가파른 둑에 놓인 다리를 지나 성도省都 쿤밍에 이르렀다.

일본이 버마를 점령하자, 중국을 나머지 세계와 이어주는 유일한 통로는 인도 북동부에서 히말라야 산맥을 넘는 위험하고 고도가 높은 항공로뿐이었다. 치명적인 위험성 때문에 조종사들이 '낙타 육봉肉峯'이라 불렀던 이 보급로를 통해, 일본군에 맞서 필사적인 항전을 벌이는 중국군에 무기와 탄약, 연료를 공급했다. 공급은 턱없이 부족했다. 이 때문에 버마 공로公路를 다시 여는 일이 어떤 지휘관에게는 집착에 가까운 목표가 될 수밖에 없었다. 그것이 중국에 물자를 원활하게 공급함으로써 중국이 아시아에서 벌어지고 있는 전쟁의 최우선 목표인 일본을 패퇴시키는 일에 더 큰 기여를 할 수 있는 방법이었다.

버마 공로에 집착했던 지휘관은 전설적인 인물 조지프 스틸웰Joseph W. Stilwell 중장이었다. 그는 나중에 중국의 최고지도자 장제스蔣介石의 참모장을 지냈고, 중국-버마-인도 전구戰區의 미국 총사령관이 되었다. 나중 직책의 유일한 문제점은, 여러 자문단들과 몇몇 효율적인 육군 항공대, 그리고 메릴 돌격대(2차 세계대전 때 연합군이 중국-버마-인도 전구에서 운용했던 프랭크 메릴 준장 휘하의 특수 부대 ─ 옮긴이)로 알려진 유명한 게릴라 부대 등의 예외를 제외하면, 이 전구에 미군 전투 병력이 거의 없었다는 점이다. 스틸웰은 장제스가 마지못해 배치한 중국군 부대를 거의 전적으로 지휘했다. 장제스는 씨름해야 할 군사적·정치적 전선이 많았고, 버마 전선은 비교적 사소한 부분이었다.

1942년에 일본이 처음 버마를 침략했을 때, 스틸웰은 자신이 지휘하고 있던 중국군 부대 본대本隊에서 떨어지게 되었고, 도보로 인도까지 들어가서 가까스로 일본의 추격을 피했다. 그는 인도에서 만난 기자들에게 에두르지 않고 이렇게 말했다.

"우리는 엄청난 패배를 당했습니다. 우리는 버마로부터 도망쳐 나왔고, 그것은 매우 굴욕적인 일입니다. 나는 패배한 원인을 분석하고, 다시 돌아가서 그곳을 탈환해야 한다고 생각합니다."[1]

1945년 초 미국과 중국은 이제 그곳을 탈환하고 있었다. 스틸웰은 비록 넉 달 전에 장제스의 고집에 따라 총사령관 자리에서 물러나서 현장에 없었지만, 완딩에서 합류한 두 부대는 대체로 그가 만들고 훈련시킨 병사들로서 그의 전술 계획을 수행하고 있었다.

협공에 나선 한 갈래는 'Y부대'로 알려졌고 중국군 12개 사단으로 구성되어 있었는데, 쿤밍에서 출발하여 윈난성을 가로질러 버마 쪽으로 800킬로미터를 이동했다. 이 긴 행군을 지휘한 사람은 '상승장군常勝將軍'

으로도 알려진 국민당의 장군 웨이리황衛立煌이었다. 그러나 이들이 힘겹게 한 발 한 발 나아가도록 자극한 것은 모든 대규모 중국군 부대에 파견되어 있던 미군 연락장교들이었다.

장제스로부터 "무조건 성공해야 한다"[2]는 엄명을 받은 웨이리황은 1944년 4월에 윈난을 통과하는 사투를 시작했다. 그는 7만 2000명에 이르는 자신의 부대와 짐 나르는 짐승들, 그리고 무기들을 이끌고 달밤에 위험한 살윈 강을 건넜다.[3] 이 강은 윈난성 중앙을 남북으로 가로지르는 강이었다. 그는 앞이 보이지 않는 장맛비와, 윈난의 높은 고도에서 진눈깨비로 바뀌는 짙은 안개 속에서 사투를 벌였다. 무수한 산속의 개울에 다리를 놓고, 공중 투하를 통해 보급품을 받으며, 일본군을 계속 수세로 몰았다. 웨이리황은 비호飛虎 부대로도 알려진 유명한 미국 제14항공대로부터 결정적인 도움을 받았다. 클레어 셔놀트Claire Chennault 장군이 지휘한 이 부대는 살윈 원정 전 기간 동안 일본 군대에 끊임없이 기총소사를 가하고 폭격을 했다. 그렇지만 항복은커녕 죽기살기로 싸우려는 적을 맞아 웨이리황의 부대는 많은 사상자를 냈다. Y부대에 배속된 연락장교 존 스토터John H. Stodter 대령은 "여기저기서 쏟아지는 기관총 사격을 뚫고 올라가려" 하는 중국인들의 버릇을 회상했다. 그것은 "끔찍하게 비효율적으로" 보이는 "순수한 용맹성"이었다.[4]

스틸웰의 작전에 따른 협공의 또 한 갈래는 중국군 5개 사단으로 이루어진 X부대였다. 이들은 대니얼 설턴Daniel I. Sultan이 지휘했는데, 그는 인도에서 출발하여 버마의 산과 계곡을 넘어 중국 방향으로 뚫고 나가는 데 거의 1년이 걸렸다.

11월에 웨이리황은 윈난성 서부의 망스芒市라는 마을을 점령했다. 그곳에는 착륙장이 있어서 보급품을 공중 투하하지 않고 비행기로 보낼 수 있었다. 1944년 12월 1일, 중국군은 저팡遮放을 점령했다. 국경 반대편에서는 X부대가 이라와디 강 유역의 바모 마을을 점령했다. 완딩에서 직선 거리로 불과 80킬로미터 떨어진 곳이었다.

웨이리황은 1월 3일에 완딩을 공격했다. 중국군 제2군 파견대가 후이룽산回龍山의 높은 봉우리로 올라갔다. 그곳에서는 마을 진입로를 내려다볼 수 있었다. 스토터 대령은 관측소에서 그 움직임을 분명히 볼 수 있었다. 《타임》의 중국 특파원으로 여기서 벌어진 전투를 "전환점이 된 삽화들 가운데 하나"라고 표현했던 시어도어 화이트Theodore H. White 역시 마찬가지였다.

화이트는 회고록에서 이렇게 썼다.

산에 올라간 날은 길고도 무더운 하루였다. 그것은 미국 비행기가 봉우리를 선회하면서 시작되었다. 산꼭대기에 있는 일본군의 진지를 표시하기 위해 포병대에서 연막탄 세 발을 쏘고, 그런 다음 미군 추격기와 폭격기들이 차례로 떨어져나가면서 네이팜탄을 떨어뜨리고, 파쇄탄破碎彈을 떨어뜨리고, 중폭탄重爆彈을 떨어뜨렸다.[5]

포병대의 일제 포격은 시간당 8분씩 계속되어 일본군 진지를 폭파했다.

일제 포격이 끝나면 중국군 보병은 포격으로 부러진 나무들을 지나 다음 고지로 올라갔다. 그러면 또 한 번 일제 포격이 이어지고, 청회색 군복을 입은 중국군들은 참호로 굴러 들어가거나 일본군 방새防塞를 둘러싸고 위에서 그들을 덮쳤다.

1945년 연합군의 합동 공격으로 버마 공로를 되찾은 뒤 중국군과 미군의 전차 부대가 처음으로 이곳을 지나가고 있다.

그리고 나면 독수리들이 산비탈로 날아와서 중국군과 일본군의 시체를 쪼아 먹었다.

전환점에 도달했다는 화이트의 주장은 다소 과장된 듯하지만, 살윈 작전의 성공적인 마무리는 매우 불리하게 진행되던 전쟁에서 희망적인 사건이었다. 탱크·항공기·포함砲艦과 빠른 보병대, 합동 공격, 기동성과 화력을 갖춘 일본은 중국에서 연전연승했다. 중국의 잉토는 매우 광활해서 일본의 보급선이 엄청나게 길어졌고, 중국의 저항도 아주 완강해서 일본에게 완전한 승리를 허락하지 않았다. 일본군은 중국 전역을 정복하지는 못했지만, 중국 병사 수십만 명을 죽였다. 중국 병사들의 전투 능력에 대해서는 미국 군부나 다른 어느 나라에서도 그다지 높이 평가하지 않았다.

중국 군대에서 가장 애처로운 것은 바로 병사들이었다. 그들은 작전 도중에 부상을 당하는 것이나 죽는 것이나 결과는 똑같았다. 빨리 죽느냐 천천히 죽느냐의 차이가 있을 뿐이었다. 외국에서 온 사람들은 길가에 부상당한 병사들이 방치되어 있는 모습을 보고 충격을 받았다고 전한다. 그들의 눈은 절망에 빠져 생기가 없었고, 상처는 치료를 받지 못하고 있었다. 마치 아무도 관심을 갖지 않는 거리의 걸인들 같았다. 죽거나 다친 병사들은 고향에서 억지로 끌려온 징집병들로 대체되었다. 그들은 음식도 제대로 배급받지 못하고, 때로는 말 그대로 한데 묶여 있는 경우도 있었다.

중국은 전쟁이 시작되기 전 수십 년 동안 현대식 군대를 만들려고 애썼다. 이를 위해 독일인 고문들을 초빙하기도 했다. 그러나 그 군대는 아직도 무기를 제대로 갖추지 못하고, 먹을 것도 제대로 주지 못하는 형편이었다. 어떤 병사들은 너무 수척해서, 한 미군 보고서의 표현을 빌리자면 그들의 피부는 "밥을 똥으로 만드는 것 이외에는 아무것도 할 수 없는 수척한 몸의 해진 껍데기"[6]였다. 군 지휘부에는 부패하고 무능한 장교들이 우글거렸다. 상급 지휘관 상당수는 사실상 군벌에 가까워서, 중앙정부에 대한 충성심이 부족했다. 또한 부하들에게 지급되는 봉급의 일부를 제 주머니에 넣는 관행을 답습했다. 따라서 그들에게는 부하가 많을수록 좋았다. 중국은 뒤떨어지고 비효율적이고 의욕이 없고 분열되어 있고 비위생적이고 가난했다. 반면 일본은 어느 모로 보나 현대적인 20세기의 강국이었다. 중국이 참혹한 손실을 입은 까닭이 바로 거기에 있었다.

이런 초라한 상태에서도 중국은 계속 싸워나갔지만, 나중에 보게 되는 것처럼 외부 관측통 쪽에서는 중국 군대의 단점에 주목하고 장점은 완전히 무시하는 게 일반적이었다. 중국이 8년 동안이나 무너지지 않고 일본의 100만 대군에 맞서 버텨내고 있는 것만으로도 대단한 일이었다. 하지만 승리를 거둔 적은 별로 없었고, 결정적 승리를 거둔 경우는 더욱 적었다. 그렇기 때문에 살윈에서의 작전이 더욱 빛났다.

미국의 공식 군사軍史에 따르면 이 작전은 "중국과 일본 간의 관계에서 역사상 처음으로 중국군이 일본군을 자기네가 지키려는 곳에서 몰아낸"[7] 것이었다. 중국은 3년 동안 지속되었던 일본의 봉쇄를 끝장내면서 일본이 점령하고 있던 윈난성의 영토 6만 2000제곱킬로미터도 되찾았다. 《뉴욕 타임스》는 "윈난성의 협곡과 구름이 뒤덮인 고개, 우뚝 솟은 산봉우리 같은 세계에서 가장 힘든 싸움터"에서 벌어진 이 "맹렬하고 가차 없는 싸움"에 주목하고, 거기서 거둔 승리를 "중국이 전쟁에서 처음으로 취한 진정한 공격의 멋진 클라이맥스"[8]라고 평가했다.

완딩이 함락되고 9일 뒤에 미국과 중국 국기가 휘날리는 미군 트럭 수송대가 시웰리 강 유역을 지나갔다. 강 양쪽에 있는 산간 부족 마을의 계단식 풍광을 지나고 가파른 산길을 올라 중국 쪽으로 달렸다. X부대를 따라가던 미국 특파원들은 지프를 멈추고 중국 병사들을 인터뷰했다. 그들은 자기네 무선 안테나에 양국 국기를 매달았으며, 그런 뒤에 완딩을 향해 서둘러 달려갔다. 완딩에서 그들은 버마 공로의 마지막 일본군 진지가 "말끔하게 치워졌다"는 급보를 세계에 타전했다.

이 승리를 기념하기 위해 중국 국민당 정부의 유명 인사들과 미국인 고문들이 완딩에 도착했다. 미국 유학파로 장제스의 처남인 중국 행정원장 쑹쯔원宋子文이 유력 인사들을 이끌고 전시 수도 충칭重慶에서 날아왔다. 스틸웰로부터 중국 전구 미군 총사령관직을 넘겨받은 앨버트 웨데마이어Albert C. Wedemeyer 장군 역시 충칭으로부터 도착했다. 설턴 장군의 모습도 보였고, 제14항공대의 셔놀트 사령관 역시 참석했다. 셔놀트는 미국이 공식적으로 참전하기 전에 이미 중국 점령 일본군에게 공습을 시작했으며, 이때는 그의 항공대가 미국의용대(AVG)로 알려져 있었다. 행사가 진행되는 동안 일본의 습격에 대비하여 셔놀트 휘하의 비행기 몇 대가 완딩 상공에 떠 있었다.

전날 장제스는 미국을 상대로 한 방송에서, 중국에 대한 포위를 깬 것이 "우리 군과 우리 인민의 사기에 강력한 자극제"[9]가 될 것이며, 일본 군국주의자들에게는 "패배의 징조"가 될 것이라고 단언했다. 장제스는, 일본이 3년 동안 중국을 봉쇄하면 중국은 무너질 수밖에 없고 항복할 것이라고 공언해왔다고 말했다.

"이제 이 행렬은 적을 향해, 중국의 의지와 그 동맹국들의 의지를 절대로 흔들 수 없다는 것을 입증했습니다."

장제스 대원수大元帥는 이 성공의 바탕이 된 작업과 비전과 계획의 주인공에게 감사하고 존경한다는 것을 보여주기 위해 인도에서 중국에 이르는 새 공로의 이름을 '스틸웰 공로'로 공식 명명했다. 장제스는 그것이 스틸웰의 "현저한 기여와 연합군·중국군이 그의 지휘 아래 버마 작전과 도로 건설에서 이룬 뚜렷한 공헌과 중요한 역할"을 기념하기 위한 것이라고 밝혔다.

거의 70년 뒤에 볼 때, 버마에서 연합군이 피를 흘리고 희생을 하며 엄청난 임무를 완수해낸 일에 감동하거나 슬퍼하는 것은 어려운 일이 아니다. 그것이 이제는 무용지물이 되었지만 말이다. 1945년 초를 장식한 이런 거창한 이야기는 장제스 정권과 중국에 대한 미국의 야망이 그해 말에 얼마나 형편없는 상태로 마무리되었는지를 생각하면 잘못된 것이고 형식적인 것처럼 보인다.

인도 북동부의 레도에서 중국 동남부 쿤밍에 이르는 길을 뚫기 위해 그 지역을 점령하고 공사를 하면서 막대한 희생을 치렀지만, 그 길은 일본과 전쟁하는 과정에서 아주 중요한 역할을 한 것으로 보이지 않는다. 윈스턴 처칠은 오랫동안 버마를 연합군의 주요 전쟁 활동의 초점으로 삼는 데 반대해왔다. 그것은 고슴도치의 가시를 하나씩 하나씩 먹는 것이나 마찬가지라고 했다.[10] 그는 이 길을 다시 뚫는 것이 "방대하고 수고로운 작업"이며, "공사가 끝나기도 전에 그 필요성이 사라질 것"이라고 주장했다.

결국 처칠이 옳았다. 그 길이 다시 뚫리게 될 때쯤에는, 4기통 엔진을 단 더글러스 사와 컨설리데이티드 사의 대형 비행기들을 갖춘 미군 항공 수송사령부(ATC)가 히말라야 산맥을 넘는 항공로를 통해 4만 4000톤의 물자를 공급하고 있었다. 그 이전 2년 동안에 공중으로 수송했던 것의 10배 가까운 물량이며, 버마 공로가 일본에 점령되기 전인 1942년 초에 그 도로를 통해 수송했던 최고 물량의 2배에 이르는 물량이다. 비행기는 이제 낙타 육봉을 넘어 1000킬로미터의 항로를 2분 30초 간격으로 밤낮없이 왕래했다. 《뉴욕 타임스》의 틸먼 더딘Tillman Durdin이 말했듯이, "중국에 군수품을 수송하기 위해서라면 레도-버마 공로를 사실상 무의미하게 만들"[11]었다. 결국 최고의 식민주의자였던 처칠이 버마 작전을 하지 말라고 충고했는데, 중국 군대가 한 가장 큰 일은 영국에 잃어버린 식민지를 되찾아준 것이었다. 영국은 그런 중국을 위해 그만큼 해주지 못했다.

물론 완딩에서 수송대를 환영하기 위해 폭죽이 터질 때 그 점을 지적할 만큼 현명하지 못한 사람은 아무도 없었다. 아무도 장제스와 스틸웰이 서로 미워하고 있다거나, 스틸웰이 떠나기 전 몇 달 동안 중국 정부와 그들의 항전을 돕기 위해 중국에 온 미국인들 사이에 긴장이 흐르고 서로 의심하고 있었다는 곤란한 사실을 언급하지는 않았다.

중국의 지도자 장제스는 버마 공로의 이름에 미국 장군의 이름을 붙이면서 아마도 떨떠름했을 것이다. 그러나 이 공로의 전투에서 승리하면서 중국은 스틸웰의 오랜 신념을 확인했을 것이다. 스틸웰은 때로 미국 지도자들 가운데 거의 유일하게, 중국 군대가 적절한 보급을 받고 제대로 된 훈련과 훌륭한 지휘를 받으면 잘 싸울 수 있다는 생각을 줄곧 가지고 있었다. 이제 암호명 '알파'라는 야심 찬 계획 아래서 미군 장교들이 교관으로 일하는 훈련소들이 윈난에 만들어져 운영되고 있었다. 대일 항전의 나머지 기간을 위해 중국군 정예부대 39개 사단을 양성하기 위해서였다.

웨더마이어는 이 모든 것을 면밀하게 계획했다. 알파 훈련을 마치면 다음 단계는 중국 내부에 있는 일본의 거점을 공격할 계획이었다. 해안으로 달려가서 주요 항구(아마도 광저우나 홍콩 부근일 것이다)를 확보하고 미군 부대의 상륙을 준비하고자 했다. 웨더마이어는 장제스에게 이렇게 썼다.

우리 작전이 7월에 시작될 수 있다면 이들 부대가 일본의 허를 찔러, 아마도 일본군이 계획대로 병력을 재배치할 수 없게 될 것입니다.[12]

일본은 미국의 공격을 막느라 병력을 재배치할 시간이 없으리라는 것이었다. 항구 하나가 점령된 이후의 상황을 웨더마이어 장군은 이렇게 예상했다.

물자가 더 많이 공급되고 여기에 전투에서 승리한 경험이 더해지면 자신감을 불러일으키게 되고, 미군이 대규모로 아시아 대륙에 상륙하여 참전하지 않아도 중국군이 일본을 쳐부술 수 있을 것입니다.

요컨대 중국에서의 상황은 지난 몇 년에 걸친 전쟁 기간보다 나아진 것으로 보였다. 미국의 정책이 결실을 맺기 시작하고 있었다. 일본은 틀림없이 패전할 터였고, 남은 문제는 시간이 얼마나 걸릴 것이냐, 그리고 정확히 어떻게, 어떤 대가를 치르고 그 결과를 얻을 수 있느냐 하는 것이었다. 미국이 중국에서 거두려는 장기적인 목표가 가시권에 들어온 듯했다. 그 목표란 중국을 일본의 지배에서 벗어나게 하고, 그런 다음에는 통일되고 민주적이며 우호적인 강대국을 만들어내는 것이었다.

완딩의 경축식장에서 아무도 언급하려 하지 않았던 또 하나의 커다란 주제는 심각한 중국의 정치 상황이었다. 중국은 일본에 점령되지 않은 곳이 2개의 지역으로 나뉘어, 서로 경쟁하는 두 무장 정당에 의해 통치되고 있었다.

세력이 훨씬 큰 쪽은 부유하고 인구가 많은 쓰촨성四川省·윈난성·구이저우성貴州省·광시성廣西省 등 일본 점령선 서쪽의 내부분을 장악하고 있었다. 이 정당이 국민당으로, 전 세계에서 중국의 적법한 정부 주석으로 인정받는 장제스가 이끌고 있었다. 국민당 세력은 전시戰時 수도인 쓰

찬성 충칭에 근거지를 두고 있었다. 이 도시에 큰 전시 조직들이 모두 모여 있었다. 미국·영국·소련 등의 각국 대사관, 동쪽의 본래 소재지에서 옮겨온 몇몇 대학들, 정부 관료들, 중일전쟁을 취재하는 각국 언론사 기자단, 그리고 이 도시 주변(문자 그대로의 뜻이기도 하고 비유적이기도 하다)에서 가망 없이 살고 있는 수많은 난민들.

충칭에서 북쪽으로 1000킬로미터 떨어진 곳에는 중국의 또 다른 주요 세력이 있었다. 중국 공산당과 지략이 뛰어나고 영도력이 있으며 냉혹한 지도자 마오쩌둥毛澤東이었다. 공산당 세력은 중국에서 일본 침략의 유일한 수혜자였다. 장제스는 전쟁 때문에 공산당을 쓸어내는 일을 중단해야 했고, 국가적인 항전에서 그들과 협력하지 않을 수 없었다. 이에 따라 공산당 세력은 중국의 혼란을 이용하여 많은 신병들을 군대에 충원하고 자신들이 장악하고 있는 지역을 유지했다. 주로 북부의 인구가 적은 지역, 특히 산시성陝西省 일대였다. 그들의 근거지도 산시성의 옌안延安이라는 오래된 성곽 도시에 있었다.

필연적으로 오게 될 일본의 패망 후에는 이들 두 정당과 두 지도자 사이에 새로운 충돌이 일어날 가능성이 매우 높았다. 그들은 20년 동안이나 적대해왔다. 게다가 충돌이 일어난다면 중국의 새로운 전쟁은 사생결단의 싸움이 될 가능성이 매우 높았다. 승자가 모든 전리품을 차지하게 되고, 그 전리품은 바로 중국 자체였다.

미국은 일본을 상대로 전쟁을 치르면서 한편으로 유럽에서 전쟁을 마무리하는 방대한 작업에 몰두하느라 중국의 정치적 장래에 대해 진지하게 생각해볼 겨를이 없었다. 1945년 1월, 중국 내전은 장래에 일어날 몇 가지 가능성의 하나에 불과해 보였다. 미국은 사태를 정치적으로 처리하면서 일본과의 전쟁에서 승리를 거두는 일에 몰두할 수 있었다.

세계 정치라는 관점에서 가장 중요한 미국과 소련의 관계는 화기애애하고 신뢰감이 있었다. 소련은 미국에 뒤이은 세계 두 번째 강국이었고, 2차 세계대전의 또 다른 주요 승전국 자리를 예약해놓고 있었다. 미국 대통령 프랭클린 루스벨트는 소련의 상대역인 이오시프 스탈린을 진행 중인 전쟁에서의 친구이자 동맹자로, 그리고 전후에 추구하고자 하는 평화와 안정이라는 새로운 세계 질서 창조의 파트너로 생각했다. 루스벨트는 국제연합(UN)이라는 강력한 새 기구를 만들어 이를 보장할 생각이었다. 결국 미국은 대규모 무기 대여 프로그램을 통해 소련에게 나치스 독일과 싸우는 데 필요한 장비를 주지 않았는가? 그리고 전쟁 기간 동안 구축된 양국의 신뢰 관계는 전쟁이 끝난 뒤에도 지속되지 않겠는가? 소련 외무부 장관 뱌체슬라프 몰로토프가 1942년에 워싱턴을 방문했을 때, 그는 백악관에 유숙하라는 초청을 받았다.[13] 루스벨트는 1942년에 스탈린을 언급하며 처칠에게 이렇게 말했다.

"만약 그에게 내가 줄 수 있는 모든 것을 주고 그 대가로 아무것도 요구하지 않는다면, 그는 노블레스 오블리주를 발휘하여 어떤 나라도 합병하려 하지 않고 나와 함께 민주적이고 평화로운 세계를 위해 일할 것이오."[14]

루스벨트는 1945년 4월에 죽을 때까지 그런 환상을 가지고 있었다.

스탈린과의 관계와 별개로, 미국은 장제스의 강력한 반발에도 불구하고 옌안에 있는 마오쩌둥 및 그 세력과도 친밀한 관계를 유지하고 있었다. 장제스의 군대가 버마와 윈난에서 일본군을 궁지에 몰아넣고 있는 동안에 미국 대표들은 촛불을 밝힌 채 마오쩌둥 및 그의 참모들을 만나 일본을 상대로 양측이 벌이는 싸움에서 필요한 여러 가지 협조 방안에 대해 논의하고 있었다. 이들은 정보 공유에 대해, 미국이 공산당 세력에게 무기와 훈련을 제공하는 일에 대해, 그리고 중국 북부 지방에 투하되는 낙하산 부대와 중국 해안에 미군 부대가 노르망디 방식으로 상륙하는 데 공산당 세력이 도움을 주는 문제에 대해 논의했다. 특히 마지막 문제는 일본의 점령선 뒤에 들어가 있는 공산당 게릴라들과 긴밀한 협조가 필요한 일이었다. 무엇보다도 그들은 장래에 내전을 피하고 통일되고 민주적인 중국을 조속히 건설할 것을 엄숙히 맹세했다. 그것은 미국이 오랫동안 중국에 대해 기대해오던 일이었다.

마오쩌둥은 1944년 가을에 한 미국 특사에게 이렇게 떠벌렸다.

"우리는 진심을 다해 미국 장군 아래서 복무할 것이오. 그것이 우리가 당신들에 대해서 생각하고 있는 바입니다."[15]

이는 공산당 세력이 미국을 얼마나 우호적으로 생각하고 있는지에 대해 마오쩌둥이 했던 수많은 발언 가운데 하나였다.

그러고 나서 그해에 모든 것이 결판났다. 1945년 연말이 되면 내전을 피하는 일이나, 통일되고 서방에 우호적인 중국을 만드는 일, 그리고 제기능을 발휘하는 정부에 통합된 공산당과 좋은 관계를 유지하는 일 등의 모든 희망은 사실상 내동댕이쳐졌다. 미국의 야망은 공식적으로는 여전히 추구되고 있었지만, 돌이켜 생각해보면(아니, 당시에도 많은 사람들에게) 터무니없는 희망이었고 기괴한 환상이었음이 분명하다. 영광스럽게도 일본을 물리쳤지만, 태평양에서 거둔 그 승리는 엄청나고 전례 없는 손실로 가는 간이역이었음이 드러났다. 즉 미국과 완전히 담을 쌓고, 미국의 가치에 매우 해로우며, 미국의 이익에 과장되게 적대적이고, 미국에 가장 위협적인 경쟁국 소련과 긴밀하게 동맹을 맺은 중국이 떠오른 것이다. 미국이 중국에 대해 가졌던 꿈은 불과 몇 달 사이에 비난과 맞비난의 구름 속에서 증발해버렸다.

미국에게 이 일은 아시아에서 진정한 전환점이 되었다. 완딩 전투보다 훨씬 더 중요한 전환점이었다. 중국을 적의 손아귀로부터 구출하는 전쟁에서 승리를 거두었지만, 중국은 그 뒤 곧바로 사라져버렸다. 미국이 아시아에서 추구했던 주요 목표는 중국이 미국의 새 적수와 동맹을 맺은 독재자의 손에 넘어가면서 허물어졌다. 그 적수는 미국과 상반되는 야망, 가치, 관습을 가진 나라였다. 이런 상황은 사반세기 동안이나 지속된다. 그 결과 미국은 역사가 반복되는 것을 막기 위해 막대한 비용을 쏟아부은 2개의 전쟁에 참여하게 된다. 하나는 한국에서, 또 하나는 20세기 미국의 역사에서 가장 처참한 싸움이 되고 만 베트남에서 일어난 전쟁이다. 두 전쟁은 모두 완딩에서의 가슴 벅찬 승리 이후의 열두 달 남짓한 기간에 일어난 사건들이 가져온 장기적인 결과의 하나였다.

제 2 장

장제스와 미국인들

중일전쟁 기간 동안에 미국 대통령이 중국에서 군사 업무를 책임지고 있던 조지프 스틸웰에게 장제스 암살 가능성을 이야기한 적이 있었다. 프랭클린 루스벨트는 '암살'이라는 단어를 사용하지는 않았고 정확하게 스틸웰이 이해한 대로 말한 것 같지는 않지만, 이런 혼란은 미국의 정책 결정자들이 전쟁 도중과 그 직후 중국 정치 상황이 흐릿하고 캄캄한 가운데 공작을 하면서 매우 애매모호하고 불확실한 상태에 있었음을 반영하는 것이라고 할 수 있다.

이 문제에 관한 스틸웰의 주장은 그의 참모장이자 가장 믿음직한 부하 프랭크 돈Frank Dorn 장군을 통해 전해졌다. 돈은 스틸웰이 1943년 카이로에서 열린 회의를 마치고 돌아온 뒤 충칭에서 그를 만났다. 루스벨트와 장제스, 스틸웰이 참석한 회의였다.

스틸웰은 자신이 카이로에서 루스벨트와 20분 동안 독대했다고 돈에게 말했다. 스틸웰이 전한 바에 따르면, 대통령은 자신이 마치 마피아 대부라도 되는 듯이 말했다고 한다.

그(루스벨트)는 특유의 위엄 있는 말투로 이렇게 말했다.

"이봐, 당신이 장제스와 배짱이 맞지 않고 그를 교체할 수 없다면, 그자를 아주 없애버려. 내 말 알겠소? 그런 뒤에 만만한 사람 심으면 되지."

돈의 기록에 따르면, 스틸웰은 그에게 "현실성 있는 계획을 세우고 명령을 기다리라"[1]고 지시했다. 이에 따라 돈은 암살을 위한 비상 계획을 수립했다. 할리우드 스릴러를 만들어도 될 만한 내용이었다. 지모Gimo, 지시모Gissimo('대원수'를 뜻하는 Generalissimo의 약칭 — 옮긴이), CKS(광둥어 표기 Chiang Kai-shek의 두문자 — 옮긴이), 돈타령 장군General Cash-My-Check(장제스가 끊임없이 서방에 지원을 요청했기 때문에 이런 별명이 붙었다 — 옮긴이), 대원수, 왕장군 등 미국인들이 존경 또는 조롱을 담아 여러 가지로 부르는 장제스는 인도 람가르행 비행기를 탈 예정이었다. 낙후된 중국의 군대를 개선하려는 노력의 일환으로 그곳에서 훈련받고 있는 중국군 병사들을 시찰하러 가는 것이었다. 조종사는 엔진 고장이 난 것처럼 속이고 승무원과 승객 모두에게 탈출하라고 명령한다. 그리고 장제스를 비행기 문으로 안내하여 결함이 있는 낙하산을 착용하게 한 뒤 뛰어내리라고 한다.

스틸웰이 돈에게 말했다.

"이러면 될 거라고 믿네."[2]

물론 장제스는 암살되지 않았고, 돈 역시 이 문제에 관해 스틸웰로부터 더 이상의 지시를 받지 못했다. 더구나 루스벨트가 장제스를 제거할 의향을 내비쳤다는 다른 증거는 없고, 그가 스틸웰에게 '내 말 알겠소?' 같은 음험한 말을 했을 것 같지는 않다.

루스벨트는 가끔 장제스에 대해 짜증을 내기도 했지만, 같은 국가 지도자로서 그에게 일종의 동정심을 품고 있었다. 정치 제도라는 다루기 어려운 장치의 꼭대기에 앉아 있는 또 한 명의 고독한 남자라고 보았던 것이다. 루스벨트의 외가인 델러노 가문 쪽 조상들이 18~19세기에 중국 무역을 통해 재산을 일구었는데, 중국이 가급적이면 미국의 방식을 택하여 비참한 상황에서 기사회생하기를 바라는 미국인들의 마음을 그도 가지고 있었다. 예컨대 루스벨트의 가장 가까운 전시 동맹자 처칠은 중국에 대한 미국의 열망을 어리석은 희망 사항일 뿐이라고 생각했지만, 루스벨트는 장제스가 자신 및 처칠, 스탈린과 함께 전후 세계의 네 거두巨頭의 하나가 되기를 염원했다. 그리고 그는 장제스가 고통을 당한 자기 나라를 존경받을 만한 새 시대로 이끌 수 있는 신망과 지위를 가진 유일한 사람이라고 생각했다.

루스벨트가 스틸웰에게 그런 말을 했다는 카이로 회담 시기는 그가 장제스 쪽의 모호함, 오만함, 교활함 때문에 매우 당혹스러워하던 때였다. 카이로 회담 때 루스벨트는 자신의 아들 엘리어트에게, 스틸웰이 중국 병사들을 훈련시킬 수 있도록 허락하는 것에 대해 장제스가 왜 그토록 질색을 했는지, 왜 그가 "수많은 자신의 정예 병력을 공산 세력과의 경계 지대에" 배치했는지, 그리고 무엇보다도 "장제스의 부대는 왜 전투를 전혀 하지 않는지"[3] 의아하다고 말했다.

스틸웰은 이 시대의 역사에서나 여러 전기에서나 칭송을 받아왔다. 사실 그는 능력 있는 인물이고 훌륭한 지휘관이었다. 휘하 병사들을 거의 극한까지 내모는 일도 있었지만 그들로부터 많은 존경을 받았다. 그는 속이고 술수를 쓰고 무능한 것을 절대 참지 못하는 직선적인 사람이었다. 그러나 또한 공격적이고 조심성이 없으며 고집스럽고 냉정한 판단을 하지 못하며 자신의 잘못을 인정하기를 싫어했다. 결론적으로 그는 중국에서 임무를 수행하기에 적당한 사람이 아니었다. 그 일을 하는 데는 편견이 더 적고 외교적 수완이 더 많이 필요했다.

그는 장제스를 경멸했다. 자기 일기에서뿐만이 아니라 자신의 참모나 상관들과 대화할 때도 그를 땅콩(땅콩을 뜻하는 영어 'peanut'에는 '하찮은 인간'이라는 의미도 있다—옮긴이)이라고 불렀다. 그리고 때때로 자신이 그 자리에서 벗어날 수 있다면 좋겠다고, 남들이 들을 수 있게 혼잣말을 하곤 했다.

스틸웰은 카이로 회의나 돈과의 대화 전에도 중국에 파견된 미군 고위 정보 장교 칼 아이플러Carl F. Eifler를 뉴델리의 자기 사무실로 부르고서는 전쟁에서 이기려면 "장제스가 거치적거리지 않게 할 필요가 있다"고 말했다. 아이플러는 스틸웰의 지시에 따라 이 목표를 이룰 방안을 찾았고, 부검에서 검지할 수 없는 보툴리누스 독소가 효과적인 무기가 될 것이라고 판단했다. 그러나 1944년 5월, 스틸웰은 버마에 있는 자신의 사령부에서 열린 회의에서 장제스를 제거하는 문제에 대한 생각을 바꿨다고 아이플러에게 말했고, 일은 더 이상 진행되지 않았다.[4]

동맹국 지도자를 비행기 밖으로 던지거나 로마 제국 때의 음모 같은 방식으로 독살한다는 것은 기괴한 발상이었다. 그러나 그것이 믿을 만한 목격자들의 회고록에 언급되고 여러 장제스 전기에 나온다는 사실만으로도 중국에 파견된 미국의 정책 결정자들이 부닥쳤던 딜레마를 조금이나마 알 수 있게 해준다. 중국은 2차 세계대전 동안과 그 직후에 가난하고 분열된 나라로서 문제가 있는 지도자와 갈등하고 있었고, 그들은 그

지도자가 할 수 있는 것 이상을 기대하고 있었다.

이런 맥락에서 20년 정도 뒤에 미국이 장제스의 경우와 우연 이상으로 비슷하게 이른바 아시아의 맹방 지도자 암살에 연루되었다는 사실은 주목할 필요가 있다. 바로 1955년에서 1963년 사이에 남베트남의 대통령을 지낸 응오딘지엠吳廷琰이 암살된 사건인데, 그는 케네디 행정부의 승인을 받은 국내 정적에 의해 살해되었다. 그가 변덕스러운 정치를 하고 인기가 점점 떨어지면서 미국 고위 관리들에게 골칫거리가 되었기 때문이다.

장제스는 어떤 면에서 응오딘지엠의 전신前身이었다. 장제스의 경우 돈 문제에서 매우 깨끗하긴 했지만, 그 역시 부패한 우파 독재 정권의 지도자였다는 점에서 그렇다. 장제스의 아내인 쑹메이링宋美齡은 미국 유학파로 외국인들에게 매력적이고 도도한 인상을 주었다. 여룡女龍(Dragon Lady, 미국 만화 〈테리와 해적들Terry and the Pirates〉의 주인공으로 힘세고 속임수를 잘 쓰며 횡포스럽고 불가사의한 동양 여자 캐릭터─옮긴이)은 쑹메이링을 지칭하는 인종적 색채를 띤 멸칭蔑稱이었다. 이런 측면에서 응오딘지엠에게는 화려하고 매력적이며 집념이 강한, 동생 응오딘누吳廷瑈의 부인 쩐레수언陳麗春이 있었다. 쩐레수언은 프랑스 유학파로, '선배' 쑹메이링과 마찬가지로 막후에서 영향력을 행사한 것으로 인식되었다. 응오딘지엠은 가톨릭 신자였고, 장제스는 감리교 신자였다. 둘 다 공산주의자들과 내전을 벌였으며, 미국의 원조와 호의가 없으면 아무것도 할 수 없는 처지였다.

그러나 장제스는 응오딘지엠과 같은 청부 통치자는 결코 아니었다. 그는 자신의 총명함과 카리스마를 바탕으로 권좌에 올랐다. 출입이 통제되는 대통령 관저에, 외국 정보기관의 힘으로 들어앉은 사람이 아니었다. 2차 세계대전 이후 수십 년 동안 장제스는 20세기 역사에서 대단히 무능했던 사람이라는 인식이 일반적이었다. 그러나 당시로서는, 그리고 이후의 관점에서 보더라도 그를 좀 더 호의적인 시각으로 볼 이유가 있다. 엄청난 악조건 속에서 나라를 밝은 미래로 이끌기 위해 분투한 유능한 지도자로 말이다. 최근의 전기 작가들, 특히 전직 미국 외교관 제이 테일러Jay Taylor 같은 사람들은 장제스의 결점보다는 그의 훌륭한 자질을 강조하고, 그가 거의 불가능에 가까운 환경, 특히 재앙에 가까운 일본의 침략 직후에 분투했던 사람으로 묘사하고 있다.

장제스는 1887년에 상하이 남쪽 해안 지방인 저장성浙江省에서 태어났다. 일본 군사학교에서 교육을 받은 경력이 있으며, 쑨원孫文의 수제자였다. 중국에서 공화국의 첫 총통이 된 쑨원은 1911년에 청 왕조를 전복하고 국민당을 창건하여 권위주의의 후견 기간을 거친 뒤에 서양식 민주주의를 수립할 것을 약속했다. 장제스는 키가 작고 몸이 호리호리했으며, 고집이 세고 자존심이 강했다. 또한 애국심이 강하고, 중국이 외국인들의 손에 굴욕을 당했다는 생각에 가득 차서 무언가 나라를 위한 일을 하겠다고 결심했다. 물론 1911년 혁명 이후의 중국은 강력한 민주 국가와는 거리가 멀었고 분열되고 혼란스러웠으며, 그 영토는 서로 물어뜯는 여러 군벌들의 세력권으로 나뉘어 일본 침략의 좋은 먹잇감이 되고 있었다.

장제스의 위대한 업적 가운데 하나가 1926년부터 1928년에 걸쳐 이루어진 북벌北伐이다. 그가 이끈 군대가 전국을 허술하게나마 통일한 것이다. 그는 북벌 과정에서 모스크바에서 파견된 코민테른(제3인터내셔널) 요원들의 조언을 받았고, 그의 군대는 1차 세계대전 직전에 카이저의 군대를 육성했던 독일 장교들로부터 훈련을 받았다. 이때가 중국 역사에서 매우 중요한 순간이었다. 그것은 짧은 막간의 모습으로 나타났고 그 이후의 떠들썩한 사건들 속에 묻혀버렸지만, 장제스가 많은 군벌을 없애고 현대적 정부를 세우면서 인민들의 민족주의적인 열망을 구현했기 때문이다. 장제스의 군대는 중국에서 단연 최고였고, 이전까지는 두려운 존재였던 군벌들의 사병私兵을 아주 구식으로 보이게 만들었다. 세계는 젊고 유능하고 안목 있는 지도자인 장제스가 여러 가지로 출발이 잘못된 자신의 조국 중국을 마침내 현대 세계로 이끌 것이라고 생각했다.

그러나 장제스는 뿌리 깊은 분열과, 경쟁 정파들 사이의 음모적이고 때로는 말 그대로 사람을 죽이려 드는 정치를 결코 극복할 수 없었다. 1927년에 그는 재통합 운동에서 자신의 동맹자였던 공산당 세력을 향해 거센 공격을 하기 시작했다(장제스가 상하이에서 공산당을 공격하여 축출한 4·12 사건을 가리킨다—옮긴이). 그는 공산 세력이 모스크바의 묵인 아래 자신을 제거하려는 음모를 꾸몄다고 생각했고, 아마도 그것은 옳은 판단이었을 것이다. 이때 공산 세력 가운데 체포되거나 암살당하지 않은 수천 명의 사람들은 도시에서 쫓겨나서 새로이 떠오르고 있던 지도자 마오쩌둥의 지휘 아래 농촌에 근거지를 구축했다.

한편 장제스는 장강長江 유역에 있는 과거 제국 시기의 수도 난징南京을 중화민국의 수도로 삼았다. 난징은 새 정부가 관할하는 영토 안에 있었고, 지난 600년의 거의 대부분의 기간 동안 중국의 수도였던 베이징은 아직 정복되지 않은 군벌 하나(만주 군벌 장쭤린張作霖—옮긴이)가 장악하고 있었다. 그 이후 10년 동안 장제스는 전도 유망하고 다시 살아나는 나라를 이끌었다. 나라 경제는 빠르게 성장했으며, 빈곤과 미신과 후진성을 떨치고 커다란 진보를 이루었다. 소련 사람들을 축출하고 독일 장교들로부터 조언을 받고 있던 그는 1930년대 초에 공산 세력을 농촌의 근거지에서 몰아내기 위해 몇 차례 토벌 작전을 벌였다. 그는 동시에 일본의 위협에도 대처해야 했는데, 그렇지 않았다면 공산 세력을 쓸어내는 일은 아마도 성공했을 것이다.

장제스는 이전에 일본의 침략에는 대항하지 않았다. 특히 1931년의 만주 침략 때는 그랬다. 장제스는 중국이 일본과 싸우기에는 너무 약하다고 생각했고, 항일 투쟁 대신 국가를 건설하고 공산 세력을 제거하는 데 집중했다. 그것은 어리석은 결정이 아니었다. 장제스는 중국이 여러 세력으로 갈라져서 서로 싸우는 한 강해질 수 없음을 알고 있었다. 그러나 일본이 계속해서 중국 영토로 더 밀고 들어옴에 따라 각성한 중국 대중은 그에게 내부의 정적을 제거하려는 노력을 포기하고 그들과 힘을 합쳐 대일 항전의 연합 전선을 구축하라고 압박했다. 장제스는 결국 1936년 말에 이를 받아들였다(2차 국공합작 – 옮긴이). 내키지는 않았지만, 장제스의 참여를 압박하기 위한 코믹 오페라와도 같은 속임수의 결과였다.

그해 12월, 장제스는 중국 서북부에 있는 고대 제국의 수도 시안西安으로 날아갔다. 거기서 샤오솨이少帥('작은 원수'라는 뜻)로 알려진 인물과 만날 예정이었다. 이 사람이 바로 장쉐량張學良이었고, 그는 자신의 짧은 전성기 동안에 평생 볼 피비린내 나는 음모를 모두 보았다.

중국의 권력이 여러 군벌들에 의해 분점되어 있고 각자 자신의 군대와 영토를 지닌 채 전 중국의 지배자가 되겠다는 야망을 불태우고 있던 시기에, 장쉐량의 아버지 장쭤린은 악당 기질이 강한 사람이었다. 다솨이大帥로 알려진 장쭤린은 마적 출신으로 매우 반동적이고 반反공화주의적인 사람이었다. 그는 술과 어깨띠가 달린 프로이센풍의 군복을 즐겨 입었다. 군복에는 특대형 견장과 훈장을 달았고, 테를 두른 모자 위로 술이 흔들거렸다. 그는 병사 수십만 명의 군대를 거느렸고, 아내가 5명이었다. 그리고 잠시 동안이지만 베이징을 차지하고 있었다.

그러나 1928년에 장제스의 군대가 재통합 운동의 일환으로 북쪽으로 진군하자 장쭤린은 만주로 퇴각할 수밖에 없었다. 그런데 만주는 이미 일본이 반半식민 상태로 지배하고 있어서 관동군關東軍으로 알려진 상당한 규모의 병력을 배치하는 등 특권을 누리고 있었다. 관동은 중국 본토와 구분되는 관문 동쪽이라는 뜻으로, 만주 지역을 가리킨다. 장쭤린은 만주로 돌아가는 길에 살해되었다. 그가 탄 기차에 관동군 병사가 폭발물을 설치했던 것이다. 장쭤린이 암살당한 이유에 대해서는, 그가 장제스의 북진을 저지하지 못하자 일본이 분풀이로 죽였다는 이야기가 있지만, 일본이 만주를 꼭두각시 국가로 만들려고 하는데 장쭤린이 독자적인 행동을 했기 때문이라는 그럴듯한 이야기도 전해진다.

장쉐량은 퇴폐적인 아편쟁이에다 바람둥이였고, 일본은 그를 만주의 새로운 군벌로 심어놓았다. 그가 아버지보다 더 고분고분하리라고 생각한 것은 오산이었다. 장쉐량은 아편을 끊고 정계 인사로서 정신을 차렸으며, 국민당 세력을 지원했다. 1929년에 그는 2명의 친일 관료를 연회에 초청한 뒤 다른 손님들이 보는 앞에서 처형했다. 장제스는 그를 중국이라는 국가에서 암적 요소인 공산 세력을 잘라내는 새로운 시도의 지휘자로 지명했다. 그러나 1936년이 흘러가면서 일본이 중국의 주권을 더욱 침탈할 것으로 전망되자, 장쉐량은 중국인들끼리 싸워서는 안 된다고 생각하고 공산당 세력과 접촉하기 시작했다. 그가 나중에 쿠데타라고 부른 음모를 꾸미기 위해서였다.

11월 말에 장쉐량은 장제스에게, 산시성陝西省에 있는 자신의 부대 병사들이 같은 중국인을 상대로 싸워야 한다는 생각에 곧 반란을 일으킬 것 같다고 하면서, 장제스가 시안(난징에서 비행기로 두 시간 거리에 있었다)으로 와서 그들과 대화를 해달라고 부탁했다. 장제스는 가겠다고 승낙했

다. 장쉐량은 마오쩌둥에게 계획을 알려주었고, 마오쩌둥은 그것이 '걸작'이라고 말했다.[5]

장제스는 외교부장과 군사 고문단 등 늘 따라다니는 측근들과 함께 도착하여 시안에서 30킬로미터 떨어진 온천장에 머물렀다. 그는 옌안에 있는 공산당 세력을 치기 위해 조직된 부대의 장교들과 이야기하며 시간을 보냈다. 그러면서 장교들에게, 이 긴 싸움에서 자신들이 승리를 거두기까지는 이제 겨우 "마지막 5분"[6]만이 남아 있다고 말했다.

그리고 12월 12일 새벽, 만주 병사들의 털모자를 쓴 장쉐량의 경호원들이 장제스가 잠자고 있던 방으로 뛰어 들어갔다. 그들은 장제스를 납치하려 했으나, 장제스는 잠옷 바람으로 창문을 넘어 도망쳤다. 그는 온천장 뒷담을 기어올라 밖으로 떨어지면서 등을 다쳤다. 대원수는 극소수의 충직한 측근들과 함께 근처 산꼭대기에 있는 동굴에서 두려움에 떨며 밤을 보냈다. 그러나 다음 날 아침에 장쉐량의 병사들에게 붙잡혀 구금되었다.

몇 시간 뒤, 이 소식은 옌안에 있는 중국 공산당 근거지의 조금 안락한 동굴에 있던 마오쩌둥에게 전해졌다. 마오쩌둥은 신이 나서 모스크바에 전보를 쳤다. 장제스와 그의 휘하 고위 장성들을 재판에 회부하여 처형할 생각이었고, 이 문제에 관해 전 세계 프롤레타리아 혁명의 지도자인 스탈린의 동의를 구하고자 했다. 틀림없이 스탈린은 장제스를 제거하는 데 찬성할 것이라고 기대했다. 당시 스탈린은 중국 공산당에 무기와 자금을 대주는 주된 공급원이었다. 그들은 중앙정부가 공산당을 몰아내기 위해 마지막 시도를 한 이후 이제 겨우 다시 힘을 기르기 시작하고 있을 뿐이었다.

스탈린은 장제스가 납치되었다는 소식에 깜짝 놀랐고, 그를 죽일 수 있다는 말에 더욱더 놀랐다. 이 사건 역시 신중한 스탈린과 좀 더 충동적인 마오쩌둥 사이의 관계에 어떤 패턴이 있다는 것을 보여주는 하나의 사례다. 1936년 말 무렵에 이 소련 지도자의 최대 관심사는 동시에 닥친 나치스 독일과 제국주의 일본으로부터의 위협이었다. 11월에 일본과 독일은 반反코민테른 협정을 맺어 소련을 겨냥하고 있음을 분명하게 드러냈다. 이는 소련이 서쪽에서는 독일로부터, 동쪽에서는 일본으로부터 공격받을 가능성이 있다는 이야기였다. 이런 까닭에 스탈린은 여러 달 동안 중국의 공산 세력이 장제스와 화해하고 반일 항전을 위해 힘을 합치도록 유도해왔다. 따라서 스탈린은 장제스의 목숨까지 위협하는 것은 무모하고 위험한 일이라고 생각했다. 장제스가 제거될 경우 국민당 내 친일 도당이 권력을 잡을 길이 열리게 되고, 일본이 소련 영토인 시베리아로 진출할 것을 우려했기 때문이다. 스탈린은 마오쩌둥에게 장제스를 해쳐서는 안 된다고 엄명을 내렸다. 세련되고 노련한 협상가 저우언라이周恩來는 시안으로 날아가서 장쉐량에게 이런 내용을 전달했고, 장쉐량은 자신이 갑자기 동맹자였던 공산당에게서 버림받았음을 깨달았다.

그리고 저우언라이의 주도하에 협상이 이어졌다. 이 협상에서 장제스는 공산 세력 토벌을 중단하고 새로운 항일 연합 전선에 참여할 것을 약속했다. 이와 함께 장제스는 이론의 여지가 없는 국가 지도자로 인정되었다. 크리스마스(장제스가 석방된 날이다—옮긴이) 다음 날 저우언라이는 대원수를 찾아가서 제일 먼저 장제스에게 거수경례를 했다. 장제스 전기 작가인 제이 테일러는 이것이 "홍군紅軍이 연합 전선 사령관에게 처음으로 복종의 표시를 한 것"[7]이라고 썼다. 그 반대급부로 공산 세력은 사실상의 공인公認 같은 것을 받았다. 그것이 아니더라도 적어도 장제스는 공산 세력을 파괴하려는 노력을 포기할 터였다. 이로써 공산 세력은 자신의 군대를 유지하고 군대를 대폭 확충할 기회를 얻었다. 그리고 자기네 대표를 수도 난징에 보낼 수 있게 되었고, 이에 따라 일본에 대한 항전에서 협력할 수 있게 되었다.

　장제스 체포와 국공합작 합의 소식은 재빨리 전 중국으로 퍼져나갔다. 그 결과 장제스가 시안을 떠나 난징으로 돌아갔을 때, 그는 이제 더 이상 단순히 인기 있는 지도자가 아니었다. 테일러가 표현했듯이 그는 "국민적 영웅"[8]이 되어 인기와 권력 측면에서 새로운 지평으로 올라섰다. 중국은 여전히 가난하고 약하고 분열되어 있었다. 그러나 사반세기 전 청 왕조가 전복된 이후의 그 어느 시기보다도 더 강하고, 더 질서가 잡혔으며, 더 통합되고 경제적으로 더 활기가 있었다. 그리고 여기에는 장제스의 공이 상당히 큰 것으로 생각되었다. 대일 항전에서 연합 전선을 구축하겠다는 결정으로 그는 전 세계에서, 그리고 자신의 나라에서 중국의 운명을 좌우할 사람으로 각인되었고, 위기의 순간에 조국을 이끌 수 있는 유일한 인물로 받아들여졌다. 이러한 그의 명성은 중일전쟁 기간 동안 거의 내내 지속되었다. 이 전쟁에서 4년 동안은 중국이 홀로 저항했고, 진주만 공격 이후 4년 동안은 미국이 가장 중요하고 사실상 유일한 동맹국이었다.

　그 전 기간 동안에 장제스는 거의 모든 사람으로부터 못된 침략자의 적나라한 공격에 용감하게 저항한다는 신뢰를 받았다. 미국에서 이런 이미지는 무엇보다도 헨리 루스Henry R. Luce의 역할이 컸다. 선교사의 아들로 중국에서 태어난 그는 미국에서 가장 유명한 잡지였던 《타임》과 《라이프》의 창업자였다. 장제스는 《타임》 표지에 열 번이나 등장했는데, 이는 루스벨트, 처칠, 스탈린보다도 많은 횟수였다.

루스는 열정을 가지고 중국을 관찰한 사람들 가운데, 장제스가 위대한 인격과 리더십을 지녔다고 생각한 유일한 사람은 결코 아니었다. 바이마르 공화국 시절 사실상 독일군을 지휘했고 북벌 기간 동안 장제스의 독일 군사고문단장이었던 요하네스 폰 제크트Johannes von Seeckt는 그를 "훌륭하고 고귀한 인격자"[9]라고 표현했다. 나중에 공산당 앞잡이라는 엉뚱한 비난을 받게 되는 중국학자 오언 래티모어Owen Lattimore는 장제스가 "결정적인 순간에 중국을 단결시킨 공로가 있는" "진정한 애국자"이며 "매우 민족주의적"인 인물이라고 평했다.[10] '비호부대' 사령관 클레어 셔놀트는 1943년에 스틸웰이 배석한 자리에서 루스벨트에게, 장제스는 "현재 세계에서 두세 손가락 안에 꼽히는 가장 위대한 군사·정치 지도자"라고 말했다.

나중에 뻔뻔스럽게도 마오쩌둥의 조력자가 되는 소설가 한쑤인韓素音은 전쟁 초기에는 장제스에 대한 존경을 드러냈다. 그녀는 중국의 재통합이 "어둠 속에서 16년 동안 투쟁"한 뒤에 중국 혁명의 목표를 인식한 "호리호리하고 겸손하고 젊은 한 중국 관리의 천재성 덕분"[11]이라고 썼다. 그녀는 이어서 진부한 특유의 화려체로, 장제스가 "만리장성처럼 단단하고 중국의 강물처럼 막을 수 없는 의지"를 가졌다고 했다. 장제스는 "우리 4억 인민의 운명을 손아귀에 쥐고 있는 인물"이라고 했다. 그녀는 이렇게 이어갔다.

[일본의 공격에 직면하여] 장제스 그가 있어, 나약하고 비겁하게 무장세력에 굴복하지 않은 채 꾸준하고 흔들림 없는 결의로 전쟁을 지휘했다. 우리는 더욱 힘을 얻고 다시 자신을 가졌다. (……) 여기에 온 나라를 분발시키고 중국이 과거의 영광과 미래의 존엄 및 위대성을 자각하여 무

기력에서 일어서게 한 투지가 있다. 한 사람이었지만 한 사람만이 아니었다. 영적인 힘이었고, 상징이었으며, 우리 모두에게 자극을 준 존재였다.[12]

'중국의 구세주'와 '운명적인 사람'이라는 이미지는 학교 교실과 정부 사무실, 공공 광장, 심지어 전쟁이 끝난 직후 몇 년 동안은 베이징 자금성紫禁城의 거대한 출입문 위(이곳의 장제스 사진

1940년 군복 차림의 장제스. 장제스는 다양한 모습으로《타임》의 표지를 여러 차례 장식하기도 했다.

은 오래전에 그의 최대 적수 마오쩌둥의 사진으로 바뀌어 걸렸다) 등 어디에나 걸려 있던 장제스의 사진에도 반영되었다. 어느 사진에서 그는 당시 중국 지휘관들이 즐겨 입었던 군복 차림의 모습을 보여준다. 특대형 견장, 금색 술, 어깨띠와 허리띠, 주렁주렁 매단 접시만 한 대형 훈장들. 그의 왼손은 칼자루를 잡고 있고, 밀어버린 머리칼과 다듬은 코밑수염은 그 모든 장식품들에 비하면 어쩐지 너무 빈약해 보인다. 1933년에 발행된《타임》표지에 실린 사진에서는 백마를 타고 선글라스를 낀 채 거수경례를 하는 모습이다. 또 다른 사진에서는 우아한 선비의 비단옷을 입은 모습이며, 인정 많은 아저씨 같고 콧수염을 기른 모습의 사진은 이해심 깊고 다정하며 너그러운 중국 국민의 스승처럼 보인다.

이런 이미지들은 모두 중국의 지도자가 될 만한 위엄·지혜·통솔력이 있다는 느낌과, 한쑤인의 표현대로 정신력과 평온함, 자신감이 있음을(이 이미지를 믿게 된다면 말이다) 전달하기 위해 연출된 것들이다. 헨리 루스는 장제스의 이상이 빛바랜 지 오랜 시간이 지난 뒤에도 미국 대중에게 계속해서 이런 이미지를 전달했다. 장제스에 대해 좀 더 균형 잡히고 덜 열광적으로 바라보는 다른 미국인들은 그가 결점을 지니고 있음에도 불구하고 그를 존경했고, 장제스에 대한 짙은 환멸의 구름이 미국의 공식적인 조직들 상당수를(어쩌면 대부분을) 사로잡고 있을 때 이들 완고한 지지자들은 그의 결점이 과장되고 장점은 과소 평가되었다고 주장했다.

1944년 말에 중국 전구의 총사령관으로 중국에 도착한 앨버트 웨더마이어가 놀랐던 점은 장제스가 전쟁을 잘 못한다는 것이 아니라 잘한다는 것이었다. 영국과 소련에 비해 중국은 "쥐꼬리만 한 원조"를 받았을 뿐이라고 그는 썼다.

> 중국은 서방의 무관심과 방치에도 불구하고 국가적 실체로서 살아남는 데 성공했다.[13]

웨더마이어는 자신이 장제스에 관해 전임자 스틸웰과 의견을 달리한다는 사실을 숨기지 않았다. 그는 나중에 이렇게 썼다.

> [중국은] 스틸웰과 특파원으로 가 있던 일부 그의 미국인 친구들이 말했듯이 싸우기를 주저하기는커녕, 대일 항전에서 놀라울 정도의 강인함과 인내력을 보여주었다.

웨더마이어가 보기에 미국인들은 중국이 어떤 희생을 치렀는지 또는 그들이 맞서 싸운 적이 얼마나 강했는지를 모르고 있었다. 1937년의 상하이 전투는 "베르됭 전투 이래 세계에서 가장 피를 많이 흘린 전투"[14]였다고 그는 썼다. 이는 사실이었다. 상하이 전투는 나중에 널리 퍼졌던, 중국이 항일전쟁의 시작부터 끝까지 일본의 침략에 저항하지 않았다는 관점과 상반된다. 역사적 사실을 보면 중국은 너무도 강력하게 저항해서 일본이 놀라 자빠질 정도였다. 개전 초기에 중국 정복을 밀어붙였던 일본의 군사 전략가들은 싸움이 몇 달 안에 끝날 것이라고 예측했다. 그들은 거의 8년 뒤에 100만에 가까운 일본 군대가 여전히 중국에 발이 묶여 있을 것이라고는 예상하지 못했다. 영국 식민지인 홍콩, 말라야, 싱가포르, 버마 등은 거의 전투도 없이 일본에게 점령당했다. 네덜란드의 식민지였던 인도네시아의 죽 늘어선 여러 섬들도 마찬가지였고, 미국의 식민지 필리핀도 그랬다. 그러나 중국은 여전히 저항하면서 버티고 있었다.

웨더마이어는 유럽과 비교한 부분에서도 장제스를 호의적으로 평가했다. 그는 중국이 "프랑스의 사례를 따라 일단 자국이 점령되게 내버려둔 뒤에 결국 미국에 의해 구조되도록"[15] 할 수도 있었다고 지적했다. 그러나 1937년에 일본이 침략하자 장제스는 중국 인민들에게, "인내의 한계"까지 나아가서 "마지막까지 희생하고 투쟁"하라고 호소했다. 웨더마이어가 생각하기에 이런 호소는 처칠이 했던 유명한 '피와 땀과 눈물' 연설보다도 당당하고 단호한 것이었다.[16] 더구나 중국은 진주만 공격 이전의 4년이라는 긴 기간 동안 국제적으로 완전히 고립된 상황에서 항전을 했다. 이 기간 동안 미국은 중립을 지켰다고 하지만 실은 석유, 철 같은 긴요한 물자들을 계속해서 일본에 공급했다.

미국의 장제스 지지자들은 장제스가 미국의 비방자들로부터 가장 비판받는 바로 그 부분에서 그를 옹호했다. 루스벨트가 그를 제거할 생각을 하고 스틸웰을 기절초풍하게 만들었던 군사상의 전략과 비민주적 통치 문제. 매우 능력 있는 관찰자들은 장제스의 군사상의 신념이 합리적인 것이었다고 보았다. 그들이 보기에 장제스는 스틸웰 같은 미국인들의 요구에 응하지 않고도 여전히 권좌를 유지할 수 있는 인물이었다. 웨더마이어는 이렇게 결론지었다.

중국이 승리를 거둘 수 있는 유일한 희망은, 일본이 조만간 서방 열강들과의 전쟁에 휘말리게 될 것이라는 기대를 가지고 우월한 세력에 맞서 버티는 것뿐이었다. 대원수는 일본의 힘을 소진시키는 데 주력하고, 일본군의 전선이 과도하게 길어질 수밖에 없도록 하는 견실한 전략을 채택했다.[17]

프랭클린 루스벨트의 친척이자 셔놀트의 보좌관이었던 조지프 앨숍Joseph Alsop은 미국의 정책 결정자들이 장제스의 절박한 상황을 이해하지 못한다고 생각했다. 장제스를 타도하려는 공산 세력이 하루가 다르게 커져가고 있었던 것이다. 그의 유일한 동맹국인 미국이 그 세력에 대해 아무런 조치도 취하지 말도록 요구하는 바로 그 순간에도 말이다.

여러 가지 측면에서 장제스 납치와 그 결과로 이루어진 연합 전선 협정은 그에게나 중국에게나 진정한 역사적 분수령이었다. 그 시기를 기점으로 장제스는 추락하기 시작했고, 그 이후로는 더 이상 중국의 내부 투쟁에서 최후의 승자가 될 수 없었다. 그는 서양의 자유민주주의 사상에 강하게 영향을 받은 정치 개혁과 변화의 도정에서 조국을 내리막길로 이끌게 된다.

시안의 납치 사건이 없었더라면 장제스는 거의 확실하게 공산 세력을 물리치는 군사작전에서 '마지막 5분'을 완성했을 것이다. 그의 군대는 세계적인 수준의 군대는 아니었다. 그러나 독일 고문단의 도움을 받아 이전보다 규모가 크고, 장비도 더 잘 갖추었으며, 더 효율적인 군대가 되어가고 있었다. 반면에 중국 공산당의 홍군은 여전히 불완전하고 무장도 제대로 갖추지 못했다. 병력은 3만 명으로 추산되었다. 일본이 중국을 점령하기 위한 전면 공격을 시작하기 전인 1936년 말과 1937년에 장제스가 공산 세력을 상대로 새로운 군사작전을 펼쳤다면 마오쩌둥과 그 추종자들은 몽골이나 소련으로 피신해야 했을 것이다. 스탈린은 그들이 거기서 살 수 있도록 했을 테지만, 중국에서 일본이 승리할 경우 소련에게도 커다란 위협이 초래될 것이기 때문에 중국의 중앙정부를 지원할 수밖에 없었을 것이다. 그리고 그 정부를 전복시키려는 중국 공산당의 어떤 노력도 지원하지 않았을 것이다. 공산 세력은 산시성陝西省 북부의 근거지에서 떨려나 국경 너머까지 쫓겨가고, 2차 세계대전 동안에 했던 방식으로 군대와 영토를 늘릴 수 없었을 것이다. 이 몇 년 사이에 중국 공산당은 100만 명의 병사를 보유한 군대로 성장하고 19개 '해방'구를 다스리게 되었던 것이다.

그러나 일은 그렇게 전개되지 않았다. 장제스는 극심한 압력을 받은 상태에서 내전의 근본 원칙을 깼다. 그 원칙이란 '내 캠프에서 통제할 수 없는 무장 세력은 절대 허용하지 않는다'는 것인데, 틀림없이 상황이 무르익으면 그 세력이 자신에게 반기를 들 것이기 때문이었다. 장제스가 시안에서 난징으로 돌아가자 그의 오랜 친구이자 국민당 고위 당직자인 천리푸陳立夫가 대규모 병력을 동원하여 산시성의 공산 세력을 쓸어버리라고 조언했다고 한다. 그러나 테일러가 썼듯이 장제스는 "머리를 숙이고 대답하지 않았다."[18]

결국 장제스는 약속을 지키기로 결정함으로써 자신의 파멸을 도운 셈이 되었다.

전쟁의 전 기간 동안 장제스는 여전히 중국과 외국의 많은 사람들에게 영웅이었다. 그러나 또 다른 많은 사람들은 서서히 환멸을 느끼기 시작했다. 그리고 전쟁 막바지 단계에 이르러 장제스의 이미지와 명성이 가장 많이 바랜 곳은 그에게 없어서는 안 될 맹방 미국이었다. 1945년 초가 되면 중국을 대표하는 뉴스의 인물이자 《타임》 표지를 장식하던 백마 탄 용맹한 기사 장제스는 그와 정반대되는 평판을 함께 받기 시작했다. 좀스럽고 훼방이나 놓으며 속임수를 쓰는 독재자라는 평판이었다. 스틸웰이 자주 드러냈던 장제스에 대한 이런 묘사는 서서히 미국의 여러 중국 전문가와 언론인들에게 사실로 받아들여지게 되었다. 비록 대중은 잘 알지 못했지만 말이다.

미국 대통령 집무실에서 셔놀트가 장제스를 위대한 인물이라고 단언한 바로 그날, 스틸웰은 루스벨트에게 그를 "줏대 없고 교활하고 믿을 수 없는 불한당"[19]이라고 표현했다. 장제스를 가장 가까이에서 보았던 일부 사람들을 포함해서 많은 미국인들에게 그는 조지 워싱턴보다는 그 시대의 무솔리니나 프랑코 등 기세등등한 파시스트 독재자에 더 가까운 우익 독재자로 변해갔다. 많은 미국인들이 중국은 일반적으로 특수한 문화적 약점을 지니고 있다고 생각하게 되었지만 말이다. 중국군의 선임 고문 존 매그루더John Magruder 준장은 미국 군사부軍事部에 "그들은 환상을 아주 잘 믿는 사람들"[20]이라고 말했다. 그들은 "기분은 좋지만 허구인 상징"을 좋아하여 현실을 무시한다. 대표적인 예로 그들은 자기네가 일본에게 당한 패배를 승리로 둔갑시킨다.

장제스에 대한 평판이 이처럼 달라진 것은 부분적으로 프랑스 사람들이 '위쥐르usure'라고 부르는, 그저 시간이 흘러가면서 광채가 서서히 약해지는 현상에 의해 초래된 것이다. 언제 끝날지 모르는 기나긴 전쟁 기간, 일본 군대의 연전연승, 사상자, 난민 행렬, 기근, 영양실조, 두려운 비밀경찰의 접근, 제대로 된 옷이나 무기·훈련·식량도 없이 밧줄에 한데 묶여 전쟁터로 나가는 징집병들의 대열, 일본의 잔혹 행위를 막지 못하는 무능한 정부. 이 모든 것들이 한때 위대했던 지도자의 명성을 갉아 먹었다.

국민당 정부는 사기士氣라는 전선에서 싸우고자 했다. 어디를 가나 행군이 있고, 군가가 있고, 구호가 있었다. 정부 홍보 당국은 끊임없이 영웅적인 저항과 엄청난 일본군 사상자에 관한 소식들을 내놓았다. 대부분은 꾸며낸 이야기였지만, 어떤 면에서는 현실적으로 어쩔 수 없었다. 그리고 그런 일의 책임은 지도자에게 있었다. 장제스는 잘못한 것도 있었다. 그는 반대 의견을 탄압했다. 유명 인사들이 감옥에 갇히거나 가택 연금을 당했다. 언론은 엄격하게 검열당했다. 장제스의 이미지는 점점 더 가짜인 것처럼 보이게 되었다. 인위적인 부풀리기였다. 시간이 지나면서 점점 더 많은 지식인들(상당수는 미국에 유학했던 교수, 학생, 작가들이었다)이 충성의 대상을 공산당 쪽으로 옮겨갔다. 적극적인 사람도 있었고, 소극적인 사람도 있었다. 그들은 공산당이 더 역동적이고 덜 부패했으며 나라의 고난에 덜 책임이 있다고 생각했다. 그리고 그들 가운데 많은 사람들이 공산당이 더 민주적이라고 여겼다.

이런 환멸은 중국 내 미국인들도 느끼고 있었다. 스틸웰은 이렇게 물었다.

"용맹스러운 저항이 어디 있는가? 위대한 게릴라전이 어디 있는가? 개혁이 어디 있고, 심지어 문제를 제대로 파악하고 있기나 한가?"[21]

그는 장제스의 정부를 나치스 독일의 정부에 비유했다.

"세계관이 같고, 깡패 짓이 똑같다."

스틸웰은 언젠가 루스벨트 휘하의 참모총장 조지 마셜George C. Marshall에게, 자신이 장제스와 나눈 대화를 "한 시간 반에 걸친 헛소리와 개소리"라고 요약했다. 그의 일기와 고국의 아내에게 보낸 편지에서는 더욱 신랄했다. 그는 장제스가 "완고하고 무식하고 편견에 차 있고 젠체하는 폭군"이라고 썼다. 그는 "탐욕스럽고 고집불통이고 배은망덕한 새끼 독사"였으며, "비밀경찰이 뒷받침하고, 제대로 배우지 못한 정신착란 환자가 이끄는 일당—黨 정부"[22]를 거느리고 있었다.

1944년과 1945년에 걸쳐 충칭에 있는 미국 대사관에서 보낸 전문電文들은 장제스에 대한 분노 섞인 불평들로 가득했다. 미국은 그를 위해 싸우며 희생하고 있는데, 정작 그는 자기네 군대를 묶어두고 있다고 했다. 미국 대사 클래런스 가우스Clarence E. Gauss는 장제스를 영웅적으로 묘사하는 데 대해 '헛소리'라고 일축했다. 1943년에 이미 황하黃河 이북에서는 국민당의 군대가 자취를 감추었고, 공산당과 달리 국민당은 그곳에 게릴라 부대를 전혀 투입하지 못하고 있다고 했다.

가우스는 이렇게 썼다.

중국의 전략은 그 성격이 완전히 방어적입니다. 중국군은 그런 심각한 문제가 있기 때문에 공격적인 관점에서 볼 때 그는 아무런 가치가 없습니다. (……) 그리고 국민당 군대는 얼마 안 되는 군사 자원을 일본과 싸우는 데 쓰지 않고 있습니다. 그들은 공산당이 일으키는 문제가 아직 존재한다고 생각하고 있으며, 군사 및 민간의 여러 관계자들은 일본은 부차적인 적이고 공산당이 가장 중요한 적이라고 말하고 있습니다.[23]

완전히 신물이 난 가우스는 1944년 가을에 중국을 떠나면서 이제 막 중국에 온 웨더마이어에게 이렇게 말했다.

"우리는 플러그를 뽑아서 중국 정부 전체를 없애버려야 합니다."[24]

장제스에 대한 이런 환멸은 미국인들과 이 중국 지도자에게 아시아 및 태평양 지역의 2차 세계대전이 상당히 다른 싸움이었다는 사실에서 비롯한 것이었다. 미국은 일본을 패퇴시키는 것이 목적이었다. 게다가 이 전쟁에서 미국이 치른 희생의 일부는 중국 때문에, 특히 중국의 불완전하고 "배은망덕한"(스틸웰의 표현) 정권 때문이라고 생각했다. 1944년 가을, 마셜은 스틸웰로부터 귀가 닳도록 들은 말이 있었기에 장제스가 중국 군대를 북부 버마의 작전에 투입하는 데 동의하자 환영했다. "전쟁이 시작된 이래 처음으로 대원수가 자기네 군대의 개선과 이용에 적극적인 관심을 가진"[25] 것이었다. 이런 평가를 받은 지도자의 군대는 그때까지 100만 명 이상의 사상자를 냈고, 일본의 정예 병력 100만 명을 7년 동안 묶어두었다. 중국이 항복했다면 일본의 이 병력은 미국을 직접 상대하는 데 배치되었을 것이다.

전략정보국(OSS)에서 일했던 올리버 콜드웰Oliver J. Caldwell은 전시 중국 근무에 관한 회고록에서 천陳씨라는 사람이 접촉해온 일을 이야기하고 있다.[26] 그는 자신이 비밀결사 연합제의 밀사라고 주장했는데, 자신들은 장제스의 독재적이고 분열을 일으키는 통치가 결국 공산당의 승리를 초래할 것이라고 생각하기 때문에 그를 반대한다고 했다. 공교롭게도 미국의 몇몇 중국 분석가들도 같은 생각을 하고 있었고, 결국 옳은 것으로 드러났다. 천씨는 콜드웰에게, 장제스를 리쭝런李宗仁 장군으로 교체해달라고 요구했다. 나중에 중화민국 부총통이 되는 리쭝런은 광시성에 지지 기반과 자신에게 충성하는 군대를 가진 반독립적 군사 지도자였다(리쭝런은 바이충시白崇禧와 함께 신광시파新廣西派의 중심인물이었다―옮긴이).

이 계획에 따라 무슨 일이 일어나지도 않았고, 콜드웰도 이 문제를 다시 제기하지 않았다. 그러나 때때로 공산 세력은 아니면서 장제스에 반대하는 일부 집단들이 미국과 접촉하여 장제스 축출에 대한 지원을 요청했다. 장제스는 물론 이런 움직임들을 알고 있었다. 그는 자신이 중국 지식인들, 특히 미국에 유학했고 중국이 더 자유로운 나라가 되기를 갈망하는 사람들에게 인기가 없다는 사실을 알고 있었다.

그는 또한 무장한 반대 세력이 훨씬 더 강력해지고 있다는 사실도 알고 있었다. 과거 장제스의 토벌작전을 견디고 살아남은 후줄그레한 공산당 잔여 세력은 1945년 초가 되면 대규모의 강력한 무장 세력으로 성장했다. 마오쩌둥은 중국 북서부의 피난처에 사실상의 독립 국가를 건설했다. 비공식적인 경계 안에 9000만 명의 인구를 포괄하는 나라였다. 장제스가 가장 두려워했던 것은, 전쟁이 끝나기만 하면 공산 세력이 소련 공산당과 손을 잡고 자신을 타도하기 위해 합동 공격에 나서리라는 것이었다. 바로 이런 이유로 장제스는 공산 세력을 봉쇄하는 북쪽의 긴 전선에 정예 부대 40만 명을 배치해두고 있었다. 그의 이런 행동에 루스벨트와 다른 많은 미국 관측통들은 의아해하면서 분노했다. 그러나 장제스가 그렇게 한 이유는 단순했다. 그는 일본에 대항하여 효과적으로 싸우면서 동시에 공산 세력을 억누를 수 있는 자원이 없었다. 그래서 병력을 일본과의 전투에 전부 투입하지 않고 남겨놓음으로써 공산 세력이 남쪽으로 뻗쳐 내려올 가능성을 막을 뿐만 아니라, 북쪽의 몽골을 거쳐 소련으로 가는 주요 통로들을 봉쇄함으로써 중국 공산당과 소련의 협력을 미연에 방지하고자 했다. 장제스는 그들이 서로 협력할 경우 자신은 파멸할 수밖에 없다는 것을 알고 있었다.

이것이 장제스와 그의 친구라는 미국인들 사이의 가장 큰 입장 차이였다. 1944년 중반, 특히 미국이 태평양에서 일본에게 거듭 승리를 거두게 될 무렵에는 국민당과 공산당 양쪽 모두에게 공통의 외적을 물리치는 것은 최우선 순위가 아니었다. 그들이 모두 알고 있다시피, 그 일은 미국이 해낼 터였다. 양쪽은 이제 마지막 결전을 준비하고 있었고, 그 궁극적인 전리품은 중국 자체였다. 그리고 약자인 장제스는 그것을 알고 있었다.

장제스는 전쟁의 나머지 기간 동안 양립할 수 없는 두 가지 요구 사이의 좁은 길을 걷고 있었다. 그는 물질적으로 부족했고, 중국은 일본에 의해 세계의 나머지 나라들과 격리되어 있었다. 인도에서 날아오는 화물 비행기가 유일한 생명줄이었다. 따라서 장제스는 미국인들을 만족시키고, 무기 대여 프로그램에 따른 보급품이 계속 쿤밍 착륙장으로 들어올 수 있도록 만전을 기할 필요가 있었다. 그러나 그는 미국이 원하는 만큼 해줄 수 없었고, 다가올 전후의 싸움에서 기회를 망칠 수밖에 없었다. 스틸웰은 장제스가 오만하고 배은망덕하다고 생각했지만, 장제스는 자신을 파멸시키겠다고 위협하는 미국의 요구에 굴욕을 당하고 있다고 생각했다. 그는 복종하는 자세를 유지해야 했다. 그는 자존심을 죽이고 버마에서 들어오는 재개통 도로를 스틸웰 공로로 명명하면서 비위를 맞추었다. 그는 미국인들의 요구가 결국 자신을 망치게 될 것으로 우려하고 있었는데, 그 가운데서도 아마 그가 가장 싫어했을 인물을 찬양한 것이다.

장제스와 스틸웰 사이의 적대감은 1942년의 버마로 거슬러 올라간다. 이때 일본은 영국의 식민 통치자들을 인도 국경 너머로 쫓아내고 중국군과 미군을 패퇴시켰으며, 중국으로 통하는 마지막 육상 보급로를 차단했다. 스틸웰은 장제스의 참모장으로 임명된 상태였으며, 이에 따라 버마에 있는 중국군 부대들을 지휘하고 있었다. 그러나 장제스가 중국인 지휘관들에게 스틸웰의 명령, 특히 공세를 취하라는 명령을 무시하라고 비밀리에 지시하고 있음을 알았다. 장제스가 버마에 병력 투입을 꺼린 것은 그 이후 계속 앙금으로 남았다.

스틸웰은 1943년 마셜에게 이렇게 말했다.

"'땅콩'이 자신은 싸우지 않겠다고 이야기하고 있습니다."[27]

장제스가 1942년 버마를 탈환하기 위한 작전에 부대 투입하기를 거부한 일을 말하는 것이었다. 그러나 이 짤막하고 거친 문장에는 장제스를 멸시하는 감정이 고스란히 담겨 있다. 스틸웰은 중국을 장기간 순시하던 1937년에 이미 일본의 침략이 뻔히 예상되는 상황인데도 장제스는 전혀 싸울 태세가 되어 있지 않다고 한탄했다. 장제스가 자신은 침략자에게 거세게 저항할 것이라고 미국인들에게 장담하고 있었지만 말이다. 스틸웰은 어느 군 정보 보고서에서 이렇게 썼다.

그는 무언가를 하려는 생각이 전혀 없습니다. 그게 아니라면 최고 수준의 강대국과 싸울 준비를 갖춘다는 것이 무슨 의미인지 전혀 모르고 있는 것입니다.[28]

이 논쟁의 양측에 관한 더 많은 정보가 있다. 다른 사람들에게는 받아들여졌을 장제스에 대한 장밋빛 묘사에 화가 난 스틸웰이나 가우스와 기타 여러 사람들의 이야기를 넘어서는 것이다. 스틸웰이 언제나 장제스에게 중국군 부대를 투입해달라고 사정해야 했던 것은 사실이었고, 장제스가 망설이거나 미적거리고 보내주기로 약속해놓고 어기자 그는 화를 냈다. 스틸웰은 중국군과 영국군의 궤멸로 끝난 버마에서의 첫 작전 도중에 "그는 결단을 내리지 못했다"[29]고 불평했다. 결국 장제스는 가장 잘 무장된 정예 부대의 제5군과 제6군을 보냈지만, 그들은 이동하는 데 너무 많은 시간이 걸렸다. 그리고 스틸웰은 이들이 늦게 도착하는 바람에 "버마에서 이길 수 있었던 모든 가능성이 결정적으로 사라져버렸다"[30]라고 생각했다.

그러나 버마에 대한 장제스의 분석은 전혀 터무니없는 것이 아니었다. 1937년 이래 일본과 싸워온 그는 자신이 일본에 대해 잘 알고 있다고 생각했다. 장제스는 버마의 영국군 사령관 아치볼드 웨이블Archibald Wavell에게 이렇게 말했다.

"일본과 싸우는 것은 식민지에서 반란을 진압하는 것과는 다릅니다. 식민 전쟁과는 달라요. 우리 중국인들은 일본을 어떻게 다루어야 하는지 알고 있습니다. 이런 일에 당신네 영국인들은 적합하지 않습니다."[31]

그의 말은 중국이 전쟁에 졌다는 사실이나 역사적으로 전쟁에서 영국이 얻은 명성에 비추어볼 때 허장성세로 들릴 수 있지만, 버마 원정에 관해서는 그의 생각이 옳다는 것이 영국의 공인된 역사 서술로 입증되었다. 즉 영국의 지휘관들이 대체로 "자만심과 오만함 때문에 적을 무시했다"라고 지적하고 있다. 영국과 미국은 모두 이 전쟁의 초기 단계에서 일본을 과소평가했다. 일본군이 식민지 반군보다 더 위협적인 것은 아니며, 영국은 특히 인도와 아프가니스탄 등에서 보듯이 진압에는 전문가라고 생각했다. 한 영국 군사학자軍史學者는 이렇게 결론지었다.

〔웨이블은〕 일본군이 얼마나 우수한지를 인식하지 못했기 때문에 가당치도 않은 낙관론을 가졌다.[32]

장제스가 보기에 스틸웰과 다른 미군 장교들 또한 일본을 과소평가하는 실수를 저질렀다. 상하이에서 무관으로 근무했던 에번스 칼슨Evans F. Carlson 대위는 1937년 상하이 전투를 지켜본 뒤 일본군이 "삼류"라고 단언했고, 그 뒤 1938년에는 이렇게 썼다.

공격력이 조악하고, 수송 협조가 잘 이루어지지 않으며, 공군과 지상군의 협조가 원활하지 않고, 무기가 열악하고, 포 사격의 조준이 정확하지 않고, 지휘관들도 상상력과 진취성이 부족합니다.[33]

융통성이 없고 창조적이지 못하다는 일본군과 대조적으로, 스틸웰은 전투 경험은 없지만 기동 연습을 잘 이용하는 것으로 군대 안에서 이름이 나 있었다. 그는 이 훈련에서 속도, 기습, 사기의 3S(speed, surprise, spirit)를 강조했다. 그는 중국에 배치되기 직전에 미국 육군 소장 47명 가운데 최고로 꼽혔다.[34] 버마는 그가 전투 지휘를 하는 첫 실전 경험이었고, 그답게 대담한 계획을 짰다.

일본은 1941년 12월 버마에 3개 사단을 상륙시켰고, 상대편 지휘관들이 생각하던 것과 달리 정글과 산악 전투에도 능숙했다. 그들은 빠르게 이동하여 도로에 얽매인 영국군의 허를 찔렀으며, 공중과 지상의 협조도 훌륭했다. 일본군은 또한 현지의 반식민주의 정서에도 도움을 받았다. 그들은 유럽의 수탈로부터 이 지역을 해방시키러 온 것처럼 굴었고, 그것이 일부 버마 민족주의자들에게 통했다. 일본군은 금세 영국과 몇 차례 교전을 치러 승리를 거두었고, 영국은 이 지역의 식민 종주국으로서 버마에서의 패배에 일차적인 책임이 있었다. 스틸웰이 1942년 버마에서의 패배에 대해 장제스를 비난한 것은 이런 사실들에 비추어볼 때 합당하지 않은 듯하다.

1942년 2월 말, 영국군 주력 부대인 제17인도사단은 시탕 강을 등지고 있었다. 버마의 수도 랑군으로 가기 전의 마지막 천연 장애물이었다. 이 강에는 다리가 딱 하나 있었다. 길이가 500미터였고, 차량이 통행할 수 있도록 널빤지가 덮여 있었다. 강의 동쪽 제방에 참호를 파고 들어간 17사단 후위 부대는 부대 본진이 다리를 건널 수 있도록 강을 지키기 위한 전투에 나서고 있었다. 그러나 이례적인 통신 오류로 2개 여단이 건너편에 있는 상태에서 다리가 폭파되었다.[35] 이어 벌어진 혼전에서 사단 병력의 절반 이상이 희생되었고, 중포 대부분이 파괴되었다. 바로 그 순간에 랑군으로 가는 길이 활짝 열렸고, 영국은 다시는 강력한 방어선을 구축할 수 없었다.

적어도 명목상으로는 중국군을 지휘하고 있던 스틸웰은 빠른 반격으로 일본군을 저지할 수 있다고 생각했고, 반격전을 남쪽의 랑군과 북쪽의 만달레이 사이의 간선 철로변에 있는 성곽 도시 타웅우에서 펼칠 계획이었다. 그는 중국군 제5군 산하의 제200사단을 타웅우에 보냈고, 그들과 일본군 사이에 치열한 시가전이 벌어졌다. 스틸웰이 타웅우에 제22사단을 보내려 하자 사단장이 완강하게 거부하는 바람에 제200사단은 탈출로를 만들어야 했다. 제22사단은 끝내 전투에 참가하지 않았다.

이 항명에 화가 폭발한 스틸웰은 충칭으로 날아갔고, 거기서 "길길이 날뛰"며 해임을 요구했다. 스틸웰은 일기장에다 이렇게 불만을 토로했다.

나는 정색을 하고 장제스에게 그의 부하들이 명령을 이행하지 않았다고 말해야 했다. 십중팔구 그들은 장제스의 지시에 따라 그렇게 했을 것이다.[36]

그러나 장제스는 자신의 군대를 버마로 이동시켰고, 스틸웰에게 병력 지휘를 맡기겠다고 말했다. 스틸웰의 계획을 알고 있으면서도 그랬다. 그 계획의 목적은 랑군을 탈환하는 것이었지만, 여러모로 위험한 계획이었다. 일본이 벵골 만 전역을 장악하고 있었고, 공군 전력에서도 우세하며, 탱크와 포병대가 강하고, 영국군은 믿을 수 없음이 드러났기 때문이다. 장제스는 좀 더 신중한 계획을 선호했다. 그는 이렇게 말했다.

"버마에 관한 한 공격적으로 나가는 것을 지침으로 삼아서는 안 됩니다."

스틸웰과 중대한 인식 차이를 분명히 드러낸 것이다. 스틸웰은 공격적으로 나가는 것이 버마를 구하는 유일한 방법이라고 생각했다. 장제스는 그런 방법 대신에 자신이 '깊숙한 방어'(종심방어縱深防禦라고도 한다 — 옮긴이)라고 부른 것을 선호했다. 적의 진격로를 따라 간격을 두고 계속 부대를 배치하여 적에게 대가를 치르게 하는 것이다. 다시 말해서 영토를 시간과 맞바꾼다는 말이다. 이는 장제스가 중일전쟁 초기 몇 달 동안 심한 타격을 받은 후에 택한 방식이었다.

장제스는 1942년 버마에서 랑군 북쪽 만달레이까지 후퇴하고, 이 나라의 동서를 가로지르는 전선을 유지하기를 원했다. 그러면 영국이 점령하고 있는 인도 아삼에서 중국으로 들어오는 보급로를 만들 수 있었다. 이는 1944년 2차 버마 작전 초기에 영국이 원하던 계획이었다. 그러나 1942년에도 장제스는 의문을 품으면서도 스틸웰의 선택을 따랐고, 스틸웰은 그런 제스처가 얼마나 대단한 것인지를 알고 있었다. 장제스는 이렇게 말했다.

"그것은 중요한 장소에 있는 여러 부대를, 병사들이 알지도 못하고 믿을 수도 없는 빌어먹을 외국인에게 넘겨주는 것이었소."[37]

그러나 장제스의 신중함 때문이든 스틸웰의 낙관론 때문이든, 1942년의 버마 방어는 참사였다. 스틸웰은 영국 및 중국군과 함께 일본군을 피인마나라는 곳에 파놓은 함정으로 유인하기로 결정했다. 중국군 제5군은 제시간에 제 위치에 도착했다. 그러나 영국군은 포위될 것을 우려하여 퇴각했고, 중국군 제200사단은 그 구멍으로 달려가라는 스틸웰의 명령을 따르지 않았다. 그러는 사이에 일본군은 동쪽으로부터 대거 공격에 나서 중국 제6군의 모든 사단을 궤멸시켰다. 4월 29일, 일본은 랑군에서 시작되는 철도의 종착역이자 중국으로 가는 화물차 길이 시작되는 라시오를 점령했다. 그 길은 바로 4년 전에 장제스가 20만 명의 중국인 노동자들을 버마로 보내 건설한 것이었다.

장제스는 이제 중국군 병사들을 더 북쪽의 미트키나로 집결시키려 했다. 스틸웰은 이에 동의했고, 그들과 합류하기로 했다. 그러나 그는 합류하지 못했다. 그는 셔놀트가 보낸 비행기를 마다하고 육로로 가는 방식을 택했다. 이 결정으로 인해 스틸웰은 자신이 지휘하는 부대와 떨어지게 되었고, 그의 참모들과 버마 여승 일행, 민간인 몇 명을 이끌고 걸어서 버마를 떠나 아삼으로 갈 수밖에 없었다.

스틸웰의 도보 탈출은 금세 전설의 소재가 되었다. 이 용감한 지휘관은 100명 정도 되는 군인과 민간인의 무리를 안전한 곳으로 이끌었다. 부상자들을 노새에 태우거나 들것에 싣고 한 사람의 낙오도 없이 빠져나왔다. 그러고는 맥아더처럼, 나중에 버마로 돌아오겠다고 약속했다.

그와 동행했던 미국인들이 곧바로 이 이야기를 책에 썼다. 언론인 잭 벨덴Jack Belden과 스틸웰의 충직한 참모장 돈 장군이 쓴 두 권의 책은 스틸웰 전설을 만드는 데 도움을 주었고, 버마 전투의 패전이 장제스의 막후 간섭 때문이었다는 생각에 신빙성을 부여하는 데도 간접적으로 일조했다. 이 영웅 전설에 따르면, 스틸웰이 중국군 부대와 헤어지기 전에 중국군 장군 하나가 도망치려고 몰래 기차를 징발했다. 그가 탄 기차가 다른 기차와 충돌하여 이틀 동안 철도가 끊겼고, 이 때문에 스틸웰은 그 장군이 사고 때 죽지 않은 것을 한탄했다.

스틸웰이 보았듯이 중국군 부대들은 그가 가라고 한 곳에 가지 않았고, '땅콩'은 스틸웰이 중국-버마-인도 전구에 있는 동안 내내 경멸의 대상이었다. 아무리 애를 써도 스틸웰은 중국 군대에 필요한 것이 훈련과 개편, 그리고 무능하고 부패한 장교들을 모조리 제거하는 것임을 장제스에게 일깨워줄 수 없다고 생각했던 듯하다. 그 장교들의 직위는 능력이 아니라 정치적인 관계에 의해서 주어져왔다.

타웅우와 피인마나에서 실패를 겪은 후였지만 버마 전투의 성과가 그래도 균형을 이루고 있던 1942년 4월 중순, 스틸웰은 전쟁터에서 1500킬로미터 떨어진 충칭에서 장제스가 보낸 편지 한 통을 받았다. 중국군 병사 4명당 수박 한 통씩을 나눠주라는 명령이었다. 바버라 터크먼Barbara Tuchman은 스틸웰 전기에서 이렇게 적었다.

스틸웰은 대체로 대원수가 간섭하는 바람에 버마에서 패배했다고 생각하고 있던 차에 수박을 나누어주라는 명령이 떨어지자 장제스에 대한 경멸이 더욱 굳어졌다. 그리고 이 사실이 대원수에게 알려지자 이번에는 대원수가 분통을 터뜨렸다.[38]

그러나 장제스의 관점은 이러했다. 스틸웰의 계획은 일본의 막강한 힘을 무시하고 고집스럽게 추진한다면 무모한 짓이고, 결국은 자만심에서 나온 것이었다. 1942년 4월에 스틸웰이 인도로 탈출하고 중국군에게 가능한 최선의 방법으로 버마에서 빠져나오라는 명령을 내렸을 때 장제스는 "깜짝 놀라" 이렇게 생각했다.

스틸웰은 나의 병사 10만 명을 타국의 정글에 버리고 인도 쪽으로 빠져나갔다. 그런 뒤에야 나에게 이런 전보를 보냈다.[39]

스틸웰은 몇 년 동안 장제스를 만나기 힘들다고 불평했다. 중국의 지도자들이 으레 그렇듯이 호젓한 황제의 궁성에 틀어박혀 있기 때문이라는 것이다. 반면에 장제스는 자신의 참모장으로부터 연락을 받지 못하면 며칠이고 몇 주일이고 화가 나 있었다. 유명한 버마 도보 탈출 사건의 경우에는, 스틸웰이 비행기를 타라는 셔놀트의 제의를 거절했다가 부대와 떨어져서 홀로 나오게 되었다는 자초지종을 들은 뒤에야 화가 풀렸다.

벨덴이나 돈 같은 스틸웰 지지자들은 대체로 무시하지만, 장제스에게는 큰 관심사가 될 수밖에 없는 것이 중국군의 사상자 수였다. 1942년 버마에서의 패퇴 당시 일본군에 희생된 중국군은 엄청나게 많았지만 미군 지휘부는 이를 매우 낮춰 잡았다. 버마에서의 퇴각은 많은 생존과 탈출 이야기를 낳았다. 그러나 스틸웰의 이야기를 제외하고는 알려지지 않았거나 적어도 미국인들이 들어본 적이 없다. 중국은 총 2만 5000명의 정예 병사를 잃었다. 일부 사단들은 병력의 3분의 1과, 충분히 보급받지도 못한 트럭과 대포를 잃었다.

그 이후 비난이 교차하는 가운데, 1942년의 참사는 일본군을 버마에서 완전히 몰아낸다는 스틸웰의 야심 차지만 위험한 시도 대신에 장제스가 제시한 '깊숙한 방어'를 따랐더라면 피할 수 있지 않았을까 하는 의문이 제기되었다. 틀림없이 그 전략을 따랐다면 테일러의 말대로 "피인마나 전투는 피할 수 있었고, 승리할 기회를 상당히 얻을 수 있었을 것"이다. 설령 이 계획이 실패했더라도 형편은 더 나았을 것이다.

> 퇴각은 질서 있게 이루어질 수 있었을 것이고, 중국은 (……) 그 이후 4년에 가까운 전쟁 기간 동안에 더 강한 모습을 보일 수 있었을 것이다.[40]

2년 후에 스틸웰이 승리를 거두면서 버마로 돌아오기는 했지만, 그렇다고 장제스로 하여금 그에 대한 의구심을 지우게 하지는 못했다. 공개적으로는 찬양을 했지만 말이다. 장제스는 동맹국들이 아시아에서의 전쟁보다 유럽에서의 전쟁에 주력하는 것에 대해 불만을 가졌다. 그리고 일본이 1944년에 공세를 취하기 시작하여 중국의 거의 모든 성省들을 집어삼키고 있는데도 스틸웰이 버마 탈환에 집착하느라 부차적인 전구戰區에 주력하고 있는 것에 분통을 터뜨렸다. 이는 다시 그가 저항 전쟁에 나서기를 거부하고 있다는 미국인들의 비판을 초래했다.

장제스는 1944년 10월 루스벨트의 특사 패트릭 헐리Patrick J. Hurley에게 스틸웰의 소환을 요구하며 냉담하게 말했다.

"우리는 미트키나를 점령했지만, 동아시아 거의 전부를 잃었소."[41]

버마 전투는 미국에서 스틸웰의 명성을 더욱 높였지만, 장제스에게는 언젠가 자신의 일기에 털어놓은 대로 스틸웰이 "지휘관의 자질과 비전이 없다"는 확신을 굳히는 데 이바지했다.

1944년 9월 루스벨트는 이런 일촉즉발의 상황에서 사태를 바로잡기 위해 헐리를 보냈다. 골수 공화당 지지자인 헐리는 천성적으로 낙천적인 사람이었다. 그는 매우 매력적인 사람이었고, 때로 서부 카우보이 전통에 의지하기도 했다.

헐리가 처음 중국에 도착하자, 당시 대사였던 클래런스 가우스는 루스벨트가 대사를 교체하려는 것이 아니냐는 의구심을 품었다. 헐리는 그 대답으로 서부의 이발소 얘기를 들려주었다. 한 손님이 의자에 앉아 머리를 깎고 있는데, 갑자기 총알이 머리 위로 쌩쌩 날아가기 시작했다. 당연히 깜짝 놀란 손님은 일어나려 했다. 그러자 이발사가 말했다. "편안히 앉아 계세요, 손님. 아무도 당신에게 총을 쏘지 않아요."[42]

헐리는 그동안 승승장구하며 살아왔다. 자수성가한 석유 부호였고, 촉토네이션Choctaw Nation(미국 오클라호마 주의 원주민 부족 지구 – 옮긴이)의 변호사였으며, 허버트 후버 정권 때 군사부 장관을 역임했다. 1차 세계대전 때 아르곤 숲 전투(1918)에 참여하여 훈장을 받았다. 2차 세계대전이 태평양에서 벌어지자 그는 바탄 반도에서 고립된 미군 병사들에게 보급품을 전했고, 적어도 한 번은 자신이 거느린 배 한 척에 일본 국기를 휘날리며 능숙하게 해적 노릇을 했다.

그는 모든 견해 차이는 약간의 분별력과 끈기 있는 논의로 극복할 수 있다는 지극히 미국적인 신념의 소유자였다. 그러나 이런 점에서 그는 순진했고 고집불통이었으며 자신과 다른 견해와 정보를 받아들이려 하지 않았다.

헐리는 충칭에 도착한 다음 날인 9월 8일에 처음으로 장제스를 만났고, 두 사람은 죽이 잘 맞았다. 적어도 장제스 쪽에서는 헐리가 "전에 만난 미국 관리들과는 달라"[43] 보였다. 스틸웰이나 가우스 같은 덜 고분고분한 사람들 말이다. 아무튼 장제스는 미국의 가장 큰 요구를 받아들였다. 스틸웰에게 모든 중국군에 대한 지휘권을 주어야 한다는 요구였다. 만약 공산당이 장제스를 중국 지도자로 받아들이는 이례적인 상황이 발생한다면 그들도 포함되는 것이었다.

그러나 일은 금세 틀어지기 시작했다. 헐리가 무대에 등장하는 것과 동시에 이치고—號 작전이라 불린 일본의 1944년 대공세와 버마 작전이 시작되었다. 장제스는 9월 15일에 스틸웰, 헐리와 만난 자리에서 살윈 전선에서 펼쳐지고 있는 일본의 반격에 우려를 표명하고 압박을 해소하기 위해 버마 미트키나에 있는 X부대를 즉각 동쪽으로 이동시킬 수 있는지 물었다. 버마에 있는 군인들 사이에서 부하들을 인간의 한계 너머까지 몰아대는 것으로 악명이 높았던 스틸웰은 자신의 부하들에게 쉴 시간이 필요하다는 이유로 장제스의 요청을 거부했다.[44] 다시 말해서 한 미국인 하급 관리가 중국 정부 주석에게, 당신은 중국군 부대를 당신 나라 방어를 위해 쓸 수 없다고 말하고 있었다.

회의가 끝나고 스틸웰은 마셜에게 편지를 쓰면서 장제스를 "미친 잡놈의 새끼"[45]라고 부르고, 그가 버마 전투를 방해하고 있다고 말했다. 스틸웰은 쑹쯔원에게 쪽지를 보내 자신이 중국에서 "몇 년 동안 지연을 당하고, 무시당하고, 배신을 당하고, 함부로 다루어졌다"[46]고 불평하면서, 자신은 중국군에 대한 "그야말로 전권全權"을 얻어야겠다고 주장했다. 바로 이 요구 때문에 몇 주 뒤에 장제스는 스틸웰의 해임을 요구했던 것이다.

결국 충칭 교외의 황산黃山으로 알려진 산꼭대기에 있는 장제스의 관저에서 그 유명한 대결이 벌어졌고, 두 사람 사이의 돌이킬 수 없는 절교로 이어졌다. 마셜과 함께 퀘벡의 동맹국 회의에 참석하고 있던 루스벨트는 장제스에게 보내는 쪽지를 써서 스틸웰이 직접 전달하도록 지시했다. 쪽지 내용은 너무도 모욕적이었다. 장제스에게 윈난에 있는 Y부대를 "즉각" 증강하고, "당신의 모든 병력에 대한 무제한의 지휘권"을 스틸웰에게 주라고 요구하는 내용이었다. 그러고는 장제스가 이를 따르지 않을 경우 "그 결과에 대한 책임을 져야 할 것"이라고 위협했다.

스틸웰은 이 쪽지를 받은 뒤에 지프를 타고 황산으로 달려갔다. 그곳에서는 장제스가 그의 고위 관료 및 군 지휘관 몇 명과 함께 헐리를 만나서, 다름 아닌 스틸웰에게 중국군의 지휘권을 주는 데 따른 조건들을 의논하고 있었다. 장제스는 스틸웰이 왔다는 말을 듣고 차 한잔 하자고 청했다. 그러나 스틸웰은 우선 헐리를 따로 만나겠다고 했다. 장제스의 관저 발코니에서 헐리에게 쪽지를 보여주자, 헐리는 그 내용이 너무 모욕적이라 쪽지를 전하지 말라고 요청했다.

헐리는 말했다.

"이 게임은 당신이 이겼소. 당신이 중국 군대를 지휘하고 싶다면 대원수가 이미 동의한 내용을 받아들이기만 하면 됩니다."[47]

스틸웰은 대통령의 쪽지를 직접 장제스에게 전달하겠다고 고집을 부렸다. 그렇게 해서 대원수의 체면이 엄청나게 깎이는 꼴을 당해봐야 한다는 것이었다.

장제스는 말없이 중국어로 번역된 쪽지를 읽었다. 몇 분 뒤 그는 찻잔을 뒤집어 회의가 끝났다는 신호를 보냈다. 그리고 이렇게 말했다.

"알겠소."[48]

이 사건을 목격한 미국인 조지프 앨솝에 따르면, 장제스는 스틸웰과 헐리가 방에서 나가자마자 "참지 못하고 격렬하게 흐느껴 울기"[49] 시작했다. 장제스는 나중에 일기에서 자신이 "내 평생에 가장 심한 모욕"[50]

을 당했다고 적었다. 그러나 스틸웰은 의기양양했다. 그는 언제나 루스벨트에게, 장제스를 대할 때 더 세게 나가라고 촉구해왔다. 특히 중국의 양보를 얻어내기 위해 원조를 중단하겠다는 위협을 동원하라고 했다. 그는 아내에게 이렇게 썼다.

축하해주오. 우리가 이겼소. (……) 그자의 머리통이 흙먼지 속에 떨어졌소.[51]

그날 밤 장제스는 헐리를 관저로 불러 스틸웰이 중국을 떠나야겠다고 말했다. 두 사람은 이튿날 다시 만났다. 장제스는 헐리에게, 루스벨트의 전갈은 중미 관계가 최악의 상황임을 보여주었다고 말했다. 그는 특히 스틸웰 같은 자들의 부추김 때문에 루스벨트가 쪽지에서 자신이 일본과의 전투에 나서지 않았다고 빈정거린 일에 상처를 받았다고 말했다. 그는 헐리에게, 중국 군대의 30퍼센트는 1936년부터 싸움을 해왔고 일부는 1920년대의 북벌 때부터 싸워왔으며, 이 병사들은 스틸웰의 "은인인 체하는 태도"[52]를 받아들이지 않을 것이라고 말했다.

한편 황산에서의 만남이 있은 뒤 며칠 동안 스틸웰은 중국군을 인수할 계획을 짜고 있었다. 그는 200톤의 보급품을 이치고 공세의 일차 목표인 구이린桂林의 새 방어사령관에게 보내라고 명령했다. 그동안 보류해놓고 있던 보급품이었다. 이는 장제스의 군대가 싸움에 나서지 않는다고 투덜대는 순간에도 그들에게 군수품을 주지 않았다는 얘기다. 그는 또한 미국이 공산당 군대 5개 사단을 무장시키는 제안을 기안했다. 마지막으로 그는 대원수에 대한 자신의 태도를 고치겠다고 헐리에게 약속했다.

그러나 그것은 너무 늦은 이야기였다. 스틸웰이 장제스에게 루스벨트의 전갈을 건넨 지 닷새 뒤인 9월 24일, 장제스는 헐리에게 다시 한 번 스틸웰을 해임해야 한다고 말했다. 그는 공정하게 평가하자면 스틸웰은 "전문적이고, 열심히 일하며, 강한 의지를 가지고 있고, 공격을 중시하는 자신의 군사적 원칙에 충실"[53]하다고 말했다. 그러나 "그는 전략적 사고가 없고, (……) 기본적인 정치 기술도 없으며, (……) 매우 오만"하다고 했다. 이튿날 그는 스틸웰의 소환을 요구하는 공식적인 편지를 헐리에게 건넸다. 그러면서 그는 일기에, 자신이 아마도 세상에서 가장 존경하는 루스벨트로부터 배신당했음을 알고 느꼈던 고통에 대해 털어놓았다. 그는 이렇게 썼다. "비통하기 그지없다. 말을 잇기가 어렵다."[54]

그는 또한 투지도 드러냈다. 중국은 "필요하다면 다시 한 번 (……) 4개의 성(당시 일본에 점령되지 않은 쓰촨성, 윈난성, 구이저우성, 광시성 — 옮긴이)에서 (……) 완전히 혼자 힘으로 버텨나갈" 수 있다고 썼다.

나중에 헐리는 스틸웰의 소환을 요구하는 장제스의 편지가 접수된 날 밤에 잠을 이루지 못했다고 말했다. 그는 새벽이 되기 전에 보좌관을 불러 루스벨트에게 보내는 전갈을 받아쓰게 했다. 대통령이 장제스의 요구를 받아들여야 한다고 건의하는 내용이었다. 그는 이렇게 썼다.

스틸웰의 모든 행동은 장제스를 완전히 복종시키려는 것입니다. 대통령께서는 스틸웰과 장제스 가운데 하나를 택해야 하는 상황이고, 장제스를 택하셔야 합니다. 제가 알고 있는 중국인들 가운데 장제스만큼 지도자의 자질을 갖춘 인물은 없습니다. (……) 그는 대통령께서 하신 모든 요청과 모든 제안에 다 동의했습니다. 스틸웰 임명 하나만 빼고 말입니다.[55]

스틸웰 제거가 씨를 뿌린 분열은 깊고도 오래 지속되었다. 여론이 언제나 정직하고 직설적이며 허튼 짓을 하지 않는다고 믿어왔던 스틸웰이 첫 번째 반박에 나섰다. 스틸웰은 자신이 해임되고 나서 충칭을 떠나기 전에《타임》의 특파원 시어도어 화이트와《뉴욕 타임스》특파원 브룩스 앳킨슨Brooks Atkinson을 자기 사무실로 초청했다.[56] 그리고 자신과 장제스 사이에 일어난 일을 전했을 뿐만 아니라, 장제스 문제로 오간 비밀 전문들까지 제공하는 중대한 군기軍紀 위반을 범했다.

화이트가 쓴 기사는《타임》에서 게재를 거부했다. 편집장 헨리 루스는 화이트가 묘사한 대로 장제스가 부패하고 무능하게 보이는 것을 바라지 않았다.

그러나 그런 제약을 받지 않았던 앳킨슨은 워싱턴으로 돌아가는 스틸웰의 비행기에 동승했고, 장제스와 스틸웰의 갈등에 관한 그의 기사는 장제스와 그의 정권에 관한 언론 보도가 부정적인 쪽으로 옮겨가고 있음을 보여주었다.《뉴욕 타임스》1면 제목은 이러했다.

스틸웰, 장제스의 전쟁 전면 압박 거부에 꺾여[57]

이 기사 제목은 스틸웰의 입장을 그대로 압축하는 것이었다. 장제스의 스틸웰 해임에 대해 앳킨슨은 이렇게 썼다.

공산 측과의 평화에 빗장
- 대원수는 중국군의 대일전 투입을 정권 위협으로 생각
[이는] 일본을 중국에서 몰아내는 것보다 정치적 패권 유지에 더 큰 관심을 쏟고 있는 빈사 상태의 반민주 정권이 정치적으로 승리를 거두었

음을 상징한다. (……) 스틸웰 장군 해임과 후임자 지명은 우리로 하여금 우매하고 비정한 독재 정권을 묵인하게 하는 효과가 있다.

헐리는 당장은 공개적으로 아무 말도 하지 않았다. 그러나 1년쯤 지난 뒤에 그는 미친 짓이라고밖에는 설명할 수 없는 논평을 한다. 스틸웰과, 장제스 문제에 관해 그에게 동조했던 국무부 관리들, 그리고 미국 언론이 장제스를 무너뜨리고 공산당 정부가 들어서게 하려는 음모에 가담했다며 비난한 것이다. 헐리는 자신의 입장을 이렇게 요약했다.

중국에서의 스틸웰 장군에 관한 기록은 불가피하게 역사 속에서 중국의 국민당 정부를 전복하고 그 대신 공산당 정권을 세우려는 음모와 연결되어 있다. 그리고 이 모든 움직임은 당시 워싱턴의 정부 안에 존재하던 공산당 세포나 조직원들의 활동의 일부이고, 그들과 떼어놓을 수 없다.[58]

새로 임명된 웨더마이어는 스틸웰이 떠난 지 겨우 닷새 뒤인 11월 2일에 처음 장제스를 만나러 갔다. 그는 이틀 전 충칭으로 날아갔고, 그런 뒤에 차를 타고 건물 잔해가 여기저기 널린 고통받는 도시를 벗어나서 장강을 건너 황산으로 갔다. 종종 아무런 휘장이 없는 평상복 차림이던 장제스는 프로이센풍의 녹갈색 군복을 입고 있었다. 별 5개의 원수 견장도 달려 있었다. 웨더마이어가 보기에 그는 "검고 날카로운 눈과 매력적인 미소를 지닌, 키가 작고 품위가 있으며 좋은 가문의 사람"[59]이었다.

장제스는 자신의 참모장이 될 사람에게 좋은 인상을 주려고 애썼다. 그는 대중국 무기 대여 프로그램에 따른 보급품으로 매달 인도에서 들어오는 비행기 연료와 무기, 탄약 공급을 담당하고 있었다. 그는 웨더마이어를 특별 접견실에서 맞았다. 벽은 아름다운 중국 그림과 판화로 장식되어 있었고, 광을 낸 바닥에는 깔개가 깔려 있었다. 탁자는 티크 재목으로 만들어졌고, 의자에는 구슬이 박혀 있었으며, 꽃을 꽂아놓은 꽃병도 있었다. 긴 옷을 입은 하인들이 차와 음식을 가지고 미끄러지듯 드나들었다. 접견실에는 수많은 커튼과 병풍이 쳐져 있었기 때문에 웨더마이어는 완전히 혼란에 빠져, "얼마나 많은 사람들이 우리의 대화를 엿듣고 기록하게 될지"[60] 알 수 없었다.

"플리즈, 플리즈(자. 자)."

장제스는 이 말만은 영어로 하며 웨더마이어를 긴 의자로 안내하는 몸짓을 하고는 그를 자기 옆에 앉게 했다. 두 사람이 대등하다는 제스처였다. 그는 스틸웰과는 같이 소파에 앉으려 하지 않았다. 웨더마이어는 이렇게 썼다.

그는 수줍은 듯했으나, 예민하게 주의를 기울이고 있었다.[61]

장제스는 끊임없이 초조하게 부채질을 했다. 그 자리에는 몇 주 전에 새로 미국 대사로 임명된 헐리와 쑹쯔원도 동석하고 있었다.

이 회견은 환담을 나누고 스틸웰 참사의 상처를 치유할 수 있는 기회였다. 그러나 자세한 토론에 들어가지는 않았다. 웨더마이어는 대원수에게 자신의 확신을 이야기했다.

"우리가 일본에 맞서 미군과 중국군을 효과적이고 세심하게 이용하고 협력하는 데 아무런 어려움도 없을 것입니다."[62]

웨더마이어는 장제스의 생각을 존중했지만, 중국군의 상황에 대해서는 환상을 갖고 있지 않았다. 일본은 공세를 취하며 구이린과 류저우柳州를 위협하고 있었다. 둘 다 미국 공군 기지가 있는 중요한 곳이었다. 그러나 웨더마이어는 중국인들이 이상하게도 "무관심하고 영리하지 못한" 것을 깨달았다. 얼마 뒤인 12월 4일, 그는 마셜에게 보낸 전문에서 자신의 생각을 조금 바꾸었다. 그는 이렇게 썼다.

나는 이제 대원수와 그 추종자들이 상황의 심각성을 깨달았다는 결론에 이르렀습니다. 그러나 그들은 능력이 없고 혼란에 빠져 있습니다. 그들은 현대전을 위해 조직되거나 장비를 갖추거나 훈련되어 있지 않습니다.[63]

"이해할 수 없을 정도로 체계가 없고 뒤죽박죽인 계획"도 문제였다. 중국 병사들은 장비를 제대로 갖추지 못했을 뿐만 아니라 제대로 먹지도 못하고 있었다. 웨더마이어는 곧 영양실조로 인한 질병으로 이어지는 이런 불충분한 보급이 "중국 군대가 지닌 문제 대부분의 바탕에 깔려 있"[64]음을 깨달았다.

이런 평가는 스틸웰의 냉혹한 판단과 일치하는 것 같지만, 사실 웨더마이어는 그의 전임자 스틸웰(그 덕분에 웨더마이어와 장제스가 화기애애한 관계가 될 수 있었다)보다 요령이 있었을 뿐 아니라, 좀 더 동정적이고 그를 선의로 해석하는 경향이 있었다. 미국의 여론은 장제스에 대해 시큰둥해졌거나 아니면 적어도《뉴욕 타임스》보도로 불거진 환멸을 은연중에 공유하게 되었고, 중국에 파견된 미국 외교관들이나 군사 관계자들은 장제스에 반대하는 쪽으로 의견이 일치하고 있었다. 그러나 웨더마이어는 대원수가 큰 인물이며 중국을 이끌 유일한 지도자라는 헐리의 평가를 확신하게 되었다. 다른 사람들 역시 그렇게 생각했고, 이에 따라 미국 정부는 결국 장제스에 대해 결점을 포함해서 모든 것을 끌어안고 감수하는 선택을 하지 않을 수 없었다. 언젠가 루스벨트가 니카라과의 독재자 아나스타시오 소모사 가르시아에 대해 말했듯이, 그는 '사생아지만 나의 사생아'라는 사실을 냉정하게 수용한 것이었다.

1944년 말, 루스벨트는 몬태나 출신의 젊은 하원 의원 마이클 맨스필드Michael Mansfield를 석 달 동안 중국에 파견하여 진상을 파악하게 했다. 그는 해병대에 근무할 때 중국에 주둔했었고, 몬태나 주립대학에서 동아시아사를 강의했다. 그는 1945년 1월에 루스벨트에게 이렇게 썼다. "상황이 정말 심각합니다."[65]

맨스필드가 생각하기에 가장 큰 문제는 국민당 세력과 공산당 세력 사이의 균열이었고, 그것이 공동의 적 일본의 면전에서 중국의 힘을 약화시키고 있었다. 게다가 국민당 세력은 부패하고 무능하며, 그들의 군대는 보급이 부족하고 제대로 먹지도 못하며 지휘 체계도 엉망이라고 썼다. 그는 이렇게 결론지었다.

장제스는 중국의 통일과 독립을 현실로 만들 수 있는 유일한 사람입니다. 그는, 그리고 그만이 현재의 상황을 해결할 수 있습니다. 그가 저지른 몇 가지 일들에도 불구하고 그는 바로 중국 자체이기 때문입니다.

맨스필드의 견해에서 보이듯이, 동그라미를 네모로 만드는 일이 시작되고 있었다. 장제스는 결함이 많은 지도자로 여겨지고, 이상하게도 자기네 국민들이 겪는 고난이나 정부가 그들에게 가한 학대와는 연결되지 않았다. 그러나 동시에 이 냉정하고 가차 없는 분석에는 그의 운명과 중국의 운명을 동일시하는 인식이 바탕에 깔려 있다. 미국은 처음으로 공산주의 혁명 세력에 맞서 우익 독재자를 지원하여, 행동이 만족스럽지 않은 (그럼에도 미래를 위해 미국이 선택한) 아시아 지도자에게 의존하게 되었다. 그리고 이런 일은 이후에도 여러 차례 나타나게 된다.

제 3 장

피폐해진 나라

중일전쟁은 나라를 송두리째 파괴한 전쟁이었고 불필요한 전쟁이었다. 8년 동안 이 전쟁은 중국 전역에서 불을 뿜어 헤아릴 수 없이 많은 사상자와 파괴와 손실을 초래했다. 그 손실에는 사람이 죽고 물질적인 손해를 입는 통상적인 의미의 손실도 있지만, 공통성의 상실이나 인간관계의 상실도 포함된다. 생존 경쟁이 이 나라 사람들의 동정과 상호부조와 동류의식을 압도했다.

이 전쟁에서 가장 중요하고 절정을 이룬 싸움은 1937년에서 1945년 사이에 벌어졌다. 그러나 이 전쟁은 국제적인 위신(식민지 획득 쟁탈전에서 유럽의 주요 강국을 모방하는 것)을 추구하는 데 나선, 완강하고 거리낌 없는 일본이 수백 년 동안 중국에 속했던 타이완臺灣 섬 전체를 식민지로 만든 1895년에 시작되었다고 할 수 있다.

그러나 일본의 주요 목표는 동해 건너의 광대한 육지 한국과 만주를 차지하는 것이었고, 그것은 더 큰 전리품 중국을 얻기 위한 디딤돌이었다. 동북아시아의 패권 국가였던 중국은 약해진 힘과 정치적 혼란으로 인해 역사적으로 유지해왔던 한국이나 만주에서 권리를 지킬 능력이 없었다. 그래서 이 지역은 일본과 이 지역의 또 다른 강국인 제정 러시아가 다투는 땅이 되었다.

1905년, 일본은 스스로가 식민지 쟁탈전의 중요한 멤버임을 선언했다. 식민지 전쟁의 성격이 강한 전쟁에서 러시아를 호되게 두들긴 것이다. 두 교전국은 순전히 제3국의 땅에서 싸웠다. 바로 교전국도 아닌 중국 땅이었다. 이 러일전쟁은 아시아 강국이 대규모 전투에서 유럽 강국을 물리친 첫 번째 사례였다.

일본 군대는 러시아를 육상에서, 그리고 더 중요하게는 해상에서 싸워 이기고 전술적으로도 이겼다. 지금은 선양瀋陽이라 불리는 만주의 최대 도시 펑톈奉天에서 벌어진 육상 전투에서 러시아는 9만 명의 병사를 잃었다. 한국과 일본 사이에 있는 쓰시마對馬 해협에서 벌어진 결정적인 해상 대결에서 도고 헤이하치로東鄉平八郎 제독이 이끄는 일본 함대가 러시아 함대를 궤멸시켰다. 이들 대부분은 발트해에 있는 모항에서 3만 킬로미터를 달려온 배들이었다. 러시아 배는 3척만이 도망쳤다. 러시아는 함대가 보유한 전함 8척을 모두 잃었고, 5000명이 죽었다. 이에 비해 일본은 어뢰정 3척과 병사 116명을 잃었다.

러시아는 한국이 일본의 영향권 안에 있다는 데 동의했고, 일본은 1910년에 한국 전체를 차지했다. 일본은 러시아에 속했던 사할린 섬의 남쪽 절반을 얻었고, 러시아가 남만주에서 가지고 있던 뤼순항 조차권과 남만주 철도 통제권 등의 식민지 특권을 넘겨받았다. 그 이후로 이들 손실을 복구하는 것은 러시아인들의 끊임없는 열망이 되었고, 이는 앞으로 보겠지만 중국과 미국에 중대한 영향을 미치게 된다.

이 승리의 결과로 일본은 아시아의 강대국이며 세계에서 가장 빠르게 떠오르는 강국이 되었다. 이 나라는 이제 아시아 전역에서 유럽의 식민지 사업을 대신하여, 일본이 이끌어갈 방대한 새 권역을 창조한다는 대담하고 인종적 색채를 띤 목표를 구상하고 있었다.

일본은 1차 세계대전 직후 이 목표를 향한 약간의 진전을 이루었다. 승자 쪽과 동맹을 맺은 보상으로 중국 산둥성山東省의 독일이 보유하고 있던 지역을 넘겨받은 것이다. 여기에는 해안 도시 칭다오도 포함되어 있었는데, 이 도시는 독일이 그곳에 건설한 같은 이름의 맥주 공장으로 서양에 알려져 있다. 일본은 1920년대에 세계 열강이 중국 주권을 침해한 데 대해 전체적으로 약간의 가책을 느끼는 분위기에서 그곳을 중국에 돌려주었다. 나중에 드러내는 모습보다 온건하고 호의적이었던 일본 역시 유화 제스처를 취할 필요를 느꼈기 때문이다.

그러나 이때 상황에 대한 통제권이 온건파에서 국수주의자들과 군인들에게 넘어갔다. 이 세력은 일본이 아시아를 경영해야 한다는 숙명을 실현하는 데 열심이었고, 그들이 생각하기에 이 숙명은 서양 문명과 건곤일척의 마지막 결전을 펼칠 필요가 있는 것이었다. 아시아를 지배하기 위해서는 먼저 무기력하고 부패하고 열등한 중국을 지배해야 했고, 중국을 지배하기 위해서는 만주를 점령하여 그곳을 팽창을 위한 기지로 건설할 필요가 있었다.

1931년과 1932년에 일본 군국주의자들은 히로히토裕仁 천황의 지원 아래 완전한 통제권을 장악했다. 사쿠라회櫻會나 혈맹단血盟團 같은 국수주의 단체들이 국내에서 잇달아 암살을 자행했다. 특히 아시아 본토에서 펼치려는 군의 야망을 억제하려 했던 직전 총리대신이 암살당하자 온건론은 흔적도 없이 모두 사라졌다.

1931년에 만주사변이 일어났다. 무장한 일본 국수주의의 본산이었던 관동군의 군인들이 선양 부근의 남만주 철도 선로 일부를 폭파하고는 중국 측의 소행으로 몰아붙였다. 그러고는 이를 구실로 삼아 만주를 구성하고 있던 동북부 지역의 모든 성을 장악했다. 몇 달 뒤에 그들은 멸망한 청 왕조의 마지막 황제 푸이溥儀를 설득하여 만주국의 꼭두각시 지도자로 삼았다.

1932년 초, 분노한 군중들이 상하이에서 일본 승려 5명을 두들겨 팼다[1](일부 기록에 따르면 일본 관리들이 중국인 폭력배들을 매수하여 이들을 공격하게 했다고 한다). 그러자 일본은 상하이의 중국인 거주 지역에 군대를 투입했다(상하이에서 일본인이 많이 살았던 공공조계公共租界는 전투 금지 구역이었다). 독일인 훈련 교관들의 조언을 받은 중국군 부대들이 효과적으로 저항하자 일본은 대규모 육·해군 침략군을 상하이에 보내어 포함과 복엽 비행기로 중국인 주거 지역을 폭격했다(이 사건을 '상하이 사변' 또는 '1·28 사건'으로 부른다–옮긴이). 이는 역사상 최초의 도심지 폭격이었으며, 이후 아시아와 유럽의 여러 곳에서 같은 일이 벌어졌다. 중국을 정복하기 위한 장기적이고 무자비하며 잔혹 행위를 서슴지 않는 노력이 시작된 것이다.

이 침략에 대해 국제연맹에서 이의를 제기했지만 소용없었다. 만주국 창설은 불법으로 간주되었지만, 일본의 침략을 징계할 실질적인 조치는 전혀 취해지지 않았다. 더욱 중요한 것은, 장제스 정부가 비록 실패에 그쳤지만 1932년 일본의 상하이 침략에 대항하기 위해 군대를 보냈으면서도, 일본의 만주 침략에 대해서는 묵인했다는 점이다. 당시는 국민당에 의한 혁명의 와중이었다. 그들은 '새로운 중국', 즉 현대적이고 강하고 자립적이고 외국의 주권 침해를 받지 않는 나라를 만들기 위해 애쓰고 있었다. 그리고 이 혁명의 지도자인 장제스는 자기 나라가 군사적으로 힘이 없어 일본의 야욕을 꺾을 수 없음을 알고 있었다. 장제스가 시안에서 납치되어 포기하게 되지만, 그의 슬로건은 "대외 항쟁보다 내부 평화가 먼저"였다.

그러나 일본은 계속해서 '사건'을 만들어냈고, 그 모든 사건들은 또 다른 침략의 구실로 이용되었다. 14세기에 이탈리아 여행가 마르코 폴로가 건넜다고 해서 '마르코 폴로 다리'로도 불리는 루거우차오蘆溝橋라는 오래된 대리석 다리 부근에서 중국군 순찰대가 야간 훈련 중이던 일본 병사 하나를 죽인 1937년 7월 7일 사건 이후 일본은 전 중국을 점령하는 쪽으로 방향을 전환했다. 이 새로운 '사건'에 대응하여 일본은 만주에 있던 중무장한 병력 4개 사단을 만리장성 너머로 보냈다. 과거 제국의 수도였던 베이징을 포함하여 중국의 황하 이북 4개 성을 점령하는 것이 목표였다. 이런 움직임과 함께 두 나라 사이의 전면전이 시작되었다. 전쟁은 이후 8년 동안 간헐적으로 계속되었고, 격렬한 전투와 소강상태가 번갈아 이어졌다.

독일이 벨기에, 네덜란드, 프랑스를 침략하여 2차 세계대전이 서유럽으로 확산될 무렵, 일본이 중국을 침략한 지도 4년이 지나 있었다. 이 4년 동안 중국은 동맹국이나 원조 없이 혼자서 싸웠다. 예외가 있다면 소련과 미국이 약간의 재정 지원과 물자 지원을 해준 것이었고, 좀 더 중요한 것으로는 셔놀트가 지휘하는 미국의용대의 노력이 있었다. 이들은 중국 내륙에 있는 비행기 이착륙장을 이용하며, 일본이 중국의 북부 및 해안 지방을 침략한 데 대해 적어도 약간의 대가를 치르게 했다.

2년 전 무솔리니의 침략을 받은 직후의 에티오피아처럼 중국도 1937

년에 다른 나라들에 호소했지만 아무런 도움의 손길도 오지 않았다. 국제연맹이나 미국도 도와주지 않았다. 국제연맹은 국가 간의 침략을 불법화하기 위해 창설된 기구였지만, 일본도 그 가맹국이었다.

미국인들에게 중국은 정서적으로 매우 중요한 나라였다. 미국은 18세기 말부터 상인들을 중국에 보내고 있었고, 100년 전부터 선교사들이 들어가서 자기네가 기독교 문명의 혜택이라고 열렬하게 믿는 것을 중국인들에게 전해주고 있었다. 프랭클린 루스벨트는 집에 온 손님들에게 외가인 델러노 가문 조상들의 중국 내 연줄에 대해 자주 이야기했다. 뉴욕 하이드파크에 있는 이 가문 조상 전래의 집 음악실에는 18~19세기에 대통령의 조상들이 수집한 자기와 칠기 골동품들이 즐비했다.

그러나 1차 세계대전 이후 20년이 약간 안 되는 동안 미국은 유럽에서든 아시아에서든 외국의 분쟁에 끼어들 생각이 없었다. 중일전쟁이 발발하고 첫 4년 동안 미국은 일본에 중요한 원자재를 계속 공급했다. 가장 중요한 것은 석유였다. 따라서 어떤 면에서 미국은 중국을 욕보이고 약탈하는 데 부역자 노릇을 했던 것이다. 1931년의 만주사변 이후 허스트의 타블로이드판 신문들의 기사 제목은 미국인들의 태도를 간결하게 요약해준다. 중국에 대한 감정적인 애착이, 중국이 전략적으로 중요하지 않다는 사실에 진 것이다.

동정은 하지만, 우리가 알 바 아니다[2]

같은 제목이 1937년 일본의 침략 이후에도 나올 수 있었다. 동정심이 깊어지고, 일본의 잔학 행위가 더 분명하게 드러나기는 했지만 말이다.

미국은 1941년이 되어서야 전쟁에 직접 뛰어들었다. 12월 7일에 일본이 하와이 진주만을 기습 공격했기 때문이다. 이때까지 중국은 군과 민간 모두 엄청난 손실을 입었지만, 대부분의 유럽인들이 부끄러워해야 할 정도의 항전 의지를 보여주었다. 예를 들어 프랑스는 1940년에 독일의 침공을 받고 6주 만에 항복했다. 그 뒤 고분고분한 부역자 정권을 세웠고, 1944년의 연합군 상륙 예정일까지 싸움에 참여하지 않는 예속국으로 남아 있었다. 2차 세계대전은 네덜란드, 벨기에, 덴마크, 노르웨이, 폴란드, 헝가리, 체코슬로바키아, 세르비아, 루마니아, 크로아티아, 그리스와 기타 유럽의 피점령국들에서도 금세 끝났다. 이 나라들은 모두 독일의 점령이라는 혹독한 대우를 받아야 했다. 유대인 대량 학살이 그 피해 가운데 하나였다. 서방은 점령에 대한 게릴라 저항과, 독일군이 자기네 부대가 공격당할 때마다 가한 잔인한 보복을 경험했다. 영국은 물론 항복한 적도 없고 침략당한 적도 없었다. 대륙 유럽 국가들 가운데 자기 영토에서 몇 달 넘게 전면전을 치른 것은 오직 소련뿐이었다. 소련은 모두 합쳐 5년 가까이 전쟁을 하고 있었고, 미국은 4년에 육박했다. 중국에서는 1931년 일본이 만주를 침공한 초기를 제외하더라도 만 8년 동안 전쟁이 계속되었다.

1944년 가을에 스틸웰이 떠나고 웨더마이어가 도착할 무렵, 중국은 기진맥진해 있었다. 중국 군대는 사상자가 매우 많았고, 국민들은 사기가 떨어지고 방향감각을 잃은 채 자포자기한 상태였고, 경제는 파탄이 났고, 여전히 장제스가 이끌고 있던 정부는 약탈을 막을 능력이 없어 불신을 받고 있었다. 수천만 명의 병사와 민간인이 죽었고, 수백만 명이 살던 곳에서 쫓겨나서 궁핍과 절망의 나락으로 떨어졌다. 수많은 도시들이 말 그대로 검게 그을린 폐허로 변했고, 시골 경제는 만신창이가 되었다.

이 전쟁을 연구하는 사람들은 재산 피해가 약 1000억 달러 상당이라고 추산했다. 이는 중국의 공업생산력이 전쟁이 시작되던 때에 비해 4분의 1로 떨어졌음을 의미한다.[3]

중국은 워낙 큰 나라여서 일부 지역은 전쟁의 영향을 받지 않았거나 대체로 무관하게 지나갔다. 가장 대표적인 곳은 만주와 타이완이었다. 두 지역은 모두 일본의 지배를 받았고, 일본의 끝없는 상품 수요로 인해 사실상 경제적 도움을 받았다. 다른 지역들, 특히 대후방大後方으로 알려진 쓰촨성, 산시성山西省·구이저우성, 간쑤성甘肅省, 윈난성 등 광대한 내륙 지방은 대체로 일본에 점령되지 않았고, 전쟁의 직접적인 피해를 입지 않았다. 좀 더 중앙 쪽에 있어 일본의 침략을 받은 후난성湖南省, 허난성河南省 등도 1937년 일본이 처음 침입할 때부터 1944년 봄에 맹렬한 이치고 작전이 시작되기 전까지 실제 전투가 벌어진 기간은 얼마 되지 않았다.

점령당하지 않은 많은 지역에서는 언제나처럼 수단 좋고 활동적인 중국인들이, 최악의 상황에서도 늘 분투해왔던 것처럼 잘 버텨내고 있었다. 인간의 창의성은 집단 수용소와 점령당한 땅에서도 사라지지 않았다. 미국이 참전하기 직전인 1940년부터 1941년까지 중국의 여러 곳을 여행한 미국인 그레이엄 펙Graham Peck은 이렇게 썼다.

지방 도시는 외부에서 밀어닥친 일에 의해 공포가 생기거나 걷잡을 수 없는 이산離散이 생기지 않으면, 황제의 통치하에서 수천 년 동안 그래왔던 것처럼 자율적으로 평화롭게 그럭저럭 살아갈 수 있는 듯했다.[4]

난민들은 새로운 마을을 만들었고, 부유한 사업가 계층이 나타났다.

게릴라 상인遊擊商人으로 알려진 이들은 일본이 장악한 도시에서 실크스타킹이나 만년필을 보따리에 싸서 마차나 배에 싣고 점령지 밖의 도시로 가서 팔았다.

광둥성과 광시성을 여행한 펙은 "새로운 식당과 여관이 가득 들어차서 도박과 술판으로 밤새 시끌벅적한 신흥 도시들"[5]을 볼 수 있었다. 그곳들은 전에는 기선들이 강을 지나가던 한적한 어촌에 불과했다. 밀수는 불법이었지만, 지방 군벌들과 세관 관원들은 여기에 세금을 부과했다. 몇 달 뒤인 1941년에 펙은 허난성에서 전에 관원이었다가 직장을 잃고 게릴라 상인이 된 사람을 만났다. 그는 허난성에서 가장 북적대는 밀수 항구 제서우界首에 가면 중식당이든 양식당이든 충칭보다 더 좋은 식당들이 있다고 알려주었다.

충칭에서 북동쪽으로 1000킬로미터 거리의 황하 변에 있는 허난성의 뤄양洛陽에는 "10만 명이 훨씬 넘는 사람들이 살고 있었고, 이들은 상당한 번영을 누리는 가운데 바삐 돌아다니며 도시의 일상생활을 영위하고 있었다."[6] 마치 그곳은 전쟁과 무관한 듯했고, 비참하고 혼잡하고 건물 잔해가 널려 있는 충칭과 뚜렷한 대조를 보였다. 일본군은 80킬로미터 밖에 있었다.

그러나 이런 반쪽짜리 번영은 중국 정부의 활동 '때문에'가 아니라 중국 정부의 활동 '에도 불구하고' 존재하는 것이어서 언제고 무너져 끝장날 수 있었다. 펙이 도착한 지 겨우 2주 뒤에 일본군은 뤄양을 주기적으로 폭격하기 시작했다. 아침에는 정찰기가 뜨고, 밤에는 폭격기가 날아왔다. 갑자기 도시는 공포에 휩싸였고, 일본군이 곧 쳐들어온다는 소문이 돌았다. 비행기는 뤄양 바로 북쪽을 흐르는 황하 위로 나타나곤 했다. 조금 전까지만 해도 평화롭게 물건을 거래하던 사람들이 갑자기 허둥지둥 도망가고, 길거리에서 서로 부딪치며 가파른 계단을 구르듯이 내려가서 방공호로 들어가곤 했다. 펙은 나중에 이렇게 썼다.

매번 더 길어진 공습이 끝나면 청소반이 점점 더 많은 시체들을 거적으로 둘둘 말아 거리를 지나갔다.[7]

장사는 자취를 감추었다. 전기도 끊어지고, 학교는 문을 닫았다. 부동산 가격은 떨어지고 채소 값은 올랐다.

도시는 내가 전해 가을에 충칭에서 보았던 헐어빠지고 어수선한 모습으로 변하기 시작했다. 거리에는 뒤엉킨 전깃줄과 건물 잔해가 널려 있었고, 벽보와 창호지 문이 너덜거렸다. (……) 드넓은 거리는 (……) 하루 종일 사람을 구경할 수 없었다.

1941년 5월 16일, 일본은 뤄양 상공에 비행기 110대를 보냈다. 그러고는 700개 이상의 폭탄을 떨어뜨렸다. 그날 오후의 상황은 이랬다.

서쪽으로 가는 길은 뤄양을 떠나는 사람들로 가득 찼다. 그들은 천천히 움직였고, 걷거나 수레, 인력거, 외바퀴수레, 자동차를 타고 갔다. 마을의 높이 솟은 건물 잔해에서부터 산 끄트머리까지 길가 나무 위에는 그들이 지나가면서 생긴 기다란 먼지 띠가 곧게 뻗쳐 있었다. 길에서 조금 떨어진 들판에서는 그들의 외침, 울부짖음, 저주가 하나로 뒤엉켜 낮고 떨리는 소리로 이어졌다. 마치 총을 맞은 짐승이 오랫동안 피를 줄줄 흘리며 죽어가면서 내는 신음 소리 같았다.[8]

폭격이 끝난 뒤 뤄양은 겉으로 보기에는 일상으로 돌아온 듯했고, 다른 많은 난민들이 그러했듯이 중국인들은 곧 적응하는 듯했다. 그러나 도시 부근과 강 건너 산들에서 벌어진 전투로 인해 생긴 분노와 불신은 오래도록 지속되었다. 사람들은 일본을 증오했고, 국민당이 자신들을 보호해줄 것이라는 믿음도 사라졌다. 정부를 비판하는 사람들은 체포되어 감옥에 갇혔다. 신문은 검열을 당해 조금이라도 중앙정부가 문제 삼는 것은 보도되지 않았다. 목격자가 없는 일에도 의심의 눈초리를 보냈다. 정부는 공산당을 비난했다. 국공합작의 약속에 따라 그들은 일본의 배후를 공격해야 했지만 그러지 않았다는 것이다. 공산당은 이런 비난에 반발했다. 국공합작이 결코 튼튼한 동맹이었던 적은 없지만, 단결은 그 어느 때보다도 약해졌다.

펙이 전한 바에 따르면, 뤄양에서 빠져나올 때 국민당 군 장교들은 자동차 대부분과 수레 절반을 징발했다. 거기에는 "뤄양의 수많은 민간 관료와 군 장교들의 가족과 가구·서류들을 가득 실었다."[9] 그리고 "피난길은 흙먼지와 역겨운 냄새로 숨이 막힐 듯했고, 그런 속에서 조급하고 야비하게 제 잇속을 챙기겠다고 허세를 부리는 것"은 아무런 소용도 없는 짓이었다. 식료품 값과 운송비는 4배로 껑충 뛰었다. 나무 화분을 수레에 실을 수 있는 사람이 있는 반면에 가난한 사람들은 가재도구를 등으로 져 날라야 했기 때문에 분노가 치솟았다. 길에서는 주먹다짐이 벌어졌다.

이런 일들이 미국이 참전하기 전, 바깥 세계에서는 아무도 거의 관심을 보이지 않을 때 중국에서 벌어지고 있었다. 그리고 중국인들 자신은 알지 못했지만, 그들은 4년이나 더 전쟁에 시달려야 했다.

중국인들의 생활은 이상하게 변했다. 작으면서 크고, 집합적이면서 개별적이었다. 국민당 군은 엄청난 사상자가 나서 중앙정부가 상당히 약해지고 쭈그러들었다. 반면에 맞수인 공산당은 일본 점령 기간 동안 규모와 힘 모두 엄청나게 커졌다.

사람들의 죽음과 경제적 손실보다 더 심각한 일들도 있었다. 도시가 파괴되고, 사람들이 대량으로 이주하고, 나라의 엘리트들과 전문가 계층, 행정가, 민간 지도자, 상인, 자본가 들이 죽었다. 가난하고 뒤떨어진, 언제나 광대한 이 나라 전체에 얇게 퍼져 있던 지도층 가운데 상당수가 재산과 신뢰를 잃었다. 공무원들은 혼란에 빠져 있었고, 지식 계층은 망가졌으며, 정권 지도층은 내부 추방 상태였다. 버텨내기 위한 투쟁은 치열했고, 각자도생各自圖生을 위한 적대감과 불신과 냉소의 분위기가 생겨났다.

전통 중국은 비록 가난했지만 유교적이고 불교적인 사회 의식을 함양해왔다. 특히 연의회聯誼會라 불리는 것을 통해서 다른 성이나 도시로 이주한 사람들이 새로 이주해온 사람들에게 도움을 주면서 전통을 유지했다. 중국인들에게는 '런칭웨이다오人情味道'라는 표현이 있다. '인간적인 맛'을 의미하는 이 말은 인생에서 날카롭게 부딪치는 부분들의 완충 작용을 하는 도덕적인 향기 같은 것이다. 그러나 전쟁으로 인한 고난과 절망은 많은 인간적인 감정들을 없애버렸고, 삐죽삐죽한 모서리들을 남겼다.

공자는 완전한 덕은 다섯 가지 특성을 지닌다고 말했다. 엄숙함, 너그러운 마음, 진실함, 열성, 친절함이다. 이 모든 미덕들이 나라가 오랜 선쟁을 겪으면서 위축되었다. 이에 따라 정부의 가혹한 과세와 약자에 대한 무자비한 착취, 식량 절도, 떼강도, 해적질, 강간, 고리대금 등이 일본의 약탈을 뒤따랐다. 이는 중국인들(혹은 적어도 전쟁에 관한 기록을 남긴 중국인들)보다 중국에 있는 외국인들이 더 주목한 현상이었다. 펙은 이에 대해 다음과 같이 썼다.

생존의 어려움과 잠재적인 공포가 서로 돕고 책임을 지는 최후의 생존 단위인 가족 이외의 모든 거래에서 탐욕과, 만인에 대한 만인의 투쟁 식의 개인주의를 조장했다.[10]

인구가 많고 가난했던 중국은 가장 좋은 시절에도 다른 나라들보다 더 큰 고난을 겪었다. 전쟁 와중에 그 고난은 기하급수적으로 커졌다. 중국사학자 존 페어뱅크John K. Fairbank는 이렇게 썼다.

공공심과 아량, 그리고 심지어 정직은 대부분의 사람들에게 그림의 떡이었다. 강자는 약자를 짓밟았고, 그들은 서로를 등쳐먹었다.[11]

국민당의 온갖 선전, 애국심을 고취하는 노래들, 그들이 점령되지 않은 도시들에 붙였던 포스터들, 용감한 저항을 불러일으키기 위해 그들이 노력했던 이미지, 장제스의 계획에 따라 일이 진행되고 있다는 끊임없는 주장. 그러나 정부는 우선 일본을 중국에서 몰아내는 데 실패한 책임, 그 이후의 무질서와 혼란, 잔학 행위와 추방, 엄청난 비인도적 행위에 대한 책임이 있었다. 미국의 한 정보 장교는 1945년 충칭에 부임하게 된 미국 외교관 존 멜비John Melby에게 이렇게 경고했다.

"당신은 전에는 꿈도 꾸지 못했던 고통과 감긴 눈, 음울함, 분노, 증오, 절망을 보았소. 그리고 이 모든 것은 세상에서 가장 아름다운 사람들의 몸에서 본 것이오."[12]

이 장교는 인도에 관해 이야기하고 있었다. 하지만 그는 이렇게 덧붙였다.

"그것은 중국에 관한 완벽한 서곡이오."

일본군은 북중국 침략과 동시에 장강 유역으로 쳐들어갔다. 그들은 전쟁 첫해에 북쪽의 톈진에서부터 남쪽의 광저우·홍콩까지, 그리고 대도시 상하이 등 해안 도시들을 모두 점령했다. 그러고는 국민당 정부의 수도인 난징과 장강 유역의 공업 중심지 한커우漢口도 손에 넣었다. 중국의 국토가 일본의 전격전電擊戰의 충격에 휩싸였을 뿐 아니라, 독일인들로부터 훈련을 받은 정예 사단들도 엄청난 사상자를 내서 국민당 군대는 그로부터 완전히 회복할 수가 없었다.

이 전쟁은 역사가 존 다우어John Dower가 말했듯이 무자비한 전쟁이었다. 1937년 상하이에서는 석 달 동안에 걸쳐 치열한 전투가 벌어졌다. 이때 국민당 군은 격렬하고도 일본군이 전혀 예측할 수 없었던 저항을 펼쳐, 항구에 있는 일본 배들로부터 포격이 쏟아지는 가운데서도 치열한 시가전을 벌였다. 그 직후 세계 각지의 신문에 실린 한 장의 사진이, 그 이전과 이후에 아시아에서 일어난 그 어떤 전쟁에 관한 정보보다도 더 큰 분노를 불러일으켰다.

그것은 일본의 공격 직후 철길 옆에 앉아 있는 아기의 사진이었다. 아기는 피부가 불에 데고 재로 덮인 모습이었다. 아기 뒤로는 철길 위로 육교가 가로지르고 있고 골이 진 금속의 뾰족한 파편들이 땅에 어지러이 널려 있다. 아기의 입은 벌어져 있고, 머리는 몸에 비해 커 보인다. 아기는 이상하게도 똑바른 자세로 팔을 양옆에 붙이고 있다. 부서진 작은 불상처럼 참사의 잔해 속에 무력하게 앉아 있는 연약한 아기의 모습이다.

이 사진은 무고한 민간인들이 겪는 고난과 침략자의 잔인성, 그리고 중국이 당하고 있는 피해를 구체적으로 보여주었다(이 사진은 미국 허스트 신문사의 사진기자였던 중국계 미국인 왕하이성王海升이 찍은 것으로, '피의 토요일 Bloody Saturday' 또는 '중국의 아기中國娃娃'라는 제목으로 유명하다—옮긴이).

그러나 세계는 학살이 계속되는데도 지켜보고만 있었다. 그리고 그런 방관적인 태도는 1941년 말 일본이 진주만을 공격하여 미국과 그 동맹국들이 참전하고 나서야 비로소 끝났다.

중국의 일부 지역은 그저 피해를 당한 정도가 아니었다. 이런 도시들은 송두리째 파괴되고, 깨끗이 쓸려나가고, 사람들이 흩어지고, 카르타고의 폐허와 같은 상태로 남았다.

후난성의 성도 창사長沙가 바로 그런 곳이었다. 1938년에 창사는 인구가 50만 명이나 되는 도시였고, 거대한 성문과 성벽이 그곳이 오래되고 중요한 곳임을 증언하고 있었다. 이 도시는 후난성의 들판과 오르락내리락하는 산들을 따라 흐르는 장강의 주요 지류인 샹강湘江 강변에 위치하고 있는데, 이 부유한 농업 지역에서 창사가 상업 중심지 노릇을 하고 있었다. 도시의 좁은 골목들은 잿빛 기와를 비스듬하게 얹은 이층 벽돌집들 사이에 구불구불 이어져 있었다. 기둥을 세운 상가들이 그보다 넓은 상업용 간선도로들을 따라 늘어서 있었고, 차량과 인력거, 당나귀, 수레를 끄는 물소, 그리고 자기네가 파는 군것질거리가 맛있다며 외치는 행상인들로 혼잡했다. 한 외국인 선교사 겸 의사의 부인은 이렇게 썼다.

거리에서는 온갖 일들이 벌어졌다. 종이우산에 기름을 먹이고, 솜이불에 솜을 채우고, 양초를 만들고, 관에 조각을 했다. (……) 길거리에서 아기에게 젖을 먹이고, 아이들은 팽이를 치고, 노인들은 햇볕이 잘 드는 담벼

락에 기대어 꾸벅꾸벅 졸았다.[13]

창사는 2000년 된 한나라 때의 무덤이 있고, 학교와 절이 많고, 또한 중국의 근세사에서 폭력을 경험한 것으로 유명했다. 이곳은 19세기 중반 태평천국太平天國 운동 때 포위당한 적이 있었다. 이때 카리스마 있는 몽상가(태평천국 운동의 지도자인 홍슈촨洪秀全—옮긴이)가 스스로 예수의 동생이라는 믿기 어려운 주장을 하며 청 왕조를 멸망 직전까지 몰아갔었다. 최근에는 1930년에 공산당과 국민당 세력이 서로 격렬하게 충돌하는 장소가 되었다. 창사는 중국 중심부의 다른 많은 도시들과 마찬가지로 매력적인 부분과 끔찍한 부분이 뒤섞인 곳이었다. 수염이 듬성듬성 난 노인들이 아침 일찍 새장 속의 새를 날려보내고, 겨울에 거지들이 거리에서 얼어 죽는 곳이었다. 일본이 1937년에 상하이를 침공하고 1938년에 난징을 점령한 이후 주요 대학 3개가 창사로 옮겨오는 바람에 도시의 인구는 50만 명으로 급증했다.

외국인도 수백 명 정도 있었다. 그 가운데는 나치스 독일에서 피난 온 리버탈이라는 사람도 있었는데, 그는 도시의 기념물들을 연구하고 조사했으며, 옛 문헌들을 번역했다. 20여 명의 미국인들은 야리협회雅禮協會(Yale-in-China, 1901년 예일 대학 졸업생 등이 해외 전도를 위해 만든 비영리 조직—옮긴이) 프로그램에 참여하고 있었다. 이들의 중학교와 병원, 의과대학은 북문 바로 바깥의 8만 제곱미터의 단지를 차지하고 있었다. 그곳은 조용하고 특혜를 누리는 캠퍼스였다. 예배당과 기숙사, 행정동行政棟이 국화 정원과 대나무 숲, 그리고 까치가 둥지를 틀고 있는 녹나무 숲에 둘러싸여 있었다.[14] 더 많은 외국 상인들(선교사들은 그들과 별로 어울리지 않았다)은 샹강 안에 있는 작은 섬을 차지하고 있었고, 거기서 그들은 그 시대 외국 상인들의 근사한 고립 생활을 즐겼다. 그곳에는 백인 전용 클럽이 있었고, 그들의 생활은 "돈 많고 힘 있고 마음껏 술과 섹스를 즐기는 이국의 별스러운 멋을 즐기는 것이었다."[15]

외국인들에게 창사는 외국인 조계租界와 치외법권이 있던 시대에 중국이 제공한 서머싯 몸 류의 목가적 생활을 누릴 수 있는 곳이었다. 중국의 유명한 요리사가 만드는 열 가지 코스 요리가 나오는 연회를 즐기고, 멀지 않은 산속의 절이나 유명한 한나라 때의 무덤에 가마를 타고 여행하며, 클럽에서 술을 마시고 당구를 치고 잡담을 나눌 수 있었다. 1930년대 후반은 국민당이 패권을 누린 짧은 기간이었는데, 가난과 무질서, 혼란에 빠진 중국에서 외국인들이 이국의 빈민굴을 구경하고 탐미적인 골동품 수집에 나서며 감각적 쾌락을 즐길 수 있던 마지막 시기였다. 그들은 중국 무역에서 큰돈을 벌어 하인을 여럿 거느리고 빈번하게 연회를 베풀며 방탕한 생활을 했다. 심지어 선교사들마저도 식구 두 사람당 한 명꼴로 중국인 하인을 부리고 있었다. 외국 상인들의 경우에는 한 사람당 한 명꼴이었다. 그렇게 해도 돈이 얼마 들지 않았다. 한 선교사는 이렇게 인정했다.

중국에서 우리는 모두 한 달에 55달러를 가지고 영주나 왕처럼 살 수 있었다.[16]

그러나 중일전쟁이 다가오고 있었다. 1937년 추수감사절 날, 첫 번째 폭격이 이루어졌다. 비행기는 오후에 날아왔고, 비행기가 오기 전이 아니라 온 후에 공습경보가 울렸다. 몇 분 사이에 창사는 구덩이가 파이고 파괴되어 마맛자국이 생겼다. 상하이와 난징에서 온 피난민들로 들어찼던 작은 여관 2개가 직격탄을 맞아 100명이 숨졌다. 새까맣게 타고 팔다리가 잘린 시체들이 길거리에 널려 있었다. 한 여자가 죽은 남편의 시체 옆에 쭈그리고 앉아 울부짖었다. 여자는 남편이 저승에 갈 때 쓰라고 종이돈을 태우기 시작했다. 연기가 피어오르는 3개의 막대 향이 남편의 발 옆 진흙 속에 꽂혀 있었다.

1938년 가을에는 남쪽의 해안 도시 광저우와 북쪽의 공업 도시 한커우가 함락되었다. 이 두 도시는 주요 남북 방향 철로를 통해 창사와 연결되었다. 피난민들이 창사로 몰려들고 부상자들도 몰려들어, 그들을 흡수하고 치료할 수 있는 도시의 능력에 부담을 가중시켰다. 당시 미국 대사관 무관으로 근무하고 있던 조지프 스틸웰은 잭 벨덴과 함께 창사로 와서, 입원한 병사들을 직접 면담하여 국민당 군의 어느 부대가 일본군과 싸우고 있는지를 조사했다.[17] 그들은 야리협회 병원을 책임지고 있던 미국인 의사 필립스 그린Phillips Greene의 안내를 받았다.

10월 말 일본군이 장강을 진격해 올라오고 있다는 소식이 도시에 전해지면서 창사의 차례가 오고 있음이 분명해졌다. 10월 26일 아침 늦게 일어난 일을 그린은 이렇게 썼다.

병원 뒤에 있던 무기고가 폭파되었다. 거대한 폭발 한 번으로 그곳에 있던 모든 것이 날아가버렸다.[18]

이 폭발로 30명이 죽고 70명이 다쳤다.

매몰된 사람들을 꺼내는 데나 치료하는 데나 모두 많은 시간이 걸렸다.

재앙이 임박했다는 분위기가 짙어지자 국민당 정부는 도시가 점령당할 경우 창사에는 아무것도 남겨놓지 말라는 명령을 내렸다. 상하이, 광저우, 난징, 한커우와 다른 점령된 도시들에서 일본군은 곡물 창고와 일반 창고를 약탈하고 가축과 가재도구를 훔쳤으며, 민간인들을 죽이고 여자들을 강간했으며, 노인들과 포로로 잡힌 중국인 병사들을 총검으로 찔러 죽이는 훈련에 이용했다. 국민당 군은 약하지만 광대한 나라가, 고국에서 멀리 나온 강대한 적에게 맞서 싸우는 데 적합한 전략을 추구하겠다고 밝혔다. 그들은 내륙으로 후퇴하면서 침략당한 지역에서 초토화 전술을 따름으로써 적에게 자원을 내주지 않고, 그런 다음 적이 전선을 과도하게 펼치고 분산되면 반격을 가하려고 했다.

11월 9일, 장제스는 작전회의를 주재하기 위해 직접 창사로 왔다. 이 자리에서 장제스는 나폴레옹이 모스크바를 침공했을 때 도시를 불태운 일을 찬탄하며, 창사는 이 고귀한 자기희생의 선례를 따라야 할 것이라고 말했다.[19] 장제스의 연설이 알려지고 준비 작업이 진행되자 주민들은 대경실색했다. 사람들은 떠나기 시작했다. 남아 있어야 할 사람들, 특히 지방정부 관원들도 마찬가지였다. 그린은 이렇게 썼다.

이른 시기에 많은 지방 관원들이 빠져나가면서 혼란이 시작되었다.[20]

창사는 "인적이 끊기고 운이 다한 도시"가 되었고, 거리는 텅 비어 소총과 총검을 들고 진지를 지키는 병사들밖에 없었다.

11월 12일 밤, 성 정부 주석 장즈중張治中은 야리협회 병원 직원들을 저녁식사에 초대했다. 이 지역의 맛있는 음식을 먹고 십중팔구 우아한 자기 술잔에 청주도 여러 잔 권했을 것이다. 그런 뒤에 그는 사람들에게 이튿날까지 전원 도시를 떠나라고 명령했다.

그러나 이미 늦어 있었다. 자정 직후에 샹강에 정박하고 있던 영국 포함인 증기선 샌드파이퍼호의 의사는 물가의 두 곳에 불이 난 것을 발견했다. 그로부터 30분이 지나지 않아 그는 세 곳의 불을 더 확인했다. 불을 끄려는 사람은 아무도 없는 것 같았다. 새벽 2시 무렵에 그는 도시의 남쪽 끝에서 다른 불길들이 일어나고 있음을 발견했다. 사람들은 필사적으로 빠져나가려 했다. 물가가 벌겋게 물들었다.

자딘 매디슨(영국 해운회사)은 모닥불처럼 움직였고, 데파그(독일 회사)는 맹렬하고 빠르게 움직였다. 도시 중심부에서 큰불이 일어났다.[21]

동트기 전에 그린은 헌병대 사령부에서 나온 병사들이 기름에 적신 솜옷을 가져다가 여러 가옥의 창문을 부수고 거기에 불을 지른 뒤 문을 열고 달아나는 것을 보았다. 기원전 1~2세기 한나라 때 이미 오래된 도시였던 이곳에 불을 지르면서 병사들은 무슨 생각을 했는지는 알 수 없다. 단지 그들은 명령을 따랐을 뿐이다. 아침이 되면서 불길은 하늘까지 뻗친 듯했고, 떠오르는 해의 붉은 빛과 뒤섞였다. 그린은 이렇게 썼다.

불은 활활 타올랐고, 군수품 하치장이 하나씩 또는 동시에 폭발했다.[22]

창사의 큰불은 사흘 동안 이어졌다. 당시에 찍은 사진들을 보면, 이층 건물이 화염에 휩싸여 있고 그 바깥에는 짧은 윗옷을 입은 사람들이 무력하게 서 있다. 창사에 머물고 있던 공산당 지도자 저우언라이는 불길이 그의 방 안을 덮치기 시작할 때 간신히 빠져나왔다. 도시의 문화·상업 중심지는 전소되어 잔해와 잿더미밖에 아무것도 남지 않았다.

이 불은 전운이 고조된 결과였다.[23] 시 경찰국장과 경비 사령(주둔군 사령관) 등 지역 관원들은 일본군이 성문 밖에 있으며 방어벽이 무너질 것이라는 소문을 듣고 공포에 휩싸였으며, 이 때문에 도시에 불을 질러 태워버린 것이다. 그러나 알고 보니 일본군은 진격을 잠시 멈추었고, 위험이 임박한 것은 아니었다.

도시가 불에 타버린 직후 장제스는 보상을 해주기 위해 날아갔다. 그는 외국인들을 만나 혼란과 파괴에 대해 유감을 표명했다. 쑹메이링은 남편을 변호하기 위한 의도에서 도시에 편지를 보내, 도시를 불태운 것은 "대원수의 명령이 아니었다"라고 말했다.[24] 경비 사령과 경찰국장을 포함한 지역 관원 3명이 사태의 책임을 떠안고 사형에 처해졌다.

대부분의 주민들은 불이 나기 전에 도시를 떠났지만, 청소를 위해 파견된 사람들은 2만 구의 시체를 성벽 밖으로 옮겨 그곳에서 불태웠다고 보고했다. 그중에는 부상당한 병사들도 있었지만, 대부분은 병원 침상에서 죽었다. 사전에 이들을 대피시키지 않은 탓이었다. 2만 1000채 이상의 건물이 완전히 파괴되었다. 창사에 있는 건물 전체의 3분의 2에 해당하는 숫자였다.[25] 여기에는 1만 채 이상의 주택, 55개의 학교, 13개의 병원이 포함되어 있었다. 이 도시의 절과 도교 사원, 식당과 여관, 관공서, 곡물 창고와 그 안에 있던 곡물들이 모두 잿더미가 되었다. 벽돌집 안에는 불이 붙을 만한 것이 충분히 많았다. 가구와 계단, 들보와 문, 창틀과 창호지문 같은 것들이다. 나무로 된 지붕의 들보가 타버리자 그 위에 얹혀 있던 무거운 기와가 떨어져(수많은 돌멩이가 떨어지는 듯했다) 그 아래에 있는 모든 것을 부숴버렸다.

한 미국인 선교사는 나중에 이렇게 썼다.

나는 큰 비단 가게가 있던 창사 시내 중심부의 파코틴에 서 있었는데, 시야를 방해받지 않고 어느 방향으로든 1.5킬로미터를 바라볼 수 있었다. (……) 불이 난 지 몇 주 뒤에도 커다란 창고가 있던 곳에서는 여전히 벼더미에서 연기가 피어올랐다.[26]

창사는 "폭삭 무너지고 파괴되었으며 아주 휑해졌다." 남문에 서 있으면 북문 쪽에 있는 야리협회 단지의 예배당과 기숙사의 윤곽을 볼 수 있었다. 두 곳 사이에는 시야를 가리는 것이 하나도 남아 있지 않았다. 그린은 아내에게 이렇게 썼다.

병실이 꽉 찼소. (……) 도시에 있던 거의 모든 것이 날아갔소.

여전히 인근 샹강에 정박해 있던 샌드파이퍼호의 선원은 이렇게 말했다.

창사와 그 교외의 여러 공업 시설들이 완전히 불타 무너져 내렸다.[27]

이 화재가 창사에 닥친 유일한 재앙이었다 해도 충분히 불행한 일이었을 텐데, 침략해온 일본 육군과 공군이 입힌 다른 상처들도 많았다. 창사는 주요 철도 노선이 지나는 데다 후난성의 풍부한 농산물의 집산지였기 때문에 전쟁 기간 내내 싸움터가 되었고, 또한 중국의 저항 의지의 상징이 되었다.

일본군은 네 차례 대규모 공격을 가했지만 그 가운데 세 번을 중국군에 격퇴당했다. 이 중국군을 지휘한 장군은 쉐웨薛岳였다. 국민당 군의 뛰어난 장군인 그는 장제스가 교장으로 있던 황푸黃埔 육군군관학교에서 공부했다. 일본은 1939년과 1941년, 1942년, 1944년에 창사 점령을 시도했다. 1942년의 전투에서 쉐웨는 힘이 약한 척하며 일본의 대군을 외딴 곳으로 유인한 뒤 사방에서 공격하고 심지어 기동대를 보내 그들의 보급선을 공격했다. 일본군은 잇달아 강을 건너야 했기 때문에 퇴각 속도가 느려졌고, 중국군이 높은 곳에서 그들을 쏘아 죽였다. 그것은 중일전쟁에서 일본이 당한 몇 안 되는 패배의 하나였고, 그 피해는 상당히 컸다. 이때 일본군 5만 2000명이 죽었다고 하는데, 이는 중국 공보당국의 과장으로 보이지만 손실은 분명히 상당했다.

그러나 대大브리튼 섬 정도의 크기가 되는 땅의 수도인 창사는 1944년에 일본이 공격했을 때는 거의 저항 없이 함락되었고, 1945년 무렵에는 8년에 걸친 전쟁이 초래한 대대적인 파괴의 전형이 되었다. 그곳의 인구는 엄청나게 줄었고, 주민들은 피살되거나 추방당했으며, 그곳의 시설들과 생활수단들은 집, 가게, 절들과 마찬가지로 폐허로 변했다. 이것은 국민당, 공산당과 일본, 소련, 미국 등 전쟁의 당사자들은 알지 못했지만 전쟁의 막바지와 전후의 첫 단계를 맞고 있을 때의 중국에 관한 핵심적인 사실이었다. 엄청난 피해를 당한 중국에는 사회와 정부의 체계가 거의 남아 있지 않았다.

전쟁이 마지막 몇 달로 접어들면서 중국의 피해 총량을 계산하는 일은 거의 불가능해졌다. 역사가들은 이 전쟁에서 2000만 명에서 3000만 명의 중국인이 죽었다고 추산한다. 굉장히 많은 숫자지만 4억 명의 인구를 감안하면 소련이나 폴란드보다 적고, 또한 미국의 원자폭탄 투하로 인한 일본의 인명 손실보다 적은 비율이다.

그러나 중국의 대대적인 파괴를 더욱 늘린 것은 단순한 전쟁 기간이 아니라 전쟁이 시작되던 당초에 중국이 처했던 취약한 상태였다. 이방인들에게 중국의 고난은 언제나 예상할 수 있는 일이었고, 거의 통상적인 상태로 보였다. 100년 동안 중국은 전쟁과 기근과 억압이 상존하는 나라였고, 그것도 규모가 매우 컸다. 중국은 역사가 바버라 터크먼이 말했듯이 상당한 매력이 있지만 "불결함과 잔인함, 고통받는 사람들에 대한 무신경, 그리고 인명 경시에 의해 퇴색되는"[28] 곳이었다. 엄청난 사망자 수는 중국 역사에서 통탄스럽게도 일상적인 일이며, 이것이 예부터 내려오는 고통의 원인인 기근과 관리의 부패, 직권 남용, 강제 성매매, 미신, 축첩蓄妾, 여아 살해, 전족纏足, 아편 중독, 구걸, 미성년 노동, 군벌, 비적匪賊, 과중한 세금, 토지 부족, 인구 과밀, 문맹, 가정폭력, 어느 곳에나 있는 인간 배설물의 악취, 천문학적인 영아 살해와 영아 사망률에 더해졌다.

미국 언론인 마사 겔혼Martha Gellhorn은 1940년에 중국의 여러 지역을 여행하고 나서 이렇게 썼다.

나는 그것이 중국인이기 때문에 어쩔 수 없는 비운이라고 생각했다. 인간에게 그곳에 태어나서 사는 것보다 더 큰 불운은 없을 것이다. 0.00000099퍼센트의 확률을 뚫고 권력과 돈과 특권을 가진 사람으로 태어나는 천운을 얻지 않는다면(그리고 그 경우에도, 그 경우에도) 말이다. 나는 그들 모두에게 연민을 느꼈다. 그들에게서 견딜 만한 미래라곤 찾아볼 수 없었다. 그리고 나는 내가 도망쳐 들어간 곳으로부터 도망쳐 나오기를 바랐다. 오래전부터 이어져온 가난과 불결함, 절망, 그리고 그 광대한 나라 안에서 느끼는 밀실공포증으로부터.[29]

깡마르고 땀에 젖은 인력거꾼들이 낑낑대며 큰 바퀴가 달린 장치를 끌어 부자들에게 운송 수단을 제공했다. 거의 알몸인 쿨리들이 멜빵을 메고 거의 바닥에 닿을 듯이 몸을 눕히며 평저선을 끌고 운하와 강을 올라가는 모습은 그림 같으면서도 동시에 무서운, 중국의 일상생활에서 일어나는 무자비한 혹사의 상징이었다. 가죽 같은 피부에 맨발로 밭에서 씨를 뿌리고 잡초를 뽑는 여성들과, 악취가 진동하는 운하를 따라 설치된 펌프를 발로 밟느라 비지땀을 흘리거나, 어깨에 멘 균형 잡는 막대에 매단 벽돌과 밀짚단을 나르거나, 원시적인 쟁기를 끌고 있는 물소 뒤를 천천히, 그리고 끈기 있게 따라가는 시골 사람들의 이미지도 마찬가지였다. 파리똥으로 얼룩진 병원들, 몸을 다친 깡마른 걸인들, 흙벽돌로 지어진 집들이 늘어선 마을들. 한 방문객은 이렇게 표현했다.

[집들은] 검게 그을렸고, 담은 잿빛이며 지붕에는 검은 기와를 얹었다. 주민들은 너나없이 쪽빛 물감을 들인 옷을 입고 있고, (……) 앙상한 닭, 돼지, 개와 아이들 사이를 돌아다니며 일하느라 정신이 없다.[30]

중국의 금욕주의만큼이나 인상적인 것은 수많은 사람들이 단지 생존을 위해 매일 겪고 있는 노고가 매우 크다는 데 주목하지 않고 있다는 것이다. 시어도어 H. 화이트는 그의 고전적인 책 《중국에서 들리는 천둥소리Thunder Out of China》(1946)에서 중국인의 절반이 서른 살이 되기 전에 죽는다고 말했다.[31] 화이트는 이 엄청난 통계의 출처를 밝히지 않았고 과장된 것일 테지만, 그리 많이 과장되지는 않았을 것이다. 공산 세력이 정권을 잡은 1949년에 중국인의 기대수명은 40.1세였다.[32] 화이트는 이렇게 썼다.

전쟁 때나 평화 시에나, 기근이 들거나 풍년이 들거나, 사람들이 훤히 볼 수 있는 간선도로와 도시 거리에서는 사람의 시체를 흔히 볼 수 있다. 상하이에서는 아침에 공장 문에서 어린 노동자의 시체를 치우는 것이 일상적인 일이다.

1930년대 초에 중국 농촌에 대한 조사를 진행했던 영국 사회학자 리처드 헨리 토니Richard Henry Tawney는 전형적인 중국 농민을, 목까지 차는 물속에 서 있어 "잔물결이 한 번만 일어도 곧바로 익사할 수 있"는 사람에 비유했다. 그리고 20세기 전반기에는 잔물결이 자주 일었다.

"당신은 무엇 때문에 고향에서 이렇게 먼 곳에 와서 살고 있습니까?" 토니가 한 농민을 면담하면서 묻자 이런 대답이 돌아왔다.

"비적들, 병사들, 그리고 기근 때문이죠."

토니는 이렇게 썼다.

중국의 넓은 지역에서 농촌 주민들은 생명과 재산에 대한 극심한 불안을 겪고 있다. 그들은 장군을 자칭하는 깡패에게 세금을 강요당하고, 두 번째 깡패, 세 번째 깡패에게도 강요당한다. 그것을 다 갚아도 정부에 내는 세금이 남아 있다. (……) 그것은 부정직한 관원들이 짜낸다. 농민들은 총검의 위협 아래서 수확을 해서 무상으로 지역 수비대에 넘겨주어야 한다. 그러고 나면 굶어야 하지만 어쩔 수 없다. 그들은 법을 어기고 아편을 재배하도록 강요당한다. 군대의 폭군들이 쌀이나 밀보다 아편에서 더 많은 세금을 뜯어낼 수 있고 그것을 피우는 아편굴에 대어 더 많은 돈을 벌 수 있기 때문이다. 그들은 그 부근에 둥지를 틀고 있는 직업적인 비적들에게 공물을 바친다. 그것을 거부하고 저항할 수도 있지만, 1년 뒤 비

적들은 그들이 같은 태도를 보일 경우 마을을 전소시킨다.[33]

학자 존 K. 페어뱅크는 1930년대 초에 중국에 살았는데, 여러 마을에서 "굶주린 개들이 짖어대고 파리에 뒤덮인 아이들이 자신을 바라보던"[34] 일을 회상했다. 영양실조로 인한 두피와 피부에 난 병은 흔한 일이었다. 농민들은 "나무도 별로 없고 물도 적은 칙칙한 땅뙈기"에서 농사를 지었다. 물은 "힘들게, 한 동이 한 동이씩" 떠다가 대어야 했다.

중세의 빈곤이 20세기 전반기의 중국에서도 이어졌다면 7년 반 동안의 전쟁이 수천 개의 가난한 마을들에 미친 영향을 짐작하기는 어렵지 않을 것이다. 약탈을 자행한 군대가 입힌 상처만 있는 것이 아니었다. 경쟁 집단의 식량과 물자 약탈, 강제 징병, 비적들의 횡포로 인한 절망, 멀쩡한 사람들의 실종. 약간의 문제만 있어도 농민들을 물속으로 빠뜨리기에 충분했을 텐데, 전쟁은 약간 정도가 아니었다. 이 시대를 연구한 한 학자는 이렇게 썼다.

농촌이 얼마나 큰 고난을 겪었는지는 정말로 상상할 수조차 없다.[35]

최악의 일은 역설적이게도 전쟁이 소강 상태였던 1941년부터 1943년 사이에 일어났다. 북부 지방에 20세기 최악의 기근이 든 것이다. 기근은 1942년의 가뭄과 1943년 메뚜기 떼로 인한 것이었고, 전쟁의 혼란과 수송망의 붕괴, 일본의 상선 징발 등으로 가중되었다. 기근 때문에 300만 명이 굶어 죽었고, 300만 명이 유랑자가 되었다.

1943년 봄에 허난성을 여행한 화이트는 역겹고도 공포스러운 장면을 목격했다. 아이들은 죽은 엄마의 젖을 빨고 있었고, 여자들은 아기가

우는 소리를 듣다 못해 죽었다. 사람들은 나무껍질을 벗겨서 즙을 채취했다. 그들은 인육을 먹고 살아남은 사람들이었다. 그는 나중에 이렇게 썼다.

길가에 시체들이 널려 있었다. 열일곱 살은 넘지 않았을 듯한 날씬하고 예쁜 소녀가 축축한 땅 위에 누워 있었다. 소녀의 입술은 죽어서 푸른 빛이었고, 눈은 뜨고 있었는데 빗방울이 그 위로 떨어졌다.[36]

기근은 정저우시鄭州市에 가해진 최후의 일격이었다. 그곳은 일본군의 폭격으로 이미 거의 잔해만 남아 있었다.

우리는 중심가의 초입에 서서 인적이 끊긴 거리를 내려다보았다. 그러나 보이는 것은 아무것도 없었다. 가끔씩 바람에 날려 펄럭거리는 누더기를 걸친 사람이 비틀거리며 출입구에서 나왔다. 우리를 발견한 사람들이 주위에 몰려들었다. 그들은 손을 뻗어 애원하면서 우리가 들을 때까지 외쳤다.
"도와주세요! 도와주세요!"[37]

허난성의 기근이 매우 심각하고 끔찍했기 때문에, 비옥한 광둥성에서도 비슷한 기근이 발생한 것을 알아차린 사람은 많지 않았다. 그곳에서는 150만 명이 죽었다고 한다. 당시 영국 식민지였던 홍콩과 경계를 맞대고 있는 해안 지역인 광둥성은 잠산씩만 선투가 벌어신 곳이었다. 특히 일본이 광저우를 점령하고 중국에 대한 봉쇄를 강화한 상태였다.
광저우가 함락되고 2년 후인 1940년에 그레이엄 펙은 홍콩에서 밀수선을 타고 광저우로 들어가서 시강西江 어귀에 있는 복잡한 운하를 지나 갔다. 그가 본 진정한 첫 번째 마을은 탐수이코였다. 그곳은 침략군이 들 어오지는 않았지만 "도시의 무덤"[38]이었다. 주민들은 부자든 가난뱅이 든 가릴 것 없이 광저우 함락 이후 공포에 휩싸여 달아났다.

작고 흰 기둥들이 늘어선 거리에는 잡초와 나무들이 자라고 있었다. (……) 그리고 벽돌로 막지 않은 창문과 문들은 까맣게 탄 어두운 방들과 탁 트인 하늘의 눈부신 빛을 향해 입을 벌리고 있었다.

펙은 공공건물 벽에 휘갈겨진 항일 벽화와 구호들을 회상했다. 그것 은 이전에 드러냈던 저항 정신의 흔적이었다. 그러나 이제는 달랐다.

대부분의 거리에서 들개와 고양이, 이상하게 온순한 쥐들을 제외하고 유 일한 생명체는 더러운 물건들을 담아 들고 다니는 누더기 차림의 행상인 들뿐이었다.

그들은 "종려 섬유로 만든 엉성한 비옷을 입고 폐허 속의 털투성이 짐승들처럼" 시끄럽게 외치며 물건을 팔러 다녔다.

1938년, 북부 지방에서 일본군의 진격을 저지하기 위해 필사적인 노 력을 기울이던 장제스는 황하(이 강이 '중국의 비애'로 불린 데는 그럴 만한 이 유가 있었다)의 제방을 폭파하라는 명령을 내렸다.[39] 그것은 일본의 진격 을 지연시켰을 뿐이었고, 반면에 범람한 물이 광대한 북부 평원을 덮쳐 몇 개 성의 모든 현縣을 휩쓸었다. 이 홍수로 넓은 지역에서 농사를 망쳐 최악의 경우 1만여 명의 굶주린 사람들이 매일 주요 도시에 몰려들어 구조의 손길을 기다렸다. 결국 80만 명이 홍수의 직접적인 피해 또는 굶주림으로 인해 죽었다. 1945년에 500만 명의 난민들이 여전히 객지를 떠돌며 고향으로 돌아가지 못하고 있었다.

학자 다이애나 래리Diana Lary는 중국이 전시에 겪은 고난을 기술하면서, 이런 일들을 "지도층의 과장된 애국심과 실무층의 무능"[40]이 합쳐진 결과라고 보았다. 전쟁(특히 전쟁이 길어질 경우) 시에는 통제가 풀어지고 마구잡이 파괴가 늘어난다. 2차 세계대전은 총력전의 시대가 어떤 것인지를 보여주었다. 동양과 서양 모두에서 도시를 대량 폭격했고, 민간인들을 대규모로 학살했다. 그렇지만 중일전쟁에서 발생한 엄청난 사망자와 난민 수만 보더라도, 양쪽 모두의 국가 권력은 국익을 위해 필요하다면 익명의 대체 가능한 인민들의 희생을 감수할 용의가 있었음을 보여준다. 마오쩌둥은 권력을 장악한 뒤 2000년 이상 전의 잔인했던 중국의 첫 황제(진시황)를 칭찬하곤 했다. 만리장성 건설을 위해 무수한 인명이 희생되었음에도 불구하고 북쪽에서 천자天子의 나라를 침입하는 것을 막지 못했는데도 말이다. 중일전쟁의 양측 모두가 대규모의 죽음을 받아들이고 심지어 부추길 용의가 있었다는 사실은 국가적 열망에 대한 열렬하고 광신적인 집착을 보여준다.

이런 정서가 널리 퍼져 있는 한 패배보다는 죽음과 궁핍이 언제나 더 나은 것이었다. 이 전쟁을 연구하는 일부 학자들은 자발적인 희생에 대한 이런 숭배가 일본 사관학교에서 교육받은 영향이라고 주장했다. 마지막 왕조가 시들어가는 시기에 많은 미래의 관료들은 일본 사관학교에서 일본인 상대역들과 함께 공부했고, 항복하거나 포로가 되기보다 영광스러운 죽음을 택할 것을 주입받았다. 아무튼 전쟁 포로는 놀라우리만큼 적었다. 마사 겔혼은 이것을 중국인들이 침략자에 대해 가진 격렬한 증오 탓으로 돌렸다. 그녀는 이렇게 썼다.

> 중국인 병사는 일본군 포로를 생포하면 1000위안을 받았다. 병사들은 이렇게 많은 포상금을 받을 수 있었음에도 불구하고 붙잡은 일본 병사들을 쏘아 죽였다. 자기 고향과도 같은 마을에 사는, 자기 자신과도 같은 사람들이 겪는 고통에 대한 즉각적이고도 개인적인 복수였다.[41]

전쟁이 발발한 지 몇 주 뒤에 《뉴욕 타임스》는 상하이에서 일본 육군과 해군 대변인을 인터뷰했다. 그때까지 이미 수십만 명의 병사들이 참여한 전투에서 생포된 적군 병사는 찾아볼 수 없었다. 육군 대변인은 선선히 인정했다.

> 〔그는〕 "중국의 전쟁 포로는 거의 붙잡히지 않았다"고 말하고, 중국 측이 일본군 병사 하나를 생포했다고 주장했음을 알려주자 헤벌쭉 웃었다.[42]

중국은 땅이 넓고 인구가 많기 때문에 장제스 이외의 지도자들도 국가의 목표를 위해 많은 사람들을 희생시켰다(국가가 당해야 할 불가피한 일로서 많은 사람이 죽는 것을 보았다고 해야 할지도 모르겠다). 2000만 명이 죽은 태평천국 운동은 그때까지 세계에서 가장 많은 인명이 희생된 19세기의 전쟁이었고, 미국 내전(1861~1865)이 그에 필적할 만했다.

나중에 공산 세력이 중국을 장악한 뒤 마오쩌둥은 중국에 대해 핵 공격을 하더라도 손실이 적을 것이라고 으스대곤 했다. 중국은 인민 수천만 명을 잃어도 여전히 지구상에서 가장 인구가 많은 나라라는 것이다.

마오쩌둥은 1959년에서 1962년 사이의 기근 때, 아무런 죄책감 없이 4000만 명 이상의 죽음을 받아들였다. 그의 경제 정책의 직접적인 결과였는데도 말이다. 그는 자신이 권좌에 있는 동안 여러 차례 정치 정화 운동을 벌이면서 수천 명의 지식인, 과학자, 작가, 예술가, 기술자를 잃을 용의가 있었다. 중국에는 언제나 새로운 출발을 위해 나설 충분한 사람들이 있었다. 사람은 얼마든지 대체할 수 있었다.

황하 범람의 사례가 보여주듯이 장제스에게도 그런 구석이 있었다. 장제스는 자신의 군대가 효과적인 저항을 펼치기에는 너무 약하다는 이유로 몇 년 동안 일본에 대해 유화 정책을 취한 뒤 반일 투쟁에 나섰다. 이 커다란 국가적 목표 앞에서는 어떤 희생이나 고난도 미미한 것일 뿐이었다.

상하이 전투에서 일본군이 중국인 거주지를 포격하자 공격으로부터 안전했던 공공조계지와 프랑스 조계지의 인구는 150만 명에서 400만 명으로 급증했다. 역사가 프레더릭 웨이크먼Frederic Wakeman은 이렇게 썼다.

수만 명의 노숙자들이 거리를 메웠고, 수십만 명이 사무실 복도와 진열실, 절과 조합의 방들, 놀이공원과 창고에서 잤다. 그해 연말까지 거리와 건물 잔해에서 10만 1000구의 시체가 수습되었다.[43]

이 도시에서 중국인이 가장 많이 살던 자베이구閘北區는 "대파괴의 중심지"[44]였다고 다른 역사가는 말했다. 상하이 북쪽의 도시 우쑹吳淞에 도착한 한 프랑스 언론인은 이렇게 썼다.

도시 전체와 그 둘레의 마을들이 모두 폭격으로 인해 처참하게 파괴되고 불탔으며, 완전히 쑥대밭이 되었다.[45]

역시 상하이에서 북서쪽으로 100여 킬로미터 떨어진 우시無錫에서는 인구가 30만 명에서 10만 명으로 줄었다. 남만주 철도 회사에서 선무宣撫 공작의 책임을 맡고 있던 일본 관리 구마가이 야스시熊谷康가 현청 소재지였던 상하이 서쪽의 자딩嘉定을 조사한 바 있었다. 그는 나중에 이렇게 썼다.

황량하고 끔찍한 모습이었다. 집들은 무너지고 지붕의 기와는 길바닥에 흩어졌으며, 끊어진 전깃줄이 여기저기 널려 있어 걷기조차 어려웠다. 여기저기 구덩이가 패어 있었는데, 아마도 비행기에서 떨어뜨린 폭탄으로 인해 생긴 것인 듯했다. 참으로 이상스럽게도 도시 한복판에 우뚝 솟은 선전탑이 무사히 남아 있는 유일한 것이었다. 사람은 하나도 보이지 않았다. 우리가 가끔 볼 수 있었던 것은 한 오두막집에서 기어 나왔다가 다시 들어가는 비실거리는 노인뿐이었다. 도시 성벽 안의 집들은 3분의 1이 처참하게 파괴되었다. 우리는 죽음의 도시, 불가사의한 침묵의 세계에 있었다. 거기서 유일하게 들리는 소리는 우리의 뚜벅거리는 발소리였다.[46]

일본의 상하이 공격에 저항하기 위해 장제스는 전 사단이 맞서 싸우라고 명령했다. 이것은 그들에게 옥쇄玉碎하라는 의미였지, 살아남아 다시 싸우기 위해 퇴각하라는 것은 아니었다. 그렇게 해서 초래된 손실은 파멸적이었고, 회복이 불가능할 정도였다. 중국군 사상자 추계는 최소

18만 7000명에서 최대 30만 명 사이에 걸쳐 있다.[47] 가장 큰 손실을 입은 것은 독일인들에게서 훈련받고 무장한 장제스의 정예 사단들이었다. 그것은 전쟁의 나머지 기간 동안 중국군의 효율성에 직접적인 영향을 주게 될 재앙이었다. 서양 사람이 보기에 이것은 군사적인 관점에서 무모한 희생이었다. 다만 시어도어 화이트가 말했듯이 "정치적인 측면에서는 전쟁에 대한 대규모 시연試演 가운데 하나"[48]였고, "중국인들이 절망적인 상황에서 얼마나 많은 고난에 맞서고 용맹성을 발휘했는지"를 입증했다.

이 전쟁 동안에 벌어진 격렬한 전투는 크게 두 번이었다. 첫 번째가 루거우차오 사건 직후인 1937년과 1938년이다. 이때 일본은 두 갈래의 전면 공격을 감행했다. 한 갈래는 황하 이북의 성들을 점령하고 이들을 만주와 합병하여 일본이 통제하는 '북중국'으로 만드는 것을 목표로 삼았다. 그렇게 되면 서유럽보다 큰 나라가 될 터였다. 두 번째 갈래는 부유한 장강 유역을 겨냥했다. 양쪽 공격 모두 민간인 주거지에 대한 무자비한 포격을 동반했다. 해안의 상하이에서부터 서남부의 구이린까지 장소를 가리지 않았다.

이 과정에서 약탈과 대량 학살, 강간은 흔한 일이었다. 주민들을 공포에 떨게 해서 복종시키고 중국 정부로 하여금 항복하도록 압박하기 위한 정책이었다. 그 가운데 난징 대학살은 2차 세계대전 중에 일어난 가장 악명 높은 잔학 행위 중 하나였다. 30만 명가량의 민간인이 살해되었고, 헤아릴 수 없을 만큼 많은 여성들이 강간당했다. 이런 난징 유린의 결과로 주민의 80퍼센트가량이 사라졌다. 그중에는 죽은 사람도 있었고, 도망친 사람도 있었다.[49] 학살에서 살아남은 도시의 주민 78퍼센트는 수입이 없었고, 대부분의 경우 가재도구도 없고 심지어 잠잘 곳도 없었다.

난징 대학살이 중국에서 일어난 유일한 잔학 행위는 아니었다. 창사의 사례에서 보았듯이 많은 도시와 마을들이 폐허가 되었고, 주민들이 사라졌다. 얀워閻窩는 쉬저우시徐州市에서 남동쪽으로 15킬로미터 떨어진 산비탈에 있는 마을이었고, 쉬저우는 상하이 북쪽 장쑤성江蘇省의 철도 교차 지점에 있는 도시였다. 1938년 5월 20일, 일본군 병사들이 마을로 쳐들어와서 한 시간도 채 안 되어 200명을 거리에서 죽였다. 한 역사가는 이렇게 썼다.

그러고 나서 그들은 남자 670명(그 마을 사람도 있었고 피난 온 사람도 있었다)을 마을 바로 바깥의 어느 집 마당으로 끌고 갔다. 그리고 마당 둘레의 건물들에 불을 질렀다. 불길 속에서 뛰쳐나오는 사람이 있으면 둘러싸고 있던 병사들이 총을 쏘아 죽였다. 670명 가운데 5명만이 살아남았다.[50]

북쪽의 철도 교차점인 타이얼좡臺兒莊에서는 몇 주 동안의 전투 끝에 2만 명이던 인구가 여든다섯 살 노인 하나와 여자 6명 등 7명으로 줄었다고 《노스차이나 헤럴드》가 보도했다.[51]

물론 대부분의 지역이 이런 식의 총체적인 파괴를 당한 것은 아니지만, 여러 곳에서 지속적이고 거의 일상적인 손실을 경험했다. 겔혼은 1941년 1월의 어느 날 밤 비행기로 쿤밍에 도착했는데, 이 도시에는 그날 낮 동안에 일본이 27개의 폭탄을 떨어뜨렸다. 거의 모든 집이 폭탄을 맞은 어느 거리에는 "중국인들이 꽉 들어차 있었다."

남자들은 검은색이나 바랜 청색의 솜옷을 입고 있었고, 여자 몇 명은 전족을 해서 10센티미터 남짓밖에 안 되는 발로 절름거리며 돌아다녔다. 농촌 여자들은 검은 바지와 윗옷을 입고 땋은 머리를 등 뒤로 늘어뜨렸으며, 아이들은 그런 사람들의 물결에 휩쓸렸다. (……)

가스 도관導管이 폭탄에 맞고 정화조도 맞았으며, 발밑의 거리는 터진 관에서 나온 물들로 철벅거렸다. 초라한 집들은 갑자기 문이 벌컥 열리면서 오랫동안 그 안에 있던 오물들과 악취가 쏟아져 나왔다. 공기가 탁해 숨을 쉴 수가 없었다. 이제 이 집들은 불안정한 들보 위에 옆으로 기울어져 있거나 튼튼한 한쪽 벽에 간신히 의지하고 있어 언제든지 산사태처럼 복잡한 거리로 무너져 내릴 듯했다. (……)

거리 한쪽 옆으로는 사람들이 촛불과 석유등의 불빛에 의지하여 폭탄을 맞아 허물어진 자기 집으로 돌아가는 길을 뚫고, 부서진 판자에 망치질을 해서 지붕 비슷한 것이나 벽 비슷한 것, 들어가 살 집 비슷한 것을 만드는 모습이 곳곳에 보였다. 작업을 하려면 밤에 하는 수밖에 없었다. 내일은 일본인들이 다시 올 터였다.[52]

낮에 공습경보가 울리자 사람들은 허겁지겁 도시를 떠났다고 겔혼은 적었다. 도시에는 폭탄을 피할 피난처가 없었고, 건물들도 보호막이 없었기 때문이다.

그들은 산으로 올라가서 일본 폭격기들이 텅 빈 그들의 도시에 무슨 짓을 하는지 지켜보았다.

일본군은 중국이 금세 항복할 것이라는 지휘관들의 예측이 빗나가면서 점점 수렁에 빠졌다. 나중에 미국도 한국과 베트남에서 겪게 되지만,

전쟁에 발목이 잡혀 완승을 거두지도 못하고 빠져나갈 수도 없는 상태였다. 대규모로 전투를 벌이기 시작한 지 1년 반이 지난 1938년 말이 되면 일본은 신속한 승리라는 생각을 포기했다. 아니면 정말로 순전히 군사력만으로 승리한다는 생각 자체를 아예 포기했는지도 모른다. 그들은 국민당의 파괴를 추구하기보다는 대체 세력을 만들어내서 중국 정부가 부적합함을 부각시키려 했다. 그들은 왕징웨이汪精衛라는 이름의 고분고분한 이전 국민당 좌파 지도자를 찾아내서 난징에 수립한 꼭두각시 정권을 이끌게 했다(이후로 그는 중국인들이 불명예스럽게 생각하는 사람이 되었다).

한편 장제스는 정부를 험준한 장강 협곡 너머의 내륙 지방인 충칭으로 옮겼다. 이곳은 전에는 조용하고 낙후된 벼랑과 산의 도시였다. 교착상태가 오랜 기간 이어졌다. 다만 그것은 많은 피를 흘린 교착 상태였다. 이 시기를 연구한 한 역사가는 1942년 12월까지 1년 반 동안 매달 5만 명에 가까운 사상자가 났다고 추산했다. 이는 1937년 상하이 전투와 우한 함락 사이에 발생한 사상자 수보다 1만 명 적은 것이다.[53] 국민당 정부에 따르면 이 기간 동안 아홉 차례의 대규모 전투와 496차례의 소규모 전투가 치러졌고, 더 작은 충돌은 2만 회가 넘었다.

1940년은 특히 안 좋은 해였다. 1939년 겨울에 국민당 군은 80개 사단이 전국 각지에서 연쇄 공격을 하는 전면적인 역공을 시도했다. 그 사이에 공산당은 자신들이 통제하는 영역을 넓히고 신병을 충원했다. 두 가지 모두 국민당의 힘을 빼내온 셈이었다. 반면 장제스의 군대는 형편 없는 성과를 거두어 그를 깊이 실망시켰다. 지휘관들은 공세를 취하라는 명령을 거부하기 일쑤였고, 그 대신 반역의 냄새를 풍기는 적과의 타협에 안주했으며 그들과 싸우지 않고 거래하는 경우도 많았다.[54]

1940년 겨울 공세가 실패로 돌아간 이후 1945년 초에 버마 공로를 다시 점령하기까지 국민당은 대규모 공격을 전혀 시도하지 않았다. 그 대신 적이 전선을 지나치게 확대하여 저절로 지쳐서 반격이 가능한 상태가 되기를 바라면서 장제스가 좋아하는 '깊숙한 방어'로 되돌아갔다. 한편 베트남 쪽을 향해 중국 해안을 따라 진격하던 일본군은 1940년에 광시성을 점령하고 중국군을 더욱 옭아매며 수많은 사상자를 냈다.

문제는 군사적인 측면뿐만이 아니라 정치적인 측면에도 있었다. 소련은 이전에 추축국과 악명 높은 불가침 조약을 맺었는데, 이에 따라 만주와 내몽골에 있던 일본군은 자유롭게 중국에 집중할 수 있었다. 1940년 7월, 영국은 일본의 요구에 굴복하여 홍콩이나 버마를 통해 중국에 보급품 전달하던 것을 중단했다. 그리고 이제 적에게 부역하는 비시 정권 치하의 프랑스는 일본이 하노이에서 군사작전을 벌이는 것을 허락했다. 하노이에서 윈난으로 연결되는 철도의 다리가 파괴되었다. 일본이 버마를 점령하기 전에 중국 봉쇄는 사실상 완성된 것이었다.

다시 말해서 미국이 참전하기 1년 전의 상황은 처참했다. 1940년 무렵 일본은 중국 내에 1000대의 최신 비행기를 갖고 있었는데, 이에 반해 중국은 2급 비행기 약 150대가 전부였다. 중국은 일본에게 항저우杭州와 난창南昌을 빼앗기는 바람에 가장 중요한 비행학교와 비행기 제조창을 잃었다.[55] 충칭을 방어하는 중국의 비행기는 국민당이 수도를 그곳으로 옮긴 지 몇 달 만에 모두 파괴되었고, 청두成都, 시안, 창사와 심지어 중앙아시아로 가는 관문에 있는 란저우蘭州 등은 수시로 공습을 받았다. 이른바 교착 상태였다던 1940년 5월에서 9월 사이에 일본은 인구 밀집 지역에 5000회의 공습을 퍼부어 2만 7000개의 폭탄을 떨어뜨렸다. 그것도 셔놀트의 비호부대가 종종 효과적인 방해를 하는 가운데서 펼친 공격이었다.[56] 마침내 일본은 쓰촨성으로 들어가는 길목이자 더 서쪽으로 들어가는 철도의 교차점인 장강의 항구 이창宜昌을 점령했다. 일본은 이로써 폭격 작전을 위한 기지를 얻었을 뿐만 아니라 곡창 지대인 후난성을 손에 넣었다.

점령된 중국 안에 있던 일본군 병력의 절대 수는 많았던 듯하지만, 이들은 사실 광대한 영토에 얇게 펼쳐져 있었다. 일본의 방침은 전략적인 지점(특히 중국의 철로변에 있는)을 통제하고, 지역 행정 기구를 만든 뒤 중국인들이 자기네에게 협력하도록 하는 것이었다. 이로써 일본군은 중국 중부와 남부 지역에서 국민당 군의 통제를 받는 병력이나 더 중요하게는 북부 지역에서 공산당의 팔로군八路軍과 신사군新四軍에 속하는 무장 병력들이 벌이는 침투와 저항, 그리고 게릴라 활동에 쉽게 대응할 수 있었다.

전쟁이 끝나고 여러 해 뒤에 일본의 퇴역 군인들은 일본이 1942년부터 이 어려운 상황에 대처하기 위해 중국에서 이른바 삼광三光작전을 펼쳤다고 증언했다. 모조리 죽이고〔殺光〕 모조리 태우고〔燒光〕 모조리 약탈한다〔搶光〕는 뜻으로, 게릴라를 숨겨주는 마을이나 일본의 지배에 반대한다고 의심되는 주민들에게 잔인한 보복을 하는 것이었다. 일본인 학자들은 이런 정책의 결과로 270만 명의 중국인이 살해되었다고 추산했다. 히로히토의 전기를 쓴 미국인들 가운데서 가장 널리 알려진 허버트 빅스Herbert Bix는 삼광 정책의 결과로 저질러진 잔혹 행위는 "일본군의 생화학전이나 난징 대학살과는 비교할 수 없을 정도로 파괴적이고 지속 기간도 길었다"[57]라고 결론지었다.

사람들의 삶은 전쟁에 의해 여러 가지 방식으로 훼손되며, 이상하고 알아볼 수 없는 모습으로 뒤틀렸다. 점령된 유럽의 사람들과 마찬가지로 중국 사람들도 다양하고 수많은 자신의 방식으로 대처했다. 일부는 부역자가 되거나 상황을 이용하여 경제적 이득을 얻었다. 또 다른 사람들은 열사烈士가 되었다. 도시 지역 출신의 수천 명의 젊은이들은 옌안이 진정한 애국 활동의 중심지라고 믿고 그곳의 공산당 근거지로 들어갔다. 수백만 명이 고향을 등지고 몇 년 동안 유랑민 신세를 벗어나지 못했다. 중앙정부가 상하이 같은 대도시에서 철수하자 비밀결사와 범죄 집단과 암거래상이 생겨나서 공백을 채웠다. 한 상하이 주민은 시 정부에 무엇이 남았는지에 대해 이렇게 썼다.

선한 사람이 흔적도 없이 사라지고 비적들이 떼로 일어나서 매일 살인과 강간을 저지른 결과, 그들은 하지 않으려는 짓이 없고 저지르지 못할 악행이 없었다.[58]

천춘런陳存仁이라는 상하이 의사는 회고록에서 이렇게 썼다.

항전 기간 동안에는 고통 받는 사람들이 더욱더 고통을 받았다. 부유한 사람들은 이상하고도 이해할 수 없는 방법으로 재산을 모았다.[59]

부역자와 우국지사, 그리고 단순히 살아남으려는 대다수 사람들 사이의 상호작용은 무력감과 이용과 복수라는 자극적인 이야기들을 만들어냈다. 영국의 식민지였다가 1941년 일본에 점령된 홍콩에서는 포로수용소에 억류된 영국인의 집을 무단 점유하고 있던 체謝라는 작고 뚱뚱한 중국 경찰관이 나카지마中島라는 일본 헌병과 협력 관계를 맺었다.[60] 그들은 홍콩의 중국인들을 날조된 혐의를 씌워 체포하고 가족이 몸값을 내면 풀어주었다. 당연히 체는 홍콩에서 두려운 인물이 되었다. 이런 사건이 있었다.

도밍구스 알베스라는 포르투갈과 중국의 혼혈인이 가우룽九龍(주룽)의 체가 운영하는 사설 감옥 안으로 사라졌다. 아마도 전에 도밍구스가 부동산 거래에서 체에게 사기를 쳤던 모양이다. 그러나 이 이야기는 해피엔딩으로 마무리된다. 역시 포르투갈과 중국 혼혈인 도밍구스의 아내 미리암이 가우룽의 일본 관헌에게 가서 체와 나카지마를 모두 고소했다. 이 과정에서 한 일본인 식민지 관리의 도움을 받았는데, 그는 일본이 아시아 나라 대부분을 침략하고 점령한 것이 아시아를 서양 제국주의로부터 해방시키고 인민들이 더 나은 생활을 할 수 있도록 하기 위해서라는 일본의 선전을 진지하게 믿는 사람이었다. 미리암은 이런 노력의 대가로 보상도 받았지만 처벌도 함께 받았다. 무모하게 가우룽 헌병대를 찾아간 죄로 매 여덟 대를 맞았던 것이다. 그러나 남편은 풀려났고, 체는 자취를 감추었다.

처음에는 격렬한 전투가 벌어진 현장이었지만 1938년에 일본이 세운 꼭두각시 국가의 일부가 된 지 오래인 지역에서는 부역자의 타락이 극단적인 빈곤 및 절망과 공존하고 있었다. 역사가 프레더릭 웨이크먼은 상하이 프랑스 조계지의 안푸루女福路에 있던 한 고급 주택을 묘사했다. 그 집에는 "영화계의 신인 여배우와 오페라 여가수, 그리고 상류 사회의 자오지화交際花('사교계의 꽃'이라는 뜻으로 교제가 넓은 여자를 경멸적으로 부르는 말―옮긴이)들이 자주 드나들어"61 길가에 주차된 차들을 볼 수 있었다고 한다. 그 집의 주인은 판싼성潘三省이라는 사람이었는데, 그는 상하이에서 서쪽으로 700킬로미터 떨어진 한커우까지 장강을 왕복하는 증기 여객선 독점권을 가지고 있었다. 그는 중식·일식·양식 주방을 갖추었고, 상하이 최고의 매춘부를 두었다.

〔매춘부들은〕비싼 양주 몇 잔을 마시고 비틀대며 다다미방에서 아편을 피우는 주지육림酒池肉林을 기대하고 있는 일본 관헌들의 애무를 기다렸다. (……) 그들은 그곳에서 밤새도록 머물렀다.

이런 '부역자의 상류층 생활'에는 부족함과 절망을 이용하는 창조적인 사업 활동도 포함되어 있었다. 천춘런은 소량만 투여해도 별장 한 채 값이 드는 항생물질 암시장에 대해 썼다. 이 암시장은 지하 폭력단이 운영했는데, 이들은 물건을 구하기 위해 밀수꾼을 인도차이나로 보냈다. 상하이의 가장 유명한 의사 가운데 딩후이캉丁惠康이라는 결핵 전문가가 있었는데, 그는 이 질병을 진단하는 데 쓰이는 엑스선 필름의 부족을 해결하는 영리하고도 수익성 있는 방법을 찾아냈다. 딩후이캉은 필름 없이 기계 하나만 사용했다.[62] 환자가 기계 앞에 1분 동안 서 있으면 기사가 영상을 검사한다. 기사는 결핵균이 있다고 보는 부분을 붉은색 원으로 표시한 환자 폐의 모양을 손바닥에 그린다. 그러면 딩후이캉은 길고 굵은 바늘을 사용하여 감염된 부분에 공기를 주입했다. 그는 또한 항생물질을 살 수 있는 부유한 환자에게는 그것을 썼다. 딩후이캉은 전쟁 동안에 번 돈을 희귀한 골동품을 사고 여자들, 특히 여배우를 낚는 데 사용했다.

그러나 일본 점령하에서 대부분의 사람들은 생활이 넉넉하지 않았다. 1945년이 되면 일본은 몇 년 동안 전쟁을 치러온 결과로 물자가 부족해져서 도시와 농촌 모두에서 엄격한 배급제를 시행했다. 예를 들어 상하이에서는 전기 사용이 제한되어 대부분의 가정에서 15와트 전구를 하루에 몇 분만 밝힐 수 있었다.[63] 그리고 말할 필요도 없이 모든 반일본 정서에 대한 검열이 이루어졌다. 진주만 공격 다음 날 일본은 100년 전에 상하이에 만들어진, 중국의 주권이 미치지 않는 공공조계지를 접수하고, 곧바로 모든 신문과 잡지, 그리고 현대사를 다룬 책들을 불태우라고 명령했다. 길거리 여기저기에서 불길이 타올랐다. 모든 가정은 라디오를 제출하라는 명령이 내려졌고, 18~30세의 모든 남성은 주민자경단住民自警團에 가입하여 여덟 시간 교대제로 구역을 감시하도록 강요당했다. 경찰국에서는 반대자들을 고문했다. 코에 물을 들이붓고, 손톱을 잡아 뽑고, 희생자를 마대麻袋에 쑤셔 넣어 꽉 묶은 뒤 이리저리 걷어찼다(이것을 참깨롤빵이라 불렀다).[64]

일본이 점차 태평양의 점령지들을 잃고 예상되는 공격에 맞서 본토 섬을 방어할 준비를 하느라 마음을 빼앗기게 되자, 일본군은 상하이에서 빠져나가고 일본에 협력하는 만주의 중국인 부대가 이를 대체했다. 이들은 '털모자 군사'라 불렸다.[65] 그들이 자기네 고향인 북쪽 지방의 추운 날씨에 알맞은 복장을 했기 때문이다. 이런 가운데서도 일본은 계속해서 연전연승하고 있다고 발표했다. 승리의 일부는 물론 실제로 전선에서 일어난 것이었고, 때로는 상하이 경마장 위에 떠 있는 장식 리본을 단 커다란 선전용 풍선에 써서 알리기도 했다. 만주에서 파견된 부대는 굳이 말하자면 일본군보다 더 악랄했다. 그들은 "상하이에 들어오자마자 강간과 약탈을 일삼았다"라고 웨이크먼은 말했다. 그들은 '위안소慰安所'를 만들어달라고 일본에 요구했다. 위안소는 일본군 병사들을 위해 만들었던 매춘 장소를 완곡하게 지칭하는 말이다. 일본 측이 매춘부가 부족하다고 하자 만주 병사들은 집집마다 돌아다니며 "자신들의 육체적 쾌락을 채워줄 살아남은 나이 많은 여자들을" 잡아들였다.

중국 여성들에 대한 폭력은 비인도적이고 무수했다. 일본은 한국과 동남아시아에서 그랬듯이 중국 전역에서 위안소를 운영했다. 나라 전체에 공식적으로 280군데 있었고, 병사 40명당 '위안부' 한 명꼴이었다.[66] 점령 지역에서는 강간도 일상적으로 자행되었다. 마을 처녀들을 다짜고짜 끌어다가 일본군 장교들과 하급 병사들의 쾌락을 위해 이용했고, 그 결과로 희생자들은 성병에 걸리고 오랫동안 치욕을 느껴야 했다. 일본군이 저장성 융자현永嘉縣 펑린楓林 마을을 습격하는 것을 목격한 어떤 사람은 몇 년 뒤에 이렇게 회상했다.

그들은 수많은 여자들을 강간했습니다. 피해자 가운데는 아이를 낳은 지 사흘밖에 안 된 여자도 있었습니다.[67]

또 다른 목격자인 푸양이라는 여성은 일본군이 역시 저장성 관내인 자신의 마을에 들어왔을 때 아이였다. 그녀는 수십 년 뒤에 인터뷰에서 이렇게 말했다.

일본군은 '여자로 보이기만 하면' 여섯 살이건 예순 살이건 가리지 않고 강간했습니다. 어머니는 매일 내 얼굴에 온통 시커먼 것을 묻히고 내게 남자아이 옷을 입혔으며, 머리칼을 짧게 잘랐습니다. 일본군이 나를 잡아갈까 두려워하신 거죠. 우리 이웃에 살던 왕씨라는 여자는 예순 살이었는데도 일본군이 끌고 가서는 나중에 불에 태워 죽였습니다.[68]

일본의 공격에 따른 직접적인 희생자가 아니거나 전쟁으로 인한 폭력의 영향을 피할 수 있었던 사람들에게도 전생은 엄청난 고난과 깊은 정신적 상처를 가져다주었다. 중국군은 전쟁 전 기간 동안 병사 부족으로 애를 먹었다. 대체로 사상자가 많았기 때문이다. 그리고 이것이 점령

난징 대학살 때 일본군에 의해 생매장되고 있는 중국인들. 1937년부터 1945년까지 계속된 중일전쟁으로 수많은 사상자가 발생했다.

되지 않은 지역의 마을 사람들에게는 계속해서 고통의 원인이 되었고, 많은 농민들은 정부 치하에 있느니 차라리 일본이 지배하는 곳으로 가는 게 낫겠다는 생각까지 했다.

웨더마이어는 중국에 도착한 직후인 1944년 11월에 마셜에게, 왜 4억 2500만 인구를 가진 나라가 군 병력이 모자라는지를 설명했다. 일본이 점령한 지역에서는 병사를 모을 수 없는데, 일본은 동부 지방의 가장 인구가 많은 지역들을 장악하고 있었기 때문이다. 이와 함께 농사를 짓는 사람들이 군대에 가면 온 나라가 굶주리기 때문에 수많은 가용 자원을 쓸 수 없었고, 공장에서도 전쟁에 필요한 물건들을 만들어야 했다. 웨더마이어는 이렇게 말했다.

영양실조와 위생의 결핍, 열악한 위생 시설, 한심한 의료 서비스 등 이 모든 것이 실제로 병역을 수행할 사람의 수를 줄이는 요인이 되고 있다.[69]

웨더마이어는 동맹국 중국을 몇 달 동안 관찰한 뒤에 이렇게 썼다.

중국 농민들에게 징병은 기근이나 홍수처럼 찾아오지만 더 정기적으로 찾아오고(1년에 두 번씩) 더 많은 희생자를 요구한다. 기근, 홍수, 가뭄을 징병과 비교하는 것은 수두를 전염병과 비교하는 것이나 마찬가지다.[70]

미국 대사관 소속 중국 전문가인 에드워드 라이스Edward Rice는 산둥성에서 안후이성까지 뻗어 있는 중부 지역의 상황을 보고하면서 이렇게 말했다.

가장 가난한 사람들을 제외하고는 모든 사람이 병역을 피할 수 있습니다. 징집병은 합당한 처우를 받지 못하고, 훈련도 약간만 받거나 아예 받지 못합니다. 군 장교들은 장사를 하고 마약 밀수를 하며, 그 밑의 사병들은 인민을 뜯어먹고 삽니다. 게릴라 부대는 뜨내기 장사꾼과 지역에서 잘사는 사람들을 상대로 갈취를 합니다.

그 결과로 인민들의 "적대감과 반발"[71]을 살 수밖에 없었다.

시어도어 화이트 같은 다른 관찰자들은 국민당 군의 징병이 납치나 다름없는 것이었다고 전했다. 신병들을 밧줄로 한데 묶어 총을 들이대고 잡아갔다. 반면에 이 나라의 정부 주석은 나긋나긋한 하인들과 옛날 그림 속에서 살았다.

이런 강제 징집은 대체로 이미 피폐해진 아내와 아이들에게서 경제적 버팀목을 빼앗아버리는 결과를 낳았다. 미국은 전선에서 싸우는 병사들의 봉급이 후방의 아내들에게 지급되지만 중국은 그렇지 않았다. 수많은 중국 여성들은 남편이 군에 가 있는 한 가난에서 벗어날 수 없었고, 더구나 남편이 죽으면 그런 상태가 영원히 지속되었다.[72]

전쟁은 또한 엄청난 혼란을 불러왔다. 1921년 한촨漢川에서 태어난 류취잉은 자신과 남동생과 어머니가 1938년 1월에 일본의 폭격으로 집이 부서진 뒤 난민이 되었다고 미국 학자에게 말했다. 그들의 목표는 서남부의 쓰촨성으로 가는 것이었다. 국민당 정부가 몇 달 전 그곳으로 피난 가 있었다.

그녀는 이렇게 말했다.

가재도구를 지닌 사람의 바다가 길을 꽉 메워 움직임은 매우 느렸고 혼란스러웠습니다. 우리는 군중과 함께 간선도로에 머물러야 했습니다. 비적들이 종종 길에서 벗어난 피난민들, 특히 여자와 아이들을 공격했기 때문이죠. (……) 낮 동안에 우리는 사람의 물결과 함께 천천히 이동하며 가지고 간 건빵을 먹었습니다. 밤이 되면 우리는 하나뿐인 이불을 땅바닥에 깔고 어머니와 내가 몇 시간씩 교대로 잠을 잤습니다.[73]

류취잉과 그녀의 어머니, 남동생이 낀 행렬은 중국 근세사에서 가장 규모가 큰 이주 행렬의 하나였다. 이들은 일본이 침략하고 폭격하고 약탈한 도시와 마을들에서 빠져나온 사람들이었다. 그들은 피난처와 일자리를 찾아 서쪽의 점령당하지 않은 지역으로 이동했다. 전쟁 기간 동안 창사, 구이린, 쉬저우 등의 도시에서는 주민들이 죄다 빠져나갔다. 상하이, 광저우, 난징, 한커우 등의 점령당하고 파괴된 도시들에서 나온 수많은 사람들이 군중에 합류하여 길과 강둑에서 혼잡을 이루며 서쪽으로 향했다.

목격자들은 이 혼잡한 무리의 노동력에 감탄했다. 예컨대 전쟁 초기 장강 기슭에서 7000명의 쿨리들이 1937년 10월 한커우가 일본에 점령되기 전에 그곳에서 빼내온 맨홀 뚜껑과 하수구 쇠창살, 라디에이터 등을 실은 7000개의 인력거를 *끄는* 장면이 대표적인 사례였다.[74] 쉬저우 남쪽에서 피난민 행렬을 본 캐나다인 가톨릭 선교사는 이렇게 썼다.

> 황소가 *끄는* 달구지의 긴 띠가 끊기지 않고 뻗어 있었다. 그들은 북부 지역에서 탈출하는 주민들이었다. 여자와 아이들은 달구지에 타고 있었고, 그들 주위에는 보따리, 바구니, 자루와 병아리, 염소들이 있었다. 많은 사람들이 눈물을 흘리고 있었고, 아이들은 엉엉 울고 있었다. 남자들은 황소에 채찍질을 했다. 멈출 수 없어 오직 앞으로 나아가야만 했다. 이 행렬 속에 믿을 수 없을 만큼 많은 병사들이 있었다. (……) 모두가 침울했다. 사람들은 먼지만 마실 뿐이었다.[75]

넉 달에 걸친 쉬저우 전투를 취재한 미국 언론인 잭 벨덴은 "길을 따라 피난을 가고 있는" 모든 "황소, 말, 당나귀"에 대해 이렇게 썼다.

> 일부 젊은이들은 짐과 *가재도구들*을 메고 있었고, 어떤 사람들은 등에 노인을 업고 있었다. 일부는 팔에 아이들을 안고 있었고, 일부는 침구를 지니고 있었고, 일부는 늙은 어머니와 병든 아내를 업고 있었다. 전족을

한 나이 든 여자와 달구지에서 잠들어 있는 주름살 많은 가장 등 고통의 요소들이 각자에게 덜컹거리며 밀려들고 있었다. 모든 것이 파괴로부터 피난을 가고 있었다.[76]

류췬잉의 가족이 이 이주 행렬을 따라가던 어느 날 안후이성의 고향을 떠나 피난을 가던 두 형제를 만났다. 형제는 류췬잉이 다니던 고등학교가 옮겨가 있다는 후베이성 서부의 언스恩施까지 가는 내내 그들이 걷는 것을 도와주었다. 그들의 도움에 대한 대가로 류췬잉은 형제 가운데 형의 성적 접근을 감내해야 했고, 그녀의 어머니도 이를 묵인했다. 언스에 도착해보니 학교가 그곳으로 옮겨갔다는 것은 사실이 아니었다. 충칭에서 가까운 그 마을은 피난민들로 북적거렸고, 물가는 매우 비쌌다.

나는 매우 슬프고 절망했습니다. 우리는 스스로의 삶을 전혀 통제할 수 없었고, 매일매일 커다란 공포 속에서 살았습니다. (……) 우리는 안전을 위해 그들 형제와 붙어다녀야 했습니다. 내게 그것은 나의 의지와는 반대로 그들 가운데 형의 성적인 필요를 채워주어야 한다는 것을 의미했습니다. 어머니와 남동생을 위해 고통스러운 생활을 견뎌야 했습니다.[77]

이들 일행은 언스에서 충칭으로 갔다. 이 도시는 장강과 자링강嘉陵江의 합류 지점을 내려다보는 가파른 산지에 자리 잡고 있었다. 충칭은 고통과 저항의 놀라운 이야기가 만들어진 곳이었다. 앞서 보았듯이 정부는 1938년 말에 그곳으로 옮겨왔다. 일본의 침략이 미치는 범위에서 벗어나기 위해서였다. 여러 대학들이 이 도시 교외 지역으로 옮겨왔다. 공장들도 일본이 쳐들어오기 전에 설비를 철거하여 조금씩 조금씩 쓰촨성과 윈난성으로 옮겨갔다. 이는 정부 관료와 교사, 기술자와 공장장, 그 밖의 사람들이 똑같이 낙후되고 불충분한 도시에 절망적인 난민으로서 엄청나게 밀려들어온다는 의미였다. 관료들은 봉급을 받았지만, 그래봤자 부족하고 어려운 상황에서 간신히 생활할 수 있을 뿐이었다.

1944년 영국 정보부의 요청으로 중국을 방문했던 상류층 사진가 세실 비튼Cecil Beaton은 "대나무와 진흙과 파리"의 세계에 대해, 화장실의 악취가 진동하는 중국에 대해 이야기했다. 관료들과 대학 교수들은 벽이 갈라지고 쥐가 들끓는 방에서 살았다. 충칭은 뜨겁고 습한 여름에는 숨이 턱턱 막혔고, 축축한 겨울에는 얼어붙을 듯했다. 비튼은 상하이에서 충칭으로 옮겨온 푸단復旦 대학의 한 교수를 방문했다. 비튼은 이렇게 말했다.

그는 질이 낮은 쌀로 연명하고 있었다. 그는 감옥 같은 방에서 잠자고 일했다. 시중드는 사람도 하나 없었다. 가구라고는 전혀 없었고, 다만 사전 2개 위에 올려놓아 침대로 쓰는 판자와 그가 전에 있던 데서 가져온 책들을 꽂은 칸이 있는 책꽂이가 하나 있었다. 석유 절약 운동에 따라 등잔불은 저녁 일찍 꺼야 했다.[78]

수도 시설이 없었기 때문에 물은 쿨리들이 강에서 퍼서 장대 양끝에 매달아 날라온 것을 사 먹어야 했다. 물가는 비쌌고, 특히 전쟁이 끝나갈 무렵에 더욱 심했다. 비튼은 이렇게 썼다.

프랑스 문학과 유럽 철학 전문가이고 대가인 사람도 농민과 마찬가지로 살았다. 과학 잡지 편집자였던 사람, 지적 생활과 사상의 중심에 있던 사람들이 여기서 발이 묶여 담배 살 돈조차 없었다. 그들 가운데 일부는 발이 썩는 병에 걸려 걷지 못했고, 또 다른 사람들은 영양이 부족하고 목욕을 못해 생긴 병으로 고생하고 있었다. 그러나 그들은 여전히 놀랄 만큼 쾌활하고 열정에 넘쳤다.[79]

그들은 또한 끊임없는 공습경보 속에서 살았고, 한 번에 몇 달씩 매일같이 충칭의 가파른 산지에 파놓은 방공호로 피신해야 했다. 웨더마이어 장군은 1944년 말 충칭에 도착한 지 이틀째 되는 날 밤에 도시를 공중 폭격하는 소리에 잠을 이루지 못하고 있었다. 그는 그것이 "중국이 정말로 파이프라인의 끝에 있음"[80]을 상기시켜주는 것이었다고 말했다. 1941년 말을 기준으로 중국에 제공하기로 약속한 1억 4500만 달러 상당의 무기 대여 프로그램 보급품 가운데 2600만 달러 상당만이 도착했을 뿐이고, 그 상당량은 버마 공로를 통해 중국으로 수송되기를 기다리며 버마에 묶여 있었다.[81] 웨더마이어는 거의 3년이 지난 뒤에 그날 밤의 충칭에 대해, 때때로 폭탄이 도시의 벼랑에 파놓은 어느 방공호 입구 부근에 떨어져 그곳으로 피난 온 민간인들을 생매장할 것 같았다고 썼다. 전쟁이 시작된 지 6년이 지났고 장제스가 충칭을 전시 임시 수도로 삼은 지 5년이 지난 그때까지도 대공포나 현대적인 경보 장치가 없었다.

"그 덕분에 일본놈들은 아무런 제재도 받지 않고, 특히 땅거미가 지기 직전에 폭탄을 투하할 수 있었다."

웨더마이어의 결론은 "이 문제에 관해 무슨 조치를 취해야 한다"[82]는 것이었으나, 아무런 조치도 취해지지 않았다.

비튼이 만났던 피난 온 관리와 교사들의 삶은 류춰잉이나 다른 수많은 사람들의 삶과 비교하면 사치에 가까웠다. 이들은 파괴된 오두막집을 피난처로 삼았고, 돈이 없어 치료를 전혀 받지 못했으며, 비렁뱅이 신세로 전락했다. 많은 사람들은 충칭에서 합류하는 두 강의 좁은 모래톱에 솟아난 거대한 판자촌에 집(그것도 집이라고 할 수 있다면)을 꾸몄다. 강둑에서 산 적이 있는 한 사람은 이렇게 회상했다.

> 판자촌 사람들은 집개와 들개, 고양이와 쥐, 벼룩·바퀴벌레 같은 여러 곤충들과 함께 살았다. 여름이 되면 눅눅한 강둑은 모기의 서식처였다. (……) 우리는 1년 내내 비참한 생활을 했다.[83]

류친잉은 서쪽으로 피난을 가는 동안에 임신한 것을 알았다. 그녀는 어머니와 남동생, 그리고 도중에 만난 형제와 하루 종일 걸어간 끝에, 며칠짜리 일거리를 찾아 먹을 것을 마련하곤 했다. 충칭에 도착하기까지는 1년이 걸렸다. 류친잉이 낳은 아이는 건강하지 않았고, 류친잉이 일본의 폭격을 피하려고 나무 밑으로 달려가다가 넘어질 때 죽었다.

그녀는 여러 해 뒤에 이렇게 말했다.

> 우리는 들판에 구덩이를 파고 아기를 묻고는 가던 길을 계속 갔습니다. 나는 가슴이 아팠습니다. 아이를 어디에 묻었는지도 알 수가 없습니다.[84]

일행이 충칭에 도착한 뒤 류친잉은 형제 가운데 형과 결혼했다. 알고 보니 남자는 술꾼에 바람둥이였다. 그는 사창가에 자주 드나들었고 여자들을 집에 데려와서는 아내에게 음식을 차려내라고 요구했다. 결국 남편은 아주 집을 나가버렸고, 류친잉은 충칭에 있는 전시구호소의 초등학교에서 가르치는 일자리를 얻었다. 어머니와 그녀는 빨래하고 청소하는 일을 했다. 그녀가 다니던 학교 교장도 직접 도왔다. 그녀는 또 아이를 낳았는데, 딸이었다. 아이가 폐렴에 걸렸지만 약을 살 돈이 없었고, "아이는 내 팔에 안겨 죽었"다.[85]

1944년 4월, 중국의 항복을 받아내는 데 실패하고 미국이 중국 영토를 일본 본토 침략을 위해 사용할 가능성이 높아지자, 일본은 교착 상태를 끝내고 이치고 작전을 시작하여 허난성, 후난성, 광시성을 지키고자 했다. 이것은 8년에 걸친 전쟁에서 길고도 격렬한 전투가 벌어진 두 번째 시기였다. 일본의 목표는 두 가지였다. 하나는 일본이 1940년에 점령한 인도차이나로 가는 육로를 여는 것이었다. 병사와 보급품을 하이퐁 항구로부터 만주까지 철도로 이동시키고, 거기서 배를 타고 본국으로 돌아간다는 계획이었다. 두 번째는 미국 제14항공대가 일본군의 중국 점령지 및 태평양 지역의 목표물을 폭격하기 위해 사용하고 있는 비행장들을 파괴하는 것이었다. 창사가 함락된 것도 이 작전 때였다.

이치고 작전은 서방에서 거의 큰 주목을 받지 못했다. 대체로 그것이 연합군의 노르망디 상륙 등의 중요한 전투와 같은 시기에 전개되었기 때문이다. 그러나 그것은 1944년 하반기 내내 진행된, 일본의 단일 공세 가운데 최대 규모였다. 여기에는 17개 사단에서 50만 명의 병력이 동원되었으며, 그 가운데 일부는 만주와 일본 본토에서 이동한 병력이었다. 중국 쪽에서도 같은 수의 병력이 동원되었지만, 언제나 그렇듯이 이들 가운데 상당수는 영양실조에 장비도 변변하지 않았다. 그들은 언제나처럼 모순적인 태도를 가지고 싸웠다. 때로는 도망쳤고, 그렇지 않은 경우에는 맞서 싸우다가 죽었다.

이치고 작전으로 인해 생긴 파괴와 혼란은 엄청났고, 사상자 통계는 천문학적이었다. 피난민이 길을 메웠다. 지나치게 길어진 보급선 때문에 애를 먹고 미군 폭격기들로 인해 괴롭힘을 당하고 있던 일본은 육지 쪽에 주력하지 않을 수 없었다. 그들은 약탈할 수 있는 것은 모조리 약탈하고, 저항하는 사람은 사살하거나 총검으로 찔러 죽였다. 1938년과 1939년에 폭격을 당했지만 그 사이에 거의 방치되었던 도시들이 다시 폭격을 당했다. 미국의 공군 기지가 있던 구이린은 완전히 불타서 사람이 전혀 살지 않는 곳이 되었다. 그리고 앞서 보았듯이 후난성의 최대 도시 창사도 사람이 살지 않는 폐허로 변했다.

중국의 소설가 바진巴金은 전시 일기에서 이렇게 썼다.

나는 증오심을 품은 채 구이린이 매번 수난을 당하는 것을 지켜보았다. 나는 폭탄들이 어떻게 집을 파괴하는지 보았다. 폭탄이 어떻게 터져 불길이 일어나는지 보았고, 어떻게 바람이 불길을 도와 두세 줄기의 연기 기둥을 하나로 합치게 하는지 보았다. 웨야산月牙山 위에서 나는 하늘의 절반이 검은 연기로 덮이고 구이린시 전체가 불길에 휩싸인 것을 보았다. 검은 연기 속에서 붉은 빛과 붉은 바람과 붉고 커다란 혀가 날름댔다. 12월 29일의 큰불은 오후부터 밤늦게까지 계속 타올랐다. (……) 성벽 옆에서 무수한 피륙이 모조리 불탔고, 나의 눈 속에서 짚종이 다발처럼 새빨갛게 빛났다. 아마도 거기에 직물 공장 창고가 있었는지도 모른다. (……)

이런 간단한 묘사만으로도 재난에 빠진 이 도시의 상황을 알 수 있을 것이고, 이 도시를 통해 다른 많은 중국 도시들을 상상할 수 있을 것이다. 중국의 도시들은 모두 재난에 빠졌다. 그러나 그들은 고난 속에서 이를 악물었고, 그들은 굴복하지 않을 것이다. 나는 이들 도시의 모습에서 한

점의 그림자도 보지 못한다. 그런 측면에서 나는 결코 비관적이고 절망적인 나날을 보내는 것은 아니다. 중국 도시들의 수난 속에서 나는 심지어 그들의 환한 웃음마저 본다. 중국의 도시들은 폭탄을 투하한다고 두려움에 떨게 만들 수 없다.[86]

그저 견디고 증오심을 계속 불태우는 것은 이미 보잘것없는 승리였고, 적어도 돈으로 보상받는 것 같은 일이었다. 맞서 싸우는 것이 더 나은 일이었고, 가장 용감하고 끈질기게 싸운 집단은 중국 인민의 존경을 받을 터였다.

장제스는 많은 미국의 관찰자들과 이후의 역사가들이 인식했던 것보다 훨씬 더 잘 맞서 싸웠다. 전선으로 가는 것이 허락되지 않았던 이들 관찰자들이 더 자주 보았던 것은 비군사적인 저항이었다. 점령당하지 않은 지역은 포스터와, 애국적인 노래를 부르면서 행진하는 학생들과, 인민들에게 인내를 호소하는 선전 영화들의 현장이었다. 장제스는 자주 연설을 했고, 당연히 언론에 보도되었다. 매력 넘치는 그의 아내 쑹메이링은 세계를, 특히 미국을 여행하며 중국의 용감한 저항을 알리고 도움을 청하는 로비 활동을 했다. 신문과 정부의 공보당국은 중국의 승리와 일본의 처참한 패배 이야기를 잔뜩 늘어놓았다.

앞으로 보겠지만, 여기에는 아이러니가 있었다. 정부의 주장은 선전물 특유의 과장이 있어 많은 사람들이 믿지 않게 되었다. 그러나 사실 정부는 공산 세력보다 훨씬 많은 항쟁을 했다. 공산당은 별로 항쟁하지 않았으며, 그들의 손실은 국민당 군대가 입은 손실보다 훨씬 적었다. 그러나 장제스는 국내에서도 해외에서도 용감한 투사라는 인식이 점점 사라졌다. 사람들은 시간이 갈수록 공산 세력이 잘 싸운다는 생각을 하게 되었고, 그들이 대일 항전의 주력 부대로 인식되었다. 반면에 중국의 고난은 장제스 및 그 정부의 위신과 정통성을 침식하여 공산 세력에게 유리하게 이용되었다.

제 4 장

마오쩌둥과 저우언라이, 그리고 미국인들

1944년 7월 22일, 8명의 미국 외교관, 군인, 스파이가 전시 수도 충칭에서 미국 공군의 C-47 화물 수송기를 타고 옌안의 공산당 근거지로 날아갔다. 항로는 거의 정북으로 1000킬로미터에 가까웠고, 그 사이에서 중국은 정치적·지리적으로 두 지역으로 나뉘고 있었다. 쓰촨성의 아열대성 푸른 산과 계단식 논에서 중국의 옛 수도 시안으로 넘어간 것이다. 미국인들은 황하 너머로 계속 나아가기 전에 그곳에서 잠시 머물렀다. 황하는 넓고 물결이 치는 하나의 띠였고, 이름처럼 누런색이라기보다는 진흙의 갈색에 가까웠다. 그 남쪽은 국민당 정부의 지배를 받고 있었고, 동쪽은 일본 점령하의 꼭두각시 국가가 점령하고 있었다. 그 나라는 정부가 장악한 중국과 마찬가지로 공식적으로는 중화민국으로 알려져 있었다. 정북 방향으로 250킬로미터 더 가면 옌안이었다. 옌안은 그 무렵에 그곳을 찾은 한 미국인이 "침식되고 덩어리진 고원"으로 묘사했고, 그곳에 대장정大長征을 거치면서 가까스로 살아남은 공산 세력이 거의 10년 전부터 기반 영역을 건설해놓고 있었다.

비행기가 접근하면서 옌안의 랜드마크로 유명한 희끄무레한 명나라 때의 9층탑이 부근의 나무가 없는 갈색의 산속에서 어렴풋이 나타났다. 많은 군중들이 아래 들판에 보였고, 그들 가운데 일부는 조종사에게 착륙할 곳을 알려주는 수신호를 보내고 있었다. 비행기는 절벽 앞부분 가까운 곳에 내려앉았다.

그곳에는 동굴이 여러 개 파여 있었고, 옌안의 지도부는 적의 폭격을 피해 그 동굴들에 아늑하게 살고 있었다.[1]

C-47이 풀로 덮인 활주로에 착륙하면서 참사가 일어날 뻔했다.[2] 바퀴 하나가 오래된 무덤에 박혀 비행기가 왼쪽으로 기울어졌다. 여전히 돌고 있던 프로펠러가 땅바닥을 치고 굴대에서 빠져나가, 비행기 동체의 앞부분이 떨어져나갔다. 조종사는 가까스로 화를 면했다.

승객들과 구경꾼들이 잠시 우왕좌왕한 뒤에 중국 공산 세력의 대외적인 얼굴마담인 저우언라이가 들판을 성큼성큼 걸어와서 대표단장 데이비드 배럿David Barrett 대령과 악수를 나누었다. 배럿은 키가 크고 비대하며 상냥한 전직 대사관 무관으로, 이전 10년의 대부분을 중국에서 보냈고 중국어를 잘했다.

미국인 방문단 가운데 대여섯 명은 전쟁 때 있었던 중앙정보국(CIA)의 전신인 전략정보국(OSS)에서 일했고, 이 조직은 공산 세력의 움직임에 대한 정보를 열심히 수집할 뿐만 아니라, 공산 세력으로부터 일본 점령군과 중국 꼭두각시 정권의 병력에 관한 정보도 수집하고 있었다. 이들 대표단 가운데는《월스트리트 저널》기자였던 레이먼드 크롬리

Raymond Cromley도 끼어 있었다. 그는 일본에서 근무한 적이 있었고, 일본군에 관한 전문가였다.[3] 게릴라 특공대 출신의 찰스 스텔Charles Stelle도 있었는데, 그는 버마 전투에 참가했고 중국 북부에 있는 일본 시설 가운데 공격 목표를 선택하게 될 사람이었다. 또 하나의 멤버인 브룩 돌런Brooke Dolan은 필라델피아 자연과학아카데미에서 후원한 탐조探鳥 여행을 위해 중국과 티베트를 널리 여행했으며, 공산 세력이 장악한 지역을 잘 알고 있었다.[4]

민간인 가운데 선임자는 서른여섯 살의 존 스튜어트 서비스John Stewart Service였다. 그는 스틸웰의 정치적 조언자이며 자신의 친구인 존 페이튼 데이비스John Paton Davies와 마찬가지로 선교사의 아들로 중국에서 태어났다. 서비스는 똑똑하고 논리 정연하며 세련되고 잘생긴, 제임스 스튜어트(미국의 영화배우로, 일상생활의 어려움을 헤쳐나가는 평균적인 미국 중류층 역할을 많이 맡아 '미국의 양심'으로 불렸다-옮긴이) 류의 진짜 미국인이었다. 그는 또한 매우 똑똑하고 용기 있으며 중국어를 할 줄 아는 젊은 외무 공무원이었는데, 이런 부류의 사람들의 운명은 중국과 미국의 불안정한 국내 정세의 영향을 받게 마련이었다.

영접은 따뜻했고, 만나고 싶은 손님 일행을 오랜 시간 기다린 사람들에게서 기대할 수 있는 대로였다. 공산 세력은 여러 해 동안 미국과 독자적인 관계를 수립하고자 애써왔다. 1943년에 저우언라이는 옌안에 대표단을 보내달라고 제안했고, 데이비스는 이를 그대로 국무부에 올리는 기안서에 담았다. 데이비스는 나중에 이렇게 썼다.

중국의 공산 세력이 매우 불길한 느낌으로 지평선에 나타나자 미국 정부는 긴급하게 이들에 대한 일차 정보를 수집하고 그들과 접촉할 필요성을

느꼈다.[5]

　미국인들과 충칭에 있던 공산당 대표부(저우언라이와 그 보좌관들이다) 사이에 화기애애한 대화가 오가는 것을 빼면, 미국 정부는 1944년 초 무렵에 1억 명 가까운 주민이 살고 있는 지역을 장악하고 있는 세력의 동향에 대한 정보가 거의 없었던 것이 사실이었다. 공산 세력은 자기네가 주장하는 것처럼 정말로 일본과 싸우고 있는가? 그들은 국민당이 주장하듯이 소련에 굴종하며 세계 제패에 열중하는 공론가들인가, 아니면 스틸웰이 믿고 있듯이 자애로운 토지 개혁 이상의 사회적·정치적 프로그램은 갖지 못한 민족주의자들인가?

　이런 질문들에 대한 정보는 불확실한 출처로부터 간접적으로 들어왔다. 충칭의 대사관에 근무하던 미국 외교관이 쓴 한 공식 전문은 공산 세력의 동향에 관한 인상을 다른 행성의 일인 것처럼 전달하고 있다. 정보의 출처도 "공산 세력이 장악하고 있는 지역에 거주하는 한 프랑스 국민"이니, "유럽과 아시아를 왕래하는 벨기에인으로 최근에 그 지역을 여행한 사람"이니, "중국의 게릴라들이 통제하는 지역에 추락한 미국인 비행사"[6]니 하는 식이었다.

　백악관은 1944년 2월에 미국의 군 시찰단을 공산 세력의 근거지에 보낼 수 있도록 허가해달라고 장제스 정부에 공식적으로 요청했다. 장제스는 이 계획을 "돕겠다"고 대답했으나, 실제로는 완강하게 저지하려 했다.

　장제스의 저항은 당연한 일이었다. 미국의 요청은 중국이라는 더 큰 나라 안에 있는 공산 세력과 그들의 국가를 비공식적으로 승인하는 것이나 마찬가지였기 때문이다. 그러나 국민당은 미국이 공산 세력과 접촉하는 일을 막거나, 그 일과 관련해서 공산당에 대한 전반적인 선전 활동을 자신들에게 유리하도록 해내지는 못했던 듯하다. 이들의 선전에 대해 미국 대사 클래런스 가우스는 "분명히 거짓말이다", "거의 믿기 어렵다", "조금 우스꽝스럽다"[7]라는 표현을 썼다. 그리고 그것은 어느 정도 사실이었다. 허잉친何應欽 참모총장이 4월에 스틸웰의 참모장 헌T. G. Hearn 소장에게 보낸 중국 공산당에 대한 공식적인 묘사는 이런 것이었다.

〔그들의 목표는〕 동아시아에 전체적으로 혼란스러운 상태가 조성되기를 바라면서 (……) 중국의 항전을 될 수 있는 한 오래 끄는 것입니다. 그것은 중국에서 정권을 잡아 세계 혁명의 디딤돌로 삼기 위한 것입니다.[8]

허잉친은 공산당 군대에 대해 "조직화되지 않고 규율이 없으며 훈련되지 않은 무리"일 뿐이며 일본군과 싸우기는커녕 그들에게 협력하고 있다고 말했다. 게다가 공산 세력은 주민들에게 "공포감을 주어 복종시키는" 정책을 쓰기 때문에 자기네가 통제하는 지역에서 매우 인기가 없으며, "공산 세력이 중앙정부에 대항하여 무장 반란을 일으킬 가능성이 상존"하기 때문에 "그 지역에 상당수의 병력을 유지"할 필요가 있다고 주장했다. 미국 측은 약 40만 명의 정부군 병력이 공산당 지역을 봉쇄하는 데 투입되어 항일 전투에 나서지 못하는 것으로 추산했다.

허잉친의 편지는 노골적인 거짓말이라기보다는 희화적인 과장이었다. 공산 세력은 장기적으로 장제스가 중국을 통치하는 데 일본보다 더 큰 위협이었고, 소련이 조종하는 세계 혁명은 허잉친이 생각했던 것보다 더 멀고 이론적인 것이기는 했지만 어쨌든 그들의 최종 목표였다. 이런 상황에서 공산 세력에 대한 어떤 호의적인 시각도 미국 정책 결정자들의 주의를 끌지 못하도록 막는 홍보 활동은 국민당이 살아남는 데 필수적인 것으로 생각되었고, 그들이 추구하는 정책은 곧바로 이 목표를 반영했다.

충칭에 있는 서방 기자들은 심한 검열을 당했지만 그것이 곧바로 정부의 신뢰도를 높이지는 못했고, 가우스 대사가 말했듯이 대체로 "설교를 늘어놓는"⁹ 내용의 언론 브리핑을 자주 열었지만 그것도 소용없었다. 국민당에게는 불행한 일이었지만, 외국 기자들과 외교관들은 브리핑에 참석하더라도 정부 공보당국이 내놓는 보고서를 전혀 믿지 않았다. 중국의 승리에 관한 인상적인 설명과 엄청나게 많고 수상쩍게도 정밀한 일본군 사상자 수가 담긴 보고들이었다. 한동안 당국은 서방의 뉴스 보도에서 인플레이션이라는 말의 사용을 금지했다. 충칭에 사는 거의 모든 사람들이 높이 치솟는 물가 때문에 고통을 받고 있던 시기에 말이다.

당연한 일이지만, 이런 상황에서는 서방 기자들이 진을 치고 있던 충칭에서 공산 세력의 정확한 모습을 알 수가 없었다. 그리고 이들 기자들은 정말로 기사에서 공산 세력을 언급하는 것조차 금지되었다. 《뉴욕 헤럴드 트리뷴》의 해리슨 포먼Harrison Forman은 나중에, 이런 것만이 예외였다고 썼다.

> 대원수나 다른 정부 고위 관료들이, 공산 세력이 "나라의 영토를 강점하고 있다"거나, "국민정부의 군대를 공격했다"거나, "전쟁 수행을 방해했다"고 비난하는 말을 인용하는 것.¹⁰

공산 세력이 장악하고 있는 지역을 방문할 수 있게 해달라는 서방 기자들의 요청은 달가운 일이 아니었고, 그런 요청은 검열에 대한 인내심이 바닥나면서 더욱 늘어갔다. 장제스는 미국 참관단 가운데 "젊고 순진한" 사람들이 "중국 공산당의 선전을 믿고" 자기네가 경솔하게 믿은 내용을 "워싱턴에 있는 고위 관료"[11]에게 전하는 일에 대해 우려를 표명했다.

장제스는 여론 조작이라는 기지旣知의 필요성과 외국인들에게 어느 정도의 신뢰성을 줄 필요성 사이에서 오도 가도 못하고 있었다. 게다가 1944년 봄이 되면 정부는 이치고 공세로 허난성에서 타격을 입고 산시성陝西省에서도 공격을 받아 위험에 빠짐으로써 미국의 무기 대여 프로그램에 따른 보급에 더욱더 의존해야 했다. 장제스는 또한 자신의 우려와 달리 서방 기자들과 군 시찰단이 옌안의 공산 세력 근거지를 방문한다면 그들은 공산주의자들의 독재적이고 기만적인 본성을 알게 될 것이라는 희망을 키우기도 했다.[12] 4월에 장제스는《뉴욕 타임스》특파원 브룩스 앳킨슨이 회장으로 있던 외국기자협회가 제출한 공식 요청에 대해 정부가 옌안 방문을 허가할 것이라고 밝혔다. 다만 공산당이 "공산 세력 장악 지역을 방문하는 동안 이동과 취재의 자유를 완전히 보장"[13]해야 한다는 조건을 달았다.

몇 달 뒤 미국과 영국 기자들로 이루어진 기자단이 옌안으로 출발했다. 국민당과 공산당 관계자들이 동행했다. 이들은 요즘 언론인들이 쓰는 용어로 '경호원'들이었다. 그 직후 장제스는 공식 군사 시찰단 요청에도 결국 동의함으로써 곧 딕시 사절단Dixie Mission이 꾸려졌다. 딕시라는 이름이 붙은 것은 반대 세력이 차지하고 있는 지역을 근거지로 해서 이루어지는 것이기 때문이었다('Dixie'는 미국 내전 당시 남군 병사들의 행진가에서 미국 동남부 지역을 가리키는 말이었는데, 여기에서는 공산당 점령 지역이 남군의 점령 지역과 마찬가지로 적지敵地라는 비유다ㅡ옮긴이).

시찰단은 옌안에 도착한 날, 공산당 군대인 팔로군 총사령總司令 주더朱德 및 저우언라이와 점심식사를 했다. 저우언라이는 금세 개인적인 사교 능력을 뽐냈다. 그는 망가진 C-47의 조종사 잭 챔피언에게 말을 건넸다.

"기장, 우리는 당신의 비행기가 영웅이라고 생각해요. 다행스럽게도 또 다른 영웅인 당신은 다치지 않았소. 마오쩌둥 주석께서 당신이 무사해서 안도했다는 말을 전하라고 하셨소."[14]

마오쩌둥은 직접 우호적인 분위기 조성에 나서《해방일보解放日報》(1941년부터 1947년까지 옌안에서 발행된 중국 공산당 기관지 성격의 신문—옮긴이) 사설에 이 시찰단의 도착이 "항일전쟁이 시작된 이래 가장 흥분되는 사건"[15]이라고 썼다.

곧이어 서비스와 배럿은 4년 뒤 중화인민공화국의 지도자가 되는 사람들과 점심과 저녁을 먹고 차를 마셨으며, 그들에게 매료되었다. 그들이 쓴 전문들은 공산당 지도자들을 솔직하고 가식이 없고 최우수 보이스카우트 단원처럼 활기에 넘치며, 무엇보다 다정하고 편안하고 경계심이 없고 개방적이라고 묘사했다. 이 뒷부분의 특성들은 장제스와 무언의 대조를 보였다. 장제스는 골동품이 가득한, 스틸웰이 '땅콩의 베르히테스가덴(히틀러의 은신처에 비유한 표현이다—옮긴이)'이라 이름 붙인 충칭 교외 산꼭대기 관저에서 제왕 같은 호젓함을 누리며 살고 있었다. 몇 년 뒤에 마오쩌둥과 공산당 수뇌부는 베이징 자금성 부근의 한 원림園林을 차지하게 된다. 그곳은 높은 담과 해자로 둘러싸여 있고, 옆에 있는 궁궐처럼 일반인들은 들어갈 수 없었다. 그러나 옌안에서 그들은 소박한 모습으로 미국인 방문객들에게 깊은 인상을 주었다. 그들은 나무 문과 풍지를 붙인 창문이 달린 동굴에 살고 있었다. 가구는 간소한 책상과 탁자가 전부였고, 에나멜 세면대가 있었다.[16] 그곳은 베르히테스가덴이 아니었고, 밸리포지(미국 독립전쟁 때 조지 워싱턴이 이끌던 대륙군이 겨울에 주둔했던 곳—옮긴이)와 더 가까웠다.

동굴 자체는 인상적인 모습이었다. 황토 절벽을 수평으로 파냈는데, 기하학적인 형태의 가파른 갈지자 길로 연결되어 있었다. 각 동굴에는 아치형 출입구가 있었고, 앞에는 작은 채소밭이나 어쩌면 닭장과 돼지우리, 아이들의 놀이터였을 좁은 평지가 있었다. 그것은 황량한 야영지 같은 인상을 주었다. 마치 시나이 반도를 떠돌던 이스라엘 자손들이나 서아시아 지역에 주둔하던 로마 군단과 같은 모습이었다. 옥내에는 수도관이 없었다. 화장실은 상당히 멀리 떨어져 있었다. 동굴은 석유등으로 희미하게 불을 밝히고 있었고, 일산화탄소를 위험할 만큼 많이 발산하는 숯불 화로로 난방을 하고 있었다. 시찰단의 일원이었던 세인트루이스 출신의 의사 멜빈 카스버그Melvin A. Casberg는 화로에 불을 피울 때는 꼭 동굴 문을 열어 환기시키라고 동료들에게 당부했다.

공산당 지도부는 솜을 넣은 윗옷과 바지를 입었는데, 계급장 같은 것은 전혀 달지 않았다. 그들은 미국과 우호적인 관계가 되기를 바란다고 말했다. 미국의 민주주의 체제를 좋아하기 때문이라고 했다. 몇 달 전 언론인 안내 여행을 따라 옌안에 갔던 포먼은 모든 장면이 "'변경' 사람들의 끈기와 결의를 잘 보여주는 훌륭한 상징"[17]이었다고 말했다.

옌안에서 불과 엿새 동안 머문 뒤에 서비스는 자신이 받은 첫인상을 국무부에 보고했는데, 이는 "너무도 호의적"인 내용이었고, 포먼이 받은 인상과 매우 흡사했다.[18] 옌안 지역에 들어오는 사람은 "호감을 갖지 않으려고 의도적으로 결심하고" 무슨 일이든 이전 방문자들이 묘사했던 것처럼 아주 좋지는 않을 수 있음을 의식하려 한다고 그는 썼다. 그러나 그는 이렇게 이어갔다.

우리 일행 모두는 같은 생각을 했습니다. 우리는 다른 나라의 다른 사람들을 만나고 있다고 말입니다.

서비스의 말에 따르면 그와 시찰단의 다른 일행들은 그들에게서 찾아볼 수 '없는' 것을 몇 가지 발견했다. 즉 그들은 "말과 행동 모두에서 꾸미고 형식에 구애되는 모습"이 없었고, "충칭 관료 사회의 경호원과 헌병과 허세"가 없었으며, 중국의 다른 곳에서는 늘 마주치는 "걸인"과 "절망적인 빈곤"이 없었다. 서비스는 이렇게 보고했다.

마오쩌둥과 다른 지도자들은 대체로 존경을 받고 있다고 합니다(마오쩌둥의 경우는 일종의 숭배라고 할 정도입니다). 그러나 이 사람들은 접근하기 쉽고, 그들에게 전혀 아첨하지도 않습니다.

일본에 맞서 싸우는 일에 대해서는 이렇게 썼다.

사기는 매우 높습니다. (……) 패배주의는 없고, 오히려 자신감에 차 있습니다. 전쟁에 지친 모습은 보이지 않습니다.

동시에 "어디서나 민주주의 및 인민과의 친밀한 관계가 강조"되었다. 그는 자신이 이미 그곳에 갔던 한 서방 언론인의 관찰에 동의하고 있음을 깨달았다.

우리는 산시성陝西省 북부 산악 지대로 가서 중국에서 가장 현대적인 곳을 발견하게 되었다.

아마도 가장 중요한 일일 듯하지만, 서비스는 국민당이 결국 실패하고 공산당이 성공할 것이라고 생각하게 되었다.

〔공산주의 운동이〕 강력하고 성공적이며, 그들이 그런 추동력을 갖고 있고 인민과 그렇게 밀접하게 연결되어 있기 때문에, 그들이 쉽게 소멸하지는 않을 것이라는 생각을 하지 않을 수 없습니다.

이 문제에 관해 그는 완전히 옳았다. 국무부의 대다수 중국 전문가들도 이런 견해를 받아들이게 되었다.

서비스는 도착한 지 한 달 뒤에 마오쩌둥과 여덟 시간 동안 계속된 만남을 가졌다. 이 만남에서 공산당 주석은 충칭 대사관의 2등서기관에 지나지 않는 이 애송이 외교관에게 장기적인 협력을 간청했다. 마오쩌둥은 옌안에 미국 영사관을 설치하고 전쟁이 끝난 뒤에도 그대로 머물러주기를 바란다고 말했다. 전쟁이 끝나면 군 시찰단은 철수하게 될 것이지만, 미국의 민간 관리가 있다면 국민당이 공격하지 못할 것이라고 했다. 마오쩌둥은 미국이 장제스에게 내부 개혁을 하도록 압박해서 공산 세력이 정부에 참여할 수 있도록 해달라고 요청했다. 그는 국민당이 스스로 개혁하지 않으면 내전이 일어날 것이고, 그렇게 되면 미국의 무기가 공산 세력을 향해 쓰이게 될 것이라고 큰 소리로 우려를 표했다. 마오쩌둥은 그런 가능성을 미연에 방지하기 위해, 공산당을 포함하여 일본에 맞서 싸우고 있는 모든 세력들에게 원조를 해달라고 요청했다. 그리고 중국인들이 미국을 "민주주의의 이상"[19]이며 국민당의 억압에 대한 안전장치로 생각한다는 말을 덧붙였다.

9월에는 데이비스가 마오쩌둥, 저우언라이 등과 회담하기 위해 옌안에 도착했다. 그는 여기서 어릴 적 친구인 잭 서비스와 만났고, 그의 옌안 방문은 두 사람 모두에게 가슴 뭉클하고 뭔가의 조짐이 되는 사건이었다. 데이비스는 서비스와 마찬가지로 쓰촨에서 태어났다. 그의 부모는 복음주의 교회 집단의 일원으로 중국에 예수의 빛을 전하기 위해 분투하고 있었다. 그러나 데이비스와 서비스는 성장한 뒤에는 부모의 전교 사업에 공감하지 않았다. 그 대신 그들은 미국의 외무 공무원이 되었고, 미국이 참전한 뒤에는 스틸웰의 정치 고문으로 일하게 되었다.

데이비스는 뉴델리에 근거지를 두고 자주 중국으로, 워싱턴으로, 심지어 모스크바로 갔고, 1943년에는 루스벨트, 스탈린, 처칠, 장제스 사이의 정상회담을 위해 카이로를 방문했다. 그러면서 그는 영국과 소련이 전쟁에서 어떤 목표를 가지고 있는지, 그리고 그것이 중국과 미국의 목표와 어떻게 다른지 등을 평가했다. 그는 독자적인 사고와 솔직성, 그리고 전쟁 기간 동안에 특히 미국인들에게 흔했던 망상에 가까운 희망적 사고를 찾아낼 수 있는 비상한 능력으로 명성을 얻었다.

예컨대 어떤 사람들은 처칠을 존경했고, 영국과 미국이 전쟁 기간 동안 특별한 관계를 발전시키고 미국이 유럽에서의 전쟁을 아시아에서의 전쟁보다 우선시하여 중국에 필요한 폭격기를 영국으로 보내는 것이 마땅하다고 생각했다. 그러나 데이비스는 아시아인들이 보기에 영국과 미국의 밀착은 "우리가 아시아에 서양 제국주의를 다시 덮씌우기 위한 '백인 지배whiteocracy' 사상에서 영국과 보조를 맞추고 있"[20]는 것처럼 보일 수 있다고 경고했다. 예언이라도 되는 듯이 정확한 또 다른 보고서에서 그는 "우리로 하여금 식민 제국주의에 헌신하게 하는 조치"를 취하는 것에 대해 경고했다.

우리가 시대착오적인 체제에 발맞추어, 아마도 소련의 지원을 받고 있는 것으로 보이는 아시아의 민족주의 물결의 대두에 대해 쓸데없이 반대하는 꼴을 보이지 않도록 하기 위해서입니다.[21]

다시 말해서, 아시아에서 식민 제국을 건설하려는 영국의 목표(또는 프랑스의 비슷한 욕망)에 휩쓸리지 말고, 미국이 썩어가는 과거의 잔재에 매달려 있는 사이에 스탈린이 아시아에서 새로운 질서를 위해 싸우도록 허용하지 말라는 것이었다. 이것은 훌륭한 조언이었지만, 한 세대 뒤 또다른 민족주의적 공산 혁명이 태동하고 있던 베트남에 대한 정책에서는 이를 따르지 않았다.

데이비스는 또한 '배짱, 투지, 진취성을 가지고 나아가기만 한다면 무슨 일이든 할 수 있다'는 낙관적 신조로 교육받은 미국인들이 순전한 선의의 힘을 과대평가하는 성향이 있음을 알고 있었다. 특히 서로 모순되는 아시아의 여러 야망들에 직면해서 말이다. 그는 1943년에 스틸웰이 직접 중국군을 통솔할 수 있게 하라고 미국이 장제스에게 요구한 일에 대해 논평하면서 이렇게 말했다.

우리의 커다란 실수 가운데 하나는 불가능한 일을 시도했다는 것이다. 중국인들을 지휘하는 것이 바로 불가능한 일이었다.[22]

데이비스와 서비스가 모두 알았지만 그들의 상관 다수(스틸웰을 포함해서)는 몰랐던 것은, 국민당 군을 개혁하려면 먼저 중국 정치가 개혁되어야 하고, 개혁은 장제스의 독재 정권에 대한 중대한 위협으로 받아들여지리라는 것이었다.

두 사람은 충칭 미국 대사관 내부에서 중국 정부의 진정한 본질과 전망에 대해 현실적인 평가를 내린 집단 가운데서도 핵심 세력이었다. 그들은 더 높은 위치에 있는 미국인들이 장제스와 그의 집단을 중국의 미래를 구현하는 데 필수불가결한 요소로 생각하고 있을 때, 장제스 정권이 부패하고 인기가 없다는 점을 주목하고 있었다. 그들은 국민당과 공산당이 연합하도록 하는 미국의 공식 정책이 실패할 수밖에 없다고 확신했다. 양편 모두 상대의 존재를 받아들이고서는 살아남을 수 없었기 때문이다. 이런 상황에서 그들은 미국이 중앙정부와 긴요한 관계를 그대로 유지한 채, 그리고 중국이 통일되는 평화의 시기가 오기 전에 공산 세력과의 관계를 구축할 필요가 있다고 확신했다.

그 첫 번째 이유는 완전히 미국의 정책과 부합하는 것이었다. 일본을 상대로 한 전쟁에서 공산 세력의 지원을 얻는다는 정책이다. 중국군의 새로운 부대들을 훈련시키고 무장시키는 일에서부터 국민당과 공산당에게 서로 간의 차이를 일단 덮어두도록 고무하는 일에 이르기까지, 미국이 중국에서 하고 있는 모든 일은 이 목표를 향한 것이었다.

그러나 데이비스와 서비스에게는 두 번째 목표가 있었다. 훨씬 적은 사람들만이 받아들였지만(실제로 그것은 미국의 공식 정책이 된 적이 없었다), 마오쩌둥이 그들에게 호소했던 내용에 상당히 공감하고 있음을 드러내는 것이었다. 실제로 중국 현지에 있던 중국 전문가 대부분과 마찬가지로 데이비스와 서비스는 일본과의 전쟁이 끝난 뒤에는 중국에서 내전이 일어날 것이고, 결국 공산 세력이 승리할 것이라는 결론에 이르렀다. 확

존 페이튼 데이비스가 1944년 10월 옌안에서 중국 공산당 수뇌부와 함께 찍은 사진. 왼쪽부터 공산당의 대외 접촉 책임자 저우언라이, 팔로군 총사령 주더, 데이비스, 마오쩌둥, 팔로군 참모장 예젠잉.

실히 국민당은 중국의 정통성 있는 정부가 아닐 뿐만 아니라 용감하고 꼭 필요한 정당, 떠오르는 강대국이 불가피하게 선택할 수밖에 없는 미래 지도 세력이 아니라고 언론에 묘사되었고, 고위 정책 결정자들, 특히 루스벨트도 약간의 불안감을 지닌 채 그렇게 생각했다.

　그것은 서비스와 데이비스, 그리고 실제로 중국 현장에 있던 다른 중국통들이 강렬하고도 갑작스럽게 믿지 못하게 된 통념이었다. 국민당은 혁명의 열정을 잃어버렸다고 그들은 생각했다. 그들은 보통의 중국인들에게 인기가 없고, 지식인들과 문화 엘리트들에게는 더욱 인기가 없었다. 국민당 고위층에는 냉소적인 작은 폭군들이 가득했다. 그들은 무능했고, 더 중요하게는 개혁 가능성이 없었다. 이는 혁명의 열정을 잃어버리지 않고 전쟁 기간 동안 적의 전선 후방에 수많은 기반 지역을 만든 공산당이 권력을 잡게 될 것이라는 의미였다.

데이비스는 1943년에 이렇게 썼다.

미래의 충돌 전선은 현재의 전선의 추이에 따라 형성된다. 우리는 이제 우리 시대에 전쟁과 혁명이 더 일어나리라고 확신할 수 있다.[23]

데이비스는 옌안을 방문한 뒤 핵심적인 질문을 던졌다. 공산 세력은 중국을 차지할 것인가? 그의 대답은 명확했다. '그렇다'였다. 장제스가 전쟁 후에도 살아남을 유일한 가능성은 미국이 "일본의 중국 침략 때와 같은 규모로 개입"하는 데 달려 있다고 그는 썼다. 그러나 미국은 유럽과 태평양에서 군대를 고국으로 데려온 직후 중국 내전에 투입하기 위해 또다시 100만 병사를 보낼 가능성이 전혀 없다는 것을 알고 있었다. 그리고 바로 그런 이유로 데이비스는 옌안에서 마오쩌둥을 방문한 지 몇 주 뒤에 다음과 같이 썼다.

공산당은 중국에 계속 있을 것이다. 그리고 중국의 운명은 장제스에게 달린 것이 아니라 공산당에게 달렸다.[24]

데이비스의 희망과 기대는 틀림없이 중국의 미래 지배자가 될 세력과 현실성 있는 관계를 구축하는 것이 미국의 이익을 증진하리라는 것이었다. 그렇게 함으로써 공산 세력이 소련에 대한 의존을 줄이도록 유도할 수 있기 때문이다. 미국은 일본과의 전쟁에서, 중앙정부로부터는 얻기 어렵다고 판명 난 그 도움을 얻을 수 있으며, 동시에 공산 세력에게 선택권을 줄 수도 있었다. 공산 세력과 군사적 협조 문제를 논의함으로써 데이비스는 전쟁이 끝난 뒤 공산 세력이 미국에서 친구를 가질 수 있다고 생각하도록 그들을 고무하기를 바랐다. 그는 나중에 이렇게 썼다.

나는 내가 흥미를 보여줌으로써, 전쟁으로 피폐해지고 궁핍한 상황에서 소련과의 연대 외에 미국도 대안이 될 수 있다는 생각을 살려내는 데 조금이라도 도움이 되기를 바랐다.[25]

거기서 미국에게 얼마나 큰 가능성이 있었는지는 중국의 공산 세력이 얼마나 진한 빨간색이었는지, 그들이 세계 프롤레타리아의 총체적인 승리를 위해 이데올로기적으로 얼마나 열성적이었는지에 달려 있었다. 중국통들의 평가에 따르면 그들은 그렇게 진한 빨간색도 아니고, 그렇게 이데올로기적으로 열성적이지도 않았다. 이후의 여러 중국 분석가들은 그들이 전쟁 기간 동안 이 문제에 관해 지녔던 견해가 희망적 사고 이상의 기미가 있었음을 인정했다. 데이비스는 이런 글을 쓰게 된다.

나는 분명히 당시 중국 공산당 지도부의 이데올로기에 대한 열성과 마오쩌둥 집단이 부리는 재주에 대해 과소평가하고 있었다.[26]

데이비드 배럿은 1969년 마오쩌둥 치하의 중국이 문화혁명으로 알려진 엄청난 숙청의 회오리에 휩싸여 미국을 향해 독설을 퍼부을 때 이렇게 고백했다.

뒤늦은 깨달음의 밝은 빛 아래서 이제는 알게 되었지만, 내가 1944년에 저지른 잘못은 중국의 공산 세력을 미국의 적으로 생각하지 않은 데 있었다. (……) 정치 이론으로서의 공산주의는 당시 나에게 끔찍한 것이었고, 지금도 마찬가지다. 그러나 나는 중국의 공산당원들이 먼저 중국인이고 그다음에 공산주의자라고 생각했다는 점에서 순진했다.[27]

미국의 전문가들이 중국의 공산 세력에 대해 어떻게 생각하든 그들이 권력을 잡을 것이라는 데이비스의 확신은, 그들을 소련의 품으로부터 떼어내려는 시도에서 잃을 것이 전혀 없다는 의미였다. 시도가 실패한다고 해도 마찬가지였다. 그리고 만약 시도가 성공한다면 얻을 것이 많았다. 그가 나중에 썼듯이 그는 "교리에 대한 믿음은 쉽게 시들고 쉽게 썩고 쉽게 왜곡된다"[28]라고 확신하고 있었다. 이는 중국의 공산 세력이 '전향轉向'할 수 있다는 말이었다. 그들은 "국내 또는 외국의 압박에 의해 몰리게 되는 경우에만 혁명적 열정으로 돌아가곤 했다." 이것은 헨리 루스의 《타임》 같은 여론의 보루들이 내놓은 견해가 아니었다. 《타임》은 전쟁 기간 내내 장제스의 명성에 광을 냈고, 심지어 공산 세력이 중국을 차지할 것이라는 끔찍한 결과를 스스로 경고하면서도 그러했다.

그러나 시간이 지나면서 스틸웰을 필두로 중국에 있는 중국 전문가와 언론인, 그리고 많은 군사 고문들 사이에서 두 가지 경향이 나타나기 시작했다. 하나는 장제스와 국민당에 대한 환멸과 염증이었다. 우리가 이미 본 대로 스틸웰과 그에게 조언을 했던 국무부의 직업적인 중국통들, 그리고 일부 언론인들을 사로잡고 있던 것이다. 다른 하나는 그들 상당수가 품고 있던 마오쩌둥을 향한 희망이다. 안 그런 체하며 움직이지 않고 이리저리 핑계를 대며 일본에 대해 소극적인 태도를 보였다는 장제스의 특성과 거리가 먼 공산 세력에 대한 존경이었다.

2등 서기관 존 서비스는 1944년 3월 국무부에 보낸 전문에서 이렇게 썼다.

중국은 난장판입니다. 어느 정도 규모의 군사 행동은 전혀 보이지 않습니다. (……) 내부의 불안은 진행 중이며 점점 커지고 있습니다. (……) 이런 안타까운 상황은 전체적으로 장제스에게, 그리고 오직 장제스에게만 책임이 있습니다.[29]

딕시 사절단이 출발하기 한 달 전에 미국 대사 클래런스 가우스는 국무부 장관 코델 헐Cordell Hull에게 이런 전보를 쳤다.

전반적으로 침울하고 의욕이 없으며 다소간 패배주의적인 태도가 충칭의 중국 관리들과 다른 집단들 사이에 널리 퍼져 있습니다.[30]

국민당이 이끄는 정부는 허난성의 일본군에 대해 "어떤 주목할 만한 저항도 보여주"지 못했다고 가우스는 말했다. 그곳은 당시 이치고 공세의 핵심 목표였다. 농민들은 "처참한 상황"에 시달리다 지쳐 중국 병사들에게 대들고 있었다. 또한 도시 중심부의 상황은 이러했다.

관리와 지식인 등이 대원수 장제스에 대해 은밀하고 숨 죽인 비판을 내놓고 있습니다. 모든 권한과 권위를 자신의 손아귀에 완전히 틀어쥔 것에 대해, (……) 국내와 대외 문제 모두에 대한 변덕스럽고 의심스러우며 성마른 그의 태도에 대해, (……) 소련을 의심하는 그의 태도와 미국에 그런 의심을 심어주지 못해 안달하는 태도에 대해서 말입니다.

지금 돌이켜 생각해보면, 소련에 대한 장제스의 우려와 미국을 설득하려는 바람은 당연하고도 정당한 것이었음을 쉽게 알 수 있다. 그러나 당시에는 스탈린이 모스크바와 스탈린그라드에서 나치스의 날카로운 공격을 받고 있는 용감한 동맹자였고, 그런 동맹자를 지나치게 의심하는 것은 미국의 기질에 맞지 않았다. 루스벨트가 1942년 처칠에게 자신이 "스탈린을 당신네 외무부보다 더 잘 다룰"[31] 수 있다고 장담한 것이 미국의 생각을 잘 요약해준다. 루스벨트의 몇몇 고문은 전쟁이 끝나면 스탈린이 모든 나라를 집어삼킬 것이라고 경고했으나, 루스벨트는 "스탈린은 그런 종류의 사람이 아니"라고 했다. 가우스는 스탈린이 어떤 종류의 사람이라고 생각했는지 분명하지 않지만, 그는 일반적으로 장제스에 대해 시큰둥한 태도를 보였기 때문에 그가 옳았을지라도 장제스에 의해 밀려났던 듯하다(가우스는 1944년 11월 중국 대사에서 물러났다—옮긴이).

그리고 그것이 현장에 있던 많은 미국인들(날카롭고 현실적인 가우스는 예외다)이 국민당 정권에 대한 환멸이 커지면서 점점 더 공산당 세력에 매혹된 메커니즘이었다. 미국 언론의 중국에 대한 묘사 또한 일치하지 않았고, 중국에 주재하는 많은 기자들에게 국민당 정권은 여전히 일본 점령군에 맞서 용감하게 저항하는 투사들이었다. 대부분의 미국인들도 그렇게 생각했다. 그러나 1944년에 간간이, 그리고 1945년에는 더 많이, 장제스와 그의 정부를 비관하는 견해가 미국 대중들에게 전달되었고, 장제스도 그 사실을 알고 있었다. 그는 서비스가 중국의 "안타까운 상황"을 이유로 장제스를 비난하던 무렵인 3월에 가까운 고문들에게 이렇게 말했다.

"중국에 대한 미국 여론이 점점 비판적으로 변하고 있소. (……) 우리에게 문제가 있다면 고쳐야 하오."[32]

장제스에 대한 회의론이 확산되고 있는 것은 1943년 《뉴욕 타임스》에 실린 핸슨 볼드윈Hanson Baldwin의 분석에 잘 요약되어 있다. 그는 매우 존경받는 군사 분석가로, 과달카날 전투(1942년 8월부터 1943년 2월까지 솔로몬 제도와 과달카날 섬에서 벌어진 전투—옮긴이) 취재로 퓰리처상을 받은 바 있었다. 중국이 일본에 승리했다는 이전의 기사는 모두 부정확한 것이었다고 그는 썼다.

> 중국은 의문의 여지 없이 일본과 싸운 대부분의 전투에서 졌다. (……) 중국의 방어가 약하기 때문에 일본은 중국 안에서 원하는 곳으로 어느 때고 쳐들어갈 수 있다.[33]

중국 내 일본군의 움직임에 대한 오해가 있었다고 볼드윈은 썼다. 중국 정부의 공식 발표에 잘못된 내용이 많았기 때문이다. 러시아에 쳐들어간 독일과 달리 일본은 새로운 영토를 점령하지 않고 그들이 이미 점령한 중국의 광대한 지역에서 치안을 유지하고 관리하는 데 힘썼다고 볼드윈은 썼다. 일본군은 "중국의 공격 준비에 차질을 빚도록 하기 위해" 습격을 나갔으며, 본래의 위치로 돌아오기 전에 중국군 부대와 소규모 접전을 벌여 사상자가 나는 경우도 있었다. 이런 소규모 접전이 공식 발표에서 "전투로, 그리고 일본군이 자기네 본래 위치로 되돌아가는 통상적인 움직임이 중요한 전략적 '퇴각'으로" 뻥튀기되었다는 것이다.

볼드윈은 《리더스 다이제스트》에 실린 '자매편' 기사에서 상세한 내용을 덧붙여 자신의 견해를 부연 설명했다. 그 제목은 이러했다.

중국 관련 희망적 사고가 너무 많아

그러나 볼드윈은 군사적 상황에 관한 날카로운 통찰력을 보여주었지만, 그의 생각 역시 장제스와 국민당에 관해서는 다소 낙관하는 경향이 있었다. 그는 《뉴욕 타임스》 분석에서 중국의 군사력이 "약하다"라고 전제하고 이렇게 썼다.

대원수 장제스 한 사람으로 상징화된 '자유 중국'(중일전쟁 당시 일본에 점령당하지 않은 중국 내의 지역과 그 정권을 가리킨다 — 옮긴이)의 항전 의지는 여전히 동양 문제의 중요한 결정 요인이다.

이것이 부질없는 말이라고 생각했던 데이비스와 스틸웰은 여론에 영향을 미치기 위한 이면에서의 노력을 피하지 않았다. 두 사람은 1943년 워싱턴에 갔고, 데이비스는 스틸웰을 위해 몇 차례의 모임을 주선했다. 한번은 《워싱턴 포스트》 발행인 유진 마이어Eugene Meyer의 집에서 20명 정도의 기자들과 만났는데, 여기서 스틸웰은 장제스에 대한 자신의 견해를 피력했다.

이런 분위기 속에서 외교관과 군 장교, 그리고 언론인들이 모두 공산 세력을 유망한 대안으로 생각한 것은 그리 놀라운 일이 아니었을 것이다. 이런 생각은 일군의 개척자적인 언론인들이 몇 년 동안에 걸쳐 키워온 것이었고, 그중 가장 두드러진 인물이 에드거 스노Edgar Snow였다. 그는 예리하고 젊고 대담한 좌파 중국 전문가로, 1938년 초에 출간된 그의 책 《중국의 붉은 별Red Star over China》은 미국 대중에게 공산주의 운동에 대한 생생하고 소설과도 같은 안내서가 되었다. 스노는 1936년 마오쩌둥 및 그 집단과 함께 넉 달 정도를 보냈다. 공산 세력이 국민당의 웨이자오圍剿(포위 토벌 작전)를 피해 산시성陝西省에 새로운 기반 지역을 건설한 지 얼마 지나지 않은 때였다. 마오쩌둥은 스노에게 여러 차례 밤늦은 시간까지 인터뷰를 허락했고, 그 결과로 나온 이 책은 초판 4800부가 출간 하루 만에 매진되었으며 이후 여러 달 동안 베스트셀러가 되었다.

《중국의 붉은 별》은 엄청난 영향을 미쳤다. 공산 세력은 흔히 중화中華 소비에트(1931년 마오쩌둥 등이 장시성江西省 일대에 세운 국가로, 1934년 국민당 군에 쫓겨 대장정에 나서면서 사실상 해체되었다—옮긴이)로 불렸는데, 전설과 풍문의 안개 속에 싸여 있던 이들이 갑자기 유명해지고 서방 대중 앞에 모습을 드러냈다. 화려하게 쓰인 이 목격자의 믿을 만한 서술은 그들을 영광스럽고 감동적인 모험 이야기의 영웅들로 그리고 있다. 거기에는 남자들이 있었고, 소수의 여자들이 있었다. 그들은 자신들을 궤멸시키려는 장제스의 집요한 노력을 피해 살아남은 사람들이었고, 엄혹하고 필사적인 대장정이라는 매서운 시련을 견뎌낸 사람들이었다. 그들은 이제 꽤 씸한 일본 침략자들에 맞서 영리하고 적극적이고 용감한 게릴라 작전을 벌이고 있었다.

《뉴욕 타임스》에 기고한 한 서평자는 이렇게 말했다.

이 책이 바르게 해석되었다면 '붉은 중국'의 중요성은 그것이 '붉다'는 데 있는 것이 아니라 '중국'이라는 데 있다. 그리고 그것은 오랫동안 예견되어온 중국 인민의 '각성'과 일본 제국주의의 궁극적인 좌절을 예고한다고 할 것이다.[34]

더퍼스R. L. Duffus라는 이름의 이 서평자는 장제스가 이끄는 중앙정부 수뇌부의 "기만과 독직瀆職과 무능"을, 그리고 자신이 중국의 "이단적 중세 체제"라 부른 것에 대한 공포를 언급하는 것을 잊지 않았다. 물론 중국을 "제국주의적 농노"로 전락시키려는 일본의 노력에 대해서도 마찬가지였다. 더퍼스의 서평은 그것이 "놀랄 만한 일이 아니"라는 취지로 스노의 글을 인용하고 있다.

붉은 별이 북서쪽에 나타날 때 수많은 사람들이 일어나서 그것을 환영했다. 그것은 희망과 자유의 상징이었다.

《중국의 붉은 별》은 저널리스트가 쓴 고전이었고, 아직도 고전이다.[35] 그러나 그것은 또한 세심하게 계획되고 멋지게 실행에 옮겨진 홍보 활동의 성공작이기도 했다. 그 일을 꾸민 것은 스노 자신이라기보다는 공산당이었고, 그들은 스노를 선택하여 자기네 이야기를 전 세계에 전하도록 한 것이다. 마오쩌둥과 중국 공산당은 장제스 정권이 신문에서 공산주의 운동을 언급하는 것조차 금지했던 시기에 서방 언론의 주목을 끌고자 했다. 그들이 스노를 적임자로 찾아내서 산악 지대에 있는 자기네 근거지로 초대했다는 증거는 확실하다. 스노는 정치적으로 좌파였지만, 공산 세력에 대한 선호를 조금도 숨기지 않았던 동행한 다른 언론인들과는 달리 독립적인 활동가로 유명했다. 그래서 그는 공산당이 세계 여론으로부터 고립된 상황을 전환하려고 했을 때 그들이 원하던 적임자였다.

스노는 1928년에 중국에 왔다. 그는 야망이 있는 젊은이였고, 이름을 날리고 싶어했다. 그는 상하이에서 출발했다. 거기서 애그니스 스메들리Agnes Smedley와 쑹칭링宋慶齡을 만나 친구가 되었다. 스메들리는 반항적인 페미니스트로 공산당을 지지하고 국민당에 반대하는 작가였으며, 죽은 쑨원의 부인 쑹칭링은 여동생이자 장제스의 부인인 쑹메이링과 대조적으로 장제스 반대자로서 영향력 있고 사실상 손댈 수 없는 (장제스 일파에 의한) '백색 테러' 비판자였다.

1935년 무렵에 스노는 베이징(당시에는 베이핑으로 불렸다)에서 아내와 함께 살면서 1930년대 당시 두 번째로 많은 부수를 발행하던 잡지《새터데이 이브닝 포스트》에 중국에 관한 글을 썼다.[36] 그는 또한《뉴욕 선》과 《런던 데일리 헤럴드》에도 특파원으로 기사를 썼다.

필명 님 웨일스Nym Wales로도 알려진 스노의 아내 헬렌 포스터 스노Helen Foster Snow는 우아하고 화려하고 야망 있는 여성이었다. 두 사람은 베이징에서 학생들과 사귀며 그들이 1935년 일본에 반대하고 일본보다는 공산당 세력과 싸우는 국민당의 정책에 반대하는 집단 시위 (12·9 운동―옮긴이)를 조직하는 데 도움을 주었다.

집단 시위가 있은 지 얼마 지나지 않아서 스노 부부에게 데이비드 위라는 이름으로 행세하는 젊은이가 찾아왔다. 그의 중국 이름은 위치웨이俞啓威였다. 그는 코민테른의 북중국 첩보원이었다. 소련이 지도하는 코민테른은 소련 바깥의 공산당들을 돕고 조언하고 고무하고 돈을 대주고 때로는 조종하는 조직이었다. 위치웨이는 스물네 살의 믿을 만한 사람이었다.[37] 스노 부부는 그가 공산주의자임을 알고 있었고, 공산당 조직이 거의 없는 베이징에서 그들이 사귀고 있던 유일한 공산당원이었다. 위치웨이가 공산 혁명에 기여한 일 가운데 하나가 상하이 시절 여자 친구였던 여배우 장칭江青을 입당시킨 것이었다. 장칭은 곧 옌안으로 가서 마오쩌둥의 네 번째 부인이 되었고, 한참 뒤인 1966년부터 1976년의 문화혁명에서 급진적인 선동가 노릇을 하게 된다.

스노는 당시 바오안保安에 있던 공산당의 기반 지역을 방문하고 싶어했다. 바오안은 오래된 성곽 도시로, 공산당이 나중에 옮겨가게 되는 옌안의 서쪽에 있었다. 그는 한 편집자에게 이렇게 썼다.

[바오안 취재는] 세계적인 특종이 될 것입니다. 지금 상황이, 상당히 과장된 정부 발표에만 근거해서 쓰는 기사들과는 다르기 때문입니다.[38]

그는 위치웨이에게 자신의 바람을 전했고, 공산당 수뇌부로부터 초청장을 받는 데 위치웨이가 중간 역할을 했던 듯하다. 스노는 또한 쑹칭링으로부터도 도움을 받았다. 그는 상하이에 있는 쑹칭링을 찾아가서 자신이 바오안을 방문할 수 있도록 공산당에 힘을 써달라고 부탁했다.

이 여행은 이렇게 스노가 주도했지만, 시안 사건으로 장제스의 공산 세력 섬멸 작전이 끝나기 전 몇 달 동안 공산당 측도 비슷한 생각을 하고 있었다. 특히 스탈린은 마오쩌둥과 마찬가지로 장제스를 압박하여 반공산당 공세를 끝내고 그 힘으로 일본의 침략에 맞서 싸우도록 하는 방안을 모색하고 있었다. 앞서 보았듯이 스탈린은 일본이 북중국에서 손쉽게 승리를 거두면 거침없이 국경을 넘어 시베리아로 공격해 들어올 것을 깊이 우려하고 있었다. 마오쩌둥은 장제스가 일본과 휴전하고 그럼으로써 자유롭게 공산 세력 소탕 작전을 전개할 것이라는 비슷한 우려를 하고 있었다. 공산당 세력은 장시성에서의 소탕 작전과 대장정을 거치면서 크게 위축되어 있었다. 한 역사가는 스노의 개척자적인 방문에 대해 이렇게 썼다.

이런 상황을 변화시키고 장제스로 하여금 피비린내 나는 그의 집착을 포기할 수밖에 없게 하려면, 스탈린이 생각하고 마오쩌둥도 이에 동의했듯이, 세계인들이 보기에 이 혁명가들에게 적법하고 대중적인 중국의 정치 운동으로서 정당성을 부여할 수 있는 어떤 극적인 선전 활동이 필요했다.[39]

스노와 마오쩌둥은 서로 잘 맞았다. 스노는 그의 전기를 쓴 어느 작가가 말했듯이 "글의 성배聖杯를 찾아나서는 낭만적인 모험가"[40]였다. 마오쩌둥은 스스로를 《삼국지연의三國志演義》에 나오는 영웅들의 화신으로 생각했다. 이 책은 마오쩌둥이 젊은 시절에 즐겨 읽었던 액션이 넘치는 고전이었다. 그가 스노에게 들려준 장시성에서의 게릴라전, 대장정의 위험과 고난, 그리고 그의 애국적이고 반일적인 열정은 스노 자신의 일본 및 서방 제국주의에 대한 증오, 중국의 투쟁에 대한 그의 공감, 장제스와 국민당에 대한 그의 혐오, 그리고 아마도 무엇보다도 웅장한 이야기를 쓰고자 하는 그의 열망과 완전히 맞아떨어졌다.

스노는 명백하게 공산당에 편파적이었고, 이는 그들의 극진한 대접으로 충분히 보상을 받았다. 그곳으로 가면서 그는 팔로군의 호위를 받았고, 그가 들른 어느 마을 입구에는 이런 문구가 적힌 플래카드가 그를 맞았다.

미국 국제주의자의 소비에트 지구 취재 환영

그가 마을의 오래된 성벽 문으로 들어설 때 나팔이 울렸으며, 홍군 3개 사단에서 선발된 병사들이 줄지어 서서 노래를 부르고 구호를 외치고 그가 지나갈 때 거수경례를 했다. 스노는 일기에 이렇게 적었다.

나는 말을 타고 달려가는 대원수가 된 기분이었다.[41]

한곳에서 스노는 매일 아침 서북 지구 소비에트 정부에 있는 세 사람과 테니스를 쳤다. 그는 바오안 고위층의 부인들에게 카드놀이를 가르쳐 주었다. 10월 12일에 스노가 바오안을 떠날 때, 늦잠을 자기로 유명했던 마오쩌둥을 제외한 모든 공산당 수뇌부가 그를 배웅하러 나와 이렇게 외쳤다.

"스노 동지 만세!"[42]

스노 동지! 스노는 스스로에게 이 경칭을 부여하지 않았다. 그러나 그는 중립은 아니었고, 회의적인 관찰자는 더욱 아니었다. 그는 재능 있고 진취적인 젊은이로, 풍부한 문학적 재능을 발휘하여 시대의 대의에 참여하는 사람, 프랑스인들이 말하는 로망가주l'homme engagé의 역사적 역할을 수행한 것이다. 스노 자신은 공산주의자가 아니었다. 스노는 마르크스주의가 뭔지 전혀 이해하지 못했을 것이라고 저우언라이가 1941년에 미국의 중국 전문가 오언 래티모어에게 말했는데, 이는 단순히 그를 변호하기 위해 한 말이 아니었다.[43] 그는 참으로 철두철미한 미국인이었다. 어렸을 때는 소년 성가대원이었고, 최우수 보이스카우트 단원이었으며, 민주주의적 자유의 신봉자였다. 그런 그가 20세기의 가장 위대한 이야기 중 하나를 발견한 것이다.

그러나 스노는 마오쩌둥과, 아마도 중국 혁명에서 마오쩌둥이 자기 것이라고 선언한 자리에 대한 확고한 관심에 공감했기 때문에, 마오쩌둥 자신이 민주주의적 자유의 신봉자가 아니었음이 분명해지고 한참 지난 후에도 마오쩌둥과 중국의 혁명을 옹호했을 것이다. 그렇게 함으로써 스노는 독재자를 옹호하는 사람이 되었다. 그는 이 때문에 고난을 겪었다.

그는 이후의 삶에서, 미국에서는 언론인이나 작가로서 일자리를 얻는 것이 거의 불가능하다는 사실을 깨달았다. 그는 빨치산이나 옳지 않은 주장을 옹호하는 사람으로 비쳐졌고, 사실이 그러했다.

스노뿐만이 아니었다. 그는 국민당 정권을 경멸하고 공산 세력에 호의적인 사람들 무리의 일원이었다. 물론 자기네 주장을 열광적으로 옹호하는 사람에서부터 가능성에 대해 좀 더 냉철한 판단을 내리는 사람까지, 정도는 각기 달랐다. 그들은 이데올로기적이고 강경하기보다는 민족주의적이고 민주적이었다. 이 비조직적 그룹에는 외교관과 군 장교와 언론인들이 있었다. 이들은 결국 미국인들의 삶에서 분열의 한 축이 된다. 그 분열은 혹심하고 화해할 수 없는 것이었으며, 그 속에서 그들의 충고는 무시되고 그들의 삶은 무너져 내렸다. 그리고 중국과 미국은 적이 되었다.

이 그룹 가운데 일부, 특히 외무 공무원인 중국 전문가들은 1930년대 초중반에 베이징에서 서로 알게 되었다. 그들은 젊었고, 상상 속의 중국에 이끌렸으며, 일본 제국주의와 국민당 모두에 대한 혐오로 가득 차 있었다. 그들에게서 억압적인 본질을 보았기 때문이다. 그들 가운데는 중국어를 하는 미국 공사관 관리들이 있었다. 잭 서비스, 존 데이비스, 레이먼드 러든, 그리고 베이징에서 스노와 가장 친했던 친구 에드먼드 클럽 등이었다. 이들은 모두 대중국 외교 전문가로서 중요한 자리를 차지하게 되며, 또한 이들 모두에게는 스노처럼 나중에 그들이 공산 세력을 묘사하는 데 있어 적어도 순진했다거나 심하면 반역적이었다는 비난이 그림자처럼 따라다녔다. 스노에게 산시성에 가서 취재하라고 촉구한 사람은 바로 클럽이었다. 미국 공사관에 근무하는 그의 동료들과 마찬가지로, 국민당의 공산 세력에 관한 정보 봉쇄를 깨고 공산 세력이 어떤 사람들인지 알아내서 국무부에 정확한 보고를 할 수 있기를 바란 것이었다.

옛 베이징 그룹 가운데 일부가 1938년 한커우에서 다시 모였다. 거기서 그들은 나중에 중국에 관한 격렬한 토론에서 중요한 역할을 하는 몇몇 사람들과 어울렸다. 장강 유역의 공업 중심지인 한커우는 일본이 난징을 점령한 이후부터, 거대한 장강 협곡을 지나 강을 더 거슬러 올라가서 충칭에 좀 더 길게 자리를 잡기 전까지 몇 달 동안 국민당 정부의 임시 수도였다. 데이비스는 그곳에서 외무 공무원으로 일했다. 스틸웰은 거기서 가장 가까운 보좌관이며 친구들 사이에서 핑키Pinky로 불리던 프랭크 돈 대위(나중에 장군이 된다)를 거느리고 무관으로 있었다. 미국이 참전하기 전인 그 당시에 중일전쟁을 취재하고 있던 몇몇 언론인들 역시 한커우로 옮겨왔다. 《중국의 붉은 별》의 저자로 새로이 유명 인사가 된 스노도 그중 하나였고, 그의 아내와 다른 몇몇 좌파 언론인들도 있었다. 애그니스 스메들리와 영국인 위니프리드 어틀리, 애나 루이즈 스트롱, UP 통신사의 잭 벨덴 등이었다. 이 가운데 벨덴은 스틸웰과 자주 여행을 같이 했고, 뒷날인 1942년에 유명한 버마 도보 탈출 때도 그와 함께 있었다. 해병대 장교인 에번스 칼슨 역시 한커우에 있었다. 그는 스노가 북중국에 취재 가기 전에도 그곳의 팔로군을 관찰할 수 있었다. 칼슨은 공산 세력에 대한 존경심을 표출하는 것이 공식적으로 금지되자 해병대를 그만두었다.

그들은 자기네를 '최후의 보루'라고 불렀다.[44] 이들 영국인과 미국인 10여 명은 거침없이 장강 유역을 진군해오고 있는 막강한 일본군이 지나가는 길목인 도시 한커우에 있었다. 전쟁은 가까이에 있었고, 그것은 여러 가지 형태로 나타났다. 데이비스는 이렇게 말했다.

공습이 있었고, 부대가 이동했으며, 부상병들이 전선에서 후송되었다. 소련의 '지원' 항공병과 독일 군사 고문들이 거리에 나타났고, 다가오는 적에 앞서 망연자실한 난민의 무리가 피난을 왔다. 학생들이 뛰어다니며 벽에 애국 포스터를 붙이고 모든 사람이 적에 저항할 것을 호소하고, 마지막으로 침략자들이 이곳에 들어오면 아무것도 남아 있지 않도록 하기 위해 공산 세력이 주요 건물들에 다이너마이트를 설치했다.[45]

이 외교관과 언론인과 기타 부류의 사람들은 웅대한 후이펑滙豐 은행 (홍콩상하이 은행) 건물에 있던 데이비스의 숙소나 로지라는 식당에 자주 모여 밥을 먹고 대화를 나누었다. 대화 주제는 언제나 일본과 그들의 용서 못할 잔인성, 중국의 국민당과 공산당이었다.

'최후의 보루'들은 서로를 좋아했다. 그리고 《뉴욕 타임스》의 틸먼 더딘에 따르면 "한커우에 있던 특파원들과 미국 관리들 사이에는 긴밀한 협조와 우의"[46]가 있었다. 그들의 연결고리는 더딘이 말한 대로 중국, 그리고 중국인들이 일본에게 당하는 고통에 대한 "깊은 연민"이었다. 이들 가운데 스메들리와 스트롱, 스노 부부는 대놓고 공산 세력을 찬양했으며, 거의 자동적으로 국민당에 반대했다. 데이비스처럼 좀 더 냉정한 분석가들은 이들 열광적인 마오쩌둥 지지자들을 삐딱한 시선으로 보며 거리를 두었고, 공산 세력이 자유와 희망의 출발점이라는 생각에 모두가 동조한 것은 아니었다. 심지어 스노의 친구 일부도 그가 객관적이고 문제 제기적인 보고서가 아니라 마오쩌둥을 지지하는 광상곡을 쓴다고 책망했다.

그럼에도 불구하고 이 그룹의 언론인들이 쓴 글들은 대체로 공산 세력에 호의적이고 국민당을 폄하하는 내용이었다. 애그니스 스메들리는

1934년에 이미 《중국 홍군의 진군China's Red Army Marches》이라는 책을 출간했다. 공산당 지휘관들과의 인터뷰를 바탕으로 한 열정적인 기록으로, 마오쩌둥 주도로 장시성에 소련식 공화국을 건설하려 했던 초기 활동을 다룬 책이었다. 스메들리는 이후 공산 세력에 대한 강렬한 묘사로 가득한 두 권의 책을 더 출간했다. 1939년에 나온 《중국의 반격China Fights Back》과 1943년에 나온 《중국의 군가Battle Hymn of China》가 그것이다. 1938년에 출간된 애나 루이즈 스트롱의 《인류의 5분의 1: 자유를 위한 중국의 투쟁One-Fifth of Mankind: China Fights for Freedom》은 같은 정치 분야에 속하는 책이다. 헬렌 스노 또한 유명한 남편에 뒤지지 않으려고 공산당 장악 지역을 취재한 뒤 1939년에 님 웨일스라는 필명으로 《공산 중국의 내막Inside Red China》을 출간했다. 이 책은 스노의 《중국의 붉은 별》과 마찬가지로 마오쩌둥을 열광적으로 지지하는 내용이었다.

모험을 찾아나선 적지 않은 미국 젊은이들이 1930년대 말에 중국으로 건너갔고, 몇 사람은 잊혔지만 용감한 공산 게릴라들과 잔악한 일본 점령군의 모습을 과장하여 쓴 책들을 출판했다.[47] 적의 전선 후방에서 공산당 부대와 함께 여행한 젊은이인 홀도어 핸슨Haldore Hanson이 쓴 《고상한 시도: 중국 전쟁 이야기Humane Endeavor: The Story of the China War》는 1939년 《뉴욕 타임스》에 이렇게 소개되었다.

총검의 그림자가 드리워져 있는 가운데 자신의 삶을 이어가고 있지만 때로는 그들이 배반을 하고 복수에 나설 경우 일본인들이 가하는 궁극적인 대가를 치러야 하는, 정복자의 세계 속에 있는 한 세계에 대한 감동적인 묘사다.[48]

중국 혁명가들에 대한 이런 묘사들이 어느 정도나 대중의 의식에 스며들어가고 이후 외교관들의 생각의 바탕을 이루었는지는 정확하게 말하기 어렵다. 스노와 스메들리, 그 밖의 사람들이 쓴 책들은 발행 부수가 많은 헨리 루스의 《타임》과 《라이프》로 상쇄되었다. 이들 잡지의 국민당 정권에 대한 묘사는 좌파 작가들이 공산 세력을 묘사한 것과 거의 비슷한 정도로 호의적이었다.

그러나 좀 더 냉철한 태도를 취한 다른 분석가들(그들은 결코 좌파도 아니고 공산당을 지지하는 낭만가도 아니었다)이 주로 정부의 공식 전문을 통해 의견을 표명하면서 스노나 스메들리와 그리 큰 차이가 없는 입장을 취했다는 것은 놀라운 일이다. 공화당 당원이고 정치적으로 평생 보수파였던 스틸웰은 공산 세력의 목표가 "합리적인 조건 아래서 토지 소유권을 얻는 것"[49]이라고 생각했다. 메릴 돌격대를 지휘했던 프랭크 메릴은 1944년 말 마이클 맨스필드의 중국 진상 조사 당시 그에게, 중국의 공산 세력은 "소련의 동맹자가 아니며 기본적으로 토지 및 조세 개혁에 관심을 가지고 있는 농민 집단"[50]이라고 말했다.

공산당에 대한 맨스필드의 결론은 이러했다. 그들은 "매우 민주적인 정부 조직" 아래 9000만 명의 인민을 통제하고 있는 "무시 못할 세력"[51]이라는 것이다. 국민당에 대해서는 이런 평가를 내렸다.

〔그들은〕매일 더 많은 증오를 받고 있고, 이는 군대에 대한 공포와 세금 징수자들의 태도 때문이다. 그들이 증오의 대상이라는 증거는 많다. 농민들은 반란을 일으키고, 지방 군벌들은 당을 비판하고 있으며, 학생들은 징병에 저항하고 있다. 많은 중국인들은 미국에 가기 위해 무슨 비굴한 짓이든 다 하고, 일단 그곳에 가면 거기에 눌러산다. 국민당은 부패했

다. 그들은 입으로는 민주주의를 말하지만 행동은 독재적이다. 세계 최악의 검열이 충칭에서 이루어지고 있고, 외국인 10명에 1명의 형사가 붙어 있다. (……) 자유주의자들이 회의하는 장소에 국민당의 폭력배들이 들이닥치고, 스파이가 곳곳에 있어 사람들은 말하기를 두려워한다.[52]

공산 세력은 특히 1941년 말 미국이 태평양 전쟁에 참전한 이후에, 스스로 미국의 여론에 영향을 미치고 미국 정부로부터 지지를 얻어내기 위해 창조적이고 다각적인 활동이 될 만한 일을 하는 데 최선의 노력을 기울였다. 이는 공산당과 그들의 경쟁자 국민당이 모두 인정하는 바였다. 이런 노력을 설계하고 실현한 것은 열정적인 품성을 가진 비범한 인물이자 외교의 천재인 저우언라이였다.

저우언라이는 한커우에 잠시 머물던 시절부터 미국 외교관 및 언론인들과 접촉하기 시작했다. 당시 화해의 초기 단계에 있던 국공합작의 조건에 따라 그는 공산당의 공식 대표로 국민당 정부의 수도에 머물고 있었고, 그곳에 주재하던 미국 및 영국의 외교관과 언론인들을 잘 만나주었다. 그리고 이런 태도는 충칭에서도 전쟁이 끝날 때까지 변함없었다. 1942년 5월에 저우언라이는 에드거 스노에게 편지 한 통을 주면서 이를 루스벨트의 백악관 수석보좌관 가운데 하나인 로클린 커리Lauchlin Currie에게 전해달라고 부탁했다. 편지에서 그는 공산당 군대가 일본을 상대로 거둔 승리들을 나열하며, 미국 원조의 일부를 중국 공산당에 직접 달라고 처음으로 요청했다.[53] 얼마 뒤에 저우언라이는 나중에 딕시 사절단으로 불리는 계획을 제안했고, 언론인들에 대한 환심 공세를 스노나 스메들리 같은 좌파 인사들에서 좀 더 중립적인 주류 언론사 기자들로 확대했다. 진주만 공격 이후 충칭의 기자들은 수가 늘어나고 있었으며, 저우언라이가 알기에 그들은 장제스와 국민당에 대해 갈수록 환멸을 느끼고 있었다.

저우언라이는 불과 몇 년 전만 해도 자기 머리만 믿던 사람이었다. 그러나 이제 그는 국공합작과 중국 공산당–국민당 사이의 이른바 동맹이라는 것으로 인해 주로 충칭에 머물게 되었고, 거기서 그는 활발한 사교 활동을 벌였다. 저녁식사 자리와 접대 자리에서 편안하게 미국 외교관이나 언론인들과 어울리며 그들에게 중국에 대해 설명하고, 공산주의 운동의 정당성과 국민당 우파의 기만성을, 그리고 미국이 그들에게 허용만 한다면 공산 세력이 일본과의 싸움에서 얼마나 공헌할 수 있는지를 확신시키려 애썼다. 저우언라이는 매우 서글서글하고, 논리정연하고, 분석적이고, 세상 경험이 풍부하고, 교양 있고, 외견상 진실하게 보였다. 그래서 중국의 무장한 두 주요 경쟁 정당의 하나에 속하는 빨치산이라기보다는, 일부 언론인들이 그를 불렀던 대로 친구나 믿을 만한 정보원으로 보였다.

1941년부터 1945년까지 《타임》의 충칭 특파원이었던 시어도어 화이트는 나중에 이렇게 썼다.

저우언라이는 세부적인 것이든 종합적인 것이든 놀라운 머리를 가졌다. 그는 날짜와 했던 말들, 에피소드와 사건들을 기억하는 데도 비상한 능력이 있었다.[54]

그는 중국에 머무르던 초기부터 저우언라이와 "친구가 되었다"고 말했다. 20세기 중반의 가장 뛰어나고 가장 유명한 언론인의 한 사람이었던 화이트는 진심으로 저우언라이를 존경했다. 그는 이렇게 썼다.

〔저우언라이는〕 조지프 스틸웰 및 존 F. 케네디와 함께 내가 만나고 알았던 위대한 인물 3명 가운데 하나다. 그의 앞에서는 믿지 못하겠다거나 판단에 의문을 품는 일은 거의 생각할 수조차 없다.

그는 나중에 저우언라이를 이렇게 평가했다.

〔그는〕 20세기의 공산주의 운동이 배출한 그 누구에게 못지않게 명석하고 냉혹했다. (……) 사람들이 넋을 잃게 만들고, 호의를 베풀며, 확신을 공유하도록 이끌고 믿게 하는 방법을 알고 있었다. 그리고 나는 내가 정말로 그를 좋아하게 되었음을 부인할 수가 없다.[55]

저우언라이에게서 꽁꽁 숨겨진 것은 그의 냉혹함이었다. 이와 함께 대의에 대한 헌신은 그의 일생을 규정하는 특성이었다. 저우언라이는 복합적이었다. 그는 생활방식이나 가족 배경, 교육 등에서 1920년대 초에 공산당을 만들었던 도시적이고 인본주의적인 지식인들과 더 가까웠다. 나중에 공산당의 급진적 국면에서 당을 접수한 미숙하고 얄팍하고 교육을 덜 받은 열성파들과는 거리가 있었다.

그는 지난날 과거 시험에 합격하여 제국의 관리가 되었으나 청 왕조가 멸망한 뒤에는 잊힌 존재로 전락한 그런 학자 겸 관료 집안 출신이었다. 저우언라이는 톈진의 난카이南開 학교에 들어갔다. 이곳은 최고의 엘리트들이 다니는 고등학교로 아시아의 이튼나 해로 같은 학교였으며, 현대적이고 개혁적이며 애국심을 강조하는 곳이었다. 그는 영어를 공부했고, 학생신문을 편집했으며, 연극에 출연했고, 학급에서 가장 좋은 성적으로 졸업했다. 그런 뒤에 저우언라이는 중국의 많은 똑똑한 젊은이들과 마찬가지로 일본에 가서 2년을 보낸 뒤 1차 세계대전이 끝날 무렵에 고국으로 돌아왔다.

그리고 그는 항구 도시 톈진에서 비밀 단체인 각오사覺悟社에 참여했다. 군벌이 지배하는 정부에 반대하고 국가 재건을 위한 방안을 토론하는 학습 모임이었다. 그런 여러 학생들과 마찬가지로 저우언라이는 마르크스주의를 공부하고 러시아의 볼셰비키 혁명의 성공과 가능성에 자극받아 1921년에 중국 공산당을 만든 학자 지식인들을 만나기까지 했다. 그는 1921년부터 1924년까지 유럽에서 지냈는데, 런던과 베를린을 여행하기도 했지만 주로 파리에 머물렀다. 그가 공산당 세포에 참여하고 갓 출범한 중국 공산당의 해외 지부 책임자가 된 것은 파리에 있을 때였다. 그런 뒤에 코민테른의 엄격한 감독 아래 1차 국공 합작에서 국민당과 연합했다.

저우언라이는 고국에 돌아올 무렵에 중국을 재건하는 운동에 긴밀하게 연관되고 높은 평가를 받고 있었다. 그는 스물여섯 살에 불과했지만 황푸 육군군관학교 정치부 주임으로 임명되었다. 이 학교는 주강珠江 하구 광저우에 있었으며, 현대적이고 숙련된 장교단을 양성하기 위해 만들어졌다. 이 학교의 교장은 또 한 명의 중국 미래의 인물인 호리호리하고 야망이 큰 장제스였다. 저우언라이의 임무는 국민당의 이념에 따라 생도들을 훈련시키는 것이었고, 국민당은 당시에 중국 공산당과 마찬가지로 코민테른 요원의 조언을 받는 혁명 정당이었다.

국공합작은 1927년까지 지속되었다. 이때 장제스는 공산 세력에 대해 선제 공격을 감행했고, 이 시점 이후로 저우언라이는 줄곧 반대편에 섰다. 그리고 반대편에 선다는 것은 공산주의자들을 찾아내서 죽이는 것이 일인 국민당 요원들과의 은밀하고 잔혹하고 사활을 건 싸움에 전면적으로 뛰어든다는 것을 의미했다.

이 같은 저우언라이의 개인사는 나중에 충칭에 있던 미국인 친구들에게 드러나지 않았던 부분이다. 상하이에서 가명을 쓰고 안가安家에서 안가로 옮겨 다니며 살고 절대로 대중 앞에 나타나지 않았던 저우언라이는 공산당의 비밀경찰대인 중앙특별행동과(약칭 특과)를 창설하고 그 책임자가 되었다. 특과는 산하에 홍쑤이紅隊라는 암살대도 운영했다.

1931년 저우언라이의 요원 가운데 한 사람인 구순장顧順章이 국민당 경찰에 체포되어 고문을 당한 끝에 정보를 누설하면서, 상하이의 몇몇 공산당 요원들이 체포되거나 암살당했다. 이에 대한 보복으로 저우언라이는 열다섯 명쯤 되는 구순장의 가족 전원을 암살하라는 명령을 내렸고, 이 명령은 정확하게 이행되었다. 그로부터 얼마 지나지 않아서 또 다른 요원이 체포당했다. 그는 저우언라이의 명령을 어기고 애인과 함께 호텔에서 밤을 보내고 있었다. 이 요원은 고문을 당하고 살해되기 전에 저우언라이의 은신처를 불었다. 이 때문에 저우언라이는 지명수배자가 되었고, 상하이를 떠나 장시성에 있는 마오쩌둥의 농촌 근거지로 가지 않을 수 없었다.

이런 역사는 중국의 모습에서 본질적인 요소 하나를 시사한다. 일본과 싸우기 위해 형성된 2차 국공합작으로 알려진 협력 관계는 이론상으로는 중국의 두 거대 정당을 친구이자 동맹자로 만들었지만, 그들은 바로 전까지 서로 치열하게 싸워왔기 때문에 뿌리 깊은 증오와 불신이라는 유산을 남기게 되었던 것이다. 특히 평화로운 정치적 경쟁의 경험이나 전통이 전혀 없는 문화였기 때문이다.

그리고 몇 해 전에 살인과 보복의 게임을 일삼았던 저우언라이는 국민당의 임시 수도에서 정치적인 사교와 설득이라는 점잖은 일에 종사하고, 외국의 언론인 및 외교관들과 주기적으로 만나면서, 공산주의자들이 합리적이고 믿을 만하다는 것을 그들에게 설득시키기 위해 애썼다. 그는 대여섯 명의 직원들과 함께 충칭의 한 골목 깊숙한 곳에 있는 금방이라도 무너져 내릴 듯한 낡은 복합건물에 살았다. 골목은 비만 오면 발목 깊이까지 빠지는 곳이었다. 그곳 응접실에는 의자 몇 개와 긴의자 하나가 놓여 있었다. 긴의자는 "중국 농민과 노동자들이 입는 것과 똑같은 거친 푸른색 천으로"[56] 덮여 있었다.

그곳에서 미국인 방문객들은 마오쩌둥을 제외한 중국 공산주의 운동의 지도자들을 만날 수 있었다. 당 창건자 가운데 한 명인 둥비우董必武도 그런 사람이었는데, 화이트는 그에 대해 "그보다 더 온화하고 연약하고 다정한 사람은 없을 것"[57]이라고 말했다. 저우언라이의 사무실이 보여준 이런 일상적인 소박함은 특히 장제스의 딱딱한 격식과 대조되어 호의적인 인상을 주었다. 그 나름으로 옌안에 있는 밸리포지 같은 숙영지와 비슷했다.

그것은 문자 그대로이기도 하고 상징적이기도 한 유혹이었다. 저우언라이의 보좌관 가운데 궁펑龔澎이라는 여성이 있었다. 화이트는 이렇게 썼다.

[궁펑은] 저우언라이가 개인적으로 가장 좋아하는 사람이고 나에게도 마찬가지였으며, (……) 내가 만났던 사람들 가운데 가장 아름다운 중국인 여성이었다.[58]

궁펑은 외국 기자들에게 매일 공산당에 관한 브리핑을 했다. 그리고 최신의 《라디오 옌안》 방송 복사물을 시내에 있는 기자 숙소로 날라다가 외국 언론인들에게 나눠주었다. 화이트에 따르면 그는 "군벌"의 딸이자 혁명의 성지 옌안에서 온 반일 게릴라 전사로, "진정한 총잡이 여걸"이었다. 이런 사실이 낭만적이고 짝사랑의 열병에 빠지기 쉬운 화이트에게 궁펑을 더욱 매력적으로 보이게 만들었지만, 그가 궁펑을 묘사한 것은 조금 과장된 듯하다. 궁펑은 군벌의 딸이 아니었고, 총을 잡은 적도 없다. 그렇지만 궁펑은 당시에 공산주의의 대의 아래 모여든, 그리고 그 운동에 사교적인 매력과 정치적인 세련미를 더할 수 있도록 도와준 그런 젊은이들의 전형을 보여주었다.

궁펑의 아버지(궁전펑龔振鵬)는 장제스와 같은 일본 군사학교를 다녔고, 청 왕조를 무너뜨리는 데 중요한 역할을 했다. 혁명에서 아버지가 활약한 이야기는 소녀 시절 중국의 로빈 후드 소설(《수호전水滸傳》 – 옮긴이)을 즐겨 읽었던 그의 딸을 설레게 했다.[59] 새 공화국 3년째 되던 해에 제국의 군 사령관 출신으로 당시 대총통이었던 위안스카이袁世凱가 스스로 새 황제임을 선언했다. 궁펑의 아버지는 위안스카이가 황제를 참칭하는 것을 비난하는 격문을 발표했고, 이 때문에 생명의 위협을 느껴 중국을 떠나야 했다. 그는 가족들을 데리고 일본 요코하마橫濱로 갔고, 1914년 그곳에서 궁펑이 태어났다. 그녀의 아명은 츠성慈生이었는데, 이는 '모든 살아 있는 존재에 대한 사랑'을 의미하는 불교 용어였다.

몇 년 뒤 위안스카이의 지배에 대한 전국적인 저항이 일어나는 가운데 그가 죽자 궁전펑 일가는 상하이로 돌아왔다. 거기서 궁펑과 그의 언니는 성聖마리아 여중에 들어갔다. 1851년에 미국 성공회 선교사들이 세운 이 여학교에는 중류층 집안의 딸들이 많이 나녔다. 1933년에 졸업한 후 궁펑 자매는 개신교 선교사들이 세운 엘리트 학교인 옌징燕京 대학에 들어갔다. 그곳은 활동적인 공산당 세포가 있는 학교였다. 궁펑은 1935

년에 반일 학생 시위를 주도했으며, 1936년에 공산당에 입당했다.

궁펑은 베이징에 있을 때 에드거 및 헬렌 스노와 친해졌다. 1937년 스노는 옌안에서 돌아온 뒤 베이징에 있는 미국 심리학자 랜돌프 세일러Randolph Sailor의 집에서 궁펑과 그녀의 친구 몇 명을 만났다. 스노는 《중국의 붉은 별》 타자 원고와 자신이 산시성陝西省에 머무르는 동안에 만든 짧은 영화 하나를 보여주었다. 이렇게 궁펑과 다른 좌파 성향의 중국 학생들이 마오쩌둥의 감동적인 혁명 운동에 대해 알게 된 것은 외국 언론인을 통해서였다. 궁펑의 딸(두 번째 남편 차오관화와의 사이에서 낳은 차오 쑹두喬松都 — 옮긴이)은 여러 해 뒤에 이렇게 썼다.

> 스노 부부라는 작은 화면에서 엄마는 처음으로 생기 넘치는 옌안과 그곳 병사들의 모습을 보았고, 마오쩌둥, 주더와 다른 혁명 지도자들이 얼마나 활기차고 정력적인지를 보았다. 그것은 엄마 자신이 옌안의 공기를 마시고 있는 것이나 마찬가지였다.[60]

이에 자극을 받은 데다 상하이는 일본 점령하에 있었기 때문에 궁펑은 1938년에 중국의 가장 발전한 도시에서 옌안 오지로 가는 젊은이들의 무리에 합류했다. 그녀는 몇몇 친구들과 함께 갔다. 궁펑의 딸은 이렇게 썼다.

> 젊고 포부가 큰 그들의 가슴은 열정으로 가득 찼다.

궁펑은 어느 땐가 그곳 시내를 산책하다가 마오쩌둥과 마주쳤다. 마오쩌둥은 그녀에게 이름을 물었다. 그녀는 옌징 대학에 다니던 시절에 이름을 츠성에서 웨이항維航('항해를 이어가다'라는 뜻)으로 바꾸었다. 그녀는 옌안에서 다시 한 번 이름을 바꾸었다. 혁명 열사 펑파이彭湃의 이름을 따서 궁펑이 되었다. 마오쩌둥은 그녀에게 잘 선택했다고 말했다. 그 이후 궁펑은 자주 마오쩌둥의 강연을 들었고, 앞줄에 앉아서 메모를 했다. 그녀는 이후 살아가면서 마오쩌둥 주석의 열성적인 제자가 된다.

궁펑은 1940년에 옌안에서 결혼했다. 그리고 남편이 임무를 띠고 외지로 나간 뒤 그녀는 충칭으로 이동했고, 유창한 영어 실력 덕분에 저우언라이의 사무실에서 일하게 되었다. 2년 뒤 그녀는 남편이 살해되었다는 소식을 들었고, 그로부터 1년 뒤에 저우언라이의 조수 차오관화喬冠華와 결혼했다. 차오관화는 칭화淸華 대학을 졸업한 재능 있고 잘생긴 젊은이로, 공산당 잡지 《군중群衆》의 편집을 맡고 있었다. 두 사람을 모두 알고 있던 존 K. 페어뱅크에 따르면 몇 벌 되지도 않는 옷을 도둑이 갈고리 달린 막대기를 창문 틈으로 집어넣어 털어갔는데, 그 후 페어뱅크가 옥스퍼드에서 맞춘 옷 한 벌을 차오관화에게 선물했다고 한다.[61] 차오관화는 1970년대에 외교부장이 되었으나, 그 후 파벌 간 갈등의 와중에 숙청되었다.

충칭에서 궁펑은 이제 수백 명으로 불어난 외국 기자단 사이에서 유명 인사가 되었다. 상당수가 젊은이였던 그들은 날씬하고 아름다운 스물여덟 살가량의 여성이 완벽한 영어로 이야기하고 스스로 말한 것을 열렬하게 믿는 모습에 매혹되었다.[62] 그런 면에서 그녀는 입만 살아 있는 국민당의 공보 담당자들과 매일같이 쏟아지는 거짓말, 검열 제도, 그리고 가우스 대사가 말했듯이 "약간 우스꽝스러운" 분위기와 재미있는 대조를 이루었다.

당시 OSS 관리로 전시정보국(OWI)을 위해 중국과 일본의 문서들을 수집하는 임무를 맡고 있던 페어뱅크는 '궁평 현상'에 사로잡힌 나머지 고국에 있는 아내 윌마에게 쓴 편지에도 언급할 정도였다. 그는 궁평이 "외국인들과 접촉하는 공식적인 업무를 맡고 있"는데, "내가 아는 모든 사람들을 길들이는 효과"[63]를 발휘하고 있다고 썼다. 그러면서 궁평에게 홀딱 반한 사람들로 《뉴욕 타임스》의 브룩스 앳킨슨, 방송사 기자 에릭 세버레이드Eric Sevareid, 셔놀트의 보좌관 조지프 앨숍과 "영국 대사관의 몇몇 사람들"을 거론했다.

세버레이드에 따르면 궁평은 성적 욕망의 대상이라기보다는 범접할 수 없는 아름다움 같은 것으로, 일종의 정중한 헌신을 자극하는 여성이었다. 그는 나중에 궁평이 저우언라이 사무실에서 "지도적인 인물"이었으며 "높은 줄기에 달린 꽃"이었다고 말했다. 세버레이드는 이렇게 썼다.

〔궁평은〕 상냥하고 세련된 여성이었으나, 또한 천진한 얼굴을 한 젊은이의 신선하고 믿음이 가는 품위를 지니고 있었다. (……) 그녀 앞에서는 남녀간의 감정은 모두 사라져버리고 성욕을 초월한 경외감과 존경심이 솟구친다. (……) 적잖은 외국 언론인과 외교관들이 그를 사랑한다고 했지만, 그것은 잔 다르크를 사랑하는 일과도 흡사한 것이었다.[64]

언론의 국민당 공보당국과의 관계는 팽팽하고 형식적이었던 데 반해(예컨대 세버레이드는 그곳을 "매일매일 근엄하게 반복되는 가짜와 가장의 세계"라고 묘사했다), 많은 미국 언론인들은 대개 궁평에 공감하고 그녀를 믿었다. 또한 외국인들이 그녀에게 호의를 가진 것은 공산 세력의 전반적인 이미지 덕분이기도 했다. 그 이미지는 옌안에 있는 지휘부가 만든 것이 아니라 충칭에 있는 저우언라이의 몇 사람 안 되는 사무실에서 만든 것이었다. 그곳 직원들은 비밀경찰의 끊임없는 감시를 받고 있었고, 늘 체포될까 봐 걱정해야 했다. 페어뱅크는 이렇게 회상했다.

충칭의 중국 공산당은 여전히 고립된 약자 집단이었고, 그들은 위협적인 존재로 볼 수 없었다.[65]

이런 분위기 속에서, 비록 일방적이기는 했지만 궁핑의 역할은 이런 것이었다고 세버레이드는 나중에 썼다.

윗사람 눈치나 살피고 시간 때우기나 하는 사람들이 득실거리는 도시에서 [궁핑은] 반체제의 목소리였다. 그녀는 자기네가 개선하고자 하는 이상을 제시함으로써 기득권 세력의 악을 폭로한, 떨려난 자들의 대변인이었다.[66]

그는 아내에게 이렇게 썼다.

궁핑이 내놓은 것은 국민당에 대한 자유주의의 기소장이었소. 그들의 암살과 언론 탄압, 인쇄 공장 습격, 자유주의적 비판자들에 대한 부당한 탄압, 시위 불허, 파업권 부정 등등에 대한 기소장 말이오.[67]

그 모든 것은 "공산당 역시 부정했던 자유권들"이었다. 그리고 공산당은 정권을 잡은 이후 줄곧 그것을 부정했다. 그러나 궁핑 숭배자들 가운데 이런 모순을 지적한 사람은 거의 없었다. 보통 때는 언론인으로서 냉정하고 날카로웠을 세버레이드는 궁펑의 "가슴 아픈 삶"이라는 것에 대한 슬픔을 드러냈다. 국민당이 지배하는 충칭에 갇혀 비밀경찰의 끊임 없는 감시를 받으며, "열정과 고귀한 비전을 가진 여성만이" 감내할 수 있는 삶을 살았다고 했다. 궁펑은 언젠가 세버레이드와 이야기하면서 자유의 공기를 마시고 싶다는 열망을 피력했다. 미국인에게 이 말은 두 군데의 기독교 학교를 나온 그녀가 미국식 자유를 갈망했던 것이라고 해석될 수밖에 없었다. 궁펑은 세버레이드에게 이런 말도 했다.

"내가 잠시 동안 자유가 있는 곳에 있게 돼서, 그것이 어떤 것인지 잠시나마 느껴볼 수 있다면 좋을 텐데……."[68]

기자들은 궁펑이 어떤 식으로든 장학금을 받아 미국으로 갈 수 있게 해주려고 애쓰곤 했다. 그러면서 그들은 궁펑을 살펴보았다. 세버레이드는 특파원들과 외국 외교관들 사이에 있었던 "무언의 공모"[69]에 대해 이야기했다. 만약 궁펑이 국민당 비밀경찰의 늪 속으로 사라진다면 세계에

공산당의 전시 충칭 대표부의 저우언라이 보좌관 차오관화와 그의 아내인 저우언라이의 공보 비서 궁펑(1943년). 궁펑은 특히 많은 서방 외교관들과 언론인들에게 강한 매력을 발산했다.

떠들어 관심을 끌어내고 외교적 사건으로 만든다는 것이었다. 한번은 궁평이 이질에 걸린 적이 있었다. 페어뱅크가 앳킨슨에게 궁평이 아프다고 말하자 그는 미국 해군 군의관의 진찰을 주선했고, 의사는 설파제로 치료해주었다. 또 한번은 궁평이 존 서비스에게 연락해서 남편 차오관화가 아파서 수혈이 필요하다고 말했다. 서비스는 자기 피를 주겠다고 나섰다. 결국 차오관화는 그의 피를 받지 않고도 회복되었지만, 그의 태도는 궁평에 대해 순전히 직무상의 관심을 넘어서는 어떤 것이 있음을 보여준다.[70]

나중에 전쟁이 끝난 후에, 충칭에서 궁평과 알게 된 또 다른 언론인 바버라 스티븐스Barbara Stevens가 상하이에 있는 궁평의 가족에게 어린 아이를 보냈다. 그 아이는 자신과 차오관화와의 사이에서 태어난 아이라고 했다.[71]

저우언라이가 충칭에서 궁평을 자신의 공보 비서로 선택할 때, 성적 매력이 통용될 수 있음을 발견했다는 것은 흥미로운 일이다. 전쟁과 정치에서 이기는 방법에 관한 고대 중국의 저술인《삼십육계三十六計》에는 미인계美人計도 들어 있다. 적의 진영에 미인을 보내 병사들이 의무를 게을리 하게 하고, 경계를 약화시키며, 경우에 따라 미인의 사랑을 차지하기 위해 그들끼리 싸우도록 유도하는 것이다. 확실히 궁평에 대한 미국 기자들 상당수의 태도는 그들이 충칭에서 만난 여러 공산주의 혁명가들에 대해 느꼈던 감정을 말해주고 있다. 그들은 실제 생활에서 매우 호감을 주고 매력적이었으며, 공산주의자·빨갱이·볼셰비키·마르크스레닌주의자와는 매우 다른 이미지를 풍겼다. 한 중국인 언론인은 전쟁 기간 충칭에서 만난 궁평에 대해 이렇게 썼다.

그녀는 젊고 아름다웠을 뿐만 아니라 매우 공손했다. 치파오를 입고 의자에 앉으면 매우 진실해 보였으며, 모든 언론인들이 응시하지 않을 수 없었다. 또한 영어를 유창하게 해서 아름다움과 혁명의 전형이 되었다.[72]

그런 점에서 몇 년 후 공산 세력이 정권을 잡고 나서 중국 외교부의 중견 관료가 된 궁펑이 전에 충칭에서 자신에게 매혹되었던 몇몇 기자들과 마주친 것은 인상적인 일이었다. 공산당 정권의 관료가 된 궁펑은 거리감이 느껴지고 엄숙했으며 접근하기가 어려웠다. '해방'된 지 얼마 안되어 아직 미국 기자들이 중국에서 쫓겨나지 않았을 때 그는 옛 친구들을 무시하거나 피하기 위해 길을 건너갔다.[73] 1950년대에 그녀는 외교부 정보사情報司 사장으로 임명되어 몇 안 되는 외국 언론인들을 상대하는 일을 맡았다. 이들은 주로 아프리카와 아시아에서 온 사람들로, 매우 통제된 상태에서 중국을 방문했다.

캐나다의 언론인 윌리엄 스티븐슨William Stevenson은 1956년 중국에서 궁펑을 보았는데, 궁펑은 그가 중국 혁명의 진보를 보여주지 않고 옛 유적 사진을 찍었다며 질책했다.[74] 궁펑은 1954년에 베트남 독립전쟁(1차 인도차이나 전쟁)을 끝내는 회담에 참석하기 위해 저우언라이와 함께 제네바에 갔다. 회담을 취재하러 온 기자들 가운데 충칭에서 궁펑과 안면이 있던 몇몇 미국 기자들이 과거의 친분을 내세우며 접근했지만 무시당했다. 한 연회에서 궁펑이 담뱃불을 붙이는 모습을 어느 뉴스영화 촬영 기자가 찍으려 하다가 제지당했다. 그녀는 명색이 저우언라이의 공보 담당관이었지만 더 이상 공개적인 장소에 나타나지 않았다. 현지에 있던 한 언론인에 따르면 궁펑은 줄곧 "푸른색의 얇은 옷을 걸친 채 음울하고 심각한 얼굴로 보리바주 호텔에 틀어박혀"[75] 있었다.

이런 공산당의 유혹이 모든 사람에게 먹힌 것은 아니었다. 전쟁 직후 《뉴욕 타임스》의 중국 특파원이었던 틸먼 더딘은 한 친구에게 이렇게 말했다.

"저우언라이는 자신의 인간적인 매력과 똑똑한 주장으로 당신들을 압도했지. 그런데 그런 이야기들을 여러 달, 여러 해 듣다 보니 믿지 않게 되더군."[76]

그러나 좋게 보이려는 공산당의 노력(여기에는 물론 충칭의 저우언라이 팀의 노력도 포함된다)은 큰 성공을 거두었다. 물론 그 성공의 일부는 공산당이 좋아서가 아니라 국민당이 나빠서 얻은 어부지리였지만 말이다. 더딘은 국민당과 중국 공산당에 관한 공통적인 태도를 이야기하면서 이렇게 썼다.

자유 중국에는 희망이 전혀 없었다. 부정부패와 빈곤이 만연했고, 더 이상 항전하려는 의지가 없었다. 나조차도 공산당 치하의 중국이 나쁠 것 없고 오히려 더 나을 것이라고 생각했을 정도다.[77]

공산 세력에 대한 언론의 우호적인 보도는 1944년 봄에 마침내 장제스가 기자들의 옌안 방문을 허가했을 때 절정을 이루었다. 그것은 공산 세력에게는 엄청나게 성공적인 기획이었고, 국민당에게는 완전히 홍보 실패였다. 유대인 박해를 피해 1920년에 가족과 함께 아시아에 온 폴란드 태생의 유대인 이즈리얼 엡스타인Israel Epstein은 옌안 방문에 관해 《뉴욕 타임스》와 다른 매체들에 글을 썼다. 그의 특보는 대담하고 민주적인 공산 세력과 부패하고 타락했으며 억압적인 국민당을 놀랄 정도로 대비시킨 내용으로 가득 차 있었다.

그는 《뉴욕 타임스》에 기고한 특보 1신에서, 취재진이 공산 세력의 지휘부로 가는 도중에 지나갔던 정부 관할 도시 시안에 관해서 썼다. 그는 나중에, 거리에서 공산당의 팔로군 사무실을 볼 수 있었다면서 이렇게 썼다.

> 시안에서는 경찰국가의 특성이 어디서나 분명했다. 〔거리에는〕 사람이 없었다. 〔국민당의〕 감시 때문이었는데, 누구라도 그 거리를 지나가다가는 공산당과 몰래 접촉하려 한다는 의심을 받을 터였다.[78]

시안에서는 또한 국민당 경호대가 팔로군 탈영병 하나를 내놓았다. 그러나 이 이벤트는 실패한 선전으로 끝났다. 탈영병은 팔로군의 의무 가운데 하나인 땅을 개간하고 농작물을 키우는 일을 하지 않겠다며 공산당 장악 지역에서 탈출한 사실이 밝혀졌던 것이다.[79] 그는 탈출하려다 두 번 붙잡혔지만, 영창에 가거나 맞지는 않고 '비판'만 받았다고 말했다. 국민당 측은 이를 가지고 공산당이 '야만적'이라고 비난했다.

《뉴욕 헤럴드 트리뷴》의 해리슨 포먼은 1945년에 출간된 책에서, 이 취재 여행의 시안 부분에 대해 이렇게 썼다.

> 우리는 나중에 숙소에 특별한 인력거꾼들이 배정되어 있음을 알게 되었다. 그들은 우리를 태워야 한다고 고집했다. 우리가 타지 않겠다고 거절하자, 그들은 우리가 어디를 가든 따라다녔다.[80]

한번은 포먼이 숙소로 돌아가자 누군가가 그에게 봉투 하나를 건네주었다. 그 안에는 반체제 인사들의 성명서가 들어 있었다. 국민당의 폭정을 고발하고, 정부가 "당신들을 속이고 당신들을 봉쇄하고 당신들을 감시하기 위해" 특별 대책을 세워놓았다고 알려주는 내용이었다.[81] 문서는 "통역, 안내원, 심부름꾼과 객실 담당" 등으로 위장하게 될 수백 명의 요원을 동원하기 위해 500만 달러의 자금이 책정되었다고 밝혔다. 작성자는 자신이 "자유의 이상"을 위해 싸우는 "시안의 비밀결사 단원이자 주민"이라고 밝혔다. 그는 또한 공산주의가 절대로 중국을 장악할 수 없다는 확신을 피력하고, 그 이유를 이렇게 말했다.

권력을 독차지하기를 원하고 그럼으로써 남의 권리와 자유를 빼앗으려는 모든 정당은 참담한 패배를 당할 것입니다.

시안에서 기자단은 "바지선같이 생긴 커다란 목선을 타고" 황하를 건넜다고 엡스타인은 말했다. 이 배는 16명의 노꾼이 노를 저었는데, 이들은 엉덩이를 붙이고 쪼그려 앉아 1939년 옌안에서 작곡된 애국 노래 '황하대합창黃河大合唱'을 불렀다. 이제 언론인들은 "또 다른 세계"[82]에 와 있었다.

깃발도 없었고, 플래카드도 없었고, 우리 방문객들이 루스벨트와 처칠을 합쳐놓은 사람이라도 되는 듯이 기뻐서 펄쩍펄쩍 뛰는 동원된 사람들도 없었다.

첫날 밤은 동굴 마을에서 보냈는데, 그들은 거기서 잘난 체하지 않는 공산당 장군을 만났다.

제복을 입고 흰 장갑을 낀 국민당 장교들과는 (……) 너무도 달랐다.

이튿날 그들은 말을 타고 처음으로 공산당 부대를 방문하러 나섰다. 병사들은 "땀에 젖고 햇볕에 그을린 소년들로 쾌활한 웃음을 짓고" 있었으며, 일본군으로부터 노획한 무기들을 어깨에 걸머지고 있었다. 이는 공산주의자들이 일본을 상대로 격렬하고 전면적이며 성공적인 게릴라전을 벌이고 있다는 생각을 뒷받침하는 것이었다. 이 땅은 중국 공산당 수뇌부, 특히 그들을 안내하고 있던 장군 왕전王震에 의해 일신되었다고 엡스타인은 썼다.

한때 불모지였던 산꼭대기와 다락밭 비탈에서는 기장과 콩, 아마와 목화를 재배하고 있는 듯했다.[83]

전에 이 지역에 와본 적이 없고 따라서 공산 세력이 이곳에 들어오기 전의 상태가 어떠했는지를 알 수 없었던 엡스타인은 이렇게 썼다.

봉쇄 이전에는 이곳에 목화라고는 전혀 없었고, 사람들은 여러 해 동안 누더기를 걸치고 살았다. 그러나 이제 더 이상 그렇지 않았다.

이 "새로 개간된 땅들"은 모두 인민들이 소유하게 되며, 그들은 병사들을 부양한다는 명목하에 세금으로 농작물을 낼 필요가 없다고 엡스타인은 썼다.

기자들은 첫 번째로 방문한 마을인 쿠린에서 마을 대표를 만났다. 엡스타인의 기록에 따르면 그는 공산당이 들어오기 전에는 문맹이었지만 이제는 간단한 보고서를 쓸 수 있다고 했다. 예순 살의 한 노동영웅이 "나왔"는데, 그는 전에는 땅이 없었지만 지금은 형편이 얼마나 나아졌는지를 기자들에게 말했다. 그는 지난 농사철에 마을 대표가 들에 거름을 냈다고 지적하고, "과거에 어떤 마을 대표가 그런 일을 한 적이 있는지 들어봤느냐"[84]고 물었다.

미국 언론인으로서 "기뻐서 펄쩍펄쩍 뛰는 동원된 사람들이 없"다며 공산 세력을 칭송했으면서도, 공산당이 권력을 잡고 한참 지난 뒤에 출간한 자신의 책에서 신격화된 마오쩌둥에게 집단적으로 충성을 맹세하는 의식을 거행하고 그것이 중국 공산당 지배하에서 일상적인 일이 되었음을 지적하지 않은 것은 매우 우스꽝스러운 일이다. 중국은 공장 노동자들이 매일 업무를 시작하면서 말 그대로 "충성의 춤"을 추는 곳이 되었다.[85] "존경하는 주석님"의 초상 앞에서 잠시 동안 무용이 펼쳐졌다. 중국은 또한 10대들이 군중 집회를 열고 경의를 표하기 위해 마오쩌둥 어록이 담긴 붉은색의 작은 책(《마오 주석 어록毛主席語錄》을 서방에서는 'Little Red Book'이라 부른다—옮긴이)을 들어 보이는 나라가 되었고, 공장에서 마오쩌둥의 얼굴이 담긴 배지를 수도 없이 찍어내어 거의 모든 사람이 달게 하는 나라가 되었다. 그러나 엡스타인은 죽을 때까지 공산당 지지자였고, 여러 해 동안 중국에서 선전용 잡지인 《차이나 투데이》(1952년 쑹칭링과 엡스타인이 만든 잡지로 중국명은 《금일중국今日中國》이다—옮긴이)의 편집자로 일했다. 그는 중국 공산당 당원이었으며, 노골적인 이중잣대 문제로 고민해본 적은 없는 듯하다.

마오쩌둥과 옌안에 대해서 쓴 일부 언론인들이 공산당 동조자였지만, 대부분의 사람들은 그렇지 않았다. 에드거와 헬렌 스노를 비롯하여 잭 벨덴, 해리슨 포먼과 1944년 취재 여행에 참여했던 많은 사람들이 그러했다. 그들 가운데는 AP 기자로 일하면서 중앙정부의 공보당국에 고용되었던 모리스 보토Maurice Votaw와 《크리스천 사이언스 모니터》의 귄터 스타인Günther Stein도 있었다. 포먼은 《뉴욕 헤럴드 트리뷴》에 이렇게 썼다.

모든 것은 공개적이고 솔직하다. 이동하고 토론하고 인터뷰하고 방문하고 사진을 찍는 데 통제나 제한이 전혀 없다.[86]

스타인은 기사를 쓰면서 공통의 주제가 된 것에 대해 언급했다.

옌안의 남녀 선구자들은 정신과 사고와 행동 측면에서 정말로 새로운 인간들이다. (……) 이전에 어느 곳에서도 결코 볼 수 없던 참신하고 원만한 사회다.[87]

'중화 소비에트'가 그렇게 극좌적이지는 않으며 다만 좀 더 높은 민주화 수준을 추구할 뿐이라는 생각이 다른 기민하고 예리한 분석가들 사이에서 확산되기 시작했다. 그들은 정치적인 동화童話에 현혹되지 않는 부류의 사람들이었음에도 현혹당했다. 딕시 사절단이 파견되기 2년 전이자 진주만 공격으로부터 불과 몇 달 뒤인 1942년에 존 데이비스는 전문에서 중국의 공산 세력을 '농업민주주의자'로 불렀고, 존 서비스는 초보적인 민주주의를 추구하고 있는(그의 표현이다) 중국 공산당은 "유형적으로나 정신적으로나 러시아적이기보다는 미국적"[88]이라고 썼다.

국무부에서는 중국에 관해 보고하면서 공산 세력을 '이른바 공산주의자들'이라 부르고 옌안을 '이른바 공산당 장악 지역'이라 부르는 것이

상례가 되었다.[89] 국무부 장관 코델 헐이 1944년 6월에 클래런스 가우스 대사에게 보낸 한 메모에서 표현했던 방식이다. 심지어 장제스에 반대하는 사람도 아니고 분명히 스메들리나 엡스타인 류의 좌파도 아닌 패트릭 헐리조차도 이런 표현을 사용했다. 헐리는 중국에 도착한 지 얼마 되지 않아 루스벨트에게 보낸 편지에서 자신이 중국의 두 세력을 연립정부로 끌어낼 수 있다고 장담하면서 '이른바 공산주의자들'에 대한 장제스의 우려를 일축했다. 그러고는 소련 외무부 장관 뱌체슬라프 몰로토프가 모스크바에서 자신에게 했던 장담을 미국 대통령에게 전달했다. 가난한 일부 중국인들이 스스로 공산주의자라고 자처하지만, "그들은 전혀 공산주의와 연관이 없다"는 것이었다.

몰로토프의 이야기는 바로 스탈린이 한 말의 복사판이었다. 스탈린은 모스크바 주재 미국 대사 애버렐 해리먼Averell Harriman에게, 중국인들은 "진정한 공산주의자가 아니"며, 다만 "마가린 공산주의자"라고 말했다.[90] 물론 스탈린은 그들이 진정한 애국자이고 일본에 맞서 싸우려 한다고 덧붙였다. 미국인들이 스탈린이나 몰로토프 같은 사람의 말을 인용했다는 것이 이상하게 들릴지 모르지만, 어쨌든 스탈린은 동맹자였고 당시에는 그를 믿는 경향이 있었다.

마오쩌둥과 그 패들도 스탈린의 말이 믿을 만하다는 것을 보여주었다. 그들은 결코 이론가이거나 혁명 이념의 진정한 신봉자로 비치지 않았다. 그들은 미국인 손님들에게 친절하고 편안하고 상냥하게 대했다. 그들과 식사를 하고, 밤늦게까지 토론하며, 그들이 후구주虎骨酒(호랑이 뼈 대신 소뼈와 수수로 만든 증류주)라 부르는 것을 함께 마시고, 중국에 오기 전에 《뉴욕 타임스》에서 연극 비평을 했던 브룩스 앳킨슨으로부터 높은 평가를 받은 연극을 공연했다. 딕시 사절단의 일부 참가자들은 정기적으로 주더와 함께 깊은 산속으로 사냥을 나가서 그를 따라서 총을 쏘았다.[91] 토요일 밤에는 날씨가 온화하면 야외 무도회가 열렸다. 애그니스 스메들리의 흔적이자 스메들리가 마오쩌둥에게 댄스를 가르쳐주었던 일의 흔적이었다. 무도회는 리위안梨園이라는 과수원에서 열렸는데, 마오쩌둥 및 다른 공산당 수뇌부와 머리를 땋아 내린 마을 소녀들이 춤을 추었고 낡은 축음기에서는 치직거리는 음악이 흘러나왔다.[92]

포먼은 자신의 책에서 옌안의 주요 문화 기관인 루쉰예술학원을 방문했던 일을 적고 있다. 루쉰魯迅은 20세기 중국의 가장 유명한 작가였고, 인습 타파와 자유사상을 주장했다. 그는 또 상하이에서 결성된 좌익작가연맹의 지도 인물이었는데, 이 조직은 공산당에 가깝고 국민당에 반대하는 조직이었다. 루쉰은 1936년에 죽었는데, 그가 장제스를 경멸한만큼 마오쩌둥 사상을 경멸했는지의 여부가 격렬한 논쟁의 주제가 되었다.

루쉰예술학원에서 포먼은 300명쯤 되는 예술가와 작가들이 마오쩌둥의 친절한 지도 아래 즐겁게 연극, 소설, 음악을 창작하는 모습을 보았다. 그는 이렇게 썼다.

공산주의자들은 자기네 문화를 진지하게 생각한다. 미술가, 작가, 음악가, 교육자, 극작가, 기자들이 정기적으로 모임을 가지고 자기네 작품에 대해 솔직하게 토론하고 서로 비판을 한다.

그러나 항상 그런 것은 아니라고 포먼은 독자들에게 전해준다. 대부분의 예술가들과 작가들은 상하이에서 왔다.

매우 서구화된 그들의 문화는 중국 내륙 지역 농민들의 전통문화와는 상당히 다르다. 〔따라서〕 그들이 배우지 못한 농민, 노동자, 군인들을 얕보지 않는다는 것은 거의 불가능하며, 무시당하는 쪽에서는 그들을 배척하는 것으로 응수한다.

포먼은 이렇게 말한다.

멀리 내다보는 마오쩌둥은 이런 현상을 파악하고 그것이 좋지 않다고 판단했다. 그는 모든 문화 종사자들의 회의를 소집하고 그들의 오만한 태도를 혹독하게 비판한 뒤, 계속 그런 태도를 보인다면 그들은 퇴보하고 몰락할 것이라고 경고했다.[93]

포먼은 "옌안의 지식인들이 마오쩌둥의 말을 가슴에 새겨 매우 훌륭한 결과를 만들어낸"고 "농민, 노동자, 군인들은 자신들이 스스로를 위해 만들어낸 (……) 새로운 조건과 새로운 사회"에 적응했다고 결론지었다. 포먼은 마오쩌둥 주석을 인터뷰한 뒤 그에 관해서는 이렇게 결론지었다.

〔그는〕 절대로 범접하기 어려운 제사장이 아니고 모든 지혜와 지도의 유일한 원천은 아니며, 그의 말이 의심할 수 없는 법도 아니다. (……) 당 지도부 회의의 토론과 최종 승인을 위한 자료로 받아들여지고 있으며, 당 지도부는 분명히 거수기가 아니다.[94]

마오쩌둥은 중국 공산당이 민주주의를 열망하고 있고 서구적인 가치를 존중하고 있다고 포먼에게 장담했다. 그는 포먼에게 이렇게 말했다.

"우리는 소련과 같은 사회적이고 정치적인 공산주의를 추구하고 있지 않습니다. 오히려 우리가 하고 있는 일이 미국 내전에서 링컨이 추구했던 것과 같은 종류의 일이라고 생각합니다. 바로 노예 해방입니다."[95]

마오쩌둥은 스노가 《중국의 붉은 별》에서 그를 묘사하면서 '링컨 풍風'이라는 말을 사용한 것을 알고 있었을 것이다. 마오쩌둥은 더 나아가 포먼에게 "우리는 민주주의를 신봉하고 실천하고 있다"[96]는 사실을 확신시켰다. 마오쩌둥이 지칭한 "국민당이 지금 실행하고 있는 일당 독재"와 대조되는 일이었다.

딕시 사절단은 미국인들이 그 이전이나 이후에 중국 공산당 지도부와 가졌던 어떤 관계보다도 더 긴밀한 관계를, 그 고위 군사 관계자들과 가졌다. 그들은 국민당을 상대로 한 내전과 미군이 참전한 한국전쟁에서 인민해방군을 지휘하게 되는 거의 모든 사람들과 정기적인 만남을 가졌다. 공산군의 총사령 주더도 그중 한 사람이었다. 그는 데이비스가 그의 특징으로 말한 촌뜨기의 기민함과 "대단한 개성"[97]으로 사람들에게 늘 깊은 인상을 주었다.

딕시 사절단의 미국인들과 어울렸던 미래의 군 고위 지도자들 가운데는 린뱌오林彪도 있었다. 그는 1971년 마오쩌둥과 벌인 절체절명의 권력 투쟁으로 죽을 때까지 마오 주석의 가장 가까운 전우였으며, 《마오 주석 어록》을 보급하고, 마오쩌둥이 일으킨 문화혁명에 군대를 동원한 사람이었다. 그 이전에 그는 내전에서 공산군의 주요 지휘관이었고, 미국인들이 역시 옌안에서 알게 된 펑더화이彭德懷와 함께 한국전쟁에서 중국의 기습 공격을 입안하게 되는 사람이었다(이 기습 공격으로 미군은 어느 전쟁에서도 겪어보지 못한 최악의 패배를 당했다). 데이비드 배럿 대령은 린뱌오로부터 깊은 인상을 받았다. "그와 만나는 사람은 누구라도 강한 인상을 받지 않을 수 없"었다고 그는 말했다. 배럿은 린뱌오가 공손했지만 공산당 지도자들 가운데서는 덜 상냥한 축에 속했다고 회상했다. 그는 잘 웃지 않았지만 분명히 "최고의 군인"이었다.

나는 그의 휘하에서 복무한다면 좋을 것 같았다. (……) 물론 우리 군대나 우방의 군대와 맞서 싸우는 경우를 제외하고 말이다.[98]

데이비스는 저우언라이의 동굴에서 등받이 없는 의자에 앉아 두세 시간 동안 대화를 나누던 최고위 지도자 세 사람에 대해 말의 초상화를 그렸다.[99] 마오쩌둥은 분명히 옌안에 있던 수뇌부의 지도자였고, 권위자였고, 1인자였다.

둥글고 부드러우며 거의 여성스러운 얼굴에, 키가 크고 퉁퉁한 사람이었다.

데이비스는 "눈부시게 빛나는 그의 인격"과 "거대하고 잔잔하며 확신에 찬 모습"을 이야기했다. 이런 묘사는 22년 뒤에 마오쩌둥을 만난 헨리 키신저의 묘사와 매우 비슷하다. 동굴이 아니라 새로운 황제의 도시 깊숙한 곳에서 만난 것이지만 말이다. 키신저의 묘사를 보자.

〔마오쩌둥은〕방을 지배했다. 대부분의 나라에서 지도자에게 어느 정도의 위엄을 제공하는 겉치레에 의해서가 아니라, 지배하고자 하는 압도적

인 충동을 분명한 형태로 발산함으로써였다.[100]

마오쩌둥 아래서 2인자로 평생을 보낸 저우언라이는 "융통성이 있고, 분노를 표출하며, 성실하고, 얼굴에 웃음기를 잘 드러내" 데이비스에게 깊은 인상을 주었다. 반면에 그가 "주 대장"(군 고위 지휘관을 '라오쫑老總'이라 불렀기 때문에 주더는 '주 라오쫑'으로 불렀다—옮긴이)으로 부른 주더는 "휘청거리고 느릿느릿하지만 기민한 시골뜨기"였다.

딕시 사절단 참여자들은 도보로 또는 말을 타고 옌안을 떠나 전선으로 나가기도 했다. 몇 주 또는 몇 달이 걸리기도 했다. 그중 한 명인 레이먼드 러든은 중국어를 잘하는 관리로 몇 년 전 베이징에서 스노와 어울린 바 있었고 지금은 데이비스와 마찬가지로 스틸웰의 휘하에 배속되어 있었다. 러든은 넉 달 동안 산시성陝西省 곳곳을 여행하며 공산 세력이 마을들을 통치하는 것을 살펴보았다. 그곳들은 명목상으로는 일본의 점령 지역이었다. 그의 결론은 공산 세력이 지역 주민들의 지지를 받고 있고, 농민들을 결집시키는 일을 잘 해냈으며, 공산당 지휘부가 "중국에서 가장 현실적이고 잘 짜여졌으며 의지가 강한 집단"[101]이라는 것이었다.

미국인들이 공산 세력에 호의를 가지려는 충동을 보인 한 가지 중요한 요인은 서른 살의 미국인 조종사 조지 배로프George Varoff와 B-29 슈퍼포트리스 폭격기 승무원 10명의 경험에 잘 드러나 있다.

이들은 진주만 기습 3주년이 되던 날인 1944년 12월 7일에 산시성陝西省을 출발하여 일본이 점령하고 있는 만주 선양의 일본 목표 시설을 폭격하러 갔다. 배로프는 고국에서 육상 선수였고, 한때 장대높이뛰기 세계 기록 보유자였다. 1936년 미국 뉴저지 주 프린스턴에서 열린 경기에서 4.43미터를 넘은 것이다. 그래서 그가 처한 상황은 언론의 관심을 끌었다. 1945년 1월 3일, 《뉴욕 타임스》는 그가 작전 중에 실종되었다고 보도했다. 2주 뒤 이 신문은 배로프가 무사하고 중국에 있는 자기 부대 공군 기지로 돌아왔다고 전했다. 신문은 그에게 무슨 일이 일어났고 어떻게 구조되었는지에 대해서는 상세하게 전하지 않았다. 그 정보에는 중국 공산당이 가동하고 있는 조직과 비밀에 부쳐진 그들의 미국인 친구들에 관한 내용을 포함하고 있었기 때문이다.

배로프의 임무는 선양에 있는 병기창과 비행기 공장을 폭격하는 것이었다.[102] 그러나 당시 미국 공군이 보유한 가장 강력한 폭격기였던 그의 B-29가 2만 2000피트(약 6700미터) 상공에 이르자 기온이 급강하하면서 조종석 유리창에 얼음이 끼었다. 이 때문에 배로프는 편대의 선도기를 따라가기가 어려웠다. 존 P. 퀸런 병장이 담당하고 있던 그의 비행기 꼬리포도 작동하지 않았다. 그가 목표물에 근접했을 때 일본 전투기들이 사방에서 공격해왔다. 적기는 미국 편대 사이를 쏜살같이 달려 폭탄을 떨어뜨린 미국 비행기들을 추격했다. 배로프의 비행기는 탄환에 맞아 산시성으로 돌아가지 않을 수 없었다. 미국 편대의 다른 두 비행기도 호위를 위해 편대에서 벗어났다.

배로프는 비행기 엔진을 가능한 한 천천히 작동시키기 위해 2400피트(약 730미터)로 하강했다. 그러나 성공할 수 없다는 사실이 분명해지자 그는 전 승무원에게 탈출하라고 명령하고, 그런 뒤에 자신도 뛰어내렸다. 그는 뛰어내릴 때 차갑고 거센 바람에 시달리면서 낙하산 줄을 겨우 잡아당겨 어느 골짜기에 착륙했다. 그의 비행기는 산꼭대기에 추락해 불덩이에 싸여 있었다. 두 호송기는 머리 위에서 선회하며 미국인들이 뛰어내린 위치를 확인하고는 서쪽으로 기수를 돌려 기지로 돌아갔다. 배로프는 바위투성이의 산비탈에 떨어지면서 머리가 바위에 부딪치는 바람에 의식을 잃었다. 깨어나 보니 눈 위에 피가 얼룩져 있었다.

배로프와 그의 승무원들이 살아날 가능성은 그리 높지 않아 보였다. 11명의 미국인들은 거센 바람 때문에 허베이성의 바위투성이 산 여기저기에 흩어져 있었고, 그곳은 일본군이 장악하고 있는 지역이었다. 일본군이 비행기를 보았으니 즉각 수색에 나설 터였다. 그리고 미국인을 붙잡으면 무조건 처형할 것이 틀림없었다. 그러나 B-29가 추락한 직후 중국의 농민들이 숲과 바위산을 샅샅이 훑으며 뛰어내린 항공병들을 먼저 찾아내려 했다. 밤새 수색을 하는 횃불이 온 산에 점점이 박혀 있었다. 그리고 이틀 만에 중국인들은 11명의 항공병을 모두 찾아 공산당 게릴라 전초 기지로 데려왔다. 그곳은 미국인들이 '발루'라 부르는 바루쥔(팔로군)의 기지였다. 미국인 2명은 심하게 다쳐 농민들이 업어서 은신처까지 데려와야 했다. 그중 윌리엄 우드는 비행기 레이더를 조작하는 사람이었는데, 땅에 내리면서 부딪쳐 의식을 잃었고, 정신을 차려보니 지역 주민들이 그를 떠메고 마을로 가고 있었다.

발루들은 미국인들에게 먹을 것을 주었고, 상처를 보살펴주었으며, 그들을 안전한 곳으로 데려다주겠다고 안심시켰다. 한 달 이상에 걸쳐 그들은 항공병들을 한 곳에서 다른 곳으로 차츰차츰 옮기며 일본군의 손아귀로부터 보호했고, 미국인들이 나중에 말했듯이 그들을 영웅처럼 대했다. 농민들은 그들에게 달걀과 땅콩과 과일을 뒤져다 주었고, 그들을 공군 부대까지 데려다주었다. 그들을 숨겨준 마을 사람들은 잔치까지 베풀어주었다. 일본군에 발각되면 보복을 당할 수 있는 일이었다. 발루들은 자기네가 항공병들을 보호하고 있다고 지휘 계통을 따라 보고했고, 미군 관계자들은 그들이 어디에 있는지 귀띔을 받았다. 몇 주 동안 끊임없이 이동한 뒤에 공산 세력은 외딴 산길 지역에 활주로를 만들었고, 미국 비행기가 그곳에 착륙할 수 있었다. 새해로 접어든 1월의 어느 추운 겨울날, 팔로군 병사들은 자기네가 보호하고 있던 미군들이 구조 비행기를 타고 도착한 미군들을 만나 기지로 돌아가는 모습을 볼 수 있었다.

이런 방식으로 구조된 미국 항공병은 다 합쳐 60명 정도인데, 일부는 국민당 쪽에서 구조하기도 했지만 대부분은 공산당 쪽에서 구조한 것이었다. 공산당은 일본의 전선 후방에 좀 더 광범위한 조직을 가지고 있었고, 그런 구조 작전 과정에서 일본군 부대와 싸우다가 600명 정도의 사망자를 낸 것으로 추산되었다. 배로프와 그의 승무원들을 찾아 허베이 산지를 샅샅이 뒤졌던 보통의 중국인들에게 미국 항공병들을 구조한다는 것은 큰 용기가 필요한 일이었다. 일본인들에게 발각될 경우 가차 없이 처형되리라는 것을 잘 알고 있었기 때문이다. 전시 검열 때문에 이런 구조 작전은 미국의 대중에게 알려지지 않았지만, 딕시 사절단 참여자들은 틀림없이 알고 있었을 것이다. 그리고 이런 일들이 바로 공통의 목적과 우호적인 분위기를 촉진했다.

배럿은 옌안에 있는 동안에 존 배글리오John Baglio라는 사람이 돌아오는 것을 목격했다. 베이징에서 멀지 않은 곳에 낙하한 배글리오는 그 지역의 농민에게 구조되어 발루들에게 안내되었고, 그들은 1000킬로미터가 넘는 여정을 한 지역에서 또 한 지역으로 안전하게 넘겨주며 마침내 옌안까지 도착했다. 그들은 머무는 곳마다 잔치를 열어주었다. 배럿은 이렇게 썼다.

배글리오는 중국 공산주의자들의 정치적 신념에 신경을 쓰지 않았던 미국인 가운데 하나였다. 그가 알고 있는 것은 그들이 자신을 구했다는 것

뿐이었다.[103]

미국인 조종사들이 공산군 부대의 손에 구조된 다음 사례는 대략 5년 뒤 한국에서였고, 이때 그들을 맞이한 방식은 구금과 고문이었다. 이에 따라 전시 협조의 양상이 너무도 놀라운 모습을 띠게 되었고, 적대적인 관계로의 전락은 더욱더 충격적이고 대가가 컸다.

이런 구조 작업들은 저절로 이루어진 것이 아니었다. 그것은 딕시 사절단의 한 참여자인 헨리 위틀지Henry S. Whittlesey 중위와 팔로군에 있는 그의 상대역 사이의 긴밀한 협조의 산물이었다. 위틀지는 중국에서 나고 자랐으며, 옌안의 공중-지상 지원팀 요원이었다. 그는 1945년에 일본의 매복 공격을 받아 죽었다(공산당은 그의 이름을 따서 자기네의 한 비행장 이름을 붙였다). 위틀지는 미국 비행사들이 구조되는 데 가장 알맞은 곳(공산군 게릴라 주둔 부대가 가장 강한 곳이라는 말이다)에 관한 정보를 수집하고 이를 작전 지시 과정에서 조종사들에게 전달하도록 했다.

미군들은 가방에 쉐푸血幅(blood chit)라는 것을 가지고 다녔다. 그들이 친구임을 밝히고 도움을 청하는 내용을 한자로 적은 천 조각이다. 그들은 또한 '손가락 대화 책'도 가지고 다녔다. 상용 어구를 두 나라 말로 적어놓은 것으로, 어느 쪽이든지 자기네 말로 쓰인 부분을 가리키면 상대방이 그 옆의 자기네 말을 보고 알아들을 수 있도록 한 것이다. 언어에 소질이 있는 사람들은 '메이궈 페이지美國飛機'(미국 비행기)나 '바루쥔八路軍' 같은 중국어 몇 마디를 배웠다. 이런 여러 가지 장치들은 배로프와 그의 승무원들이 허베이에 낙하했을 때 요긴하게 쓰였다. 배로프가 처음 만난 중국인에게 한 첫마디가 '메이궈 페이지'와 '바루쥔'이었다. 우호적인 분위기를 길러낸 것은 이런 종류의 협력이었다. 이와 함께 상쾌하고 맑은 공기와 혁명의 용광로에서 떠오른 새로운 인간상에 대한 인식도 있었다. 모두가 허세의 불쾌함과 부패, 무능에 싸인 무겁고 허물어진 충칭과 너무도 대조적이었다. 몇 년 뒤에 배럿은 이 모든 것을 산뜻한 한 문장으로 요약했다.

중국 공산 세력은 지금 우리에게 철천지원수지만, 당시에는 틀림없이 '좋은 친구'였다. 특히 그들의 구조를 받은 항공병들에게는.[104]

제 5 장

어두운 부분

옌안을 방문한 미국인들과 다른 외국인들은 여러 사람들을 만났다. 그들은 팔로군에 생포된 뒤 좋은 대우를 받고 설득되어 일본 군국주의자들을 타도하자고 부르짖는 일본인민해방연맹(JPEL)에 참여한 일본군 포로를 인터뷰했다. 그들은 스위스에서 유학한 미국 의사 조지 하템George Hatem도 만났다. 그는 몇 년 전부터 중국 공산당과 운명을 같이했고, 옌안의 병원들을 책임지고 있었다. 하템은 에드거 스노가 공산 세력의 기반 지역을 취재한 유명한 여행 때 스노를 수행하여 바오안에 갔고, 이제는 미국인 방문객들의 친구 노릇을 하고 있었다. 소련 언론인(사실은 정보 요원이었다) 몇 명이 옌안에 있었고, 그들은 남들과 잘 어울리지 않았기 때문에 미국인들이 그들과 친하게 지내지 않았다 하더라도 소련인들의 존재는 알았을 것이다. 미국인들은 또 옌안에서 중국 공산당을 위해 일하던 무선통신 전문가 마이클 린지Michael Lindsay도 만났는데, 사람들은 모두 그가 영국 스파이라고 생각했다.[1]

미국인들이 만나지 않은 사람이 있었다. 서른일곱 살의 문학가 왕스웨이王實味였다. 그는 엥겔스와 트로츠키뿐만이 아니라 유진 오닐과 토머스 하디의 작품들을 번역했으며, 혁명가들의 영웅적인 항일 투쟁 이야기와 '애국적 부르주아' 및 '지식인들'을 환영한다는 마오쩌둥의 말에 자극받아 옌안으로 온 수많은 이상주의적 중국인 가운데 한 사람이었다. 이들 가운데는 전쟁의 잿더미에서 일어나는 새로운 중국이라는 생각에 들뜬 유명한 예술가, 작가, 학자들도 있었는데, 이들은 그저 옌안에 나타나서 그들의 일원으로 받아들여진 것이 아니었다.

옌안의 경험을 연구한 난징 대학의 역사학자 가오화高華는 새로 도착한 사람들을 대상으로 마오주의 혁명에 참여할 자격자를 걸러내는 심문 과정과 세심한 조직을 묘사했다. 우선 옌안에 들어가려면 신참자들은 주요 도시의 중국 공산당 지하 조직이 써준 추천서가 있어야 했다.[2] 추천서를 가진 사람은 옌안 바깥에 있던 심문소에 수용되고, 심사를 통과해야만 성지 내부로 들어갈 수 있었다. 거기서 그들은 앞으로 겪게 될 스파르타식 고난을 맛보기 위해 옌안까지 걸어가도록 요구받았다. 거리는 500킬로미터 가까이 돼서 아흐레나 열흘이 걸렸다. 신입자들은 옌안에 들어가면 추가 심문을 받고 중앙조직부로부터 업무를 배당받았다.

왕스웨이는 이런 젊은 지식인들 가운데 하나였고, 상당히 나이 많은 축에 속했다. 상하이에서 온 그는 중국 공산당 고참급이었다. 그는 1926년에 입당했고, 1936년에 공산 세력이 옌안에 도착한 지 얼마 되지 않아서 이곳에 왔으며, 신예 이론가에 걸맞게 마르크스-레닌 학습원에서 연구 활동을 하도록 배정받았다. 그를 아는 사람들에 따르면 그는 시적이고 열정적인 인물로, "과거의 중국이 얼마나 잔인하고 사악하고 더럽고 암담했는지"[3]에 관한 글들을 썼다. 그러나 그는 또한 옌안에서 이루어지고 있는 시도의 일부 측면에 환멸을 느꼈고, 이런 환멸은 이 중국 혁명의 중심지에 있는 동안 그곳의 매혹적인 이론과 적나라한 특권 및 권력 사이의 간극을 경험한 다른 많은 사람들도 느끼던 것이었다.

이것은 중요하다. 만약 마오쩌둥이 만들어낸 운동이 중국의 오랜 '질병'(왕스웨이의 표현)을 뿌리 뽑고자 한다면 음침한 권위와 권위에 대한 맹목적이고 자동적인 복종을 모두 뿌리 뽑을 필요가 있었다. 혁명은 단순히 절대적인 한 권위를 다른 권위로 대체하는 것이 아니었고, 왕스웨이는 감히 마오쩌둥의 절대적인 권위와, 모스크바의 스탈린이 그 정점에 있는 국제 공산주의의 권위에 의문을 제기했다.

여기에는 역설로 보이는 것이 있다. 마오쩌둥은 독립적 사고를 지지하는 여러 가지 과시적인 말의 몸짓을 보여주었기 때문이다. 그는 낡은 생각과 독단적인 믿음에 대한 불관용을 과시했지만, 자신을 향한 비판은 전혀 용납하지 않았다. 공산주의 운동에서 그의 주요 라이벌은 왕밍王明이라는 강력한 당료黨僚가 이끄는 일단의 사람들이었다. 왕밍은 코민테른의 지원하에 모스크바에서 몇 년을 보냈으며, 그가 지닌 권위의 아우라는 세계 혁명의 지휘부와의 연줄에서 나온 것이었다. 1930년대 후반과 1940년대 초에 마오쩌둥은 이 모스크바파를 침묵시키기 위해 정치 캠페인을 이용했다. 왕밍이 중국의 상황에 맹목적으로 엄격한 원칙을 적용한다고 비난했던 것이다. 이를 통해 마오쩌둥은 중국 공산주의 운동에서 논란의 여지가 없는 최고 지도자가 되었다.

마오쩌둥은 잘 헤쳐나갈 수 있었다. 그러나 스탈린의 권위에 위험스러울 정도로 심하게 의문을 제기한 왕스웨이는 그럴 수 없었다. 왕스웨이가 문제를 제기한 통념의 하나가, 스탈린이 정적을 제거한 방식이었다. 그는 스탈린의 공개 재판의 정직성과 카를 라데크나 그리고리 지노

비예프 같은 소련 지도자들에 대한 그의 박해에 관해 의문을 제기했다. 그는 "정말로 위대한 정치인"과 "자신의 명성, 지위, 이득"을 추구하여 "혁명에 해를 끼치는" 지도자들과의 경계선을 탐구하는 글들을 썼다.[4]

왕스웨이가 이런 견해를 표출한 것은 권장에 따른 것이었다. 몇 년 전 마오쩌둥의 인습 타파 지시에 따라 중앙위원회는 당원들에게 "모든 일을 토론"하도록 권하는 선언을 발표했다. "맞는 것이든 틀린 것이든 모든 견해는 제한 없이 제기되어야 하"기 때문이었다. 왕스웨이는 순진한 이상주의자가 아니었다. 그는 다양한 견해에 대해 개방적인 듯이 보이지만 아무래도 제한이 있을 수밖에 없다는 사실을 알고 있었고, 자신을 곤경에 빠뜨리게 되는 첫 번째 글에서 그것을 속임수라고 표현했다. 그는 비판 벽보를 썼던 "어떤 동지"가 나중에 너무도 심하게 "비판받고 공격당해" 결국 "반미치광이가 되었다"고 썼다. 그러나 왕스웨이는 이렇게 말했다.

나는 감히 그 동지의 뒤를 이어 평등주의와 등급 제도에 관해 이야기하려 한다.[5]

이것이 그의 주된 관심사였고, 주된 죄목이었다. 그는 옌안의 평등주의적 이상과 위계적인 현실 사이의 간극에 대한 관심을 촉구한 것이다. 외국인 방문객들이 받았던 인상과는 반대로, 옌안에서는 복잡한 특혜와 특권 체계가 만들어졌다. 공산당이 이론상으로 물질적 평등과 형식의 배제를 강조하고 계급장과 허식이 없는 모습으로 딕시 사절단에게 깊은 인상을 심어주었다는 점을 생각하면 놀라운 일이다. 물론 상당수가 소련에서 살았거나 유학했던 중국 공산당 고위층은 스탈린의 이른바 계급 없는 사회에 특권의 위계가 굳게 뿌리박고 있음을 알고 있었다. 그리고 아마도 그 때문에 그들은 자기네가 비슷한 특권을 누리는 것이 정상적이고 용납될 수 있는 일이라고 생각했을 것이다.

엔안에서는 특권이 뉴욕 중국인세탁업자협회에서 기증한 구급차로부터 시작되었다. 이 구급차는 마오쩌둥이 독점적으로 사용하게 되어 있었는데, 그것이 공산당 숙영지 전체에서 유일한 차였다. 당 주석이 자신의 차량을 소유해야 한다는 것에 대해 아무도 이상하게 생각하지 않았던 듯하다. 더 큰 문제는 일상생활에서 나타나는 차별이었다. 예를 들어 식당은 세 등급으로 나뉘어 있어 지위에 따라 상당히 다른 음식을 먹었다. 고위 간부들은 샤오추팡小廚房(작은 식당)이라 부르는 곳에서 더 나은 음식을 먹었다. 그들은 부서장들을 위한 보모와 특설 유치원에 자녀들을 보낼 수 있었다. 출산을 위한 병원과 많지 않은 약도 우선적으로 사용할 수 있었다. 사람들은 자신이 속한 위치에 따라 다른 담배와 양초와 필기 용지를 사용했다. 엔안에 있는 사람들은 같은 옷을 입는 것 같았지만, 일부 사람들은 일반인들이 입는 속옷보다 더 부드러운 수입 솜을 넣은 속옷을 입었다. 무엇보다도 이들 고위층에게는 어떤 위선적인 오만함이 있었다. 그들은 자기 아래 사람들에게는 혁명적인 내핍을 요구하면서도 자신들은 그렇게 하지 않았다.

중앙위원회와 마찬가지로 마오쩌둥도 혁명 간부들에게 불만이 있으면 분명하게 말하라고 요구했다. 그는 1942년 중앙당교中央黨校 연설에서 신조를 거름에 비교하고, 공허하고 이론적인 논의를 "깔끔하지 못하고 오래되었으며 냄새나는 전족"[6]에 비교하며, 자신을 자유사상을 가진 인습 타파론자로 내세웠다. 지적인 자유의지론에 대한 이런 낮은 자세가 어떻게 억압적인 권위주의를 낳았는지, 그것이 어떻게 마오쩌둥의 권력과 명예를 증대시켰는지 지금은 쉽게 알 수 있다. 그는 어떻든 대담한 사고의 화신이자 동시에 절대복종을 요구하는 폭군으로 보일 수 있었다. 그것은 또한 마오쩌둥 전기를 쓴 필립 쇼트Philip Short가 말했듯이 "악마처럼 영리한"[7] 것이었다. 그는 역발상과 권위주의를 혼합함으로써 "이데올로기적 캠페인 과정을 변화시켜 그의 정치적 필요를 채울 수 있도록 하고, 방향을 마음대로 바꾸며, 진짜 적이거나 적으로 추정되는 사람들이 자기 생각을 드러내도록 유도하여 그들을 더 쉽게 쓰러뜨릴 수" 있었다.

중국을 차지하고 7년이 지난 1956년에 마오쩌둥은 잘 알려진 대로 이 악마 같은 영리함을 재연하여 백화제방百花齊放과 백가쟁명百家爭鳴을 요구했다. 이 기운을 북돋우는 표현의 자유 촉구 이후에 반우파 운동으로 알려진 잔인한 억압이 이어졌다. 이를 통해 이견을 표명한 사려 깊고 학식이 있으며 성실한 수만 명의 인민들이 완곡하게 '노동 개조'라 불린 강제수용소로 내몰렸다.

앞으로 있을 일에 대한 일종의 전조가 1942년에 일어났다. 1938년과 1939년에 일본의 공습으로 상당 부분이 허물어진 오랜 성곽 도시 옌안의 한 구역에서는 마오쩌둥의 표준에 가까운 예술가들과 작가들이 언제나 중국의 독특한 표현 방식이었던 벽신문, 즉 대자보를 붙이고 있었다.[8] 어떤 의견을 적은 커다란 대자보는 누구나 읽고 다른 사람들과 그것에 대해 이야기를 나눌 수 있었다. 이 대자보들은 '화살과 과녁矢與的,' '경기병輕騎兵,' '서북풍西北風' 같은 제목들을 달고 있었는데, 옌안의 문화 엘리트들이 마오쩌둥에게, 그의 당내 논쟁 요구에 관한 이의를 제기하는 내용이었다. 왕스웨이는 회의에서 대자보를 쓰는 사람은 이름을 감출 수 있어야 한다고 주장했으나, 받아들여지지 않았다.

왕스웨이는 위계적 특권에 대한 그의 유명한 비판을 대자보에 쓰지 않고 1942년 3월 당 기관지 《해방일보》에 실었다. 스노, 데이비스, 포먼, 엡스타인 등이 주목하지 않았던 옌안의 특성 가운데 하나는, 그곳이 외부의 영향을 받지 않고 고립되어 있었다는 점이다. 1937년에서 1940년 무렵 사이에 옌안의 인구는 20배로 늘었지만, 이 수만 명의 사람들(그들 가운데는 왕스웨이 같은 도시 지식인도 수천 명이나 있었다)에게는 라디오가 거의 없었고, 외부로부터 들어오는 신문도 없었다. 대자보들은 지적인 동요를 보여주었다기보다는 감시받지 않는 의사 표현이 허용된 공간이 얼마나 심하게 제한되어 있었는지를 드러내는 것이었다. 그런 맥락에서 《해방일보》는 그저 또 하나의 신문이 아니었다. 이 신문은 기본적으로 유일한 정규 정보원이었고, 그것은 중국 공산당의 위계와 특권에 관한 왕스웨이의 견해 발표가 단순한 개인의 견해를 넘어서 미국 신문들의 외부 특집 기사에 해당한다는 의미다. 《해방일보》의 지도적 인물은 딩링丁玲이라는 작가였다. 그는 자신의 몸과 자신의 삶을 자기 의지대로 하려고 분투하는 젊은 여성들에 관한 소설들로 유명하며(나중에 스탈린 문학상을 받게 된다), 이 신문에 왕스웨이의 글을 싣기 위해 애를 썼다.[9]

그것은 옌안 부근의 산에서 자라고 왕스웨이가 "순수하고 고귀한 이미지"[10]로 보았던 꽃의 이름을 따서 들백합꽃野百合花이라 불렸다. 글은 이렇게 시작한다.

옌안의 젊은이들은 의기소침하고 분명히 어떤 성가신 불편함을 안고 있는 것 같다. 왜 그럴까?[11]

그는 이어, 어떤 사람들은 그런 불만이 영양 부족 때문이라거나 어쩌면 남녀의 비율이 18 대 1인 탓으로 돌릴 것이라고 말한다. 그것은 대부분의 남자들이 성생활을 거의 누리지 못한다는 의미다. 다만 왕스웨이가 말하지는 않았지만 얼마 되지 않는 여자들을 나누어 차지하고 있는 당과 군 고위 지도자들만은 예외였다. 그러나 그런 것은 중요하지 않았다. 젊은 사람들이 편안하고 즐거운 생활을 누리기 위해 옌안에 온 것은 아니었기 때문이다. 사람들을 가장 힘들게 하는 것은 지위와 특권 체계였다. 그는 이렇게 썼다.

나는 평등주의자가 아니다. 그러나 입는 데 세 등급이 있고 먹는 데 다섯 등급이 있는 것은 반드시 필요하거나 합리적인 것이 아니다. 특히 복장에 있어서는 더욱 그렇다.[12]

그는 이어, 일부 "거물"들이 누리는 이런 "비합리적인 특전"은 "하급자들로 하여금 상급자들을 다른 부류에 속하는 존재로 보게" 만든다고 썼다.

"멀리 내다보는" 마오쩌둥이 그 사건을 마련한 것은 바로 이 순간이었다. 해리슨 포먼이 1945년에 나온 그의 책에서 오만하고 건방진 상하이 출신의 도회인들을 시골 사람들의 문화적 필요에 맞추도록 하려는 목표를 가진 유익한 문화 개혁이라고 말했고, 브룩스 앳킨슨 같은 전문가적인 연극 비평가가 칭찬할 정도의 "놀랍도록 좋은 결과"를 가져올 사건이었다.

그 사건은 옌안 문예좌담회였다. 그것은 정풍整風운동이라는 이름으로 진행한 더 큰 정치적 격변 속에서 마오쩌둥이 일으킨 중앙 주도 사업의 하나였고, 정풍운동은 옌안으로 모여든 수천 명의 사람들을 교육하고 동시에 당내에 있는 반대자들을 뿌리 뽑기 위해 마오쩌둥이 옌안에서 기획한 일이었다. 이 유명한 회의가 장기적으로 끼친 영향은, 역사적으로 세계 문화에 중대한 공헌을 한 몇 안 되는 요소의 하나인 장려한 중국 예술과 문화를 표준화된 관인官認 선전 도구로 전락시켰다는 것이다. 그러나 즉각적이고 극단적인 영향은 국민당의 탄압과 유교 전통의 속박에서 벗어나 새로운 중국에 걸맞은 새 문화를 창조하기를 바라며 옌안에 왔던 예술가들이 의심을 받고 공격을 당하는 처지에 빠졌다는 것이다.

마오쩌둥은 좌담회를 이용하여 왕스웨이를 개인적으로 공격했다. 그에게는 '프티부르주아 개인주의자'라는 딱지가 붙었고, 이는 중대 범죄였다. 마오쩌둥의 충실한 추종자들은 몇 주 동안 왕스웨이에 대한 비판과 투쟁 기간을 가졌다. 그는 '구린내 동지'라 불렸다. "버짐을 꽃으로 묘사하라"는 마오쩌둥의 요구에 불평했던 시인 아이칭艾靑은 왕스웨이를 '반동'이라 부름으로써 자신의 죄를 벌충했고, 열렬한 페미니스트 작가이자 왕스웨이의 글을 《해방일보》에 싣도록 주선했던 딩링은 왕스웨이를 비난하는 대열에 가담함으로써 그 잘못을 벌충했다. 필립 쇼트는 이렇게 썼다.

왕스웨이는 단순히 숙청되는 것만으로는 충분하지 않았다. 동료 작가들은 그를 공개적으로 모욕했다. 그에 대한 '재판'은 집단적인 규탄 관행의 시작이었다. 그런 관행은 이후 수십 년 동안 중국 공산당이 반대파를 처리하는 과정에서 반드시 거치는 절차로 남게 된다.[13]

정풍운동은 2년 동안 계속되었다. 마오쩌둥은 외국인 방문객에게라면 하지 않을 소리였지만, 그 뒤에 숨은 심리학 이론을 분명하게 표현했다. 그는 정풍운동이 막 시작된 1942년 2월에(이때는 왕스웨이가 문제의 글을 쓰기도 전이었다) 이렇게 말했다.

첫 단계는 환자에게 강력한 충격을 가하는 것이다. 환자에게 "너는 아프다!"라고 고함을 질러라. 그러면 환자는 겁을 먹고 땀에 젖은 채 거기서 빠져나올 것이다. 그 시점에서부터 환자는 회복의 길로 들어설 수 있을 것이다.[14]

마오쩌둥은 이런 점에서 스탈린과 다르다고 해서 일부 역사학자들은 그를 너그럽게 평가하기도 한다. 스탈린처럼 숙청할 때 처형하는 것이 아니라 환자의 치료를 바랐다는 것이다. 그것은 사실이다. 마오쩌둥은 제거하기보다는 재교육하는 것을 신봉했지만, 실제로 그 재교육은 온건한 과정이 아니었다. 몇 년씩 열악한 강제노동수용소에 가둬놓고 수준 이하의 음식을 주며 의료 지원도 하지 않는다면 그것은 제거하는 것이나 마찬가지다. 타스 통신 옌안 특파원이자 소련 군 정보기관인 참모본부 정보총국(GRU) 요원으로 인식되고 있던 표트르 블라디미로프Pyotr Vladimirov는 일기에 이렇게 썼다.

당의 회의는 상부의 명령에 따라 결론을 내린다. 각 세포의 책임자는 회의 때마다 누가 비판을 받아야 하는지, 그 이유는 무엇인지를 보고한다. 대체로 회의 때마다 한 명의 공산당원이 비판을 받는다. 모든 사람이 비판 대열에 참여한다. 참여해야 한다. 비판받는 사람은 오직 하나의 권리가 있을 뿐이다. 자신의 '잘못'을 고백하는 것. 그러나 대상자가 고백하지 않고 잘못이 없다고 생각하거나 '충분히' 고백하지 않으면 (……) 비

판이 재개된다. 회의는 자주 열린다. 연설은 길고 과장되었으며, 대체로 같은 내용이다.[15]

정풍운동이 전개되면서 충격요법은 장제스를 위해 활동하는 간첩망 소속 요원에 대한 고발이라는 형태를 띠었다. 일부 역사학자들은 그 이면에 숨은 목적이 혁명 투쟁이라는 맥락에서의 일반적인 사상 개조뿐만이 아니라고 생각한다. 혁명 투쟁에서는 결국 어느 정도의 이데올로기적 훈련이 보장되게 마련이다. 그보다 더 중요한 목적은 반대자들을 단순한 잘못이 아니라 적을 위한 스파이 활동(다른 말로 하자면 배신이고 반역이다)을 했다고 낙인찍음으로써 마오쩌둥의 절대권력을 확립하는 것이었다.

이런 의미에서 정풍운동에서는 중국 공산당의 역사에서 매우 음흉한 인물의 하나인 캉성康生의 등장을 눈여겨볼 필요가 있다. 캉성은 마오쩌둥의 경호 책임자로, 20세기의 전체주의적 움직임이 낳은 완벽한 전형이었다. 스탈린의 비밀경찰 책임자 라브렌티 베리야나 나치스의 하인리히 힘러가 구현했던 역할이었는데, 모두가 무자비한 혁명의 수호자이자 반쯤 신격화된 '위대한 지도자'의 충실한 보호자였다. 히틀러든 스탈린이든 마오쩌둥이든 말이다.

캉성은 전에 모스크바파에 속했었고, 마오쩌둥의 당내 최대 라이벌인 왕밍과 함께 소련에서 4년을 보냈다. 그는 왕밍을 입버릇처럼 '천재적인 지도자'[16]라 부르곤 했다. 그러나 다른 모스크바 그룹들과 함께 옌안으로 돌아온 그는 영리하게도 한 천재적인 지도자에서 다른 천재적인 지도자에게로 옮겨 마오쩌둥 진영에 합류했다. 마오쩌둥은 동료와 하급자들이 자신을 상대로 음모를 꾸밀 가능성을 늘 경계하고 있었고, 자신이 전적으로 믿을 만한 인물을 필요로 했다. 마오쩌둥이 상하이에서 온

마오쩌둥(왼쪽)과 캉성. 캉성은 마오쩌둥의 비밀경찰 책임자이자 그가 추진한 이데올로기적 숙청의 주요 기획자였다.

배우 장칭과 결혼하겠다고 했을 때 대부분의 고위 지도자들이 반대하는 분위기에서 캉성과 마오쩌둥의 개인 비서 천보다陳伯達만이 열렬하게 지지하여 도움을 주었다.

　시간이 지나면서 캉성은 옌안에서 쉽게 알아볼 수 있는 인물이 되었다. 다만 1944년과 1945년에 미국인들이 방문했을 때는 모습을 드러내지 않았던 듯하다. 그들은 전문에서 다른 공산당 고위 지도자들에 대해서는 시시콜콜 묘사하면서도 캉성은 전혀 언급하지 않았다. 마오쩌둥의 러시아어 통역이었던 중견 당원 스저師哲는 회고록에서 이렇게 썼다.

　캉성은 언제나 러시아 재킷을 입었고 무릎까지 올라오는 장화를 신었으며, 큰 개 한 마리를 끌고 돌아다녔다. 그는 외출할 때마다 뒤에 4명의 보안 요원을 데리고 다녔다. 그는 매우 자신감에 차 보였다. 그는 이미 옌 안에서 가장 무서운 인물이었다. 그는 마치 충실한 개처럼 언제나 주인 (마오쩌둥)의 명령에 따라 주인의 적들을 공격할 준비가 되어 있었다.[17]

표트르 블라디미로프는 캉성을 자주 만났다. 그는 캉성이 러시아어 를 했지만 "사투리가 섞여 있고 동사 활용이 없었으며", "어휘력도 매우 부족"했다고 말했다. 왕스웨이가 항의했던 불평등을 보여주기라도 하듯 이, 그는 사유 복숭아 과수원이 딸린 큰 집에서 살았다. 전에 지주가 살 던 집이었다. 블라디미로프는 이렇게 썼다.

〔그의〕 목소리는 날카롭고 쉿쉿 소리가 난다. (……) 캉성은 항상 웃는 얼 굴이다. 웃음은 그의 가늘고 불쾌한 얼굴에 붙어 떨어지지 않는 듯하다. 그는 남의 말을 들을 때 일본인들처럼 요란하게 숨을 들이마신다. (……) 그는 쭈글쭈글한 모습이고, 신경질적으로 활발하게 움직인다. 그가 주는 인상은 줄에 매달린 나무 인형이 주는 인상과 같다.[18]

캉성이 자신의 기술을 완성한 것은 1942년의 정풍운동 과정에서였 다. 분명히 마오쩌둥의 승인이 있었을 것이다. 그 기술이란 본보기용 목 표물을 찾아내고 그럴듯한 죄목을 붙이며, 그런 뒤에 그에게 죄를 인정 하라고 압박하여 모든 사람에게 시범을 보이는 것이다. 중국 속담에도 있듯이 닭을 죽여 원숭이를 겁먹게 하는 것이다. 자백은 이후 표준화되 는 방식으로 강요되었다. 철저한 격리, 비판 군중 집회, 신문을 동원한 성토, 피곤한 심문과 고문, 그리고 죄를 인정하고 자아비판을 하면 관대 한 처우를 받을 것이고 반대로 고집스럽게 무죄를 주장하면 심한 처벌을 받을 것이라고 피의자에게 약속하는 일 등이 동시에 진행되었다.

이 모든 것이 일종의 그릇된 집단 치료로서 벌어졌다. 먼저 "강력한 충격"을 주어 동요하게 만들고 그런 뒤에 그를 "회복의 길"로 접어들게 하는 것은 핵심적인 구성 요소였다. 정풍운동은 자주적으로 생각하는 병을 고치는 것이었고, 중국 언론인 다이칭戴晴이 왕스웨이 사건에 대해 말한 대로 "인류 역사에서 가장 추악한 악몽이었고, 혁명의 이름으로 사상의 존엄성과 자유를 질식시킨 것"[19]이었다. 게다가 그것은 20세기 전체주의의 심리적 방법을 특징 지우는 특수한 오웰적 요소를 지니고 있었다. 그 목표는 단순히 사상 통제 대상자가 자신의 잘못과 결점을 인정하도록 하는 것이 아니고, 자주성을 지닌 개인이라는 생각을 철저히 파괴하여 자신이 올바른 길을 되찾도록 해준 지도자에게 감사와 사랑을 느끼도록 하는 것이었다. 마오쩌둥 주석에게 말이다.

이 방법의 초기 사례는 당시 열아홉 살이던 장커친張克勤과 관련된 것이다. 그는 캉성이 내부 정보 업무를 담당할 요원을 양성하기 위해 설립한 시베이공학西北公學 학교의 학생이었다. 장커친은 1942년, 충칭에서 알게 된 사람으로부터 국민당을 지지하는 잡지를 받은 일 때문에 편리한 목표로 찍혔다. 의사였던 그의 아버지는 국민당 관리들을 치료했는데, 이것이 적과 특별한 관계에 있다는 증거로 받아들여졌다. 게다가 장커친은 함께 옌안에 온 젊은이들 가운데 한 사람으로부터 국민당 스파이라는 고발을 당했다. 이 고발을 뒷받침할 증거는 아무것도 없었지만, 아직 10대에 불과하고 분명히 겁을 먹었을 장커친은 그것이 거짓임을 입증할 수가 없었다. 캉성은 그를 체포해 심문하라고 명령했다. 그는 차륜전車輪戰이라는 방법으로 사흘 밤낮을 심문당했다. 차륜전은 '수레바퀴 싸움'이라는 뜻으로, 심문자들이 번갈아 쉴 새 없이 질문을 퍼붓는 것이다. 피의자는 내내 쉬지도 못하고 잠도 자지 못한다. 결국 장커친은 더 버티지 못하고 고발 내용을 인정했다.

역사학자 가오화는 장커친 사건을 '라이브쇼'라고 불렀는데, 이는 그일의 기획자가 추구했던 모든 요소를 담고 있었다. 장커친은 눈물을 줄줄 흘리며 공산당이 좋아하는 배신과 속죄 이야기에 맞는 줄거리를 만들어냈다.[20] 그는 자신이 비밀 요원이 되어서, 국민당이 일종의 미끼로 만든 공산당 세포에 들어갔다고 말했다. 그는 자신과 함께 옌안에 온 친구들 가운데 비밀 요원들을 지목했다. 처음 그를 고발한 사람도 포함되어 있었다. 그런 뒤에 그는 자신을 잘못에서 구해주고 자신을 새사람으로 만들어준 당에 감사를 표했다. 완벽하게 돌아가는 고백과 개조 시스템을 시연한 장커친은 그 뒤에 캉성의 지시로 시베이공학으로 가서 다른 학생들에게 강연을 했다. 심리적인 고통을 당한 뒤에 치료를 받는다는 그의 사례는 이데올로기적인 모델이 되어, 옌안에 있는 다른 사람들로 하여금 자신의 결점과 잘못과 이데올로기적 실수에 대한, 그리고 자신이 사상개조가 필요하다는 이야기를 지어내도록 유도했다. 자신들 역시 모델이 되어보자는 것이었다. 스저는 회고록에서 이렇게 썼다.

> 자백을 하면 더 나은 삶을 살 수 있다. 그러나 자백을 하지 않으면 고문을 당하고 감옥에 처박혀야 한다. 더 많은 이야기들을 꾸며내면 더 좋은 대우를 받게 된다.[21]

옌안 보안기관의 손아귀에 들어간 지 2년 뒤인 1944년에 왕스웨이가 안내되어 나와 충칭 소재의 몇몇 중국 언론기관 기자들과 인터뷰를 했다 (외국 기자들은 그를 만날 수 없었다). 왕스웨이의 죄 가운데 하나는 스탈린의 1930년대 공개 재판이 "미심쩍다"는 견해를 표명했다는 것이었다. 십중팔구 그는 구금된 지 몇 달 또는 몇 년이 지난 뒤에 알았을 것이다. 허위 사실로 고발된 사람도 전면적이고도 비굴한 공개 자백을 해서, 자신이 하지 않았거나 전혀 범죄가 아닌 생각과 행위들을 인정해야 한다는 것을. 체코 출신의 프랑스 작가 밀란 쿤데라는 스탈린적 박해로 인해 생기는 도덕적 도착倒錯에 대해 이야기한 바 있다. 정신적 혼란에 빠진 사람은 자신의 삶에서 인정할 수 있는 범죄를 찾아내려 필사적으로 노력한다는 것이다. 왕스웨이에게도 바로 이런 일이 일어났던 듯하다. 처음 고발당했을 때 왕스웨이는 어떤 죄도 인정하기를 거부했지만, 이제 충칭의 기자들 앞에 선 그는 "교과서를 암송"하는 것 같았고 자신이 가장 경멸하던 사람이 된 듯했다고, 한 기자는 말했다. 왕스웨이는 이렇게 말했다.

"나는 처형당해 마땅한 사람입니다. 그러나 마오쩌둥 주석은 매우 관대하셨고, (······) 나는 그분의 은혜에 한없이 감사하고 있습니다."

왕스웨이는 정풍운동 기간 내내 대중으로부터 매도되었다. 선전물들은 그가 "반혁명의 똥구덩이"[22]에 사는 사람이라고 떠들어댔다. 그는 "당에 잠입해 당을 약화시키고 파괴하려는" "반당 집단"의 일원이었다. 다른 여러 작가들도 고분고분하게 글을 써서 왕스웨이의 이데올로기적 잘못으로부터 억지 교훈을 끌어냈다.[23] 이런 글들에는 '왕스웨이의 트로츠키주의적 이론과 반당 행위를 철저히 쳐부수자'나 '왕스웨이와 관련한 문예계의 올바른 태도와 그들의 자기검증'(딩링이 쓴 글) 같은 제목이 달렸다.

왕스웨이는 미국 군사 사절단에게는 알려지지 않은 옌안의 한 감옥에 갇혀 있었으며, 1947년 국민당 군대가 진격해오면서 중국 공산당이 피난을 떠나게 되자 그를 난도질해 죽이고 시체를 황하에 가까운 한 마을의 우물에 버렸다.

25년 뒤 베이징 주민들은 감히 '새로운 자금성'이라 부르지 못하는 곳에 마오쩌둥이 안락하게 자리 잡은 때에, 유명한 수필가이자 극작가이며 베이징시 부시장이기도 했던 우한吳晗이 《해서의 파면海瑞罷官》(1960)이라는 역사 풍자극을 썼다. 이 작품은 권력자에게 진실을 말하다가 처벌을 받은 명나라 때의 한 강직한 관료에 대한 이야기였다. 그리고 그것은 틀림없이 마오쩌둥과, 그의 독재적인 통치를 비판하려 했다는 이유로 옛 혁명 동지들을 파면한 그의 행위를 고발한 것이었다. 우한의 연극은 1961년에 공연되고 출판되었다. 마오쩌둥이 거기서 반대파들을 향한 역공을 펼치기 위해 필요한 정치적 뒷받침을 발견하기까지는 5년이 걸렸고, 그의 과격파 심복 가운데 하나인 야오원위안姚文元이 1966년에 우한을 비난하고 나섬으로써 실행에 옮겨졌다. 그는 우한이 "마르크스레닌주의 국가 이론을 지주와 부르주아의 국가 이론으로 대체"하려 했다고 주장했다.24 이런 방식으로 프롤레타리아 문화혁명은 한 작가와 그의 불순한 사상에 대한 투쟁에서부터 시작되었다. 그것은 피비린내를 풍기며 10년 동안 계속되었고, 궁극적으로 마오쩌둥에 대한 신격화를 빚어냈다. 우한은 문학 작품, 즉 연극 한 편을 창작했다가 투옥되었다. 1969년에 그는 매 맞아 숨졌다. 해리슨 포먼이 썼듯이 공산당은 "문화를 진담으로 받아들였다."

딕시 사절단 참여자들이 정풍운동에 대해 알지 못하고 있었고, 일부 언론인들이 마오쩌둥을 터무니없이 찬양하는 말들을 했으며, 2차 세계대전의 마지막 몇 달 동안 옌안을 방문한 대부분의 미국인들이 마오주의의 본질과 그 무자비함과 그 잔인함과 그 억압과 오웰식의 진실 조작을 간과했던 일이 정말로 중요한 것일까?

미국은 여러 해 동안 장제스를 포함하여 여러 독재자들과 친밀한 관계를 유지해왔다. 냉전이 시작되자 어떤 나라와 미국의 관계를 결정하는 것은 그 나라 내부의 상황이 아니었다. 그 나라가 소련과 동맹 관계에 있는지, 소련의 목표에 이바지하고 있는지의 여부에 따라 결정되었다.

딕시 사절단 파견 이후의 오랜 기간 동안 수많은 관측통들과 학자들은 중국이 미국을 적대시할 불가피한 사정은 전혀 없다고 강력하게 주장해왔다. 미국 정부가 전쟁 막바지에 장제스에게 편파적인 지원을 하는 대신 마오쩌둥 및 그 세력과 별도로 협력 관계를 구축했다면, 서비스가 말한 것처럼 우리는 결국 "우리가 한때 가까운 친구이자 맹방이 되고자 희망했던 나라"[25]와 관계가 끊어지지 않았거나 적어도 "철천지원수"보다는 나은 관계가 되었을 것이라고 했다. 가장 중요한 점은, 나중에 서비스와 다른 학자들 및 관측통들이 주장했듯이 미국이 치열하고 피를 많이 흘린 내전에서 지는 편을 지원하는 일이 없게 되고, 이에 따라 "한국과 베트남 문제는 아마도 일어나지 않았을"[26] 것이라는 말이다.

그러나 데이비스, 서비스, 스틸웰에게는 공산 세력이 민주주의를 선택할 가능성이 있고, 그들이 소련적이기보다는 미국적이고, 농촌 조세 개혁 이상의 급진적이거나 혁명적인 것을 추구하지 않고, 그들이 스탈린과 소련의 길보다는 자주적이고 민족주의적인 길을 갈 것이라는 사실이 중요했다. 그들이 틀렸다고 말하는 것은 그들을 규탄하거나 그들이 스스로의 의무를 게을리 했음을 밝히자는 것이 아니다. 그들은 흐릿한 상황에서 진실을 찾아내려 애쓴 용감하고 똑똑하고 정직하고 존경스러운 사람들이었다. 더구나 그들은 분열된 미국 정부 내부에 있는 그들의 적보다 더 현실적이었고, 그들의 정책 처방은 더 합리적이었다. 복잡하고 어려운 상황에 처한 사람들 가운데 극소수만이 그들보다 좋은 결과를 남겼을 것이다. 그러나 그들은 잘못을 저질렀고, 가장 큰 잘못은 중국 공산주의와 미국의 가치 및 목표가 공존할 가능성을 지나치게 높게 평가했다는 점이다. 아마도 여기에는 자기기만이라는 요소가 있었을 것이고, 희망적 사고라는 요소도 있었을 것이다. 중국통들이 현실주의자이긴 하더라도 그들은 또한 세계에 민주주의를 길러내는 것이 미국의 사명이라고 믿는 사람들이었고, 마오쩌둥이 수립하게 되는 정권이 반자유주의적이고 전체주의적이라는 사실을 분명하게 알았다면 마오쩌둥과 긴밀한 관계를 맺도록 권고하기는 더욱 어려웠을 것이기 때문이다.

그들이 정풍운동에 대해 몰랐다는 사실이 중요해지는 것은 바로 이 때문이다. 나중에 많은 사람들은 마오쩌둥과 그 세력이 과격론으로 내몰린 것은 우선 서방이 그들을 고립과 불안정 상태에 빠뜨렸기 때문이라고 주장했다. 그러나 정풍운동은 이런 주장이 틀렸음을 보여준다. 옌안에 간 미국인들이 보지 못했거나 이해하지 못했던 것은 공산당이 중국에서 전권을 잡은 뒤에 나타나는 마오쩌둥 통치의 요소들이 이미 여러 해 전에 나타나고 있었고, 거기에는 20세기 전체주의의 온갖 방법들을 채용한 일도 포함되어 있었다는 사실이다.

서비스와 외무 분야의 다른 중국 전문가들이 주장했던 것과는 정반대의 주장 역시 자주 제기되었다. 그런 주장은 새 미국 특사 패트릭 헐리에 의해, 헨리 루스에 의해, 웨더마이어 장군에 의해, 이른바 '차이나 로비'라 불리게 되는 사람들에 의해, 그리고 나중에 중국을 공산 세력에게 "빼앗긴" 데 책임이 있다고 믿는 사람들에 대한 마녀사냥을 전개하게 되는 워싱턴의 상원·하원 의원들에 의해 제기되었다. 이 주장은 외무 공무원들의 마오쩌둥에 대한 장밋빛 견해와 장제스에 대한 폄훼가 어우

러져 국민당에 대한 지원을 약화시켰으며, 만약 그 지원이 약화되지 않았더라면 공산 세력이 정권을 잡지도 못했을 것이고 한국전쟁과 베트남 전쟁도 결코 일어나지 않았으리라는 것이다.

1944년 말에서 1946년 초에 일어난 일들은 공산 세력과 협력하지 않은 것이 잘못이라는 주장과 장제스에게 더 많은 지원을 했어야 한다는 주장 모두 틀렸음을 보여준다. 두 입장은 세계를 자신의 설계대로 만들어가는 것이 미국을 위한 것이며, 미국이 올바른 행동을 취한다면 그렇게 할 능력이 있다는 생각을 바탕으로 한다. 앞으로 보게 되겠지만 미국의 정책은 서투르고 일관성이 없고 즉흥적이었다. 그것은 숙고된 전략적 계획의 산물이 아니었다. 여기서 배워야 할 교훈이 있다. 비현실적인 목표를 크게 떠들어대고 그것을 달성하는 데 실패해서 위신과 자신감을 잃는 것을 감수하기보다는 합리적인 목표를 수립하고 그것을 현명하게 추구하는 일이 중요하다는 것이다. 그러나 중국에서 어떤 일이 벌어질지를 결정한 것은 미국의 정책이 아니었다. 그것을 결정한 것은 방대하고 제한 없는 힘을 가졌던 미국이 결정적인 통제권을 행사한 적이 없었던 그 땅 위의 세력들이었다.

제 2 부

적대감의 씨앗

제 6 장

엉뚱한 사람

옌안의 풀밭 활주로와 헐벗은 갈색 산들에 비명이 울려퍼졌다. 마오 주석과 저우 장군(당시 마오쩌둥과 저우언라이는 외국인들에게 그렇게 불렸다)은 그것을 어떻게 이해해야 할지 전혀 알 수 없었다. 딕시 사절단의 단장 데이비드 배럿 대령은 나중에 이렇게 썼다.

나는 그들의 얼굴에 나타난 표정을 결코 잊지 못할 것이다.[1]

존 데이비스는 루스벨트가 중국에 보낸 특사 패트릭 헐리가 뱉은 그 소리를 "긴 울부짖음"[2]이라 불렀다. 배럿은 그것이 "인디언의 함성"이 었다고 말했다. 마오쩌둥과 저우언라이는 분명히 경험이 풍부하고 모험 적인 삶을 살았음에도 불구하고 헐리 같은 사람을 만나본 적이 없었다. 헐리는 처음에 그들을 매혹시켰고, 그 뒤에 그들을 실망시켰으며, 마지 막으로 그들을 혼란스럽게 하고 당혹케 하고 화나게 했다. 그리고 자본주의적이고 제국주의적인 미국에 반대하는 그들의 성향을 드러나게 해 주었다.

헐리 같은 사람을 만나보지 못했던 것은 마오쩌둥과 저우언라이뿐만이 아니었다. 미국 대사관의 정무 관료들과 웨더마이어의 참모부에 배속된 사람들 역시 그를 어떻게 이해해야 할지 알 수 없었고, 결국 그들 사이에 다툼이 벌어져 추악한 사건이 일어나게 되었다. 악의적이고 무분별한 비난전이 벌어지고, 경력이 망가지고, 미국은 중국에 관한 이성적인 토론을 할 가능성을 잃어버렸다.

헐리는 눅눅하고 잔해가 널려 있으며 죽음이 드리워진 충칭에서 상쾌하고 선선하며 시원한 공기가 흐르는 옌안으로 왔다. 딕시 사절단 참여자들에게 우편물과 보급품을 정기적으로 실어 나르는 미국 육군의 C-47 왕복편을 타고 왔는데, 그 날짜는 헐리가 중국에 도착한 지 거의 두 달 뒤인 1944년 11월 7일이었다. 그는 충칭에 머물던 몇 주 동안 그곳에 있던 공산당 대표들과 회담을 가졌다. 서로 적대시하는 두 무장 정당을 화해시켜, 그들이 힘을 합쳐 일본과 싸우도록 하는 일에 나선 것이다. 그러나 그는 옌안을 방문해달라는 공산당의 초청을 거절했고, 심지어 마오쩌둥이 직접 보낸 사신私信조차 무시했다. 장제스가 확실하게 자신의 외교 활동을 묵인해주기를 바랐기 때문이다. 그러나 그는 심지어 자신이 공산당의 고위 지도자들을 그 은신처에서 만날 준비가 되었다고 생각한 이후에도 그들에게 방문 사실을 알리지 않았다.

옌안 활주로에 미국 비행기가 도착하는 것은 언제나 특별한 일이었기 때문에, 헐리가 도착할 때 배럿이 마중을 나갔다. 저우언라이 역시 마중을 나갔는데, 그는 C-47에서 내리는 키가 크고 잿빛 머리칼을 가진 사람이 누구인지 알지 못했다. 그러나 헐리는 강렬한 첫인상을 주기 위해 온갖 신경을 썼다. 그는 배럿이 "내가 본 것 가운데 가장 아름답게 지어진 축에 속하는 제복"이라고 말한 옷을 입고, 거기에 세 줄로 종군 기장을 달았다. 그래서 배럿은 이런 재담을 했다.

"장군, 다 있는데 셰이즈의 반란(1786년 미국 매사추세츠 주에서 독립전쟁 참전 군인인 셰이즈가 일으킨 농민 봉기 — 옮긴이) 종군 기장만 없군요."[3]

저우언라이는 솜을 넣은 푸른색 외투를 입은 배럿에게 방금 도착한 멋쟁이가 누구인지 물었다. 그리고 도착한 사람이 루스벨트의 특사라는 말을 듣더니 마오쩌둥을 데려오기 위해 "흙먼지를 일으키며 사라졌다."[4]

주석은 곧 고물 구급차를 타고 나타났다. 의장대가 꾸려지고 나팔이 울렸으며, 헐리가 거수경례를 했다. 바로 이 순간에 그는 촉토족의 함성을 질러댔고, 공산당원들을 놀라게 하기는 했지만 그것이 전형적인 헐리의 스타일이었다. 그는 자신의 조잡한 카우보이 배경과, 역사가 바버라 터크먼이 말했던 자신의 "떠들썩한 호의"를 최대한 활용하고자 애썼다. 그것은 썰렁한 분위기를 깨는 그만의 방법이었다. 역사가 허버트 파이스Herbert Feis는 카우보이 비유를 들이대며 이렇게 말했다.

> 그는 양쪽(국민당과 공산당)을 일반 원칙이라는 울타리 안으로 몰아넣고, 그들을 법과 질서를 위한 협의회로 전환시키고자 노력했다.[5]

헐리는 스틸웰 전선 때문에 비틀거리기는 했지만, 자신의 선한 의도와 설득할 수 있는 매력, 그리고 소박한 상식이 두 무장 정당들의 상호 적대감과 충돌하는 야망이라는 장애물을 극복할 수 있다고 낙관했다.

환영식을 마친 후 헐리, 마오쩌둥, 저우언라이, 배럿은 구급차에 올라

성곽 도시 옌안을 향해 달려갔다. 현장에 있던 사람들은 모두 역사적인 일이 벌어질 가능성에 가슴이 뭉클했을 것이다.

마오쩌둥과 공산 세력에게 미국 대통령 특사의 방문은, 불과 몇 년 전 그들이 장제스의 손에 거의 전멸할 뻔했던 상태로부터 다시 위로 올라가는 긴 여정에서 한 획을 그은 사건이었다. 1937년 공산 세력이 대장정을 마치고 그들의 첫 피난처인 바오안에 잠시 머물렀을 때, 그 인원은 1년 전 여정에 나섰던 10만 명 가운데 7000명의 남자가 남았을 뿐이었다. 이제 그들은 자기네 군대에 100만 명 가까운 남자가 있다고 주장했고, 여기에 250만 명으로 추산되는 남자가 상시常時 조직이 아닌 민병대 소속으로 예비 병력 구실을 하고 있었다. 공산 세력은 북중국 일대의 점령 또는 비점령 지역에 퍼져 있는, 9000만 명의 주민이 사는 땅을 장악하고 있었다.

공산 세력이 이런 놀라운 성장을 이룩한 것은 대중들에게 기술적으로 자신들의 존재를 드러냄으로써 활발하고 훌륭하게 조직을 확장한 덕분이었다. 그러나 가장 결정적인 도움을 준 것은 일본의 침략이었다. 그로 말미암아 장제스는 공산당을 상대로 하는 군사작전을 미룰 수밖에 없었고, 중국 공산당은 무장 세력을 창건하는 데 애국이라는 구실을 붙일 수 있었기 때문이다. 공산당은 자기네 군대가, 권력을 잡아 프롤레타리아 독재를 강제하기 위한 것이 아니라 가증스러운 침략자를 물리치기 위한 것이라고 둘러댈 수 있었다.

1972년에 일본 총리 다나카 가쿠에이田中角榮가 마오쩌둥에게 일본의 침략에 대해 사과했을 때, 마오쩌둥은 사과할 필요 없다고 말했다고 한다. 그는 이렇게 말했다.

"일본 제국이 전쟁을 시작하지 않았다면 우리 공산당이 어떻게 거대하고 강력해질 수 있었겠소?"[6]

설사 마오쩌둥이 그런 말을 하지 않았다고 하더라도 그것은 사실이었을 것이다.

헐리는 재빨리 마오쩌둥과 공통의 기반에 서 있다는 공감을 이끌어내려 애썼다. 두 사람은 모두 농촌 출신이고 투박한 말을 좋아한다는 공통점이 있었다. 그들은 지나가면서 양들을 몰고 가는 사람을 보았다. 마오쩌둥이 헐리에게 자신이 젊은 시절에 양치기였다고 말하자 헐리는 자신이 카우보이였다고 응수했다. 이 중국인과 미국인 일행이 옌허延河를 건너갈 때 마오쩌둥은 이 강이 봄철에 수위가 높아졌다가 여름이 되면 마른다고 손님에게 알려주었다. 헐리는 마오쩌둥에게, 오클라호마의 강들은 여름이 되면 바짝 말라서 물고기들이 일으키는 흙먼지를 보고 물고기가 많은 곳을 알 수 있다고 말했다. 구급차가 고집 센 노새를 끄느라 낑낑대는 농부 옆을 지나갈 때 헐리가 이렇게 소리 질렀다.

"반대쪽을 때려야지, 찰리!"

배럿은 어리둥절한 마오쩌둥과 저우언라이에게 약간 이해하기 어려운 이 말(찰리가 뭐지?)을 통역해주었지만 더 어려워지고 말았다.

장군의 말은 재치가 있었지만, 설명 방법은 결코 즉각적으로 이해할 수 있는 사고형태와 연결되는 것이 아니었다(찰리는 속어로 '바보'라는 뜻이 있다―옮긴이).[7]

헐리의 투박함과 악당 기질은 국경을 초월할 수 있었다. 그러나 중국에서 그는 아마추어였고, 이후 몇 주 지나지 않아서 자신의 최대 과제인 국민당과 공산당의 통합과 협력을 이끌어낼 수 없다는 사실이 분명해졌다.

이런 의미에서 그는 이 시기에 미중 정책을 떠맡은 유일한 아마추어는 아니었다. 루스벨트의 새 국무부 장관이자 미국 대외 정책의 역사에서 아주 두드러지는 위치를 차지하지는 못하는 에드워드 스테티니어스Edward Stettinius도 그런 사람의 하나였다. 그는 헐리와 마찬가지로 거의 우연으로 임명되었다. 국무부 장관이 필요해졌을 때 마침 눈에 띄었을 뿐이다. 이런 의미에서 그는 중국의 국민당과 공산당 양쪽의 상대역들과 거북한 대조를 이루었다. 국민당 쪽은 약삭빠르고 연줄이 좋은 쑹쯔원이었고, 공산당 쪽은 극도로 기민하고 경험이 많은 저우언라이였다.

스테티니어스는 롱아일랜드의 농장에서 성장했고, 제너럴모터스(GM)와 유에스스틸(USS)에서 경영진으로 일했다. 그 후 1941년에 무기 대여 프로그램 관리국장이 되었고, 1943년에 국무부 차관에 올랐다. 그는 분명 능력 있는 사람이었다. 그러나 전쟁물자위원회(WRB) 위원장으로 활동한 것을 포함하여 그의 경험은 전적으로 국내 문제에 한정되어 있었다. 다만 무기 대여 프로그램의 관리국장으로서 제한적으로 대외 업무를 다루어보았을 뿐이다. 역사가들은 1944년 스테티니어스를 국무부 장관에 임명한 것을 두고 루스벨트가 국무부를 건너뛰고 자신의 생각대로 대외 정책을 운용하려는 의도를 드러낸 것이라고 분석했다. 특히 중국에 관해서는 대통령이 신임하는 조언자 해리 홉킨스Harry Hopkins를 통해 장제스와 의사소통을 하곤 했다. 홉킨스는 장제스의 동서 쿵샹시孔祥熙 및 처남 쑹쯔원과 긴밀한 접촉을 유지하고 있었고, 이들이 가끔 워싱턴에 오기도 했다.

대부분의 전쟁 기간 동안 주중 대사였던 클래런스 가우스는 장제스와 국민당에 대한 감정이 스틸웰과 거의 비슷했는데, 그는 언제나 실세 그룹에서 배제되어 미국 대통령과 직접 접촉하지 못했다. 또한 가우스와 달리 헐리는 서비스, 데이비스, 러든 같은 중국통들의 의견을 듣는 것을 달가워하지 않았다. 그들은 엄밀히 말해서 웨더마이어의 정치 고문이었지만, 헐리에게 계속 보고서를 보내고 있었다. 헐리는 충칭에 도착하여 이렇게 말했다.

"나에게 미국의 정책이 주어지지 않는다면 내가 미국의 정책을 만들겠다."[8]

그리고 그는 자신의 말을 실천했다. 자신만의 기발한 방식에 따라 필요할 때 대통령의 지원을 얻고 정부 안의 이견을 철저히 침묵시키면서 말이다.

대부분 중국에 10년 이상 살면서 여러 자리에서 일했던 직업적인 중국통들은 금세 새 특사의 성공 가능성에 회의를 나타냈다. 이 중국통들이 생각하기에 국민당과 공산당 사이에는 적대감이 너무 강하고, 과거에 너무 많은 피를 흘렸으며, 가장 중요하게는 마오쩌둥과 장제스가 오래 지속될 수 있는 타협을 이루기에는 그들의 궁극적인 목표가 양립 불가능했다. 우연하게도 헐리가 충칭에 도착한 바로 그날, 이미 그곳에 있던 존 데이비스는 국무부에 전문을 보냈다. 전문에서 그는 중국의 두 주요 정당이 상대방과 미국을 바라보는 상충하는 방식에 관해 매우 현실적인 조언을 했다.

공산 세력에 대해 그는 "미국이 가장 큰 희망이자 가장 큰 두려움"[9]이라고 썼다.

만약 그들이 미국의 원조를 받는다면 그들은 아마도 내전을 벌이지 않고도 금세 중국 전역은 아니더라도 대부분의 지역을 장악할 수 있음을 인식하고 있습니다.

미국의 원조는 장제스와 타협하는 데 대한 보상이었고, 데이비스의 견해에 따르면 사태가 이렇게 전개되는 것은 중국 공산당이 미국의 승인을 받는다면 장제스 휘하의 장교들과 관료들 상당수가 장제스를 버릴 것이기 때문이었다(물론 장제스도 그것을 알고 있었다). 따라서 공산 세력이 가장 두려워하는 것은 미국이 장제스만 지원하는 것이었고, 장제스가 더 많은 지원을 받을수록 "그가 내전을 촉발시킬 가능성이 높아지고, 공산 세력에 의한 중국 통일은 더욱 지연되고 비용이 많이 들 것"이라고 데이비스는 썼다.

다시 말해서 데이비스의 주장은, 마오쩌둥이나 장제스나 상대방의 조건을 받아들이는 것은 자신의 파멸을 의미한다는 것이었다. 양당은 모두 일본이 물러난 뒤에 내전이 일어나리라는 것을 알고 있었고, 모두 그 내전에서 이기고 싶어했다. 양당은 또한 중국인들과 국제 여론 앞에서 자기네 당이 대화를 거부하고 내전을 바라며 비협조적으로 비치는 일을 피하고 싶어했다. 그 공통의 바람이 헐리에게 기회를 제공하고 있는 것이었다.

그리고 그렇기 때문에 성공 가능성은 높지 않지만 미국이 계속해서 타협을 이끌어내고자 노력했다. 중국에 평화를 가져오려는 노력은 미국의 깊숙한 역사적 사명에서 나온 것이었다. 그것은 전 세계에 자유기업 이념과 자유민주주의 가치를 확산시켜 미국의 상업적·전략적 이익을 증진하기 위한 것이었다. 그것은 윌슨 대통령이 표현했듯이 민주주의가 안전한 세계를 만들기 위한 것이었으며, 나중의 세대들이 생각했듯이 인권의 진보를 이룩하기 위한 것이었다.

미국은 2차 세계대전 종전을 전후한 시기에 중국에서, 전시의 대파괴로 인한 잿더미로부터 현대적인 자유주의 사회가 일어날 가능성을 보았고, 이런 전망이 강력한 영향을 미쳤다. 그리고 헐리는 인식하지 못했지만, 그의 중국 도착이 사실상 세계에서 가장 인구가 많은 이 나라를 현대적이고 민주적인 나라로 만들 수 있었던 마지막 기회였다. 미국이 언제나 전 세계에 확산시키고자 했던 보호와 권리를 주민들이 누리는 나라로 말이다.

미국의 계획은 패전한 강대국인 독일과 일본에서는 잘 돌아갔다. 그러나 문제가 많은 정부와 강력한 반대 세력인 공산당이 있는 중국은 더 어려운 지역임이 드러났다. 그리고 현장에 있던 영리한 관찰자들은 그것을 알고 있었다. 데이비스는 여러 해 지난 뒤에 이렇게 썼다.

헐리는 옌안에 도착하면서 장제스의 국민당과 공산 세력을 한데 묶는 것이, 미국의 공화당과 민주당으로 하여금 국가 위기 시에 초당파 정신을 갖도록 설득하는 것과 그리 다르지 않다고 생각했다.[10]

헐리는 데이비스의 주장을 결코 이해할 수 없었다. 그는 옌안에 도착한 뒤에 배럿에게, 자신이 전에 싱클레어 석유회사와 멕시코 정부 사이의 격렬하고도 널리 알려진 분쟁을 해결했을 뿐만 아니라 100만 달러의 사례금까지 받았다고 말했다.[11] 그리고 그 협상을 성공적으로 처리했듯이 중국 문제 역시 처리할 수 있다고 생각하는 듯했다. 그러나 배럿은 멕시코-싱클레어 분쟁의 두 당사자는 중국의 양당에 비해 합의 도출에 대해 불안감을 덜 가졌던 것이 아닐까 생각했다.

헐리는 1883년에 당시 오클라호마 자치령이었던 곳에서 태어났다. 그는 견실하고 다채롭고 근성이 있었으며 벽지 출신으로 성공적인 삶을 살았기 때문에, 그가 직무상 외국에서 만나게 되는 동부 명문대 출신의 사람들과 매우 달랐다.[12]

그는 열한 살 때부터 아메리카 원주민 촉토족의 땅에 있는 탄광에서 일을 해서 가족의 생계에 힘을 보탰다. 그는 열세 살 때 어머니를 여의었다. 그를 매우 찬양하는 공식 전기 작가에 따르면 그는 석탄을 배달하고 말을 길들이는 등 어떤 특이한 일도 마다하지 않았으며, 그러는 한편으로 닥치는 대로 책을 읽으며 변호사가 되기를 꿈꾸었다. 그는 촉토족의 땅인 필립스 마을에 새로 생긴 야간학교에 들어갔고, 낮에는 탄광에서 노새 몰이꾼으로 일했다(석탄을 갱 밖으로 실어 나르는 노새를 부리는 일이었다). 그 뒤에는 소를 키워 지역 도축업자에게 공급하는 일을 했다. 그는 집 밖으로 나도는 아이였고, 촉토족 아이들의 친구였다(그는 평생 그들을 진정으로 위했고, 그들에게 동정적이었다). 그는 말을 타고 잡목이 뒤덮인 오클라호마 들판을 돌아다녔다. 그는 산만하고 영리하고 대담했다.

1898년 에스파냐-미국 전쟁이 일어나자 헐리는 시어도어 루스벨트가 지휘하는 의용기병대에 들어가려 했으나, 열다섯 살밖에 안 되었다는 이유로 거부당했다. 그는 1년 안에 고등학교를 마쳤고, 아메리카 원주민 대학에 다녔다. 그는 원주민인 촉토족과 치카소족 아이들을 가르치기 위해 세워진 학교의 자기 반에서 유일한 백인이었다. 그는 취미가 다양했다. 학교 오케스트라에서 호른을 불었고, 축구와 야구 팀에도 들었으며, 학교 토론 팀을 이끌어 무패를 자랑했다.

헐리는 1905년에 문학사 학위를 받으며 졸업했고, 잠시 동안 오클라호마의 원주민 관련 기관에서 일했으며, 그런 뒤에 워싱턴 시로 가서 내셔널유니버시티 로스쿨(나중에 조지 워싱턴 대학 법학대학원으로 통합된다)에 들어갔다. 그는 로스쿨에 다닐 때 아무런 약속도 없이 백악관으로 가서 대통령실로 불쑥 들어섰다. 그는 의용기병대에 들어갈 뻔했다는 이유를 대며 정부의 일자리를 달라고 했다. 전하는 말에 따르면, 루스벨트는 헐리가 정부의 일자리를 얻게 된다면 게으른 술주정뱅이가 될 것이라는 이유로 거절했다고 한다. 오클라호마로 돌아가서 성공하는 편이 낫겠다고 대통령은 말했다.

1년이 지나지 않아 헐리는 법학 학위를 받았다. 3년 뒤에는 불과 스물여덟의 나이에 털사(오클라호마 주 제2의 도시―옮긴이) 변호사협회 회장이 되었다.

그는 주로 석유회사를 위해 일했으며, 사건 하나를 맡아 5만 달러를 벌기도 했다. 다른 사건으로는 초원 지대의 땅 한 구획을 받았는데, 그곳은 곧 확장되고 있던 털사 시로 편입되었다. 그는 원주민 지역 행정 관련 법의 전문가였고, 이에 따라 토지 관련 청구나 채굴권과 관련된 사건을 많이 맡았다. 한번은 토지의 불법 양도에 관한 소송에서 상대편 변호사가, 헐리는 '기본법'을 지키지 않았다고 판사에게 항의했다. 헐리는 이렇게 대답했다.

"변호인은 이 사건에서 기본법을 요구합니다. 그러나 이것은 아주 단순한 문제이고, 오해의 소지가 없습니다. 그것은 시나이 산에서 모세에게 내려진 것입니다. 바로 '도둑질하지 마라'라는 말입니다."

헐리 같은 사람들은 정치에 뛰어들게 마련이었고, 그는 민주당 절대우세 지역에서 공화당 후보로 주 상원의원에 출마했으나 아깝게 떨어졌다. 그는 어린 시절 촉토족의 피가 4분의 1 섞인 빅터 로크라는 사람과 아주 친하게 지냈는데, 로크는 공화당원이 되었고 영어식 이름을 가졌지만 촉토 말을 할 수 있어 태프트 대통령으로부터 촉토네이션의 수장에 임명되었다. 로크는 헐리를 2만 8000명에 이르는 자기네 종족의 공인 변호사로 임명했다. 그는 그 자리에 재직하는 동안 판결이 난 118건의 사건 가운데 115건에서 승소했고, 그중 한 건은 오클라호마 촉토족의 파산을 막은 승소였다. 그는 법정과 의회에서 과거 원주민들이 학대받았던 일과 그에 대한 도덕적·법적 배상의 필요성에 관한 감동적인 진술들을 했다. 1916년, 새로 선출된 민주당 출신의 대통령 우드로 윌슨은 헐리를 촉토네이션의 공인 변호사로 재임명하면서 이렇게 썼다.

> 패트릭 헐리는 인디언들을 위한 책임 있는 자리에 있으면서 그 자리를 자신의 개인적인 이익을 위해 사용하지 않은 얼마 안 되는 사람 가운데 하나다.[13]

헐리는 1차 세계대전 때 프랑스 원정 미군에 복무하여 대령 계급을 땄다. 전쟁이 끝난 뒤 그는 후버 행정부에서 군사부 장관을 지냈다. 석유회사 변호사 생활을 재개한 그는 1939년과 1940년 사이에, 옌안에서 배럿에게 말했던 멕시코의 몰수 사건을 맡아 전국적인 주목을 받았다. 멕시코의 조치는 미국에서 맹렬한 국수주의적 반발을 불러일으켰고, 멕시코 쪽에서도 똑같이 미국의 압력에 굴복하는 것을 굳세게 거부했다. 헐리가 싱클레어를 대신하여 협상을 벌이던 몇 달 동안 신문들은 타협을 이룰 수도 없고 이루어지지도 않을 것이라고 예상했다. 그러나 헐리는 양쪽의 국수주의적인 강경파들과 싸우며 협상을 타결시켰다. 멕시코가 싱클레어에게 적절한 재산권을 보상해준다는 내용이었다. 이 드라마에 출연한 미국 측 배우들 가운데 사실상 유일하게 헐리만이 싱클레어의 재산을 접수할 멕시코의 주권을 인정했다. 당시 멕시코 주재 미국 대사는 이렇게 말했다.

"그는 현실주의자였고, 그의 회사의 이해관계가 '주고받기' 정책에 달려 있음을 알고 있었습니다."[14]

헐리는 또한 노골적이고 단호한 뉴딜 반대자였다. 한번은 루스벨트의 면전에서 이렇게 말했다.

"대통령님, 아시다시피 저는 대통령께서 정략적으로 지지하시는 모든 일에 반대합니다."[15]

그러나 전쟁 상황에서, 그는 기용하지 않기에는 너무 괜찮은 사람이었다.

그가 처음 임용된 것은 진주만 공격 직후였다. 루스벨트는 헐리를 백악관으로 불러 이렇게 말했다.

"우리는 해적의 핏줄을 조금 타고난 사람을 찾고 있소."[16]

일본군은 동남아시아에서 유럽과 미국이 보유한 식민지들을 쳐부수는 과정에 있었다. 일본군은 또한 필리핀을 봉쇄하고 있었는데, 거기에는 더글러스 맥아더 장군이 7만 6000명의 미국인 및 필리핀인 병사들과 함께 바탄 반도에 묶여 있었다. 루스벨트는 헐리에게 봉쇄를 뚫을 방법을 찾아달라고 말했고, 그는 이 임무를 받아들였다. 헐리는 오스트레일리아로 가서 배를 빌린 뒤 포위된 병사들에게 탄약과 다른 보급품들을 실어다 주었다. 앞에서도 말했지만 그는 적어도 한 번은 봉쇄를 뚫는 배에 일본 국기를 달아서 위장했는데, 그것은 해적들이 잘하는 짓이었고 루스벨트는 요청한 바를 얻은 셈이었다. 헐리가 일본군에게 잡혔다면 전쟁포로에게 합당한 대우를 받기보다는 범죄자로 처형되었을 것이다. 그는 나중에 이렇게 말했다.

"우리는 애초부터 일본군에 비해 배도 적고, 계획도 모자라고, 인원도 적고, 총도 적었다."[17]

일본의 포위망을 뚫은 모든 배들 가운데 2척을 잃어버렸음을 한탄한 것이었다. 결국 맥아더가 오스트레일리아로 탈출한 뒤 미군 병사들은 항복했고, 악명 높은 '바탄의 죽음의 행진'(바탄에서 투항한 미군과 필리핀군 7만여 명이 포로수용소까지 이동하는 과정에서 1만 명에 가까운 포로가 죽었다 — 옮긴이)을 강요당해 포로수용소로 끌려갔다.

1943년, 루스벨트는 헐리를 처음으로 중국에 보냈다. 얼마 뒤에 있을 카이로 회담에 장제스가 참석하도록 준비시키기 위한 것이었다. 루스벨트는 카이로에서 처칠과 만나고 테헤란으로 가서 스탈린과 회담할 예정이었다. 1년 뒤에 헐리는 다시 중국에 왔다. 언제나처럼 활기차고 낙관적인 그는 루스벨트의 중국 특사로서의 새로운 업무를 할 준비를 갖추고 있었다.

헐리가 중국에 도착한 시기는 국민당과 공산당의 관계 이외의 문제들로 인해 위기 정서가 확산되던 때였다. 가장 큰 문제는 이치고 공세가 계속되고 중국이 그것을 저지하지 못해서 생긴 것이었다. 헐리는 스테티니어스에게 보낸 초기 전문에서 이렇게 말했다.

제가 처음 도착했을 때 일본의 목표는 쿤밍에 있는 우리 기지라는 것이 분명해 보였고, 이것은 대원수의 견해이기도 합니다. 이곳에서의 우리 상황은 절망적이고, 일본이 쿤밍에 도달하는 것을 저지하지 못한다면 우리가 아무리 항변한들 역사의 평결에는 아무런 영향을 미치지 못할 것입니다. 미국은 중국에서 실패하게 될 것입니다. 그러한 까닭으로 저는 장관께서 모든 권한을 동원하여 웨더마이어가 승리하기 위해 필요한 모든 지원을 다해야 한다고 생각합니다.[18]

헐리가 "경악해서" 스테티니어스에게 전문을 보낸 바로 그날인 12월 6일, 재능 있고 경험 많고 박식한 충칭 미국 대사관의 2인자 조지 애치슨George Atcheson은 스테티니어스에게 이렇게 썼다.

군걱정꾼이 되고 싶지는 않습니다만, 그러한 만일의 사태가 발생할 경우를 대비해서 예방 조치를 취하고 우리가 할 수 있는 최선의 준비를 해야 할 때라는 것은 분명해 보입니다.[19]

만일의 사태란 일본이 쿤밍을 우회하고 그 대신 정부의 임시 수도인 충칭으로 곧바로 진격할 가능성이었다. 애치슨은 꼭 필요하지 않은 미국인들을 소개疏開시키고, 대체 임시 수도(아마도 더 서쪽에 있는)를 선정하며, 충칭 대사관에 있는 모든 기밀 서류철과 암호해독기 부품들을 파괴해야 한다고 권고했다. 애치슨은 별의별 생각을 다 했다. 심지어 워싱턴에 "상당량의 미국 통화를 예비로 공급"해달라는 요청까지 했다. "중국 통화는 무용지물이 될 것이기 때문"이었다.

일본의 침략 앞에서 중국의 분열 상황이 해결되지 않고 계속되면 어떤 결과가 초래될지에 대한 경보음을 낸 또 다른 사람은 클레어 셔놀트 장군이었다. 그는 9월 말에 루스벨트에게 직접 이렇게 말했다.

[상황이] 매우 심각합니다. 금방이라도 동부 중국을 상실하게 되면, 일본 군대의 급소가 되는 지점을 공격하기 위해 필요한 비행장을 잃게 되

기 때문입니다. 그것은 또한 중국의 군사력이 대폭 삭감되고 이에 상응하여 옌안 정권의 힘이 커지는 것을 의미하게 될 것입니다.

분명히 중국에서 내전이 일어날 위험성이 매우 큽니다. 더구나 내전이 벌어지면 소련의 지원이 있건 없건 옌안 정권이 승자로 떠오를 가능성이 매우 높습니다. 하지만 소련도 틀림없이 지원을 할 것입니다. 둘 사이의 유대 관계를 부정하고 있다는 사실은 알고 있습니다만, 독일-소련 불가침 조약(1939) 당시에 옌안의 지도자들이 엄격한 공산당 노선을 견지했다는 사실이 시사하는 바를 전혀 무시할 수는 없다고 생각합니다.

중국에 소련과 긴밀히 연결된 정부가 수립되는 것이 태평양에서의 세력 균형을 얼마나 망가뜨리고 그것이 장래 우리에게 어떤 의미를 가지게 될 것인지는 지적할 필요가 없을 것입니다.[20]

이런 경보음들에 대한 루스벨트의 반응은 장제스를 더욱 압박해서 장제스가 정말로 할 수 없는 일을 하라고 다그치는 것이었다. 그는 퀘벡에서 처칠과 회담하던 도중인 9월 16일, 급히 장제스에게 장문의 편지를 썼다. "우리는 세계 곳곳에서 적을 패배로 몰아붙이고 있"고 "태평양에서의 우리의 진군도 신속"한데, 모든 것이 "중국 때문에 너무 늦"어질 수 있다고 경고하는 내용이었다.[21] 지금 필요한 것은 "당신네 쪽의 과감하고 즉각적인 행동"이며, 그렇게 하지 않으면 "전쟁에서 참패"하는 결과를 초래할 것이라고 했다. 루스벨트는 구체적으로 장제스에게 두 가지를 요구했다. 살윈에서 즉각 행동에 나서 중국으로 통하는 육로를 다시 열 수 있도록 할 것과, 스틸웰에게 "모든 중국군에 대한 제한 없는 지휘권"을 줄 것이었다. 루스벨트는 이 두 가지를 실천해야만 미국이 계속 원조할 것임을 내비쳤다. 루스벨트는 이렇게 결론지었다.

나는 내 생각을 최대한 솔직하게 밝혔습니다. 더 꾸물거리다가는 중국을 구하기 위한 당신들과 우리의 모든 노력이 〔물거품이 될 것이〕 뻔하기 때문입니다.

미국 대통령은 수백만 명의 동포를 위험한 전쟁터에 보내놓고 자신이 해야 할 일을 하고 있는 것이며, 그것은 미국의 희생으로 덕을 보는 쪽에서 자기 몫의 짐을 져야 한다고 주장하고 있는 것이었다. 그리고 루스벨트의 조언자들은 중국이 쿤밍을 잃는다면 사실상 전쟁에서 지는 것이며, 그럴 경우 "일본을 물리치고 중국을 해방시키려면 (……) 적어도 1년, 또는 아마도 몇 년 더 전쟁을 치러야 할 것"[22]이라고 말해왔다. 그러나 나중에 밝혀진 사실이지만 헐리, 애치슨, 셔놀트의 경고는 과장된 것이었다. 일본군은 쿤밍이나 충칭을 공격하지 않았고, 대사관도 소개할 필요가 없었다. 장제스의 '깊숙한 방어'는 이런 점에서 효과적이었다.

한편 장제스는 100만 명의 일본군을 중국에 묶어둠으로써 자신은 이미 전쟁의 짐을 지고 있다고 생각했고, 어쨌든 그는 미국 대통령에게 "중국을 구하기 위한 우리의 노력"이 무엇을 의미하는지 물어볼 수 있었다. 중국은 8년 동안이나 버텨오고 있었고 그 가운데 4년은 진주만 공격 이전이었으며, 반면에 미국은 일본에 전략적인 원자재를 공급하고 있었다. 미국이 "세계 곳곳에서 적을 패배로 몰아붙이고 있"는데 중국이 몇 달이나 심지어 몇 년을 더 버틸 수 없다고 생각할 이유가 어디 있는가? 중국을 구하는 것은 어떻든 거의 패배한 일본과 싸우는 것이 아니라, 용맹한 미국인들이 일본을 처치한 뒤에 공산 독재가 권력을 잡지 못하도록 확실히 하는 것이라고 생각하는 것이 잘못이란 말인가?

이것은 장제스와 루스벨트의 최우선 과제가 근본적으로 달랐다는 애기였다. 한쪽은 자신을 지키려 애쓰고 있었고, 다른 한쪽은 자기 나라 병사들의 생명을 구하려 했다. 미국에게는 정부와 공산 세력을 같은 "울타리"(나중에 파이스가 이렇게 표현했다) 안에 두는 것이 만병통치약이었고, 중국을 위한 해법이었다. 그리고 모든 사람들은 이 해법을 지지했고, 심지어 그 밖의 다른 모든 일에 관해서는 의견이 달랐던 사람들도 이 문제에 대해서만은 같은 의견이었다. 미국인들 가운데서 장제스와 가장 친했던 셔놀트조차도, 필요한 것은 "국민당과 공산당 사이의 진정한 통합"[23]이라고 루스벨트에게 말했다. 그래야 내전(장제스는 이미 어렴풋이 알고 있었다)이 벌어지지 않는다는 것이었다. 루스벨트의 개인 특사는 바로 그곳에서 자신의 역사적 역할을 수행해야 했다.

그래서 헐리는 이 일에 열중했다. 그가 장제스와, 그리고 충칭에 있던 공산당 대표와 초기에 만나는 과정을 통해 협상의 윤곽이 뚜렷해지기 시작했다(적어도 헐리는 그렇게 생각했다). 그것은 중국 공산당이 기본적으로 합법 정당으로 인정받고 그 대신 그 군대를 중앙의 통제하에 두는 5개항의 계획이 될 터였다. 장제스와 국민당은 이 협정을 받아들일 태세가 되어 있었다. 받아들이지 않을 이유가 없었다. 중국 공산당 지도자들이 자기네 무장 병력에 대한 독자적인 통제권을 포기할 용의가 있다면 공산당을 합법화하는 것은 대가치고는 작은 것이었다. 하지만 장제스는 마오쩌둥이 이런 처방에 동의하도록 헐리가 설득할 수 있을지 매우 회의적이었을 것이다.

헐리가 옌안에서 첫 번째 공식 회담을 가진 것은 11월 8일이었다. 헐리는 그날 아침 개막 모임에서 분위기를 주도했다. 그는 마오쩌둥에게 5개항 계획을 문서 형태로 제시했다. 이 문서는 국민당과 중국 공산당 양당에게 "일본의 즉각적인 격퇴와 중국의 재건을 위해 중국 내 모든 군 병력의 통합에 협력"하도록 요구했다. 이 문서의 한 구절은 분명히 헐리가 쓴 것으로 보이고 중국을 미국처럼 기독교적이고 민주주의적인 모습으로 개조하려는 수십 년 동안에 걸친 노력을 연상시켰는데, 여기서는 양당이 "인민의, 인민에 의한, 인민을 위한 정부"를 위해 노력해야 한다고 요구하고 있다. 그다음 구절은 중앙정부가 중국 공산당을 합법 정당으로 간주할 것이라는 내용이었다.

마오쩌둥은 오후 회담을 지배했다. 그는 약간의 "정중한 농담"(배럿의 표현이다)으로 시작한 뒤 장제스에 대해 분노에 찬 맹비난을 퍼부었다. 그는 장제스가 중국의 분열에 책임이 있다고 주장했다. 필요한 것은 단순히 병력을 중앙에서 통제하는 것이 아니라 국민당·공산당과 다른 정파들로 구성되는 완전히 새로운 정부를 만드는 것이라고 마오쩌둥은 말했다. 다시 말해서 단순히 공산당이 합법적 지위를 갖는 것 이상을 요구한 것이다. 그의 요구는 국민당과 공산당이 대등한 자격으로 참여하는 연립정부를 만들자는 것이었다. 다만 그는 이 정부가 어떻게 운영될 것인지에 대해서는 구체적으로 제시하지 않았던 듯하다. 마오쩌둥은 불길하게도 연립에 합의하지 못하면 자기네에게 승산이 있다는 확신에 차 있었다. 헐리는 중앙정부가 압도적으로 힘의 우위에 서 있기 때문에, 공산 세력은 합법적 지위를 제공한다는 제안을 고맙게 받아들일 것이라고 생각했던 듯하다. 그의 5개항 제안에는 공산군 병사도 국민당 병사와 "동등한 보수와 수당"을 받는다고 명시되어 있었다. 이렇게 되면 오합지졸인 공산당 군대의 형편이 나아지리라는 의미였다.

마오쩌둥은 이 문제에 관해 헐리에게 그의 잘못을 직설적으로 지적했다. 배럿에 따르면 그는 이렇게 말했다.

"국민당 정부의 군대는 더 이상 싸울 능력이 없소."[24]

정부 군대에는 200만 명에 가까운 병사가 있었고, 그중 77만 9000명이 공산 세력을 봉쇄하고 있었다. 나머지 정부군은 일본군이 나타나면 그대로 도망쳐버렸다. 이 시기를 연구한 일급 역사가들은 정부군 40만 명이 공산 세력을 봉쇄하고 있던 것으로 추산했다. 마오쩌둥 휘하 병력의 절반 정도였지만 그래도 장제스의 군대에서 큰 비중을 차지하고 있었다. 동등한 보수와 수당에 관해서 마오쩌둥은 많은 미국의 중국통들이 이미 워싱턴에 보내는 전문에서 말한 바를 지적했다. 배럿은 그 내용을 이렇게 요약했다.

"장제스의 부하들은 굶주리고 옷도 제대로 갖춰 입지 못하고 있소. 많은 병사들은 상당히 아프고 약해져서 짧은 거리도 잘 행군하지 못하오."[25]

배럿은 이런 생각에 동의하며 다음과 같이 썼다.

나는 병사들이 1킬로미터 남짓 행군한 뒤에 쓰러져 죽는 것을 직접 보았다.[26]

이에 비해 공산군은 잘 먹고 잘 입고 건강 상태가 좋은 편이었다.

헐리는 이에 대해 중국이 최근 버마와 살윈에서 승리를 거두었다고 말하고(이것으로 도망치기에는 너무 부족했다), 장제스에 대한 마오쩌둥의 장황한 비난 중에 중국의 적, 다시 말해서 중국의 "내분이 계속되"기를 바라는 사람이나 사용함직한 말이 들어 있다고 지적했다. 그것은 말도 안 되는 소리였고, 마오쩌둥은 그것을 알고 있었다. 그는 헐리에게 말했다.

"장군, 내가 장제스와 국민당에 대해 말한 것은 루스벨트 대통령과 처칠 씨, 쑨커 孫科 박사와 쑨 부인(쑨원의 두 번째 부인 쑹칭링 — 옮긴이)께서도 이미 말한 것이오. 장군은 이분들이 중국의 적이라고 생각하시오?"[27]

쑨커는 쑨원의 아들로, 국민당 자유주의파의 영향력 있는 인물이었다.

헐리는 화제를 바꾸었다. 그는 장제스가 공산당과 타협하기를 진정으로 바라고 있으며, 그 증거로 국민정부 군사위원회의 한자리를 공산당에 줄 용의가 있다고 말했다.

마오쩌둥은 이 제안을 무시했다.

헐리 "아, 그렇게 발을 들여놓는 겁니다."

마오 "발을 들여놓는다 해도 손이 등 뒤로 묶여 있다면 아무런 의미도 없는 것입니다."

헐리 "군사위원회에 들어가면 공산당도 모든 군사 계획과 작전에 대해 다 알게 됩니다. 아마도 공산당에 대해 계획하고 있는 것까지도요."

마오 "군사위원회는 힘 없는 기구이고, 현재의 위원들은 아무것도 모르고 있소. 한참 동안 회의가 열리지 않아도 아무 문제가 없을 정도로 중요하지 않은 곳이오."[28]

헐리는 이렇게 응수했다.

"주석, 대원수가 제안한 조건들이 연립정부에 참여할 수 있을 만큼 충분히 공정하지 않다고 생각하시는 모양인데, 그러면 어떤 조건이라면 참여하시겠소?"

마오쩌둥은 지지자들과 상의하느라 하루를 보내고 이튿날 헐리에게 역제안을 했으며, 결국 헐리와 공산당은 합의를 보았다. 배럿이 말했듯이, 공산당 지도부는 합의에 도달했을 때 "매우 기뻐했"으나 놀라지는 않았다. 이 합의로 공산 세력은 원하는 것을 모두 얻었다. 그 가운데는 "모든 반일 정당들과 무당파 정치체의 대표들을 포괄하는 연립 국민정부"도 포함되어 있었다. 무당파 정치체라는 범주에는 국민당 독재의 그늘에서 생겨난 작은 비무장 민주 정당들도 들어갔는데, 그중 가장 큰 민주동맹은 좌파 성향 지식인들이 만든 정당이었고 그들 가운데 상당수가 미국 유학파였다. 이렇게 해서 이 제안은 근본적으로 1927년 이래 장제스가 이끌어왔고 그가 자신의 지속적인 집권은 물론 중국의 미래를 위해서도 꼭 필요하다고 생각했던 일당 독재를 종식시키는 것이었다. 다만 앞으로 보게 되는 것처럼 그는 미국의 압력 속에서 서서히 그 점에 대해 동의하게 된다.

엔안에서 타결된 협정에는 또한 헐리가 앞서 "인민의……" 운운한 것이 확장되어 중국에 대한 미국의 가장 자유주의적인 열망이 완전한 모습을 갖추어 정교하게 표현되었다.

연립 국민정부는 진보와 민주주의를 촉진하고 정의와 양심의 자유, 출판의 자유, 언론의 자유, 집회 및 결사의 자유를 확립하도록 설계된 정치를 추구한다.[29]

심지어 '인신보호영장 청구권'까지 규정했는데, 이는 중국의 3000년 역사에서 어떤 형태로든 존재한 적이 없었고 그 이후에도 존재하지 않은 내용이었다. 이런 구절은 분명히 헐리가 집어넣었을 것이다. 그는 11월 10일 아침의 최종 회담을 앞두고 전날 오후와 저녁 내내 문안을 주물럭거리고 있었다. 헐리는 루스벨트와 정치적 견해가 달랐음에도 불구하고 문안에 루스벨트의 가장 호소력 있는 표현들도 집어넣었다.

〔중국의 새 정부는〕 또한 공포로부터의 자유와 결핍으로부터의 자유로 정의되는 두 가지 권리를 실현하려는 정치를 추구한다(루스벨트가 1941년 연두교서에서 '네 가지 자유'를 제시했는데, 나머지 두 가지는 '언론의 자유'와 '신앙의 자유'다―옮긴이).

마오쩌둥이 지휘하는 공산주의 운동에는 자유로운 출판도 없었고 자유로운 언론도 없었으며, 집회의 권리나 인신보호영장도 없었다. 그러나 그와 그 참모들은 기꺼이 미국식 권리장전에 서명했다. 그들이 권력을 잡는다면 이를 존중할 의사는 없었던 것이다. 그들은 그저 정치 생활의 불변의 원칙을 받아들였을 뿐이며, 그 원칙이란 바로 '정권을 잡지 못한 정당은 민주적 자유를 요구함으로써 정권을 잡은 정당보다 더 많은 것을 얻을 수 있다'는 것이다. 이는 특히 1944년 말의 중국에서는 진리였다. 이때는 국민당에 대한 불만이 고조되고 있었고(멀리 있고 대체로 잘 알지도 못하는 공산당에 대해서는 그렇지 않았다), 정부의 대응은 투옥과 언론 검열, 시위 금지 같은 억압적인 수단들로만 이루어져 있었다. 공산당은 이런 모습을 국민당 지배의 영구적인 특징으로 만들고자 했다.

중국의 두 주요 무장 정당을 중재하려는 미국의 시도가 국민당의 붕괴와 공산 세력의 정권 장악으로 이어지지는 않았지만, 예상대로 중국의 여론은 공산당에게 유리하게 흘러갔다. 마오쩌둥은 이 모든 것이 명백한 아전인수임에도 난처한 기색 없이 중국의 진보적 자유에 대한 갈증을 해소시킬 수 있었고, 국민당을 자유의 적으로 묘사하고 자신은 그 수호자를 자처했다. 그러나 역설적으로 더 긴 시간을 두고 보면, 중국에서 자유를 위협한 것은 마오쩌둥 자신이었다.

헐리가 옌안에 머물던 마지막 날 오후, 양측은 배럿이 말한 대로 "모두가 화기애애한 분위기에서 우정의 잔치"[30]를 벌였다. 나중에 회담장 밖에서 헐리는 마오쩌둥에게 이렇게 말했다.

"주석, 이 조건들이 공정하고 정당하다고 생각한다면 주석과 내가 여기에 서명함으로써 확인하는 것이 좋지 않겠소?"

그렇게 해서 그들은 서류를 평평한 돌 위에 놓고 각자 번갈아가며 서명을 했다. 마오쩌둥은 중국식으로 도장을 찍지 않고 미국식으로 펜을 가지고 서명했다. 비행장을 떠나기 직전에 헐리는 단서를 붙였다.

"마오 주석, 주석께서는 물론 이해하시리라 믿소. 나는 이 조항들이 공정하다고 생각하지만, 대원수가 받아들일 것이라고 보장할 수는 없다는 점을 말이오."[31]

그러면서도 헐리는 이 수정된 문서에 장제스도 동의하리라고 낙관했던 듯하다. 결국 헐리 자신이 서명을 했고, 그는 미국의 무게와 위신을 누리고 있었다. 그 미국이 협상을 원하고 있었고, 장제스는 그런 미국의 지원이 절실하게 필요했다. 그는 옌안에 나타나기 전에 장제스와 긴밀하게 협의했으며, 장제스가 얼마나 멀리 갈지에 대해 확실한 감을 잡았다. 이런 이유들로 해서 공산당 지도부는 아마도 헐리가 스스로 하고 있는 일에 대해 계산이 서 있다고 생각했을 것이다. 그런 징표의 하나로, 저우언라이와 비서 하나가 헐리와 동행하여 그의 비행기를 타고 충칭으로 갔다. 저우언라이는 아마도 거기서 필요한 경우 문안을 더 다듬는 일을 하게 될 터였다.

헐리는 11월 10일 충칭에 도착하자마자 헐리-마오 문서를 쑹쯔원에게 보냈다. 대원수에게 전해달라는 의미였다. 깜짝 놀란 쑹쯔원이 헐리의 처소로 달려왔다. 그는 이렇게 말했다.

"공산당이 당신을 속였군요. 국민정부는 공산당의 요구를 절대로 받아들이지 않을 겁니다."[32]

무엇을 속였단 말인가? 헐리–마오 합의에서 생각했던 구체적인 합작 조건은 자세히 쓰지 않았다. 아마도 거기에는 권력과 권한을 약간 나누는 문제가 있을 것이고, 정부의 자리 몇 개는 공산 세력에게 돌아가겠지만 장제스는 여전히 공화국의 주석이 될 것이었다. 그러나 쑹쯔원은 이 문제에서 헐리가 마오쩌둥에게 당했다고 생각했다. 그나 장제스가 보기에 마오쩌둥은 합작에 참여하는 것을 이용하여 대권을 향한 최종적인 경쟁에서 자신들의 힘을 키울 수 있다고 판단했을 것이 분명했다. 내부의 싸움에서 이기려는 것이다. 다시 말해서 공산 세력이 헐리의 초안에 미소를 지었던 바로 그 이유 때문에 장제스는 거기에 서명할 수가 없었다.

장제스는 미국과 공산당의 협상에 관한 보고를 받으면 대개 미국이 또 한 번 공산당의 진심을 가장한 말들에 "우롱당할" 것이라는 우려를 표명했었다. 미국을 좋아하고 민주주의를 좋아한다느니, 일본을 물리치기 위해서라면 사심 없이 결단을 내릴 수 있다느니 하는 이야기들이었다. 이제 이해해줄 것으로 생각했던 헐리가 그 전철을 밟고 있었다. 장제스가 그 반대임을 경고했음에도 불구하고 헐리는 여전히 몰로토프와 스탈린이 마오쩌둥과 그 추종자들을 '마가린 공산주의자'라고 한 말을 믿고 있었다. 급진적 마르크스레닌주의자로서 대권을 장악하고 중국 사회를 완전히 변혁시킬 목표를 가진 사람들이 아니라는 이야기를 말이다. 이런 믿음이 그의 협상 전략의 바탕에 깔려 있었다. 헐리가 자주 표명한 견해대로 소련은 중국 공산당을 지원하지 않을 것이고, 그럴 경우 공산당에 대해 지속적으로 압박을 가한다면 그들은 결국 국민당이 지배하는 정부에서 미미한 역할이라도 받아들이는 방법밖에 없다는 얘기였다.

그러나 장제스는 더 잘 알고 있었다. 마오쩌둥은 진정한 혁명가이고, 그와 소련 사이에는 깊은 이데올로기적 연계가 있었다. 앞으로 보게 되겠지만 장제스는 소련과 우호 관계를 맺어 소련이 중국 공산당을 총력 지원하지 못하도록 하고 싶었으나, 자신이 중국 공산당의 본질은 완전한 빨갱이라고 카산드라(그리스 신화에 나오는 일리오스의 공주로, 예언력이 있지만 아무도 그 말을 믿어주지 않는 저주를 받았다―옮긴이)처럼 경고하고 있다는 사실을 깨달았다. 한편 공산 세력 쪽에서는 미국으로 하여금 자기네가 홍당무와 같다고 믿게 하려고 애쓰고 있었다(홍당무의 겉은 붉지만 속은 흰 속성에 비유하여 자기네가 사실은 공산주의자가 아니라는 것이다―옮긴이).

충칭으로 가는 비행기에서 배럿은 저우언라이 옆에 앉았다. 그는 저우언라이에게 미국과 소련 가운데 어느 쪽이 더 민주적이라고 생각하는지 물었다.

"우리는 소련이 세계에서 가장 민주적이라고 생각합니다."

저우언라이는 이렇게 대답했지만 토를 달았다.

"우리가 이런 수준의 민주주의를 달성하려면 100년은 걸리리라는 것을 압니다. 반면에 우리는 지금 당신들이 미국에서 누리는 것 같은 민주주의를 할 수 있다면 아주 기쁠 것입니다."[33]

스탈린 치하의 소련이 역사상 가장 민주적이라고 믿는다 해서, 느낌이 좋지 않은 순진함이나 의도적인 것으로 보이는 이데올로기적 맹목성을 걱정할 필요는 없다. 저우언라이가 한 것과 같은 말들에서 미국인들이 언제나 소홀히 넘기는 부분은, 공산주의가 상당히 먼 미래에 성취되어야 할 이상이며 바로 그 긴 시간 동안 공산주의자들은 미국과 친구가 될 수 있다는 부드럽고 고무적인 메시지였다.

장제스는 많은 군대를 가지고 있었고, 중국의 구세주로 외국에서 유명했으며, 중국의 유일한 합법적 통치자로 소련을 포함한 다른 나라들로부터 인정을 받고 있었다. 그런데도 공산 세력과의 협상이 파멸로 가는 길이라고 생각한 이유는 무엇일까?

이에 대한 대답은 미국과 중국 사이의 중요한 차이점과 관련이 있다. 이들은 동맹국이지만 공통점을 찾을 수가 없다. 역사가 쩌우당鄒讜(중국계 미국인으로 10장에 나오는 쩌우루鄒魯의 아들이다―옮긴이)은 이것을 미국의 단순성 대 중국의 복잡성이라고 불렀다.[34]

미국의 유일한 목표가 일본을 꺾는 것이었고, 그것은 중국의 목표이기도 했기 때문에 미국인들은 장제스가 왜 그 목표를 달성하는 데 도움을 줄 조치들을 취하는 데 그렇게 미적거리는지 이해할 수 없었다. 군대를 개혁하고, 무능한 지휘관을 해임하고, 허술하고 장비도 없으며 지휘관도 형편없는 사단들을 병력은 적지만 잘 훈련되고 효율적인 부대에 통합하는 일 등을 말이다. 스틸웰 같은 미국인들에게 이러한 군 개혁은 그야말로 상식이었다. 그것은 일본을 물리치는 데 도움을 줄 수 있고, 그러는 과정에서 장제스가 장래 공산 세력과의 대결에서 필요한 형태로 군대의 장비를 갖출 수 있었다.

마찬가지로 헐리는 국민당이 미국식의 정치적 경쟁을 통해 공산당과 평화적으로 경쟁할 기회를 환영하리라고 생각했을 것이다. 모든 사람이 자신의 견해를 밝히고, 가장 많은 표를 얻은 정당이 이기며, 패한 정당은 다음 선거에서 승리할 기회를 기다리는 것 말이다.

그러나 미국인들에게는 단순한 것이 장제스에게는 엄청나게 복잡한 문제였다. 장제스의 권력은 군대 지도자들 사이의 개인적인 관계망에 의존하고 있었다. 그 관계는 그가 황푸 군관학교 교장으로 있던 시절까지 거슬러 올라갔고, 어떤 중요한 경우에는 그가 젊은 군사학교 생도로 있던 일본 시절까지 거슬러 올라갔다.[35] 무장 부대는 단순히 군대가 아니었다. 그것은 권력 기반의 네트워크였다. 일부는 장제스에 충성했고, 다른 일부는(이들이 종종 더 효율적이었다) 그로부터 독립적이었으며, 심지어는 그의 경쟁자가 될 수도 있었다. 장제스는 각기 병력을 거느린 지휘관들이 자신에게 충성하도록 묶어둘 필요가 있었다. 그것이 존재하지도 않는 병사들로 명단을 부풀려 중앙정부로부터 급료를 받아내는 것을 눈감아주는 것을 의미한다 해도, 그들이 전략 물자를 일본과 거래하여 제 주머니를 채운다 해도, 그들이 무능한 지휘관이라 해도 어쩔 수 없었다. 장제스는 자신에게 충성할 의무가 있는 지휘관들을 해임하기를 거부했다. 더구나 그는 전쟁을 치르는 동안, 능력은 있지만 자신에게 충성할 의무가 없는 지휘관들을 전투에 투입하기를 거부했다. 촘촘히 짜인 군부의 개인적인 관계망 속에서 그들은 자신의 인맥에 속하지 않았기 때문이다.

장제스는 정치 개혁 측면에서도 비슷한 문제에 직면했다. 정치 개혁이란 조금 추상적이고 단순화한 말이지만, 실질적인 의미는 공산당을 합법 정당으로 받아들이고 그들과 대중의 지지를 얻기 위한 경쟁을 해야 한다는 것이었다. 미국인들에게 정치 개혁은 중국 정부가 정통성을 얻고 대중의 지지를 확대하며 학생과 지식인들 사이에서 커지고 있는 불만과 환멸을 누그러뜨리는 것이었다. 연립정부가 되면 장제스는 더 강력한 내각을 갖게 되며, 그는 여전히 미국의 동맹자인 군대의 총사령관이자 중국의 정부 주석이 될 터였다.

그러나 장제스는 정치 개혁이 자신을 파멸로 이끌 것이라고 확신했다. 그가 보기에 미국인들은 선의를 가져 순진하고 속기 쉬운 탓에 중국 정치문화의 실제를 고려하지 못하고 있었다. 이제까지 비적 떼었던 자들에게 합법적인 지위를 부여하도록 회유당하고 강요당하는 것은 나약한 것으로 해석될 것이고, 나약한 것으로 보이면 반대편으로의 변절을 부르게 될 터였다. 반면 공산 세력 쪽은 인기와 위신과 위상이 엄청나게 올라가게 된다. 공산당이 미국의 승인을 받게 된다면 장제스 쪽의 많은 고위 관리들이 그의 곁을 떠날 것이라고 데이비스가 예측했던 것도 이 때문이다. 승자 독식의 정치 체제에서 패자가 얻을 수 있는 이득은 없었다.

수백 년 전 마키아벨리는 강력한 경쟁자를 자기 나라로 끌어들여 그를 무장 해제하고 그를 약하게 하려 하는 군주는 자신이 권력을 상실할 길을 닦아놓는 것이라고 경고한 바 있다. 장제스는 아마도 이탈리아 르네상스 시대의 정치 이론서들을 읽어보지는 않았을 것이다. 그러나 그는 자신의 권력이 활기차고 굳건한 공산당과 협상을 하는 데 달려 있는 것이 아니라, 그들과 협상하지 않은 채 그들이 자신을 파괴하지 않도록 자신이 그들을 파괴하는 데 있음을 알고 있었을 것이다.

헐리의 협상은 중국에서 미국이 주도한 일들 가운데 가장 가시적이고 두드러진 것이었다. 그러나 절대로 유일한 것은 아니었다. 다른 일들은 덜 가시적이고 덜 두드러졌다. 전쟁 마지막 단계에 미국의 여러 기관들이 중국에서 활동하고 있었다. 그 가운데는 몇몇 정보기관들도 있었다.

예컨대 온건한 활동을 펼친 전시정보국(OWI)은 중국과 일본의 문서 자료들을 수집하고 중국 언론에 미국 정부의 선전물을 보급하고 있었다. 이 기관은 대부분의 전쟁 기간 동안 하버드 대학 역사학 교수였던 존 K.

페어뱅크가 이끌었다. 그는 1932년에 처음 중국에 왔고, 중국 지식인들 사이에서 비길 데 없는 인맥을 구축했다. 그 대부분은 미국 유학생 출신이었다.

또 하나의 중요한 그룹은 AGFRTS로 알려진 곳이었다.[36] 온전한 이름은 '공지空地 자원기술단'으로, 1944년 봄부터 활동하기 시작했다. 쿤밍에 자리 잡은 이 기관은 날씨 정보와 일본의 비행기, 병력, 배의 움직임에 관한 정보를 수집했다. 이 정보들은 비호부대로도 알려진 셔놀트의 제14항공대에 절대적으로 필요한 것이었고, 제14항공대는 중국의 비점령 지역 곳곳에 여러 비행장을 확보하고 그곳으로부터 일본의 시설들을 공격하고 있었다.

AGFRTS는 대부분 전략정보국(OSS)에서 파견된 요원들로 채워져 있었고, 나중에 줄리아 차일드라는 유명한 요리책 저자이자 텔레비전 명사가 되는 줄리아 맥윌리엄스Julia McWilliams도 그 가운데 한 사람이었다. 적의 전선 후방에 10여 개의 정보 수집 거점을 만든 또 다른 존경받는 AGFRTS 요원은 존 버치John Birch라는 인상적이고 매우 능력 있는 대위로, 그는 앞으로 보게 되는 것처럼 나중에 공산 세력이 장악하고 있는 산둥성 지역에서 위험하고도 결정적인 임무를 지휘하게 된다.

전시정보국이나 AGFRTS 같은 곳은 데이비스가 나중에 썼듯이 "OSS가 좀 더 민간화된 부류에 속하는" 기관이었다. 그러나 데이비스는 "그렇게 점잖지 못한 곳도 있었다"고 부연했다. 그 가운데는 무엇보다도 충칭의 미국 해군 무관 밀턴 마일스Milton Miles가 이끄는 비밀 기구가 있었다. 마일스는 중국에 있던 다른 미국 기관들과 끊임없이 세력 다툼을 벌였다. 특히 그를 자기네 통제하에 두려고 시도하다 실패한 OSS 같은 곳이 다툼의 상대였다.

그는 다이리戴笠와 가장 가까운 미국인이었는데, 다이리는 황푸 군관학교 생도 시절 이래 장제스의 가장 가깝고 신뢰받는 보좌관이었다. 1930년대 초에 다이리는 남의사藍衣社로 알려진 비밀 조직의 책임자가 되었는데, 이 조직은 장제스의 또 다른 황푸 군관학교 제자로 장제스의 참모장에 임명되고 일본이 침략한 뒤에 국민정부 군정부장이 된 허잉친이 만든 것이었다. 남의(푸른 옷)라는 이름은 갈색 옷의 돌격대나 검은셔츠단 같은 독일과 이탈리아에서 대두하고 있던 파시스트 지도자들이 사용한 준군사적 행동대의 이름에서 힌트를 얻은 것처럼 보이지만, 이는 또한 황푸 파벌이 장제스를 지원하기 위해 만든 중국의 전통적인 비밀결사의 일종이기도 했다. 그들은 장제스에게 충성 맹세를 하고 있었다. 전쟁이 발발하자 다이리는 장제스의 비밀경찰 수장에 임명되었다. 이 조직은 공식적으로는 두루뭉술한 이름인 군사위원회 조사통계국(약칭 군통軍統, BIS)으로 불렸는데, 중국에서 가장 무서운 기관이었다.

미국 정보기관과 다이리의 제휴는 중미 관계에서 곤혹스러운 문제 가운데 하나다. 정확하게 말하자면 가깝고도 친밀한 관계였기 때문이다. '와일드 빌Wild Bill'이라는 별명으로 불린 기업 고문변호사이자 OSS 창설 국장인 윌리엄 도너번William Donovan은 1943년과 1945년에 총 두 번 중국을 방문한 적이 있었다. 그는 다이리와 여러 차례 화기애애한 만남을 가졌고 그 뒤에 편지도 주고받았는데, 친밀감을 과도하게 나타내서 자기네 스스로 놀림감이 되고 있는 듯하다. 다이리는 한 편지에서 이렇게 썼다.

도너번 장군 각하. 수만 리 먼 곳에서 언제나 장군을 사모하는 마음은 끊임없이 밀려오는 파도나 하늘에 떠다니는 구름과도 같습니다.[37]

다이리는 아부를 위해 감상적인 노력을 하기도 했지만, 미국이 자기 나라에서 하는 첩보 활동을 완전히 통제하려고 고집한 억세고 매우 비감상적인 정보 요원이었다. 그와 가장 가까운 미국인 협력자가 마일스 대위였다. 마일스는 '메리'로 알려져 있었는데, 그가 해군사관학교에 다니던 1922년에 메리 마일스 민터가 브로드웨이의 유명 스타였기 때문이다. '메리' 마일스는 사교적이고 매력적인 해군 장교였고, 해군작전부장이자 루스벨트의 가까운 조언자인 어니스트 킹Ernest King 제독이 그를 충칭 미국 대사관 무관으로 중국에 보냈다. 그는 처음에 중국 해안에서의 일본 배들의 움직임을 추적하고 미국이 나중에 그곳에 상륙할 경우를 대비한 정보를 수집하는 일을 담당했다. 페어뱅크는 그를 "카키색 반바지와 셔츠 차림의 젊은 사람"으로 기억했다.

얼굴은 잘생긴 정도가 아니라 아주 예뻤고, 웃을 때 양쪽에 볼우물이 생겼다.[38]

마일스가 예뻤든 예쁘지 않았든 상관없이 그는 강력한 킹 제독이 밀어주고 있었고 이에 따라 위세를 부릴 수 있는 상황이었기 때문에, 자신의 활동 범위를 논란이 없는 정보 수집에서 확장하여 논란이 있는 다이리와의 협력이라는 형태까지도 취할 수 있었다. 그는 미국 대사관의 통제를 받지 않았고, 미군 사령관인 스틸웰과 그 후임 웨더마이어의 통제도 받지 않았다. 헐리 직전의 대사였던 클래런스 가우스는 언젠가 다이리가 중국 '게슈타포'의 우두머리라고 불평하면서, 대사관이 "다이리 장군과 연계가 있을지도 모르는 모든 육·해군 장교들로부터 자유로워져야"[39] 한다고 말했다. 그는 마일스를 콕 찍어 말한 것이었다. 그러나 킹

'메리'로 불리던 밀턴 마일스 대위가 중미 특종기술합작소(SACO) 본부가 있는 '행복의 계곡'에서 중국인 교육생들을 지켜보고 있다.

은 국무부가 마일스를 불편하게 여긴다는 것을 알면서도 그를 준장으로 승진시키고 신설한 NGC(Naval Group China) 책임자로 앉혔다. 이 조직은 킹으로부터 직접 지휘를 받았다.

이에 따라 마일스는 자신이 원하는 일을 자유롭게 할 수 있었고, 다이리와 함께 "일본에 대항하는 군사 활동에서의 특별한 조치"[40]를 위해 새로운 기구를 만들었다. SACO로 알려진 중미 특종기술합작소特種技術合作所였다. 34개 항목에 이르는 활동 영역 가운데는 시설 파괴와 일본인 및 꼭두각시 정권의 관료 암살, 페어뱅크가 파괴 훈련소라 부른 정보 요원 양성소 설립 등이 있었다. 정보 요원 양성소는 충칭에서 자룽장을 따라 서쪽으로 20킬로미터 지점에 있는 비밀 장소에 세워졌는데, 매우 역설적이게도 '행복의 계곡'(SACO 본부가 있던 곳이 거러산歌樂山이었는데, 그 의미를 취해 붙인 별칭인 듯하다—옮긴이)으로 알려진 곳이었다. 해군 정보 장교 찰스 도빈스Charles G. Dobbins는 행복의 계곡에 관해 이렇게 썼다.

> 그곳은 답답하고 작은 왕국이었다. 그곳에서는 모든 출입구와 교차로에 완전 군장을 한 보초병이 하루 24시간 서 있었다.[41]

SACO를 만든 것은 전쟁 과정에서 일어날 수 있는 일의 하나였다. 그 것은 일본을 물리치는 데 도움을 주자는 것이었지, 중국의 내부 문제에 끼어들려는 것이 아니었다. 그러나 다이리가 소장이고 마일스가 부소장으로 두 사람이 긴밀하게 연계됨에 따라, 미국은 늘어나고 있던 미국인 무리 사이에서 'J. 에드거 힘러'(다이리는 '중국의 힘러'로 불렸는데, 여기에 미국 FBI 국장이던 J. 에드거 후버의 이름을 붙여 다이리가 힘러와 후버를 합친 사람이라고 빗댄 것이다—옮긴이)로 알려진 사람과 친밀한 관계를 맺게 되었다. 그의 군통(군사위원회 조사통계국)은 일본 점령하의 도시들에도 촉수를 뻗쳐놓고 있었다. 그는 남부와 동부 지방에 대규모의 게릴라 네트워크를 갖추어 적의 전선 후방에서 활동하면서 미국 정보 장교들이 해안 지방을 몰래 드나들며 일본의 선박 운항을 감시하는 일을 도왔다.

그러나 군통은 또한 중국 내의 반대파들에게 감시자를 붙였고, 심하게는 그들을 체포하고 처형하기까지 했다(적어도 많은 미국인들이 그렇게 생각했다). 이런 점에서 다이리와 군통은 캉성과 공산당 정보 네트워크의 맞수였는데, 중국에 있는 미국인들은 다이리에 대해서는 잘 알고 있었지만 캉성은 잘 몰랐다. 두 조직은 이면에서 서로를 상대로 사악하고 지속적인 전쟁을 벌였는데, 그 전쟁은 1920년대 말에 시작하여 국민당이 공산 세력과 갈라서서 그들을 쓸어내려 하고 공산 세력은 생존을 위해 몸부림치던 1930년대 초까지 이어졌다.

1942년 2월, 다이리는 자기네 조직에 침투한 7명의 공산당 간첩단을 적발했다. 그 가운데 한 사람은 다이리의 요원들이 중국 전역에서 사용하는 무선 통신을 담당하고 있었다. 젊고 매력적인 여성이었던 간첩단 책임자 장루핑張露萍에 대한 공산당의 공식 전기는 이렇게 적고 있다.

당의 이 특수 조직은 다이리의 조사통계국 심장부를 찌르는 단검 노릇을 했다. (……) 수백 개에 달하는 무선국과 수천 명에 달하는 요원들의 비밀 업무가 모두 우리 당의 손아귀에 들어왔다.[42]

군통 내부에서 '두더쥐'가 발견되자 다이리는 깜짝 놀랐고, 이 일 외에도 다른 몇 가지 사건들을 계기로 그는 방첩 활동에 더 전문가라고 생각되던 미국과의 협력을 모색하게 되었다. 7명의 공산당 요원들은 모두 체포되어 고문을 당했고, 2년 뒤에 처형되었다. 공산당은 군통 간첩단의 존재를 1983년에야 인정했다. 마오쩌둥은 그 이전에는 국민당 정보기관의 비난을 믿을 수 없다고 잡아뗐다.

다이리가 실제로 얼마나 억압적이었는지에 대해서는 다소 불확실한 부분이 있다. 중국에 있던 미국인들의 통념은 그가 악행에 상당한 책임이 있다는 것이었다. 데이비스는 그를 가리켜 "고약하다"고 했다. 그는 이렇게 말했다.

[다이리의] 주요 역할은 장제스 반대파로 의심되는 인물들을 끝까지 추적하는 것이었다. 다만 그는 일본에 점령된 지역에도 네트워크를 가지고

있었고, 거기서는 주로 공산당 지하 조직의 뒤를 캐는 데 노력했다.[43]

OSS의 고위직에 오른 전 미시간 대학 정치학 과장 조지프 롤스턴 헤이든Joseph Ralston Hayden은 도너번에게 다이리와 연계를 맺지 말라고 경고했다. 그가 "독과 단검으로 암살을 하고 교활한 수를 쓴다"[44]는 이유였다. 장제스의 국내 통치 방식에 관해서라면 결코 동정적이지 않았던 웨더마이어도 마일스와 다이리의 관계가 골치 아픈 것임을 알아차렸다. 그는 실제로 SACO에서 철수하여 마일스가 다이리와의 관계를 끝내도록 해달라고 군사부에 청했다. 웨더마이어는 이렇게 썼다.

〔다이리는〕 대체로 점령당하지 않은 중국에서 중국인들과 외국인들에 관한 정보를 수집하는 데 매달리고 있습니다. 일본에 대한 관심은 순전히 부차적입니다. 그의 공작 방법은 게슈타포나 OGPU(소련 비밀경찰)와 거의 비슷합니다. 미국이 다이리 및 그의 조직과 계속해서 연계를 맺고 접촉한다면 자유주의적이고 양식 있는 중국인들의 눈에 미국의 이미지가 손상되고, 우리가 이 전쟁에 뛰어들어 싸우면서 표명한 우리의 목적이 지닌 동기와 진실성에 대한 의문이 커질 것입니다.[45]

그 뒤에도 SACO와 마일스가 여전히 관계를 유지하자 웨더마이어는 다시 이렇게 썼다.

우리가 다이리의 조직 같은 의심스러운 조직에 완전 무상으로 물자를 쏟아붓는 것을 미국의 대중들이 안다면 정말로 불행한 일이 될 것입니다. 마일스는 여기서 오랫동안 산타클로스 노릇을 해왔습니다.[46]

미국 군사정보부(MID)를 위해 다이리에 대한 보고를 정리한 도빈스 중위는 이렇게 썼다.

수백 명이 다이리에게 걸려 살해되었고, 수천 명은 감옥과 강제수용소에 갇혀 있습니다. 그들은 자기네가 왜 거기에 갇혔는지, 얼마나 갇혀 있어야 하는지도 모릅니다.[47]

흥미로운 사실은 전쟁 기간 동안에 벌어졌다고 하는 실종과 고문과 처형에 대한 이런 요약들이 상당히 추상적이라는 것이다. 국민당의 탄압으로 희생된 사람들 가운데 일부는 알려져 있다. 예를 들어 장제스를 주기적으로 비판했던 미국 유학생 출신의 경제학자 마인추馬寅初 같은 경우다. 마인추는 전쟁 기간 상당 부분을 가택 연금 상태로 보냈고 그것은 물론 탄압 조치였다. 그러나 그는 살해당하지도 않았고, 강제수용소나 엄혹한 감방으로 보내지지도 않았다. 앞으로 보게 되겠지만, 그는 가택 연금이 해제되자 곧바로 거센 반反국민당 연설을 쏟아내기 시작했다.

1930년대 전쟁이 발발하기 전에 다이리의 남의사는 몇 건의 암살을 저질렀다. 그 가운데는 국민당 정권을 비판한 2명의 자유주의자도 있었다. 양싱포楊杏佛와 상하이 신문 《시보時報》의 편집인이었던 스량차이史量才다.[48] 이와 함께 남의사의 한 발표는 우한에서 40명가량의 '매국노', 즉 적국 일본에 협력한 중국인들을 처형했다고 떠벌렸다. 이는 1931년의 만주사변과 그 6년 뒤인 루거우차오 사건 사이의 기간에 일어난 일이었다. 장제스의 권력 경쟁자들에 대한 처형도 있었다. 1943년 말 장제스를 체포하려는 음모를 꾸미고 있다고 다이리가 의심한 젊은 장군들 같은 경우다. 1944년에 장제스는 자신이 가장 아끼던 장군 가운데 하나인 장더닝張德能을 총살했다. 장더닝은 일본군으로부터 창사를 지키는 대신에 자기 재산을 가득 실었다고 하는 트럭들을 끌고 도시에서 도망쳐 나왔다.[49] 제이 테일러가 썼듯이 장제스는 자신의 정권이 위험하다고 생각할 때는 많은 사람들을 처형하는 것도 주저하지 않았지만, 그가 실제로 그렇게 했다는 증거는 없다.[50]

국민당 비밀경찰과 다이리는 틀림없이 적절한 세부 절차를 지키지 않았다. 당시 중국에서는 수감자들에 대한 구타와 고문이 다반사였다고 추정할 수 있다. 지금 중국에서처럼 말이다. 그러나 군통은 게슈타포나 OGPU가 아니었다. 효율성이나 철저함, 문서로 기록된 총체적인 흉악성 측면에서가 아니다. 국민당 치하의 중국은 민주 국가도 아니었고, 나치스 독일이나 스탈린의 소련과 비교할 만한 파시스트 정권도 아니었다. 참으로 전쟁 상황이었고, 의혹과 음모가 난무하는 분위기였으며, 경쟁하는 꼭두각시 정권과 반대파인 공산당이 존재하는 상황임을 감안하면 악행이 많았다는 점이 놀라운 것이 아니라 악행이 그보다 많지 않았다는 점이 놀라운 것이다.

중국에 있던 미국인들이 정리한 다이리에 관한 보고에는 처형되거나 실종된 반反장제스 인사의 이름이 사실상 전혀 없고, 이렇게 세부 내용이 없는 것은 군통과 다이리의 악행에 관한 보고 가운데 일부가 풍문에 근거했거나, 떠도는 이야기 가운데 항상 최악의 것을 믿게 되는 국민당 판 푸만추Fu Manchu(영국 작가 색스 로머의 소설에 나오는 세계 정복의 야망을 가진 중국인 악당—옮긴이)인 다이리의 악명에 의해 부풀려졌을 가능성을 시사한다.

당시 현장에는 이것을 믿은 미국인들이 있었다. 마일스 대위는 회고록에서 다이리를 변호했다. 그의 비행은 추측일 뿐이고, 사실보다는 상상이 더 많았다는 주장이다. 비슷하게, 1946년 1월에 메첼J. C. Metzel이 작성한 한 해군정보국(ONI) 보고서는 해군정보국이 "다이리에 관한 여러 가지 부정적인 보고"[51]를 받았지만 메첼이 조사해보니 모두 "오해의 소지가 있으며, 대부분은 사실이 아니고 나머지는 왜곡된 것이었다"라고 썼다.

해군정보국 국장 토머스 잉글리스Thomas B. Inglis는 전쟁이 끝날 무렵 다이리에 관해 쓰면서, 다이리가 거칠기는 하지만 미국의 입장이 아니라 중국의 입장에서 판단해야 한다고 결론지었다. 잉글리스는 이렇게 썼다.

전시 국민정부 경찰 책임자로서 반역자들과 범죄자들을, 우리 기준으로는 분명히 잔인하고 야만적인 법과 관습에 따라 처리하는 것은 그의 의무였다.[52]

그는 계속해서 이렇게 썼다.

[비밀경찰의 기능으로 인해] 다이리의 이름은 중국 사회의 광범위한 부류에 공포스럽게 들렸다. 실제 범죄자 계층이나 반역자, 부역자들 사이에서뿐만이 아니라 기본적으로 성실하고 점잖은 사람들 사이에서도 마찬가지였다.

이들은 "영장 없이 체포하고 구금할 수 있는 그의 권력과 정치적 극우파의 앞잡이 노릇을 하는 그의 모습에 큰 소리로 불평한" 사람들이었다. 그러나 잉글리스는 다이리가 "그저 전시의 의무를 자기 나라에서 통상적인 방식으로 수행"했을 뿐이라고 결론지었다.

그러나 문제는 다이리가, 조금 과장된 비교이긴 했지만 힘러나 스탈린의 비밀경찰 책임자인 베리야 같은 유형의 부도덕한 악한으로 보였다는 것이다. 다이리의 비밀경찰은 게슈타포나 OGPU와 같은 외형적 특성을 지니고 있었다. 비밀 시설에서 일하고, 위압적인 칭호인 대원수로부터만 통제를 받았다. 그 존재가 알려졌기 때문에 공포를 유발했고, 그 조직이 정확하게 어떤 일을 하는지 아무도 알 수 없었기 때문에 더 큰 공포를 유발했다.

반면에 앞서 보았듯이, 이리저리 뻗어나가고 있던 옌안 정권 또한 비밀경찰과 그림자 속의 지휘자 캉성이 있었다. 그는 주석으로 알려진 한 사람의 통제만 받았다. 그러나 당시의 관찰자들은 미국인이든 심지어 중국인이든 절대로 다이리와 캉성을 비교하지 않았던 듯하며, 이는 시사하는 바가 크다. 중국 공산당의 보안기관은 완전히 닫혀 있고 너무도 흐릿해서 대중이 알지 못했다. 따라서 전혀 공포를 유발하지 않았다. 예외가 있다면 왕스웨이처럼 그들에게 붙잡혀 사라진 사람들만이 공포를 느꼈을 뿐이었는데, 그가 어떻게 되었는지를 세상에 알린 용감한 기자도 없었다.

여기서 한 가지 교훈을 얻을 수 있다. 독재와 자유민주주의 사이에서 오도 가도 못하고 있는 정당은 어느 한쪽에 굳건하게 자리 잡고 있는 정당에게 전략적 이점을 내주게 된다는 것이다. 스스로의 잘못이 알려질 수 있었던 국민당은 피할 수 없고 타격을 입을 수밖에 없는 불명예를 뒤집어썼고, 멀리 떨어져 있고 선전을 잘 활용하여 잘못을 숨길 수 있었던 공산당은 무죄 추정의 덕을 보게 되었다.

음모론자들은 SACO 같은 일에서 미국의 숨은 목표에 관한 증거를 볼 수 있다고 주장할 것이다. 공산주의자들이 미국의 "반동 패거리"에 대해 믿고 있듯이, 중국을 제국주의적 착취로부터 안전한 곳으로 묶어두기 위한 일이었다는 것이다. 그러나 종전 무렵의 몇 주 또는 몇 달 동안 중국에 있던 여러 정보기관의 활동들은 매우 즉흥적이고, 어떤 중앙의 계획이나 중앙의 전략 개념과 부합하거나 연계되지 않았던 것으로 유명하다.

미국 정부가 공식 승인하기는 했지만 마일스와 SACO는 어떤 중앙의 통제도 받지 않고 거의 독자적으로 활동했다. 모든 일에 책임을 맡은 사람은 아무도 없었고, 심지어 웨더마이어도 마찬가지였다. 그가 점차 이 스파이 활동을 자신의 통제 아래 두려고 시도하기는 했지만 말이다. 웨더마이어는 1944년 말 마셜에게 보낸 1급 비밀 전문에서 이렇게 썼다.

중국에서 연합군의 군사 활동의 두드러진 약점 가운데 하나는 너무 많은 기관들이 독자적으로, 조정도 없이 활동하고 있다는 점입니다. 목표도 서로 상충됩니다.[53]

이렇게 헐리는 중국에서 벌어지는 드라마의 여러 미국인 주인공들 가운데 하나일 뿐이었다. 그는 다른 사람들의 활동 가운데 어떤 부분에 대해 알지 못하고 있었고, 앞으로 보게 되는 것처럼 이것은 심각한 결과를 초래하게 된다. 헐리는 집착에 가까울 정도로 여전히 국민당과 공산당의 협상을 타결하는 일에 매달리고 있었다. 그리고 그는 이런 노력이 성공할 것이라고 계속 낙관적으로 생각했다. 자신이 해내지 못하고 있고 아마도 해낼 수 없다는 증거가 쌓여가고 있는데도 말이다.

헐리는 장제스가 자신과 마오쩌둥의 5개항 계획을 거부한 뒤 한동안 국민당 정부에 교착 상태의 책임이 있다고 비난하려는 듯했다. 11월 13일 그는 데이비스에게, 자신은 이 계획이 합리적이라고 본다고 하면서 국민당이 비타협적으로 나오는 것은 쑹쯔원 때문이라고 의심한다고 덧붙였다. 그는 데이비스 앞에서 쑹쯔원을 '사기꾼'[54]이라고 불렀다. 그는 장제스가 스틸웰을 해임하는 대신 공산 세력과 협상하기로 약속했는데 (데이비스는 이 말을 듣고 깜짝 놀랐다. 그런 약속이 있었다는 말을 처음 들었기 때문이다), 지금 쑹쯔원이 그 합의 이행을 방해하고 있는 것 같다고 말했다.

그러나 헐리는 아주 오래 이런 입장에 매달리지는 않았다. 다소 불가사의한 일이지만, 그는 곧 놀라우리만큼 친국민당적인 입장을 취했다. 그는 장제스를 어떻게 다룰 것인가 하는 미국인들의 논의에서 한쪽 끝에 자리 잡게 되었고, 다른 쪽 끝에는 장제스가 지원의 대가로 특별한 노력을, 특히 정치 개혁과 군대의 효율화를 위한 노력을 보여주지 않는다면 그에게 무기 대여 프로그램에 의한 지원이든 정신적 지원이든 아무것도 주지 말아야 한다고 생각하는 보복론 진영이 있었다. 스틸웰의 부관 프랭크 돈은 이 주장을 산뜻하고 간결하게 정리했다. 그는 장제스를 오직 "최후통첩이라는 기반"[55]에서 다루어야만 중국을 정치적 경화硬化로부터 벗어나게 할 수 있을 것이라고 말했다.

헐리는 이런 접근을 거부했다. 그리고 그렇게 함으로써, 보복 정책을 취할 생각이 전혀 없는 미국 고위층의 공론에 합류했다. 이런 관점은 대통령으로부터 발산되어 나온 것이었다. 루스벨트는 같은 국가 원수로서, 권력의 고독함을 알고 있는 사람으로서 자연스레 장제스를 동정하게 되었다. 그는 마셜에게 보낸 편지에서 이렇게 썼다.

대원수는 대권의 자리를 유지하는 것이 필요하다고 생각하고 있습니다. 당신과 나도 그런 상황에서라면 똑같이 행동할 것입니다. 그는 행정 수반이고 총사령관입니다. 그와 같은 사람에게 준엄하게 말하거나, 우리가 모로코의 술탄에게 요구하는 것과 똑같은 노력을 요구할 수는 없습니다.[56]

헐리는 나중에 루스벨트에게 장제스의 생각이 타당한 것임을 설명했다. 공산당과의 협상을 받아들이는 것은 공산 세력에게는 승리로 보이고 장제스 자신에게는 패배로 보이며, 패배로 보이게 되면 치명적인 결과가 초래되리라는 것이다. 게다가 헐리와 마오쩌둥이 옌안의 바위 위에서 서명한 협상안은 근본적인 문제를 외면한 것이었다. 3000년 역사에서 한 번도 평화적인 권력 투쟁을 본 적이 없는 나라에서 어떻게 권력을 나눠야 하느냐는 문제였다. 데이비스가 썼듯이 헐리는 마오쩌둥과 협상하면서 다음과 같은 사실들을 알지 못했다.

중국에는 진실한 반대파라는 개념이 존재하지 않는다는 것, 그리고 경쟁하는 기회주의자들을 꺾는 장제스의 시스템이 자유 경쟁의 대중 참여를 수반하는 서방식 민주주의 도입 이후에는 유지될 수 없으며 특히 경쟁 세력의 하나가 활기차고 급속히 확산되며 훈련된 조직으로 결연히 그 시스템을 깨고 권력을 잡으려는 세력이라면 더욱 그렇다는 것.[57]

헐리의 무조건에 가까운 장제스 지원은 데이비스의 분석에 대한 그의 반응이었다. 그러나 그것은 굳건한 보복론 진영의 일원이었던 데이비스가 생각했던 것과는 정반대의 것이었다. 데이비스는 여러 해 뒤 한 인터뷰에서 이렇게 말했다.

12월쯤에는 헐리 장군이 워싱턴의 확인도 없이, 미국의 정책은 국민정부
와 대원수에게 전폭적인 지지를 보내는 것이라고 주장하기 시작했습니
다.[58]

데이비스는 이어서, 그것은 헐리가 어떠한 함축적인 의미나 타협 의
사도 없이 매우 강력하게 표명하기를 고집했던 정책이었다고 말했다.
"그 타당성에 의문이 생긴 (……) 바로 그 시기"에 말이다.

헐리의 지원은 틀림없이 장제스에게 반가운 일이었지만, 그를 곤경
에서 구해내지는 못했다. 장제스는 민주적 개혁, 특히 연립정부를 받아
들이는 것이 자신에게 불리하다고 굳게 믿었다. 그러나 동시에 그는 공
산 세력과의 협상이 추구하는 목표를 간단히 거부할 경우 헐리와 루스벨
트의 선의를 무시하는 것으로 보이는 위험을 무릅써야 했다. 그래서 국
민당은 헐리와 마오쩌둥의 계획에 대해, 공산 세력이 틀림없이 거부할
역제안을 하는 것으로 응답했다. 마오-헐리 안이 5개항인 데 비해 그것
은 3개항이었다. 골자는 중앙정부가 공산당을 합법 정당으로 인정하는
데 동의하겠다는 것이었다. 하지만 조건이 있었다.

〔공산당은〕 저항 전쟁을 수행하고 전후에 재건하는 과정에서 국민정부
를 전폭적으로 지지하며, 산하 모든 부대의 통제권을 국민정부에 넘겨준
다.

충칭에서 이 역제안을 받아본 저우언라이는 당연히 거부했다. 옌안

에 전달할 필요조차 없다는 얘기였다. 그것은 이후 2년 동안 지칠 줄 모르고 이어진 미국의 중재 시도에서, 중국의 양측과 미국 사이에서 똑같이 반복되는 양상을 보이게 된다. 마오쩌둥은 법적인 인정을 원했고 물론 그럴 수 있었다. 프랑스와 이탈리아의 공산주의 정당들이 전후에 그랬던 것처럼 민주적 선거에서 평화적으로 권력을 잡으려 경쟁하는 것이다. 물론 중국에는 그런 해법이 전례 없는 일이기는 했을 테지만 말이다. 마오쩌둥은 연립정부에 참여하기를 원했다. 그러나 그는 군대의 통제권을 내주는 것은 자살이나 마찬가지라고 보았다. 양측은 미국인들을 만족시키고 또한 중국 여론의 지지를 얻기 위해 서류상의 양보를 했다. 여론은 두 정당 사이의 타협을 원했지만, 두 정당의 목표는 변하지 않았다. 바로 권력을 원했다. 국민당의 경우는 권력을 지키는 것이었고, 공산당의 경우는 권력을 잡는 것이었다.

그렇지만 헐리는 여전히 자신의 노력이 결실을 볼 것이라고 생각했다. 그는 12월에 국무부 장관 스테티니어스에게 이렇게 썼다.

우리는 몇 가지 성공을 거두었습니다.[59]

그러나 역사 기록에서는 어떠한 성공도 찾아보기 어렵다. 그는 장제스를 매일 만나고 있었고, 이런 내용으로 그를 설득했다고 말했다.

중국의 군 병력을 통합하고 내전을 막기 위해서는 그가 (……) 공산당에 정치를 자유화하는 양보를 해야 하고, 국민정부에서 적절한 발언권을 갖도록 해주어야 한다고 말입니다.

이것이 1944년의 마지막 몇 주와 1945년의 처음 몇 주 동안 충칭에서 전개된 상황이었다. 장제스는 여전히 고풍스러운 자기磁器에 둘러싸여 말없는 하인들의 보살핌을 받으며 호젓한 별장에 틀어박혀 있었다. 그의 주위에는 가까운 조언자들이 있었고, 그들은 주로 장제스가 듣고 싶어하는 이야기를 했다. 저우언라이는 충칭의 수수한 골목에 살았고, 비밀경찰의 감시를 받고 있었다(그들도 같은 건물에 자리 잡고 있었다). 그는 미국 언론인 및 외교관들과 점심이나 저녁식사를 하고 여전한 자신의 매력과 합리성의 아우라를 발산하며, 공산주의자들이 원하는 것은 오로지 일본을 물리치고 중국에 민주주의를 뿌리내리게 하는 것이라고 강조했다. 헐리는 돈키호테식으로 그들 사이를 오가며 공통의 기반과 존재하지도 않는 공통의 궁극 목표를 도출하려 애썼다.

12월 4일에 헐리와 웨더마이어, 그리고 웨더마이어의 참모장인 로버트 매클루어Robert B. McClure가 저우언라이를 찾아가서 이제 헐리와 장제스의 3개항 계획이 된 방안을 받아들이게 하려고 함께 노력했으나 소용이 없었다.

12월 7일, 배럿과 저우언라이는 옌안으로 날아갔다. 저우언라이는 충칭에서 더 이야기할 것이 없어서였고, 배럿은 저우언라이가 거부한 안을 마오쩌둥이 받아들이도록 설득해달라는 헐리의 부탁을 받았기 때문이었다.

이런 움직임은 놀라운 양면적 대응을 불러왔다. 마오쩌둥은 한편으로 분노에 차서 날카로운 목소리로 왜 자신이 장제스의 제안을 절대로 받아들일 수 없는지를 배럿에게 이야기했고, 동시에 자신은 미국과 우호적인 관계를 맺기 원한다고 그를 설득했다. 헐리가 중개하고 있는 대화에서 어떤 일이 일어나건 간에 미래는 자신에게 달려 있다고 하면서 한 말이었다.[60] 그것은 인상적인 행동이었고, 인상적인 광경이었다. 솜을 넣은 옷을 입고 북서부의 동굴에 들어앉은 이 기민한 시골뜨기 공산주의자가 미국인 대령에게 정열적으로 이야기하고 거의 정확하게 미래를 예언하고 있었던 것이다.

저우언라이도 이 회담에 배석했는데, 배럿의 말에 따르면 마오쩌둥은 이 자리에서 적어도 한 차례 이상 "버럭 화를 냈다." 한번은 헐리와 마오가 합의한 5개항에 대해 장제스가 자신을 권좌에서 밀어내려는 방안이라고 보고 있다는 배럿의 말에, 마오쩌둥이 벌떡 일어나서 소리를 질렀다.

"그 사람은 오래전에 그 자리에서 물러나야 했소!"

장제스에게는 시간이 많을 수 있지만 자신에게는 틀림없이 시간이 없다고 주장했다. 마오쩌둥은 자신의 기록에서 이렇게 말했다.

미국이 계속해서 장제스 같은 썩은 껍데기를 떠받치고 싶다면 그것은 그들의 권리다. 그러나 미국이 할 수 있는 일을 다 하더라도 장제스는 실패할 운명임을 우리는 믿고 있다. (……) 우리는 장제스와 다르다. 어떤 나라도 우리를 떠받칠 필요가 없다. 우리는 자유인답게 우리 스스로의 발로 똑바로 서서 걸어갈 수 있다.

마오쩌둥은 미국이 중국 해안에 상륙하는 데 지원을 제공하겠다는 이전의 약속을 재확인하고, 장제스가 스틸웰을 상대로 그렇게 망설였던 일을 하겠다고 제안했다. 바로 자신의 군대를 미군 사령관의 지휘에 맡기는 일이었다. 그는 배럿에게 이렇게 말했다.

"우리는 아무런 단서나 조건도 붙이지 않고 성의를 다해 미국인 장군

밑에서 복무할 것이오. 그것이 우리가 당신들에 대해 생각하고 있는 것입니다. 당신들이 중국 해안에 상륙한다면 우리는 거기 나가서 당신들을 맞을 것이고, 당신들의 지휘에 따라서 움직일 것입니다."

배럿은 회담을 마치고 떠날 때 이런 인상을 받았다.

〔나는〕 자기네 입장의 강점에 대해 절대적인 확신을 가진 2명의 똑똑하고 냉혹하며 결연한 지도자들(마오쩌둥과 저우언라이)과의 대화에서 아무소득도 얻지 못했다.

그는 이들과 논쟁을 해보려 했지만, 그들의 답변은 자신만만하고 확신에 찬 것이었다. 배럿은 마오쩌둥이 협상안을 받아들이기를 거부함으로써 "장제스가 공산 세력에 대해 배신자이고 반역자라고 한 말이 입증되었다고 주장할 좋은 기회를 주게 되었다"라고 말했다. 그러자 마오쩌둥은 이렇게 대답했다.

"그 사람은 우리를 반역자니 배신자니 하고 부른 지가 오래돼서 우리는 이미 익숙해져 있소. 그 사람 마음대로 떠들게 내버려두시오."

> **배럿** "만약 일본군이 국민당과 미국의 군대에 의해 쿤밍과 구이양貴陽에서 밀려난다면 당신들은 아주 좋지 않게 보일 것이오."
>
> **마오** "그런 일이 생긴다면 우리가 가장 큰 소리로 환호할 것이오."
>
> **배럿** "〔그리고 결국〕 대원수가 패배하고 그가 필요할 때 당신들이 아무런 도움도 주지 않는다면 미국은 중국에서 모든 군대를 철수할 것이오. 〔그렇게 되면 공산당은 혼자서 일본과 싸워야 할 것이오.〕"
>
> **마오** "미국은 중국을 버릴 수 없소."

마오쩌둥은 또한 헐리에게 화가 나 있었으나 감정이 곧 동화되었기 때문에 금세 풀어져서, 헐리가 옌안을 찾아갔을 때 그랬던 것처럼 화기애애한 분위기로 바뀌었다. 마오쩌둥은 헐리가 자신에게 한 경고를 잘 알고 있다고 배럿에게 말했다. 자신과 그가 합의한 5개항 계획에 서명하라고 장제스에게 강요할 수 없다는 경고 말이다. 그러나 그는 이렇게 덧붙였다.

"우리는 이 공정한 조건을 장제스가 거부한 뒤에, 헐리 장군이 다시 우리에게 우리의 희생이 필요한 역제안에 동의하라고 압박할 줄은 생각지도 못했소. 헐리 장군이 지금 이것을 이해하지 못한다면 그는 영원히 이해하지 못할 것이오."

마오쩌둥은 이어서 경고했다.

"어느 순간이 되면 우리는 서명까지 한 이 문서를 중국과 외국의 언론에 보여야 한다고 생각할 때가 올지도 모르겠소."

마오쩌둥은 이제는 난처한 물건이 되어버린 헐리의 서명이 들어 있는 그 문서를 공개하지는 않았지만, 그렇게 하겠다는 단순한 위협만으로도 헐리에게 큰 영향을 미쳤다. 데이비스가 말한 바에 따르면 헐리는 "마오쩌둥이 자신을 속였다고 화를 냈다." 배럿 앞에서는 "씨팔놈!" 하고 소리를 질렀다. 협상 재개를 거부한 마오쩌둥과 저우언라이는 1944년 말에 협상을 위한 네 가지 조건을 새로 내놓았다.[61]

첫째, 장제스는 모든 정치범을 석방할 것.

둘째, 장제스는 공산 세력을 포위하고 있는 정부군을 철수시킬 것.

셋째, 장제스는 '인민의 자유를 제한하는 억압 규정'을 모두 철폐할 것.

넷째, 장제스는 모든 비밀경찰의 활동을 중단할 것.

헐리는 화가 폭발했다. 공산당 수뇌부는 이렇게 겉보기에 매우 민주주의를 옹호하는 듯한 요구가 장제스로 하여금 합작을 받아들이는 일을 더욱 어렵게 만든다는 사실을 알아야 했다. 왜냐하면 역사가 허버트 파이스가 말했듯이, 장제스는 그것이 "공산 세력으로 하여금 반대와 방해 없이 혁명을 수행할 수 있도록 허용하는 것과 마찬가지"라고 생각할 수밖에 없었기 때문이다. 더구나 공산 세력은 자기네가 장악하고 있는 지역과 관련된 원칙 문제는 재고할 의사가 없었다. 마오쩌둥은 이제 막 끝난 2년간의 숙청을 통해 반대파를 제거하고, 독자적인 견해들을 질식시켰으며, 허용된 유일한 보도기관인 자신의 선전 기구에 대한 통제를 강화하고 있었다.

헐리는 마오쩌둥 때문에 뒤집어졌지만, 자기 진영 사람들 때문에 더욱 뒤집어지게 된다. 데이비스와 배럿, 그리고 한동안은 웨더마이어까지. 공산 세력을 향한 여러 가지 행동과 몸짓들이 몇 달 전 딕시 사절단이 파견된 이래 미국과 옌안 정권(일부 사람들은 이렇게 부르기를 좋아했다) 사이에서 벌어진 접촉과 대화를 한없이 늘어지게 했던 것이다. 헐리는 자신의 협상 노력이 망가져가고 있는 것과 동시에 진행되고 있던 그런 접촉들을 제멋대로 오해했고, 이런 오해 때문에 미국 대사관에서 중국에 관한 전문가 상당수를 제거하는 노력을 하게 되었다.

1944년 12월 15일, 배럿은 다시 옌안을 찾았다. 중국을 떠날 준비를 하고 있던 데이비스도 동행했다. 데이비스가 나중에 쓴 바에 따르면, 그는 헐리 대사(특사로 중국에 온 헐리는 가우스의 후임으로 1944년 11월 30일에 중국 주재 대사가 되었다―옮긴이)가 배럿에게서 온 전화를 받을 때 그의 사무실에 있었다. 그는 배럿이 곧 옌안에 간다는 말을 한 것으로 추측했다.

헐리와 배럿이 통화한 뒤에 데이비스가 전화를 이어받아, "헐리가 바로 옆에 있는 상태에서" 둘이서 옌안에 갈 계획을 논의했다. 데이비스는 나중에 이렇게 썼다.

그것은 웨더마이어의 참모로서 통상적인 여행이었다. [나의 목적은] 모스크바로 가기 전에 공산당 수뇌부에 대한 마지막 인상을 단시간 내에 얻기 위해서였다.[62]

그런 목적은 곧 모스크바로 전근 가게 될 외교관으로서 아주 당연하고 문제가 없어 보이는 것이었다.

그러나 헐리는 자신도 모르는 사이에 공산당을 대신해서 음모가 꾸며지고 있다는 의심을 하기 시작했고, 데이비스의 여행을 그 음모의 일환으로 생각했다. 사실 데이비스와 웨더마이어의 보좌진 일부는 공산주의자들을 좋아했고, 그들을 편하게 생각했다. 그리고 그들은 공산 세력이 결국 권력을 장악할 것이라고 믿었기 때문에 군사적인 협조를 시작으로 그들과 관계를 구축하는 것이 미국에도 이익이라고 생각했다. 충칭 대사관의 정치 분석가 아서 링월트Arthur R. Ringwalt는 나중에 중국통들 사이의 공통된 의견을 요약하여 이렇게 말했다.

중국 공산 세력은 승리할 것으로 보였다. 맞서봤자 소용없는 일에 맞서는 것이 무슨 필요가 있는가?[63]

그들은 또한 국민당을 싫어했고, 그것을 숨기려 하지 않았다. 이 모든 것이 낯선 정치 세계에서 혼란에 빠지고 자신이 없는 헐리로 하여금 의혹을 품게 한 것이다.

장제스 정부 내에서 헐리의 주요 접촉 창구였던 쑹쯔원 외교부장이 이 문제에 부채질을 했다. 데이비스가 옌안으로 떠난 뒤 쑹쯔원은 헐리를 불러, 자신의 요원이 알려온 바에 따르면 데이비스가 그곳에 있다고 말했다. 헐리는 보고가 사실이 아니라고 말했다. 헐리는 자신이 옆에 있는 자리에서 통화가 이루어졌지만 정말로 알지 못했던 듯하다. 헐리는 데이비스가 옌안으로 떠난 것을 알고는 쑹쯔원에게 전화를 걸어, 자신이 그를 속이려 했던 것은 아니라고 변명해야 했다. 데이비스는 나중에 이렇게 썼다.

> 외교부장(쑹쯔원)은 분명히, 악의 없는 잘못에 불명예스러운 동기를 뒤집어씌움으로써 누군가를 방어 상태로 모는 케케묵은 장난질을 하는 데 성공했다.[64]

데이비스는 충칭으로 돌아와서 무슨 일이 있었는지를 설명했다. 데이비스가 보기에 헐리는 "누그러진" 듯했다. 그러나 그는 누그러진 것이 아니었다. 이보다 앞서 헐리는 데이비스와 이야기하면서 국민당과 공산당의 협상을 막고 있는 '극우파'의 한 명으로 쑹쯔원을 지목한 바 있었다. 이제 그는 외무 공무원들이 여태껏 접촉했던 사람들 가운데서 가장 명석하고 가장 헌신적인 관리들 중 하나인 데이비스보다 쑹쯔원이 진실한 사람이라고 생각했다. 쑹쯔원은 옌안에 있는 그의 요원으로부터 온 정보 보고서를 믿을 만한 것이라고 주장하면서 건네주었다. 데이비스가 공산당 수뇌부를 상대로 헐리에게 관심을 갖지 말라고 조언했다는 내용이었다. 헐리가 "늙다리 바보"[65]이기 때문이라는 것이다.

충칭 대사관에 근무하는 직업적인 외무 공무원들 가운데 적지 않은 사람들이 정말로 그렇게 믿었던 것은 사실이다. 경력이 좀 있는 관리들은 자기네들끼리 이야기할 때 헐리에 대해 "뭣도 모르는 바보 같은" 인물이라거나, "거물인 체하는 뻣뻣한 사람"이라거나, '뚱보 대령'(거만하고 화를 잘 내며 극우적인 성향을 가진 영국 만화 주인공 ─ 옮긴이)이라거나, 중국의 멸칭蔑稱인 '다펑大風'으로 부르기 시작했다. 직업 외교관으로 중국에서 10년 동안 근무했던 에드워드 라이스는 보고차 헐리를 찾아갔는데, 대사가 알 수 없는 말을 혼자 떠드는(라이스의 표현이다) 바람에 "안녕하십니까?"와 "안녕히 계세요" 두 마디만 하고 나와야 했다.[66] 또 다른 직업 외교관 필립 스프라우스Philip D. Sprouse는 나중에 한 인터뷰에서 이렇게 말했다.

> 헐리가 미치지는 않았을 것이다. 그러나 통상적인 직원 회의에서 그는 마그나카르타나 미국 독립선언서, 게티스버그 연설 등을 들먹이곤 했다. 너무도 정열적으로 떠들었기 때문에 그의 장광설이 끝나면 언제나 이렇게 말하고 싶은 충동을 느꼈다.
> "그래, 네 편 들어줄게."[67]

데이비스는 상사에 대한 이런 호의적이지 못한 평가에 동감하고 있었다. 그러나 그가 마오쩌둥에게 헐리를 늙다리 바보라고 했다는 것은 전혀 신빙성이 없다. 그가 그런 식의 말을 했다는 것은, 쑹쯔원의 확인되지 않고 출처도 없으며 분명히 자신의 이익과 관련된 정보 보고 이외에는 아무런 증거도 없다.

이때는 중국이 일본에 맞서는 전쟁에서 두서없이 분투해온 지 4년이 지났고, 존경받는 스틸웰이 해임된 지 넉 달이 지났으며, 일본이 충칭을 향해 움직이고 있다는 소동이 일어난 것은 그보다도 더 얼마 되지 않은 때였다. 미국과 중국 사이의 관계사에서 이 시기 미국 대사관 내부의 분위기는 새로 도착한 존 멜비가 말했듯이 "더러웠다." 그는 자신의 일기에 이렇게 썼다.

> 가장 중요한 소일거리는 엿듣고 모퉁이로 숨어버리는 것인 듯하다. 헐리 대사에게 줄을 댄 사람들은 거드럭거리고, 그렇지 못한 사람들은 대체로 꽁무니를 뺀다.[68]

대사관 내부의 불화는 미국의 전반적인 정책의 모순을 반영하는 것이었다. 당시 데이비스가 말했듯이 "미국의 정책이 현실론과 희망적 사고 사이에서 왔다 갔다 하는 타협의 산물 이외의 어떤 것이 될 수 있을"[69] 것 같지 않았던 것이다. 헐리는 옌안 정권에 점점 더 환멸을 느끼고 있음을 표명하고 장제스 편을 들기를 더욱 고집하면서도 공산당을 압박하여 대화를 재개하고자 했다. 자신은 그 대화를 주관하기 위해 중국에 온 것이었다. 그러는 동안에도 그는 자기 휘하에 있는 미국인들이 자신의 노력을 갉아먹고 있다는 의혹을 키워갔다. 같은 시기에 이들 휘하 사람들은 장제스가 숙명적으로 약화될 것임을 말하고, 헐리가 "모든 일에서" 틀렸다는 자신들의 생각이 담긴 두꺼운 보고서 파일과 의견서를 보냈다. 그는 공산 세력에 대한 지원의 정도에 관해 틀렸다. 그는 장제스만이 중국을 이끌어나갈 수 있다고 생각하는 점에서 틀렸다. 중국통들은 공산 세력에게 무기를 공급해야 한다고 주장하고 있는 반면, 헐리는 씩씩거리며 반대 방향으로 향하고 있었다.

그해 연말에도 어김없이 대사관에서는 크리스마스 파티가 열렸다. 스틸웰이 떠난 뒤로 처음이었고, 헐리가 도착한 뒤로 처음이었고, 이치고 공세가 시작된 뒤로 처음이었다. 그리고 데이비스가 참석하는 마지막 크리스마스 파티였다. 그는 며칠 후에 모스크바로 떠날 예정이었다. 존 데이비스는 이렇게 회상했다.

헐리가 잔을 들어올리며 굵은 목소리로 말했다.

"자네를 위해 건배하세, 존!"

그리고 헐리는 아메리카 원주민의 깃털처럼 상록수 잔가지를 머리 뒤에 꽂은 뒤 촉토족의 함성을 잇달아 내지르고 방 안을 돌아다니면서 뱀춤을 이끌었다. 파티가 끝날 무렵 헐리는 데이비스에게 이제 더 이상 그를 괴롭히지 않겠다고 말했다.

"자네도 내게 똑같이 해주게."[70]

데이비스는 중국을 떠나기 전에, 미국인들이 현실정치에 뛰어들기를 꺼리면 결국 소련에 "북중국의 위성국가"를 넘겨주게 될 것이라는 주장이 담긴 전문을 썼다. 현실정치 운운한 것은 공산 세력이 강하고 국민당이 약함을 인식하라는 말이었다. 그는 헐리에게도 사본 한 부를 보냈다.

닷새 뒤 데이비스는 작별 인사차 웨더마이어와 헐리를 찾아갔다. 그는 용기를 내어 헐리의 성공적인 경력에 경의를 표한 뒤, "그의 협상이 실패한다면 중국인들의 계략에 걸려" "통탄할 결과"를 맞게 될 것이라고 말했다.

데이비스는 이렇게 썼다.

헐리는 피가 솟구쳤다. 얼굴이 붉어지고 숨을 헐떡거렸다. 그는 내 등골을 부러뜨릴 듯했다. 각하께서는 고함을 지르셨다.[71]

데이비스는 거기서 이야기를 끝냈다. 그러나 웨더마이어는 그 뒤의 놀라운 장면을 기록했다.[72] 헐리는 데이비스가 공산주의자였고 중국 정부를 해치려 했다고 중상모략에 가까운 비난을 마구 퍼부었다. 데이비스는 격렬하게 혐의를 부인했고, 그의 눈에는 눈물이 맺혔다.

이튿날 데이비스는 모스크바를 향해 떠났고, 그로부터 얼마 지나지 않아서 헐리는 그의 등뼈를 부러뜨리려 했다.

제 7 장

특사의 분노

1945년 1월 10일, 전년도 7월부터 옌안의 한 석회암 동굴에 거주하고 있던 레이먼드 크롬리 소령은 충칭에 있는 웨더마이어 장군에게 긴급한 비밀 전갈을 보냈다. 크롬리는 아마도 나무 의자에 앉아 석유 램프를 밝히고 이 글을 썼을 것이다.

> 옌안 정부는 미국에 비공식('비공식'입니다) 대표단을 보내고 싶어합니다. 중국의 현재 상황과 문제들에 관심을 가지는 민간인들과 관리들에게 이를 설명하고 해명하기 위한 것입니다.[1]

전직 《월스트리트 저널》 기자로 일본에서 근무했던 크롬리는 옌안에 갔던 군사 시찰단의 일원이었고, 그렇게 공산당 지도자들과 어울렸다. 그곳의 야외에서 공연되는 경극京劇 공연장에서, 토요일 밤의 무도회에서, 그리고 미국 정보 장교들이 중국 공산당 지도자들을 만나는 그 밖의 비공식 모임들에서였다. 그는 적어도 한 번은 마오쩌둥의 아내 장칭과 춤을 추었다. 장칭은 상하이에서 온 B급 여배우로 한때 란핑藍蘋('파란 사과'라는 뜻)으로 불렸으며, 자신의 요염한 매력을 솜옷 아래에 감추지 못하고 있었다.

크롬리는 웨더마이어에게, 다른 사람이 아닌 바로 마오쩌둥과 저우언라이의 미국 방문을 이야기했다.

루스벨트 대통령이 그들을 중국의 주요 정당 지도자로서 백악관에서 만나기를 원한다는 의사를 표명한다면 곧바로 둘 중 한 사람 또는 둘이 함께 워싱턴에서 열리는 회담에 갈 것입니다.

마오쩌둥은 중국 밖으로 나가본 적이 없었다. 그는 비적 두목 같은 존재, 즉 중국의 로빈 후드로서, 아니면 중국의 레닌으로서(보는 사람의 관점에 따라 다를 것이다) 지난 15년을 지내왔다. 그런 그가 백악관 방문을 요청하고 있는 것이다!

루스벨트를 만나고 싶다는 마오쩌둥의 요청은 또 다른 아시아의 혁명 지도자 호찌민胡志明의 요청과 닮았다. 오늘날 베트남의 국부인 호찌민은 미국이 자기네를 상대로 한 전쟁에 뛰어들기 훨씬 전에 미국에 도움을 요청했다. 프랑스 식민주의에 대항하기 위한 것이었고, 한 번도 아니고 두 번씩이나 요청했지만 두 번 다 무시당했다. 중국 공산당의 두 최고 지도자가 1945년에 비행기에 올라 워싱턴으로 날아가서 프랭클린 루스벨트와 회담하려 생각했다는 것은, 귀신이라도 들린 듯한 20세기 전체의 미국과 아시아의 관계에 대한 중요한 문제를 시사한다. 그것을 놓치면 막대한 인명과 재산상의 손실을 입게 되는 엄청난 기회가 있었던 것일까?

마오쩌둥과 저우언라이가 크롬리를 통해 요청한 뒤 미국은 27년 동안 걱정에 휩싸인 나날들을 보내며 아시아에서 두 번의 전쟁을 치렀고, 그런 뒤에야 마오쩌둥은 실제로 미국 대통령을 만날 수 있었다. 상대는 리처드 M. 닉슨이었고, 워싱턴이 아니라 베이징의 경비가 삼엄한 궁궐 담장 안이었으며, 혁명에 나선 비적이 아니라 세계 최대의 인구를 가진 공산주의 독재 체제의 반+신격화된 지도자 자격으로서였다. 그는 일생의 대부분을 권좌에 앉아 세계 프롤레타리아를 향해 미국 제국주의를 쳐부수자고 촉구했었다.

1972년에 일어난 돌파구가 한 세대 전에 일어날 수 있었을까? 만약 그랬다면 마오쩌둥이 나중에 말했듯이 중국의 공산 세력은 절대로 "한쪽으로 기울어지"는 일이 없었을까? 팽팽했던 냉전 시대의 소련권 쪽으로 말이다. 그리고 중국이 한쪽으로 기울어지지 않았다면 한국과 베트남에서의 전쟁은 일어나지 않았을까? 두 전쟁은 모두 호전적인 공산 세력의 팽창을 막기 위해 미국이 치른 대리전이었다.

여기에 대해서는 두 가지 견해가 있다. 하나는 미국 지도자들이, 변화를 갈망하고 있던 아시아의 거대한 세력의 편을 들 기회를 놓쳤다는 것이다. 그리고 중국이 미국을 지구상의 주적±敵으로 삼기보다는 두 강국에 대해 적어도 중립으로 남았더라면 20세기의 역사는 상당히 더 평화롭고 즐거웠을 것이라고 한다. 다른 견해는 공산주의 정당들이 이끄는 혁명 세력은 소련의 사례에 자극받아 급진적이고 반미적인 노선을 택하게 마련이어서, 어떤 식으로든 불가피하게 미국과 갈등을 일으켰으리라는 것이다.

크롬리 소령을 통해 전달된 전갈은 '비공식'이라는 말을 사용했다.

이는 의문의 여지 없이 미국이, 장제스 정부만이 공식적으로 중국을 대표한다는 원칙을 범하지 않으면서 공산당 대표단을 받아들일 수 있도록 하기 위해서였다. 그런 정신에서 마오쩌둥과 저우언라이는, 중국에서 루스벨트 대통령을 대리하는 패트릭 헐리 대사에게는 비밀로 해달라고 함께 요청했다. 그 무렵에는 헐리가 공산당과 국민당 연립정부를 구성하여 힘을 합쳐 일본과 싸우게 하려고 노력하고 있었음에도 불구하고, 공산당은 그를 미국 대통령과 직접 교섭하려는 자신들의 노력을 방해할 적대자로 보고 있었다.

그 점에서 그들은 옳았다. 웨더마이어는 그 편지를 비밀에 부쳐달라는 마오쩌둥의 요청을 무시하고 절차에 따라 전문을 헐리에게 보냈고, 그는 이를 처박아두었다. 이 제안은 워싱턴에 전달되지 않았다. 공산 중국의 미래의 지도자들은 자기네가 보낸 문의에 대한 회답을 받지 못했다.

헐리가 자신들에게서 등을 돌렸다는 공산당 지도부의 믿음은 확실히 마오쩌둥과 저우언라이가 왜 그 시점에 그런 제안을 했는지를 설명해줄 수 있다. 그리고 두 공산당 지도자가 1945년 초에 루스벨트에게 말하려고 했던 것을 상상하기는 어렵지 않다. 그것은 틀림없이 그들이 헐리와 딕시 사절단 성원들, 그리고 대략 그 시기에 옌안을 방문했던 미국 언론인들에게 말한 것과 같은 내용이었을 것이다.

공산 세력은 미국이 장제스를 압박하여 자신들이 '민주적 개혁'이라 부르는 것을 이루기를 원했다. 그것은 자신들을 중국 내 모든 반일 정당들과 함께 '통일 정부'에 들어갈 수 있도록 허용하는 것이었다. 다만 일본에 맞서 전쟁을 하는 동안에 자기네가 키워낸 대규모 부대에 대한 통제권을 포기하도록 요구하지 않아야 했다. 그러나 공산 세력이 미국에 가장 원했던 것은 탄환과 총포였다. 마오쩌둥은 틀림없이 그것들을 공산 당에 직접 제공해달라고 요청했을 것이다. 그는 공산당이 일본과의 전쟁에서 가장 큰 짐을 지고 있다고 말했을지도 모른다.

마오쩌둥은 미국 대통령에게, 자신은 일본에 대한 공동 전쟁에서 기꺼이 자기네 군대를 미군 사령관 휘하에 두겠다고 말했을 것이다. 1945년 초에는 아무도 그해 8월에 원자폭탄으로 태평양에서의 전쟁이 끝날 것이라고 생각하지 않았고, 전쟁이 한두 해는 더 지속될 것이라 전망했다. 일본을 무찌르기 위해서는 미국이 일본 본토 섬으로 쳐들어가야 한다고 생각되었고, 그렇게 하기 위해 고려했던 한 가지 방법이 중국의 동부 해안에 미군 부대를 상륙시키는 것이었다. 그곳이 적의 영토에 대한 최종 공격에서 집결지 노릇을 하게 될 터였다. 작전가들 사이에서 힘을 얻어가고 있던 또 다른 방안은 지금처럼 섬 하나를 점령한 뒤 거기서 다음 섬으로 향하는 방식을 지속하되, 오키나와와 같은 가까운 섬을 일본 본토 진격을 위한 집결지로 삼는다는 것이었다. 그러나 마오쩌둥은 옌안에서 만난 미국인들에게, 틀림없이 거센 일본의 저항을 받으며 중국 땅에 도착하는 수십만 명의 미군 병사들을 보호하기 위해 자신의 병사들을 쓰라고 권고했다. 그리고 그는 이런 제안을 루스벨트에게도 하려고 했을 것이다.

그 밖에도 마오쩌둥은 거의 틀림없이 중국의 공산주의자들이 소련과 같은 의미의 공산주의자가 아니라고 설득하려 했을 것이다. 즉 프롤레타리아 독재를 추진하고, 사유 기업을 말살하며, 비판자를 투옥하고, 농업을 집산화하려는 정당이 아니라고 말이다. 중국 공산당은 이 모든 것을 권력을 잡은 지 몇 년 안에 시행했다. 마오쩌둥은 앞에서 보았듯이 자신을 링컨과 비교했다. 몇 달 전 옌안에서 해리슨 포먼과 인터뷰할 때였다. 그리고 그는 틀림없이 포먼에게 했듯이 루스벨트에게 노예 해방(노예는 중국의 궁핍한 농민을 의미한다)에 대해 말했을 것이다. "농업 개혁을 통해 그들의 삶을 개선하려는 것"이지, 소련에서처럼 계급의 적을 잔인하게 제거하는 것은 아니라는 말이다. 그러나 계급 투쟁을 촉진하기 위해 지주들을 아우성치는 군중들, 즉 땅을 소유하지 못한 농민들 앞에 세우고 그들을 처형한 것은 바로 마오쩌둥이 권력을 잡은 뒤 승인한 일이었다.

이런 노선에 따라 마오쩌둥은 루스벨트에게 자신의 운동이 지닌 더 큰 의미를 상세히 설명하기까지 했을 것이다. 이 운동이 아시아의 거대한 격변을 보여준다는 것이다. 나중에 공산주의자들이 부른 용어로 '해방'을 위한 열망과 결의에 찬, 완전히 새롭고도 거대한 물결 같은 것이다. 그는 본능적인 반식민주의자인 루스벨트에게 선택지를 제시하려 했을 것이다. 이 중요한 새 세력을 무시할 것인가, 아니면 미국이 그 편이 될 것인가? 후자를 택한다면 루스벨트가 원하든 원하지 않든, 떠오르고 있는 거인과 친구가 되는 것이다.

프랭클린 루스벨트는 워싱턴을 방문하겠다는 마오쩌둥과 저우언라이의 요청이 헐리를 통해 전달되었다 하더라도 그것을 받아들이지 않았을 것이다. 루스벨트 대통령은 동맹국 정부와 대립하고 있는 반란 세력인 공산당 지도자들의 위신을 세워주고 그들을 인정해줄 생각이 없었다. 또한 그들이 연립정부에 참여하기 전에 주장한 조건들에 동의하지도 않았을 것이다. '해방' 지역에서 구축한 100만 명의 군대를 유지하는 것 말이다.

헐리가 마오쩌둥과 저우언라이의 요청 건을 처박아둔 것은 이렇게 기회의 상실로는 보이지 않는다. 공산당의 제안의 중요성은 오히려 그에 대한 헐리의 반응에서 찾을 수 있다. 그들이 이를 헐리에게 알리지 말아 달라고 크롬리에게 요청한 것은 그에게, 자신의 부하 일부가 자신의 평화 조성 프로그램을 망가뜨려 공산 세력을 도우려 하고 있다는 명백한 증거였기 때문이다.

헐리는 중단된 대화를 다시 진행하려고 부단히 애를 썼다. 1월 6일, 그는 마오쩌둥에게 편지를 써서 저우언라이를 다시 충칭으로 보내달라고 요청했다.

바로 그날, 시안 영사인 에드워드 라이스는 마오쩌둥이 그렇게 하려고 안달하지 않는 한 가지 이유를 설명했다. 공산 세력이 장악한 지역이 계속 늘어나고 있기 때문이었다. 가장 최근에 그는 공산 세력이, 중앙정부가 허난에서 패배한 기회를 이용하여 "종종 중원中原으로 일컬어지는 중북부 지역에서 띠 모양의 거대한 새 공산당 영토를 확보"[2]했다고 썼다. 산둥, 장쑤, 후베이와 허난 일부 지역이다. 라이스는 장제스 정부가 어떤 지역을 잃으면 그것은 둘 중 하나라고 했다.

주요 도시와 운송로는 일본에게 빼앗기고, 시골 지역의 통제권은 공산 세력에게 빼앗긴다.

놀라운 일은 아니지만 1월 11일에 옌안에서 온 편지 한 통이 헐리에게 도착했다. 편지에서 마오쩌둥은 국민당이 "최소한의 성의조차 안" 보인다는 이유로 재개된 협상을 거부했다. 사흘 뒤, 마오쩌둥의 거부에 짜증이 난 헐리는 루스벨트에게 기다란 전문을 보냈다. 전문에서 그는 자신의 11월 초 옌안 방문으로부터 시작된 지난 두어 달 동안의 협상 노력을 자세히 설명했다. 헐리는 자신이 성공 직전까지 갔었는데 그때 갑자기, 그리고 이해할 수 없게도 "공산당이 떠나버렸다"고 했다. 이렇게 "공산당이 갑작스럽게 입장을 바꾸"고 장제스가 그렇게 중대한 양보를 했음에도 불구하고 그들이 대화 재개를 거부하는 것은 웨더마이어 사령부의 "어떤 장교들"[3] 때문이라고 했다. 그들은 공산 세력이 미국에게 바라는 것을 너무도 많이 들어주었으면서도 국민당과의 협상에 동의하도록 요구하지는 않았다는 것이다.

이 미군 장교들은 공산당 장악 지역에서 미국의 낙하산 부대를 사용하는 계획을 수립했습니다. 이 계획은 게릴라전에서 미국인이 지휘하는 공산군 부대를 사용하는 경우에 대비한 것입니다. 이 계획은 미국과 공산당이 합의하여 중국의 국민정부를 완전히 건너뛰고 미국의 보급품을 직접 공산당 부대에 공급하는 것을 바탕에 깔고 있습니다.

헐리는 이 계획에 대해 이미 약간 눈치를 채고 있었다고 말했다.

〔그러나〕 저는 그런 제안이 공산당에게 전해진 사실은 몰랐었는데, 마오 쩌둥과 저우언라이가 비밀리에 워싱턴으로 가서 대통령과 회담하고 싶다고 공산당이 웨더마이어를 통해 청하면서 그러한 사실이 분명하게 드러났습니다. 그들은 대통령을 찾아가겠다는 자기네 제안을 국민정부나 내게 비밀로 해달라고 웨더마이어에게 요청했습니다.[4]

드러난 사실과 관련해서 헐리가 모두 틀린 것은 아니다. 그가 형편없이 틀린 것은 이들 "웨더마이어 사령부의 어떤 장교들"이 방해를 일삼

앉고 불충하다고 비난한 부분이다. 드러난 사실은 미국의 중국 정책이 앞뒤가 맞지 않고 모든 기관들의 활동이 제각각이었음을 보여줄 뿐이었다. 헐리가 데이비스에 대해 판단한 내용은 분명히 이기적인 것이긴 했지만 옳았던 듯하다. 대사는 당시 아내에게 썼듯이 "내가 음모의 소용돌이에 휘말려 있음을 깨닫고 약간 당황스러웠"[5]던 것이다. 그리고 음모의 주체 가운데 한 사람은 워싱턴에 있던 OSS의 수장, '와일드 빌'로 불리던 도너번이었다.

도너번은 다이리나 중앙정부와 그랬던 것처럼 공산당과도 정보 문제에 관한 협력에 열심이었다. 공산 세력은 점령당한 중국 곳곳에 게릴라와 요원들이 있었고, 분명히 미국에 방대한 양의 정보를 제공할 수 있는 위치에 있었다.[6] 게다가 공산 세력은 딕시 사절단에 참여한 OSS 요원들, 특히 크롬리 등과의 대화에서 그들이 이런 협력을 환영하며 장려하고 있다고 분명하게 밝힌 바 있었다. 공산 세력은 넓은 지역에 산재한 '해방' 구역에서 병사들과 요원들이 사용할 수 있는 장비, 특히 무선통신기가 필요했다. 그들은 또한 자기네 정보 요원들에 대한 기술적인 훈련도 원했다.

1944년 9월, OSS는 공산 세력이 장악하고 있던 14개 지역에 무선통신기를 제공하는 데 동의했다. 1945년 4월까지 6000여 킬로그램에 달하는 미국의 장비(주로 경량 무선통신기와 예비 부품들이었다)가 옌안에 도착했고, 더 많은 양이 준비되고 있었다. OSS는 활발한 움직임 끝에 OSS 중국지부 부지부장 윌리스 버드Willis Bird가 상시적으로 옌안 측과 연락할 수 있도록 했다.[7]

버드는 군사적 또는 준군사적 협조 문제로 공산당과 대화하는 유일한 미군 장교는 아니었다. 1944년 11월 초, 웨더마이어가 중국에 도착한 지 불과 나흘 뒤에, 대장정에 참여했고 팔로군 참모장이었던 예젠잉葉劍英이 미국의 아이디어 하나에 반응을 보였다. 데이비스가 내놓은 이 아이디어는 미국이 산둥성과 장쑤성 경계 지역에 있는 렌윈강連雲港에 노르망디식의 상륙을 감행한다는 것이었다. 이것은 대규모 합동 작전을 공산세력이 지원하는 것이었고, 규모 면에서 버마와 윈난성에서 미군이 정부병력과 함께 벌였던 작전과 비슷했다. 예젠잉은 미군 5개 사단을 지원하기 위해 공산당이 5만 명의 병력을 투입하겠다고 제안했다. 이 지원에는 일본의 통신을 교란하고 일본군을 묶어두어 미군이 성공적으로 상륙하도록 하는 것도 포함되어 있었다.[8] 데이비스는 곧바로 공산당의 숨은 목표를 알아차렸다. 미군의 무기를 받아 나중에 이를 국민당을 상대로 쓰려는 것이었다. 그는 또한 미군이 중국 해안에 상륙하면 일본의 이치고 공세가 펼쳐지고 있는 시기에 남부와 서부에서 미군 병력을 빼내는 것이기 때문에 쿤밍과 어쩌면 충칭까지도 방어벽이 얇아질 수 있다는 점도 간파했다.

그러나 그는 예젠잉의 계획을 지지했고, 거기에는 상당한 이유가 있었다. 미국이 부대를 중국 해안에 상륙시키면(그 시점에서 미국의 작전가들은 일본을 패퇴시키려면 그렇게 해야 한다고 생각하고 있었다) 공산당의 협력이 필요해질 것이기 때문이다. 저우언라이는 데이비스에게 상륙 작전이 벌어지면 지원하겠다고 말했다.

그들은 상륙지 반경 300여 킬로미터의 주민을 동원하여 미군 병력을 위해 노동력과 음식물을 제공할 예정이었다.

다시 말해서 공산당은 "자기네가 할 수 있는 것은 모두 협조하겠다는 것"⁹이었다고 데이비스는 자신의 일지에 썼다. 그는 드러나게 될 가능성으로 인해 분명히 흥분했고, 틀림없이 역사적인 규모가 될 것이라고 생각했다. 그는 나중에 이렇게 썼다.

미국이 마오쩌둥의 협력 초청을 받아들인다면 (……) 옌안 수뇌부의 지향점이 어떻게 발전할지는 아무도 알 수 없는 일이었기 때문이다.

그것은 데이비스가 공산 세력에 관한 세 건의 전망 보고서에 써서 워싱턴에 보냈던, 그 숨이 멎을 듯한 가능성에 대한 그의 견해를 뒷받침하는 것이었다. 보고서에서 그는 그들의 공산주의자라는 측면을 깎아내고 그 대신 민족주의적 특성을 강조했다. 그리고 중국의 공산 세력을 소련의 손아귀에서 "빼내올" 수 있는 가능성에 대해 긍정적으로 평가했다. 이런 견해에 관해 그는 나중에 "공산주의자의 행동에서 이데올로기의 영향을 과소평가"¹⁰했음을 인정한다. 그러나 당시에 그는 분명히 여러 가지에 영향을 받고 있었다. 군사적 협력을 할 수 있다는 전망뿐만이 아니라, 옌안에서 그를 따뜻하고 기분 좋게 맞아준 일이며 부드러운 토요일 밤의 무도회며 그들 모두가 형식적인 태도를 보이지 않고 교회 친목회 같은 분위기를 만들었던 일과, 공산당이 진정으로 미국과의 우호를 열망하고 있다는 자신의 내적 확신 등에도 영향을 받았다.

결국 그것은 맞는 말이었다. 미국과 가까이 지내면 소련과 친하게 지내는 것보다 훨씬 많은 이득을 그들에게 가져다주었을 것이다. 데이비스는 1944년 말에 이렇게 썼다.

그들은 이제 오른쪽으로 너무 멀리 벗어났기 때문에 국내와 해외 반동

세력의 압도적인 압력으로 내몰리게 될 경우에만 혁명으로 되돌아갈 것이다.[11]

정풍운동에 대해 데이비스는 나중에 자신이 "알고 있었다"고 했다.

나는 그것을 알아보지 않았다. 나의 관심은 권력 문제, 그리고 옌안을 소련으로부터 떼어 유인하기 위해 미국이 해야 할 일들에 고정되어 있었다.[12]

여기에는 약간의 고의적으로 무시된 부분이 있다. 그리고 데이비스가 무시한 것은 정풍운동이 중국 공산당을 얼마나 소련 공산당과 비슷하게 보이게 했는가였다. 그러나 당시 상황에서 데이비스보다 분명하게 문제를 볼 수 있었던 사람이 있었다고 생각하기는 어렵다.

1944년 말 OSS의 도너번은 중국에 있던 자신의 부하 버드 중령을 옌안으로 보내 공산 세력과의 추가적인 협력을 논의하도록 했다. 버드는 배럿과 함께 갔는데, 배럿은 웨더마이어의 참모장 로버트 매클루어 장군으로부터 옌안으로 가서 미국 낙하산 부대를 공산 세력이 장악하고 있는 지역에 주둔시킬 수 있는지 알아보라는 명령을 받았다. 그들은 데이비스와 같은 비행기를 탔는데, 앞서 보았듯이 데이비스는 작별 인사를 하러 가는 것이었다. 데이비스는 회고록에서 버드와 배럿의 임무가 무엇이었는지에 대해 어렴풋하게 짐작하고만 있었다고 말한다.

세 사람은 12월 15일 옌안에 내렸다. 이튿날 버드와 배럿은 마오쩌둥과 그 밖의 사람들을 만나러 갔고, 그 이후 사흘 동안에 그들은 미래에 가능한 미국과 중국 공산 세력 사이의 야심 찬 협력 계획을 만들었다.[13] 그 가운데는 미국의 특수 작전 요원들을 중국 공산당 부대들과 함께 투입하여, 버드가 한 메모에서 말했듯이 "총체적인 혼란을 일으키고 빠져나오는" 계획도 있었다. 더 중요한 제도적인 약속으로서 이 계획은 최대 2만 5000명에 이르는 공산당 게릴라들에게 미국이 장비를 제공하는 것을 예상하고 있었다. 버드는 그 대가로 미국이 얻는 것에 대해 이렇게 썼다.

웨더마이어가 전략적으로 사용할 필요성이 있는 경우 65만 명의 〔공산당〕 군대와 250만 명의 민병대로부터 전폭적인 협조를 받을 수 있다.

공산당이 이 계획에 동의한 이유는 쉽게 알 수 있다. 장비가 거의 없는 2만 5000명의 병사들을 무장시키기 위해서였다. 또한 국민당이 같은 이유로 격렬하게 반발하리라는 것을 쉽게 예상할 수 있었고, 실제로 여기서 아무런 결과도 얻지 못했다. 이것은 전쟁 와중에 급증한 여러 기관들의 하나에서 권위를 가진 누군가가 던져준, 그런 많은 계획들 가운데 하나였다. 이 경우에는 도너번이었다.

어쨌든 버드의 계획은 헐리에게 지속적인 영향을 미쳤다. 그 시점 이후로 헐리는 외무 부문의 중국 전문가들과 화해할 수 없는 적이 되었다. 헐리는 그들이 자신의 중재 노력을 의도적으로 방해하고 있다고 고집스럽게 믿었다. 관료적인 에두름(특히 도너번 쪽의)이었건 아니면 좀 더 악의적인 동기가 있었건, 헐리는 버드의 이례적인 옌안 방문에 대해 연락을 받지 못했다. 그런 계획을 알았다면 틀림없이 거세게 반대했을 것이다. 버드의 협력 제안은 공산당이 성가시게 국민당과 협상을 하지 않고도 상당한 원조를 받을 수 있도록 약속하고 있었기 때문이다. 동시에 헐리는 1944년 말 옌안에 간 3명의 사절 버드, 배럿, 데이비스가 모두 못된 동기를 가지고 있다고 생각했다. 그가 루스벨트에게 보낸 전문은 첫 펀치일 뿐이었다. 그는 이후 오랫동안 자기 밑에서 일하는 외무 부문의 중국 전문가들과 웨더마이어 사령부의 군 장교들을 폄훼하는 일을 계속했다. 단순한 폄훼뿐만이 아니라 그들을 자리에서 쫓아내려 했다.

루스벨트는 헐리의 전문을 매우 심각하게 받아들여 이를 대통령 수석 군사 고문인 윌리엄 레이히William D. Leahy 제독에게 보냈다. 레이히는 이를 육군 참모총장 조지 C. 마셜에게 넘겼고, 마셜은 이를 앨버트 웨더마이어에게 보냈다. 웨더마이어는 이때 전쟁터에 있었다. 살윈 전선에서 정부군의 공세를 재개하기 위해 분투하던 중이었다. 웨더마이어는 마셜로부터 설명을 요구받고 처음에는 자기 휘하의 어떤 부하도 "불충한 책략"을 꾸민 적이 없다고 대답했다.

웨더마이어는 대통령에게 비난 전문을 보낸 헐리에게 화가 났다. 못된 짓을 했다고 헐리가 비난한 사람들은 결국 웨더마이어의 부하들이었다. 그의 참모장 매클루어도 그 가운데 하나였다. 헐리는 웨더마이어가 자신의 지적을 일축하자 속이 끓었다. 주중 미국 대사와 중국 전구 사령부 사령관 사이가 매우 껄끄러워져서, 그들은 며칠 동안 서로 말도 섞지 않았다. 충칭의 같은 건물에 있으면서도! 웨더마이어는 나중에 이렇게 썼다.

그것은 아주 난처한 일이었다. 우리는 식사 때 한자리에 앉아야 했기 때문이다. 어느 날 저녁 침대에서 책을 읽고 있는데 팻(패트릭) 헐리가 방으로 들어왔다. 그는 침대 가에 앉아 두 손으로 내 오른손을 꽉 잡더니, 내

게 한 행동에 대해 미안하다고 말했다.[14]

마셜이 더 자세한 내용을 요구하자 웨더마이어는 이 문제를 더 깊숙이 파보았고, 정말로 헐리의 말이 대체로 사실이었음을 알 수 있었다. 몇몇 장교들, 즉 버드와 배럿(그는 매클루어의 명령을 받았다)이 정말로 마오쩌둥과 이야기를 나누었다. 매클루어의 역할을 생각한다면 웨더마이어가 그 계획에 대해 전혀 몰랐다는 것은 믿기 어렵다. 하지만 상관없다. 웨더마이어는 군사부에 보낸 전문에서 공산당과 "헐리 장군이 소신을 가지고 이야기한 우리 장교들" 사이에서 있었던 "승인받지 않은 느슨한 논의"[15]에 대해 해명했다. 그리고 그는 이것이 국민당과 공산당 사이의 협상 실패의 원인이 되었다는 데는 동의하지 않았지만, "[헐리가] 이 문제에 대한 해법을 도출하는 데 어려움을 겪은 일에 상당한 책임이 있음"을 인정했다. 웨더마이어는 화해를 촉진하기 위해 충칭에서 기자회견을 열고, 모든 미군 장교들은 앞으로 중국에서 충칭 정부 외에는 아무런 지원도 하지 않을 방침이라고 발표했다.[16] 말은 하지 않았지만, 매클루어와 배럿의 계획에 대한 명백한 부인이었다.

이 모든 일의 결과는, 이 사건 관계자들 가운데 루스벨트에게 직접 전문을 보낸 유일한 사람인 헐리가, 하급자들이 불충한 일을 벌였다는 자신의 의심이 입증되었다고 생각했다는 것이다. 그가 만약 이 문제가 도너번에게서 시작되었고 버드와 배럿은 그저 명령을 따랐을 뿐임을 알았더라면, 그는 절대로 이를 아는 체하지 않았을 것이다. 물론 헐리가 생각했듯이 공산당 측은 장세스와의 협상 없이도 미국의 원조를 받을 수 있다는 전망이 생기자 기가 살아서 헐리가 추진한 협상에서 발을 뺐다는 이야기도 전적으로 가능하다. 그러나 그들이 12월 말과 1월의 몇 주 동안 그렇게 느꼈다 하더라도 그들은 곧 그런 헛된 꿈을 깨고, 협상은 재개된다.

한편 수천 킬로미터 밖에서는 마오쩌둥이 상황이 자신의 생각대로 움직인다고 믿을 이유를, 미군 장교들과 가졌던 어떤 요령부득의 논의보다도 훨씬 강력하게 제시하게 되는 사건이 일어나고 있었다. 그리고 이 사건은 곧 미국과 공산 세력 사이에 이미 일어난 거의 모든 일들을 미래와 관계없는 것으로 만들었다.

제 8 장

도덕상의 양보

새해 초 마오쩌둥은 역사적인 중요성을 지닌 어떤 일이 곧 일어나리라는 것을 처음으로 알게 된 사람들의 하나가 되었다. 쌀쌀한 흑해 해안의, 소련 바깥의 사람들은 거의 들어보지 못했을 얄타라는 곳에서 일어나는 일이다.

그곳에서 1945년 2월 4일부터 11일까지 프랭클린 루스벨트와 윈스턴 처칠, 이오시프 스탈린 세 거두가 만나서 전쟁의 막바지 전략과 이후의 세력 균형 형성 문제를 논의할 예정이었다. 이 회담은 전시의 엄격한 비밀 준수라는 조건 아래 개최되었다. 회담이 끝날 때까지 미국의 언론과 국민들은 심지어 루스벨트가 미국을 떠났다는 사실조차 알지 못했다. 그러나 정황 증거는 마오쩌둥이 이 회담이 시작되기 직전에 이를 알았음을 강력히 시사한다. 거의 틀림없이 스탈린이 알려주었을 것이다. 중국에서의 항일전쟁 기간 내내 긴밀한 접촉을 위해 유지하고 있던 비밀 무선 연락망을 이용했을 것이다.

알타 회담 개막 전날인 2월 3일, 마오쩌둥은 저우언라이에게 전문을 보내 "스탈린이 처칠과 루스벨트를 만나고 있"으며, 스탈린이 나중에 회담 결과를 알려줄 것이라고 말했다. 회담이 극비에 부쳐졌음을 감안하면, 스탈린이 알려주지 않고서는 마오쩌둥이 운명적인 알타 회담이 곧 시작되리라는 것을 알 방법이 없었다.[1]

저우언라이는 이때 충칭에 있었다. 교착 상태에 빠진 국민당과 공산당 사이의 협상을 재개하자는 헐리의 끈질긴 요청에 마오쩌둥이 응하여 1월 22일 그곳에 간 것이다. 그러나 알타 회담에 관한 소식은 분명히 마오쩌둥으로 하여금 대화를 연기하게 만들었고, 그는 저우언라이에게 즉시 옌안으로 돌아오라고 지시했다. 이 문제에 관해 저명한 학자가 결론을 내렸듯이, 알타에서 곧 회담이 열린다는 소식은 조만간 소련이 아시아의 전쟁에 뛰어들 것이고 그렇게 되면 "중국 정치에서 공산당의 영향력이 틀림없이 확대될 것"이라는 의미라고 마오쩌둥은 생각했다. 따라서 마오쩌둥의 결론은 "알타 회담 이후 동아시아에서 소련의 영향력이 커지는 이점을 최대한 누리기 위해"[2] 헐리와의 대화를 잠시 연기해야 한다는 것이었다.

이것이 헐리가 추진하는 협상에서 공산당이 좀 더 강경한 자세를 취한 배경이었던 듯하다. 그러나 앞에서 보았듯이 헐리는 이 문제에 관해 버드, 배럿, 매클루어를 비난했고, 이와 함께 데이비스를 필두로 한 중국통들의 더 넓은 범위의 노력들이 자신의 중재를 방해했다고 생각했다. 스탈린이 실제로 마오쩌둥에게 알타 회담 결과를 알려주었다는 단서는 없지만, 그는 그럴 필요도 없었다. 마오쩌둥과 그의 참모들은 전략적인 지형이 자신들에게 유리하게 바뀌어가고 있음을 알았을 것이다. 스탈린은 부분적으로 1904년에서 1905년의 굴욕적인 패배로 일본에 잃은 러시아의 영토를 회복한다는 해묵은 목표를 이루기 위해 일본과의 전쟁에 뛰어들고 싶었겠지만, 그것이 중국 공산주의 운동에 나쁠 이유는 없었다.

얄타에서 비밀 협정이 조인된 다음 날, 마오쩌둥은 옌안에 있는 당내 인사들에게 장제스를 지지하고 미국에 친선의 손길을 내민다는 지난 몇 년간의 정책은 좀 더 급진적이고 투쟁적인 방향으로 옮겨가고 있다고 말했다. 몇 주 전, 마오쩌둥은 옌안 리위안의 무도장에서 딕시 사절단과 배럿, 버드 등의 특사들을 격려하며 중국 소녀들과 춤을 추었다. 이제 마오쩌둥은 '메이美-장蔣'에 맞서 혈전을 준비해야 한다고 촉구했다. 메이-장은 미국-장제스 동맹을 공산 세력이 경멸적으로 약칭하는 말이었다.

이것은 중대한 표현상의 변화였다. 마오쩌둥은 자신이 가장 위험에 처했을 때 가장 친절했고, 대부분의 전쟁 기간 동안 미국의 지원을 등에 업은 옌안 공격 가능성 때문에 위협을 느꼈다. 그 공격은 스탈린이 독일과 전쟁을 치르느라 정신없을 때 개시될 것으로 보였다. 이제 위협이 줄었다고 생각하자 그는 당내 인사들에게 이렇게 말했다.

"〔미국인들이〕화를 낼까 두려워하지 말고, 그들이 큰 소리로 비난하는 것을 두려워하지 마시오."[3]

동시에 마오쩌둥은 몇몇 역사가가 미국인들을 향한 '미소 공세'라고 부른 것을 고집스럽게 이어갔다. 그 미국인들은 계속해서 옌안에서 그를 만났고, 정보 수집에서 협력할 수 있는 방안을 논의했으며, 낙하한 미군 조종사들을 구조했고, 마오쩌둥의 말대로 미국인들이 중국에 머물 수밖에 없다고 생각한 사람들이었다. 마오쩌둥은 자신이 만나는 미국인들에게 당 고위층 내부에서 하는 그의 이야기가 소련 쪽으로 옮겨가고 있다는 사실은 털어놓지 않았다. 그러나 무언가는 바뀌었다. 마오쩌둥이 얄타에서 열리는 회담에 관해 들었을 때 대권을 잡을 가능성에 대한 어떤 새로운 느낌이 그의 마음속에 들어왔고, 이것은 이후 절대로 변하지 않았다.

얄타 회담 시기에 상황을 재검토한 것은 마오쩌둥뿐만이 아니었다. 프랭클린 루스벨트의 소련 주재 대사 애버렐 해리먼은 전쟁이 막바지로 접어들면서 스탈린과 소련에 대해 뒤숭숭한 생각을 정리하고 있었다. 나중에 그가 표현했듯이 그는 현실에 습격당하고 있었다. 해리먼은 은행가의 아들로 침실이 40개나 되는 롱아일랜드의 저택에서 자랐다. 집에 폴로 경기장까지 딸려 있었다. 해리먼은 다른 어떤 미국인들과 지낸 시간보다 더 긴 시간을 스탈린과 보냈다. 해리먼은 대통령과 만날 때면 대부분 전후 세계에 대한 그의 큰 그림에 지지를 보냈다. 추축국들에 승리하게 될 강대국들이 손을 잡으면 그들의 우의와 동맹 관계가 장래에도 영원히 계속되고 이에 따라 세계의 화합과 평화가 이어질 것이라는 전망이었다.

전시의 협력으로 인해 생겨난 소련에 대한 훈훈한 감정은 60여 년의 세월이 흐른 뒤에는 거의 상상하기 어려운 일이 되었다. 냉전을 거쳤고, 스탈린의 파괴적인 악행에 관한 방대한 문서들이 공개되었다. 1945년에 세계는 힘의 충돌뿐만이 아니라 가치와 생활방식의 충돌을 향해 가고 있었음이 이제는 분명해졌다. 개인의 자유와 입헌제 정부, 그리고 권력 남용으로부터의 보호는 부도덕하고 반자유주의적인 거대 권력으로부터 도전을 받고 있었다. 그러나 처칠의 '철의 장막' 연설 1년 전이자 소련에 대한 '봉쇄'가 미국의 공식적인 정책이 되기 전, 그리고 핵에 의한 공포의 균형이 도래하기 몇 해 전이었던 당시는 소련이 독일을 상대로 거둔 엄청난 승리의 분위기에 젖어 있었다. 앞서 보았듯이 루스벨트는 1945년 4월에 죽는 순간까지 스탈린에 대해 진실한 신뢰감을 품고 있었다. 특히 그는 자신과 소련 측 파트너가 전쟁 이후에도 동맹 관계를 지속할 것이라고 믿었다.

1944년 연말 무렵에 루스벨트는 뉴욕 매디슨스퀘어가든에서 열린 2만 명 규모의 대중 집회에 참석했다. 미국과 소련 사이의 외교 관계 수립 11주년을 축하하기 위해 전국 여러 곳에서 열린 집회의 하나였다.[4] 소련 대사 안드레이 그로미코Andrei A. Gromyko가 이 유명한 경기장에 나타났다. 지휘자 레오폴드 스토콥스키도 참석하여 오케스트라를 지휘했다. 유럽의 연합군 최고사령관 드와이트 D. 아이젠하워가 등장하여 "위대한 붉은 군대"에 대해 이야기했다. 국무부 장관 에드워드 스테티니어스는 세계가 이전에 전혀 경험하지 못했던 "온 인류의 자유와 행복을 증진시킬 기회"를 이야기했다. 한참 동안 기립박수를 받은 루스벨트는 "오래 지속되는 평화를 수립하기 위해" 자신과 스탈린 사이에서 "합의가 점점 확대되고 있음"을 환기시켰다.

모스크바에서는 해리먼이 바로 이 행복에 넘치는 비전에 대한 믿음을 상실해가고 있었다. 이유는 스탈린의 공격적인 행동이었다. 그런 감정은 스탈린 및 그의 대리인들과의 협의 과정에서 더욱 커져, 그는 미국인들이 생각하고 있던 것과는 아주 다른 세계를 그려보게 되었다. 1945년 4월 4일, 해리먼은 소련 사람들이 "자기네의 이기적인 관점에서"[5] 움직이고 있다고 불평하는 신랄한 전문을 워싱턴에 보냈다. 그들은 "사실이 알려지는 것을 막기 위해" 언론을 검열하고 있었다.

〔그들은〕자기네가 점령한 적국에서 가져갈 수 있는 것은 무엇이든 끊임없이 약탈해갈 것입니다.

가장 중요한 것으로 해리먼은 스탈린의 목표에서 매우 악의적인 요소를 발견했다. 이 소련의 독재자는 루스벨트가 머릿속에 그리고 있던 사람, 호혜적인 방식으로 너그럽게 반응하던 사람이 아니었다. 해리먼은 이렇게 썼다.

우리는 소련의 계획이 전체주의를 수립하고 우리가 알고 있는 개인의 자유와 민주주의를 끝장내는 것임을 확실히 인식해야 합니다.[6]

이 기간 동안 해리먼은 중국을 별로 마음에 두지 않았던 듯하다. 소련이 중국에 대해 어떤 생각을 가지고 있는지 우려하기는 했지만 말이다. 루스벨트가 죽은 지 9일이 지난 4월 21일, 그는 소련이 "마케도니아와 터키와 특히 중국"에서 "새로운 말썽을 일으킬"[7] 수 있다고 경고했다. 소련이 만주를 점령하기 전에 장제스가 중국 공산당과 타협을 하지 못할 경우에 대해 그는 이렇게 말했다.

〔소련은〕틀림없이 자기네가 통제하는 공산주의 정권을 그곳에 세울 것이며, 그렇게 되면 중국은 완전히 쪼개지게 될 것입니다.

해리먼은 이 진술에서 다른 미국 관리들과 마찬가지로 희망적 가정을 하고 있다. 어쨌든 장제스가 마오쩌둥을 끌어들여 통일 정부를 구성하기만 하면 중국에 대한 소련의 악의적인 간섭이 없으리라는 것이다.

그러나 전개된 사태를 보면 이런 가정은 완전히 틀렸음을 알 수 있다. 중국은 여전히 해리먼이나 다른 전후 설계자들에게 유럽에 비해 관심이 덜 가는 지역이었다. 얄타 회담 이후 몇 주 동안 이 미국인들을 괴롭힌 것은 오히려 폴란드였다. 미국과 소련은 정반대의 목표, 관행, 가치를 가지고 있음이 그곳에서 드러났기 때문이다.

폴란드에 관한 소련의 구상은 전쟁 기간 내내 언급되지 않다가 전쟁 막바지 몇 달 동안에 나왔다. 6년 전의 사건들을 되돌리는 것은 비생산적이고 현명치 못한 '헛발질'로 생각되었다. 그때 스탈린과 히틀러는 거칠고 노골적인 침략 행위로서 폴란드를 나누어 가졌다. 1939년에 두 독재자는 각자의 외무부 장관들인 뱌체슬라프 몰로토프와 요아힘 폰 리벤트로프를 통해 불가침 협정에 서명했다. 이 비밀 협정을 통해 스탈린과 히틀러는 독립 국가인 폴란드를 지도에서 지워버리고 폴란드의 수도 바르샤바를 가로지르는 비스와 강에 소련과 독일의 새 국경선을 그었다.

협정에 서명한 지 일주일 만인 9월 1일, 독일은 치명적인 첫 번째 대규모 전격전을 감행하여 폴란드를 침공하고 재빨리 그 서부 절반을 점령해버렸다. 영국과 프랑스는 폴란드와 조약을 맺어 독일이 침공할 경우 방어하기로 했었고, 독일이 침공하자 두 나라는 전쟁을 선포했다.

2주 뒤 소련이 독일에 이어 폴란드를 침공했는데, 이때는 영국과 프랑스가 선전포고를 하지 않았다. 한편으로는 소련을 상정한 방어 조약이 없었기 때문이었고, 또 한편으로는 독일과 소련 두 나라를 상대로 동시에 전쟁을 벌인다는 것은 터무니없이 무모한 일이기 때문이었다. 어쨌든 서유럽과 그 자유에 대한 임박한 위협은 히틀러에 의해 제기된 것이었다. 협정을 맺은 뒤 독일은 자유롭게 프랑스, 벨기에, 네덜란드 침략으로 관심을 돌릴 수 있었고, 동시에 영국에 대한 폭격 작전에도 나설 수 있었다. 이 모든 일이 1940년 후반기의 몇 달 사이에 일어났다.

한편 소련의 카틴 숲에서 소련 비밀경찰이 스탈린의 승인을 받고 2만 명 이상의 폴란드 주민을 살해했다. 1939년 침공 때 포로로 잡은 8000명의 군 장교들도 여기에 포함되었다. 그것은 소련 비밀경찰 엔카베데(NKVD: 내무인민위원부)와 극도로 무자비한 수장 라브렌티 베리야가 조직한 선제 공격이었다. 가까운 장래에 일어날 수 있는 폴란드 독립운동의 지도층을 모조리 말살한다는 목적이었다. 소련은 이 엄청나고 용서할 수 없는 잔혹 행위를 독일에게 뒤집어씌웠다. 세계가 수십 년 동안이나 속아넘어간 뻔뻔스러운 거짓말이었다.

나치스가 프랑스와 저지대 국가들(네덜란드, 벨기에 등 라인 강 하구의 국가들 - 옮긴이)을 침공한 지 반년이 지난 1941년 1월, 히틀러와 스탈린은 독일-소련 국경 및 상업 협정을 맺어 협력의 폭을 확대했다. 이를 통해 소련의 원자재와 독일의 공업용 기계를 교환할 수 있었다.

스탈린과 히틀러는 1939년에서 1942년 사이에 동맹자로서 모두 적에 대한 대량 학살을 자행했다(자기네 국민을 대량으로 살해하고 투옥하는 일도 함께 진행되었다). 자기네에게 이득이 된다면 어떤 도덕적인 제약도 거리끼지 않았다. 독일은 벨기에, 노르웨이, 네덜란드, 프랑스를 휩쓸었고, 동유럽에서 집단적인 박해를 준비했다. 반면에 스탈린은 폴란드의 동부 반쪽과 라트비아·리투아니아·에스토니아 등 발트해 연안 국가들, 루마니아의 동북부 지방인 베사라비아·몰도바와 북부 부코비나를 낼름 집어삼켰다. 스탈린은 또한 중립국인 핀란드도 침공했는데, 다른 나라들과 달리 핀란드인들은 저항에 부분적으로 성공하여 영토 일부를 잃었지만 결코 소련의 지배에 굴복하지 않았다. 이 모든 나라와 땅들이 독일 측에서 소련의 '영향권'[8]으로 인정한 곳들이었다. 그것은 어느 학자가 말했듯이 점령 지역이었다.

그런 뒤에 이 범죄적이고 이기적인 독일-소련 동맹이 깨졌다. 독일이 프랑스를 침공한 지 1년 뒤인 1941년 6월, 히틀러는 3개의 전선에서 소련에 대한 대규모 전격전을 시작했다. 이에 따라 스탈린은 사실상 하룻밤 사이에 공모자에서 철천지원수로 바뀌었다. 히틀러의 배신 행위는 동유럽 전체를 지배하려는 스탈린의 이전 계획을 무너뜨렸다. 그리고 그것은 영국 및 미국과 필요에 의한 동맹을 맺게 만들었고, 두 나라는 '내 적의 적은 내 친구다'라는 오래된 원리를 따랐다. 4년이 지나고 소련이 독일군을 상대로 여러 차례 값비싼 승리를 거둔 끝에 스탈린은 이제 얄타에서 전시 동맹자들로부터 영향권 또는 점령 지역의 확보를 확약받기로 했다. 무너진 히틀러와의 거래에서 얻지 못했던 것인데, 이번에는 좀 더 크다는 점이 달랐다.

스탈린은 이런 의중을 조금도 숨기지 않았다. 얄타 회담은 세 지도자의 두 번째 전시 회담이었다. 첫 번째 회담은 1943년 테헤란에서 열렸는데, 그곳에서 스탈린은 이미 자신의 생각을 분명히 밝혔다. 그는 다시 만나기 위해 안달하는 일이 전혀 없었다. 다음 정상회담은 자신에게 가깝고 편리한 곳에서 열든지 아니면 그만두자는 식이었다. 이 때문에 루스벨트는 워싱턴 시에서 기차를 타고 버지니아 주 뉴포트뉴스로 갔고, 그런 뒤에 열흘 동안 해군 순양함을 타고 지중해의 몰타 섬으로 갔으며, 거기서 처칠과 만났다. 그 뒤 함께 비행기로 일곱 시간 거리의 세바스토폴(크림 반도 남서부의 항구 도시―옮긴이)로 향했다. 미국 비행기는 혹시 있을지도 모를 독일의 공중 공격을 피하기 위해 새벽 3시에 이륙했다. 마침내 두 사람은 자동차를 타고 150킬로미터에 이르는 구절양장 산길을 지나 얄타에 도착했다.[9] 그러나 그 만남은 루스벨트가 원한 것이었다. 전후 세계의 틀에 대한 어느 정도의 합의에 도달하기 위해 건강상의 커다란 위험을 무릅쓰면서까지 스탈린의 요구에 따랐던 것이다. 루스벨트의 원대하고 이상주의적인 전후 세계 구상의 핵심은 국제연합(UN)이었고, 루스벨트의 입장에서는 소련이 참여하겠다고 동의하는 것이 무엇보다 중요했다.

스탈린은 특별히 만나려고 애쓰지 않았다. 돌아가는 상황이 그에게 유리했기 때문이다. 그는 자신을 점령지에서 물러나게 하려는 동맹국들의 압력에 구애받을 생각이 없었다. 1945년 2월까지 소련 군대는 발트해 연안 국가들과 폴란드, 그리고 헝가리, 체코슬로바키아, 루마니아, 불가리아를 석권했고, 그는 지배권을 포기할 생각이 전혀 없었다.

폴란드에 관해서 소련 지도자가 천연덕스럽게 일구이언을 하자, 루스벨트와 해리먼, 그리고 스테티니어스 국무부 장관 등 미국 대표단은 어안이 벙벙해졌다. "자유롭고 독립적이고 강력한 폴란드가 소련의 안전에 필수불가결하다"[10]라고 스탈린은 서방 동맹국들에게 확언했다. 그러나 스탈린은 사족을 붙였다. 독일이 폴란드를 통해 소련을 침략했기 때문에 소련은 "이 나라(폴란드)를 완전히 지배해야 한다"는 것이었다.

세 강대국 지도자들은 폴란드에 관해 입씨름하면서 며칠을 보냈다. 비록 예의를 차리고, 1939년에 소련이 이 나라의 절반을 합병한 사실에 대해서는 언급을 피했지만 말이다. 루스벨트와 처칠은 전쟁이 터지고 런던에서 수립된 비공산계의 폴란드 망명정부를 지지했다. 그리고 이 망명정부가 소련이 지원하는 공산주의자 그룹과 대권 경쟁을 할 수 있도록 하는 방안을 만들자고 압박했다. 그 방법은 아마도 선거가 될 터였다. 그러나 소련은 이 목표를 저지하기 위해 할 수 있는 일은 무엇이든 했다.

얄타 회담이 열리기 몇 달 전인 1944년 8월, 폴란드 국내군(AK)이 바르샤바에서 유명한 봉기를 시도했다. 이들은 나치스 점령군을 몰아내기 위해 두 달 이상 치열한 시가전을 벌였다. 이 봉기는 바르샤바 중앙부를 흐르는 비스와 강 건너편에 소련군이 도착하는 시기에 맞춘 것이었다. 그러나 소련 군대는 건너편에 그냥 머물러 있었고, 스탈린은 독일군이 폴란드의 비공산계 무장 저항을 쓸어버리는 동안 이를 지켜보며 기다렸다. 그런 다음 바르샤바를 평정했다. 스탈린은 소련의 지배에 항거하는 독자적인 반대 세력을 형성할 수 있는 폴란드인들이 제거되는 것을 보고 기뻐했다.

알타에서 세 지도자가 만날 무렵에는 이미 소련이 바르샤바에 꼭두각시 정권이 될 세력을 심어놓았기 때문에 루스벨트와 처칠이 할 수 있는 일은 별로 없었다. 소련이 지원하는 정부가 장래에 자유 선거를 실시하겠다고 약속하도록 하는 평화 협정이 있었다. 더 일반적으로는 유럽의 해방된 국민들에게 "주권을 회복하고 자신들의 민주 정부를 수립"[11]할 권리를 보장하는 것이었다. 그러나 모스크바 주재 미국 대사관의 2인자(대리대사)이자 나중에 봉쇄 정책 설계 책임자가 되는 조지 케넌George Kennan이 당시에 말한 대로, 이런 말들은 "가장 형편없는 부류의 얼버무림"[12]이 되고 말았다. 나중에 폴란드 공산 세력이 이 약속된 선거를 치르지 않았을 때 서방 동맹국들은 아무것도 할 수 없었다. 1945년 이후 시기에 영국과 미국은 소련의 통제를 받고 있는 폴란드 정부가 그 대신 비공산계 인사 몇 명을 받아들였음을 알게 되었다. 소련의 폴란드 지배는 가까운 장래에 공인된 사실이 되었다.

소련의 야심 찬 목표와 동유럽에서의 움직임을 생각하면 스탈린이 중국에 어느 정도의 관심이 있어서 그곳에서도 비슷한 무언가를 하려고 했다고 생각할 수 있다. 사실 미국 정부 고위층에서는 유럽에서의 소련의 목표와 아시아에서의 소련의 목표가 비슷할 가능성이 있다고는 그다지 생각하지 않았다. 이 회담에 나선 루스벨트의 당면 목표는 유럽에서 전쟁이 끝날 경우에 소련을 일본과의 전쟁에 뛰어들게 하는 일이었다. 스탈린은 1943년 테헤란 3거두 회담 때나 해리먼과의 만남에서 비밀리에 원칙적으로 이에 동의했지만, 이제 루스벨트는 구체적인 사항들을 확약받고자 했다. 소련이 투입할 병력의 수와 정확히 언제 참전할 것인지 등에 관한 것이었다.

일본과의 전쟁에서 소련 전선이 필요하거나 바람직한지에 대해서는 미국 정부 안에서 약간의 견해 차이가 있었다. 국무부는 여러 가지를 감안하여 이 문제로 소련과 협상하는 데 반대했다. 최근 충칭을 떠나 새 근무지 모스크바로 가고 있던 존 데이비스는 테헤란 회담이 열리고 있던 시기에(스탈린이 그곳에서 루스벨트에게 했던 비밀 약속에 대해서는 알지 못하는 상태였다) 사려 깊은 예언을 했다. 소련은 아시아에서 "오직 일본에 항복 조건을 제시하는 데 참여하고 새로운 전략적 미개척지를 만들기 위해서만"[13] 참전할 것이라는 얘기였다. 데이비스와 국무부의 여타 사람들에게는 독일이든 일본이든 하나의 적을 무찌른 뒤 패배한 적이 쫓겨나는 바로 그 땅을 점령하도록 위협적인 장래의 전략적 경쟁자를 초대하는 것은 납득하기 어려웠다. 게다가 아시아에서의 전쟁은 일본에 대해서 봉쇄를 강행하는 것만으로도 승리할 수 있다고 생각하는 군의 고위 인사들이 있었다. 미국 해군에서 두 번째로 높은 인물인 어니스트 킹 제독과 미국 육군 항공대 사령관이며 '햅Hap'이라는 애칭으로 불린 H. 아놀드 원수 같은 사람들이 대표적이었다.

마셜과 합동참모본부는 일본을 무찌르려면 일본의 본토 섬들을 대규모 침공할 필요가 있다고 주장했다. 그런데 그들이 굳게 믿기로 일본인들은 항복하기보다는 저항하다가 집단적으로 떼죽음을 당하는 편이 낫다고 생각하는 사람들이었다. 미국의 군사 전략가들은 예상되는 침공이 미군 병력 가운데 대략 10만 명에서 35만 명의 사상자를 낼 것이라고 추산했다. 이 주장은 이어, 소련이 아시아에서 전쟁에 뛰어들면 100만 명의 일본군을 만주에 묶어두게 될 것이라고 보았다. 소련이 참전하지 않을 경우 이들은 본토 섬들에 배치되어 미국의 상륙군과 싸우게 되는 것이다. 일본 침공을 지휘하게 될 더글러스 맥아더는 루스벨트에게 소련군 60개 사단, 50만 명 이상의 병력을 만주에 투입하게 해달라고 요구했다.[14]

루스벨트는 얄타에서, 또 다른 목표에서 진전이 있기를 바랐다. 중국에 대한 미국의 정책 가운데 가장 중요한, 중국의 정치적 통일 문제였다. 전쟁 초기에 미국 군사 전략가들의 기본적인 전제는 중국이 일본과의 전쟁을 위해 꼭 필요한 작전 기지라는 것이었다. 일본 본토에 대한 최종 공격은 중국 영토에서 시작될 수밖에 없다는 것이 한 가지 이유였다. 1945년 초에는 이미 중국의 빈곤과 그 무장 부대의 처참한 상황 때문에 그런 생각을 포기할 수밖에 없었다. 역사가 쩌우당은 이렇게 썼다.

얄타 회담이 열리던 시기에 미국의 고위 관리들은, 전쟁이 끝난 뒤 중국이 강대국으로 떠오르지 않을 것이라고 분명하게 인식하고 있었다.[15]

그렇지만 루스벨트는 중국이 통일을 이루어 일본에 대한 전쟁에서 좀 더 기여해주기를 바랐고, 소련이 그런 목표를 이루도록 도울 수도 있고 거꾸로 방해할 수도 있음을 알고 있었다. 루스벨트는 중국의 공산주의자들이 진짜 공산주의자가 아니며, 어쨌든 소련은 중국의 국내 문제에 간섭하지 않을 것이라는 스탈린과 몰로토프의 단언을 모두 듣고 있었다. 그는 그들의 단언이 사실이라고 믿고 싶었다. 그리고 소련이 중국의 국민정부와 공식 협정을 맺을 수 있다면 중국의 공산 세력을 지원하는 일을 단념하게 될 터였다. 공산당에 대한 지원은 일본을 상대로 마지막 작전을 벌이는 시기에 정치적 통일의 기회를 무산시키고, 일본에 대한 전쟁에서 승리를 거둔 뒤 내전을 유발할 수 있었다.

루스벨트는 이런 여러 가지 생각을 가지고 1945년 2월 8일 얄타에 있는 스탈린의 서재를 찾아가서 소련이 일본과의 전쟁에 참여하는 문제를 논의했다. 방에는 두 국가 수반 외에 네 사람이 더 있었다. 몰로토프와 해리먼, 그리고 2명의 통역이었다. 상당 부분 이 회담은 1년 이상 전에 테헤란에서 양측이 이미 합의한 비공식 협정을 공식화하는 것이었다. 그러나 이 공식화는 중요한 일이었다.

루스벨트는 먼저 미국이 일본에 폭탄을 투하하기 위해 시베리아에 공군 기지를 건설할 수 있는지 물었다. 스탈린은 이에 동의하고 중국에 가까운 아무르 강(중국명 헤이룽강黑龍江) 부근에 2개의 기지를 건설하도록 허락했다. 그런 다음 루스벨트는 스탈린에게 메모를 전하고 동아시아 작전에 관해 함께 계획을 세우자고 요청했다. 스탈린은 그런 취지로 지시를 내리겠다고 말했다. 이것은 중대한 진전이었다. 스탈린이 태평양 전구에서 돕겠다는 추상적인 약속에서 구체적인 계획으로 옮겨간 것이었기 때문이다. 그러나 스탈린은 군사적인 세부 문제를 이야기하기에 앞서 정치적인 조건이 있다고 말했다.

첫째로, 그는 1905년 러시아가 일본에게 잃은 영토들에 대한 '권리'를 되찾기를 원했다.[16] 사할린 섬 남부와 일본의 북쪽에 있는 쿠릴 열도의 몇 개 섬이다. 그곳들은 소련이 태평양으로 진출하는 것을 막고 있었다. 중국에 관해서 스탈린은 역시 러시아가 1905년 일본에게 빼앗긴 몇 가지 커다란 이권을 원했다. 소련은 만주 철도에 대한 통제권과 랴오둥 반도 남단의 부동항不凍港인 뤼순항의 영구 조차, 인근의 항구 도시 다롄大連에 대한 통제권을 요구했다. 그리고 소련은 외몽골의 현재 상태를 인정해줄 것을 요구했다. 그곳은 명목상으로는 독립국이었지만 소련이 지배하는 위성국가였고, 한때 청나라에 속했기 때문에 중국이 자기네 영토라고 주장하고 있었다.

다시 말해서 스탈린은 일본과의 전쟁에 참여하는 대가로 일본이 북중국에서 자기네 대신에 차지하고 있던 식민지 특권을 부활시키려는 것이었다. 유럽 강국들도 아편전쟁(1839~1842) 이후 조약항들에서 그런 특권을 누렸지만, 그들은 얄타 회담이 열리기 1년여 전에 그런 특권들을 공식적으로 포기한 바 있다. 그것은 홍콩을 지배하는 영국과 마카오를 지배하는 포르투갈 외에 오직 소련만이 중국에서 반半제국주의적인 지위를 유지하겠다는 얘기였다. 얄타에 있던 누구도 이런 점을 지적할 만큼 무례하지 않았다.

스탈린의 요구는 루스벨트를 난처하게 만들었다. 군부 쪽에서는 소련이 만주로 진격하게 하라고 아우성이었지만 동아시아에서 소련의 영향권을 공개적으로 인정하는 것은 거북한 일이었기 때문이다.[17] 이 외교적 곤경을 헤쳐나가기 위해 루스벨트는 스탈린에게 이렇게 말했다. 그 안을 받아들이겠지만, 비밀리에 하자고. 중국에 알려주는 것은 전 세계에 알려주는 것이나 마찬가지일 터였다. 충칭 정부는 비밀을 지킬 능력이 없었기 때문이다. 루스벨트는 적절한 시기에 협정에 대한 장제스의 동의를 얻어낼 생각이었다.

해리먼은 그것이 마음에 들지 않았다.[18] 무엇보다 그는 루스벨트와 스탈린이 만나 30분 동안 중국에 관해 논의한 뒤 양측이 만들어낸 최종 합의문을 보고 기겁했으며, 당연히 반대했다. 만주에서 "소련의 우선적인 이익이 보호되어야 한다"는 취지의 문안이었다. '우선적인 이익'이라는 표현은 모호하기도 했고, 한편으로 제국주의적인 냄새도 풍겼다. 한편 협정을 비밀로 한다는 것은 두 강대국이 힘 없는 나라의 이해관계를 처리하면서 그 나라에 협정 내용조차 알려주지 않는다는 점에서 몰로토프-리벤트로프 불가침 협정과 닮았다. 그것이 불과 6년 전의 일이었다. 루스벨트가 요구했고 협정에 대한 장제스의 동의를 얻는 데 시간을 갖기로 했지만, 그것은 단순한 요식 행위일 뿐이었다.

루스벨트는 물론 그렇게 하지 않으면 잃게 될지 모르는 수만 명이나 어쩌면 수십만 명에 이르는 미군 병사의 생명을 구하기 위해 노력하고 있었다. 이는 쉽사리 묵살할 수 없는 문제였다. 그러나 이상하게도 루스벨트는 스탈린을 믿었다. 명백히 가장 믿을 수 없는 20세기의 주요 인물 가운데 한 사람인데도 말이다. 그는 스탈린을 믿고 싶었다. 그가 생각하기에 전후 세계에 대한 그의 구상은 파트너인 스탈린이 믿을 만한지 아닌지의 여부에 달려 있었다. 어쩌면 존 데이비스가 나중에 설명했듯이, 대통령이 전후 세계에 관해 그려낸 전체 구상이 스탈린의 협조와 호의에 달려 있었다. 데이비스는 나중에 아시아에 대한 생각을 펼쳐 보이며 이렇게 말했다.

이 문제에 대한 올바른 처방전은 아주 통 크게 소련에 원조를 제공하는 것이었다. 서로의 이익을 거래하거나, 스탈린이 루스벨트에게 들어달라고 요구한 것 같은 어떤 영토나 다른 주장들을 지지해줄 필요가 없었다.[19]

우리는 앞서 해리먼이 루스벨트로 하여금 잘못된 신뢰감에서 벗어나게 하고 스탈린의 목표는 미국의 이익과 양립할 수 없음을 경고하려고 노력했음을 보았는데, 이런 생각을 한 사람은 해리먼만이 아니었다. 조지 케넌 역시 스탈린의 목표(그는 유럽에 관해 말하고 있었다)가 "서유럽의 행복, 번영 및 외교의 안정성에"[20] 완전히 배치된다고 경고했다.

케넌은 스탈린이 전후 동유럽의 완전한 지배를 추구했으며, 이와 배치되는 믿음은 모두 희망 사항에 불과하다는 것을 알고 있었다. 더구나 많은 사람들은 루스벨트가 이 문제를 알지 못했던 것이 그가 죽기 전 몇 주 동안의 혼미함 탓이라고 했지만, 그는 전쟁 기간 내내 이런 희망적 사고에 빠져 있었다. 1943년 해리먼이 이어받기 전에 소련에 근무했던 모스크바 주재 대사 윌리엄 스탠들리William H. Standley 제독은 루스벨트가 모스크바에 보내는 모든 특사들에 대해 불평을 하곤 했다.

"[그들은] 상급자인 나를 뛰어넘어 루스벨트식의 정책을 추진한다. 소련 사람들에게 맞서지 않고 그들이 원하는 것을 다 주어 결국 독일 사람들을 학살하게 만들고 있는 것이다."[21]

여기에는 엄청난 아이러니 세 가지가 있다.

첫째, 동아시아에서 이득 찾기에 혈안이 된 소련은 어떤 일이 있더라도 틀림없이 만주를 침공하여 전쟁이 끝난 뒤 패전국 일본에 대한 항복 조건을 마련하는 논의에서 한자리를 차지하려 했을 것이다. 애원하는 입장으로 스탈린에게 가서 호의를 구하거나, 어차피 그가 하려고 열심인 일에 대한 대가로 그의 요구 사항을 들어줄 필요는 전혀 없었다.

둘째, 미국은 스탈린에게 그가 만주에서 원하는 것을 주면 중국 중앙 정부를 강화하고 공산 세력을 약화시키는 조건이 만들어질 것이라고 생각했지만, 나중에 드러나듯이 사실은 그와 정반대였다. 틀림없이 소련은 만주에서 떠나고 이를 중국 정부에 돌려주겠다고 약속했고, 많은 사람들은 그들이 약속을 지킬 것이라고 생각했다. 그리고 그렇게 되면 소련과 충칭 정부 사이에 조약을 맺는 상황이 조성되고, 이에 따라 공산 세력이 권력에서 배제될 것이라고 믿었다. 헨리 루스는 얄타 회담 뒤에《라이프》에 이런 사설을 썼다.

소련은 중국 문제에 불간섭을 약속하여 중국 공산 세력에 대한 지원을 전격 철회함으로써, 장제스 정부와 대등하게 대우해달라고 최근 목소리를 높이고 있던 그들의 주장에 차질을 빚게 했다.[22]

그러나 스탈린이 중국에서 약속을 실천하리라고 생각하는 것은 너무 순진한 일이었다. 결국 스탈린은 반년 뒤 만주를 포기했지만, 중앙정부에 넘겨준 것이 아니라 몰래 공산 세력에게 넘겨주었다. 그것은 마오쩌둥에게 영토적 기반을 넘겨준 것이었으며, 마오쩌둥은 그곳에서 한 번도 밀려나지 않았다.

셋째, 물론 나중에 드러나게 되지만 원자폭탄이 일본의 갑작스러운 항복을 이끌어냈고, 소련의 도움이 꼭 필요하다고 생각되었던 미국의 일본 침공은 일어나지 않았다. 소련의 도움에 대한 비싼 대가는 이미 지불했는데도 말이다.

2차 세계대전은 그 기간 내내 엄청난 도덕상의 양보가 수반되었다. 20세기 최악의 독재자의 하나인 스탈린과 협조하여 또 하나의 최악의 독재자인 히틀러를 패퇴시킨 것이다. 미국은 "소련의 협조 없이〔전쟁에서〕승리"하기에는 너무 "약했"고, 이 협력은 "대단하고 효과적"[23]이었다고 케넌은 말했다. 이를 인식하는 것, 그리고 히틀러에게 허용되지 않았던 동유럽 지배를 스탈린이 보상으로 챙기게 되었음을 받아들이는 것이 현실정치의 본질이었다.

얄타에서 도덕상의 양보는 아시아로 확대되었다. 그곳에서는 소련의 도움이 더해지지 않았고, 도움이 필요하지도 않았다. 그리고 그것은 미국과 미국의 가치에 통탄할 만큼 해를 끼치게 된다. 몇 달 전인 1944년 8월, 저우언라이는 소련 참전의 영향을 예측했다. 딕시 사절단이 막 옌안에 도착하고 공산당이 미국과 깊은 협력 및 친선을 원한다고 표명한 상황에서 저우언라이는 국제 정세 분석을 담은 장문의 당내용 보고서를 썼다.[24] 그는 당시 시점에서 소련이 참전할지의 여부는 알 수 없지만 참전하는 것이 그들을 위해 매우 바람직하며, 다만 이런 바람을 공개적으로 표명하지 않는 것이 좋겠다고 썼다. 미국인들에게 소련과 중국 공산 세력 사이의 미래의 동맹에 대한 경고로 작용할 우려가 있기 때문이었다. 소련의 참전은 바로 "중국의 새로운 민주 혁명의 승리"를 의미할 것이라고 저우언라이는 썼다. 그것은 장제스가 패퇴하고 공산주의가 바르샤바에서 광저우까지 유라시아 대륙 전체로 확산된다는 의미였다.

그리고 그것은 장제스와 북아메리카의 보수주의자들이 보고 싶어하지 않는 일이다.

제 9 장

칼을 감추고

존서비스는 1945년 3월에 마지막으로 옌안을 방문했다. 그곳에서 그는 마오쩌둥과 긴 대화를 나누고, 미국이 건설적으로 작동되는 중국 공산당과 관계를 맺을 기회를 잡을 수 있다고 그 어느 때보다도 큰 소리쳤다. 다만 미국이 그렇게 할 지혜가 있어야 했다. 그곳에 있는 동안 그는 미군 부대들이 오키나와에 있는 일본군 근거지를 공격했다는 소식을 들었다. 그는 이 소식을 들은 마오쩌둥에 대해 이렇게 썼다.

〔마오쩌둥은〕 유난히 기분이 좋았고, 의자에서 일어나서 자신의 이야기를 과장되게 꾸며 표현했으며, 그러다가 옆길로 빠져 재미있는 일화를 회상하기도 했다.

마오쩌둥은 헐리 대사가 중재한 장제스와의 협상이 결국 '헛수고'로 끝난 것에 대해 유감을 표하고, 그 책임은 장제스에게 있다고 말했다. 그러나 그는 장제스가 공산 세력을 무력으로 쓸어내려는 노력을 재개한다면 그것은 실패할 것이라고 도발적인 확신을 표명했다. 그는 이렇게 말했다.

"장제스는 우리 힘이 지금의 100분의 1도 안 되던 내전 기간에도 우리를 이기지 못했소."[1]

그러나 중국에 무슨 일이 일어나든, 협상이 성공하든 실패하든, 미국이 공산당에게 무기를 제공하든 안 하든, 중국과 미국은 천생 맹방이라고 장담했다. 서비스가 다듬어 표현한 바에 따르면 마오쩌둥은 두 나라가 "공감과 이해와 공통의 관심사로 강한 유대 관계"[2]를 맺고 있다고 말했다. 두 나라는 모두 "근본적으로 민주적이고 개인주의적이며 (……) 천성적으로 평화를 사랑하고 공격적이지 않고 비제국주의적"이라고 했다. 이런 모든 이유로 "중국 인민과 미국 사이에는 어떠한 갈등이나 소원함이나 오해도 있을 수 없다"라고 마오쩌둥의 말을 요약한 서비스의 전문은 이어갔다. 공산당의 목표는 온건해서, 배럿이 나중에 표현한 대로 "농업개혁론자의 시시한 소리"나 장려하는 정도라고 마오쩌둥은 말했다. 그것은 소작료 인하, 누진 과세, "민주주의 도입" 같은 것이라고 했다. 미국에 관해 마오쩌둥은 몇 달 전 배럿에게 했던 장담을 되풀이했다. 미국이 자기네 군대에게 "총 한 자루, 총알 하나"[3] 주지 않을지라도 공산당은 "어떤 식으로든 가능한 방법을 동원하여 계속해서 협력을 제안하고 실천"할 것이라고 했다.

"우리가 할 수 있는 모든 것을 (……) 공산당원들은 책임과 의무로 생각합니다."

그러나 미국이 공산당원들을 무장시키는 것이 적합한 일이라고 생각한다면 그 이점이 두 나라에 쌓일 것이다. 일본과의 전쟁은 더 빨리 끝날 것이고, 미국인들은 "중국 인민 절대다수의 영원한 우정을 얻게" 될 것이다.

이런 대화를 통해 서비스는 장제스에 대한 미국의 일방적인 지원이 "꼬리가 개를 흔들게" 만들었고, 공산 세력과 친밀한 관계를 형성할 역사적인 기회를 잃게 했다는 그의 확신을 재확인했다. 몇 달 전 옌안을 방문했을 때 서비스는 이렇게 썼다.

> 정치적으로, 중국 공산당이 한때 가졌을 소련에 대한 지향은 모두 과거의 일이 된 듯하다.[4]

미국은 경제 및 과학기술 발전이라는 측면에서 소련보다 훨씬 유망한 파트너였고, 만주나 예컨대 신장新疆 같은 다른 지역에 대한 식민주의적 구상도 가지고 있지 않았다. 서비스는 1944년 9월에 이렇게 썼다.

> 결론은, 중국에 대한 미국의 친선과 지원이 소련의 그것보다 중요하다는 것이다.

이제 그와 데이비스는 미국이 이런 사실을 바탕으로 행동할 필요가 있음을 어느 때보다도 긴급하게 느꼈다.

데이비스는 4월 중순 모스크바에서 독자적으로 쓴 메모를 통해 거들고 나섰다.[5] 그는 국민당이 대중의 지지를 받지 못하고 있으며, 대중의 지지를 끌어올릴 아무런 프로그램도 없고, "비능률적이고 부패하고 진부"해서 "역동적이고 규율이 있는" 공산 세력을 이길 가능성이 거의 없다고 경고했다. 데이비스는 이어서, 공산당의 경우는 "소련의 세계 혁명 정책의 한 도구로" 출발했지만 전쟁 기간 동안에 생긴 일들로 인해 민족주의적인 방향으로 선회하지 않을 수 없었다고 했다. 소련은 전쟁 기간 동안 중국 공산당을 거의 지원하지 않았다. 그런데도 공산 세력이 "소련 외교 정책의 자발적인 예속물"이 되기로 결정할까? 그들은 "소련에게 내미는 것과 같거나 더 나은 조건으로 우리와 협력하려" 할까? 그것은 정말로 알 수 없다고 데이비스는 인정했다.

그러나 이 시점에서 말할 수 있는 것은, 만약 미국이 어떤 공산당 정권을 '포획'할 수 있다면 그것은 바로 옌안 세력이라는 것입니다.

데이비스의 메모가 작성된 지 15년 뒤인 1960년, 마오쩌둥은 엄청난 분노에 휩싸여 동맹국이자 사회주의 형제국인 소련과의 결별을 결정했다. 중국 공산당이 언제나 적들에게 쓰고 심지어 오늘날에도 쓰는 과장된 큰 소리로 소련의 이데올로기적 범죄와 공격성을 비난하면서였다. 말의 전쟁과 함께 1969년에는 만주와 시베리아 사이 국경의 우수리 강에 있는 분쟁 중인 섬(전바오 섬珍寶島/ 러시아명 다만스키 섬 — 옮긴이)을 둘러싸고 무장 충돌까지 벌어졌다. 이 새로운 대립은 10여 년이 지난 뒤 중국과 미국 사이의 역사적인 관계 회복의 길을 열어놓았다. 그것은 1970년대 초에 시작되었다.

중국의 반소 적개심과 미국과의 세력 균형적인 데탕트는 공산당 치하의 중국이 언제나 데이비스가 말했던 "미국의 접근"을 잘 받아들일 것이고, 미국이 장제스에 대해 맹목적이고 자멸적인 지원만 하지 않았더라면 적어도 미국과 적대적인 관계가 되지는 않았을 것이라는 생각에 신빙성을 한층 높여주었다.

이런 인식의 바탕에는 중국의 공산 세력이 소련을 진정으로 믿은 적이 없고, 그들로부터 상당한 지원을 받은 적이 없으며, 때로는 그들에게 배신감을 느꼈고, 마오쩌둥이 딕시 사절단 대표들에게 거듭 이야기했듯이 언제나 미국과의 정상적이고 친밀한 협력을 통해 이득을 얻기를 열망했다는 역사적인 해석이 깔려 있다. 이런 생각을 하는 사람들은 마오쩌둥이 결국 '홍당무 공산주의자' 또는 '마가린 공산주의자'였지 진짜 공산주의자가 아니었다고 상정한다. 그는 중국의 목표를 위해 마르크스주의를 채용하고 그렇게 함으로써 소련으로부터 중국의 독립을 지키기를 원했다. 소련은 중국이 멀리 있는 미국과 전략적 균형의 행동을 취하고 있다고 사실상 소리를 지르며 북쪽 국경에서 거대하고 위협적인 세력으로 떠오르고 있었다. 헐리 자신도 이것을 믿었다. 그가 중국통들과 동의하는 부분 가운데 하나였다. 이 문제에 관한 최고 책임자인 스탈린과 몰로토프는 마오쩌둥과 그의 추종자들이 진정한 공산주의자가 아님을 그에게 직접 확언했다.

몇몇 역사가들은 마오쩌둥이 통치 첫 10년 동안 중국을 "소련 외교 정책의 예속물"이 되도록 허용한 것은 미국이 그를 그런 방향으로 내몰았기 때문이라고 결론지었다. 일본과 전쟁을 하는 동안 그는 여러 번 스탈린에게 화를 냈다. 소련 지도자가 뻔뻔하게도 중국 공산주의자들을 희생시키며 자기네 이익을 추구하고 있다는 것이었다. 나중에 마오쩌둥은 스탈린의 '배신'에 대해 이야기했다. 그는 스탈린을 "위선적인 외국 악마"[6]라고 불렀다. 마오쩌둥은 소련이 만주와 서부 신장에서 식민주의에 가까운 권력을 행사하고 스탈린이 그를 거만하게 다룬 일에 굴욕을 느꼈다. 그는 중국을 소련의 지배로부터 자유로운 나라로 지키기를 원했을 것이라고 이 주장은 분석한다.

사실로 받아들여지는 수많은 일들이 이런 견해를 뒷받침한다. 마오쩌둥은 거의 처음부터, 틀림없이 국민당이 공산 세력을 유혈 탄압한 1927년 이후로 줄곧 비정통적인 혁명가였다. 상하이에서 공산 세력이 토벌된 뒤 마오쩌둥은 당을 이끌고 농촌으로 들어갔다. 그곳의 억압받는 농민들을 기반으로 삼아 혁명을 이룰 수 있다고 생각했기 때문이다. 틀림없이 마르크스라면 비웃었을 일이다. 마르크스는 스스로 "농촌 생활의 어리석음"이라고 부른 것으로 인해 마오쩌둥이 생각한 것과 같은 그런 일은 불가능하다고 생각했다. 마오쩌둥은 장시성에 농촌 소비에트 망을 구축했다. 1917년 러시아에서 볼셰비키 혁명의 토대가 되었던 강력한 노동자 소비에트, 즉 평의회를 본뜬 것이었다.

중국 공산당 내부 권력 투쟁에서 몇 년 동안 마오쩌둥의 최대 라이벌은 '귀국 유학생들' 또는 '28명의 볼셰비키'로 불린 그룹이었고, 이들의 선두에 있던 사람은 자존심 세고 야망이 있는 초창기 당원 왕밍이었다. 왕밍은 1920년대 중반 유학을 위해 모스크바에 보내졌고, 잠시 중국에 돌아와 있던 2년을 제외하고는 1937년까지 내내 소련에 머물렀다. 그는 상하이와 마오쩌둥이 이끈 농촌 소비에트에서의 모든 일에 실패했다. 그는 대장정에 참여하지 않았고, 따라서 신화가 된 이 사건에 부수된 후광을 누릴 수 없었다. 그러나 그는 세계 혁명의 심장부와의 유대를 통해 높은 위상을 차지하고 있었고, 소련에서 스탈린 및 그의 대리인들과 자주 접촉했다. 그는 볼셰비키 혁명 이후에 만들어져 "세계 부르주아의 타도와 완전한 국가 철폐를 위한 과도 단계로서 국제 소비에트 공화국의 창설을 위해 무장 병력을 포함한 모든 가능한 수단을 동원하여" 싸우겠다고 맹세한 코민테른(국제 공산당)을 대표하는 것으로 인식되었다.

왕밍은 마르크스레닌주의의 정통 표현을 사용하여 마오쩌둥이 "민족주의적 일탈"을 저질렀다고 비판했으며, 여기에 마오쩌둥은 먼저 중국의 애국자이고 부차적으로만 국제 혁명가라는 인식이 더해졌다. 1940년대 초에 정점을 이룬 일련의 권력 투쟁에서 마오쩌둥이 왕밍에게 승리를 거둔 것은 그의 자주적인 실용주의가 스탈린의 정통주의를 이긴 것으로 생각되었다. 마오쩌둥은 자신의 글에서 이 점을 강조했다.

중국적인 특질을 뺀 마르크스주의는 (……) 그저 공허한 관념일 뿐이다. 우리는 교조주의를 버리고 새롭고도 활기찬 중국의 방식과 방법으로 이를 대체해야 한다.[7]

그리고 2차 세계대전의 실제 경험이 있었다. 전쟁 기간 내내 마오쩌둥은 소련으로부터 데이비스가 말한 대로 "형편없는 대우"를 받았다. 소련은 장제스의 정부를 중국의 유일한 합법 정부로 공식 인정했고, 장제스에 맞서 싸우는 공산 세력을 공개적으로 지지한 적이 없었다. 그들을 대안 정부로 인식한 적이 없었고(폴란드 공산 세력은 그렇게 보았다), 그들에게 무기라고 할 만한 것을 제대로 주지 않았다. 중일전쟁이 터진 직후인 1937년에 스탈린과 장제스는 불가침 협정을 맺었고, 그 이후 소련은 공동의 적인 일본에 대한 저항을 강화하기 위해 국민당 정부에 무기를 제공했다. 그 가운데는 중국 공군의 주력 전투기가 되는 것도 포함되어 있었다. 얄타 회담 이후에도 소련은 장제스 정부를 계속 지지하기로 공개적으로 약속했고, 이후의 내전 기간 동안에는 국민정부가 남쪽으로 후퇴하자 중국 주재 소련 대사가 (미국 대사와는 대조적으로) 그들을 따라가기까지 했다. 심지어 열렬하게 장제스를 지지하고 마오쩌둥은 중국의 이익보다 소련의 이익을 우선시할 것이라고 생각한 미국 하원 의원 월터 저드Walter Judd 같은 인물조차도 스탈린이 중국과의 관계에서 매우 "적절하고 신중"[8]했다고 보았다. 저드는 "소련이 최근 7년 동안 물품이든 지도指導든 중국의 공산당 정부에 지원이나 공급을 해주었다는" 증거를 발견하지 못했다고 말했다.[9]

저드는 멀리 떨어진 곳에 있던 사람이었다. 그러나 현장에 있던 미국인들, 특히 옌안에 1년 반 동안 머물렀던 딕시 사절단 성원들도 소련이 강력한 영향력을 발휘한 증거나 심지어 중국 공산당의 근거지에 있는 모습조차 보지 못했다. 날카로운 관찰력을 가진 소유자인 서비스는 아마도 "중국 공산당과 소련 사이에 어느 정도 접촉"이 있었을 것이라고 생각했다. "옌안에서 무선통신으로" 소련에 있는 중국 공산당 당원들과 접촉했을 가능성이 가장 높았다. 그러나 그는 이런 접촉이 매우 드물었을 것이라고 생각했다. 1945년 3월에 서비스가 마지막으로 옌안을 찾았을 당시 옌안과 모스크바 사이의 왕래는 몇 년 동안 거의 이루어지지 않고 있었다. 1년에 비행기 한두 대가 오간 정도였다. 그 비행기들은 중국 서부 란저우에서 연료 보충을 위해 기착하는 동안에 중앙정부 요원들에 의해 모두 탐지되고 있었는데, 당연히 탐지된 모스크바발 마지막 비행기는 전해 11월에 옌안에 도착했다. 서비스의 계산에 따르면 1945년 초에 옌안에 있던 소련인은 모두 3명이었다. 한 사람은 외과의사였고, 두 사람은 타스 통신의 기자였다. 아마도 저드의 주장을 뒷받침하는 더욱 중요한 사실은, 딕시 사절단 사람들이 중국 공산군과 빈번하게 접촉하고 그 게릴라 전사들을 몇 달 동안 따라다니기도 했음에도 불구하고 "소련제 무기나 장비는 전혀 보지 못했다"는 것이다.

마오쩌둥과 스탈린의 접촉이 매우 드물었고 중요하지 않았다는 이런 생각은 중국의 공산 세력이 미국과의 우호 관계를 환영할 것이라는 스틸웰, 데이비스, 서비스 같은 중국통들의 확신을 뒷받침했다. 그것이 그들을 소련에 덜 의존하게 만들고, 이에 따라 그들이 정권을 잡은 뒤에(그들은 필연적으로 그렇게 가고 있었다) 아시아의 단일한 반反서방 공산 블록의 일원이 되지 않을 수 있기 때문이라는 것이 한 가지 이유였다. 이런 상황에서 공산당 지배하의 중국이 소련의 품에서 빠져나올 수 있으리라는 것은 너무도 당연한 이야기였다.

그러나 다수의 증거는, 그렇게 많은 일들에서 옳았고 자신들이 내린 대부분의 판단에서 매우 기민하고 현실적이었던 이들 중국 전문가들이 이 문제에서는 잘못 짚었음을 말해주고 있다. 여러 해 뒤에 데이비스는 자신의 잘못을 인정하고, 중국 공산당을 "정치적으로 포획"할 가능성이 상당히 높다고 생각한 것은 "비현실적"[10]이었다고 회고록에 썼다.

데이비스는 자신의 잘못이 "공산주의자들의 이데올로기에 대한 헌신을 과소평가"했기 때문이라고 했고, 이는 사실이다. 그러나 중국통들의 또 다른 분석상의 잘못은 세력 균형을 국제 관계의 작동 원리로 생각한 것이었다. 그들에게는 중국이 소련이라는 두려운 힘을, 덜 위협적인 미국이라는 힘으로 균형을 맞추고 싶어할 것이 당연한 일이었고, 실제로 중국은 수십 년 뒤에 그렇게 했다. 그들이 과소평가한 것은 중국 공산주의자들의 특질 및 정체성의 필수적이고 뿌리 깊은 본질로서 그들이 국제 혁명가 클럽의 일원이라는 사실이었다. 솔직하고 진실한 사람이었던 서비스와 데이비스는 마오쩌둥과 스탈린이 그들에게 부린 놀라운 속임수를 알아채지 못했다. 두 사람은 세계가 경험한 가장 능란한 속임수의 달인들이었다.

그들은 또한 마오쩌둥이 세계 프롤레타리아 혁명의 지도자로서 스탈린의 위치를 어느 정도나 인정했는지, 그리고 그가 스탈린을 얼마나 필요로 했는지도 제대로 인식하지 못했다. 냉전이 시작되자 마오쩌둥은 소련 편을 드는 수밖에 다른 도리가 없었을 것이다. 논리와 경험을 통해 보자면 중국이 소련에 종속된 국가 블록에 숨어드는 것이 이득은 아니었을 것이다. 논리와 경험을 통해 보자면 마오쩌둥은 소련의 동유럽 지배를 보았을 것이고, 그는 미국과의 전략적 균형을 이룸으로써 이를 피하려 했을 것이다.

그러나 1945년에, 그리고 그 이전과 이후에도 마오쩌둥은 동유럽에 대해, 미국이 본 것처럼 자유와 독립을 박탈당한 위성국가로 보지 않았다. 그는 소련의 동유럽 지배(이것을 지배라고 부르지는 않았겠지만)를 세계 혁명을 위한 거대하고 미래 지향적인 계획의 일환으로 보았다. 이제는 프롤레타리아의 세계 혁명이라는 생각이 너무도 낯선 것이어서 미국이나 중국에 있는 어떤 사람도 그것을 믿는다고 보기 어렵다. 그러나 20세기의 상당 기간 동안 그것은 마오쩌둥과 같은 수많은 사람들의 열망에 불을 붙인 생각이었다. 그들은 세상이 중국처럼 수탈당하고 반半독립적이거나 완전히 식민화된 빈국과 부유하고 강력한 제국주의 강국으로 나뉘어 있다고 보았다. 그런 의미에서 마오쩌둥은 자기네 이익과 소련의 목표 사이에서 갈등이나, 그가 자주 표현했듯이 '모순'을 별로 느끼지 못했다.

알렉산데르 판초프Alexander V. Pantsov와 스티븐 러빈Steven I. Levine 두 학자가 쓴 마오쩌둥 전기는 판초프가 찾아낸, 이전에 접근할 수 없었던 구舊소련 기록보관소의 기록들에 크게 의존하고 있다. 그들에 따르면 전쟁이 끝나자 스탈린은 "세계라는 경기장에서 힘의 대비를 소련에 유리한 쪽으로 근본적으로 바꿔놓을"[11] 기회를 아시아에서 발견했다. 그리고 그 재편의 핵심은 중국에서 공산 세력이 승리하는 것이었다.

마오쩌둥은 이것 역시 믿었고, 따라서 그는 자신의 최종 목표와 스탈린의 최종 목표가 같다고 생각했다. 그가 결국 중국의 권력을 장악한 것은 그가 나중에 유명한 말로 표현했듯이 동풍이 서풍을 이길 수 있도록 했고, 조금 덜 비유적인 말로 세계 프롤레타리아 혁명이 부르주아 자본주의(특히 미국으로 대표되는)를 이길 수 있도록 했다.

"중국 인민은 중요하고도 근본적인 양면적 경험을 했습니다."

마오쩌둥은 중국 전역을 장악하기 직전인 1949년 6월 22일에 한 연설에서, 청나라가 전복된 이후의 40년과 중국 공산당이 창건된 이후의 28년을 정리하며 이렇게 말했다. 내부적으로는 "대중을 깨우는" 방법을 배웠다고 말한 뒤 마오쩌둥은 이렇게 이어갔다.

"대외적으로는 소련과, 인민 민주주의와, 다른 모든 나라에 있는 프롤레타리아 및 광범위한 인민 대중과 연합하고 국제 통일전선을 형성해야 합니다."[12]

이것이 마오쩌둥과 스탈린이 전시에 서방 동맹국들과 관계를 맺은 전후 사정이다. 그 목표는 미국과의 친선이 아니었다. 그것은 상황이 변할 때까지 필요한 체제를 유지하는 것이었다. 소련과 중국의 공산주의자들은 미국의 자연스러운 반공산주의 충동을 알고 있었고, 이에 따라 그들은 이 충동을 중화시키려 애썼다. 그들은 중국 공산당의 전시 목표, 즉 국민당을 압박하여 연립정부를 받아들이고 공산 세력이 일본과의 전쟁에 사용할 수 있도록 무기를 지원하는 것을 뒷받침하기 위해 미국을 설득하려 애썼다. 미국이 이런 두 가지 일을 해낼 경우, 다음의 일에 대해 판초프와 러빈은 이렇게 썼다.

중국 공산당은 장제스와 그 지지자들로부터 힘 있는 자리를 '짜낼' 수 있

고, 그다음으로 국민당 좌파와 자유주의자들을 움직여 최종적으로 권력을 장악할 수 있었다.[13]

미국에 우호적으로 접근한 일 같은 마오쩌둥의 온건한 정책은 이런 식으로 그와 스탈린의 장기적 혁명 목표와 전적으로 일치하는 것이었다. 그가 딕시 사절단에게 친절하게 대하고, 언론인들에게 민주주의를 지지하는 온건한 발언을 하고, 미군의 중국 본토 상륙을 지원하겠다고 제안한 것 등은 모두가 스탈린의 승인을 받은 것이었을 뿐만 아니라 그의 지령에 따른 것이기도 했다. 게다가 그 지령들은 스탈린이 세계 다른 지역의 공산당들에 내린 지령들과도 동일했다. 자유주의적인 지식인들의 지지를 이끌어내고 서방 지도자들로 하여금 그들이 위협적이지 않은 온건 세력임을 믿도록 유도하는 "진보적인" 태도를 취하라는 것이었다. 이것은 마오쩌둥이 중국의 작은 민주 정당들을 공개적으로 옹호하고, 중국 공산당이 정치범을 석방하며 인민 사찰을 중단하라고 국민당에게 요구한 것을 설명해준다. 이렇게 인권과 민주주의를 앞세우는 정당인 체한 것은 장기적인 계획의 일환이었고, 그것은 설득력이 있었다.

물론 마오쩌둥은 정권을 잡는다면 민권과 민주적 제도를 중시하는 정권을 수립할 생각이 전혀 없었고, 스탈린 역시 만주를 중앙정부 병력에 넘겨준다는 약속을 지킬 생각이 없었다. 공산당이 정권을 잡은 세계의 모든 사례들에서 가면은 곧 벗겨지고, 스탈린이 길러낸 정권의 전체주의적인 민낯이 드러났다. 데이비스는 중국 공산당이 소련의 세계 혁명 정책의 도구로서 출발했다고 말한 부분에서는 옳았다. 그가 틀린 것은 이런 방침이 전쟁의 결과로 영구히 폐기되었다고 생각한 부분이다.

어떤 면에서 온건하고 민주적인 것처럼 보이기 위한 중국 공산당의 노력은 과거의 한 유명한 사건을 재현한 것이었다. 1923년에서 1927년 사이의 1차 국공합작 기간 동안에 스탈린의 계획은 그가 당내 인사들에게 한 비밀 연설에서 말했듯이 장제스를 "레몬처럼 짜낸 뒤에 버리는"[14] 것이었다. 1927년에 있었던 공산당에 대한 장제스의 선제 타격은 그 계획을 좌절시켰다. 이제 1945년에 그 계획은 다시 가동 중이었고, 이번에는 성공을 향해 가고 있었다.

중국의 공산 세력에 대한 소련의 영향은 마오쩌둥을 포함하는 일군의 중국 좌파 지식인들이 1921년에 결성한 중국 공산당의 기원으로까지 거슬러 올라간다. 코민테른의 고문들이 중국에 파견되어 이를 감독하고 자금을 제공했다. 그들은 풋내기 중국 공산주의자들에게 토론 방식과 선전의 논조, 그리고 마르크스레닌주의라는 이름으로 통용되는 분석 방법 등을 훈련시켰다. 그들은 또한 중국 공산당의 가장 큰 자금줄이 되었다. 불과 몇 년 전에 만들어진 국민당 역시 마르크스레닌주의 노선과 소련 고문들의 지도에 따라 조직되었다. 그러나 장제스가 1927년에 폭력을 동원하여 중국 공산당과 결별하면서 그는 소련과도 결별했다. 그는 고문들을 보따리 싸서 내쫓았고, 자금과 지원을 얻기 위해 다른 쪽으로 눈을 돌렸다. 이렇게 되자 중국 공산당은 코민테른의 세심한 감독과 자금을 받는 중국 내 유일한 정당이 되었다.

그 이후로 소련과 중국 공산 세력 사이의 관계는 단순한 조언과 자금과 성원을 넘어서 훨씬 넓고 깊게 연결되었다. 그것은 완전히 문화적이고 정치적인 전파傳播였다. 그것은 표현 방식이었고, 변증법적 사고로 알려진 분석 방법이었으며, 여러 가지 실천이었고, 역사의 진보 세력이 착취와 반동에 대해 승리하는 것과 관련된 거대하고 열광적이고 감동적인 정치적 비전이었다. 마오쩌둥은 1921년에 당의 창건 멤버가 된 시절부터 55년 뒤에 죽을 때까지 그 비전을 버린 적이 없었다. 그는 1949년 6월 '한쪽으로 기울어진' 연설을 하면서, 눈앞에 둔 자신의 성공이 마르크스레닌주의의 우월한 도구 덕분이라고 말했다. 그 도구의 찬란함과 가능성은 1917년 볼셰비키 혁명과 함께 불쑥 나타났다. 그는 중국 공산당 창건 28주년을 기념하면서 이렇게 말했다.

온 세계의 공산주의자들은 부르주아들보다 현명합니다. 그들은 존재와 사물의 발전을 좌우하는 원리를 알고 있습니다. 그들은 변증법을 알기 때문에 더 멀리 볼 수 있습니다.[15]

마오쩌둥 자신은 가지 못했지만 많은 초기 공산주의자들은 모스크바의 동방노동자공산주의대학(KUTV)에서 공부했다. 이 대학은 1921년 코민테른이 마르크스주의 혁명의 이론과 실천에 의거하여 식민화된 나라들, 그리고 중국 같은 반식민지 국가의 혁명가들을 가르치기 위해 설립되었다. 류사오치劉少奇도 이 대학 졸업생이었다. 그는 1966년에 마오쩌둥이 무자비하게 그를 버릴 때까지 마오쩌둥의 오른팔 노릇을 했고, 공산당의 조직 책임자로서 1942년에서 1944년까지의 정풍운동의 지휘자 가운데 한 사람이었다. 나중에 중국의 최고지도자가 되는 덩샤오핑鄧小平도 1926년에 잠시 이 학교를 다니다가 크렘린에서 걸어서 30분 거리에 있는 이 학교의 자매학교(쑨얏센孫逸仙 중국노동자공산주의대학. 중국에서는 '모스크바 중산中山대학'으로도 부른다―옮긴이)로 옮겼다. 이 학교 역시 코민테른이 1925년에 설립했는데, 특히 장래의 혁명가 부대를 교육하기 위한 것이었다. 저우언라이는 20대 전반기 유럽에 있는 동안 중국 공산당

유럽 지부 집행위원회에 참여했었는데, 근공검학勤工儉學 프로그램으로 파리에 온 중국 청년들을 모집하여 모스크바로 가서 이 두 대학에 다니도록 주선했다. 이를 포함한 여러 가지 방식으로 모스크바는 중국 공산주의자들에게 실무 훈련장이자 정신적인 메카 역할을 하고 있었다. 그것은 폴란드, 독일, 불가리아, 한국 등지에서 온 공산주의자들에게도 마찬가지였다.

신생 중국 공산당은 1923년 제3차 전국대표대회에서, 개인 자격으로 국민당에 참여하여 그들과 합작하라는 코민테른의 지령을 받았다. 이에 따라 이들은 동시에 두 당의 당원이 되었다. 다시 말해서 이 1차 국공합작의 성립은 중국 공산당이 더 크고 더 힘이 강한 국민당과의 관계를 설정하는 데 소련의 지도를 받은 초기 사례이며, 이런 지도는 공산당이 1949년에 정권을 잡을 때까지 사실상 계속되었다.

코민테른의 임무는 프롤레타리아 대의의 선봉이 될 직업 혁명가들의 기간 요원을 양성하는 것이었고, 그들은 이데올로기적 훈련뿐만이 아니라 매우 실무적인 방법에도 도움을 주었다. 1920년대 말에서 1930년대 중반까지 중국 공산당 조직이 와해되어 지도자들이 국민당 비밀경찰에 쫓겨 다니던 시기에, 마오쩌둥의 두 아들을 포함한 30명가량의 간부 자녀들이 상하이에서 국제혁명가원조회라 불리는 조직의 보호를 받고 있었다.[16] 이 조직은 코민테른이 외국 공산당을 육성하는 프로그램의 일환으로 만든 것이었다. 이 은신처가 폐쇄되자 스탈린은 직접 마오쩌둥의 자녀들을 모스크바로 데려오도록 주선했다. 거기서 그들은 "사회주의의 해안"에 도착한 젊은 "영웅들"로 알려졌고, 전쟁 거의 전 기간 동안 그곳에 머물렀다. 자오자오嬌嬌로 알려졌고 나중에 리민李敏으로 불리게 되는 마오쩌둥의 딸은 어린 시절을 소련에서 보내 공산당이 점령한 고국에 돌아왔을 때는 중국어를 거의 하지 못했다. 그런 아이들이 100명이 넘었다. 그들의 부모들은 헌신적인 혁명가들로 모스크바에서 공부했거나 코민테른 중국 지부를 위해 그곳에서 일하다가 "혁명을 하러" 고국으로 돌아가면서 아이들을 그곳에 남겨놓았다.[17] 류사오치의 아들과 딸, 주더의 딸, 린뱌오의 아이 등이 모두 국제혁명가원조회의 보살핌을 받았다.

우리는 이를 신링新令이 쓴 흥분되는 회고록을 통해 알 수 있다. 그녀는 열세 살이 될 때까지 소련에서 양육되었는데, 1950년에 중국으로 돌아갈 때까지 부모가 누구인지도 몰랐다. 중국 아이들은 유고슬라비아, 베트남, 에스파냐, 불가리아 등 여러 나라 혁명가의 아이들과 같은 집에서 살았다.

우리 마음속에서 저항 정신 타오르네
어둠 속 분노의 불꽃처럼[18]

아이들은 이런 '인테르돔Interdom(모스크바 북동쪽 250킬로미터에 있는 이바노보에 세워진 세계 공산주의자 자녀들을 위한 기숙학교—옮긴이) 아이들 찬가'라는 노래를 부르고, 스탈린을 사랑하도록 배웠다. 스탈린은 "세계 프롤레타리아의 위대한 지도자"라고 그들은 배웠다.

중국 공산당 지도자들이나 그 가족이 큰병에 걸리면 그들은 모스크바로 가서 치료를 받았다. 마오쩌둥의 두 아내 허쯔전賀子珍과 장칭도 그랬고, 1939년 저우언라이가 말에서 떨어져 팔꿈치 뼈가 부러졌을 때도 그랬다. 이런 사회의 일원이 된다는 것은 광신도 집단의 일원이 되는 것이나 마찬가지였다. 그것은 모든 것을 포함하고 있었고, 배타적이었고 맹목적이었다.

소련에 있던 수십 명, 어쩌면 수백 명의 중국인 공산주의자들이 1938년 스탈린의 숙청 때 쓸려나가 교정노동수용소(굴라크)로 보내졌다. 이들은 대부분 다른 중국인 공산주의자들에 의해 밀고당했고, 이는 중국 내에서 일어나게 되는 살벌한 내분을 예고하는 것이었다. 신링의 아버지는 17년을 시베리아 노동수용소에서 보냈는데, 캉성이 1930년대에 모스크바에서 알게 되었던 동료 공산주의자들을 박해한 것도 소련에서 중국 혁명가들을 밀고하는 과정에서 자신이 했던 역할을 은폐하기 위해서였다고 신링은 보았다. 10대가 된 신링이 헌신적인 혁명가였던 어머니에게, 스탈린의 "위대하고 영광스럽고 올바른 당"이 어떻게 그런 부당한 일을 저지를 수 있느냐고 묻자 어머니는 이렇게 대답했다.

"네가 말하고 있는 것은 혁명의 굴곡을 보여주는 개인적인 일일 뿐이며, 그런 것들이 소련의 모든 사회주의적 구조를 가릴 수 없다. 그런 것들이 전체 국제 공산주의 운동을 더럽힐 수는 없다."[19]

중국 공산당이, 자기네 당원들이 소련의 강제노동수용소 속으로 사라진 것에 대해 소련 측에 항의했다는 증거는 없다. 그들 가운데 수백 명은 결국 돌아오지 못했다. 여기에 대해서는 오직 추측만 할 수 있을 뿐이다. 그러나 틀림없이 마오쩌둥과 캉성 같은 핵심 인사들은 그러한 악습이 자기네가 벌이는 운동의 필수 요소임을 인정하고 싶지 않았을 것이다.

중국 공산주의가 쓰는 언어, 그 상징과 토론 방식, 선전 방법, 목판 인쇄, 사회주의 리얼리즘 개념, 중앙위원회·정치국·인민대표대회·전원회의, 너무도 진지한 이론 매체들, 내부 토론과 투쟁에서 쓰이는 특화된 용어, 이데올로기적인 딱지를 붙이는 그 모든 어휘 구사술의 발명. 이 모든 것이 새로이 '주의主義'들을 만들어냈다. 좌경 모험주의, 우경 기회주의, 편향, 교조주의, 주관주의, 경험주의, 수정주의, 당 노선의 정확성 등등. 그리고 나중에 마오쩌둥과 북한의 김일성金日成, 루마니아의 니콜라에 차우셰스쿠, 베트남의 호찌민 같은 성공한 혁명가들의 광신도 집단에서 신과도 같은 천재적 지도자에게 사용했던 상투적인 찬양 문구들도 마찬가지다. 이 모든 것은 소련의 원판으로부터, 소련을 억압받는 식민지 사람들의 눈앞에서 빛나는 미래의 개척자로 만든 볼셰비키 혁명의 성공으로부터 이식된 용어, 개념, 신념, 기술의 백과사전에 의해 길러지고 뒷받침된 것이었다. 그들의 빛나는 미래는 "사회주의의 해안"[20]이고 약속된 땅이었다.

그리고 중국이 나중에 소련과 완전히 결별했다는 사실과 민족의 자주성에 강한 애착을 가졌음을 생각하면 외부의 힘에 굴복했던 시기를 되살려내는 생생한 역사적 기억을 지닐 필요가 있다. 그러나 중국의 혁명가들이 소련의 엄청난 성공을 모방하고 흉내 내려 했던 그 시기에 소련과 중국 공산 세력과의 관계는 대의를 내건 교회 안의 수장과 추종자의 관계와 마찬가지였다. 교황과도 같은 지배자가, 신성한 것과 틀림없이 과학적인 것(아니면 적어도 변증법적 유물론이 다른 분석 방법보다 우월하다는 사실로부터 알 수 있는)의 결합에 의해 진실성이 보증되는 세속적인 문서에 근거하여 칙령을 발포한 것이다.

레닌, 마오쩌둥, 호찌민, 김일성 등 대혁명가들이 죽은 뒤에 그들의 시신을 방부 처리해서 부처의 진신 사리나 기독교 성인의 유물처럼 대중이 관람하고 숭배할 수 있도록 한 것은 우연의 일치가 아니었다. 이런 관행은 러시아 정교회의 성인 숭배에서 나온 것이었다. 그들은 영적인 순수성이 육신의 부패를 이긴다고 믿었다. 공산주의자들이 이런 관념을 채용한 것은, 혁명의 최고지도자는 순수한 공산주의의 궁극적인 승리 속에서 영원히 산다는 의미였다. 마오쩌둥은 누구보다도 열심히 이런 유사종교(물론 그는 이런 용어를 쓰지 않겠지만)를 믿은 사람이었다.

마르크스레닌주의에서 가장 호소력이 큰 부분 가운데 하나는 전 세계의 무산자들이 느끼는 무력감에 대한 설명이었다. 그 설명은 중국의 국가적 고통과 갈망에 딱 맞는 내용이었다. 이 설명은 제국주의가 자본주의의 마지막 단계라는 레닌의 매우 영향력 있는 생각으로부터 발전되어 나온 것이었고, 그런 생각은 틀림없이 동방노동자대학 같은 곳에서 학생들에게 주입되었을 것이다. 자본주의가 발전하면 부가 소수 독점자 손에 집중된다. 노동 계급이 더욱 가난해지면 지배 계급을 대신해서 정부를 통제하는 이 독점자들은 원료와 값싼 노동력, 그리고 자기네 상품을 소비할 시장을 전 세계 어디든 가능한 곳에서 찾지 않을 수 없게 된다.

이는 중국의 백년국치百年國恥가 시작된 사건인 아편전쟁까지 거슬러 올라가는, 젊은 혁명가들이 알 필요가 있던 중국의 상황을 설득력 있고 이해하기 쉬우며 약간 기계적이긴 하지만 어느 정도 진실한 용어로 설명해주었다. 결국 아편전쟁은 독점적이고 탐욕스러운 영국 동인도회사가 인도산 아편을 사줄 중국 시장을 확보하기 위한 것이 아니고 무엇이었겠는가? 레닌의 이론은 조약항과 외국 조계지, 일본의 노골적인 침략, 타락하고 특권을 누리며 하인과 첩을 잔뜩 거느린 중국 내 외국인들의 생활방식을 설명해주었다. 외국인들은 중국의 법을 적용받지 않고, 서양 선교사들은 중국의 믿음과 관습이 서양에 비해 열등하다는 메시지를 전달했다. 중국의 초기 혁명가들과 애국자들의 뇌리에 깊숙이 박혀 있던 것은 제국주의적인 착취와 폭리가 세계 프롤레타리아와 사생결단의 싸움을 하는 부르주아들의 마지막 보루라는 생각이었다.

자족적이고 봉인된 공산주의 이데올로기의 세계에서는, 다른 세계에서 선량하고 분명히 악의가 없는 많은 것들이 사악하고 음모적인 것으로 해석되었다. 중국 공산당이 만들어지던 무렵에 미국, 일본, 영국 등의 주요 강대국들은 워싱턴에서 회담을 가졌다. 그 주요 결과는 각국의 해군력 규모를 제한하는 여러 가지 협정이었다. 조약 입안자들은 워싱턴에서 맺은 이 협정들이 군비 경쟁과 또 다른 세계대전의 발발을 막기 위한 노력에서 어렵사리 얻은 승리라고 보았지만, 중국의 공산주의자들은 이것이 "4억 중국 인민을 새로운 국제 트러스트의 노예로 몰아넣게 될"[21] 제국주의적 "강도질"이라고 혹평했다.

만약 미국인들이 그런 해석을 들었다면 이해하기 힘들었을 것이다. 그들은 대체로 온건한 견해를 가지고 있었고, 특히 중국에 관해서라면 더욱 그러했다. 미국인들은 언제나, 다른 나라들이 중국으로부터 식민지적 특권을 강제로 빼앗던 19세기 말에 처음으로 공식화한 그들의 '문호 개방' 정책이 중국을 기독교적 민주주의 국가로 개조하는 데 도움을 주려는 미국의 이상주의적 충동과 궤를 같이하는 것이라고 생각해왔다. 예컨대 1901년 의화단義和團 운동으로 중국이 제국주의 열강에 패한 뒤 막대한 배상금을 물도록 강요당했는데, 미국은 그 배상금을 한 교육 위탁 단체에 주어 똑똑한 중국 학생들이 미국에 유학할 수 있게 했다.

그러나 20세기 전반기의 중국인에게는 미국인들의 의도가 늘 좋게만 보인 것은 아니었다. 유럽에서 전쟁이 한창이던 1915년에 일본은 중국에 대해 악명 높은 '21개조 요구'를 내밀며 여러 가지 양보를 하도록 강요했다. 만주 철도 통제권을 일본에 내주는 문제부터 일본의 불교 포교자가 중국에서 활동하도록 허용하라는 것까지 다양했다. 허약한 중국 정부가 이 요구를 받아들이자 특히 학생들을 중심으로 항의가 터져나왔다.

몇 년 뒤 1차 세계대전이 마무리되면서, 승리한 연합군은 베르사유 평화협정에 독일 식민지였던 산둥성 칭다오에 대한 통제권을 일본에 양도한다는 구절을 끼워넣었다. 중국 지식인들은 이런 새로운 모욕에 5·4 운동으로 알려진 4년에 걸친 항의와 자기반성으로 대응했다. 이 운동은 지식인들의 마음을 강렬하게 사로잡았고, 그들 가운데서 곧 공산당을 창당하는 사람들이 나왔다. 그들이 보기에, 선량하다고 하는 미국이 가증스러운 일본에게 중국 영토의 지배권을 넘겨주는 데 동의한 사실은 '문호개방'이 중국 시장에서 자신의 몫을 지키겠다는 미국인들의 완곡 어법이라는 의혹을 입증하는 것이었다.

이런 미국에 대한 관점은 중국 공산당과 국민당 사이의 중요한 차이점 가운데 하나였다. 양당은 모두 조약항에서의 치외법권을 없애고 중국의 완전한 자주를 실현하기를 바랐다. 장제스는 언제나 영국의 정책이 중국을 강하고 독립적인 나라가 되도록 돕는 것이 아니라 약하고 서방에 종속된 나라로 묶어두어 영국이 그 제국을 유지하려는 의도라고 의심했다(그런 의심은 타당한 것이었다). 그래야 홍콩과 함께 상하이 등 여러 지역의 치외법권 지역도 유지할 수 있기 때문이었다. 그러나 국민당은 특히 1927년 공산 세력과 결별한 이후 점점 미국과 밀착해갔다. 공산주의자들이 보기에 국민당은 지주와 거대 자본의 정당이 된 것처럼 보이는데도 말이다. 장제스와 국민당의 다른 사람들도 공산주의자들과 마찬가지로 중국의 완전한 자주 독립을 위해 애국적으로 헌신하고 있었다. 그러나 시간이 지나면서 그들은 점점 더 미국과 밀착해갔고, 그 주요 인물 상당수는 동방노동자대학이 아니라 미국 유학파였다. 장제스 자신은 마르크스레닌주의가 아니라 감리교로 개종한 사람이었다. 그의 매력적인 아내 쑹메이링은 미국 웰슬리 대학에서 공부했다. 그의 처남이자 행정원장인 쑹쯔원은 하버드 대학 졸업생이었다. 그의 행정부의 재정부장 쿵샹시는 오벌린 칼리지와 예일대 로스쿨 출신이었다. 중국 정부의 내각에는 영어를 쓰는 미국 대학 졸업생들이 득실득실했다. 시어도어 화이트는 1940년 충칭에서 하버드 동창회를 만들었는데, 그는 나중에 이렇게 썼다.

〔거기에는〕 장제스 정부의 고위 관료들이 많았는데, 워싱턴의 존 F. 케네디 행정부의 하버드 동창회보다도 숫자가 많았을 것이다.[22]

장제스는 중국에서의 선교 활동에 개방적이었고, 대기업들에게도 마찬가지였다. 그는 2차 세계대전 발발 이전에 조약항에서의 치외법권(중국 법정에 기소되지 않고 외국인이 자체 경찰 병력을 운용하는 것 따위를 말한다)을 철폐하지 못해 중국인들의 자존심에 큰 상처를 주었다. 국민당이 그렇게 한층 더 미국의 수하처럼 보이게 됨에 따라 그들은 반反제국주의자라는 증명서를 잃어버렸다.

중국 공산당 지도부에는 하버드나 웰슬리나 예일 대학 출신이 없었다. 중국 공산당 지도부를 미국과 연결해주는 사적·공적 연줄도 없었고, 정서적인 동창의식도 없었으며, 약간의 종교적인 끈이 있었을 뿐이다. 공산주의자들은 언제나 반제국주의를 핵심 교의로 삼았고, 국제정치를 제국주의자들 상호 간의 '모순' 또는 그들과 식민지화된 세계 사이의 '모순'의 연속으로 해석했다.

반제국주의적 신조는 큰 일과 작은 일, 정치적인 일과 개인적인 일 어디에서나 나타났다. 마지막 개인적인 일의 사례 가운데 하나가 1937년 마오쩌둥이 '릴리'로 알려진 미모의 여배우 우광웨이吳光偉와 바람을 피우다가 들통이 나서 아내 허쯔전의 부아를 돋우었던 경우다. 우광웨이는 좌파 언론인 애그니스 스메들리가 마오쩌둥에게 소개했는데, 어느 날 밤 허쯔전은 마오쩌둥과 다투던 중에 스메들리에게 화풀이를 했다. 스메들리를 '제국주의자'라고 비난하면서(나중에 허쯔전은 다른 당 간부에게 불평을 하면서 스메들리를 "제국주의 뚜쟁이"[23]라고 불렀다) 마오쩌둥에게 이렇게 물었다.

"당신이 진짜 공산주의자 맞아요?"

마오쩌둥은 틀림없이 공산주의자였다. 그가 도덕적으로 우월하다는 공산주의자의 모습을 보여주는 데서는 일관성이 없었지만, 그의 미국 제국주의에 대한 관점은 변하지 않았다. 그리고 이것은 그가 잠시 원칙에서 벗어나서 전술적으로 미국에 대해 우호적인 태도를 보였던 일들 가운데 하나였다. 중국 고전《삼십육계》에는 '웃음 속에 칼을 감춘다(笑裏藏刀)'는 계책이 들어 있다. 그 목표는 적이 움직이지 못하도록 할 필요가 있을 때 적에게 알랑거리고 혼란스럽게 하는 것이다. 마르크스레닌주의의 용어로 말하자면 적과 또 다른 적 사이의 '모순'을 이용해서 그들이 연합하여 나에게 덤벼들지 못하게 하는 것이다. 마오쩌둥이 정권을 잡고 나자 그 용어들은 '미국 제국주의'와 그 '주구走狗들'에 관한 일종의 과장된 상투어로 바뀌어, 표현상으로는 터무니없을지라도 그의 기본적인 이데올로기적 입장을 드러냈다. 소련이 혁명의 권위의 원천이라는 그의 믿음 또한 변하지 않았다. 전쟁은 스탈린과 마오쩌둥 모두로 하여금 이데올로기적 목표를 미루어 잠시 동안 칼을 감추게 만들었고, 그렇게 해서 그 이데올로기적 목표를 나중에 달성할 수 있었다.

일본과의 전쟁 이전에도 마오쩌둥은 줄곧 이 원칙에 충실한 모습을 보여주었다. 1936년 시안 사건이 일어났을 때도, 이미 보았듯이 납치 소식을 들은 마오쩌둥의 처음 충동은 자신이 '반역자'라고 불렀던 장제스를 재판에 회부하자는 것이었고, 그렇게 되면 십중팔구 처형이라는 결과가 나올 수밖에 없었다. 그러나 스탈린은 그렇게 하지 말고 통일전선에 동의하라고 마오쩌둥에게 말했다. 마오쩌둥은 이에 복종하고 몇 달 뒤 공개적인 자아비판을 했다. 자신이 틀렸고 스탈린이 옳았음을 인정한 것이었다.[24]

초기 연구자들이 입수할 수 없었던 중국 기록들을 검토한 역사가 마이클 성Michael M. Sheng에 따르면, 마오쩌둥과 스탈린은 전쟁 기간 동안 서비스가 의심했던 것처럼 무선통신을 이용하여 서로 의사소통을 했고, 이 접촉은 서비스가 생각했던 것보다 더 중요했다.[25] 무선통신은 비밀에 부쳐졌고, 코민테른의 영향을 받았던 이른 시절부터 내려온 유물이었다. 그것은 공산 세력에 대한 장제스의 포위 작전이 진행되는 동안 사용되지 않았지만, 1936년 마오쩌둥의 명령에 따라 다시 복구되어 전쟁 기간 내내 사용되었다.

1940년, 저우언라이는 치료차 소련에 갔다가 돌아오는 길에 무선송신기 한 세트와 암호(예를 들어 '먼 곳'이라는 말은 스탈린을 의미했다) 두 세트를 가지고 와서 모스크바와 옌안 사이의 연락을 더욱 신뢰할 수 있도록 했다. 옌안은 '농업부'로 지칭되어 무선 연결을 했고, 마오쩌둥이 가장 신임하는 부관 가운데 한 사람이 관리했다. 스탈린의 전갈을 마오쩌둥에게 번역해준 스저는 수십 년 뒤 회고록에서, 마오쩌둥이 이 문서철을 전적으로 관리하여 아무도 마음대로 드나들 수 없는 자신의 처소에 보관했다고 적었다. 이 문서철은 1946년 마오쩌둥의 지시에 따라 소각되었다. 아마도 스탈린이 중국에 대해 "올바르고 신중하게" 대했다고 생각되던 시기에 그가 중국 공산당의 일에 일상적으로 깊숙이 개입했던 사실을 비밀에 부치고, 중국 공산당이 소련의 하수인이었다는 말이 나오지 않게 하기 위해서였을 것이다.

저우언라이는 또한 모스크바에서 30만 달러를 직접 가지고 왔는데, 이는 여러 해에 걸쳐 소련이 비밀리에 중국 공산당에 제공했던 재정 지원의 일부였다.[26] 그것은 영향력과 통제력을 강화하는 수단이었으며, 소련이 중국의 내부 문제에 간섭하지 않는다는 것이 거짓이었음을 보여준다. 심지어 히틀러가 소련을 공격하여 스탈린이 갑자기 생존을 위한 필사적인 투쟁에 뛰어들었을 때도 중국 공산당으로 들어가는 자금의 흐름은 이어졌다. 판초프와 러빈은 구체적으로 소련 기록보관소에서 찾아낸 문서를 인용하고 있는데, 이 문서는 독일의 침공이 시작된 지 10여 일이 지난 뒤인 1941년 7월 3일에 중국 공산당 중앙위원회를 지원하기 위해 100만 달러가 지급되었음을 보여준다. 당시에 100만 달러는 상당히 큰 돈이었다.

2차 세계대전 전 기간과 중국 공산당이 정권을 잡은 1949년 이후에도 소련과 중국 공산 세력 사이의 긴밀한 협의와 협력과 합의는 여전히 지속되었다. 중일전쟁 전 기간 동안 스탈린이 동쪽에 대해 가지고 있던 가장 큰 공포는 일본의 공격이었다. 즉 일본이 만주에 있는 기지에서 시베리아로 진격하여 1905년의 전쟁을 재개하는 사태를 두려워했다. 스탈린은 그런 일을 막기 위해 중국이 강한 상태가 되기를 원했고, 그러려면 장제스가 이끌고 있는 정부에 공산 세력이 협력해야 했다. 스탈린은 공산 세력이 아직 정권을 잡을 능력이 없음을 알았다. 그들은 1930년대 초중반 장제스의 공산 세력 토벌 작전에서 겨우 살아남았고, 지금 산시성陝西省 북부의 요새에 틀어박혀 있는 공산당 군대는 중앙정부 군대에 비해 규모도 작고 장비도 형편없었다. 이런 상황에서 최선의 선택은 국민당을 지원하고 장제스의 화를 돋울 일은 하지 않는 것이었다. 그러지 않으면 장제스는 일본과 평화 협상을 하는 쪽으로 내몰리게 되고, 그러면 일본이 자유로워져 시베리아 쪽으로 관심을 돌리게 될 터였다.

그래서 시안 사건 이후 스탈린이 마오쩌둥에게 내린 명령은 기본적으로 세 가지 방향이었다. 소련을 지지하고, 통일전선을 유지하며, 공산 세력의 장기적인 계획이 혁명의 승리라는 미국의 의구심을 사지 않는 것이었다. 이는 여러 가지 우여곡절을 수반했다. 마오쩌둥은 자주 제멋대로 하려는 충동을 억누르는 데 어려움을 겪었지만, 결국은 항상 스탈린이 원하는 대로 했다. 그 두드러진 사례의 하나를 보자. 1939년에 스탈린과 히틀러가 불가침 협정을 체결하고 이어 두 나라가 폴란드를 분할하여 전 세계 좌익 세력에 충격을 주고 경악시킨 일이 있었다. 여러 공산주의 정당들은 재빨리, 그리고 어색하게 이데올로기를 뒤집어 그때까지 자기네가 악의 화신이라고 생각했던 히틀러와의 동맹에 찬사를 보냈다. 마오쩌둥도 예외는 아니었다. 갑작스럽게, 어제까지 생각할 수조차 없던 동맹이 오늘은 훌륭한 전략적 위업이 되었다. 그것은 독일과 소련의 전쟁에서 이득을 얻는 제국주의 전쟁광들의 목표를 쳐부순 일이었다. 마오쩌둥은 《신화통신新華通訊》 기자들에게 이렇게 말했다.

"〔이 협정은〕 반동적인 세계 부르주아들이 (……) 소련과 독일 사이의 전쟁을 부추기려 했던 음모를 분쇄했습니다."[27]

마오쩌둥은 히틀러-스탈린 협정의 이점을 나열한 뒤에 이렇게 말했다.

"〔그것은 또한〕 독일-이탈리아-일본 등 반공산주의 블록에 의한 소련 포위를 부숴버렸고, (……) 소련의 사회주의 건설을 보호했습니다."

1940년, 중국 남자들이 일본군에 의해 산 채로 총검술 훈련에 사용되고 수많은 여자들이 강간당하는 상황에서 프랭클린 루스벨트는 라디오 연설을 통해 미국의 국가 비상사태를 선언했다. 이를 미국이 전쟁에 뛰어들기 위한 준비 단계라고 생각한 국민당은 그의 연설에 열광했다. 그러나 독일-소련 협정을 지지해야 했던 공산주의자들은 이상한 입장을 취해, 소련의 동맹국인 독일이나 독일의 동맹국인 일본에 대한 어떠한 군사적 움직임에도 반대했다. 이에 따라 중국 공산당은 루스벨트를 '전쟁광'으로 부르는 식으로 반응했다.《해방일보》는 제국주의 이론을 끌어대며 미국의 지배 계급이 "미국의 부유한 60개 가문의 막대한 전쟁 이득을 짜내기 위해 미국 인민들을 제국주의 전쟁의 도살장으로 내몰"[28] 준비를 하고 있다고 비난했다.

마오쩌둥은 이듬해 이런 인식을 바꾸게 된다. 독일이 소련을 기습 공격했기 때문에 그럴 수밖에 없었다. 이에 따라 스탈린과 마오쩌둥은 '세계 반파시스트 통일전선'을 제창했고, 중국의 선전에서 루스벨트는 '전쟁광'에서 '개명된 부르주아 정치가'[29]로 바뀌었다.

이는 근본적인 인식이 바뀌었다는 의미는 아니다. 몇 년 뒤 마오쩌둥이 정권을 잡기 직전에 그는 미국과 서방의 도움이 필요하다는 생각을 거부했다. 그는 이렇게 말했다.

그들의 자본가들은 돈을 벌려 하고, 그들의 은행가들은 이자를 벌려 한다. 자기네들이 처한 위기에서 벗어나기 위해서다. 그것은 중국 인민들을 돕는 일이 아니다.[30]

마오쩌둥이 스탈린에게 복종하는 문제로 당 간부들과 갈등을 빚던 때가 있었다. 이때는 다른 간부들이, 그의 양순한 부하가 아니라 그와 동등한 위치에 있었다. 1940년에 저우언라이와 주더는 일본의 공격에 맞서기 위해 스탈린의 지시를 어기고 중국 공산당을 백단대전百團大戰(1940년 8월부터 12월까지 산시성, 허베이성 일대에서 공산당 군이 105개 여단을 투입하여 펼친 대규모 공세—옮긴이)으로 밀어넣었다. 이 공세가 공산 세력에 처참한 결과를 가져오자 통제권을 회복한 마오쩌둥은 치고 빠지는 제한된 게릴라 공격 전술로 되돌아갔다. 그렇게 함으로써 그는 스탈린이 제안한 위험성이 적고 사상자가 적으면서도 최대의 선전 효과를 내는 표준 전략으로 돌아갔다.

충동적인 마오쩌둥은 항일 투쟁 기간 중 적어도 두 번 장제스가 자신에 대한 공격을 준비하고 있다고 확신했다. 그는 1927년 상하이에서 있었던 장제스의 무시무시한 공격을 잊지 않고 있었다. 그는 선제 공격을 하려 했는데, 물론 그렇게 하면 통일전선은 위험에 빠지거나 깨질 터였다. 두 경우에 모두 스탈린은 비밀 무선망으로 마오쩌둥에게 연락해서, 마오쩌둥이 국민당의 공격 위험성을 과장하고 있다고 말하고, 인내하면서 통일전선을 약화시킬 일은 절대 하지 말라고 지시했다. 마오쩌둥은 순순히 이를 따랐다.

그 가운데 하나는 항일전쟁 동안에 일어난 양당 사이의 최대의 군사적 대립인 신사군新四軍 사건과 관련된 것이었다. 1941년 초, 아마도 장제스의 승인은 없었던 듯하지만 그의 휘하 장군 하나가 공산당의 신사군 사단 하나를 공격하여 사흘 동안 많은 사상자를 내게 했다. 양측은 이 통일전선 파기 행위에 대해 서로 상대방을 비난했다. 이 신사군 사단은 장상 남쪽에서 북쪽으로 철수하라는 정부의 명령에 동의했었다. 국민당에 따르면 이 사단은 그 명령을 따르지 않고 위치를 고수하려고 술수를 썼다. 공산당 쪽은 사단이 강을 건널 안전한 장소를 찾고 있었고, 그런 곳을 찾아 건너기 전에 공격을 받았다고 주장했다.

이 문제에서는 공산당의 주장이 옳았을 가능성이 매우 높다. 이 시기에는 스탈린과 마오쩌둥이 모두 국민당과 좋은 관계를 유지하는 것이 이롭다고 생각했기 때문이다. 공격을 받은 뒤 분노한 마오쩌둥은 통일전선의 소멸을 선언하고 군사와 정치 양 측면에서 국민당에 대한 전면 공격을 개시하려고 했다. 그러나 스탈린 휘하에서 코민테른을 이끌고 있던 불가리아 공산당의 게오르기 디미트로프Georgi Dimitrov는 마오쩌둥에게 무선으로 메시지를 보내 "통일전선의 유지를 지지하는 인민에게 의지하고 (……) 내전의 확산을 피하기 위해 전력을 다하라"[31]고 지시했다. 마오쩌둥이 여기에 불만을 표시하자 디미트로프는 두 차례 더 무선통신을 보내 통일전선을 유지하도록 요구했고, 마오쩌둥은 이에 굴복했다.

1941년 4월, 스탈린은 마오쩌둥에게 또 하나의 충격이 될 만한 일을 했다. 그는 일본과 불가침 협정을 맺고, 일본의 꼭두각시 국가 만주국을 승인하는 대신 일본으로부터 몽골인민공화국 승인을 얻어냈다. 몽골인민공화국은 명목상으로는 독립국이었지만 소련이 통제하고 있었다. 이것은 의외의 사태 전개였다. 그동안 내내 마오쩌둥은 그의 과거와 미래의 철천지원수 장제스가 일본과 화해하는 것을 우려해왔다. 그런데 이제 다름 아닌 스탈린이 바로 그것을 하다니! 더구나 이 거래로 인해 일본은 더 많은 병력을 중국에 투입할 수 있게 될 터였다. 이제 더는 소련의 움직임을 경계할 필요가 없기 때문이다. 게다가 중국은 외몽골을 자기네 땅이라고 주장하고 있던 터였다.

그렇지만 마오쩌둥은 새 협정을 받아들였다.[32] 그것이 소련에게 가장 이익이 되기 때문이었다. 왜냐하면 마오쩌둥이 주장했듯이 소련과 일본이 아시아에서 전쟁을 벌일 위험성이 이제 없어졌고, 소련을 추축국과 싸우게 하려는 영국과 미국의 음모를 스탈린이 분쇄했기 때문이다(이 때는 소련이 독일로부터 공격당하기 전이었다). 게다가 마오쩌둥은 일본의 동북 3성 점령을 소련이 승인하는 것이 왜 좋은 일인지에 대해 논리가 안 맞는 설명을 하면서, 그때까지 장제스는 자신이 일본의 공격을 막는 소련의 전략에서 결정적인 존재로 생각하고 있다고 말했다. 장제스는 중국 공산당보다 자신이 소련에 더 중요하다고 생각할 수 있고, 그 결과 대담해져서 일본에 굴복하고 공산당을 공격할 것이라는 얘기다. 이제 장제스는 그럴 수 없게 되었다.

그 뒤에 일어난 두 사건은 전략적 상황에 관한 모든 것을 바꿔놓았다. 그러나 그것이 스탈린에 대한 마오쩌둥의 복종을 바꿔놓지는 못했다.

첫 번째는 히틀러의 스탈린에 대한 엄청난 배신이다. 1941년 6월 22일, 히틀러는 세 방면에서 소련을 기습 공격하는 바르바로사 작전을 개시했다. 2년 동안 파시스트들과 동맹을 맺었던 스탈린은 이제 마오쩌둥에게 반파시스트 투쟁에 대한 전면적인 지지를 주문했다. 마오쩌둥은 저우언라이에게 편지를 써서, 자신이 이미 누그러뜨렸던 미국의 참전에 대한 반대를 더 완화하도록 했다.

제국주의 강대국이든 아니든, 반파시스트이기만 하면 좋은 나라다.[33]

두 번째 사건은 1941년 12월 7일에 터진 일본의 진주만 공격이었다. 이 사건으로 미국은 정식으로 선전포고를 하고 전쟁에 뛰어들었으며, 자기네 군대를 투입하여 일본을 물리치고 그들을 중국에서 몰아내겠다고 약속했다. 장제스는 공격 다음 날 루스벨트에게 전문을 보내 이렇게 약속했다.

태평양 지역과 세계가 잔인한 폭력과 끝없는 배신의 저주로부터 자유로워질 때까지 당신과 함께할 것입니다.[34]

미국의 참전으로 일본이 소련을 공격할 가능성은 완전히 없어졌으나, 마오쩌둥은 여전히 장제스와 미국 사이의 동맹에 대한 걱정을 안고 있었다. 그 동맹은 일본이 처리되고 나면 관심을 공산 세력 쪽으로 돌릴 터였다. 이를 피하고 마오쩌둥이 긴 전쟁을 치를 수 있도록 자신의 군대를 키울 기회를 마련하는 가장 좋은 방법은 미국과 독자적인 관계를 맺고 미국으로부터 합법 정당으로 승인받는 것이었다. 마오쩌둥은 이미 에드거 스노 같은 좌파 언론인들과 함께 홍보 활동을 한 바 있는데, 그런 작업의 목적은 미국에서 호의적인 이미지를 형성하는 것 못지않게 중국에서도 관심을 끄는 것이었다. 스노의 책은 국민당 검열의 틈새를 빠져나갈 것으로 예상되었고, 실제로 그렇게 되었다.

이제 목표는 미국을 자기편으로 끌어들이는 것이었다. 주류 언론인들을 옌안으로 초청하고, 딕시 사절단을 환대하고, 낙하산을 타고 뛰어내린 미국 항공병들을 구조하여 도움을 주었다. 그렇게 함으로써 미국인들에게 자기네의 호의를 확인시키고 친밀한 관계를 유지한다는 제스처를 취해, 공산 세력은 1944년과 1945년에 이를 완성해냈다.

마오쩌둥과 저우언라이는 모두 중국에서 진정한 공산주의를 실현하려면 수십 년은 걸릴 것이며, 그사이에 자신들은 미국식 민주주의를 하고 싶다고 확언한 바 있었다. 이 확언은 몇 년 지나지 않은 1949년에 공산 세력이 정권을 장악하면서 거짓말임이 드러나게 된다. 저우언라이는 충칭을 방문한 미국인들에게 공산당은 개인의 자유와 권리를 존중할 것이라고 말하고, 국민당은 정치범을 석방하고 비밀경찰을 억제함으로써 그런 일을 실천해야 한다고 요구했다. 앞서 보았지만 1944년 연말께 마오쩌둥은 딕시 사절단에게, 자신은 미군 병사들이 중국 땅에 상륙하는 것을 환영할 것이며, 자신의 군대를 기꺼이 미군의 지휘 아래 둘 것이라고 말했다. 그는 1945년 3월 서비스에게 이렇게 말했다.

"중국에는 미국이 개입해서는 안 되는 일 같은 것은 없습니다. 당신들은 중국의 가장 큰 맹방으로 이곳에 와 있습니다. 당신들이 이곳에 있다는 사실은 매우 중요합니다. 미국은 줄곧 좋은 의도를 가지고 있었습니다."[35]

어떤 면에서 마오쩌둥의 말은 아마도 진심이었을 것이다. 아니면 그 가운데 일부, 특히 연립정부를 구성하기 위해 미국의 도움을 요청한 것과 미군의 중국 해안 상륙에 군사적 지원을 하겠다고 한 약속은 진심이었을 것이다. 마오쩌둥은 언제나 자신의 능력을 믿고 있었다. 만약 중앙 정부에서 의미 있는 위치를 차지한다면, 그것을 자신의 영향력을 확대하고 마침내 정권을 장악하는 데 쓸 수 있다고 말이다. 얄타 협정 무렵에 그는 잘 먹고 의욕에 넘치는 100만 명 이상의 병사를 휘하에 거느린 채, 상당히 힘이 약해진 정부군과 맞서고 있었다. 만약 그가 미군이 중국 해안에 상륙하는 데 병참 지원을 제공하는 것을 허락받았다면, 그는 공언된 목표였던 장강 이남의 새로운 지역으로 권력을 확대할 수 있었을 것이다.

그러나 그가 자신의 병사들을 미군의 지휘 아래 두겠다는 의향을 표명한 것은 순전한 선전 활동이었다. 마오쩌둥은 1945년 1월 25일 충칭에 있던 저우언라이에게 전문을 보내서 "우리는 절대로 거기에 동의하지 않을 것"[36]이라고 말했다. 그리고 그가 든 이유는 레닌의 제국주의 이론을 떠올리게 했다. 그렇게 하면 당의 군대를 "외국의 지휘하"에 두어

"그들을 식민주의자의 군대로 만들 것"이라고 마오쩌둥은 말했다. 미국은 제국주의 세력이었고, 소련은 혁명 세력이었다. 그리고 그것은 영원한 친구와 영원한 적을 구분할 때 중요한 문제가 되었다.

제 10 장

중국 정책을 둘러싼 전쟁

1945년 2월 말, 웨더마이어와 헐리는 함께 중국을 떠나 일주일 뒤 워싱턴에 도착했다. 웨더마이어는 봄에 중국 해안의 한 항구를 점령한다는 계획을 세워놓고 있었다. 헐리의 목적은 더 모호하고, 더 정치적이며, 더 분열적이었다. 그는 스탈린과 루스벨트가 2월에 얄타에서 만났을 때 중국에 관한 비밀 거래를 했다는 소문을 충칭에서 들은 후 걱정하고 있었고, 이 문제에 관해 루스벨트로부터 직접 이야기를 듣고자 했다. 그는 또한 중국 정책에 관한 전적인 통제권을 얻고, 그 정책이 어떤 것인지 공표되기를 원했다. 그가 원한 정책은 기본적으로 장제스에 대한 무조건적인 지지였다.

앞에서 보았듯이 헐리는 1944년의 마지막 몇 주 동안 분노를 자주 분출했다. 그는 국민당과 중국 공산당 사이의 협상을 이끌어내려는 자신의 시도가 극소수 외무 공무원들의 훼방 때문에 실패해가고 있으며, 버드와 배럿이 마오쩌둥의 캠프에서 마오쩌둥 등 여러 사람들과 정보 활동에서 협조하는 문제 및 북동부 지방에서 미국인 낙하산 부대를 지원하는 문제를 논의한 것이 그런 배신의 증거라고 확신하고 있었다.

헐리 대사의 한 전기 작가는 이런 성마른 태도가 부분적으로 몸이 불편했고, 충칭이 눅눅하고 불결한 환경이었으며, 그가 불면증과 심지어 치통을 자주 앓았기 때문이라고 설명했다.[1] 헐리는 안경을 쓸 필요가 있었지만 쓰지 않으려 했고, 그 때문에 심한 두통을 앓았다. 그는 주의를 집중하는 시간이 짧았고, 긴 문서를 읽을 수 없었다. 한번은 충칭에서 중국인 손님들이 참석한 칵테일파티가 열렸는데, 그와 매클루어가 심한 언쟁을 벌였다. 친구들이 끼어들지 않았다면 주먹다짐까지 할 뻔했다. 그는 별로 존경을 받지 못했는데, 그래도 대부분의 사람들은 그에게 예의를 지켰다. 공산당 사람들은 그를 '귀여운 콧수염'[2]이라고 불렀다. 나이가 예순둘이었으므로 사고력 저하를 겪고 있었을 가능성이 없는 것은 아니며, 적어도 일부 관찰자들은 사실이 그렇다고 생각했다. 《타임》의 애널리 저코비Annalee Jacoby는 한 인터뷰에서 이렇게 말했다.

[헐리는] 갈수록 자신이 어디 있는지, 누구와 함께 있는지, 심지어 자신이 금방 무슨 말을 했는지 까먹는 경우가 잦아졌다.

헐리는 대사관의 직업적인 중국 전문가들과 웨더마이어의 참모들이 작성한 전문을 검열하기 시작하여 그들을 깜짝 놀라게 했다. 대사관의 정무 담당 고위 관리였던 아서 링월트는 나중에 이렇게 말했다.

그는 자신이 국민정부를 지원하기 위해 중국에 파견되었으며, 우리에게 중국 정권의 자질과 능력을 [부정적으로] 평가하는 내용은 일절 보고하지 말아야 한다고 말했다. 우리는 그 상황에 대해 우리가 생각하는 내용을 쓰곤 했고, 그는 그런 보고서를 발송하기를 거부했다.[3]

한번은 장제스 정부에 제공된 무기가 공산 세력에게 팔리거나 현지의 전투 과정에서 자주 분실된다는 내용의 보고서를 링월트가 제출하자, 헐리는 이를 몇 주 동안 뭉개고 있었다. 링월트가 대사에게 그 보고서는 어디에다 쓸 셈이냐고 묻자, 헐리는 쑹쯔원을 사무실로 부른 뒤 링월트가 있는 자리에서 그 보고서를 그에게 보여주었다. 당연한 얘기지만, 쑹쯔원은 보고 내용이 사실과 다르다고 단언했다. 결국 그 전문은 발송되지 않았다.[4]

헐리는 줄곧 자신이 성공 직전에 있으며, 데이비스, 배럿, 버드 같은 사람들이 허락도 없이 끼어들지 않았다면 벌써 성과를 거두었을 것이라고 주장했다. 역설적이지만 헐리는 다른 모든 일에 대해서는 그 중국통들과 견해를 달리했으나, 마오쩌둥의 추종자들이 '진정한 공산주의자'가 아니라는 생각만은 그들과 일치했다. 헐리는 충칭 회담이 결렬되어 저우언라이가 옌안으로 돌아가고 마오쩌둥은 회담 테이블로 돌아오라는 미국의 요청을 무시하고 있던 2월에 이렇게 썼다.

나는 이 음울하고 논란이 많은 시기에 잠시 멈추어 두 가지 근본적인 사실을 떠올리게 되었다. 〔하나는〕 공산주의자들이 사실은 공산주의자가 아니며, 그들은 민주주의 원칙을 추구하고 있다는 것이다. 그리고 〔또 하나는〕 일당·일인의 개인적인 국민당 정부가 사실은 파시스트가 아니며, 그들은 민주주의 원칙을 추구하고 있다는 것이다. 공산당과 국민당은 모두 갈 길이 멀다. 그러나 우리가 그 길을 알고 있다면, 우리가 맑은 정신

을 가지고 있고 관용과 인내심을 가진다면 우리는 그들에게 도움을 줄 수 있을 것이다.[5]

성마르고 완고한 헐리에 맞서 중국통들은 저항을 했고, 그들의 반대는 자기네 상사인 대사에 대한 공개적인 반란으로 발전했다.

늦가을, 레이먼드 러든과 다른 3명의 딕시 사절단은 옌안에서 정남쪽으로 200킬로미터 지점에 있는 푸핑富平까지, 총 여행 거리 2400킬로미터에 넉 달이 걸리는 여행에 나섰다. 그 지역 대부분은 명목상 일본이 통제하는 곳이었으나 공산 세력이 침투해 있었다. 러든의 관찰 내용은 중국통들에게 커다란 영향을 미쳤다. 일행은 중국 사람들이 겨울에 입는 솜옷을 입고 지프와 노새를 타거나 걸어서 바위투성이의 산악 지역을 여행했다. 때로는 일본군 파견대에서 1~2킬로미터 떨어진 곳까지 접근하기도 했다.

그들은 여행 내내 공산군 게릴라들을 만났는데, 그들의 굳세고 순박하고 헌신적인 모습에 감명을 받았다. 그리고 아마도 가장 중요한 것은 그들이 건강하고 사기가 높다는 점이었다. 그들 일행은 또 시골 마을에서 아이들을 가르치고 있는 도시 젊은이들을 만났다. 그들은 직물부터 폭약까지 모든 것을 만들고 있는 초보적인 공장들을 보았다. 그러나 이렇다 할 군사 행동은 보지 못했다. 중국과 일본이 북부 지방에서 대체로 비공식적인 휴전 상태에 들어갔기 때문이었다. 이런 상황에서 공산당과 100만 명에 이르는 그 군대는 일본군과 교전에 나서지 않고 치고 빠지는 소규모 공격만 하고 있었다. 어느 곳에서 5명의 미국인들은 추락한 미군 폭격기 승무원들을 만났다. 그들은 공산 세력에 의해 적의 전선을 통과하여 호송된 것이었는데, 그런 일을 해내자면 긴 구역을 따라 상당한 조직 체계를 구축하고 현지 주민들의 협조도 얻어야 했다.

1945년 1월 옌안에 돌아온 러든은 비행장에 미국 비행기가 있고 곧 충칭으로 돌아갈 예정임을 알게 되었다. 그는 그 비행기를 타고 대사관으로 돌아와서 동료 중국통들에게 자신이 본 것을 이야기해주었다. 러든은 헐리 대사를 만났을 때 그가 당연히 약간이라도 자신의 여행에 관심을 보일 것으로 기대했으나, 헐리의 관심은 정확하게 누가 그 여행을 승인해주었는지(승인한 사람은 딕시 사절단 단장 배럿이었다), 그리고 그게 누구였든 간에 그에게 그런 권한을 부여한 것이 누구였는지 하는 문제인 듯했다.[6]

1945년 초 러든이 알아낸 내용은 결국 워싱턴에 전해졌고, 그곳에서는 곧바로 중국 문제에 관한 열띤 논쟁이 길게 이어졌다. 러든이 직접 관찰한 내용은 데이비스, 서비스, 배럿, 버드가 이야기한 것과 완전히 일치했다. 그는 공산군 작전의 공간적 범위와 그들이 현지 주민들로부터 받는 지원을 강조했다. 그는 이렇게 썼다.

공산군과 민간 행정 기구에 대한 대중의 지지는 우리가 장래의 계획을 세우는 데 고려해야 할 현실이라는 점을 의심해야 할 합당한 이유는 없습니다.[7]

공산당이 주민들로부터 많은 사랑을 받고 있다는 인상은 일부 사람들이(구체적으로 헐리가) 인지하고 있던 것처럼 "외국인 방문객들을 속이기 위한 무대장치" 덕분이 아니었다.

농민들에게 온당한 처우를 해주고 기본적인 공민권을 인정하며 충분한 음식과 옷을 제공한다는 공산당의 단순한 프로그램은 팔로군과 인민들 사이에 진정한 통합을 이루어냈습니다.

여행 도중에 러든과 그 일행들은 지역의 지휘관들과, 어떤 보급품이 필요하며 그것으로 무슨 일을 할 생각인지에 관한 대화를 나누었다. 그리고 자신의 관찰과 그들의 대답을 통해 러든은 공산군에게 "충분한 폭약"이 주어질 경우 그들은 "최대 40일의 사전 예고가 있으면 북중국의 철도 교통을 마비시킬 수 있다"라고 평가했다. 러든 역시 공산 세력이 "자유민주주의적이고 상당히 민족주의적"[8]이라는 서비스 등의 견해를 다시 강조했다.

분명히 그들은 민족주의적이었다. 그러나 자유민주주의적이었다고? 러든은 이 장밋빛 판단에서 "외국인 방문객들을 속이기 위한 무대장치"의 요소가 있었음과 더불어, 공산 세력과의 협력을 촉진하려는 중국 전문가들의 열의가 극성으로 변해 그들에게서 국민당에 없는 미덕을 찾아내게 했음도 드러내고 있다. 그러나 공산 세력에게 무기와 보급품을 더 주면 일본을 상대로 한 전쟁에서 그들이 중요한 기여를 할 수 있다고 한 부분은 러든이 확실히 옳았다.

모스크바의 새 자리로 옮긴 데이비스도 같은 날짜 전문에서 옌안 측과 긴밀한 관계를 맺는 일이 미국에 어떤 이득을 줄 수 있는지를 상세히 설명했다. 장제스 정권이 무너져가고 공산 세력의 힘은 커져가고 있으며 미국은 어떻게 해야 할지 여전히 갈피를 잡지 못하고 있는 상황을 보며, 소련은 "냉소를 보내며 만족"하고 있음에 틀림없다고 그는 말했다. 데이비스는 미국이 옌안 측과 협력하면 중국 공산당 내부의 실용주의적이고 민족주의적인 분파를 강화하고 반면에 "소련에 대한 의존을 선호하는 공론가들"을 약화시킬 가능성이 높다고 주장했다.

데이비스는 이렇게 썼다.

크렘린도 아마 알고 있을, 미국에서 '공산주의자' 딱지가 붙은 사람들에 대해 심한 의구심과 적대감을 품는 현상은 미국 대중으로 하여금 중국의 공산 세력에 대한 편견을 갖게 합니다. 스탈린 원수는 틀림없이 (……) 대부분의 미국인들이, 중국은 전시든 평화 시든 오직 장제스를 통해서만 그 운명을 실현할 수 있다는 허구에 매달려 있다는 이야기를 들었을 것입니다.

이런 이데올로기적 완고함과 "현실정치를 할 수 없는 무능력"은 미국인들로 하여금 "스스로 추구하던 것을 잃게" 할 수 있었다.

우리가 추구하던 것이란 일본을 가능한 한 빨리 쳐부수고, 통일되고 강력하고 독립적인 중국을 만드는 것입니다. 그리고 소련은 (……) 북중국에 위성국가를 세우기 위해 나설 것입니다.[9]

비슷한 맥락에서 서비스와 러든은 웨더마이어에게 보고서를 써서, "대원수가 필요할 경우 무력을 동원해서라도 정치적 반대파를 모두 제거하려는 의도"와 그가 언제나 일본을 상대로 싸우기보다 국내의 반대파에 더 관심을 기울이는 것은 국민당이 점점 국민들의 지지를 잃는 핵심적인 이유이고 군사적 성과가 시원찮은 이유라고 주장했다. 미국의 이두 중국 전문가는 이렇게 썼다.

대원수에 대한 지원은 그가 일본에 맞서 중국의 모든 역량을 결집시킬 의지와 능력이 있다는 구체적인 증거가 있는 경우에만 바람직합니다. 대원수에 대한 지원은 목적을 위한 하나의 수단에 불과하며, 그것 자체가 목적은 아닙니다.[10]

이런 전문들을 받는 쪽에 있던 사람은 극동국 중국과장 존 카터 빈센트John Carter Vincent였다. 그는 마흔다섯 살의 기품이 있어 보이는 사람으로 캔자스 주 출신이었는데, 고국에서 멀리 떨어진 중국의 대여섯 개 자리에서 근무한 바 있었다. 그 가운데는 충칭 대사관 참사관 경력도 포함되며, 그곳에서 그는 주요 중국통들을 만났다. 물론 그가 이들과 언제나 의견을 같이했다는 의미는 아니다.

빈센트는 대다수 직업 외교관들과 마찬가지로 헐리를 낮게 평가했고, 공산 세력과 유대 관계를 맺는 일을 열렬하게 옹호하는 데이비스와 서비스를 좋아했다. 그러나 그는 또한 이들이 마오쩌둥과 그 집단을 평가하는 데서 약간 광적인 면이 있다고 생각했다. 빈센트는 자신의 전기를 쓴 게리 메이Gary May에게 데이비스와 서비스에 대해 이야기하면서 "그들은 과도했다"[11]고 말했다. 그들은 빈센트보다 열 살 정도 아래였는데, 그에 비해 조급했고, 장제스의 결점 때문에 "좋은 것은 몽땅 공산 세력에게 갖다 붙이는"[12](그는 1944년에 이런 표현을 썼는데, 데이비스와 서비스를 직접 거명하지는 않았지만 분명히 그들을 염두에 둔 말이었다) 경향이 있었다.

빈센트는 헐리의 과업이 실패할 것이라고 확신했고, 그가 공산 세력에 대한 혐오감을 지니고 있지만 그의 정책 방안이 정말로 매력적인 선택지는 전혀 없어 중국통들의 방안과 상당히 가깝다고 생각했다. 그가 생각하기에 미국과 중국에 최선의 방안은 장제스를 권좌에 머무르게 하되 다만 그가 더 포용적이고 민주적인 정치 시스템으로 빠르게 옮겨가 도록 하는 것이었다.[13] 그렇게 하지 않으면 그는 권력을 잃을 것으로 보였고, 중국 공산당이 차지할 가능성이 높았다. 그러나 빈센트는 장제스가 일당 지배를 포기할 것 같지 않다고 생각했고, 따라서 미국은 실패로 가고 있는 정부의, 실패로 가고 있는 지도자 곁을 지키기보다는 "새로운 해법"을 찾을 필요가 있었다. 그리고 대안은 대략 서비스와 데이비스가 제안한 내용과 비슷했다. 바로 장제스에게 허락을 구하지 말고 공산 세력을 무장시키는 것이었다.

이런 견해는 웨더마이어가 워싱턴에 왔을 때 그에게 준 국무부의 중국 보고서에 들어갔으나, 이를 헐리에게는 비밀로 했다. 이 보고서는 장제스에 대한 총력 지원을 선호하는 쪽과 공산 세력과의 관계 수립을 원하는 쪽 사이의 간극을 메우려는 노력의 하나였다. 웨더마이어가 관심을 집중해야 할 중국에서의 단기 목표는 일본을 패퇴시키는 것이라고 이 보고서는 말하고 있었다. 그리고 그런 목표는 정치 영역에서 중국의 모든 정파를 통합함으로써 이룰 수 있었다. 물론 그것이 헐리가 하려는 일이었다.

보고서도 인정했듯이, 미국이 공산 세력을 포함한 모든 정파를 무장시킬 수 있다면 좋은 일이었을 것이다. 그러나 그것은 불행하게도 정치적으로 불가능한 일이었다. 그것이 가능한 환경이 조성되기 전에는 말이다. 예를 들어 미국이 만약 어느 시점에 중국 해안에 육상 병력을 상륙시킬 필요가 있다면 미국의 지휘관들은 "공산 세력을 무장시킬 준비를 해야" 했다. 더구나 미국의 정책이 중국의 통합을 지원하는 것이긴 했지만, 그것이 "반드시 장제스를 중심으로 통합되어야 한다는 의미는 아니었." 그런 측면에서 미국은 "어느 정도의 유연성"[14]을 유지하는 것이 중요했다.

빈센트의 대안이 현명하고 현실적이기는 했지만, 구체적인 실현 가능성이 없었다. 그것은 공산 세력과 별도로 군사적인 협상을 하는 것이 장제스 정부에 어떤 영향을 미칠 것이냐에 대해서는 대답하지 않고 있었다. 그것은 장제스에게 심각한 타격을 주고 그의 정권이 전복될 가능성이 매우 높았는데도 말이다. 장제스가 일당 지배를 포기하려 하지 않는 것이 어떤 점에서 미국이 공산 세력과 군사적으로 협력하는 일을 정당화하는가? 빈센트의 보고서는 이 문제를 검토하지 않음으로써, 강력하고 명석한 리더십이 필요한 시기에 분명한 방향이 없고 뾰족한 대안이 없음을 드러냈다. 루스벨트 대통령이 죽기 직전 혼미한 상태에 있을 때 미국 정부 고위층에 있는 어느 누구도 중국 문제에 관해 리더십을 발휘하지 못했다. 그 대신 공백 속으로 빨려들어가면서 책임을 떠맡았던 사람은 그 현장에서 가장 자격이 없고 가장 괴팍하고 위험스러울 정도로 무분별한 사람이었다.

장제스의 입장에서는 자신의 딜레마를 너무도 잘 알고 있었기 때문에, 이 딜레마에 관해서 한바탕 우울증에 빠졌다가 분노를 폭발시켰다가 하는 일이 교대로 반복될 수밖에 없었다. 얄타 협정 이후에 그는 일기에 썼듯이 무언가를 자신에게 알려주지 않고 있다는 "공포와 의구심"[15]을 느꼈고, 물론 그의 생각이 맞았다. 당연히 장제스는 워싱턴에 있는 중국 대사에게 전문을 보내 루스벨트에게 물어보도록 했고, 얄타 협정의 비밀 보충 협약에 대해 루스벨트가 인정했다는 말을 듣고 자신이 "배신당했다"[16]고 생각했다.

장제스의 언짢은 기분을 보여주는 사례가 있다. 그가 드물게 열리던 실권 없는 기구인 국민정부위원회에 참석했을 때, 쩌우루鄒魯라는 광둥

출신의 당 원로가 샌프란시스코 회의에 공산당 대표가 참석해야 한다는 저우언라이의 요구에 관해 물었다. 이 회의에서 미래의 전승국들이 국제 연합 창설을 의논할 예정이었다. 공산당은 이 회의에 참석할 중국 대표를 확대하자는 주장을 장제스가 거부하자 선전 활동을 벌이며 그를 귀찮게 하고 있었다. 전 세계에 중국이, 주민 대표성이 없는 독재 국가로 보일 것이라는 얘기였다. 정부위원회 회의에 관한 미국 대사관의 기록은 이렇게 되어 있다.

〔장제스는〕 화가 폭발해 쩌우루를 강하게 질책하고 (……) 진보파를 싸잡아 비난했다.[17]

공산당 문제가 주제로 올랐다.

〔장제스의〕 얼굴은 화가 나 벌겋게 달아올랐다. 그의 목소리와 손도 떨렸다. 장제스가 말을 마치자 두려움에 휩싸인 위원들은 쥐 죽은 듯이 조용히 앉아 있었고, 그는 회의를 중단해버렸다.

충칭에서는 중국통들이 점차 중국 정책이 위기에 빠지고 있다고 느끼기 시작했다. 《뉴요커》 기고가인 칸E. J. Kahn은 1970년대 초반에 러든, 데이비스, 서비스와 기타 중국통들을 인터뷰했다. 그들은 자기네가 충칭에서 모두 한 집에 살았다고 말했다.

주변에는 여자들도 없었고, 그들은 밤이면 브리지나 다트나 크로스워드 퍼즐 같은 데 빠져들었다. 그것도 아니면 음울한 중국의 상황을 분석하고 또 분석했다.

그들은 이런 확신을 품었다.

그들이 빨리 무언가를 하지 않으면 그때까지 미국이 중국 안에서 중국을 위해 애썼던 모든 일들은 도로아미타불이 될 것으로 보였다.[18]

이에 따라 중국통들은 과감한 조치를 취해야겠다고 결정했다. 그들은 서비스에게 대표로 분석 보고서를 작성하게 했다. 이를 워싱턴으로 보내면 웨더마이어와 헐리가 그곳에 도착할 때에 딱 맞춰 도착할 터였다. 헐리 부재 시에 대사관을 책임지고 있던 외교관 조지 애치슨은 이런 움직임에 약간의 우려를 표명했다. 그는 이렇게 말했다.

"저들은 우리를 배신자라고 말할 거야. 고양이들이 자리를 비우니 쥐들이 움직이기 시작했다고."[19]

그래서 그 가능성을 차단하기 위해 그들은 이런 구절을 끼워넣었다.

웨더마이어 장군과 헐리 장군이 워싱턴에 간 것이 이 문제를 토론할 좋은 기회가 되어야 할 것입니다.

그러자 애치슨은 서류에 서명을 하고 발송했다. 국민당과 중국 공산당의 협상에 관한 헐리의 보고가 "불완전하고 객관적이지 못했다"고 노골적으로 지적하는 내용이었다. 그것은 외무 직원 내부에서 터져나온 상상할 수 있는 가장 강력한 반대 선언이었다.

나중에 서비스가 밝힌 바에 따르면, 대사관의 정무 파트 직원들은 모두 이 전문에 동의했다고 한다.[20] 심지어 웨더마이어 부재 시에 대신 지휘를 맡았던 그의 참모장 머빈 그로스Mervin E. Gross 장군조차도 이를 지지했다. 보고서는 미국이 장제스에게 최후통첩을 해야 한다고 말했다.

〔대통령께서는〕 장제스에게 분명한 말로 전할 필요가 있습니다. 우리가 군사적인 필요 때문에, 일본과 싸우는 이 전쟁에서 도움을 줄 수 있는 공산당이나 다른 적절한 집단과 협력하고 그들에게 무기를 공급해야 한다고 말입니다.[21]

더구나 국민당과 중국 공산당의 통합 협정이 합의되기를 기다렸다가 중국의 정부 주석에게 이런 통고를 해야 하는 것도 아니었다. 역사가 허버트 파이스는 이 논쟁을 다음과 같이 정리했다.

〔이 정책은〕 전쟁에서 모든 중국인들의 협력을 담보하고, 공산 세력을 소련의 품에 던져주는 대신에 우리 편으로 묶어두며, 국민당이 분명히 머릿속에 그리고 있는 내전이 바람직하지 않음을 그들에게 설득하고, 중국 안에서 통일의 대의를 확산시킬 수 있었다.[22]

정반대로 생각하고 있던 헐리에게 이 전문은 선전포고였다. 그것은 분명히 자신이 워싱턴에 도착하는 날짜에 맞춘 것일 뿐만 아니라, 정책 논쟁이 벌어지면 자신에게 불리한 것이기도 했다. 그는 성격상 그것을 있는 그대로 볼 수가 없었다. 그것은 영리하고 사정에 정통한 한 무리의 사람들이 긴급하고 심지어 용감하게 이의를 제기한 것이었음에도 불구하고, 그는 이것이 "불충 행위"라고 비난했다. 공산 세력을 무장시키면 그들을 "무장한 적대 세력"으로 공인하는 것이고, 그렇게 되면 "국민정부가 금세 무너지는 결과"를 가져올 터였다. 헐리는 이제 대사관이나 외무 직원들 가운데 믿을 만한 사람이 아무도 없다고 믿었다.

이런 확신은 실체를 드러냈다. 3월 5일, 헐리는 국무부 극동국으로 불려가서 면담을 가졌다. 거기서 그는 자신의 표현대로 "심하게 까였"고, 어떤 것이 정해진 정책 사항이라고 생각하는지 답변해야 했다. 그가 인정하고 그에게 매우 동정적인 전기 작가가 전한 바에 따르면 그는 이 사건에서 "나에 대한 심판자이자 심문자로 총출동한 국무부의 공산당 지지자들"[23]과 맞닥뜨렸다고 말했다.

전선은 그어졌고, 걸린 것은 아시아에서 미국이 해야 할 역할의 본질이었다. 그러나 허약한 정부가 공산 혁명에 직면해 있는 아시아의 한 가난한 나라에서 무슨 일을 해야 하는가에 관한 두 가지 대립되는 관점들 사이에서 벌어진 이 최초의 싸움에서 헐리가 대통령을 직접 만난 것은 회심의 카드였다. 그는 백악관으로 갔고, 백악관은 3월 2일에 이미 충칭의 문제 제기가 담긴 전문 사본을 받은 상태였다. 그리고 파이스가 적었듯이 "대통령은 헐리를 지지했다."[24] 공산 세력에게는 무기나 보급품을 주지 않을 것이고, 중앙정부의 사전 승인 없이는 그들과 별도의 협정도 맺지 않기로 했다.

이전에도 그랬지만 루스벨트는 애초에 장제스를 압박하여 양보를 끌어낼 생각이 없었다. 그는 특히 얄타에서 스탈린과 비밀 협정을 맺은 뒤에는 중국의 정부 주석에게 양보를 강요함으로써 더 이상 그를 욕보일 수 없다고 생각했을 것이다. 장제스는 양보를 하면 자신의 정권이 무너질 수밖에 없다고 생각하고 있었다. 중요한 것은 루스벨트가 생각했듯이 중국에서 식민주의를 끝장내고 중국이 강하고 자주적이고 우호적인 나라로 일어서게 돕는 일이었다. 장제스를 고분고분한 똘마니로 만드는 것은 그런 목표를 달성하는 방법이 아니었다.

또한 현실적인 문제도 있었다. 얄타 협정은 중국의 자존심에 엄청난 상처를 입혔지만, 미국을 장제스 정부와 그 어느 때보다도 더 긴밀하게 묶어놓았다. 소련은 비밀 협정 조건에 따라 이데올로기적 동맹자인 공산당이 아니라 국민당에게만 지원을 해주도록 약속했다. 그런데 지금 미국이 공산당을 북중국의 실질적인 정부로 사실상 승인하고 동맹국 정부의 의사에 반해 그 실질적인 정부에 무기와 원조를 제공하자는 제안이 들어온 것이다! 그리고 이렇게 미국이 지원한 결과로 장제스가 공산당에 의해 권좌에서 쫓겨난다면 어떻게 되는가? 그럴 경우 역사가 게리 메이가 썼듯이 소련은 국민당만을 지원한다는 의무에 속박되지 않아도 될 것이다. 메이는 이렇게 결론지었다.

이에 따라 그들은 중국의 공산 세력과 힘을 합쳐 중국의 지배권을 차지할 수 있었을 것이다.[25]

루스벨트가 무슨 생각을 했든, 헐리는 이제 대통령의 신임 투표로 무장했다. 그리고 그는 이것을 현장에 있는 직업적인 중국 전문가들을 억압하고 결국 그들을 몰아내는 데 사용했다. 그들은 중국에서 여러 해 살았고, 중국 말을 하고 이곳과 이곳에 있는 주요 인물들을 아는 사람들이었다. 존 데이비스는 개인적으로 다행스럽게도 이미 모스크바로 떠났고, 그곳 대사관의 대리대사로 있던 조지 케넌으로부터 열렬한 환영을 받았다. 그러나 존 서비스는 공산당 전국대표대회에 관한 보고를 위해 3월에 옌안에 갔다가 충칭으로 돌아오자마자 당장 워싱턴으로 떠나라는 말을 들었다. 그는 군용기에 혼자 타고 남아시아, 서아시아, 아프리카, 남아메리카를 거치는 긴 여행 끝에 4월 12일 워싱턴에 도착했다. 그날이 바로 루스벨트가 죽은 날이었다. 아서 링월트 역시 다른 곳으로 발령이 났다. 3등 서기관과 통역관 등 다른 몇 사람도 전보되었고, 대사관의 2인자인 조지 애치슨도 마찬가지였다. 애치슨의 후임으로는 헐리의 고집에 따라 버지니아 출신의 은행가 월터 로버트슨Walter S. Robertson이 임명되었는데, 그는 중국에 관해 아는 것이 전혀 없었고 아마도 그 때문에 헐리와 잘 지냈던 듯하다.

헐리는 또한 미국 외교관들의 옌안 여행을 금지했다. 이에 따라 중국통들이 공산당 고위 관계자들과 쉽게 만나던 길이 막혔다. 서비스는 헐리가 외교 전문을 국민정부 관리들에게 보여주곤 해서 위축 효과를 가져왔다고 나중에 말했다. 정보원情報源이 위험해질 수 있기 때문이었다. 서비스는 이렇게 말했다.

일부는 대사에게 불려가서 그가 노새 몰이꾼처럼 떠들어대는 설교를 들었다.

헐리가 승리한 것이 중국의 공산 세력과 우호적인 관계를 맺을 가능성이 사라진 주요 원인은 아니었지만, 기여한 부분이 있기는 했다. 그것이 마오쩌둥과 그의 조언자들로 하여금, 어쨌든 그들이 믿는 경향이 있었던 내용을 확인시켜주었기 때문이다. 바로, 미국은 그들의 적이 될 수밖에 없는 독점자본가들에 의해 지배되는 제국주의 강대국이라는 생각이었다.

이제 미국을 위해 중국에 관한 일을 할 수 없게 된 사람들은 전쟁 기간 내내 중국에 관해 주목할 만하고 때로 뛰어난 보고서들을 계속해서 썼다. 그들은 모든 일에 관심을 가졌다. 존 스튜어트 서비스는 국민당 군 내부의 분열에 관한 사실성 넘치는 보고서를 썼다. 전쟁 양측의 선전 활동에 관해, 왜 일부 중국인들이 일본에 협력했는지에 관해, 여론 검열의 효과에 관해, 공산 세력이 어떻게 일본 점령 지역에서 자기네 기지를 확장할 수 있었는지에 관해 썼고, 다른 여러 주제에 관해서도 썼다. 심지어 국민당과 공산당 양쪽의 벽보와 포스터에 관해, 그리고 그것이 중국 정치문화의 본질이나 양당이 스스로와 상대방에게 보이고자 애쓰는 이미지가 어떤 것인지에 대해서도 썼다.

장제스와 광시파로 알려진 일군의 지휘관들과의 경쟁에 관해 서비스가 1945년 3월에 작성한 보고서는 중국 정치의 내면에 관한 훌륭한 분석이다. 그것은 무엇보다도 중국의 정부 주석에게는 능력 있는 사람을 기용하는 것보다 잠재적인 경쟁자들을 약화시키는 것이 왜 더 중요한지를 보여주었다. 그것은 '분할 통치'를 철저하게 마키아벨리식으로 적용한 것이었는데, 서비스는 이렇게 썼다.

〔그것은〕 장제스에게 유일한 대안이었던 듯하다. 스스로가 약했기 때문에 이런 제한된 관점으로 본 중앙정부의 유일한 희망은 모든 반대파를 약화시키는(그리고 그 약화된 상태를 지속시키고 분열시키는) 것이었다. 장제스에게 '통일'은 분명히 지배를 의미한다.

서비스와 다른 외교 전문가들은 중대한 실수를 저질렀다. 마오쩌둥에게 환상을 가진 것이 그렇고, 중국 공산당의 '민주주의' 충동을 강조한 것이 그렇고, 공산당이 국민당에 공민권을 존중하라고 요구하는 바로 그 순간에도 반대파를 탄압하고 있었음을 전혀 몰랐던 것이 그렇다. 그들은 공산 세력에게 속았다. 그런 결론을 피할 수는 없다. 그러나 그들은 결코 공산주의 지지자가 아니었다. 그것은 헐리와 마녀사냥 부대들이 그들 때문에 중국을 "잃었다"고 비난하는 과정에서 주장한 바였다. 헐리가 그들에게 붙이려고 했던 '불충'이라는 딱지는 추잡한 중상모략이었다.

새로운 세대의 중국 전문가들은 40년 뒤에 다시 중국에 갈 수 있게 되었지만, 그 이전에는 미국이 서비스, 러든, 데이비스, 애치슨, 라이스, 존 에머슨John Emmerson, 그리고 헐리에 의한 숙청 때 자리에서 물러난 여러 사람들이 쓴 글들과 같은 한결같이 수준 높은 중국 관련 보고서와 분석들을 이용할 수 없었다.

헐리는 여전히 워싱턴에 머물던 4월 초에 충칭과 옌안에서 예의주시하는 가운데 대규모 기자회견을 열고, 공산 세력을 지원하는 일은 절대 없을 것이라고 분명하게 선언했다.[26] 그런 원조는 미국이 지원하기로 약속한 정부 이외에 또 다른 중국 정부를 인정하는 것이나 마찬가지이기 때문이라고 했다. 헐리는 그가 늘 가지고 있던 낙관론에 근거한 이야기를 덧붙였다. 중국의 여러 정파들이 "서로 가까워져서" 통일이라는 그의 목표를 이루게 될 것이라고 했다. 그러나 그게 핵심 메시지는 아니었다. 이 통일이 이루어지기 전에는 "중국의 무장한 공산 세력을 육성하고 지원하는" 일은 없으리라는 것이었다. 이 선언은 불과 몇 주 전에 국무부가 웨더마이어에게 교부한 정책 방침과 배치되었다. 그러나 언론에서 헐리 소장이라고 부른 이 사람에게 반박하려고 나서는 사람은 아무도 없었다.

그전에도 헐리는 얄타에서 중국에 관해 정확히 어떤 내용이 결정되었는지 알려달라고 대통령을 압박한 바가 있었다. 루스벨트는 처음에는 스탈린과 중국에 관한 비밀 합의를 보았다는 사실을 부인했으나, 헐리가 마지막으로 백악관을 방문했을 때는 진실을 이야기하고 스탈린과 합의한 문서를 보여주었다. 헐리는 나중에 이 사건을 기록하면서 그때 큰 충격을 받았다고 말했다. 그는 이렇게 비난했다.

미국 외교관들이 중국의 영토 통합과 정치적 독립을 포기하고 (……) 공산 세력의 승리를 위한 청사진을 [만들었다.][27]

그러나 그의 비공식 전기 작가 러셀 뷰하이트Russell D. Buhite가 지적했듯이, 그는 아마도 화가 난 척하거나 적어도 그렇게 과장했던 듯하다. 헐리는 소련을 전쟁에 끌어들일 필요성에 대해 너무도 잘 알고 있었고, 이에 수반되는 필요성, 즉 그 대가로 중국에서 무언가를 그들에게 주어야 한다는 사실도 받아들이고 있었다. 그가 원했던 것, 또는 더 정확하게 말하자면 그가 비현실적으로 원했던 것은 소련과 국민정부 사이의 협상이었고, 그것은 소련이 중국 공산당을 지원하지 못하도록 선수를 치기 위한 것이었다.[28] 헐리는 자신의 중국 정책에 대한 영국과 소련의 지지를 얻기 위한 노력의 일환으로 직접 런던과 모스크바에 갈 생각을 했던 듯하다(그는 루스벨트로부터 이에 대한 재가를 받았다고 나중에 말했지만 사실 여부는 불확실하다).

그래서 헐리는 다시 한 번 순진하게도 위험한 세계 외교의 바다에서 떠내려가고 있었다. 그는 처칠을 만났는데, 처칠은 장제스 정부를 지지하고 국민당과 중국 공산당의 협상을 촉진하는 데 순순하게 동의했으나 나중에 그렇게 행동하지는 않았다. 그런 뒤에 헐리는 모스크바로 갔고,

거기서 스탈린과 몰로토프를 만났다. 그들은 자기네가 장제스 정부를, 그리고 장제스 정부만을 지지하며, 중국의 '홍당무' 공산주의자들을 지원하기 위해 노력할 생각은 전혀 없다고 확언했다.

중국통들이 음흉하고 비밀스러우며 사악한 생각을 가졌다고 그리도 의심했던 헐리가 이런 어설픈 거짓말에 속아넘어갔다는 것은 놀라운 일이다. 그는 몰로토프와 스탈린이 자기네 의도에 관해 거짓말을 함으로써 미국을 무력화할 수 있다고는 꿈에도 의심하지 않았던 듯하다. 공교롭게도 그가 맞서 싸웠던 중국통 가운데 한 사람인 존 데이비스가 이때 모스크바에 있었는데, 옛 상사에게 그가 속고 있다는 것을 경고하려 했다. 그러나 나중에 공산주의자들을 무르게 대했다고 비난을 받은 것은 헐리가 아니라 데이비스였다. 조지 케넌은 이렇게 평했다.

[헐리에게] 충고하는 사람은 매우 많았지만, 그는 그런 말들을 생각해보려고도 하지 않았다.[29]

정치적인 책략이 실행되고 있는 동안에도 중국에서의 전쟁은 계속해서 불을 뿜었다. 오카무라 야스지岡村寧次 장군이 지휘하는 부대가 중국을 완전히 패퇴시키려고 필사적인 노력을 하는 과정에서 수천 명이 죽었다. 오카무라는 25개 사단과 1개 기갑여단, 11개 독립 보병여단, 1개 기병여단, 그리고 10개 독립 여단으로 편제된 82만 명의 병력을 거느리고 있었다.[30] 이들 부대는 세 방면으로 배치되어 있었다. 북중국 방면군은 황하와 만리장성 사이를 장악하고 있었고, 제6방면군은 동부 중국에서 중국군 및 미군과 대치하고 있었으며, 제13방면군은 상하이와 장강 하류 유역에 있었다. 오카무라 자신은 제6방면군을 지휘하고 있었다. 5개 사단과 228문의 대포를 보유한 이 부대는 중국 전구 사령부의 미군들과 특히 웨더마이어 사령관의 밤잠을 설치게 하는 정예 부대였다.

오카무라는 상대를 불안하게 만드는 일본 장교의 전형이었다. 무자비하고 단호하고 유능했다. 그는 1932년 상하이 점령 때 부대를 지휘하면서부터 중국에 와 있었다. 그리고 그 자리에 있으면서 현지 여성들의 강제 매춘을 지시한 첫 사령관이라는 부끄러운 명성을 얻었다. 그럴듯한 말로 '위안부'라는 이름이 붙은 이 여성들은 일본군이 침략하여 점령한 거의 모든 지역에서 일본군 병사들에게 제공되었다.

1937년 루거우차오 사건 이후 오카무라는 일본군 제11군을 지휘하며 장강 유역에서 몇 차례의 큰 전투를 치렀다. 1939년 봄, 북부 지방으로 이동한 오카무라는 병사들에게 '승리감'[31]을 주어야 한다는 이유로 독가스 사용에 대한 허가를 상부에 요청했다. 그는 이어 이 전쟁에서 가장 큰 화학전을 지휘했다.

1940년에 대장이 되고 북중국 방면군 사령관이 된 오카무라는 공산당이 백단대전 기습 공격에 나서자 중국인들에게 삼광작전으로 알려진 잔인한 전술로 맞섰다. '모조리 죽이고, 모조리 태우고, 모조리 약탈한다'는 작전이었다. 그가 지휘한 일본군은 학자들의 추산으로 270만 명의 비전투원을 죽인 책임이 있다.[32] 그 뒤 1944년에 오카무라는 이해의 여러 달에 걸쳐 동부 및 남부 중국 전역을 점령하기 위해 벌인 이치고 공세의 총사령관으로, 진군해나가면서 미국 제14항공대 기지들을 공격했다. 그의 사진을 보면 제복을 입은 가차 없고 음침하며 냉혹한 모습이 영락없는 일본 제국 육군사관학교 졸업생이다. 강철 같은 규율과 적에 대한 용서 없는 학살, 천황을 위한 영광스러운 승리라는 일본군의 가치관이 충만한 모습이다.

1945년에 접어들면서 오카무라와 일본군은 중국에서 최근 벌어진 몇 차례의 큰 전투에서 승리를 거두어 자축할 수 있었다. 이는 다른 지역의 전투 상황과는 대조적인 것이었다. 태평양과 필리핀, 그리고 버마에서 괴멸적인 손실을 입었고, 이에 앞서 미드웨이, 이오지마(이오토硫黃島)와 기타 태평양의 산호섬들에서 패배하여 이미 제국의 비운을 예고했다. 하지만 1945년 초에는 항복할 생각이 없었던 듯하다. 미군 지휘관들 역시 가장 힘든 싸움이 이미 지났다고 생각하지 않았다.

웨더마이어가 막 도착하여 상황을 파악하고 있던 1944년 11월에도 일본은 부분적으로 중국의 손에 있던 핑한平漢 철로 및 그와 이어지는 웨한粤漢 철로를 모두 장악하여 프랑스령 인도차이나의 하이퐁 항구에서부터 만주와 한국까지 죽 이어지는 철로망을 확보했다. 이는 미국과 일본이 중국 땅에서 마지막 결전을 벌이게 될 경우 중요한 보급선이 될 수 있었다. 동시에 명예욕에 불타는 4개 사단과 1개 탱크 중대를 보유한 제11군은 구이린과 류저우柳州에 있는 미군 비행장을 점령했다. 그곳들을 기지로 삼아 셔놀트의 제14항공대가 일본의 중국 내 보급선을 공격하고 바다의 배들을 폭격하고 있었다.

몇 주 뒤 미국 군사부 장관 헨리 스팀슨Henry L. Stimson은 기자회견을 열어, 승리하기까지는 아직 많은 시간이 필요하다고 밝혔다. 그는 이렇게 말했다.

"일본은 여러 해 동안 중국 해안을 점거하고 있습니다. 그들은 그곳에 많은 병사들을 배치하고 있고, 최근에는 통제를 강화하고 있습니다. 그들은 광저우에서 한커우를 거쳐 베이핑에 이르는 내륙 보급선을 탈취했고, 그 철로 동쪽에 있는 우리 항공병들에게 도움이 되는 비행장 세 곳을 더 점령했습니다."[33]

게다가 일본은 여전히 본토 침공에 대비한 강력한 방어 체제를 갖추고 있었으며, 생산 능력도 상당했고, 석유와 가스 비축량도 많았다.

구이린과 류저우를 상실한 것은 심각하고 우려스러운 일이었다. 이 기지들이 미국의 큰 공군 기지였을 뿐만 아니라 이곳들이 또한 더 서쪽, 특히 구이양과 쿤밍으로 통하는 길목의 요충지였기 때문이다. 쿤밍은 '낙타 육봉' 공수로와 다시 열리기 직전에 있는 버마 공로의 종점이었다. 여기서 미국의 보급품이 분배되는데, 그 보급품이 없으면 중국은 전쟁에서 버텨나갈 수가 없었다.

구이린은 가로수 길과 입구에 차양을 친 가게들이 늘어선 남부의 오랜 도시이고, 풍상을 겪어 꾀죄죄하고 고풍스럽게 낡은 곳이었다. 가까운 곳에는 푸릇푸릇한 들판에 뾰족탑처럼 솟은 천상의 아름다움을 뽐내는 산맥이 있었다. 거의 일본과의 전쟁이 시작되던 1937년부터 미군 조종사들은 비행기를 몰고 리강灕江을 흘끗 보면서 그곳의 군용 비행장을 드나들었다. 조종사들이 폭격과 기총소사를 위한 출격에 나서, 인류에게 알려진 것 가운데 가장 치명적이고 현대적인 비행기를 타고 이륙하는 동안에도 아래에서는 물소가 쟁기를 끌고 있는 논 위에 이른 아침 햇살이 비치는 곳이었다.

조종사들과 정비 요원들은 밤이면 비행장 근처의 대나무로 엮은 오두막에서 맥주를 곁들여 스테이크를 먹고, 이튿날 아침이 되면 그날의 출격을 위한 작전 지시를 받았다.[34] 그들은 기총소사에 맞을 뻔했던 일을 들려주고, 격추되어 돌아오지 못한 친구들에 대해 이야기했다. 그들은 중국인 악당들에 대해 지독한 분노를 표시했다. 악당들 가운데 일부는 전쟁 난민이었는데, 이들은 바로 미군들이 그곳에 있기 때문에 구이린으로 몰려들었다. 그들은 무기 대여 프로그램에 따른 보급품들을 입수하여 암시장에서 팔거나, 많은 사람들이 의심했듯이 무선 송신기를 조작하여 미국 비행기가 이륙하면 이를 일본군에게 알려주었다.

비행장 부근에는 오래된 여관이 있었다. 미군 항공병들은 그곳에서 현지 여자들과 술을 마시고 춤을 춘 뒤 여자를 데리고 주 건물 양쪽에 붙여 지은 건물의 쪽방 침대로 들어갔다. 구이린이 자유 중국의 성매매 중심지로 알려진 데는 충분한 이유가 있었다. 인기 있는 곳 가운데 하나가 레도 클럽이었다. 그곳에서는 파티마 이스마일이라는 여자가 손님을 맞았는데, 그녀가 일본군에 정보를 팔아먹는다고 의심하는 사람이 많았다.

일본이 구이린을 점령하고 사흘 뒤, 웨더마이어는 장제스 및 그 참모들과 실무 회의를 가졌다. 회의에서 그는 중국의 방어를 강화하여 최종적으로 일본을 몰아내기 위한 종합 계획을 내놓았다. '알파'라는 암호명을 가진 이 계획은 중국군 39개 사단을 무장시키고 훈련시키며 각 사단마다 미국인 고문단을 둔다는 내용이었다. 중국인 병사들은 대체로 영양실조 상태였는데, 이들에게 적절한 식료품을 공급하기로 했다. 그리고 부상자 의무 후송과 치료라는 개념도 도입될 예정이었다. 모든 병사는 적절한 장비를 갖추도록 했다. 이 모든 것은 스틸웰이 인도 람가르에서 훈련시켜 버마에서 잘 싸우고 있는 중국인 병사들을 위해 만든 모델을 따르도록 했다.

웨더마이어는 알파 계획이 제대로 굴러갈지 알 수 없었다. 중국 병사들에게 적절한 훈련과 장비가 주어지더라도 그들이 싸울 의지를 가지고 있는지, 좀 더 정확하게 말하자면 그들을 그렇게 이끌 리더십이 있는지 전혀 확신할 수 없었다. 중국에 머무르게 된 처음 몇 주 또는 몇 달 동안 그는 자신의 평가에서 이상하게도 모순을 느꼈다. 처칠과 비교하면 확고하게 장제스를 존경했지만, 그가 생각하기에 심하게 "우둔하고 비능률적"인 문제를 안고 있는 중국의 군사적 리더십에 대해서는 회의적이었다. "냉담하고 우둔하며"[35] "무력하고 혼란스러워" 대원수에게 정확하게 상황을 보고하는 일이나 그것을 개선하기 위해 무언가를 하는 일이나 모두 불가능하기도 했고 두려워하기도 했던 것이다.

웨더마이어는 구이린을 방어해야 했다고 생각했다. 잘 먹고 장비도 잘 갖춘 중국 제97군은 이 도시 북쪽의 강력한 위치로 보이는 곳을 점령하고 있었다. 장제스는 일본군이 공격해오면 자신의 병력이 구이린과 류저우 지역을 두 달 동안 지킬 수 있다고 웨더마이어에게 "분명하게" 단언했다. 그러나 막상 그런 일이 닥치자 그들은 싸우지도 않고 퇴각했다. 웨더마이어는 당시 이렇게 썼다.

중국군의 무질서와 혼란스러운 계획은 이해할 수 없을 정도다. 우리는 병참 측면에서 엄청난 비용을 들여 매우 많은 병력을 투입했지만, 중국군이 자리를 지키며 싸울지 알 수가 없다.[36]

긍정적인 측면으로, 보급품은 상당히 늘어나서 연료와 탄약이 어느 때보다 많았다. 전쟁 대부분의 기간 동안 매달 5000톤가량의 보급품이 '낙타 육봉'을 넘어 수송되었다. 1945년 초에 미국의 C-47 수송기는 한 달에 최고 6만 톤을 날랐는데, 보급이 감소하고 있던 일본은 이런 큰 차이를 잘 알고 있었다. 정말로 일본군 고위 지휘관들이 이 시점에서 무슨 생각을 했는지 웨더마이어가 알았다면 그는 조심스럽게 낙관론을 펼 이유를 더 발견했을 것이다. 이치고 공세는 오카무라의 보급선이 지나치게 길어져 있었기 때문에 점차 수그러들었고, 지나치게 길어지지 않은 곳에서는 제14항공대의 효과적인 공격으로 혼란에 빠졌다.[37] 오카무라가 구이린과 류저우 비행장을 점령하려 했던 이유가 바로 거기에 있었다.

오카무라의 지휘소들은 장강의 항구 한커우에 있었다. 그곳에서 그는 셔놀트의 B-29 폭격기들이 강둑 여기저기에 널려 있는 공장과 창고들 위로 폭탄을 투하하는 것을 직접 목격했다. 엄청난 화염이 치솟았고, 배들이 큰 혼란에 휩싸여 10만 톤에 달하는 일본의 보급품들이 강의 여기저기에 처박혔다. 12월 18일 하루에만도 77대의 B-29기와 200대의 전투 비행기가 한커우와 그 옆에 있는 우창과 한양(지금은 두 곳 모두 대도시 우한의 일부가 되어 있다)을 공습했는데, 일본은 미군이 해안에 상륙할 가능성이 있어 비행기들이 모두 그곳을 방어하기 위해 출격했기 때문에 이를 막지 못했다. 공습이 끝나자 두터운 연기 층이 세 도시 위에 드리워졌다.

미국 비행기들은 또한 펑한 철로의 다리들도 파괴하여 강 대신 철도 수송을 이용하려던 일본의 계획을 무산시켰다. 일본은 이에 대응하여, 철로가 끊어진 곳에서 보급품을 내려 트럭에 싣고 철로가 연결된 곳으로 가서 다시 기차에 실었다. 그러나 미군의 폭격은 수많은 기관차도 파괴했기 때문에 이런 방법의 효과는 제한적이었다. 일본군은 아마도 계획했던 보급품의 4분의 1 정도만 얻을 수 있었을 것이다. 그들은 식료품, 의복, 탄약은 충분했으나 휘발유는 몇 달 안에 떨어질 것으로 보였다. 그리고 오카무라는 어떤 조치가 취해지지 않는다면 장강 이남의 철로가 완전히 무용지물이 되는 날이 올 것으로 예견했다.

이런 상황에서 전쟁은 소강 상태가 될 수밖에 없었다. 일본이 전열을 가다듬고 보급선을 재편하며 앞으로 할 일을 결정해야 했기 때문이다. 도쿄의 최고사령부에서는 남부 중국의 기지들을 포기하고 그 대신 미군이 상륙할 것으로 예상되는 해안 방어에 집중하는 쪽을 지지했다. 소강 상태는 일본의 고민을 드러내는 것이었다. 그러나 소강 상태에 대한 연합군의 해석은 중국 내 전투의 모호성을 드러냈다. 중국 정부가 비밀리에 일본과 공모하여 그들이 미군 비행장을 점령하도록 허용하는 대신 중국을 상대로 한 전쟁을 중지하려 한다는 소문이 떠돌았다. 언제나처럼 외교적이고 정중한 웨더마이어가 장제스에게 이 소문 이야기를 꺼내자 그는 "전혀 반응을 보이지 않았다." 웨더마이어는 당시에 이렇게 말했다.

감정의 표출로든 다른 무엇을 통해서든, 그가 이를 부정한다거나 인정한다거나 하는 아무런 표시도 없었다. 그의 자동적인 반응은 무미건조하게 껄껄 웃는 것이었다.[38]

웨더마이어는 그런 소문이 존재하지 않는다는 듯이 꿋꿋하게 나아갔다. 중국군 사단들을 훈련시키고 미군 고문들(이들은 최종적으로 3000명이 넘었다)을 배치하는 일이 계속되었다.

한편 봄이 다가오면서 오카무라는 도쿄에 있는 제국 대본영大本營의 견해를 무시하고 대담한 계획을 추진하기로 했다. 1945년 1월, 그는 구이린 북동쪽 쑤이촨遂川에 있는 미군 비행장을 점령했다. 그러나 그는 그런 작은 비행장을 점령하는 것은 단지 일시적인 점령이거나 전혀 점령하지 않은 것과 마찬가지임을 알고 있었다. 셔놀트의 비행기와 항공병들은 그저 다른 곳으로 이동하여 작전을 재개하면 그만이기 때문이다. 구이린에는 기반 시설과 창고·막사, 정보 지휘소와 설비가 있었던 데 반해, 쑤이촨에서 "일본군이 물려받은 것은 빈 활주로가 전부"[39](중국 전구에 관한 미국의 공식 자료에 나오는 표현이다)였다. 이런 점을 고려하여 제국 대본영은 중국 영토를 더 점령하는 것을 포기하고 그 대신 남부 해안을 방어하기로 결정했다. 이는 미국이 필리핀을 다시 점령함에 따른 불가피한 결정이었다. 미군 병사들이 중국 본토에 상륙하는 데 필리핀이 집결지 노릇을 할 수 있기 때문이었다.

그러나 오카무라는 침공 우려가 과장되었다고 생각했다. 그는 충칭을 공격하여 적에게 치명적인 일격을 가하고자 했다. 일시적인 견제를 하자는 것이 아니었다. 당시는 중요한 순간이었다. 이전에도 자주 그랬던 것처럼 중국의 방어가 무너진다면 오카무라는 여전히 전쟁에서 중국을 완전히 멸망시킬 수 있다는 희망을 가질 수 있었다. 그러나 중국의 저항이 거셀 경우 일본은 방어적인 소모전에 의존하는 수밖에 다른 도리가 없을 것이다. 해안으로 철수하여 연합군이 중국을, 일본 본토 섬들을 침공하는 도약대로 쓰지 못하도록 하는 것이다.

오카무라는 이 필사적인 새로운 공세의 첫 번째 목표로 즈강芷江이라는 도시를 선택했다. 즈강은 후난성 서부에 있는 평범한 산악 지역으로, 대부분의 화물 수송은 마을에서 마을로 난 오솔길을 통해 쿨리들이 져 나르거나 이 지역의 여러 강과 개울에 떠다니는 삼판선三板船을 통해 이루어졌다. 이 도시에는 셔놀트의 중요한 비행장이 있어서 그것 자체로 귀중한 목표였지만, 오카무라는 여기에 더해 이곳에서 북서쪽으로 400킬로미터쯤 떨어진 충칭이나 아마도 쿤밍을 습격하는 기지로 쓸 수 있다고 보았다.

1945년 초봄, 오카무라는 2만 명의 일본군 병사들을 즈강 동쪽 평원에 집결시켰다. 4월 13일, 이 병사들은 연합군 공중 정찰의 주시 아래 일제히 진군을 개시했다. 이 위협적인 군대를 돌려보내고 충칭과 쿤밍에 대한 직접적인 위협을 피하는 것은 이제 중미 합동사령부가 대처해야 할 도전이었다. 그것은 알파 프로그램에 의한 최초의 훈련이 이루어지기도 전에 일어난 새로운 협력 정신 검증이었다.

중국의 제74군 제51사단은 동쪽과 서쪽에서 즈강으로 들어가는 간선도로 북쪽 수 킬로미터 지점에 있었다. 일본군은 그 길로 진군할 것으로 예상되었다. 그러나 이 서부 후난 지역으로 진군하는 일본군은 산과 계곡에 난 복잡한 길을 통해 대거 빠져나감으로써 그들과 즈강 사이에 자리 잡고 있던 중국군 부대를 지나쳤다. 이것은 1942년 그들이 버마에서 사용하여 성공한 것과 같은 전술이었다. 그들은 정글을 재빨리 질러감으로써 영국군, 미군, 중국군의 의표를 찌른 바 있었다.

제51사단의 미군 연락장교는 루이스 존스Louis V. Jones 대령이었다. 중국군 사단장은 존스에게, 자신이 2개 연대를 거느리고 가서 일본군이 빠져나가는 것을 저지하겠다고 말했다. 그래서 존스는 무전병들과 통역, 44명의 쿨리를 데리고 산길을 걸어서 그들을 따랐다. 이튿날 그는 두 연대가 일본군이 진군해갔으리라고 추정되는 골짜기를 잘못 잡았음을 깨달았다. 다른 두 연대와 함께 이동하지 않고 정위치에 남아 있던 제3의 중국군 연대인 제151연대는 4월 17일 밤에 일본군을 상대로 독자적인 행동에 들어갔다. 이튿날 존스는 중국군 사단장을 따라잡고 그에게 부대를 이동시키도록 설득했다. 그렇게 함으로써 그들은 진군하는 적의 전방 10킬로미터 지점에 위치하게 되었다.

19일, 사단장은 공군의 지원을 요청했다. 이튿날 비행기 한 대가 도착했고 그다음 날은 넉 대가 왔으나, 비가 다가오는 바람에 항공 작전은 종료되었다. 일본군 제116사단과 제133보병연대의 익센 선사들은 시간당 2.5킬로미터의 속도로 천천히 전진하고 있었다. 그들은 곧 산먼山門 마을을 점령했다. 그곳은 산속의 작전 기지가 되었다. 그러나 공식 역사에도 나와 있듯이, 이런 압박에도 불구하고 중국군 제151연대는 "완강하게 자리를 지켰다."[40]

일본군의 공격로를 따라 120킬로미터 길이로 늘어서 있던 다른 중국군 부대들도 마찬가지였다. 산먼 북서쪽에 전선에서 간격이 크게 벌어진 곳이 발견되자 중국의 제18군이 이동하여 적군이 빠져나가지 못하도록 했다. 전선의 다른 곳에서도 중국군 부대들은 "잘 지키고, 일본군이 점령해 들어오는 곳마다 반격으로 대응했다."[41]

그러는 가운데 일본과의 전투에서 흔치 않은 일이 일어났다. 즈강은 보급품이 쏟아져 들어오는 쿤밍까지 계속 뻗어 띠 모양을 이루는 기지들 가운데 하나가 되었다. 야전병원이 세워져서 부상병을 치료했고, 차량 정비 공장도 만들어져서 고장난 보급품 트럭을 고쳐 운행을 계속할 수 있도록 했다. 즈강에서부터 도로와 배가 다닐 수 있는 하천 모두에 보급망이 펼쳐졌다. 식료품과 무기(기관단총, 60밀리미터 박격포, 경기관총)와 탄약, 그리고 심지어 여름용 군복까지 이들 보급소에 도착하여 트럭이나 삼판선에 실려 중국군 부대들로 배급되었다. 심지어 이동식 외과병원까지 전선 후방에 세워졌다.

중국의 이 벽지에서 전투는 몇 달 동안 계속되었다. 마침내 8개의 기지 병원들이 운영되어 부상당한 중국군 병사들이 치료를 받았다. 이 긴 전쟁에서 부상병들은 대체로 치료를 받지 못한 채 죽어갔었다. 쌀은 북동쪽의 둥팅후洞庭湖 지역에서 배에 실려 도착한 뒤 트럭으로 각 부대에 분배되었다. 그래서 중국군 병사들에게 흔했던 나쁜 관행을 다시 저지를 필요가 없었다. 이전에는 인근 마을로 가서 식료품을 훔치지 않으면 절박한 굶주림에 시달려야 했다. 군대는 자발적으로 이동했다. 기본적이고 초보적인 부분이 국민정부 군대에서는 종종 실종된 것으로 생각되었는데, 즈강을 놓고 싸운 전투에서는 그렇지 않았다.

한편 존스 대령의 경험에서 알 수 있듯이 중국인 지휘관들과 미국인 고문들 사이의 협력도 잘 이루어졌다. 스틸웰은 1942년 버마에서 자신의 명령이 무시되거나 장제스에 의해 취소되어 불만이 쌓였는데, 1945년 후난성 서부에서는 그런 일이 되풀이되지 않았다. 중국군 병사들을 훈련시키기 위해 2월에 도착한 연락장교 조지 굿리지George L. Goodridge 대령은 이렇게 말했다.

상황이 변할 때마다 장군은 연락장교를 지도 앞으로 부르고 상황을 설명한 뒤 그에게 의견을 물었다. (……) 대부분의 경우에 그 이후 나온 명령은 연락장교가 제안한 계획의 대체적인 방향을 따랐다.[42]

5월 2일, 일본군의 남쪽 진군로상에 있는 우양허灘陽河 계곡 입구에서 중국군 제5사단이 적과 맞닥뜨렸다. 미국인 고문의 동의 아래 포위를 시도한다는 결정이 내려졌다. 공식 역사는 이것이 "완벽한 성공"[43]을 거두었다고 쓰고 있다. "대포를 포함하는 상당량의 일본군 장비와 약간의 문서, 그리고 6명의 포로"도 얻었다. 그 이후 며칠 동안 중국군 제121사단이 북쪽으로 이동하여 일본군의 왼쪽 날개를 돌려세우는 데 성공했다. 다른 부대들도 북쪽에서 줄줄이 내려와서 일본군 집결지의 후미를 끊어 적으로 하여금 퇴각로를 찾지 않을 수 없게 했다.

5월 11일, 중국 제18군의 제11사단은 일본군의 보급 창고를 점령했다. 말 500필도 노획했다.

한편 오카무라는 패배를 막기 위해서는 엄청난 노력이 필요하다고 본 데다 병력을 해안으로 이동시키라는 제국 대본영의 명령도 있었기 때문에 즈강 전투에 증원군을 보내는 대신 나가 있는 병력을 철수시키라고 명령했다.

대략 이 무렵에 장제스는 분명히 기회가 왔음을 인식하고, 전에 그렇게 자주 하던 일을 했다. 그는 육군 총사령 허잉친에게 명령을 내려 후난성 중앙부에 있는 도시 헝양衡陽을 점령하도록 했다. 이것은 미국인들, 특히 스틸웰이 항상 장제스에게 부족하다고 생각했던 바로 그 적극성과 배짱을 보여준 것이었다. 그러나 그것은 간섭이었다. 이런 명령이 내려졌음을 알게 된 웨더마이어는 장제스에게, 자신에게 사전에 알리지도 않고 중국군 장군들에게 명령을 내린다면 자신은 전체적인 전투를 제대로 조율할 수 없다고 말했다. 웨더마이어는 또한 중국군이 헝양을 탈환하는 데 필요한 규모의 작전을 할 준비가 되어 있지 않다고 말했다. 장제스는 한 발 물러섰다. 자신은 명령을 내린 것이 아니고 단지 의견을 표명했을 뿐이라고 말했다.[44] 다시 말해서 웨더마이어는 성마른 스틸웰이 하지 못했던 일을 해냈다. 중국의 정부 주석이자 총사령관이 간섭하지 못하게 하는 일 말이다.

6월 7일까지는 즈강을 둘러싼 전투가 끝났다. 일본군은 원래 위치로 퇴각했다. 즈강 전투는 중국군의 승리 가운데 하나로 꼽혀야 한다. 이로써 충칭과 쿤밍은 직접적인 위협을 피할 수 있게 되었다. 중국군이 광저우와 홍콩을 향해 더 동쪽으로 이동할 길이 열렸다. 일본군은 1500명이 죽고 5000명이 부상당했다. 중국군은 사상자가 더 많았다. 죽은 사람이 7000명 가까이 되고, 1만 2000명이 부상당했다. 그러나 중국군은 일본군보다 전쟁에 투입된 병사 수가 훨씬 많았다. 일본군 지휘부는 자신들이 패배한 요인은 중국군이 "대단한 발전"을 이루었기 때문이라고 분석했다. 그리고 이는 알파 계획이 구상한 훈련 프로그램이 끝나기도 전에 벌어진 전투에서 거둔 성과였다.

공식 역사는 이렇게 결론지었다.

중국 전구에서 진정한 진보가 이루어졌다.[45]

중국군은 "자기네의 공인된 관행과 반대되는" 방식을 채택했고, 이는 "그들의 협력 정신과 함께 웨더마이어, 매클루어 및 그 참모들의 설득력에 대한 믿음을 반영한 것"이었다.

물론 모든 일이 잘 돌아간 것은 아니었다. 미국인들은 특히 중국군이 포위된 일본군 부대를 도망치게 놔두는 경향이 있음을 지적했다. 그것은 중국의 전쟁에서 오래된 관행이었다. 각기 다른 시기에 각기 다른 환경에서 쓰인 《삼십육계》는 항상 적의 퇴로를 열어둠으로써 전투로 인한 희생을 피하는 것을 목표로 하고 있다. 국민정부 군은 이런 전통에 집착하여 미군 고문들을 짜증나게 했다. 그러나 그들은 또한 제대로 장비를 갖추고 지휘를 받으면 잘 싸울 수 있음을 보여주었다.

게다가 이런 시범은 많은 미국인 관찰자들이 공산 세력의 견해에 말려들어 장제스의 군대에 대해 실망하고 있던 때에 나온 것이었다. 그들은 중국군이 형편없이 무능하고 싸우려 하지 않는다고 생각해왔다. 마오쩌둥이 배럿에게, 국민당 군대는 일본군에 맞서 싸우기보다는 돌아서서 달아난다고 말하지 않았던가? 여기에 새로운 상황에서 그들이 자리를 지키며 싸우고 승리를 거둔 중요한 사례가 나타났다.

그러나 조금 다른 일도 있었다. 참으로 불길하고 동시에 세상을 놀라게 한 일이었고, 이후 여러 해 동안 종종 중국에 관한 자유 토론의 주제가 되는 사건이었다. 그것은 아메라시아Amerasia 스파이 사건으로 불리게 되는 것으로, 모든 중국 전문가들에게 영향을 미치게 되지만 특히 존 서비스에게 가장 직접적이고 가장 치명적으로 영향을 미치게 된다.

그 모든 것은 1945년 1월 《아메라시아》라는 작지만 영향력 있는 잡지에 '아시아에서의 영국의 제국주의 정책(British Imperial Policy in Asia)'이라는 제목의 보고서가 발표되면서 시작되었다. 《아메라시아》는 국무부에 있건 대학에 있건 아시아에 전문적인 관심을 가진 사람들이 읽는 잡지였고, 그 보고서 내용은 전혀 문제가 없었다.

전쟁 중 중앙정보국(CIA)의 전신이었던 전략정보국(OSS) 남아시아과에 근무하고 있던 케네스 웰스Kenneth Wells가 이 글을 읽었다. 웰스는 이 보고서의 몇몇 부분이, 동남아시아에서의 영미 관계에 관해 자신이 쓴 보고서의 일부를 거의 그대로 베낀 것이라고 지적했다. 웰스의 보고서는 기밀 취급 사안이었다. 그것은 비밀이었다. 그래서 웰스는 《아메라시아》가 그것을 어떻게 입수했는지 알고자 했다. FBI도 마찬가지였고, 그들은 이를 누설하여 반역 행위를 한 것으로 보이는 사람을 찾기 위해 《아메라시아》 편집자들을 감시하고 불법적인 활동을 통해 잡지 사무실에 침입했다.

제 11 장

마오 신과 스파이

헐리가 충칭 대사관에서 최고의 중국통들을 숙청했지만, 마오쩌둥은 스스로 중국 혁명의 반신반인(半神半人) 자리에 올라 지난 2년 동안 벌인 숙청과 정풍운동의 결과를 만끽하고 있었다. 그 이후로 그는 동등한 사람들 가운데 첫 번째 이상의, 단순히 카리스마 있고 존경받는 당 지도자 이상의 존재가 된다. 이제부터 그는 가톨릭 교황처럼 오류를 저지를 수 없는 천재이자 역사의 거인이며, 그가 없었더라면 캄캄하고 억압받는 세계였을 곳에 빛과 희망을 가져다준 영웅이 된다. 1943년에 작곡된 쉽고도 아름다운 찬가(가사는 중국어로 운을 맞추었다)는 이렇게 노래한다.

동쪽이 붉게 물들어 해가 떠오르고(東方紅 太陽升)

중국에 마오쩌둥이 태어났다네(中國出了個毛澤東)

그분이 인민의 행복을 위해 애쓰시니(他爲人民謀幸福)

에헤야! 그분은 인민의 위대한 구세주시라네(呼爾嗨喲! 他是人民大救星)

마오쩌둥 신격화는 점진적으로 이루어졌다.[1] 언제나 공산주의 운동 내부의 당내 권력 투쟁에서 거둔 일련의 승리를 통해서였다. 그러나 그 것은 1945년 4월에 열린 중국 공산당 7차 전국대표대회에서 절정을 이루었다. 여기에 참석한 500여 명의 대표들은 온순하게도 마오쩌둥을 중국 공산당의 모든 지배 기구의 주석으로 선출했다. 중앙위원회 주석, 중앙서기처 주석, 중앙정치국 주석, 중앙혁명군사위원회 주석 등이었다. 이렇게 한 지도자의 손에 권력이 집중된 것은 중국 공산주의 역사상 처음 있는 일이었다.

그러나 마오쩌둥의 공식적인 지위에 못지않게 중요한 것은 이 공산 당의 집회에서 필수 의례였던 마오쩌둥에 대한 쉴 새 없는 아첨과 끊임 없이 이어진 지나친 찬사였다. 공산당 지도부 내부에서 마오쩌둥에 맞설 만큼 충분한 권력과 영향력을 지녔던 당내 인사들이, 자신이 과거에 마오쩌둥에 반대하는 잘못을 저질렀다고 고백했다. 그리고 그들은 앞으로 충성을 다하겠다고 맹세했다.

이런 현세의 신격화는 중국 황제 제도의 전통에다, 스탈린 동지에게 서 유래하고 그의 가장 중요한 제자인 마오쩌둥이 유용성을 발견한 관행을 섞어놓은 것이었다. 지난봄에 이 중국 지도자는 기장의 씨를 처음 뿌리는 행사에 초대되었다. 황제가 상징적으로 쟁기질을 해서 첫 번째 고랑을 만들던 오랜 친경親耕의식을 재현한 것이다.[2] 그러나 마오쩌둥 개인 숭배는 또한 20세기 전체주의의 거의 불가피한 모습이기도 했다. 우파 쪽에서는 무솔리니나 히틀러 같은 독재자들이 이를 채용했고, 좌파에서 도 마오쩌둥 자신과 베트남의 공산주의자 호찌민, 그리고 "온 인류 가운데 가장 뛰어난" 북한의 김일성 같은 독재자들도 마찬가지였다. 혁명적 좌파의 경우 이런 지도자에 대한 찬미는 공산당을 프롤레타리아의 선봉으로 보고, 수령을 반드시 필요한 선봉의 선봉이자, 프롤레타리아의 이상理想으로 불가피하게 진보한다는 역사의 구현체로 생각하는 관념에서 출발한 것이었다. 물론 그것은 당이 어떤 반대도 받지 않는 권력을 누리고 어떤 반대도 불법화한다는 목표에 이바지하는 것이기도 했고, 그것이 오늘날 중국 공산당이 마오쩌둥에게 여러 가지 잘못이 있다고 인정하면서도 그를 계속 떠받드는 이유다.

1945년의 마오쩌둥 신격화의 아이러니는 그것이 국민당의 일당 독재와 장제스의 손에 권력이 과도하고 전제적으로 집중되는 데 대해 공산당이 분노를 표출하던 바로 그 시기에 이루어졌다는 점이다. 중국 공산당은 마오쩌둥을 초인적이고 초법적인 지위에 올려놓으면서도 헐리가 주재하는 협상에서 장제스가 민주적인 합작을 통해 권력을 나눠주어야 한다느니, 정치범을 석방하고 국민당의 비밀경찰을 통제하며 출판의 자유를 회복해야 한다느니 하는 요구를 하지 않았던가. 공산당은 심지어 딕시 사절단의 미국인들과 헐리에게, 공산 세력의 목표는 오로지 민주주의라고 재삼 확언하면서도 마오쩌둥이 전권을 지닌 독재자로 등극할 토대를 닦아놓았다.

옌안의 한 강당에서 열린 7차 대표대회에서는 "마오쩌둥 주석 만세!" 라는 구호가 울려퍼졌다. 중국이 오랫동안 황제를 환영하는 데 쓰였던 '만세'라는 구호를 반복한 것이다. 무대 아치에는 "마오쩌둥의 깃발 아래서 승리하고 전진하자在毛澤東的旗幟下勝利前進)!"라는 슬로건이 커다란 한자로 쓰여 있었다. 처음으로 '마오쩌둥 사상'이 중국 공산주의 이데올로기의 공식적인 지주支柱로서 당장黨章에 포함되어 마르크스레닌주의와 동등한 지위를 누리게 되었다. 대회에서 당의 2인자로 선출된 류사오치는 회의의 주요 연설 가운데 하나를 맡았는데, 연설문의 거의 모든 구절이 마오쩌둥의 훌륭한 리더십과 그의 정책의 정당성, 그의 사상을 학습할 필요성 등에 관한 상투적인 어구로 가득했다.

마오쩌둥은 이 이벤트를 세심하게 준비했다. 당초 7차 전국대표대회 대표로 선출되었던 당원들 가운데 절반 정도가 몇 달 전에 끝난 정풍운동 과정에서 숙청되고 새로운 대표들로 대체되었다. 새로운 대표들은 당 지도부에서 걸러내어 마오쩌둥 숭배에 아무런 불만이 없도록 정화되었음이 확실한 사람들이었다.[3]

대회가 열리기 직전에 마오쩌둥은 중앙위원회 총회를 주재하고 '몇 가지 역사 문제에 관한 결의(關于若干歷史問題的決議)'라는 긴 문건을 채택했다. 이 문건의 목적은 마오쩌둥의 과거 정책이 모든 경우에 옳았음을 소급해서 확인하는 것이었다. 이 수령의 정당성에 대한 이른바 과학적이고 학술적인 실증은 소련의 경험에서 곧바로 가져온 것이었다. 스탈린은 대숙청 이후 자신에 대한 신격화가 마무리된 1938년에 《간명(簡明) 소련공산당(볼셰비키)사》라는 책을 출판했다. 과거 적수들에게 오명을 씌우고 자신의 정책이 모두 옳았다는 내용이었다. 스탈린의 이 책은 정치적 세뇌를 위해 중국어로 번역되고 의무적으로 읽도록 했다.[4]

전체주의 체제에서는 수령을 위해 모든 반대자를 제거하고 그의 무오류성을 숭배하는 것만으로는 충분하지 않았다. 그는 또한 과학으로 광택을 내서 반대를 위한 어떠한 지적인 기반도 발붙이지 못하도록 박멸해야 했다. 이에 따라 중국 공산당 7차 전국대표대회를 준비하고 마오쩌둥의 공식 역사를 당의 교리로 채택하면서, 그의 과거 적수들 가운데 가장 강력하고 명망이 있으며 다루기 힘들었던 왕밍조차도 자신이 과거에 마오쩌둥에게 반대했던 것은 이데올로기적으로 잘못이었다고 인정하게 했다.[5] 이런 제스처의 대가로 마오쩌둥은 병중이었던 그가 바퀴 달린 침대에 누워 회의장에 들어갈 수 있는 상태가 될 때까지 개회를 연기해주었다.

만약 마오쩌둥이 이 문제를 제멋대로 처리했다면 그는 왕밍을 완전히 제거하여 당에서 쫓아내고 아마도 감옥에 집어넣었을 것이다. 그러나 그렇게 하지 못한 것은 스탈린의 고집 때문이었다. 여기에는 여러 해 전 국민당과 공산당이 격렬하게 투쟁하던 시기로 거슬러 올라가는 어렴풋한 보복의 요소가 있다. 1943년 말에 마오쩌둥은 코민테른 총서기 게오르기 디미트로프에게 편지를 써서 왕밍이 "여러 가지 반당 행위를 저질렀다"[6]고 고발했다(코민테른은 1943년 5월에 해체되었지만 스탈린은 종종 디미트로프를 통해 비공식적인 방법으로 전 세계 공산주의 정당들에게 계속 지시를 내렸다). 마오쩌둥은 왕밍이 상하이에서 체포되어 감옥에 갇혀 있었는데, 자신이 당원임을 인정한 뒤 석방되었다고 주장했다. 즉 왕밍이 국민당 쪽으로 전향했고 아마도 이중간첩일 것이라는 뜻이었다. 그것은 캉성이 정풍운동 과정에서 자주 써먹었던, 마오쩌둥의 적들(진짜도 있고 꾸며낸 경우도 있다)을 적발하여 재교육을 받게 했던 모호한 불충 고발과 비슷하게 모호한 고발이었다. 이제 마오쩌둥은 이를 자신의 당내 최대 라이벌을 상대로 써먹었던 듯하다.

그러나 왕밍은 모스크바에서 여러 해 살았고, 그곳에 연줄이 있었다. 디미트로프도 그 가운데 하나였다. 그리고 1943년에는 그와 마오쩌둥이 여러 달 동안 이 세계 혁명의 지휘부에 전갈을 보내 각자의 입장에 대한 지지를 요청하고 있었다. 그 문제들은 사실 중국 공산당 내부의 문제였다. 왕밍이 디미트로프에게 보낸 편지는 마오쩌둥이 '반레닌주의자'이고 '트로츠키 추종자'라고 고발하고 있었다. 둘 다 국제 공산주의 세계에서는 중대하고 참으로 치명적인 혐의였다.

틀림없이 스탈린의 주장에 따른 것이었겠지만, 디미트로프는 이 문제에 관해 솔로몬처럼 지혜로운 판결을 내렸다. 중국의 권력 투쟁에서는 마오쩌둥을 지지하되, 그에게 왕밍을 당에서 잘라내지 말도록 한 것이다.[7] 마오쩌둥은 '통합'을 위해 이 바람대로 따랐다.

이 일화는 양국 공산당이 밀접한 관계를 유지했고, 소련 공산당이 우위에 있었다는 또 다른 증거다. 마오쩌둥은 자신이 배반자라고 고발한 이 경쟁자를 처리하는 일에서도 소련이 바라는 대로 충실하게 따랐다. 그 이후 스탈린이 죽고 중국과 소련이 결별한 뒤에 마오쩌둥은 압력을 받는 일이 없게 되고, 그가 과거에 가까웠던 동료들을 공격할 경우에 그들에게 망신을 주고 굴욕을 안겨주는 것으로 마무리되었다. 과거의 동료들 가운데 하나가 앞서 언급한 류사오치다. 그는 마오쩌둥과 7차 전국대표대회에 극찬을 퍼부었지만, 나중에 문화혁명 동안 마오쩌둥에 의해 군중 폭력을 교사받은 젊은이들로부터 야만적인 박해를 받았다. 류사오치는 많은 사람들이 보는 가운데서 두들겨 맞았으며, 주자파走資派이자 수정주의자이며 국민당의 앞잡이라고 고발당했다. 그는 결국 당뇨병을 치료받지 못해 죽었다.

왕밍은 1945년 소련이 중재한 타협안에 서명했다. 이전에 자신이 주장했던 정책들이 "내가 전에 생각했던 것처럼 나 자신의 것이 아니라 마오쩌둥의 공헌"[8]이었다고 비참하게 받아들인 것이다. 그것은 모두 시대정신 속에 있었다. '몇 가지 역사 문제에 관한 결의'는 마오쩌둥을 공산당의 중요한 모든 성공을 이끌어낸 주인공으로 만들었다. 역사적 사실로 보면 마오쩌둥이 그 성공을 위해 한 일이 없거나 심지어 그런 성공으로 이끈 생각에 대해 반대한 경우에도 말이다. 예를 들어 '몇 가지 역사 문제에 관한 결의'는 공산당의 전승에서 매우 찬양을 받는 1937년의 핑싱관平型關 전투를 마오쩌둥의 공으로 돌리고 있다.[9] 이 전투에서 공산당은 일본 침략군을 상대로 작지만 흔치 않은 승리를 거두었는데, 마오쩌둥이 저우언라이와 주더의 의견에 맞서 일본과 직접 교전하는 데 공산당 군대를 사용하면 안 된다고 반대하던 시기에 벌어진 것이었다.

한 가지 중요한 측면에서 7차 전국대표대회는 적어도 일부 참석자들에게는 헛갈리는 이벤트였음에 틀림없다. 한편으로는 고금을 통틀어 가장 편협한 수령 가운데 하나인 사람의 손에 유난히 비민주적으로 권력이 집중된 것이었다. 그런 집중은 다른 사람들이 지니고 있는 삐딱한 생각이나 경향을 무자비하게 탄압한 결과물이었다. 확실히 마오쩌둥의 권력은 상당 정도 그의 특이한 리더십과, 그가 지휘한 운동이 항일전쟁 기간 동안 살아남았을 뿐만 아니라 놀랄 만큼 신장되었다는 사실에 기인하고 있었다. 그러나 이 권력은 또한 자신과 권력을 다툴 가능성이 있는 사람들을 술책으로 제압하는 마오쩌둥의 비범한 능력에 기인한 것이기도 했다. 그것은 자신의 주위에 열성적인 지지자들로 이루어진 핵심 세력을 모음으로써 가능했고, 이들은 그의 명령을 집행하는 일을 담당했다. 옌안에서 공산주의 운동을 하고 있던 모든 당원들은 마오쩌둥의 지도적 위치가 캉성의 당내 비밀 보안 기구에서 집행하는 테러, 탄압, 투옥, 재교육, 숙청으로 유지되고 있음을 알고 있었다.

그러나 마오쩌둥은 7차 전국대표대회 연설에서, 중국 공산당은 민주주의 체제를 선호하며 소련식 일당 국가는 결코 좋아하지 않는다고 거듭 힘주어 확언했다. '민주주의'와 '민주적'이라는 말은 마오쩌둥의 연설에서 모든 대목에 나오고 또 나온다. 마오쩌둥은 거의 책에 가까운 분량이어서 다 읽자면 몇 시간이 걸렸을 긴 연설에서 이렇게 말했다.

의문의 여지 없이 시급하게 필요한 것은 (……) 민주적 개혁을 도입할 목
적으로 민주적인 임시 연립정부를 구성하는 것입니다. (……) 광범위한
민주적 기반 위에서 국민대회를 소집하고 정식으로 구성된 민주 정부를
세울 필요가 있습니다. 〔(……) 그 정부가〕 온 나라의 해방된 인민을 이끌
어 독립적이고 자유롭고 민주적이고 통합되고 번영하며 강력한 새 중국
을 건설할 것입니다.[10]

미래의 중국 정부에 대한 마오쩌둥의 구체적인 생각은 너무도 모호
하고 일반적이어서 거의 모든 해석이 가능하다. 마오쩌둥이 자신의 연설
에서 제기한 '신新민주주의'(즉 통일전선 민주동맹)는 "노동 계급의 지도하
에" 들어갈 것이기 때문이다. 부드러운 벨벳 장갑 속에 쇠주먹을 숨기고
있음을 암시하는 구절이다. 마오쩌둥은 이런 반발을 예측하고 있었던 듯
참석자들에게 이렇게 확언했다.

어떤 사람들은 중국의 공산주의자들이 개인의 창의성 개발과 사적 자본
의 증대, 그리고 사유재산의 보호에 반대한다고 의심하지만, 그들은 잘
못 생각하고 있습니다.

"비길 데 없이 밝고 훌륭한 미래"야말로 공산주의의 미래라고 그는
말했다. 그러나 저우언라이가 몇 달 전 충칭으로 가는 비행기 안에서 데
이비드 배럿에게 말했듯이, 그것은 먼 미래를 위한 것이었다. 마오쩌둥
은 7차 전국대표대회에서 이렇게 말했다.

공산주의자들은 자본주의를 두려워하기보다는 어떤 주어진 조건하에서 그 발전을 주장해야 합니다.

"한 나라 안에서의 자본주의"는 좋다. 허용할 수 없는 것은 "다른 나라에 대한 제국주의와 나라 안에서의 봉건주의"였다.

마오쩌둥은 계속해서 중국 공산당에 대한 외국인 비판자들이 제기하는 문제들을 비롯한 이른바 오해라는 것들을 바로잡으면서, "공산당은 정권을 잡기만 하면 소련의 사례를 따라 프롤레타리아 독재와 일당 체제를 수립할 것"이라는 생각을 부인했다. 물론 중국 공산 세력은 1949년 정권을 잡은 뒤에 바로 그 부인했던 것을 실행에 옮겼다. 일당 체제가 수립되고, 반대 의견은 모두 금지되었다. 마오쩌둥 세력은 정권을 잡은 지 8년이 되지 않아서 대기업으로부터 길거리 국수 매점까지 자본주의를 철저하게 뿌리 뽑았고, 개인이 농사짓는 것도 완전히 없애버렸다. 특히 농업의 경우는 1930년대 초 우크라이나에서 발생한 기근 이래 세계 최악의 기근을 초래했다. 우크라이나의 기근 역시 스탈린이 갑자기 소련 농업을 집산화하면서 발생한 일이었다. 그러나 1945년에 마오쩌둥은 충실하게도 스탈린의 폭정이라는 관념 자체를 부인하고 있었던 듯하다.

그러나 그는 자신의 '신민주주의' 연설에서 소련의 시스템을 중국에 도입하는 것을 분명하게 거부하면서도 '프롤레타리아와 공산당의 리더십'에 관해서도 이야기했다. 그것은 자신의 통제를 받지 않는 어떤 정당이나 집단에게 의미 있는 권력을 주지 않고, 자신이 인정하지 않는 생각에 대해서 '반혁명'의 딱지를 붙일 수 있는 구실이 되었다. 마오쩌둥이 자신의 연설에서 긴 목록을 나열하며 구체적인 제안을 했지만, 그의 민주주의에 대한 촉구는 이미 확인된 공산주의의 실체 때문에 거짓임이 드러났다. 예를 들어 그는 국민당의 보안 기구를 의미하는 '반동적 첩보기관'을 없앨 것을 요구했지만, 자기네 첩보기관, 즉 캉성의 조직에는 여지를 남겼다. 그 조직은 더 비밀스럽고 무자비했지만, 국민당의 첩보기관과 달리 '민주적'이고 '혁명적'이라고 했다. 마오쩌둥은 자신이 "인민의 언론·출판·집회·결사의 자유와 정치적 신념 및 종교적 신앙을 억압하기 위해 만든 모든 반동적인 법률과 명령들을 폐기"하겠다고 약속했다. 이 '권리장전'식의 결론은 '반동'이라는 말에 의해 한정되고 있다. 그리고 당연히 프롤레타리아가 한 일은 반동적인 것이 없으며, 틀림없이 계급적 적의 민주적 자유에 대한 억압이 아니었다.

당시에 받아들여진 것은(어쩌면 받아들여지지 못했는지도 모르지만), 이 모든 자유는 "프롤레타리아와 공산당의 지도 아래" 시행되어야 한다는 원칙이었다. 그것은 견제와 균형도 없고, 독립적인 사법부도 없고, 자율적인 언론도 없고, 조직을 만들거나 당의 권력을 제한하게 될 견해를 전파할 능력도 없는 체제가 된다. 마오쩌둥은 "모든 애국적인 정치범을 석방하라"고 요구했지만, '애국적'이라는 말을 어떻게 정의할 것인지와 누가 그것을 정의할 것인지는 구체적으로 말하지 않았다. 물론 그가 의미한 것은 국민당이 잡고 있는 모든 정치범이며, 공산당에 의해 잡혀 있거나 나중에 구금될 사람들은 전혀 포함되지 않는 것이었다. 민주주의에 대한 온갖 입발림을 한 7차 전국대표대회의 온건한 겉모습은, 중앙정부를 깎아내리고 대중의 지지를 얻는 한편 공산당이 반민주적이라는 의혹을 불식시키기 위한 것이었다.

마오쩌둥은 나중에 급진주의를 택하게 된다. 1957년의 반우파 운동과 그해부터 시작된 극단적인 농업 집산화, 그리고 마오쩌둥 숭배가 엄청난 광란으로 절정을 이룬 1960년대의 문화혁명이 대표적이다. 그런데 이런 선택은 내전이 가속도를 붙여갈 때 미국이 장제스를 힘껏 지원하기로 결정했기 때문이라며 마오쩌둥을 변호하는 서방의 학자들이 있다. 아니면 적어도 마오쩌둥이 급진주의를 택한 것이 미국 외교 정책의 직접적인 결과는 아닐지라도, 그의 미국에 대한 표독스러운 적대감과 "미 제국주의 타도" 같은 온갖 구호들, 한국전쟁 개입, 북베트남 지원, 소련과의 동맹, 주변국 게릴라 운동에 대한 지원 등은 모두 미국이 헐리의 조언이 아니라 중국통들의 조언을 따라 장제스를 일방적으로 지원하는 대신 공산 세력과 군사적 협력을 했더라면 일어나지 않았으리라고 주장한다. 또는 그게 아니더라도 적어도 데이비스와 서비스가 주장했듯이 미국이 우호적인 태도만 취했더라도 마오쩌둥으로 하여금 스탈린과 거리를 두게 할 수 있었으리라고 한다.

1945년 봄에 일어난 일련의 사건들은 이 논쟁의 실체에 어느 정도 접근할 수 있게 해준다. 마오쩌둥은 이데올로기적인 사람이기도 했지만 실용적인 사람이기도 했다. 그는 미국이 당시 그들에게 원조를 하겠다고 했다면 기꺼이 받아들였으리라는 데는 의문의 여지가 없다. 특히 그 도움이 총이나 총알 같은 것이었다면 말이다. 국민당과의 협상 역시 자기네 군대에 대한 통제권을 유지한 채 공산당이 새 정부에서 자리를 얻을 수 있었다면 받아들였을 것이다.

그러나 앞서 보았듯이 7차 전국대표대회가 열리기 몇 주 전에 헐리는 워싱턴에서 기자회견을 열어, 미국은 중앙정부에만 지원을 하고 장제스의 승인이 없는 한 공산 세력을 지원하지 않을 것이라고 발표했다. 공산당은 이 소식에 실망했음을 숨기지 않았다. 서비스가 3월에 마오쩌둥을 만났을 때, 그는 미국이 자신의 군대에 무기를 주지 않는다 하더라도 미국과 친선을 유지할 것이라고 단언했다. 그러나 헐리의 워싱턴 기자회견 소식이 옌안에 도착한 지 불과 며칠 뒤에 《해방일보》는 마오쩌둥이 직접 익명으로 쓴 분노에 찬 분석을 실었다. 마오쩌둥은 자신과 헐리가 옌안에서 중국의 통일 정부를 위한 5개항의 제안서에 서명했던 장면을 회상하며, 헐리가 정말로 공정한 중재자로 출발했지만 그 뒤에 "자신이 말한 것을 뒤집었다"라고 썼다. 마오쩌둥은 이어, 헐리가 기자회견에서 한 선언에 대해 헐리는 다만 "개인적인 의견"을 말했을 뿐이지만 그것은 "한 무리의 미국인들의 의견"이기도 하고, "잘못되고 위험한 의견"이라고 말했다.

마오쩌둥이 쓴 이 글에는 열정이 담겨 있어서, 정말로 거짓 없는 배신감이 느껴진다. 그것은 배럿이 몇 달 전 옌안에서 마오쩌둥과 오랜 시간 이야기하는 동안에 목격한 것과 똑같은 분노였다. 그때 마오쩌둥은 "썩은 껍데기", 즉 장제스를 떠받치는 일에 대해 경고한 바 있었다. 이제 그는 비유를 바꾸어 헐리의 기자회견 이후 이렇게 경고했다.

미국이 만약 헐리의 정책을 계속 추진한다면 미국 정부는 중국 반동분자들의 깊고도 악취가 진동하는 구덩이 속에 빠질 것이다. 그리고 깨어났거나 깨어나고 있는 수억 중국 인민들의 적대감에 직면해 있음을 깨닫게 될 것이다.[11]

그것은 아직 지속적인 적대감의 표출은 아니었다. 그런 표현은 나중에 나오게 된다. 그때까지만 해도 마오쩌둥은 여전히 미국의 정책이 헐리가 준비해놓은 듯한 방침을 따라 이루어지지는 않으리라는 희망을 품고 있었다. 그러나 그의 노골적이고 공개적인 헐리에 대한 비난은 분위기가 바뀌었음을 보여주었고, 그리 머지않은 장래 상황의 전조였다.

헐리가 그 시기에 공개적으로, 그리고 개인적으로 국민당을 편들지 않았더라면 단기적으로 상황은 틀림없이 다르게 전개되었을 것이다. 그러나 그런 다른 방식의 전개가 아주 오래 지속되었을 것 같지는 않다. 헐리의 기자회견은 중국 공산당에게는 정말로 속 터지는 일이었다. 그들의 입장에서 보면, 헐리가 지난 11월 옌안에서 마오쩌둥과 5개항 제안에 서명할 때 그가 한 미국의 무기와 지원에 대한 암묵적인 약속을 저버린 것이었다. 그러나 미국 대사 한 사람이 행동하거나 말할 수 있는 어떤 것보다 더 중요한 것은 전쟁의 나머지 기간 동안 마오쩌둥의 생각과 그의 전략에 큰 영향을 줄 수 있는 국제 무대에서의 사건들이었다.

중국 공산당 7차 전국대표대회에서 마오쩌둥 신격화가 이루어지고 있던 순간에도 그런 사건 두 가지가 모습을 드러내고 있었다. 하나는 소련이 일본과 맺은 중립 조약을 스탈린이 폐기한 것이었다. 그것은 마오쩌둥에게, 그가 얄타 협정에 대해 알았든 알지 못했든 소련이 만주에서 일본군을 공격할 것이라는 분명한 신호였다. 또 하나는 유럽에서 전쟁이 끝난 것이었다. 마오쩌둥은 그렇게 되면 소련군이 자유롭게 만주에서 군사작전을 벌일 수 있음을 알았다(또는 적어도 너끈히 추정할 수 있었다).

소련은 세계에서 두 번째로 강한 나라였고, 중국과 수천 킬로미터의 국경을 맞대고 있었다. 중국 공산당은 1921년에 만들어진 이래 소련의 지도와 지원을 받아왔다. 소련이 아시아에서 전쟁에 뛰어든다면 일본을 만주국에서 몰아내고 그 땅과 무기를 마오쩌둥의 군대에 넘겨줄 것이고, 그렇게 되면 북중국에서의 힘의 균형이 중국 공산당 쪽으로 쏠리면서 국민당 정부는 결정적으로 약화될 터였다.

마오쩌둥은 이를 알고 있었다. 그에게 미국과 좋은 관계를 유지하는 것은 무기를 얻고, 중국 내에서 그의 위신을 높이며, 자신이 통제하는 영토를 넓히는 데 도움이 될 수 있었다. 특히 중국 해안에 미군이 상륙한다면 팔로군이 거기에 도움을 줄 수 있었다. 이런 상황이라면 미국과 친선 관계를 구축하지 않을 이유가 어디 있겠는가? 미국은 일종의 보험이고 예비 원조국이었다. 특히 기대했던 소련의 지원이 실제로 이루어지지 않을 경우 더욱 그렇다. 마오쩌둥의 미국을 향한 구애는 이런 의미에서 방어적인 움직임이었고, 일종의 선제 외교였다. 미국을 중국의 내부 분쟁에서 중립으로 묶어놓고 그들이 중국 공산당에게 물질적인 지원을 제공하도록 유도하기 위해서였다.

이와 대조적으로 마오쩌둥이 스탈린에게 복종한 것은 전술적이고 '또한' 전략적인 것이었다. 마오쩌둥은 미국이 자신의 적이었고 앞으로도 적이 될 장제스를 지원하고 개입하는 것을 미연에 방지할 영원한 필요성이 있었다. 그러나 미국이 중국 공산당을 돕든 돕지 않든, 그의 일차적인 목표는 중국의 대권을 잡고 세계 혁명의 진전을 이루는 것이었다. 그리고 이런 목표들을 가지고 있는 한 국제 사회에서 그의 일차적인 충성 대상은 언제나 소련이 될 수밖에 없었다.

마오쩌둥은 7차 전국대표대회에서 아홉 차례 연설했다. 그리고 그 모든 연설에서 이 일차적인 충성 대상을 재확인했다. 그의 발언은 내부 연설에서 더욱 예리했다. 거기서 그는 소련과의 동맹이 공산 세력이 승리하는 데 필수불가결하다는 생각을 강조했다. 대표들 가운데 일부 회의론자들은 소련이 오랜 항일전쟁 기간 동안 약간의 돈을 준 것을 제외하고는 물질적 도움은 별로 주지 않았다고 생각했다. 마오쩌둥은 그들의 주장이 옳다고 했다. 코민테른이 과거 중국에 관해 몇 가지 잘못을 저질렀다고 했다. 그러나 그 잘못에 비해 훨씬 많은 도움을 주었고, 그들의 도움이 없으면 중국 공산당도 없을 것이라고 말했다. 그는 과장된 어조로 물었다.

"우리 중국인들이 외국의 지원 없이 성공할 수 있을까요? 중국 혁명은 혼자서는 성공할 수 없습니다. 중국 혁명은 전 세계 프롤레타리아의 지원을 받아야 합니다."[12]

이는 소련의 지원을 말한 것이었다.

마오쩌둥이 스탈린의 특별한 역사적 역할에 과장된 갈채를 보내고 그에게 복종할 필요성을 이야기한 것은 어느 내부 연설에서였다. 그것은 진짜 추종자의 말이었지, 단순히 미국의 정책에 반응하는 사람의 말이 아니었다. 마오쩌둥은 이렇게 자문자답했다.

"스탈린은 세계 혁명의 지도자입니까? 물론 그렇습니다."

마오쩌둥은 이를 공개적으로 말하는 것은 피하라고 경고했다. "반동들의 공격을 피하기 위해서"라고 했다. 그러나 실수를 하면 안 된다고, 마오쩌둥은 이어서 말했다.

"누가 우리의 지도자입니까? 바로 스탈린입니다. 또 다른 사람이 있습니까? 없습니다. (……) 우리 당과 모든 중국 공산당 당원들은 스탈린의 제자입니다. 마르크스, 엥겔스, 레닌, 스탈린 가운데 세 사람은 죽었고 오직 한 사람만이 살아 있습니다. 살아 있는 분은 스탈린입니다. 그분이 우리의 스승입니다."[13]

공산당은 모든 만일의 사태에 대비해야 한다고 마오쩌둥은 말했다. 중국에서 자신의 힘으로 싸워야 하는 가능성까지 포함해서 말이다. 그는 7차 진국내표대회에서 이렇게 말했다.

"우리는 먼 데 있는 물로 가까운 곳의 불을 끌 수 없는 상황에 대해 준비해야 합니다."[14]

그러나 그는 대표들에게, 그런 상황까지 가지는 않을 것이라고 힘주어 말했다. 소련의 지원이 오고 있다는 것이었다. 그는 다시 한 번 자문자답했다.

"여러분은 그것을 믿습니까? 나는 믿습니다."

그런 뒤에 그는 자신의 손을 칼날 모양으로 만들고는 목에 가져다대고 이렇게 말했다.

"그게 사실이 아니라면, 내 목을 치십시오."

공항에서의 우연한 만남은 패트릭 헐리에게 중국통들이 단순히 틀린 것이 아니라 반역자라는 새로운 증거로 느껴졌다. 그는 4월 초 충칭으로 돌아가기 위해 워싱턴을 떠나고 있었는데, 이때 OSS 국장인 '와일드 빌' 도너번을 만났다. 도너번은 헐리에게 국무부 중국과장 존 카터 빈센트에 관한 놀라운 정보 몇 가지를 주었다. 빈센트는 몇 주 전 헐리가 극동국에 불쾌한 출두를 했을 때 맞닥뜨렸던 "나에 대한 심판자이자 심문자로 총출동한 국무부의 공산당 지지자들" 가운데 한 사람이었다.

도너번은 빈센트가 "빨갱이들에게 너무 우호적"[15]이며, 게다가 정부 공식 문서를 《아메라시아》라는 친공산주의 잡지에 누설한 일에 관한 조사가 진행 중이라고 말했다. 이 소식은 틀림없이 헐리가 필요로 하던 것을 모두 충족시키는 증거였다. 중국통들이 장제스를 지원하기로 한 자신과 미국 정부의 공식 정책을 적극적으로 망가뜨리고 있으며, 그들은 공산주의가 승리하기를 바라고 그런 일을 하고 있다는 것이었다.

얼마 뒤인 1945년 6월 6일, 빈센트의 맹우盟友이자 앞서 보았듯이 국무부 중국통 가운데서도 가장 뛰어난 사람인 존 스튜어트 서비스가 FBI에 체포되어 간첩 혐의로 기소되었다. 서비스는 옌안에서 마오쩌둥과 그 어느 외무 공무원보다 자주, 그리고 친밀한 관계로 만난 사람이었고, 존 데이비스와 함께 중국 공산 세력을 "정치적으로 포획"하려 노력한 그룹의 리더였다.

FBI, 간첩 혐의 6명 체포
2명은 국무부 소속

깜짝 놀란 《뉴욕 타임스》는 위와 같은 제목을 뽑았다.

기밀 도둑맞았다
해군 장교와 두 잡지 편집자 체포
전방위에 걸친 도둑질
육·해군 자료와 기타 문서들, 잡지 《아메라시아》에 사용 발표

《타임》은 수백만 독자들에게 이렇게 전했다.

뉴욕과 워싱턴의 FBI 수사관들이 거의 석 달 동안의 미행과 탐문 끝에 지난주 5명의 남성과 1명의 여성을 간첩단속법 위반을 모의한 혐의로 체포했다. 이는 전쟁 중 미국에서 일어난 가장 큰 국가 기밀 유출 사건이다.[16]

그런데 주목할 만한 우연의 일치가 있었다. 1면 기사로 다루어진 같은 날의 또 다른 중요한 뉴스는 소련이 곧 패배하게 될 독일의 영토 3분의 1을 점령하려 한다는 폭로였다. 나중에 냉전으로 발전되는 일의 초기

단계였다. 유럽에서의 전쟁은 바로 얼마 전인 5월 8일에 끝났고, 소련과의 갈등이 이미 싹트고 있었다. 소련은 금세 '과거의 동맹국'이 되어가고 있었다. 한편 아시아에서의 승리는 여전히 먼 길을 가야 하고 비용을 더 쏟아부어야 할 듯했다. 유럽 전승 기념일로부터 3주 남짓 지난 6월 1일에 트루먼 대통령은 의회에서, 일본과의 전쟁을 끝내려면 독일을 물리치는 데 필요했던 병력의 2배인 총 700만 명의 병력이 아시아에 투입되어야 한다고 말했다.[17] 사상자도 늘어날 것이다. 희생은 아직도 더 필요했다.

다시 말해서 외교관이 공산주의자들에 동조하는 것으로 의심되는 좌파 잡지에 문서를 누설한 죄로 기소되어서는 안 되는 시기였다. 불과 몇 주 전에 헐리는 서비스를 중국에서 맡고 있던 직위에서 해임했다. 헐리는 2월에 중국통들이 반대 의견을 담은 전문을 국무부에 보낸 뒤 문서를 쓴 서비스에게 이렇게 말했다.

"내가 막판에 그 개새끼를 해치워버릴 거야!"[18]

그리고 이제 운명이 끼어들었다. 서비스는 감옥에서 밤을 보내고 있었고, 나라가 아직도 전쟁을 치르고 있는데 미국에 대한 불충으로 기소되어 있었다. 헐리는 입증이 되었다고 느꼈겠지만, 반면에 서비스는 나중에 한 친구에게 말했듯이 "치욕과 수치심에 휩싸였다." 서비스는 이렇게 회상했다.

나는 다른 감방에 있던 어떤 자가 기억난다. 자동차 절도인지 강간인지, 어쨌든 그런 혐의였는데, 그자가 내게 물었다.

"형씨는 왜 들어왔소?"

"간첩단속법 위반 모의요."

내가 이렇게 대답하자 그는 말했다.

"그게 뭔진 잘 모르겠는데, 어쨌든 뭔가 진짜로 큰 죄인 것 같소그려!"[19]

알려진 대로 서비스는 8월에 대배심에 넘겨졌고, 그에 대한 정부의 기소는 기각되었다. 대배심의 평결은 20 대 0의 기각이었다. 다른 사람들 가운데 3명은 기소되었다. 그러나 결국 아무도 감옥에 가지 않았고, 서비스는 무죄가 밝혀진 뒤 다시 국무부로 복귀해서 일본으로 파견되었다. 그는 점령 기간 동안 더글러스 맥아더의 참모로 일했다.

아메라시아 사건은 미국이 전시에 중국에서 얽혀들어 생긴 쓰디쓴 결과들 가운데 처음으로 공개된 사건이었다. 그 뒤로 몇 년 동안 미국에서는 비합리적이고 비열한 파괴 행위자 사냥이 이어졌고, 그 사냥은 서비스와 데이비스, 그리고 다른 몇몇 중국통들의 미래에 지대한 영향을 미치게 된다. 방금 이야기한 사건에서 스파이라고 하는 여섯 사람을 정서에만 의존해서 체포한 것은 전후 세계를 둘러싼 경쟁이 막 모습을 드러내기 시작하면서 미국 정부 안에서 일어나고 있던 중국 정책을 둘러싼 공작을 반영한 것이었다. 그 이전과 이후에 있었던 그러한 공작들이 모두 그렇듯이, 그것은 여론에 영향을 미치려는 한쪽 또는 다른 쪽의 지지자들이 언론에 특정 정보를 흘리는 노력이 포함되어 있었다.

서비스는 이 사건에서 부주의했다. 그는 워싱턴에 도착한 뒤 다음 보직을 기다리는 동안 빈둥거리며 지냈다. 그는 극동국에 자리를 얻었으나, 거기서는 별로 할 일이 없었다. 아내와 두 아이들은 캘리포니아에 있었고, 그는 외로웠다. 특히 밤에는 더욱 그랬다. 그는 시간을 보내는 데 도움이 될까 해서 사교적인 초대들을 받아들였다. 그리고 어떤 모임에서 그의 이야기에 관심을 가지는 기자들과 편집자들을 만났다. 그는 충칭과 옌안에서 오랜 시간을 보내 많은 것을 알고 있었기에 중국에 관한 이야기들을 들려주었다.

서비스는 아직 중국에 있던 2월에 루스벨트의 먼 친척인 조지프 앨솝을 만났다. 그는 셔놀트의 고위 참모이며, 셔놀트와 마찬가지로 열렬한 장제스 지지자였다. 앨솝은 중국의 공산주의자들을 소련의 앞잡이로 보지 않는 것은 "멍청한" 일이며, 장제스가 일본의 위협보다 공산 세력의 위협에 관심을 집중할 필요가 있음을 이해하지 못하는 것은 어리석은 일이라고 말했다.[20]

몇 년 뒤 워싱턴의 영향력 있는 칼럼니스트가 된 앨솝은《새터데이 이브닝 포스트》에 실린 기사에서 이를 요약했다. 장제스에게 정치 개혁을 요구하고 공산 세력과 협상하도록 그를 압박하며 중앙정부가 그 군대를 옌안이 아닌 일본과 싸우는 데 사용하도록 고집함으로써 미국은 그를 치명적으로 약화시켰고, 공산 세력이 정권을 잡는 데 도움을 주었다는 것이다. 공산 세력은 미국에 대한 적대감을 가지고 있었지만 중국통들이 이를 얼버무리도록 해주었다. 앨솝의 주장은 미국이 단독으로 일본을 처리하고 장제스는 공산 세력을 상대하게 하는 편이 더 나았을 것이라는 얘기였다.

서비스는 사태를 다르게 보았다. 그는 장제스가 약해진 것이 미국의 정책 때문이라고 생각하지 않았다. 장제스가 비운을 맞게 된 것은 그보다는 그가 지닌 한계 때문이었다. 데이비스와 마찬가지로 서비스는 공산 세력이 소련의 영향권으로 들어갈 가능성이 높다는 것을 알았다. 그리고 그들과 유대 관계를 맺는 일을 선호한 것은 바로 그들에게 하나의 선택지를 주자는 것이었다. 장제스의 경우 그에게 정치 개혁을 하도록 압박하는 것이 그를 살리는 유일한 길이었고(혹시라도 그를 살리는 길이 있다고 가정한다면), 그의 응석을 받아주는 것은 마오쩌둥이 말했던 "썩은 껍데기"를 떠받치는 일이었다. 바로 그 시기에 수십만 명의 미군 병사가 개입하는 새로운 전면전이 일어나지 않는 한 국민당이 중국 전체 또는 남부 절반에서만이라도 정권을 유지할 수 있으리라는 것은 비현실적인 상상이라고 생각되었고, 그런 생각은 그 뒤에도 마찬가지였다. 그렇게 생각한 서비스는 미국이 극단적인 잘못을 저지르지 않도록 막고 싶었던 것이다.

그는 무기 대여 프로그램 관리국장을 지낸 로클린 커리와 빈센트 등 상사들로부터 격려를 받았다. 그들은 언론에 정보를 선별적으로 흘려 그들 무리의 관점을 내세우고 헐리의 관점이 불신을 받게 하라고 서비스에게 권고했다. 서비스는 그가 아직 중국에 있을 때 그런 일을 했다. 그는 언론인들을 만나 자신이 워싱턴에 보낸 보고서에 쓴 관점 등 배경 정보를 제공했다. 그는 나중에 E. J. 칸에게, "나는 로클린 커리가 지정한 누설자였다"[21]라고 말했다. 그가 접촉한 사람들 가운데는 영향력 있는 칼럼니스트 앤드류 피어슨Andrew Pearson도 있었다. 그의 칼럼은 헐리에 대해 너무도 부정적이었기 때문에 헐리의 분노를 샀다. 헐리는 이런 일들이 자신에 대한 평판을 더럽히기 위한 활동이라며, 이에 관해 국무부에 불평했다.

서비스는 《아메라시아》의 편집자 필립 재피Philip Jaffe과도 접촉했다. 재피는 축하 카드 사업으로 돈을 번 우크라이나 출신의 귀화 이민자였다. 그는 미국 공산당 총서기인 얼 브로더Earl Browder의 친구였고, 공산주의자라는 증거는 없었지만 분명히 좌파였다. 그리고 어쨌든 브로더는 소련으로부터 공격을 받고 있었고, 그 이유는 그가 세계 공산주의 운동에서 종종 일어나는 종파 간 다툼과 관련이 있다는 것이었다. 《아메라시아》는 중국 혁명 문제에 관해 에드거 스노나 중국의 공산주의 운동에 매혹되고 국민정부에 환멸을 느낀 사람이라면 누구나 가질 수 있는 것과 비슷한 관점을 지녔다. 그러나 그것은 선전 매체가 아니라 진지한 잡지였다. 그리고 소련이나 다른 어떤 외국 세력의 지침도 받지 않고 있었다.

재피는 활동적이고 진취적이었으며, 여러 경로를 통해 정부 문서 사본들을 얻을 수 있었다. 그런 경로의 하나가 서비스였고, 서비스는 자신이 중국에 있을 때 썼던 기밀 보고서 가운데 일부의 사본을 그에게 주었다. 재피는 1월 말부터 FBI의 감시를 받았다. OSS의 케네스 웰스가,《아메라시아》가 동남아시아에서의 영국의 정책에 관한 자신의 기밀 보고서와 거의 같은 내용의 글을 게재했다고 FBI에 보고한 것이 그때였다. FBI 요원들은 뉴욕 맨해튼 5번가 225번지의 한 건물에 있는《아메라시아》 사무실 밖에 잠복하고 있다가, 3월에 사무실에 사람이 없음을 확인하고는 5명으로 이루어진 팀을 구성하여 영장도 없이 잡지사 사무실에 침입한 뒤 범죄 모의의 강력하고도 충분한 증거로 보이는 것을 찾아냈다.[22]

그들은 잡지사가 사진을 출판하지 않으면서도 암실을 설치해놓았음을 발견했다. 그들은 정부 문서들을 사진 복사해놓은 것을 발견했는데, 그 가운데 일부에는 '1급 비밀'이라 찍혀 있었다. 거기에는 육군 및 해군 정보기관과 국무부, 그리고 OSS에서 나온 자료들을 가득 채운 잠긴 여행용 가방도 있었다. 그 시점 이후로 75명으로 구성된 FBI 요원 팀이 배정되어 재피와 그 동료들의 동태를 감시하고, 전화를 도청하며 그들의 대화를 엿들었다.

그렇게 해서 서비스는 FBI로부터 도청을 당하게 되었다. 재피는 서비스를 워싱턴의 식사 자리에 초대했고, 그를 자기네 잡지 기고자들 일부에게 소개했으며, 중국이라는 일반적인 주제 및 헐리라는 특수한 주제에 관해 그와 공감대를 형성했다. 한번은 서비스가 워싱턴 스태틀러 호텔에 묵고 있던 재피를 찾아갔다. FBI의 녹음기가 돌아가고 있는 가운데 그는 "아주 비밀스런 것"[23]이라고 한 일에 대해 이야기했다. 분명히 지난가을에 도너번과 매클루어가 얘기를 꺼내고 버드와 배럿이 실행에 옮겼던, 공산 세력과의 군사적 협력 계획을 추진하자는 일이었을 것이다. 서비스가 재피에게 그 말을 한 것은 가장 경솔한 행동이었다. 그러나 그것이 미국에 불충한 범죄 행위란 말인가?

대배심은 그렇게 생각하지 않았다. 그리고 좀 더 현명한 미국의 평론가들도 마찬가지였다. 피어슨이나 월터 윈첼Walter Winchell, 맥스웰 러너Maxwell Lerner 등 자유주의자들은 일찌감치 FBI의 체포가 언론을 질식시키고 국무부 내의 반대자들을 탄압하기 위한 것이라고 규탄하는 칼럼을 썼다.[24] 피어슨은 간첩 혐의로 잘못 기소된 유대계 프랑스군 대위의 사건을 따서 이를 '미국판 드레퓌스 사건'이라고 불렀다. 다른 사람들은 이 사건을 있는 그대로 인식했다. 각양각색의 신념을 지닌 정부 관리들이 언제나 해왔던 식으로 일부 사실을 흘린 경우로 말이다.

이 사건은 금세 대중의 관심에서 사라졌지만, 조금 꺼림칙하기까지 했던 처음의 보도가 남긴 여운은 오래 지속되었다. 그럴듯한 이야기, 즉 간첩 행위와 숨겨진 위험과 사악한 세력에 관한 호소력은 반박하기에는 너무 컸다. 《뉴욕 저널 아메리칸》은 이 6명의 사건이 "공산당 조직이 중요한 정부 기관의 비밀스러운 서류를 보았다는 놀라운 증거"[25]라고 경고했다. 《뉴욕 헤럴드 트리뷴》은 증거도 없이 기사에 이런 제목을 달았다.

군사 기밀 누출 확산

6명 체포는 시작일 뿐

스크립스와 하워드의 신문 그룹은 "빛을 비춰주면 사람들은 스스로 자신의 길을 찾을 것이다"라는 표어를 내걸고 있다. 이 회사의 어니스트 파일Ernest Pyle은 아마도 당시 가장 유명한 전쟁 특파원이었을 것이다. 그런데 이 신문이 아무런 실체적 증거도 없이, 미국이 장제스를 버리고 공산 세력에 접근하도록 했다고 자신들이 주장한 일을 서비스가 획책했다고 보도했다.[26]

아마도 미국의 중국 정책이 왔다 갔다 하는 데 당황했을 중국의 공산 세력들도 이를 주시하고 있었다. 그들에게 이번의 체포는 제국주의 국가들의 본성은 바뀔 수 없음을 보여주는 증거로 비쳤다. 미국 신문들이 선정적인 제목들을 쏟아내고 3주 뒤에 《해방일보》는 이 사건을 전면 분석하는 기사를 실었다. 분석은 마르크스레닌주의의 용어로 표현되었지만, 틀린 말은 아니었다. 서비스 등이 고난을 겪은 것은 미국 언론에서 떠들었던 대로 '기밀 정보' 때문은 아니었다고 이 신문은 보도했다. 그것은 중국 정책을 둘러싸고 미국 내부에서 벌어진 좀 더 심층의 전쟁에 관한 것이었다. 그리고 그것은 또 거대 자본주의와 제국주의가 전후 세계에서도 살아남을 능력이 있느냐에 관한 것이었다. 신문은 이렇게 보도했다.

이 여섯 사람이 체포된 것은 중국에 관한 미국의 두 가지 정책 방향 사이의 치열한 논쟁의 출발점이다.[27]

그 가운데 한 방향은 "중국 인민의 위대한 민주주의 군대", 즉 "팔로군과 신사군"을 "인정한다." 그리고 또 하나의 세력이 있다.

중국 인민의 위대한 힘을 인정하지 않고 반민주적인 국민당 정부와 반동 분자들, 그리고 잔혹한 악마 장제스만을 인정하는 [세력이다.]

이 신문은 공산당 선전의 필수 요소로 남게 되는(물론 이후에는 그것이 좀 더 새된 목소리로 변하게 되지만) 몇몇 주제들을 다루었다. 적은 "미국 인민"이나 "중국 인민의 대의를 지지하는 미국의 친구들"이 아니었다. 적은 미 제국주의자들, 통상적인 구절처럼 "헐리와 그 무리"였다. 그들의 목표가 "중국 인민의 몸에서 피를 빨고 있는 독재자 및 반역자의 목표와 일치하기" 때문이다. 여기서 지칭하는 사람은 물론 장제스다. 이제부터 중국 공산당의 미국에 대한 공격은, 간간이 누그러지는 시기도 있지만 더 신랄하고 더 정형화된 모습을 띠게 된다. "헐리-장제스 콤비"라는 구절이 이 미국 대사와 국민당에 대한 그의 지원을 나타내는 관용적인 표현이 되고, 헐리와 장제스는 결국 패망할 것이라는 악담도 되풀이된다. 공산당의 논객들은 갈수록 헐리의 4월 2일 기자회견을 미국의 정책이 "중국 인민을 희생시킨다는 목표"를 선호하는 쪽으로 옮겨간 분수령적인 사건으로 언급했다. 미국이 점점 더 중국에서 "헤게모니"를 잡으려고 하는 "자본주의 독재국가"로 묘사되면서, 헐리는 여러 해 동안 대적敵으로 예시된 몇몇 미국인들 가운데서 맨 앞자리를 차지하게 되었다. 이 미국 대사는 그가 없으면 독재 정부를 유지할 엄두조차 내지 못하는 꼭두각시인 장제스를 조종하는 "주인님 헐리"가 되었다.

그리고 이런 미국 및 그 "제국주의적 관료들"에 대한 비난과 함께 "진정한 노동자들의 민주주의"가 이루어지고 있는 소련에 대한 찬양이 이어진다. 소련은 "자본주의 독재자 치하의 미국 민주주의"보다 "백 배나 더 민주적인"[28] 나라였다.

우리는 여기서 중국 공산당 선전의 뚜렷한 특징으로 자리 잡게 되는 것 하나를 볼 수 있다. 과열되고 악마로 만들고 지나치게 단순화시키는 수사학적 극단론과, 과장·왜곡·거짓말의 세례다. 그것은 중국의 공산 세력이 레닌주의·스탈린주의 모델로부터 배운 도구들에 들어 있는 것이다.

게다가 미국에 대한 공산당의 격앙은 마오쩌둥의 연설과 옌안의 선전 기관들에만 국한되지 않았다. 그것은 전쟁이 계속되고 병사들이 죽어나가는 교전 중인 중국 땅에서 일어나고 있는 사건들에도 반영되었다. 1945년 5월 28일, 쿨리지F. L. Coolidge 소령이 이끄는 5명으로 이루어진 미국인 팀이 적의 전선 후방인 허베이성 푸핑阜平 마을 부근에 낙하산을 타고 내렸다. 스패니얼 작전(팀원 가운데 한 사람이 키우고 있던 개의 품종명을 따랐다)으로 알려진 이 작전은 친일 꼭두각시 정권에 관한 정보 수집을 목적으로 한 OSS의 작전이었다.

미국인들은 공산당이 겉으로는 부역 정권인 난징 정부에 충성하는 중국군 부대에 잠입하는 데 성공했음을 알고 있었다. 1945년, 미국 정보 기관은 이 꼭두각시 군대에 대한 감시를 더욱 강화했다. 특히 비밀 작전이나, 미국 해군 장교인 밀턴 '메리' 마일스와 그의 중요한 중국인 협력자인 다이리(장제스의 비밀경찰 수장이다)가 함께 지휘하는 SACO 산하 기밀 부대를 통해서였다. SACO의 하부 조직인 선전물 생산 부대에서는 중국에 있는 일본 병사들과 꼭두각시 정권의 군대 모두의 사기를 꺾는 그럴듯하고 교묘한 역정보를 만들어냈다. 특히 꼭두각시 군대에는 일본이 머지않아 패망할 것이므로 더 늦기 전에 탈주를 모색하도록 부추기는 내용이었다.

점령된 지역에 뿌려진 한 포스터는 죽어가는 남자를 보살피고 있는 한 여자의 암담하고 침울한 모습이 그려져 있었다. 그것은 꼭두각시 정부가 일본으로부터 들어온 전염병에 대해 경고하고 있음을 보여준다. 일본에서는 "폭격 희생자들의 시체를 묻지 않은 경우가 많아"[29] 마실 물이 오염되어 있다고 한다. 이 포스터의 목적은 일본 병사들에게 고국에 있는 친지들이 심각한 어려움에 처해 있다고 에둘러 설득하기 위한 것이었다.

또 다른 포스터는 중국인 부역자를 겨냥한 것인데, 멀어져가는 사람의 등을 칼로 겨눈 모습이 그려져 있었다. 거기에 쓰인 글귀는 이렇다.

> 당신의 생명을 구하고, 당신의 가족을 보호하라. 8년 동안 적은 당신을 강요하여 그들을 위해 일하게 했다. 이제 그들은 자기네 고국을 지키기 위해 달려가야 한다. 그들이 당신을 살려두고 갈까? 아니다. 당신은 위험한 사람이다. 당신은 너무 많은 것을 알고 있고, 당신은 죽어야 한다. (……) 이미 광저우와 푸저우福州에서는 이런 암살이 시작되었다. 당신은 무엇을 할 수 있나? 그들을 버리고 달아나라. 당신의 생명을 구하라.[30]

미국인들은 패배 직전에 있는 꼭두각시 군대를 끌어들이기 쉬울 것이라고 생각했다. 그들은 공산군이 가진 일부 무기가 그들이 종종 주장하듯이 일본군으로부터 노획한 것이 아니라 무장이 잘된 꼭두각시 부대에 뇌물을 주고 얻은 것임을 알고 있었다.[31] 이제 스패니얼 특공대는 공산군과 접촉하여 합동 첩보 활동을 벌이기 위해 파견되었다. 꼭두각시 군대가 그 주인인 일본에게 등을 돌려 정보를 제공하고 혹시라도 방해 공작에 협력할 가능성이 있는지를 가늠해보기 위해서였다.[32] 요컨대 그것은 바로 공산 세력이 1944년 중반 이래 호소해왔던 것과 같은 공동의

SACO에서 만든 선전용 포스터는 일본군이 철수할 때 중국인 협력자들을 죽일 것이라고 경고하고 있다. 표제는 '일단 죽으면 모든 일이 끝난다(死亡─到, 萬事皆休)'라고 되어 있다.

적에 맞서는 협력이었다.

　스패니얼 특공대의 5명은 이틀이 지나지 않아 공산군 게릴라들에게 붙잡혔다. 그들은 대원들에게 강도 높은 심문을 했고, 그런 뒤에 두 공산당 고위 정치위원들에게 데려갔다. 정치위원들은 그들을 무기한 구금하라고 명령했다. 미군들이 항의했지만 그들은 넉 달 동안 구금되었고, 전쟁이 끝나고 한 달이 지난 9월에야 풀려났다. 미국과 공산당이 낙하한 미군 항공병 구조 같은 일들에서 협력하고 있던 시기에 이렇게 적대적인 처우를 한 이유는, 이 사건을 검토한 미국인 일류 학자가 썼듯이 "옌안에 사전 통지를 하지 않았"고, 이에 따라 옌안에서는 "스패니얼 특공대가 공산당에 맞서 사람들을 조직화하려는 동기가 숨어 있을 것"이라고 추측했기 때문이었을 것이다. 이 시기의 중미 관계를 연구한 또 다른 역사가는 헐리와 웨더마이어가 보여준 중앙정부에 대한 편애에 이미 환멸을 느끼던 공산당에게, 꼭두각시 정부 군대와 접촉하려는 미국의 행동은 그들로 하여금 공산당에게서 등을 돌리게 하려는 노력의 일환으로 보였을 것이라고 썼다.

몇 달 뒤인 8월, 스패니얼 특공대 대원들이 억류되어 미군 사령부와 연락이 두절된 상태에서, 웨더마이어 장군은 장제스와 회담하기 위해 충칭에 온 마오쩌둥을 직접 만나서 그들에 대한 처우를 강력하게 항의했다. 웨더마이어는 자신이 중국 전구 사령관으로서 적의 전선 후방에서 작전을 벌일 권한이 있으며, 같은 지역에서 작전을 할 수도 있는 공산당이나 국민당 어느 쪽에 사전 허락을 받는 일이 "언제나 가능한 것은 아니"라고 주장했다. 이전에도 그런 특공대는 여러 차례 파견되었고 현지 지휘관들은 미군 요원들을 "친구나 협력자로 인정하고 받아들였"으며, 그들을 맞아들여 "친절하게 대우"[33]했다고 웨더마이어는 말했다.

전쟁 시기 OSS의 중국 내 활동에 관한 기록을 남긴 미국 해군사관학교의 위마오춘余茂春은 공산 세력이 자신들의 비밀을 미국이 알게 되는 것을 원치 않았다고 결론지었다. 그들이 일본에 맞서 용감하게 싸우고 있고 꼭두각시 정권은 완전히 틀렸다는 선전성 묘사가 거짓이라는 것과, 많은 지역에서 그들이 일본군과 암묵적인 휴전을 유지한 채 교역을 하고 무기를 팔며 거의 싸우지 않는다는 사실을 말이다. 실제로 스패니얼 특공대는 정확하게 그런 사실을 발견하여, 일본을 상대로 활발한 게릴라전을 벌이고 있다는 공산당의 주장은 "너무도 과장"[34]되었으며 옌안의 실제 방침은 "일본이나 꼭두각시 군대에 맞서 진지한 자세로 싸우지 않는 것"이었다고 미군 사령부에 보고하려 했다. 공산당은 스패니얼 특공대를 구금하여 연락을 하지 못하도록 하는 데 성공했다. 그들은 주변의 어떤 외국인도 그런 사실을 알게 하고 싶지 않았던 것이다.

마오쩌둥은 웨더마이어가 스패니얼 특공대 대원들의 체포에 항의하자 옌안에서 딕시 사절단을 우호적이고 친절하게 대접했던 일을 상기시켰다. 공산당은 미국인들을 나쁘게 대한다는 방침을 갖고 있지 않다는 의미였다. 그는 이렇게 말했다.

"나는 푸핑 사건을 매우 유감스럽게 생각합니다."[35]

그러나 딕시 사절단을 따뜻하게 맞았던 것은 여러 달 전의 이야기였다. 헐리가 중재한 협상이 깨지기 전이고, 헐리의 4월 2일 기자회견 전이고, 아메라시아 사건이 터지기 전이었다.

마오쩌둥이 스패니얼 특공대를 체포하도록 명령하지는 않았을 것 같다. 다만 그가 금세 보고를 받았을 것이고, 원할 경우 미국인들을 즉시 석방하도록 명령을 내릴 수 있었을 것이다. 또한 미군이 푸핑 지역에 투하된 것을 매우 수상하게 생각한 팔로군 지휘관은 일반 명령을 따랐을 것으로 보인다. 1945년 6월 11일, 옌안에 있던 딕시 사절단 단장 대행 윌버 피터킨Wilbur J. Peterkin은 웨더마이어에게 이렇게 보고했다.

모든 공산당 지휘소는 어디서든 허락 없이 돌아다니는 미국인을 만나면 모두 체포하여 무장 해제시키고 붙잡아두라는 지시를 받고 있습니다.[36]

그런 의미에서 스패니얼 특공대와 딕시 사절단 단원들(공산군 게릴라들과 함께 적의 전선 후방을 돌아다닌 레이먼드 러든 같은 사람들) 사이에는 상당한 차이가 있었다. 딕시 사절단은 허가를 받았고, 그 단원들은 나중에 공산 중국을 여행하는 사람들이 경호원이라 불렀던 공식 가이드들과 동행했다. 그 가이드들이 방문할 장소와 만날 사람들을 선택했다. 스패니얼 특공대는 경호원 없이 움직였고, 따라서 "허락받지 않은" 것이었다.

스패니얼 특공대를 그렇게 대한 이유가 무엇이었든지 간에, 중국 공산당이 드러낸 불친절과 의심은 8년에 걸친 긴 싸움 끝에 항일전쟁이 갑작스럽게 끝나게 되었을 때 닥치게 될 일을 예고하는 것이었다. 일본과의 전쟁에서 승리를 거두면 미국과 공산 세력은 공동의 적이 없어진다. 그리고 그 공동의 적이 사라지면 협력할 동기가 사라지고, 양쪽이 서로를 불구대천의 원수로 여겨야 할 이유들만 남게 된다.

제3부

승勝
과
패敗

제 12 장

가슴과 정신

마인추는 중국 정부가 도움을 받아야 했으나 그러지 못했던 부류에 속하는 사람이었고, 그는 정부의 숙명적인 라이벌인 공산 세력에게 엄청난 도움을 주었다. 그는 중국에서 세기와 시대를 뛰어넘어 영향력을 발휘한 인물 가운데 하나였다. 그는 광서光緖 8년인 1882년에 태어나, 비단옷을 입은 타락하고 매우 보수적인 관료들이 다스리던 제국 정부인 청조 말년에 교육을 받았다. 그러나 그는 자신의 생애를 새로운 중국에서 보냈다. 그 새 나라의 지식층은 깊은 자기반성을 통해 중국의 오랜 쇠락의 원인과, 과거에 종종 그랬던 것처럼 중국이 다시 부유하고 강력한 나라가 될 수 있는 방법을 찾고 있었다.

마인추의 고향은 오래된 도시 샤오싱紹興이었다. 절들이 있고, 문화적 징취를 풍기는 찻집이 있고, 복잡한 호수와 수로 옆에 베네치아풍의 복조 주택이 있는 곳이었다. 샤오싱은 당시나 지금이나 이 나라 명주名酒의 고장이었다. 그의 아버지는 양조업자였고, 아들이 가업을 잇기를 바랐다. 그는 마인추가 새로 들어온 현대 사상의 영향을 받아 과학과 야금학, 경제학을 배우겠다고 하자 부자의 연을 끊었다. 마인추는 중국 최고의 학교들에서 신학문을 공부했다.

그는 잘생긴 젊은이였다. 열성적이고 야망에 불타고 매우 똑똑했다. 그가 스무 살 무렵 깃을 높이 세운 학생복 차림으로 찍은 사진이 있는데, 금속 테 안경을 통해 카메라를 응시하는 그의 표정은 진지하고 결연했다. 그는 매우 우수한 학생이었고, 1907년 예일 대학에서 공부할 수 있는 장학금을 받았다. 꿈이 이루어진 것이다. 그것은 자신이나 조국 모두에게 엄청난 도움을 줄 수 있는 일이었고, 그는 돌아오리라고 결심했다.

마인추는 중국을 향한 미국 이상주의의 수혜자였다. 미국은 중국이 근세사에서 겪고 있는 쇠락과 붕괴를 극복하도록 도와주려는 열망을 지니고 있었다. 20세기로 넘어가는 시기에 의화단 운동 과정에서 열강에게 패배하여 기진맥진하고 굴욕을 당한 중국은 막대한 배상금을 지불하도록 강요당했다. 배상금은 의화단으로 인한 타격과 인명 피해를 벌충하기 위한 것이었는데, 이 배상금을 받은 나라들 가운데 유일하게 미국은 그것을 중국 학생들을 위한 장학 기금으로 사용했다. 마인추가 예일 대학에서 경제학 석사 학위를 받을 수 있도록 해준 장학금은 바로 거기서 나온 것이었다. 그는 마지막 왕조인 청나라가 멸망하기 직전인 1910년에 학위를 받았다. 그리고 다른 나라들이 세계대전에 휘말려 들어가던 1914년에 컬럼비아 대학에서 경제학과 철학 박사 학위를 받았다.

새로운 사상과 미국에서 받은 학위들로 무장한 마인추는 이제 세계적인 전문가가 되어 중국으로 돌아왔다. 고국에서는 혁명적인 사상들이 마인추를 포함한 온 나라의 가장 뛰어난 젊은이들의 마음을 사로잡고 있었다. 그는 군벌 시기의 혼란과 폭력을 경험했지만, 한편으로는 국민당과 장제스 치하에서 나라의 대부분이 재통합되는 흥분도 맛보았다. 나라의 재건에 열심히 참여했던 그는 상하이에 새로운 고등교육 기관인 둥난東南 대학 상학원商學院을 설립하는 일을 도왔다. 그는 중국경제학회 회장이 되었고, 경제 성장과 민주주의는 병행하며, 민주주의하에서의 개방성과 의견 교환, 그리고 자유가 없으면 경제 성장을 이룰 수 없다고 주장하기 시작했다.

마인추는 한때 국민당을 지지했다. 그러나 1930년대 동안에 그는 장제스의 권위주의적이고 비민주적인 성향을 비판하기 시작했고, 대일 항전 중이던 1940년대에는 장제스의 보안기관에 의해 가택 연금을 당하고 공적 활동이 금지되었다. 그는 이후 5년 동안 활동이 금지되었지만, 중국의 작가들과 교사들, 그리고 권력은 없었지만 높은 위신을 지녔던 소수의 엘리트 집단(이들은 서방에서 유학한 사람들이 많았다) 성원들은 그를 잊지 않았다. 그들은 국민당에 대한 믿음과 그들이 나라를 밝은 미래로 이끌 능력이 있다는 믿음을 철회한 마인추의 생각에 공감하게 되었다.

1944년 말, 억압 정책을 완화하라는 국내 지식인들과 미국 양쪽으로부터의 압력을 감지한 집권당은 마인추의 가택 연금을 해제했다. 이런 조치에 마인추가 고마움을 느끼고 지지자로 돌아설 것으로 기대했다면 큰 오산이었다. 그가 처음 공개 석상에 모습을 드러낸 것은 충칭의 한 무도회장에서 열린 금요 만찬 모임에서였다. 이 모임은 진보적인 상인들과 기업인들이 후원하고 수백 명의 사람들이 참여하는 정례 행사였다.[1] 그들의 목적은 서로 만나서 그들 머릿속을 가득 채우고 있던 문제에 대한 의견을 나누는 것이었다. 바로 중국이 현재 겪고 있는 고난과 미래에 대한 전망 문제다.

갑자기 불이 켜지고 그날 밤의 사회자가 하늘색 새틴 예복을 입은 마인추와 함께 걸어 들어올 때 좌석은 이미 꽉 차 있었다.

"오늘 밤 우리는 마인추 교수를 환영하고, 그가 새로 찾은 자유를 축하해야겠습니다."

사회자 우경메이吳薁梅가 이렇게 말하자, 마인추의 참석을 전혀 예상하지 못했던 청중들은 열광적인 박수갈채를 보냈다.

마인추는 플로어에 나와 회중의 환영에 감사의 뜻을 표하고, 자신은 가택 연금 해제와 관련하여 정부와 어떤 거래도 하지 않았다고 확언했다. 그는 이렇게 입을 열었다.

"나 마인추는 여전히 이전의 반대자 마인추입니다."

당국은 그의 가택 연금을 끝내는 대가로 그에게 연설을 하지 못하도록 했다고 그는 말했다. 그러나 바로 그 순간에 그는 연설을 시작했다. 연설에는 마인추가 늘 주장하던 대로 '중국의 공업화는 민주주의와 뗄 수 없는 관계다'라는 제목이 붙었고, 그것은 일종의 도덕과 현실 문제에 무관심한 사람들을 향한 공개적인 규탄이었다.

중국이 이타적인 민간의 참여와 자기희생을 절실히 필요로 하던 시기에 "대후방(중국의 비점령 지역)에 숨어 농민들이 생산한 쌀을 먹으면서 농민의 아들들을 사지에 보낸 사람들, 해물과 고기를 먹고 비단과 새틴 옷을 입으며 높은 건물에 살고 차를 모는 사람들"이 있다고 그는 말했다. 마인추의 말은 《구약》에 나오는 선지자의 말처럼 혹독하고 가차 없었다. 그는 "이 생사가 걸린 시기에 인민의 부를 착취"하는 "지도층들"이 "잔인하고 탐욕스럽"[2]다고 비난을 퍼부었다. 그러는 동안 다른 수많은 사람들은 전쟁으로 인한 죽음과 궁핍과 혼란 속에서 허우적거리고 있었다. 중국의 진정한 영웅은 농민이라고 그는 단언했다. "팔과 다리를 잃고 피를 흘리거나 기근과 전염병으로 죽고 골짜기 사이에서 사투를 벌이고 있는" 바로 그 사람들 말이다.

이 연설과 심지어 학술적으로 들리는 그 제목에조차도, 가까운 과거를 재현하고 공산 세력이 정권을 장악한 이후 중국에서 일어날 사건들을 예고하는 무언가가 들어 있었다. 중국은 역사에 기록된 4000년의 전 기간 동안 민주주의를 경험해본 적이 없었지만, 마인추 같은 현대의 지식인들은 민주주의를 갈망했다. 20세기 전반기에 새 나라를 건설할 방도를 찾던 학생들과 지식인들이 가장 많이 내건 구호는 '과학 선생과 민주 선생'이었다.

그 가운데 과학 선생은 이 나라를 쓸모없는 관습과 미신의 늪으로부터 건져낼 터였다. 20세기 중국의 대표적인 작가인 루쉰은 한 병든 소년의 부모가 아들을 치료할 수 있는 유일한 약이라고 들은, 금방 죽은 사람의 피에 적신 찐빵을 사는 데 마지막 남은 돈을 쓴다는 감동적인 이야기(루쉰의 소설집 《함성 吶喊》에 수록된 〈약藥〉이라는 단편소설이다 ─ 옮긴이)를 썼다. 루쉰에게 이 소름 끼치는 의료 사기는 이 나라 전체가 무지한 전통과 절망적인 가난, 가장의 권력에 갇혀 있음을 상징하는 것이었다. 여자들은 가장에 예속되어 있었고, 딸들은 사실상 시어머니의 노예였다. 그 시어머니들 자신도 이 나라의 가장 암울한 전통의 하나이자 여전히 널리 시행되고 있던 관습인 전족의 희생자였다. 과학은 중국의 이 복합적인 재난을 치유할 수 있었다. 그것이 마인추가 야금학을 공부한 이유였다.

그리고 '민주 선생'이 있었다. 그것만이 중국을 무능한 정부로부터 떼어내서 주민의 참여의식을 일깨우고, 잠들어 있는 인민들의 에너지를 깨울 수 있었다. 그래서 마인추는 공업화가 민주주의와 뗄 수 없고, 중국은 전근대적인 정치 시스템을 가지고는 근대적인 경제를 만들 수 없다고 생각했던 것이다. 그는 이렇게 말했다.

세계는 이미 민주주의를 실시하고 있습니다. 전쟁이 끝나면 모든 나라는 민주주의의 길을 가야 하고, 그러지 않으면 생존과 독립을 보장할 수 없습니다.[3]

민주주의에 관해서 마인추는 서방식의 선거 시스템을 염두에 두었던 것 같지는 않다. 그에게 민주주의는 인민 복지, 특히 농촌 인민의 복지에 초점이 맞추어진 것이었고, 그런 면에서 그는 분명히 공산당이 국민당에 비해 국가적인 필요에 더 적합하다고 생각했다. 공산당은 특히 1976년에 마오쩌둥이 죽은 뒤 '과학 선생'을 받아들였다. 그들은 이를 4개 현대화(공업, 농업, 과학문화, 국방의 현대화―옮긴이)라 불렀다. 그러나 민주 선생은 거부했다.

이에 따라 1978년에 또 하나의 반체제 구호가 탄생했다. 베이징 동물원에서 일했던 웨이징성魏京生이라는 이름의 전기 기술자가 만든 그 구호는 "민주주의가 다섯 번째 현대화다"였다. 그리고 웨이징성이 알았든 몰랐든, 그가 만들어낸 슬로건의 핵심 사상은 1944년 충칭에서 열렸던 금요 만찬 모임에서 했던 마인추의 연설에서 그대로 가져온 것이었다. 1944년과 1945년 국민당의 지독한 권위주의 체제에서도 마인추가 자신의 견해를 계속 표출할 수 있었던 것은 아이러니다. 그는 표면상으로는 연설을 하지 못하도록 금지되어 있었지만, 그 금요 만찬 모임 행사에서나 이후의 다른 행사들에서도 연설을 했다. 웨이징성의 경우는 1979년 공산당 지배하에 살면서, 나라가 외침을 받던 상황도 아니었지만 제한된 비밀 재판을 받고 구금되었고, 총 18년 동안 수감 생활을 했다.

1945년 전쟁의 막바지 몇 달 동안 미국이 중국 정책을 어떻게 취할 것인가(장제스를 전면 지원할 것인지, 공산 세력에 대한 무기 지원을 포함하는 균형 정책을 택할 것인지)를 고민하고 있을 때, 마인추는 국민당을 맹비난했지만 공산당은 비난하지 않았다. 공산당은 국민당에 비해 그가 생각한 농민 영웅들에 더 가까운 정당이었다.

마인추는 3월 충칭에서 열린 중국회교回敎협회 모임에서 중국에 위대한 정치 지도자가 없음을 한탄하면서 진공관이라는 이색적인 비유를 들었다. 물론 장제스가 정확하게 그런 위대한 지도자라고들 생각했지만, 마인추는 그를 안은 비어 있으면서도 바깥에는 전혀 관심을 기울이지 않는 장치에 비유한 것이다. 마인추는 오해의 소지를 없애기 위해 이렇게 못을 박았다.

"내가 말한 진공관은 바로 그 사람, 장제스입니다."[4]

더 나중에 충칭의 친공산당 신문 《신화일보新華日報》에 실린 한 기사에 마인추가 다시 등장했다. 이번에는 나라의 앞날에 대한 걱정으로 "공포에 떨며"[5] 자기네 동포들이 용서해서는 안 되는 것을 용서하고 있다고 꾸짖었다. 용서해서는 안 되는 것이란 거리에 넘쳐나는 절망적인 궁핍과 수많은 굶주린 사람들, 그리고 질병·기근·죽음·오물 같은 것들이었다. 그리고 이런 엄청난 재난이 벌어지고 있는 와중에 나라의 지도자들은 "여전히 곡식을 빼가고 병사를 충원해 영세민들을 얼음과 눈으로 뒤덮인 전쟁터로 내몰면서 '자신들'을 위해 목숨을 걸게 한다"고 말했다.

마인추의 용감하고 거센 비판은, 특히 수십 년 뒤 더 잘 보이는 곳에서 보니 편파적인 것이었고, 의도적으로 틀린 말을 한 것이었다. 그는 연설이나 기사에서 마오쩌둥의 공산당에 대해서는 심한 말을 전혀 하지 않았는데, 그들은 국민당보다 훨씬 더 억압적이었음이 드러났다. 그러나 마인추는 장제스가 희망이 없는 지경에 이르렀다고 생각했고, 반면에 신선하고 멀리 있던 공산당은 더 깨끗하고 더 밝은 대안으로 보았다.

그것은 아시아에서의 큰 전쟁이 끝나가고 더 약해진 국민당과 더 강해진 공산당 사이의 새로운 전쟁이 다가오고 있던 중국에서 혼란스럽고 복잡한 문제였다. 중국에는 공산당을 두려워하는 사람들도 많았다. 그들은 공산당이 소련에 빌붙는다고 비판했으며, 정말로 자주적인 작가들과 사상가들을 침묵시키고 위협하기 위해 고위층들이 벌이는 포악한 조치들에 대해 잘 알고 있었다. 역설적이지만 중국 공산당이 반대파를 용납하지 않는다는 사실을 가장 잘 알고 있던 사람들은 공산주의자로 자처하는 좌파 작가들, 당 문화당국의 지시를 받는 매우 영향력 있는 좌익작가연맹 소속의 작가들이었다. 1930년대에 이들 문화당국과 중국의 가장 저명하고 가장 사랑받는 작가들(가장 유명한 작가였던 루쉰도 포함된다) 사이에 격렬한 논쟁이 벌어졌다.[6]

그러나 대부분의 지식인들(이 문제에 관해 정확한 자료가 없기 때문에 '대부분의 작가나 사상가로 보이는 사람들'이라고 하는 편이 나을지 모르겠다)이 공격한 것은 국민당이었다. 이유는 간단했다. 국민당은 권력을 잡고 있었고, 20년 가까이 권위주의적인 정권을 유지하고 있었다. 전쟁이 끝나가면서 불과 몇 년 안에 국민당이 타이완으로 쫓겨가고 공산당이 정권을 잡으리라고 예견한 사람은 중국 안팎을 통틀어 그리 많지 않았다. 서비스와 데이비스 같은 더 통찰력 있는 분석가들만이 예외였다.

중앙정부는 강해 보였다. 그들은 거대한 군사력을 갖추고 있었다. 그 가운데는 미국이 훈련시키고 장비를 지원한 39개 정예 사단도 포함되어 있었다. 반면에 공산당은 여전히 무기도 변변찮은 게릴라 무리로 인식되었다. 정부는 공군과 해군력을 완전히 독점하고 있었다. 물론 여러 곳에 촉수를 뻗친 비밀경찰 조직도 운영했다. 따라서 마인추 등이 국민당을 폄훼하고 공산당에 대해 침묵한 것은 부분적으로 공산당에 대해 무죄 추정의 원칙을 적용했기 때문이기도 하고, 또 부분적으로는 국민당은 무한정 권좌에 눌러앉을 것 같은 반면 공산당은 당시 연립정부에 끼워달라고 요청하는 한참 뒤처진 경쟁자로 보였기 때문이다.

게다가 이 사람들에게는 쓰라린 기억이 있었다. 국민당은 장제스가 자신의 권력을 굳히는 동안 작가와 사상가들에게 폭력적인 공격을 가했고, 예술 창조와 지적 성숙이 이루어지던 상하이 같은 곳은 공포가 지배했다. 그들은 중국 바깥에 있던 장제스의 열렬한 지지자들에게는 대체로 알려지지 않았거나 잊힌 사람들이었다. 취추바이瞿秋白나 후예핀胡也頻 같은 호소력 있고 열정적인 좌파 작가들이나 시인들로, 초기 단계의 공산당을 지지하여 1930년대에 장제스의 비밀경찰에 체포되어 총살당한 사람들이었다.[7] 이 사건들은 잊히지 않고 있었다. 특히 전쟁이 끝나가면서 목소리를 내기 시작하고 장제스가 아니라 공산당에게 무죄 추정의 원칙을 적용하는 경향이 있었던 작가, 시인, 극작가들 사이에서는 그랬다. 유명한 소설 《낙타 샹즈駱駝祥子》의 작가인 라오서老舍가 대표적인 인물이다. 루쉰 자신은 항상 장제스를 독재자라고 경멸했고, 이런 혐오감은 1945년에 일본 점령군이 떠난 장래를 생각하던 상하이의 좌파 지식인들도 공유하고 있었다.

그리고 제3세력이라고 불리게 되는 마인추 같은 사람들이 국민당에 대해 느끼는 의심과 소외감과 공포가 있었다. 이들은 미국에 유학한 경우가 많았고, 공산당원이 되지는 않았지만 국민당이 계속해서 억압 도구들에 의지하는 것을 보며 점점 더 환멸과 분노를 느끼고 있었다.

마지막으로 학생들이 있었다. 그들은 젊은 사람들이 보통 그렇듯이 일종의 이상주의적인 조바심과 나라를 지킬 능력이 없는 정부의 나태와 부패와 오만에 대한 분노로 가득한 사람들이었다. 국민당과 비교하여 공산당은 가증스러운 점령군에 맞서 용감한 게릴라전을 벌이고 있는 것으로 생각되었다.

미국 부통령 헨리 월리스Henry Wallace가 1944년 여름에 장제스를 공식 방문했을 때, 푸단 대학 학생들은 그에게 이런 편지를 보냈다.

중국은 지금 2개의 나라로 갈라져 있습니다. 하나는 공산당의 지도 아래 여러 정당들이 참여하고 있는 민주 중국이고, 또 하나는 국민당의 파시스트 독재입니다. 전자는 적극적으로 전쟁을 치르고 인민을 보호하고 있으며, 후자는 편안히 앉아 인민을 억압하고 있습니다.[8]

그렇기 때문에 전쟁이 끝났을 때 자주적인 생각을 가진 사람들 가운데서 장제스가 용감하고 훌륭했다고 평가하는 사람은 찾아보기 어려웠다. 물론 수많은 중국인들은 여전히 장제스를 떠받들면서 그를 전쟁 기간 항복 거부의 상징으로, 백마를 타고 저 애국적 저항의 칼을 휘두른 인물로 보고 있었다. 그러나 대단히 명성이 높았던 마인추가, 중국의 다른 유명한 여러 작가들과 학자들이, 그리고 수많은 저항적 학생들이 공개적으로 장제스에게 등을 돌린 것은 핵심적인 하나의 약점을 시사하는 것이었고, 중국의 유일한 다른 무장 세력은 그 약점을 자기네에게 유리하게 이용하는 방법을 알고 있었다.

중국 전역에서 일본의 갑작스러운 항복은 다양한 방식으로 발표되었지만, 반응은 한결같았다. 기쁨이 지나가고, 중국에게는 승리에 의해 아무것도 정해진 것이 없으며 최악의 경우 또 다른 전쟁이 다가오고 있다는 냉정한 인식이 이어졌다.

만주에 있던 한 미군 및 연합군 포로수용소에서 일본군 중위는 아침 점호 때 이렇게 말했다.

"천황 폐하의 명령에 따라 전쟁은 평화적으로 종료되었다."

'평화적'이라는 말에 병사들은 박장대소했다. 대부분의 미국인들과 대부분의 아시아인들은 전쟁이 더 오래 갈 것으로 생각했다. 그러나 전쟁은 1945년 8월 6일과 9일, 히로시마廣島와 나가사키長崎에 원자폭탄이 투하되고 동시에 소련이 전쟁에 참여함으로써 빨리 종식되었다. 소련은 스탈린이 얄타에서 루스벨트에게 한 약속에 따라 히로시마 폭격 이후 만주 침공을 개시했다.

마오쩌둥의 러시아어 통역 스저는 전쟁이 끝났다는 소식이 공산당 지휘부에 들어오던 순간을 이렇게 회상했다.

옌안은 끓어올랐다. 붉은 깃발이 곳곳에 내걸렸다. 〔옌안〕 중심가는 물론 주변의 산악에도 마찬가지였다. 북이 울리고 폭죽이 터졌으며, 사람들은 모자를 하늘로 던졌다. 농민들은 사과와 배를 내놓았고, 서로 모르는 사람끼리도 얼싸안고 춤을 추었다. 그날 밤 산과 들은 불이 바다를 이루었고, 기쁨이 흘러넘쳤다. 8년에 걸친 일본과의 힘든 싸움은 마침내 승리로 끝났다. 축제는 사흘 동안 계속되었다.[9]

전쟁이 예기치 않게 빨리 끝나자 중국을 뒤덮고 있던 고통은 더욱 커졌다. 물론 아찔한 느낌은 끔찍한 전쟁의 여파로 인한 고통 때문에 실감이 덜 나기는 했지만 말이다. 전쟁이 끝나자 정부는 엄격한 검열 규정을 완화하지 않을 수 없었는데, 이때 우후죽순처럼 생겨난 수많은 잡지들 가운데 하나인 《객관客觀》의 젊은 작가 추안핑儲安平은 이렇게 회상했다.

8월 중순에서 하순까지 온 나라의 사람들은 행복과 부활을 만끽했으며, 점령 지역 사람들은 밤새 축제를 벌였다.[10]

8월 10일 저녁, 중국 전역에서는 불꽃놀이가 펼쳐졌다. 충칭의 한 관공서 책임자는 불꽃놀이에 1만 위안을 썼다. 수필가 겸 극작가 루링路翎은 일본의 항복과 함께 찾아온 짧은 행복을 회상하며 이렇게 썼다.

대부분의 사람들, 특히 공무원, 학생, 상인과 이른바 상류층이라는 사람들은 환락의 소용돌이 속으로 몸을 던졌다.[11]

대학생들은 '라마르세예즈'(프랑스의 국가―옮긴이) 구절을 노래했다. 거리에서 북이 울렸다. 천극川劇(쓰촨 지방의 연극―옮긴이)에서 사용되는 나무 딱따기와 징의 소음이 붐비는 거리를 가득 메웠다.

몇 시간이 되지 않아 미군 비행기들이 상공에 나타나서 전쟁포로 수용소에 음식과 의료품을 담은 배낭을 낙하산으로 투하했다. 상하이에서는 시어도어 화이트가 공항에서 차를 타고 징안쓰루靜安寺路(지금의 난징시루南京西路―옮긴이)로 내려갔는데, "환호성을 지르고 미국 국기와 국민당 기를 흔드는" 중국인들 때문에 길이 막혀 있었다. 행상인들이 건어물을 팔던 물가에서는 실크스크린으로 인쇄된 장제스 초상화를 팔고 있었다.[12] 대원수가 여전히 중국인들에게 고난을 견뎌내도록 해준 사람으로 인식되고 있다는 작은 징표였다. 카바레를 운영하고 있던 한 백계 러시아인은 군복을 입은 미군에게는 술을 공짜로 주었다. "그곳에 있는 여자들도 인종이나 피부색이나 덩치에 상관없이(그는 다양한 부류의 여자들을 데리고 있었다) 고르기만 하면" 마찬가지였다.

그것은 단순한 전쟁의 종식이 아니었다. 새로운 시대가 시작되고, 19세기 중반의 아편전쟁으로부터 시작된 낡은 시대가 끝났다는 정서가 생겨났다. 그 사이인 1895년에 중국은 일본에 패했었다. 그 시대는 중국인에게는 굴욕의 시대였다.

루쉰과 함께 《신화일보》를 설립해서 편집 간부로 있었던 좌익작가연맹 소속 작가 샤옌夏衍은 회고록에서, 특히 일본과 관련된 국가적 수치들을 열거했다. 청일전쟁으로 타이완을 잃었고, 1915년의 21개조 요구 때는 동북 지방을 일본의 영향권으로 인정했고, 1931년 만주사변으로 만주를 점령당했고, 그해 상하이가 폭격당하고 점령당했으며, 6년 뒤 루거우차오 사건이 일어나서 일본이 전 중국을 점령할 의도를 드러냈다. 샤옌은 이렇게 썼다.

이 100년 가까운 굴욕의 역사는 마침내 끝이 났다. 《신화일보》 전 직원은 열광했다. 사실상 충칭의 모든 주민, 중국의 모든 국민이 열광했다.[13]

장제스는 몇몇 고위 관료들을 대동하고 충칭 주재 멕시코 대사와 저녁식사를 하던 도중에 전쟁이 끝났다는 소식을 들었다. 그와 그 일행은 근처 미군 사령부에서 환호성을 지르고 폭죽을 터뜨리는 소리를 들었다. 그들은 확인해본 뒤 일본이 항복했음을 알았다.

며칠 뒤 장제스는 중국인들에게 위대한 승리를 기뻐하는 라디오 연설을 하고, 아량을 보이기 위해 중국에 있는 수많은 일본 병사와 민간인들에게 보복을 하지 말라고 국민들에게 당부했다. 그는 참모총장 허잉친을 난징에 보내 오카무라 장군으로부터 공식 항복 문서를 받아오게 했다. 그리고 그다음 날 중국군 부대가 7년 만에 처음으로 난징으로 들어갔다. 국민정부의 수도였던 이곳에는 그동안 꼭두각시 정권 외에는 중국의 어느 관리도 들어가본 적이 없었다.

장제스는 종전을 맞은 중국에 관한 《타임》의 거창한 표제 기사에 실린 인터뷰에서 "나는 매우 낙관적"[14]이라고 말한 뒤, 중국이 "평화와 진보의 시기에 그렇게 가까이 다가선" 적은 없었다고 단언했다. 그리고 그 모든 것의 정점에는 "승리의 으뜸 기획자이자 이제는 평화를 위한 최대의 희망이 된 기민하고 정확하고 지칠 줄 모르는 대원수가 있었다"라고 이 잡지는 단언했다.

그러나 중국은 물질적으로 황폐해졌고, 깊숙이 분열되어 있었으며, 낙후되어 있었다. 그리고 승리의 환희는 곧 그들 앞에 산적한 문제들에 대한 냉정하고 불안한 평가에 밀려났다. 1927년에서 1937년 사이에 비교적 안정적이었던 10년 동안의 국민당 정부 통치기에 이룩했던 엄청난 발전은 만주 지역을 제외하고는 모조리 파괴되었다. 만주의 경우도 곧 소련이 산업 설비들을 조직적으로 떼어가게 된다. 철도는 대부분 운행이 중단되었다. 해운도 제 기능을 하지 못했다. 도로는 엉망이었고, 다리와 터널은 부서졌으며, 농사는 마소에서부터 비료에 이르기까지 필요한 모든 것이 부족해 끙끙 앓고 있었다. 중국 전역에서 각자 고향으로 돌아가는 수많은 피난민들은 물자와 일거리가 없었고, 물가가 치솟아 그나마 가지고 있던 돈조차도 거의 쓸모가 없어져버렸다.

1945년 말에는 돈 가치가 얼마나 떨어졌는지 돈을 손수레로 실어 나르는 것이 보통이었다. 11월 상하이에서는 인력거 경주가 대중의 오락거리로 등장했다.[15] 중국인과 백계 러시아인, 미국인 여성이 인력거에 앉았고, 주름종이와 플래카드로 장식한 인력거는 중국인 쿨리들이 끌었다. 우승한 쿨리는 상금으로 700만 위안(미국 달러로 22달러 가치였다)을 받았다. 우승자가 상금을 가져가기 위해 수레에 실으려면 방금 내린 손님이 차지했던 만큼의 공간이 필요했다.

장제스는 사실 뉴욕에서 자신에 관한 기사를 쓰는 헨리 루스나 다른 《타임》의 편집자들에 비해 현실을 잘 파악하고 있었다. 그는 일기에 이렇게 썼다.

모든 사람은 오늘을 영광스러운 날로 받아들인다. 하지만 나는 홀로 커다란 부끄러움과 슬픔을 느낀다.[16]

그는 자신이 왜 그렇게 느꼈는지 설명하지 않는다. 그러나 자신의 나라가 파괴된 것이 그의 마음을 무겁게 짓눌렀을 것이고, 18년 전 난징에서 정부를 수립할 때 중국의 앞날에 대해 품었던 원대한 계획이 허물어진 것도 한 가지 이유였을 것이다. 일본이 쳐들어오지 않았다면 장제스는 거의 틀림없이 통일 국가의 수반이 되었을 것이다. 공산당의 봉기를 진압하고, 국가 주권을 완전히 회복하며, 세계에서 가장 인구가 많은 나라를 세계의 주요 강국으로 이끌고 있었을 것이다. 그런데 그러기는커녕, 그는 일본에 항복을 거부하고 8년 동안 굳세게 버틴 보상을 받지도 못하게 자신의 지배에 대한 더욱 강력한 도전을 받게 될 것을 걱정해야 했다. 그가 일기에 썼듯이, 스탈린과 마오쩌둥은 "중국을 혼란과 무정부 상태로 몰아넣"[17]을 수 있었다.

장제스만 이런 걱정을 한 것은 아니었다. 전쟁이 끝났다는 기쁨에 이어 금세 새로운 내전이 이어질 것이라는 공포가 밀어닥쳤다. 마인추 같은 지도적 지식인들은 나라의 비참한 상황에 대한 좀 더 총체적인 고뇌를 안고 있었다. 좌파 시인이자 수필가였던 후펑胡風은 나중에, 쿤밍에서 축제 분위기 속에 폭죽을 터뜨리고 거리에 군중이 운집하며 미군 지프들이 시내 중심가로 몰려들었던 일을 회상하며 이렇게 썼다.

나는 잠시 동안 흥분했었다. 그러나 금세 냉정을 되찾았다.[18]

후펑은 1930년대에 일본에 유학했었고, 중국으로 돌아온 뒤 좌익작가연맹의 주요 회원이 되었다. 그는 루쉰의 친구였고, 저항문화에 이데올로기적 정통성을 강요하려는 공산당 골수들에 대한 비판자였으며, 검열에 대한 반대자였다.

10년 동안 중국의 형벌이었던 일본이 거꾸러졌다. 그러나 중국은 장래에 어떻게 홀로서기를 할 수 있을까? (……) 승리는 사람들의 마음을 흐리게 만들 수 있다. 그러나 슬프게도 나의 마음은 쉽게 흐려지지 않는다.

《객관》의 논객 추안핑은 전쟁이 끝난 뒤인 9월과 10월의 몇 주를 언급하며 이렇게 썼다.

이 몇 주 동안에, 7~8년 동안 점령당한 땅은 두 번째로 점령당했다.[19]

이번에는 "말할 수 없이 비윤리적이고 무능한 국민정부 관리들"에 의해서였다. 나라는 민간의 모든 분야에서 참혹한 상황이라고 추안핑은 썼다.

　수복 지구의 금융 상태는 빈털터리고, 대후방 지역에서는 그것이 엄청난 혼란에 빠져 있다. 산업은 파산 상태다. 문을 닫은 가게가 곳곳에 널려 있다. (……) 수송은 엉망진창이고, 지난 석 달 동안 장강의 수상 운송조차도 정상 상태를 회복하지 못했다. 처음에는 많은 규제가 있었는데, 이제는 암시장이 활개를 치고 있다.

　매우 불길하게도 국민당과 공산당 양쪽이 모두 피하고 싶다고 공언한 내전이 이미 일어나고 있다고 추안핑은 썼다. 그리고 평화를 열망하는 일반 국민, 즉 라오바이싱老百姓은 "하릴없이 한숨만 짓고 있"었다. 국민당은 부패하고 기진맥진해 있었고, "활기찬 젊은이들"이 없었다.[20] 반면에 중국 공산당은 "다른 나라의 가치에 대한 과도한 지지"를 드러내고 있었다. 소련 말이다.

　대일 전승 기념일 이후 몇 달 동안 말 그대로 수백만 명의 사람들이 전쟁 기간 동안 피난지를 떠나 고향으로 돌아가느라 북새통을 이루었다. 전쟁 기간 동안 끊임없이 폭격과 기총소사를 당했던 주요 동서 철도인 룽하이隴海 철로의 작은 정거장이었던 곳에 수많은 피난민들이 오도 가도 못하고 모여 있었다. 며칠 동안 많은 비가 내렸고, 사람들은 작은 장터의 찻집, 술집, 식당과 그 밖의 가게들을 찾아 잠자리를 구했다. 역에서 기관차 두 량이 폭발하여 수백 명의 사상자가 발생했다. 다행히 기차를 탄 사람들은 기차 지붕에 구멍이 숭숭 뚫려 있는 모습을 보게 되었다. 현장을 취재한 기자 둥뤄위는 이렇게 보도했다.

대합실은 작은 강으로 변했다. 사람들은 그곳에 소변을 보았고, 역 주변에는 더 많은 사람들이 소변을 보아 악취가 진동했다.[21]

중국에 필요한 것은 "혁명적인 변화, 새로운 정신이지만 우리가 본 것에서는 희망이 없다"라고 그는 썼다.

둥뤄위가 철로를 따라 동쪽으로 가자 마을 성벽이 무너져 있었고, 여기저기 풀이 자라 있었다.

우리가 볼 수 있는 것이라고는 버려진 초가집뿐이었고, 사람의 흔적은 찾아보기 어려웠다.[22]

이것은 1943년에 있었던 홍수와 기근의 결과였다. 당시 정부는 일본군의 진격을 막기 위해 황하 제방을 무너뜨렸다. 둥뤄위는 이렇게 썼다.

마을 근처 길가의 나무들은 모두 껍질이 벗겨져 있었다. 사람들이 벗겨 먹은 것이다. 승전은 했지만, 한 달이 지난 뒤에도 사람들이 대거 돌아오지 않았고, 어떤 재건도 이루어지지 않았다.

그는 여정의 끝인 해안에 다다라 과거 독일 식민지였던 칭다오에 이르러서야 다소 희망적인 것을 발견했다. 그곳은 미국 해병 파견대가 상륙한 곳이었다.

시장에는 웃고 떠드는 소리가 가득했다. 미국 친구들은 언제나 매우 팔팔하고 활기에 넘쳤다.

가장 피해가 적은 지역은 전쟁 초기에 일본에게 점령되어 전쟁터가 되지 않은 곳들이었다. 칭다오, 베이징, 상하이 같은 대도시들은 모두 전쟁 기간 동안 타락한 부역附逆의 현장이었는데, 창사나 구이린 같은 지역에 비해 총체적인 파괴의 정도가 덜했다.

그러나 삶은 만화경 같은 변화를 겪었다. 번쩍거리는 미제 승용차 등 전쟁 기간 내내 처박혀 있던 물건들이 갑자기 시장에 쏟아져 나왔다. 모두 진주만 공격이 있었던 1941년 이전의 것들이었다. 미국 본토에서는 거의 구할 수도 없는 미제 전기 제품 같은 것들이 "상하이에는 넘쳐났다"[23]라고 미국인 학자 오언 래티모어는 썼다. 그런 물건들은 상하이의 장사꾼들이 일본에 협력한 대가로 받아 창고에 처박아두고 문을 잠가놓았던 것인데, 이때 창고를 연 것이다.

하지만 그때나 지금이나 중국에서 가장 부유한 도시인 상하이에서도 물건이 쏟아져 나오기는 했지만 필요한 물건을 모두 구할 수 있는 것은 아니었다. 많은 중국 사람들에게 이 도시는 풍성한 것이 아니라 남은 게 아무것도 없이 빼앗겨버린 곳으로 생각되었다. 일본인들이 떠나면서 조명기구에서 수도꼭지까지 죄다 뜯어갔기 때문이다. 한 역사가는 이렇게 말했다.

그곳은 춥고 난방이 되지 않는 도시였다.[24]

미군 대령 존 하트 코이John Hart Caughey는 집에 보낸 편지에서 "상하이라는 곳은 무지무지 춥다"[25]라고 썼다. "라디에이터가 모두 사라졌"기 때문이었다. 그는 이렇게 말했다.

〔일본인들은〕 고철을 몽땅 만주 부근으로 가지고 가면 대동아大東亞 회사라도 만들 수 있을 줄 알았던 모양이야. 그래서 죄다 가져가버렸어.

코이는 메트로폴 호텔(그곳에서는 일주일에 세 번 온수가 나왔다) 창문으로 밖을 내다보며 "옷도 제대로 못 입고 멍청하게 걸어가고 있는" 사람들에 대해서 썼다.

근데, 그 사람들을 보면 금방 얼어죽을 것 같고, 그래 봐야 누구 하나 관심도 없을 것 같아.[26]

이와 함께 일상적인 부패의 일종인 오래된 중국의 '짜내기'[27] 관습은 새로운 형태를 띠었다. 상하이나 베이징에 남아 있던 사람들이 벌금을 물거나 부역죄로 고발당할 위기에 처하자 노골적인 갈취 사업이 생겨났다. 협력을 했건 하지 않았건 상관없었다. 전쟁 동안 일본이 차지하고 있던 공장들을 되찾기 위해 국민당이 보낸 관리들은 그것을 팔고 대금을 제 주머니에 넣었다.

메이환짜오라는 한 예리한 젊은 기자는 《대공보大公報》에 상하이에 관한 일련의 기사를 썼다. 그의 표현대로 전후의 혼돈과 정부의 통제 불능 문제를 다룬 기사였다. 그는 거리에서 들었던 널리 퍼진 환멸스러운 말을 보도했다.

어둠 속에서 빠져나온 상하이는 어둠 속에 있던 상하이보다 못하다.

곳곳에서 많은 사람들이 얼마 안 되는 자원을 서로 이용하려고 다투었다.

전차가 역에 도착하면 사람들은 자리를 차지하려고 전쟁에서 진격하는 병사들처럼 밀치고 나아갔다.

메이환짜오는 이렇게 썼다.

도둑이 들끓고 있다. 3명이나 5명이 패거리를 이루어 무기를 들고 민가에 침입한다. 그런 사건들은 신문에서 항상 볼 수 있다. 관리들은 이를 용서하지 않는다. 세계적으로 유명한 경마장이 있는 징안쓰루 바로 옆은 처형장이 되었다. (……) 기자는 11월 22일 상하이에 도착했는데, 내 친구들에 따르면 그 전날 한 범죄자 집단이 처형되었다. 이틀 뒤에 또 다른 집단이 처형되었다. 첫 번째 집단에는 쑹씨 성을 가진 전직 군 중대장이 있었는데, 그의 죄목은 한 패거리의 사람들을 이끌고 무기를 든 채 민가로 들어가서 금괴를 훔친 것이었다.[28]

도둑질이 만연한 것은 일자리가 없기 때문이었다. "경마장을 보"고 싶지 않은 가난하고 절망적인 사람들은 "붐비는 전차에서 소매치기를 했다." 소매치기는 사형당하지 않기 때문이다. 이런 좀도둑들은 잡히면 경찰서로 연행되어 매를 맞았다고 메이환짜오는 말했다.

〔그들은〕 다시 그 일에 나서고, 기술을 갈고닦았다. 그런 감투정신이 있어야 주린 배를 채우는 데 도움이 될 터였다.[29]

다른 문제들도 있었다. 극심한 인플레이션이 그중 하나였다. 전쟁 기간을 자기네 도시에서 보낸 상하이 사람들은 전쟁 동안에 충칭으로 갔다가 돌아온 사람들이 공짜로 생활하는 습성을 비난했다. 귀환자들은 이제 정부가 찍어내는 지폐로 "원하는 것은 무엇이든 사"고 있었다. '매국노'라 불리는 사람들을 어떻게 처리할 것인지에 대한 불안도 있었다. 그들은 난징의 꼭두각시 정권을 위해 일한 사람들이었고, 공적인 규정에 따라 법정에서 재판을 받을 것으로 생각되었다. 그러나 그들에 대해서는 "그저 문제 제기만 있었을 뿐 아무런 결정도 내려지지 않았다"라고 메이환짜오는 말했다. 이곳에서는 다시 당국의 비능률과 비리와 무능에 대한 생각이 고개를 들었다. 메이환짜오는 이렇게 물었다.

8년 만의 정부와 인민의 재결합은 오래 떨어져 있던 부자간의 상봉과 같아야 한다. 그런데 왜 정부는 이런 냉혹함과 무관심의 가면을 뒤집어쓰고 마치 수천 킬로미터나 떨어져 있는 것처럼 구는가?

제 13 장

스탈린이 원한 모든 것

소련의 만주 침공은 1945년 8월 9일 자정을 1분 지난 뒤에 개시되었다.[1]

"사무라이들을 죽여라!"

11개 군에 100만 명 이상의 병사들은 3000여 킬로미터의 전선에서 이렇게 외치며 일본의 꼭두각시 국가인 만주국으로 밀고 들어갔다. 약화되고 숫자마저 줄어든 일본군은 전쟁으로 단련된 소련군에게 상대가 되지 않았다. 소련군은 2만 7000문의 대포, 5500대의 탱크와 자주포自走砲, 3700대의 항공기로 무장하고 있었다. 일본은 결국 소련이 쳐들어올 것이라고 예상하고는 있었지만 기습을 당했다. 소련이 대규모로 병력을 증강하고 있다는 정보를 놓친 것이다. 소련의 병력 증강은 상당 부분 미국이 70척가량의 리버티선을 블라디보스토크에 보내 보급품을 지원한 결과였다. 14년 전에 만주를 점령하고 대부분의 전쟁 기간 동안 그곳에 주둔하고 있던 관동군의 정예 병력 대부분은 태평양에서의 미국의 공격을 막기 위해 이동한 상태였다. 며칠 만에 소련은 만주 전역과 북중국 일부를 점령하게 된다.

소련의 만주 침공은 2차 세계대전의 주요 육상 전투 가운데 마지막 것이었고, 가장 크고 가장 쉬운 군사적 성공이었다. 그것은 히로시마에 원자폭탄이 떨어진 지 사흘 뒤였고 나가사키 공격을 불과 몇 시간 남겨 놓고 이루어졌다. 따라서 그것은 일본이 전쟁 포기를 결정하는 데 어느 정도 영향을 미쳤을지는 몰라도 틀림없이 일본의 항복을 확보하는 데 필요한 것은 아니었다.

소련 병사들은 2차 세계대전 당시의 기준으로도 엄청나게 야만적인 행동을 했다. 소련 병사 무리들은 만주와 북한의 여러 곳에서 약탈과 강간을 자행했다. 희생자들은 주로 만주국이 일본 제국의 일부가 된 뒤 그곳에서 살고 있던 일본의 민간인들이었다. 놀랄 일도 아니지만 14년 동안의 굴욕적인 점령 뒤에 보복을 한 것은 소련만이 아니었다. 소련은 "일본인이 아닌 모든 사람에게 사흘 동안 공개적인 약탈을"[2] 허용했다고 '홍관조Cardinal 팀'으로 알려진 미국의 정보 수집 팀이 선양에서 보고했다. 대포로 무장한 중국인 무리들이 대학살을 모면하려고 발버둥치는 1만 4000명의 일본 민간인들을 공격하고 건물들을 불태웠다. 홍관조 팀의 추산에 따르면 사상자는 수백 명에 달했다.

많은 민간인들이 자살했다. 소련과 중국인들로부터 보복을 당하느니 그편이 더 나을 것이라고 생각한 일본군 장교들의 부추김 때문이었다. 여러 해 뒤에 중국의 인기 있는 텔레비전 프로그램에서 한 일본 소녀의 이야기를 방영했다. 소녀는 마을 전체가 파괴되자 공포에 질려 어느 중국인 가정으로 피난했고, 거기서 중국 남자의 첩이 되었다.

미국 정보 그룹인 홍관조 팀이 선양에서 벌어진 잔학 행위에 대해 묻자 소련 고위 지휘관은 도시에 처음 들어간 부대가 독일군에게 집과 가족을 빼앗긴 병사들로 이루어진 부대였다고 설명했다. 이들 '복수 부대'는 충격을 가하는 병력으로 이용되었으며, "'심리 상태가 정상이 아닌' 사람들은 약탈, 살인, 강간을 하려고 한다"[3]고 한 소련군 중장은 말했다.

소련 침공의 최대 수혜자는 무자비하고 비도덕적인 현실정치의 거장 이오시프 스탈린이었다. 그에게 이것은 동아시아에서 소련의 세력과 영향력을 확장하려는 원대한 계획의 일환이었다. 그 계획은 조지 케넌이 소련의 전후 목표를 조사해 보낸 전문의 표현에 따르면 "소련 국경 근처에 있는 중국의 서부 지역을 지배"[4]하려는 것이었다. 스탈린은 얄타에서 루스벨트에게, 유럽에서 전쟁이 끝나고 석 달 안에 만주로 진격하겠다고 확언했다. 그는 약속을 지켰다. 날짜까지 정확하게. 그는 또한 소련이 만주를 침공한 지 석 달 안에 그곳에서 떠나겠다고 약속했다. 앞으로 보게 되지만 그는 이 약속을 지키지 않는다.

이 침략은 위장 공격 방침의 핵심 요소였고, 그것은 성공적이었던 것만큼이나 대담한 것이었다. 또 하나의 측면은 미국과 중국의 중앙정부로 하여금 소련의 의도에 대해 의심하지 않도록 유도하는 것이었다. 스탈린은 특히 미국의 원자폭탄이 가공할 위력을 선보이고 미국만이 그것이 가능하던 시기에, 미국이 소련의 동방 팽창에 놀라 어떤 조치를 취하는 것을 가장 두려워했다. 가장 가능성이 높은 것은 장제스에게 막대한 지원을 하거나, 심지어 미군 부대를 북중국에 투입하는 것이었다. 따라서 1945년의 시점에서 스탈린의 계획은 미국의 신경을 건드리지 않으면서 영향력을 확대하는 것이었다. 언제나 통찰력 있는 데이비스는 당시 한 메모에서 이렇게 썼다.

크렘린은 앞으로 2~3년 동안 아시아에서 정치적 외과수술을 하면서 미국에 가능한 한 작은 충격과 고통을 주도록 조심할 것이다.[5]

소련은 '마취'(데이비스의 표현) 정책을 추구할 것이고, 그 과정에서 소련 지도자 스탈린은 헐리보다 더 훌륭하고 눈에 띄지 않는 조력자를 찾기 어려울 터였다.

최고의 중국통들을 몰아낸 헐리는 4월 워싱턴에서 충칭으로 돌아오는 길에 모스크바에서 스탈린과 몰로토프를 만났고, 그들은 그가 듣고 싶어하는 말을 들려주었다. 즉 국민당과 중국 공산당 사이에서 협상에 의한 타결을 이끌어내려는 그의 노력을 지지할 것이라고 했다. 케넌이 지적했듯이 스탈린은 안심하고 이런 약속을 할 수 있었다. 그는 마오쩌둥이 자신의 군대를 포기하도록 요구하는 어떤 협정에도 동의하지 않을 것이고, 또한 장제스는 마오쩌둥이 군대를 보유하도록 허락하는 어떤 협정에도 동의하지 않을 것임을 알고 있었기 때문이다. 이런 측면에서 미국의 중국 정책을 지지한다는 것은 실제로는 아무런 의미도 없는 말이었다.

그러나 직업적인 중국통들의 분석과 행동 하나하나에서 사악한 숨은 동기를 찾아내려 했던 헐리는 스탈린의 확언에 온갖 의미를 끌어다 붙였다. 헐리가 스탈린과 만난 지 불과 며칠 뒤에, 그 자리에 동석했던 해리먼은 헐리가 너무 낙관적이라고 경고했다. 미국에 보낸 해리먼의 상황 보고를 요약한 한 보좌관은 이렇게 말했다.

스탈린 원수는 장제스와 무한정 협력하지는 않을 것이다. 그리고 소련이 동아시아의 전쟁에 개입하게 된다면 그는 중국 공산 세력을 최대한 활용하고 지원하여, 심한 경우 만주와 어쩌면 북중국에까지 꼭두각시 정권을 세울 것이다.

헐리는 아무런 관심도 기울이지 않았고, 다른 곳에서 드러난 소련의 의도에 주목했던 것 같지도 않다. 심지어 4월 초 그가 모스크바로 떠나기 전에도 소련은 이미 루마니아에 순종적인 공산 정권을 세우게 했으며, 폴란드의 국경을 서쪽의 독일 땅이었던 곳으로 밀어낼 의사를 표명했다. 그 대신 동쪽의 넓은 땅덩어리를 베어내어 우크라이나에 귀속시키려는 것이었다. 그것도 영국이나 미국과 얄타에서 약속했던 것과 같은 상의도 하지 않은 채 말이다. 또한 스탈린은 폴란드 내의 친소 집단이 정권을 잡게 하려는 의도를 가지고 있음이 분명해졌고, 이 때문에 루스벨트는 직접 그에게 이의를 제기했다. 스탈린의 그런 행동은 "우리의 국제 협력 프로그램"을 위험에 빠뜨린다는 것이었다. 헐리는 또한 소련 언론의 논평도 모르고 있는 듯했다. 그들은 국무부 중국과의 에버렛 드럼라이트Everett Drumright가 말했듯이 "충칭 정부(소련은 이 정부와 외교 관계를 맺고 있었다)를 불신케 하고 중국의 공산 세력을 찬양하며 그들의 위신을 끌어올리려는"[6] 목표를 갖고 있었다.

아마도 헐리가 맞닥뜨리고 싶지 않았던 질문은 이런 것이었다. 스탈린이 왜 중국에 대해 폴란드나 루마니아와 같은 접근법을 택하지 않을 것이라고 생각하는가? 스탈린의 군대는 중국 공산당이 전선 후방에 네트워크를 만들어놓은 성솔들 인근의 몇몇 성들을 점령하기 직전이었다. 데이비스가 경고했듯이, 소련이 이 문제에 대한 선택권을 가질 경우 이 땅들을 자기네 앵무새 언론들이 '민주적'이라고 말하는 공산 세력 대신 같은 언론들이 '반동적'이라고 맹비난하는 정권에 넘겨주리라는 생각은 희망일 뿐이었다.

공정하게 말하자면 데이비스나 케넌처럼 스탈린의 위선적인 태도를 간파하고 있던 대다수의 미국 관리들은 이 심각한 상황이 국민당-공산당 협상을 더욱 긴요한 것으로 만들었다고 생각했다. 그것은 마오쩌둥이 기존 중국 정부의 권위를 인정할 수밖에 없는 협정 안에 그를 가두어 놓을 수 있는 유일한 방법이었고, 그들은 이 때문에 헐리의 노력을 지지했다. 헐리가 숙청한 중국통들을 제외하고는 그런 협상이 거의 가능성이 없음을 인식한 사람은 별로 없었다.

그러나 헐리는 스탈린과 몰로토프가 충칭 정부와 국가 대 국가의 우호 관계를 맺기 위해 중국의 공산 세력을 버릴 의향이 있다고 확신했다. 그렇게 해야만 스탈린은 얄타에서 루스벨트가 약속한 만주에서의 반(半)식민주의적 특권을 얻을 수 있었다. 헐리는 스탈린이 국민당과 협상을 할 것이라고 보았다. 헐리가 알고 있는 것을 스탈린도 알고 있었기 때문이다. 그것은 공산 세력이 정권을 잡기에는 너무 약하다는 것이었고, 이는 중국통들의 우려스러운 예측과는 정반대였다. 헐리는 7월에 국무부에 전문을 보내, 공산 세력의 힘에 대한 세 가지 '과장'이 있다고 말했다. 공산 세력의 군사력, 그들이 장악하고 있는 지역의 크기, 그리고 그들에 대한 대중의 지지 정도는 모두 과장되었고, 이런 부정확한 결론을 입증할 증거는 전혀 없다고 주장했다. 그는 이어, 스탈린이 장제스와 협정을 체결하기만 하면 마오쩌둥은 자신이 얼마나 고립되어 있는지 알아차리고 곧바로 협상을 받아들일 것이라고 말했다. 헐리는 이렇게 썼다.

소련의 지지를 받지 못하면 중국 공산당은 결국 일개 정당으로 국민정부에 참여할 것입니다.[7]

트루먼 행정부 또한 그렇게 생각했다. 아니, 어쩌면 행정부의 일부 고위 관료들은 그렇게 굳게 믿지 않았는지도 모른다. 하지만 그들은 여전히 중앙정부와 공산 세력 사이의 협상이 좋은 미래를 위한 최선의 희망이며, 협상을 타결하는 한 가지 방법은 소련이 명쾌하고 확실하게 장제스 정권을 중국의 유일한 합법 정부로 인정하는 것이라고 생각했다. 그러나 미국은 이미 얄타에서 소련에게 중국에서의 상당한 특권을 주는 데 동의했다. 이 난처한 사실은 그로 인해 가장 큰 영향을 받게 될 지도자 장제스에게는 비밀에 부쳐졌다. 그러나 이제 전쟁이 끝날 것이라는 전망이 생겼고, 그것은 비밀이 더 이상 유지될 수 없다는 의미였다. 7월에 트루먼은 워싱턴에서 쑹쯔원을 만나 루스벨트가 얄타에서 합의한 내용을 대략 알려주었다.

물론 그것은 장제스에게 너무도 나쁜 소식이었다. 그것은 국가의 수치였고, 배신이었고, 중국의 완전한 주권 회복을 약속한 엄숙한 맹세의 파기였다. 그러나 얄타 합의에 관해 아무리 내색하지 않고 조심했다 하더라도 장제스와 쑹쯔원은 어떻게든 그것을 알고 있었을 가능성이 높다. 그들은 또한 받아들이는 수밖에 다른 도리가 없다는 것도 알고 있었을 것이다. 가장 큰 이유는, 그들이 받아들이지 않을 경우 소련은 공산 세력을 돕기 위해 더 많은 조치를 취할 것이기 때문이었다. 더 근본적인 문제로, 장제스는 소련이 동의하지 않으면 자신이 전 중국을 통치하는 권좌를 유지할 수 없음을 알고 있었다.

그래서 장제스는 얄타 협정의 모든 내용에 기본적으로 동의한다는 지침을 주어 쑹쯔원을 모스크바로 보냈다. 그는 외몽골에 대한 중국의 오랜 연고권 주장을 포기했다. 스탈린은 그곳을 꼭두각시 국가로 만들고 싶어했다. 반제국주의를 신념의 초석으로 삼았던 스탈린은 중국 쪽의 이런 양보가 중국이 19세기에 서양 열강과 맺은 것과 같은 새로운 불평등

조약에 해당한다는 사실을 인정했으나, 예컨대 다롄과 뤼순항 및 만주 철도 통제권 같은 자신의 요구가 소련의 안보뿐만 아니라 중국의 안보에도 필요한 것이라고 해명했다. 그는 쑹쯔원에게, 일본이 앞으로 수십 년 안에 주요 강국으로 돌아올 것이며 중국과 소련은 그들의 야망을 꺾을 협정이 필요하다고 말했다. 그는 이렇게 말했다.

"일본을 전방위로 약화시켜야 합니다. (······) 그래야만 일본이 가만히 있을 거요. 중국과의 관계에 대한 우리의 모든 계획은 여기에 근거하고 있습니다."[8]

이런 주장에는 아무런 이데올로기도 없었고, 세계 혁명을 지원하겠다는 열의도 없었다. 그것이 어느 정도 장제스를 안심시켰던 듯하다. 더구나 스탈린은 소련이 만주에서 점령한 땅을 자기네가 철수할 때 그에게, 오직 그에게 넘겨주겠다고 보장했다. 그는 이 일이 석 달 안에 이루어질 것이라고 약속했다. 헐리보다 현실적이었던 장제스는 스탈린과 거래를 하는 것이 위험하다는 사실을 알고 있었다. 그것은 중국의 주권을 허망한 약속을 믿고 팔아버리는 일이었다. 스탈린이 그 약속을 깰 것임은 스스로가 잘 알고 있었다.

모스크바에서 스탈린과 쑹쯔원 사이에 열린 회담의 마지막 만남에서 스탈린은 장제스의 가장 큰 두려움을 이용했다. 그는 중국이 자신의 조건대로 협정에 서명하지 않으면, 그것도 당장 하지 않을 경우 소련은 공산 세력에게 막대한 지원을 하게 될 것임을 내비쳤다.[9] 새로운 협정을 맺더라도 소련은 당연히 만주를 중앙정부가 아니라 공산 세력에게 넘겨주어 그들을 도울 수 있었다. 따라서 장제스는 어쨌든 자신에게 지워질 수 있는 결과를 피해야만 하는 곤란한 입장이었다. 그것은 도박이었다. 그러나 그는 스탈린과 협정을 맺는 것이 다가오는 중국의 내부 투쟁에서

전쟁 막바지에 만주를 침공한 150만 소련군 부대 가운데 한 병력이, 1945년 8월 T-34-85 중전차를 타고 다롄으로 들어오고 있다.

소련을 중립으로 묶어둘 수 있는 최선의 기회가 될 것이라고 생각했다.

히로히토 천황이 일본의 무조건 항복을 발표하기 전날인 8월 14일, 새로운 중소 우호동맹조약이 체결되었다. 이 조약으로 스탈린은 원하는 모든 것을 얻었다. 다롄의 통제권과 뤼순의 해군 기지, 만주 철도의 경영권, 외몽골의 독립적 지위 인정 등. 그 대가로 그는 장제스 정부만을 승인하고, 만주를 장제스의 병력에 넘기며, 중국 공산당을 지원하지 않겠다고 약속했다. 이 모든 약속은 그가 깨기로 마음먹는다면 아무런 문제 없이 깰 수 있는 것들이었다.

장제스는 이 일이 불안했지만, 헐리는 기분이 좋았고 전혀 의심하지 않았다. 그는 이렇게 생각했다.

소련은 국민정부의 활동에 물질적·정신적 지원을 다하기로 약속함으

써 그들의 가장 강력한 해외 동맹 세력이 될 수 있었던 옌안의 호전적인 공산 정권을 상실했다.[10]

헐리 혼자만 이런 낙관론에 빠진 것은 아니었다. 《타임》은 이렇게 단언했다.

그것은 중국 공산 세력을 떠받치고 있던 버팀목을 차버렸다. 그들은 소련의 동지들로부터 앞으로 원조가 오리라는 희망이 없으면 (……) 그들의 별도 군대와 정부를 포기하고 통합된 중국의 몇몇 소수 정파의 하나로서 처신하지 않을 수 없을 것이다.[11]

《뉴욕 타임스》의 보도는 조금 조심스러웠지만 기조는 마찬가지였다. 소련과의 협상이 "치명적인 내전의 위험을 적어도 당분간은 최소화시켰다"[12]라고 결론지었다.

그 증거는 헐리와 다른 사람들도 보았듯이, 마오쩌둥이 몇 주 동안 장제스와의 대화를 거부한 끝에 8월 말 일종의 중국 내 정상회담을 하러 충칭으로 오라는 장제스의 초청을 받아들인 것이었다. 헐리는 협상이 재개될 것이라고 생각했다. 공산 세력은 약하고 고립되어 있으며 다른 선택지가 없기 때문이었다.

여러 해 뒤에 마오쩌둥은 충칭으로 가서 헐리가 주관하는 대화를 재개하라는 스탈린의 요구를 거론하면서 스탈린의 '배신'을 비통하게 이야기하곤 했다. 그는 스탈린을 '위선적인 외국의 악마'라고 불렀다. 그는 또한 자신은 "스탈린이 고집했기 때문에 가지 않을 수 없었다"[13]라고 했는데, 이는 사실이었던 듯하다. 소련 지도자 스탈린과 달리 마오쩌둥은 레닌이 좌경 모험주의라고 부른 것으로 돌아서 있었다. 좌경 모험주의란 과격한 행동을 취하려는 충동, 특히 상황이 무르익기 전에 전권을 장악하려는 시도를 말한다. 일본과의 전쟁을 통해 마오쩌둥은 자신의 군대를 중국 기준으로 규모가 크고 강력한 부대로 확대하고 18개 '해방구'의 주민들을 통제할 수 있게 되었다. 해방구는 주로 북부의 농촌 지역에 있었지만, 일부는 동부와 남부에도 있었다. 이제 마오쩌둥은 나라의 몇몇 주요 도시를 점령하기 위한 시도를 할 준비가 되었다고 생각했다.

대규모 소련 군대가 만주로 건너온 다음 날 마오쩌둥은 동부에 있는 신사군에 전문을 보내 이렇게 명령했다.

"주력 부대를 주요 도시와 핵심적인 전략 요충을 점령하는 데 집중하라."

공산당은 공식적으로 항복하고 본국으로 귀환할 기회를 기다리고 있던 상하이의 일본군 지휘관들과 중국의 꼭두각시 정권 일부 당국자들에게 특사를 보냈다. 그 지역에서 있을 국민당과의 대결에 협조를 구하기 위해서였다. 국민당 비밀경찰은 이런 움직임을 알아차리고 꼭두각시 정권의 고위 관리 2명을 암살하는 데 성공했다. 마오쩌둥은 이에 아랑곳하지 않았다. 그는 상하이에 있는 공산당 지하 요원들의 조언과 반대로, 도시에서 15킬로미터 밖에 주둔하고 있던 신사군 병력 3000명을 상하이에 침투시켜 공산당을 지지하는 봉기를 선동하라고 명령했다.[14]

그것은 1926년과 1927년에 있었던 공산 세력의 상하이 장악 시도를 연상시키는 대담한 계획이었다. 당시 공산 세력은 교조적인 소련의 지도 아래 도시의 공장 노동자들을 조직화하려는 시도를 했었다. 이제 일본이 항복한 이후의 시기에 공산당의 '적색 노동자들'은 10여 개 공장의 통제권을 장악하고 그곳에서 국민당 지지 세력인 '황색 노동자들'과의 대결에 들어갔다. 도시의 학생들은 파업을 계속하도록 하기 위해 열심히 움직였다.

그러나 8월 15일에 아시아 주둔 미군 사령관 맥아더 장군은 명령 제1호를 발동했다. 중국 내의 일본군 부대는 국민정부 당국에만 항복하라는 것이었다. 마오쩌둥은 자신의 병력을 상하이로 보내 장악할 아무런 권한이 없게 되었다. 이와 동시에 장제스는 오카무라 장군에게 전갈을 보내, 일본군의 무장을 해제하려는 공산당의 어떤 시도에도 병력을 사용해 저항할 수 있는 권한을 부여했다. 매우 반공적이었던 오카무라는 틀림없이 공산당의 상하이 점령에 저항할 터였다.

그러나 마오쩌둥의 바보 같은 계획을 중지시킨 것은 언제나 신중한 스탈린이었다. 스탈린이 보기에 그 계획은 자신이나 중국 공산당 모두 준비가 되어 있지 않은 내전을 곧바로 야기하게 될 터였다. 그는 8월 21일에 옌안으로 두 통의 전문을 보내 마오쩌둥에게 계획 중지를 명령했고, 그런 상황에서 늘 그랬듯이 마오쩌둥은 그의 지시를 따랐다.

스탈린은 또한 마오쩌둥에게 충칭으로 가도록 지시했고, 마오쩌둥은 이번에도 그대로 이행했다. 그러나 헐리가 생각했던 것과는 반대로 그것은 공산 세력이 약하다거나 소련으로부터 버림받았다는 생각에서가 아니었다. 앞에서 보았듯이 그는 중국 공산당 7차 전국대표대회에서 소련이 지원할 것이라는 확신에 찬 연설을 했는데, 그 지원이 당시에는 가시적으로 나타나지 않았을 뿐이었다. 스탈린의 중소 협정에 대한 보증은 마오쩌둥의 마음에 약간의 우려를 불러일으켰지만, 마오쩌둥은 근본적으로 이를 전술적인 움직임으로 볼 용의가 있었다. 필요한 속임수의 하나로서 말이다.[15]

마오쩌둥도 심한 경우에는 스탈린의 신중함에 좌절감을 느꼈다. 그의 러시아어 통역 스저에 따르면, 그는 충칭으로 가라는 지시에 "몹시 괴로워하고 심지어 화를 냈"[16]다. 그러나 그 역시 소련 및 중국 공산 세력이 중국 내에서 이루려는 목표에 대해, 핵으로 무장한 미국이 적극적으로 반대하는 사태를 불러일으키지 않으려고 스탈린이 애쓰는 까닭을 이해하고 있었다. 1년 뒤 마오쩌둥은 좌파 언론인 애나 루이즈 스트롱과의 인터뷰에서, 자신은 스탈린과 달리 중국에 대한 원자폭탄 공격을 걱정한 적이 없다고 주장했다.[17] 자신은 이데올로기적으로 각성된 대중이 기술적으로 우월한 적도 물리칠 능력이 있다고 확신하기 때문이라고 했다. 마오쩌둥이 미국의 힘에 대해 언급하면서 '종이호랑이'라는 말을 쓰기 시작한 것은 바로 1946년이었고, 그는 이 말을 수십 년 동안 계속 사용하게 된다.

그러나 그것은 나중 일이었다. 1945년 중소 협정이 맺어질 당시에 마오쩌둥은 상황이 자신에게 유리하게 돌아간다고 생각할 이유가 아주 많았다. 예를 들어 스탈린은 마오쩌둥이 좋아하지 않는 정책을 추진할 때 늘 그렇듯이 자신의 행동이 장기적인 이익을 위한 것임을 이면으로 확인해주었다. 심지어 스탈린이 마오쩌둥에게 충칭으로 가라고 지시하는 전문을 보내는 순간에도 그는 중국 공산주의 운동에서 마오쩌둥에 이은 공식적인 2인자인 류사오치(그는 공산당 간부 가오강高崗과 함께 모스크바에 있었다)에게 장제스와 마오쩌둥 사이의 대화는 그저 전술일 뿐이라고 말하고 있었다. 한편으로 그는, 2명의 학자가 이 에피소드에 대해 썼듯이 그들에게 이렇게 말했다.

"이 회담으로 중국 공산당은 다가오는 싸움을 위해 군대를 재편하고 동원할 시간을 벌 수 있을 것이오."[18]

어떻든 마오쩌둥에게 중요한 역사적 사건은 중소 우호동맹 조약이 아니라 소련의 만주 침공이었다. 소련 군대가 국경을 넘어 중국 땅으로 들어온 지 나흘 뒤에 그는 정확하게 이런 움직임의 "정치적 의미"를 "헤아릴 수 없다"[19]라고 쓰고 있었다. 그것은 "2개의 폭탄"보다도 더 중요한 것이었다. 2개의 폭탄이란 히로시마와 나가사키에 떨어진 폭탄을 말한다. 원자폭탄이 그렇게 강력하다면 미국은 왜 소련에게 일본과의 전쟁에 나서달라고 요청했느냐고 마오쩌둥은 반문했다. 그는 이어, 실제로 유구한 전통을 지닌 중국 역사 편찬의 관점에서 '사실'을 찾아보자면 전쟁이 원자폭탄에 의해 끝났다는 대중적인 생각은 거짓이라고 말했다. 그것은 "부르주아 교육과 부르주아 언론 및 통신"에 의한 "부르주아의 영향"[20]의 산물이었다. 마오쩌둥이 보기에 진실은 소련의 붉은 군대가 참전함으로써 일본이 마침내 항복했다는 것이었다.

마오쩌둥은 모든 일이 잘 풀릴 경우 소련군이 대거 동부전선으로 들어오면 이들이 폴란드에 들어간 것과 같은 결과를 낼 것이라고 생각했다. 폴란드에서는 스탈린이 여러 가지 방책을 동원하여 공산당의 집권을 획책했는데, 그런 방법이 중국에서도 거의 재연될 터였다. 존 데이비스는 이에 동의했다. 그는 이렇게 썼다.

만약 붉은 군대가 북중국에 들어온다면 미국에 공감하는 사람들이 제거되며 미국의 원조와 협력이 사실상 가로막히고 철폐된다 해도 놀라운 일은 아닐 것이다.[21]

붉은 군대가 간 곳에서는 어디나 "소련의 정치적 지배가 뒤따랐"다고 그는 적었다. 스탈린은 얄타에서, 폴란드에서 궁극적으로 자유선거를 실시한다는 데 동의했다. 그 사이에는 폴란드의 주요 정파들을 대표하는 임시 연립정부가 수립될 예정이었다. 그런 정파들 가운데 하나가 비공산 망명정부였다. 이들은 런던에 근거지를 두고 있었지만, 서유럽에서 수만 명의 병력을 연합군의 군사작전에 투입했다. 또 다른 주요 정파는 친소 폴란드국민해방위원회(PKWN)였다. 이는 스탈린이 퇴각하는 독일군으로부터 점령한 동부 폴란드의 첫 도시 루블린에서 만든 것이었다. 소련 군이 폴란드에서 퇴각하는 독일군을 앞으로 밀어내고 이동하면서 루블린 그룹은 나라의 행정권을 넘겨받는 것이 허락되었고, 연립정부의 비공산계 인사들은 밀려나고 무시되고 투옥되었다. 1945년 3월, 소련은 폴란드의 정치 협상을 위한 회의를 연다는 핑계로 16명의 비공산계 폴란드인들을 루블린으로 유인했다. 이들은 거기서 체포되어 모스크바로 보내져 재판을 받았고, 그런 뒤에 시베리아의 감옥에 수용되었다. 스탈린의 영리하고도 무자비한 전략으로 나치스 독재가 소련에 순종하는 폴란드 꼭두각시 정권의 독재로 대체되어 이후 40여 년 동안 지속되었다.

폴란드는 중국이 아니었다. 커다란 차이 가운데 하나는 장제스가 전쟁 기간 내내 중국에 머물러 있었고 망명정부를 이끈 적이 없다는 것이었다. 게다가 폴란드와 달리 중국은 소련의 침략 경로가 된 적도 없었다. 하지만 양쪽의 상황은 섬뜩한 유사성도 있었다. 중국의 공산 세력은 루블린 그룹과 같았다. 그들은 자기네가 지배하는 영역을 확장할 수 있도록 스탈린이 방법을 찾아줄 것이라고 믿었다. 장제스는 비공산계 폴란드인들과 비슷했다. 겉으로는 소련의 승인을 받았지만, 동시에 그들로부터 침해를 당하고 있었다. 폴란드에서 스탈린은 영토를 점령하고 이를 폴란드인 대리인에게 넘겨주었다. 이제 그는 150만 병력을 만주에 투입했는데, 문제는 그가 장제스 정부를 승인하고 자신이 통제하던 땅을 중국의 중앙정부에 넘겨주겠다고 약속했음에도 불구하고 실질적인 권력을 공산 세력에게 줄 방법을 찾을 수 있는가였다.

몇 년 후 스탈린이 죽고 중국과 소련 사이에 균열이 생기기 시작한 뒤 마오쩌둥은 소련 정책의 모든 측면에 대해 맹비난을 퍼붓게 되지만, 1945년에는 스탈린에게 무조건 찬동했다. 그중에는 폴란드에서의 귀결도 포함되어 있었다. 그가 보기에 비공산계 폴란드 망명정부는 "낡은 폴란드"(지주와 자본가들의 폴란드)를 대표하는 "반동적" 세력이었다. 반면에 친소 루블린 그룹은 "폴란드 인민들의 궁극적인 요구"[22]에 응답했다. 그것은 "해방된 동유럽에서의 새로운 민주주의 운동의 분출"을 드러낸 것이었다.

'해방된'이라는 말에 주목할 필요가 있다. 서방에서는 동유럽에 선거나 대중의 동의를 받는 어떤 절차도 없이 꼭두각시 정권을 세운 것을 당연히 정치적 지배 행위로 보았다. 그러나 마오쩌둥에게 그것은 혁명을 달성하기 위한 감격적인 발걸음이었다. 그리고 자신이 중국에서 궁극적으로 부상하는 일 역시 또 하나의 발걸음이 될 터였다. 또한 그는 자신이 그것을 이룰 수 있도록 소련이 지원해주기를 전적으로 기대하고 있었다.

8월 27일, 헐리는 스카치위스키 두 병을 들고 미군 비행기에 올라 충칭에서 옌안으로 날아갔다. 이튿날 헐리는 마오쩌둥이 처음으로 비행기를 타고 철천지원수의 임시 수도로 갈 때 이 공산당 지도자를 수행했다.

옌안 비행장에서 이 광경을 지켜본 사람들은 마오쩌둥이 초조해 보였다고 말했다. 《타임》의 보도에 따르면 "처형장으로 끌려가는"[23] 사람 같았다. 그는 헐리가 타고 온 비행기에 오르기 직전에, 이전에는 결코 한 적이 없고 다시 할 것 같지도 않은 일을 했다. 사람들이 보는 가운데서 아내 장칭에게 키스를 한 것이었다. 마오쩌둥은 충칭에서 납치당하거나 어쩌면 살해당할지 모른다고 우려했다. 따라서 이 행동은 아마도 만약의 경우를 위한 일종의 작별 인사였을 것이다. 그러나 헐리는 그의 안전을 보장했고, 스탈린도 마찬가지였다. 그래서 그는 출발했다. 산속에 있던 비적이 몇 년 동안 자신을 죽이거나 잡으려고 성과 없는 노력을 계속해 온 보안관을 만나러 가는 것이었다.

이륙하기 전에 헐리는 비행기 문 밖에 기대 서서 이상한 소리를 토해 냈다. 현장에 있던 한 중국 공산당원은 이를 "포식자가 사냥감을 잡았다는 듯한 기괴하고 커다란 비명"[24]이라고 묘사했다. 그것은 촉토족의 함성이었다.

일행이 충칭 공항에 도착했을 때 그곳에는 기자들도 나와 있었다. 누군가가 비행기에 대해 어떻게 생각하느냐고 묻자 그는 이렇게 대답했다.

"매우 훌륭합니다."

헐리는 다시 한 번 촉토족의 함성을 토해내지는 않았지만, 마오쩌둥과 함께 대사관의 검은색 캐딜락을 타고 출발할 때 큰 소리를 질렀다. 현장에서 지켜본 몇몇 사람들은 "올리브 오일! 올리브 오일!"[25] 하고 외치는 것 같았다고 전했다.

그날 밤 환영연이 열렸고, 이 자리에서 장제스는 술잔을 들어올리며 말했다.

"우리가 1924년과 같은 화기애애한 분위기를 만들었으면 좋겠소."[26]

그가 말한 것은 1차 국공합작의 짧았던 화해 기간이었다. 당시 마오쩌둥은 국민당의 조직을 맡았고, 저우언라이는 장제스의 황푸 육군군관학교에서 정치부 주임으로 있었다.

낙관적인 분위기가 감돌았다. 미국 언론인들은 중소 협정이 체결된 이후 공산당의 선전 활동이 변했다고 보도했다. 중국 공산당의 신문들이

장제스를 '반동 패거리'의 지도자가 아니라 '정부 주석'으로 불렀던 것이다. 국민정부의 공식 정보 제공자인 중앙통신中央通信 쪽에서는 "정통한 관측통"을 인용하여 두 정당 사이의 "포괄적인 합의가 반드시 있을 것"[27]이라는 취지로 보도했다.

저우언라이(왼쪽)와 마오쩌둥(가운데)이 국민당과의 회담을 위해 1945년 8월 패트릭 헐리 대사(오른쪽)와 함께 충칭에 도착했다.

두 지도자는 자신에게 주어진 역할을 수행했다. 장제스는 완벽한 주인이었고, 마오쩌둥은 예의 바른 손님이었다. 그는 장제스를 '장 주석'으로 부르고 지지를 약속했다. 그의 체재 초기에 열린 한 연회에서 그는 마오타이주茅臺酒 잔을 들어올리며 외쳤다.

"장 주석 만세!"[28]

그것은 통상 중국 황제에게 바치던 건배사였고, 마오쩌둥이 중국 본토 전역의 지배자가 된 뒤 기꺼이 그를 향해 외치게 되는 구호였다.

장제스와 마오쩌둥은 아홉 차례 비공식 회담을 가졌다. 그들은 충칭에 있는 장제스의 개인 정원을 함께 거닐었다. 두 사람은 비슷한 옷을 입었다. 여러 해 전 쑨원이 입어 유행했던 깃을 세운 외투였다. 장제스의 옷은 윤기 있고 산뜻했으며, 마오쩌둥의 옷은 수수한 품질의 것이었다. 중국에서의 통상적인 행태와 달리 그들의 회담 내용은 전혀 새어나오지 않았으나, 5주 정도 뒤에 《대공보》가 회담이 성공적이라는 특종 보도를 실었다. 바로 다음 날 "미소를 띠고 확신에 찬"(그 자리에 있었던 《타임》 기자의 표현이다) 마오쩌둥은 기자회견을 열어 이렇게 말했다.

"나는 회담에서 결과가 나올 것을 확신합니다. (……) 중국 공산당은 내전은 없다는 방침을 고수할 것입니다."[29]

소련 역시 희망의 등걸불에 부채질을 했다. 《모스크바 라디오》 방송은 9월 말에 신이 나서 중국의 양측이 "전 중국의 완전한 단일 중앙정부를 만들 것"에 합의했다고 보도했다. 방송은 "중국의 통일이 이루어졌다"고 결론지었다. 한편 이를 환영한다는 제스처로 만주 주둔 소련군 사령관 로디온 말리놉스키Rodion Malinovsky는 공산당의 팔로군이 중국 동북부의 도시들을 점령하겠다는 것을 거부했다. 시어도어 화이트는 '희망이 비치다'라는 제하의 《타임》 기사에서, 소련이 만주에서 중국 공산당에 "한 방 먹였다"[30]라고 보도했다. 틀림없이 스탈린이 장제스와 협정을 맺으면서 약속한 내용을 이행하고 있는 징표라고 했다.

이런 낙관적인 분위기를 고무한 것은 장제스와 국민당, 저우언라이가 연초에 제기했던 세 가지 요구 사항을 충족시키는 듯한 조치를 취한 것이었다. 그것은 당시 새로운 요구였기 때문에 타결에 심각한 장애물로 여겨지고 있었다. 정부는 정치범을 석방하고, 검열을 철폐하고 언론의 자유와 집회의 권리를 보장하며, 비밀경찰의 활동을 억제하겠다고 약속했다. 또한 모든 정당을 합법화하기로 했다.

회담의 핵심 쟁점은 중국 공산당의 기반 지역인 성省들에서 그들에게 어느 정도의 통제권을 줄 것인가였다. 저우언라이가 이끄는 공산당 대표단은 48개 사단과 북부 5개 성을 중국 공산당이 통제해야 한다고 요구했다. 장제스는 그것이 사실상 나라를 분할하는 것이라며 거부했다. 그러나 그는 '한 나라 한 군대'에 대한 고집을 버리고 공산당이 12개 사단을 유지하는 것을 허락했다. 그렇게 되면 10만 명 이상의 병력을 보유하게 되는 것이었다.

9월 18일, 4주 동안의 회담 끝에 마오쩌둥은 격의 없는 다과회 자리에서 이렇게 말했다.

"우리는 내전을 중단해야 하고, 현대적인 중국 건설을 위해 모든 정당이 장 주석의 지도 아래 통합해야 합니다."[31]

마오쩌둥이 충칭에 머무르던 마지막 날 밤, 장제스는 그의 지휘소를 찾아가서 밤늦도록 이야기를 나누었다. 장제스는 나중에 일기에서 평화호소가 "주석의 마음을 움직이게 했을지"[32] 자문했다.

이튿날은 1911년 청 왕조를 무너뜨린 기념일이었다. 모든 대도시에서 많은 사람들이 거리로 쏟아져 나와 국경일을 축하했다. 일본을 물리친 이후 첫 번째였다. 장제스와 마오쩌둥은 아침식사를 함께했고, 그사이에 보좌관들은 대체적인 협정의 초안을 만들었다. 양측은 정치적 민주주의를 확립하고, 새로운 국민대회 선거를 위한 원칙을 만들 국가 정치협상회의를 소집하며, 군대를 장제스의 지휘 아래 통합하기로 약속했다.[33]

헐리는 양측이 대화를 계속하도록 죄어친 데 대해 약간의 자부심을 가지고 있었으나, 해법의 '세부'에 대해서는 특별한 제안을 하지 않았다. 그는 이 때문에 후대 역사가들로부터 비판을 받았고, 그 비판은 정당한 것이었다.[34] 구체적인 미국의 계획은 정말로 필요했다. 그 계획은 중국에서의 현실적인 세력 균형을 그대로 인정하게 하는 것이었고, 미국은 양측이 현실을 받아들이도록 최대한, 그리고 끊임없이 더 압박했어야 했다. 저우언라이의 입장과 비슷하게 북중국의 5개 성에 48개 사단을 주고 나머지는 장제스와 국민당의 손에 남긴다는 내용으로 말이다. 이는 사실상의 국토 분할이 될 것이지만, 이상적으로는 제헌 의회를 구성하기 위한 선거가 이어지고 민주주의가 시작되며 아마도 내전을 피할 수 있을 터였다.

물론 이런 일은 일어나지 않는다. 또 그럴 가능성도 없어 보였다. 헐리가 더 분명하고 세부적인 권력과 영토 분할안을 제시하여 양측을 압박했다면 그런 일이 일어날 수 있었을 테지만 말이다. 장제스는 연립정부가 구성되면 자신이 권좌에서 밀려나는 일이 생길 것을 지나치게 우려했던 듯하다. 마오쩌둥의 경우는 옌안으로 돌아가자마자 측근들에게, 충칭에서 타결된 협상은 "종잇장에 적힌 말일 뿐"[35]이며 "현실에 부합하지 않는다"라고 확언했다. 그의 충칭 방문은 소기의 목적을 달성했다. 그는 미국인들을 누그러뜨렸다. 그는 미국인들이 방관자의 입장을 유지하게 하려고 노심초사하고 있었다. 그는 또한 평화를 추구하는 합리적인 사람이라는 이미지를 과시했다.

그러나 마오쩌둥이 정말로 보여준 것은 저우언라이가 말했다고 하는 '타타담담打打談談'이라는 네 글자의 어구에 집약된 전략이었다. 한편으로 싸우면서 한편으로 대화를 한다는 뜻이다. 그가 보기에 협상의 목적은 절충된 합의안을 만들어내는 것이 아니었다. 그보다는 시간을 벌고, 자신의 권력과 평화론자로서의 평판을 확대할 기회를 이용하는 동안 적의 공격 행위를 저지하는 것이었다. 그리고 상황이 무르익으면 협정을 내팽개치고 적의 문제점을 비난하며 군사적 승리를 위해 전력투구하는 것이었다.

중국에서의 진짜 전쟁은 충칭의 회담 테이블에서 벌어지는 것이 아니었다. 전쟁은 만주의 도시와 시골에서 벌어지게 된다. 그곳은 지금 소련이 장악하고 있었다. 중요한 것은 나중에 다른 곳에서 일어나는 싸움에서 '현장의 진실'이라고 불리게 되는 것들이었다. 그리고 그곳에서 마오쩌둥은 진실이 자기편임을 확실히 하기 위해 적극적으로 나섰다.

제 14 장

현장의 진실

일본의 공식 항복 하루 뒤인 8월 16일, 옌안 공산당 지휘부에서 온 편지가 충칭의 미국·영국·소련 대사관에 도착했다. 편지는 중국 공산 세력이 전시에 거둔 성과부터 나열했다. 공산군은 "국민당 정부가 내버린 1억 명 이상의 주민이 살고 있는 방대한 실지失地"[1]를 수복했다는 내용이었다. 이 군대는 지금 100만 명의 정규군과 19개 '해방구'에 있는 220만 명의 지역 민병대로 이루어져 있다고 했다. 편지는 구체적인 수치를 들어 주장했다. 중국을 침략한 일본군(만주는 제외) 69퍼센트와 친일 꼭두각시 정권 군대의 95퍼센트가 최근 끝난 전쟁에서 "우리 군대에 맞서 포위되었다"고 했다. 이 모든 것은 국민당이 "팔짱을 끼고 지켜보면서 승리를 기다리는 방침을 채택"하고 있는 가운데 거둔 성과였다.

편지는 이어 본론으로 들어가서, 이런 성과들로 말미암아 공산당은 "우리에게 포위된 일본군과 꼭두각시 군대의 항복을 받고 그들의 무기와 물자, 보급품들을 노획"할 권한을 얻었다고 했다. 거기에는 자신을

1945년의 만주국

소련

만주국

외몽골

중국

·하얼빈

·창춘

·선양

후루다오· ·잉커우

베이징· ·진황다오

톈진· ·다롄

즈푸(옌타이)

청다오·

황해

동해

한국

일본

~~ 만리장성

0 km   500
0 miles   500

해방구의 항일군 총사령이라고 밝힌 주더의 서명이 있었다. 옌안의 한
라디오 방송은 같은 시기에 같은 주장을 조금 덜 외교적인 용어로 표현

하여 이렇게 말했다.

우리 군대는 적과 꼭두각시들이 점령하고 있는 어떤 도시나 마을이나 통신 센터에도 들어가서 점령할 권리가 있습니다. (……) 그런 행동에 반대하거나 방해하는 자는 반역자로 간주될 것입니다.[2]

주더의 메시지는 중국 공산주의 운동과 미국 사이의 관계가 새로운 단계로 접어들었음을 알렸다. 표면상으로는 일본의 항복을 받는다는 문제에 관한 것이었지만, 그것은 엄청난 의미를 지니고 있었다. 일본군의 항복을 받은 공산당은 그들의 무기와 그들이 장악하고 있던 영토를 얻는 것이며, 이 두 가지는 모두 다가오고 있는 중국의 내전에서 힘으로 변화할 것이기 때문이었다.

주더의 메시지에 숨은 뜻은 공산당이 스스로를 어떻게 보고 있는지를 분명하게 보여주었고, 그들은 이제 그것을 드러내기로 결정한 것이었다. 그들은 헐리가 즐겨 불렀듯이 단순한 무장 정당이 아니었다. 그들은 합법적인 중국의 대안 정부였다. 중국 전체 인구의 약 4분의 1에 해당하는 주민들의 '정부'였다. 소련을 포함하여 그런 주장을 전달받은 나라들이 중국의 유일한 정부로서 여전히 충칭에 임시로 숨어 있는 중앙정부만을 지지한다는 조약에 묶여 있기는 했지만 말이다. 공산당은 승인된 정부보다 더 열심히, 더 용감하게 싸워 자신들의 권한을 얻었다. 공산당이 보기에 정부는 수천 개의 마을이 가증스러운 침략자들의 수중에 떨어지는 동안 물러나고 도망치고 방관하고만 있었다.

주더의 편지는 외부 열강들, 특히 미국에게 도전장을 던졌다. 그것은 중국에 있는 누구라도 공산당이 세력을 확장하려는 노력을 방해할 경우

적으로 간주하겠다고 말하고 있었기 때문이다. 게다가 공산당은 외국 대
사관에 외교적인 편지를 보내는 것보다, 일본의 항복을 받는 데 참여할
이론상의 권리를 주장하는 것보다 훨씬 더 큰 일을 하고 있었다. 일본이
항복한 이후, 그리고 심지어 그전에도 그들은 매우 분주하게, 가벼운 무
장을 하고 철저하게 사상을 주입받은 게릴라들을 자기네와 중앙정부가
다투게 될 지역들로 보내고 있었다. 나중에 지상 병력을 어떤 지역에 투
입할 때 쓰곤 했던 상투적인 문구대로 현장에서 전리품을 얻는 것이었
다. 국민당 쪽에서도 같은 작업을 하려 했지만, 공산당은 분명한 지리적
이점을 지니고 있었다. 다시 말해서 중국인들이 히로히토의 항복 방송을
신나게 듣고 있는 동안에 곧 벌어질 잔인한 전쟁이 시작되고 있었던 것
이다.

미국의 병사들과 외교관들과 스파이들은 원자폭탄과 전쟁의 빠른 종
식에 따른 놀라움에 사로잡혀 있었다. 미국은 빨리 결정을 내려야 했다.
우선 주더의 요구에 어떻게 대응할 것인가? 하나의 선택지는 물론 주
더가 이야기한 사실들을 인정하고 국토를 차지하려는 전후의 다툼에서
중립을 유지하는 것이었다. 이것은 기본적으로 존 데이비스 같은 직업적
인 중국통들이 1944년 가을과 겨울에 권고했던 방안이었다. 그들은 이
런 정책이 중국을 금세 두 지역으로 분할하게 만들 것임을 인정했다. 만
주를 포함한 황하 이북의 공산당 지역과 그 이남의 국민당 지역으로 말
이다. 데이비스 및 그와 같은 생각을 가진 동료들이 보기에 그런 정책은
미국이 내전에서 최종적으로 패하는 쪽을 지원하는 위험성을 막아줄 터
였다. 그들이 생각하기에 이것은 또한 중국의 공산 세력이 소련의 영향
권으로 떨어지는 것을 피할 수 있는 방안이었다. 데이비스는 이에 관해

1945년 6월에 쓴 한 메모에서 이렇게 말했다.

> 미국 정부가 지난가을과 겨울(이때는 아직 소련이 아시아에서 움직일 준비가
> 되어 있지 않았다)에 중국의 분할이라는 현실을 수용하고 중국 공산 세력
> 의 민족주의적 경향을 부추기기 위해 현실적이고도 활발하게 움직였다
> 면 소련이 옌안 세력의 절대적인 복종을 확신할 수 있었을지에 대해서는
> 논의의 여지가 있다.[3]

물론 헐리는 동의하지 않았다. 주더의 편지를 보자마자 그는 워싱턴
에 급전을 띄워 주더의 요구에 응하면 즉각 중국에 내전이 일어나는 대
가를 치러야 한다고 경고했다. 공산 세력은 곧바로 장제스와의 회담을
걷어찰 것이고, 양쪽은 싸우는 것밖에는 다른 도리가 없을 것이기 때문
이라고 했다. 헐리는 4월에 모스크바에서 스탈린과 몰로토프가 했던 장
담을 여전히 믿고 있었다. 소련은 미국의 중국 정책을 지지하며, 자신들
은 중국의 공산 세력을 진정한 공산주의자로 여기지 않는다는 취지의 이
야기 말이다. 그는 소련이 중국 공산당을 속였다고 확신하고 있었다. 공
산당은 약하고 고립되어 있기 때문에 국민당과 협상할 수밖에 없으며,
그 협상을 이끌어내기 위해 자신이 중재하고 있다고 여겼다. 그는 중소
우호동맹 조약을 믿었다. 쑹쯔원과 스탈린은 주더의 편지가 충칭에 도착
하기 직전에 그 협정에 서명했다. 헐리가 생각하기에 조약의 요점은 중
국이 만주에서의 주권 일부를 내주고 그 대신 소련의 약속을 얻어내는
것이었다. 조약에 뚜렷이 적시되어 있는 이런 약속 말이다.

〔소련은〕 중국에 정신적 지지와 군수품 및 기타 물자를 제공하며, 이런

지지와 원조는 중국의 중앙정부인 국민정부에만 전적으로 제공된다.[4]

헐리는 워싱턴에 이렇게 장담했다.

〔조약문은〕소련 정부가 중국의 국민정부를 지지한다는 것을 확실하게 보여주었으며, 또한 두 나라 정부가 만주에 관해 합의를 이루었음을 보여주고 있습니다.

만주에 관한 합의란 소련이 빠른 시일 내에 동북 3성을 중앙정부에 넘길 것이라는 의미였다.

주더에게 의례적인 답변이 전달되었다. 일본의 항복을 받기 위해 그가 요구한 권리를 거부하고, 그가 잘 알고 있는 협정들을 상기시키는 내용이었다. 그리고 그와 공산당이 우호 정신으로 협력해줄 것을 요청했다. 미국은 전쟁 기간 동안에 공산 세력을 무장시키는 일을 거부했고, 이제는 공산 세력을 전리품 분배에서 배제하고 있었다.

헐리는 추상적인 원칙을 이야기하고 희망적 사고를 하고 있었던 데 반해, 주더는 현실을 말하고 있었다. 공산 세력은 북중국의 상당 부분을 사실상 장악하고 있었다. 전쟁 기간 동안 적의 전선 후방에서 '해방구'를 만들고자 노력한 결과물이었다. 그들은 자기네끼리 유사 정부를 세웠고, 농민 조직을 만들었다. 그들은 또한 100만 명가량의 무장 병력과 그보다 더 많은 민병대를 보유했으며, 이들 부대 상당수는 표면상으로는 일본과 중국의 꼭두각시 정권이 지배하고 있는 지역에 만들어졌다. 이는 미국 항공병들이 발루, 즉 팔로군 병사들에 의해 안전 지대로 안내되어 나올 때 확인한 일이었다.

어떤 측면에서 주더는 과장을 했다. 일본군과 꼭두각시 군대가 포위된 정확한 규모나, 국민당이 팔짱을 끼고 있는 동안에 공산 세력이 싸웠다는 주장들 말이다. 공산 세력은 자기네가 침략자들에 맞서 치열하게, 용감하게, 끊임없이 싸웠다는 생각을 전파하는 일에서 엄청난 성공을 거두었다. 그러나 그들의 100만 군대는 단지 소규모의 치고 빠지는 공격에만 나섰을 뿐, 1940년의 백단대전 이후 단 한 번도 대규모 군사작전을 벌이지 않았다. 국민당과 마찬가지로 그들은 전후에 벌어질 마지막 결전을 위해 자기네 병력을 보존했다. 타스 통신 특파원 블라디미로프는 "팔로군이 지역에서나 관심을 가질 법한 느슨한 방어전에나" 제한적으로 나섰다고 경멸조로 말했다.

"적이 쳐들어와 싸움이 시작되기만 하면 팔로군은 산으로 뒷걸음질쳐 충돌을 피했다."[5]

타스 통신의 동료 특파원은 적의 전선 후방에 있는 해방구를 방문한 뒤 블라디미로프에게 이렇게 보고했다.

"특수 지역 어디에서나 마찬가지지만, 회의가 군 부대에서 수행되고 있는 유일한 작업입니다. 여름에는 여기에 농작물 비축 작업이 약간 추가됩니다."[6]

그러나 공산 세력은 전략 지역, 특히 산시성陝西省, 허베이성, 산둥성에 자리 잡고 있었다. 이 시기에 미국 정보기관은 이 지역에서의 중앙정부 군대의 활동은 무시해도 좋을 수준이라고 평가했다. 이것은 결정적인 사실이었다. 한동안 이들 지역에서 공산 세력의 접수를 막을 수 있는 유일한 세력은 바로 항복했다고 하는 일본군이었다. 이것이 장제스가 일본군에게 오직 중앙정부에만 항복하고 그들이 점령한 지역에서 질서를 유지하라는 극단적인 명령을 내린 까닭이었다. 일본군은 이를 이행함으로써 자기네가 8년 동안 전멸시키려 노력해왔던 상대인 정부의 동맹자가 되었다. 몇 주 동안 일본은 그들을 무장 해제시키려는 공산 세력의 시도를 격퇴했으며, 너무도 중요한 북중국의 철도를 순찰했다. 이렇게 일본군 병력을 이용하는 것은 필요한 방편이기는 했지만, 그것은 또한 중앙정부가 약하다는 징표이기도 했다. 국제 협정으로 자신에게 할당된 영토의 통제권을 장악할 준비가 되어 있지 않다는 표지였다.

현장의 진실 가운데는 터무니없는 비정상도 포함되어 있었다. 일본의 항복을 받을 권한이 있는 집단은 그렇게 할 능력이 없고, 반면에 그럴 능력이 있는 집단은 권한을 박탈당했다. 이 문제는 아마도 정부군을 필요한 위치로 이동시킴으로써 극복될 수 있을 터였다.

그러나 태평양에서의 전쟁이 끝난 뒤 몇 주 또는 몇 달 동안에 가장 불길한 현장의 진실이었던 것은 전혀 극복되지 못했다. 바로 경험 많은 150만 명의 소련군이 만주에 있다는 사실이었다. 만주는 중국 공산 세력이 가장 강한 힘을 가지고 있던 지역과 인접해 있었다. 이 사실의 중요성을 과장해서는 곤란하지만, 헐리는 이를 거의 완전히 무시하고 있었던 듯하다.

소련이 만주의 광대한 영토를 점령한 것은 아시아에서 하나의 전환점이 되었다. 그것은 미국이 원했던 전후 아시아 구상을 불가능하게 만들었다. 아시아에서 가장 크고, 앞으로 가장 부유하고 가장 강력한 나라가 될 수 있는 중국이 민주적이고 또한 미국에 우호적인 중앙정부 아래 통일되어야 한다는 구상이었다. 소련 군대는 2차 세계대전의 편의적인 동맹이 깨지고 세계가 냉전 단계로 들어서는 그 시기에 중국 땅에 발을 들여놓았다. 바로 이 냉전을 통해 미국과 소련은 세계 곳곳에서 패권을 놓고 생존을 건 싸움을 벌이게 되는 것이다.

아시아에서의 전쟁이 끝나기 전에도 동유럽을 지배한다는 소련의 목표는 너무도 명명백백하게 드러났기 때문에, 트루먼 행정부는 아시아에서 비슷한 시도가 이루어지는 것을 미연에 방지하기 위해 몇 가지 노력을 했다(그러나 그것은 잠깐일 뿐이었고 때늦은 것이었다).

7월에 스탈린과 트루먼, 그리고 회담 도중 영국 총리로 선출되어 처칠을 대신한 클레먼트 애틀리Clement Attlee가 참석한 포츠담 회담 기간 동안에 미국 국무부 장관 제임스 번스James Byrnes는 일본과의 전쟁을 빨리 끝내기 위해 소련의 만주 침공이 필요하다는 생각에서 벗어나기 시작하고 있었다. 번스의 가까운 보좌관이 회고한 바에 따르면 그는 "중국에 관해 스탈린의 허를 찌르"[7]고 싶어했다. 원자폭탄은 비밀이었지만 항복하지 않으면 전멸을 당할 것이라는 일본에 대한 최후통첩은 포츠담에서 발표되었다. 번스는, 일본이 조기에 항복한다면 얄타에서 체결된 협정에 따라 소련이 중국에 군대를 파견하는 일이 무효화될 것으로 기대했다.

그러나 일본은 최후통첩을 무시했고, 어쨌든 번스도 트루먼에게 가로막혔다. 트루먼은 시어도어 루스벨트 이래 실제로 전투를 치렀던 유일한 대통령이었고, 반년 전 얄타에서의 루스벨트처럼 그도 미국 병사들의 생명을 구하는 일을 최우선시하고 있었다. 그는 7월 18일 포츠담에서 아내에게 이런 편지를 썼다.

나는 내가 여기 온 목적을 이루었소. 스탈린은 아무런 조건 없이 8월 15일에 참전할 거요. 나는 이제 우리가 전쟁을 1년 일찍 끝낼 것이라고 말할 수 있소. 죽지 않게 된 젊은이들을 생각해보시오![8]

1944년 9월에 찍은 만주 주둔 소련군 사령관 로디온 말리놉스키 장군. 한 미국 외교관은 그에 대해 "눈곱만큼의 고상함이나 자비심도 없다"라고 말했다.

그리고 지금 소련은 만주에 있었고, 그 군대는 사나운 볼셰비키 노병 로디온 말리놉스키가 지휘하고 있었다. 그는 충칭 미국 대사관의 소련 전문가 존 멜비가 "눈곱만큼의 고상함이나 자비심도 없다"[9]고 평한 인물이었다. 그리고 일단 소련이 만주에 주둔하게 되자 지난 몇 년 또는 몇 달 동안에 나왔던 다른 모든 주장과 가능성들은(특히 미국이 현명한 정책을 썼더라면 이전에 중국 공산 세력을 모스크바로부터 독립하도록 자극했을지 어떤지의 여부는) 하찮은 일이 되어버렸다. 전쟁이 끝나면서 상황은 극단적으로, 그리고 돌이킬 수 없게 달라졌다. 가장 큰 차이는 중국의 공산 세력이 이제 승리가 가시권에 들어왔다는 사실을 인식한 것이었다. 소련의 점령은 공산 세력이 북중국의 지배자임을 의미하는 것이었고, 그들을 몰아내기 위해 할 수 있는 일은 사실상 아무것도 없었다. 미국이 방금 마무리된 전쟁에 맞먹는 규모의 막대한 노력을 쏟아붓지 않는 한 말이다.

미국 특사들이 공산당과 국민당 사이의 평화 협정을 중재하려고 노력했음에도 전쟁이 끝나가면서 미국과 중국 공산 세력과의 관계가 계속해서 틀어진 근본적인 이유가 여기에 있었다. 헐리의 희망이나 기대와는 정반대의 일이 일어났다. 중국 공산 세력은 중소 협정으로 버림받았다고 느끼기는커녕 소련의 동북 3성 점령으로 용기가 솟는 것을 느꼈다. 중국의 공산 세력은 이전보다 더 미국을 필요로 하기는커녕 덜 필요로 했다. 그들은 미국과 공개적으로 다투기를 원하지는 않았지만, 이제 미국이 자기네 이익에 반해서 행동할 경우 공격적으로 맞설 태세가 되어 있었다. 몇 달 전 마오쩌둥은 존 서비스에게 이렇게 말했다.

"미국이 중국에 개입하지 말아야 할 일 같은 것은 없소. 당신들은 중국의 가장 큰 맹방으로 여기 있소. 당신들이 있다는 것은 엄청난 일이오."[10]

이제 마오쩌둥은 미국의 개입이 불가피하게 중국의 지배권을 놓고 자신들과 싸워야 할 적을 돕게 될 것이며, 따라서 공산 세력은 똑같이 불가피하게 미국을 자기네 목표를 이루는 데 장애물로 보아야 한다는 사실을 알게 되었다.

나가사키에 원자폭탄이 투하된 지 사흘 뒤이자 히로히토가 항복을 발표하기 사흘 전인 8월 12일, 주더는 이미 4개 무장 부대에게 만주로 이동하여 그곳에 있는 소련군과 협력하라고 명령했다.[11] 얼마 뒤 마오쩌둥은 충칭 여행 마지막 날 밤 9개 연대를 동북 지역에 파견했다. 또한 몇 년 전 만주에서 온 공산당 기간 요원들에게 고향으로 돌아가라고 말했다.[12] 그런 뒤에 마오쩌둥은 장제스와 함께 충칭에 있는 그의 정원을 산책하면서 그의 권위를 인정하고, 한편으로는 만주에서 중국 공산당의 세력을 확장하기 위한 공작을 계속했다. 궁극적인 목표는 장제스를 권좌에서 몰아내는 것이었다.

늘 그렇듯이 일본군의 무기를 차지하는 것은 제대로 무장하지 못한 공산 세력에게 당면한 핵심 목표였다. 1월에 주더는 꼭두각시 군대로부터 무기를 사기 위해 미화美貨로 2000만 달러를 요청했었다. 이제 주 공급자가 될 나라는 소련이었다. 소련이 중국 공산당에 무기를 제공하는 것은 중소 협정을 노골적으로 위반하는 일이긴 했지만 말이다. 소련은 금세 일본군으로부터 925대의 비행기와 360대의 탱크, 2600문의 대포, 8900정의 기관총을 넘겨받았다. 수많은 소형 무기도 함께 받았다.[13] 이 무기들 가운데 얼마나 많은 수가 공산 세력의 손에 넘어갔는지는 분명하지 않지만, 상당수가 넘어간 것만은 분명하다.

노획된 무기는 넘겨받았지만, 공산 세력으로서는 자신들이 소련으로부터 정확히 어떤 도움을 받게 될지, 소련이 그들을 돕고 싶은 마음과 그들을 돕지 않는다는 중소 협정에 따른 의무 사이의 균형을 어떻게 맞출지에 대해서는 도무지 알기가 어려웠을 것이다. 그러나 공산 세력은 자신들과 소련은 결국 한편이고 같은 목적을 공유하고 있음을 알고 있었다. 공산당 서열 2위이자 당시 마오쩌둥이 없는 동안 옌안으로 돌아와 있던 류사오치는 동료들에게 이렇게 확언했다.

"그들은 붉은 군대고, 우리도 홍군이다. 그들은 공산주의자고, 우리도 마찬가지다."[14]

마오쩌둥이 회담을 위해 충칭에 도착한 다음 날 옌안의 중국 공산당은 만주에 보낸 팔로군을 통제하는 명령을 발표했다. 중국군 병력은 자신들을 팔로군이라 부르지 말고 동북지원군東北志願軍으로 부르도록 했다. 그들은 되도록 남의 눈에 띄지 않아야 했고, 소로를 이용해야 했으며, 붉은 군대의 부대가 없는 마을과 도시에만 들어갈 수 있었다. 그들의 움직임이 신문기사에 나서는 안 되었다. 이 명령에서 눈에 띄는 것은 소련의 지원을 받게 될 것이라는 옌안 당국의 확신이다. 물론 그 지원은 비밀에 부쳐져야 했다. 명령은 이렇게 되어 있다.

소련은 중국의 내정에 간섭하지 않는다. 그들은 우리가 외교적인 문제를 일으키지 않는 한 동북 지역에서 우리가 벌이는 활동에 방관자적 태도를 취할 것이다.[15]

중국 사회과학원 연구원인 중국 역사가 양쿠이쑹楊奎松은 이 문제에 대해 이렇게 말한다.

소련은 동북 지역에 혁명 센터를 건설하는 데 비밀리에 지원을 해주었을 뿐만 아니라, 10만 명의 게릴라 병사들을 무장시키기에 충분한 무기와 탄약을 제공하여, 그들이 예상했던 것보다 훨씬 빠른 시일 내에 국민당을 완전히 무찌를 수 있도록 했다.[16]

확실히 초라한 중국 공산군 병사들과 붉은 군대 노병들 사이의 관계는 소련이 중국 공산당 부대를 선양에 들어오지 못하게 한 뒤로 금세 훈훈해졌다. 소련군은 팔로군과의 첫 만남에서 그들의 무기와 옷이 너무 형편없어서 그들을 비적이라고 생각했으며, 이 때문에 옌안 당국은 예하 부대에 병사들의 복장에 관심을 가지라는 명령을 내리도록 했다고 양쿠이쑹은 적었다. 그러나 초기의 이런 경계심은 금세 가깝고도 친밀한 접촉으로 바뀌었다.

9월 9일, 마오쩌둥은 헐리 및 장제스와 협상을 하고 있는 동안 만주에 간 팔로군 파견대 사령관 쩡커린曾克林으로부터 보고를 받았다. 쩡커린이 열흘 전 산하이관에 도착했고, 그 성문 밖에서 소련군 사령관으로부터 따뜻한 영접을 받았다는 내용이었다. 두 사령관은 양쿠이쑹의 표현대로 "성대한 입성식入城式"을 가졌고, 그런 뒤에 소련군은 쩡커린과 그의 부대, 그리고 민간 기간 요원들이 진저우성錦州省과 최종 목적지인 선양을 향해 나아가면서 도중의 땅들을 접수하도록 허용했다. 이것은 소련이 팔로군에 "한 방 먹였다"라고 시어도어 화이트가 보도하던 무렵에 일어난 일이었다. 그러나 쩡커린에 따르면 그는 자신을 위해 선양 야마토 호텔에서 열린 축하 연회의 주빈이었다. 쩡커린은 나중에 소련 측 초청자들에 대해 이렇게 썼다.

그들은 다정하게 우리를 '동지'라고 불렀다. 그들은 승리한 항전에서 우리 군대가 이룩한 공헌에 대해 치하했다. 그러나 소련 정부와 국민정부 사이의 관계 때문에 우리에게 팔로군이라는 이름으로 활동하지 말아달라고 요청했다. 그래서 우리는 꼼꼼히 검토한 끝에 우리 부대의 이름을 동북인민자치군으로 개명하기로 결정했다. (……) 우리는 선양 병기창과 창고, 군복 공장, 수도·전기회사, 우체국, 은행, 라디오 방송국 등을 차례로 접수했다. 우리는 또한 라디오 방송국을 활용하여 우리 군대가 동북 지방으로 진군해왔다는 중요한 소식들을 보도했고, 우리 당의 방침을 열심히 홍보했다. 또한 '삼대기율三大紀律 팔항주의八項注意'와 기타 혁명가들을 반복해서 틀었다. 우리는 또한 다른 도시와 마을에도 부대를 파견했다.[17]

9월 중순, 선양 북동쪽 지린성吉林省의 성도 창춘長春에 사령부를 설치한 말리놉스키는 중국 공산당과 현안을 논의하기 위해 옌안에 특사를 파견했다. 이는 옌안에서는 대단한 사건이었다. 공산당은 딕시 사절단 성원들에게 비행장에 접근하지 말라고 이야기했고, 이튿날 아침 착검한 소총으로 무장한 공산당 보안 부대가 그곳을 둘러쌌다. 정오에 선양에서 온 소련 특사의 비행기가 도착했다.[18] 비행기에서 제복을 입은 소련 군인들이 쏟아져 나왔고, 그들은 호위를 받으며 재빨리 중국 공산당 본부로 향했다.

말리놉스키의 특사는 중국 공산당 부대가 선양에서 철수해야 한다는 취지의 공개 발언을 했다.[19] 딕시 사절단 성원들도 아마 그 발언을 전해 들었을 것이고, 그것이 공개 발언의 목적이었을 것이다. 다만 사절단장 아이번 이튼Ivan D. Yeaton 대령은 단원들에게 그에 대해 아무런 말도 하지 않았다. 어쨌든 소련 특사는 공개 발언을 한 뒤 그날 밤 공산당 지도자들과 비공식 회담을 가졌고, 이 자리에서 소련의 진짜 방침을 설명했다. 중국 공산당은 선양, 창춘, 하얼빈哈爾濱 같은 만주의 대도시를 중앙 정부에 넘겨주고 철수해야 하지만, 소련의 붉은 군대는 다른 지역에서는 공산군을 지원한다는 내용이었다. 다만 이들 부대가 지역 무장 세력으로 가장해야 한다는 전제가 있었다.

공산당은 이런 해결책에 환호했다. 그것은 그들이 바라던 기회였다. 그것은 사실상 그들이 극소수 대도시에서는 철수해야 하지만 그 밖의 지역에는 자유롭게 병력을 보낼 수 있다는 의미였다. 마오쩌둥은 상하이와 다른 대도시들을 장악한다는 모험주의적 계획을 포기한 뒤, 공산당의 전략은 시골 지역을 점령하고 그곳에서 인민들을 동원하는 것이라고 밝혔었다. 그것은 당분간은 장제스를 무너뜨리는 결과를 가져오지는 못할 터였다. 그는 이렇게 말했다.

"우리는 우리의 길을 뚫고 들어가서 장제스의 얼굴을 잘 씻겨주기를 원한다. 그러나 우리는 그의 머리를 베기를 원하지는 않는다."[20]

소련 대령과의 회담을 마친 뒤 정치국원들은 밤늦게 회의를 열었다. 그들은 '북쪽으로 확장하고 남쪽은 방어한다(向北發展 向南防禦)'라는 구호로 집약되는 프로그램을 제안했다. 그것은 실제로는 2만 5000명의 기간 요원과 20만 명의 병력을 북쪽으로 보낸다는 의미였다. 마오쩌둥은 충칭에서 승인 사인을 보냈고, 몇 달 안에 동북부 지역의 공산군 병력은 40만 명에 이르렀다.[21] 이들은 린뱌오가 지휘했다.

언제나 중소 협정을 지키는 것처럼 보이려고 열심이었던 소련이 사용한 속임수 하나는 공식적으로는 무장한 팔로군이 지나가지 못하게 하면서도 그들을 민간인으로서 지나가게 하는 것이었다. 그리고 이 '민간인'들에게는 일본군의 무기를 주었다. 그 무기들은 만주로 가져오지 못하게 했던 그들의 무기보다 좋은 것들이었다.

충칭의 공산당 대변인은 미국 언론인들에게 이렇게 인정했다.

"그들이 인민들을 무장시켰을 가능성도 있습니다. 그들은 일본군으로부터 약간의 무기를 얻었을 겁니다."[22]

이는 소련으로부터 지나가도록 허락받은 민간인 '지원군'을 말하는 것이었다. 그런 방식으로 공산군 병사들은 만주의 항구들인 후루다오와 잉커우 배후지에 자리를 잡을 수 있었다. 이 부대들 가운데 상당수는 북서부의 공산 세력 기반 지역으로부터 내몽골을 가로질러 행군해왔다. 그러나 동부 산둥성에서 온 수십만 명의 팔로군도 있었고, 이들은 배를 이용하여 만주로 수송되어야 했다.

이와 관련하여 마오쩌둥이 충칭에 있을 때 공산당 군 지도자 루이는 중국 공산군이 즈푸를 떠나 다롄에 도착했다고 그에게 보고했다.[23] 즈푸는 팔로군이 8월 23일에 접수한 곳이었다. 루이는 팔로군이 다롄에서 소련군과 접촉했고, 소련 측은 그들에게 시골에서의 공산 세력 활동에 간섭하지 않을 것이며 대도시에서 비무장 인민 조직을 만들 수 있다고 말했음을 전했다.

미국 또한 행동에 돌입했다. OSS는 모두와 마찬가지로 갑작스러운 종전에 깜짝 놀라 일본 점령군에 대한 정보 수집에서 전후 상황에 관한 정보 수집으로 전환했다. OSS 중국 책임자였던 리처드 헤프너Richard Heppner 대령은 '와일드 빌' 도너번에게 이렇게 썼다.

"우리는 매우 당황스러운 상황에 처해 있지만, 늦지 않게 정상을 되찾도록 최선을 다할 것입니다."[24]

도너번은 불과 며칠 전 중국 방문을 마치고 미국으로 돌아가던 중이었다. 유럽에서의 전쟁이 끝났기 때문에 OSS는 중국 내 활동을 늘렸고, 이제 2000명 가까운 요원들이 중국에서 활동하고 있었다.[25] 주더의 편지가 충칭의 미국 대사관에 도착한 8월 16일까지 헤프너는 중국 전역의 곳곳에 낙하시킬 몇 개의 팀을 꾸리고 있었다.[26] 까치 팀은 베이징으로 갔고, 오리 팀은 산둥, 참새 팀은 상하이, 비둘기 팀은 하이난海南 섬, 홍관조 팀은 만주의 최대 도시 선양으로 갔다. 그 밖의 팀들은 아시아의 다른 지역으로 갔다. 메추라기 팀은 하노이로, 큰까마귀 팀은 비엔티안으로, 독수리 팀은 한국으로 갔다.

이 팀들은 그다음 주까지 자기 위치에 도착했다. 베이징에서는 까치 팀이 곧바로 대규모 포로수용소를 발견했다. 오리 팀 역시 산둥성 중부의 도시 웨이현濰縣(지금의 웨이팡濰坊 ─옮긴이)에서 포로수용소를 발견했다. 홍관조 팀은 8월 16일 선양 교외의 한 장소에 낙하했다. 소련군보다 먼저 도착하여 소련군이 오면 그들에 대한 정보를 수집하는 것이 그들의 목적이었다. 소련군이 도착한 뒤 미국인들은 그들이 자기네를 향해 일종의 약한 핍박이나 불친절을 드러내고 있음을 감지했다. 만주에서의 이익을 둘러싸고 두 나라 사이에 일어날 갈등의 전조였다. 홍관조는 금세 1321명의 미국인과 수백 명의 다른 나라 포로들을 수용하고 있는 인근의 포로수용소를 찾아냈다.[27] 이 팀은 그곳에 가서 포로들을 풀어주려 했으나 소련 측이 방해했다. 홍관조 팀원인 헬름R. H. Helm 소령은 8월 25일 헤프너에게 보낸 편지에서 이렇게 썼다.

소련군은 매우 비협조적입니다. 그들은 우리를 지체시키고 자기네가 우리 병사들의 수용소에 파견대를 보내 그들을 '풀어주'어 공을 가로챘습니다. 우리가 수용소에 가려고 주선하는 데 나흘이 걸렸습니다. 상황이 거꾸로였다면 우리로서는 그런 식으로 배려하고 협력할 것 같지 않은 대접이었습니다.

OSS 팀은 수용소에 간 뒤 막 풀려난 미군들로부터 알아낸 일들, 특히 일본군의 손에 수천 명의 미군 병사가 목숨을 잃은 일에 관해 보고하기 시작했다.[28] 앨라배마 주 크로스빌 출신의 레이 해럴슨Ray Harrelson 중위는 정찰기 조종사로 1942년 4월 2일 필리핀에서 포로가 되었는데, 마닐라에서 만주로 이송되기 위해 일본 배를 탄 조종사 398명 가운데 살아남은 사람은 13명에 불과하다고 말했다. 홍관조 팀은 1600명의 포로가 필리핀에서 타이완과 일본을 거쳐 45일을 이동하여 소개되었고, 1300명이 영양 부족과 치료 부실로 죽었다고 추산했다.

포로들의 본국 송환은 홍관조 팀이 선양에 간 표면적인 목적이었고, 그들은 그곳에서 재빨리 비밀 공작을 개시했다. 그들은 소련과 중국 양쪽을 주시하면서 그들의 움직임을 보고했다. 중국 공산당 군대의 첫 파견대가 9월 7일에 "갑작스럽게, 예고 없이"[29] 도착한 일을 보고한 것도 그 가운데 하나였다. 역시 갑작스러운 종전에 휘말린 중국인 부역자들은 선양의 질서를 유지한다는 명목으로 경찰서와 이른바 치안위원회를 만드는 등 친일 행적을 숨기기 위해 필사적으로 노력했다. 그들은 과거의 꼭두각시 국가 군복에 국민당 휘장을 박아 넣었다. 홍관조 팀은 팔로군이 이런 사람들을 적발하여 체포하는 것을 관찰했다.[30] 공산군은 재빨리 도시 곳곳의 건물에 게양된 국민당 기를 제거하고 훼손했다. 홍기가 급속히 유포되고, 일부 사람들은 그것을 흔들었다. OSS 팀은 "팔로군의 박해를 피하기 위해서"라고 결론지었다. "장제스 타도!", "만주를 공산당에게로!" 같은 구호들을 거리에서 흔히 볼 수 있었다.

한편 미국과 소련 사이의 긴장 상태는 완화되지 않았다. 8월 29일, 미국 정보 팀은 소련 측이 미국 비행기에 주입할 연료가 부족하다고 알려왔다고 보고했다.

"선양으로 오는 모든 비행기는 돌아가기에 충분한 연료를 넣고 와야 합니다. (……) 어떤 식으로든 소련의 협조를 받을 생각은 하지 말아야 합니다."

미국인들은 기관단총의 위협 아래 강도를 당했다. "B-24의 타이어를 칼로 찌르고, 술을 먹고 '아메리칸스키'들에게 난동을 부리고, 미국 국기를 노골적으로 모욕하는 일 등"[31]이 벌어졌다. 로저 힐스먼Roger Hilsman 대위와 다른 3명의 미국인들은 소련군 이등병에게 시계와 소형 권총, 그리고 돈을 강탈당했는데, 힐스먼에 따르면 그자는 "트루먼 대통령과 미국인들을 비열하게 모욕했다." 미국인들은 소련군 사령부로 딸려갔고, 거기서 소형 권총들과 시계 하나를 되찾을 수 있었다.

소련 장군은 우리에게 이등병이 처벌을 받을 것이라고 장담했습니다. 그러나 이튿날 그 이등병은 우리가 묵고 있는 호텔 밖 네거리에서 경계 근무를 하고 있었습니다. 훤히 보이는 위치에서 그는 우리가 지나갈 때마다 우리를 향해 조롱을 하고 빙긋 웃음을 지어 보이기도 했습니다. 나는 그것이 계획된 모욕이었다고 생각합니다.

홍관조 팀은 9월 13일에 이렇게 보고했다.

선양에 있는 소련인들은 미국인을 아주 싫어합니다. 아마도 소련인들은 자기네 활동을 미국인들에게 보이고 싶지 않기 때문인 듯합니다. 이런 것들입니다. 그들이 떠나기로 한 11월 1일을 앞두고 그들은 체계적인 약탈을 계속해왔습니다. 기계는 모조리 뜯어갔고, 가게와 창고의 재고 물품도 몽땅 가져갔습니다. 선양은 그들이 빠져나가면 텅 빈 도시가 될 것입니다.

결국 홍관조 팀의 정보 수집 목적을 모르지 않았던 소련군은 그들에게 선양을 떠나라고 명령했다. 10월 중순까지 그들은 선양을 떠났지만, 그곳에서 무슨 일이 진행되고 있는지 분명하게 알아차렸다. 이 팀의 보고서는 이렇게 말한다.

중국 공산당의 팔로군은 (……) 자신들이 만주의 이 지역을 점령하려 한다고 단정적으로 말했습니다. 이는 한 가지 의문을 제기합니다. 중앙정부가 싸우지 않고 선양 지역으로 이동해 들어올 수 있을까 하는 의문입니다.[32]

장제스는 공산 세력이 가능한 곳이라면 어디든 재빨리 이동하여 세력을 확장하고 있다는 사실을 잘 알고 있었다. 그의 대응은 웨더마이어에게 도움을 요청하는 것이었다. 비행기와 배를 이용하여 정부군을 북부와 동부 지역으로 이동시키기 위해서였다. 미국은 그렇게 하기로 동의했고, 그 일에 나섬으로써 중국에서 현재와 미래의 전선이 그어졌다. 소련은 공산 세력에게 은밀한 도움을 주고 있었고, 미국은 중앙정부에 공개적으로 도움을 주고 있었다. 그러나 그 구실은 조금 잘못된 것이었다. 표면적으로 내건 공수 작전의 목적은 정부가 일본군 부대의 항복을 받을 수 있도록 한다는 것이었고, 그것은 중요한 일이었다. 북중국에는 아직 100만 명 이상의 일본군이 있었고, 그들 상당수는 잠정적으로 치안 업무를 맡고 있었다. 일본군의 무기를 회수하고 그들을 정부군으로 대체하여 고국으로 돌려보내는 것은 2차 세계대전의 커다란 미완 과제였다.

이에 따라 워싱턴의 합동참모본부는 장제스의 요청에 응해, 중국이 일본군을 본국으로 송환하고 일부 실지를 수복하는 일을 도우라고 웨더마이어에게 명령했다. 그러나 동시에 미군은 "중국에서의 어떠한 국내 갈등에도 개입을 피하라"고 분명하게 지시했다. 중국에 있던 많은 장교들에게 이런 요구는 순진하고 실행 불가능한 것으로 생각되었다. 웨더마이어가 계속해서 보내는 전문에서 갈수록 짜증스럽고 날카롭게 지적했듯이, 정부군을 공산 세력이 이미 들어가 있는 지역으로 이동시키는 것은 중국의 국내 갈등에 개입하는 것이었다. 확실히 공산당은 이를 그렇게 치부했다. 8월 15일 이후에 미국의 행동에 대한 규탄은 옌안의 신문과 라디오 방송들의 단골 메뉴가 되었다. 그들은 이구동성으로 "중국의 반동 세력이 내전을 일으키려는 노력을 지원"[33]하고 있다고 비난했다.

미국 또한 미국 해병대를 중국에 보낼 필요가 있다고 결정했다. 구체적으로 5만 명의 제3해병수륙양용부대(제3AC)였다. 이 부대는 태평양 전쟁 가운데서도 가장 피비린내 나는 몇몇 전투에 참여한 기동부대였고, 전쟁이 끝나던 당시에 장래에 있을 일본 침공에 참여하기 위해 괌에서 훈련을 하고 있었다. 이 병사들은 혼란 상황을 확실히 수습하고 일본군과 민간인들을 본국으로 송환하는 엄청난 임무를 해낼 수 있을 터였다.

주더가 충칭의 대사관들에 편지를 보낸 이후에 공산당은 미국이 북중국에서 국민정부를 돕는 일을 만류하기 위해 또 하나의 조치를 취했다.

9월 셋째 주에 제3AC 사령관의 참모장 윌리엄 워턴William A. Worton 준장은 그달 말에 있을 해병대의 도착을 위한 준비 작업차 괌에서 중국으로 날아갔다. 워턴은 전쟁이 발발하기 전에도 아시아에서 12년 동안 근무한 경험이 있었다. 대부분 북중국에서였다. 그는 중국어를 할 줄 알았고, 중국에 대해 잘 알고 있었다. 그는 상하이로 날아가서 헐리를 만났다. 그런 뒤에 톈진으로 가서 일본군과 이야기를 했다. 그들은 그 지역의 주둔군을 해병대가 접수하는 일에 매우 협조적이었다. 그리고 그는 베이징으로 가서 앞으로 오게 될 해병대 파견대를 위한 숙소를 알아보았다.

워턴은 베이징 방문이 끝나갈 무렵 "사람들이 장제스에 반대한다"는 얘기를 듣고, 그가 나중에 인터뷰에서 밝힌 대로 장제스를 만나려고 했다. 그날 밤 저우언라이가 미군 사령부에 나타나서 단도직입적으로 직설적인 경고를 날렸다. 공산당은 "미국 해병대가 베이핑으로 이동하는 것을 막기 위해 싸울 것"이라고 했다. 워턴의 표현대로 "험악한" 대화가 한 시간 동안 이어졌고, 대화 도중 워턴은 똑같이 직설적인 말로 해병대가 일반 도로와 철로 양쪽을 통해 베이징에 들어올 것이라고 저우언라이에게 말했다. 이들 해병대는 "매우 유능하기 때문에 공산당이 길 중간에 배치해둔 어떤 병력도 곧장 뚫고 달려올 수 있다"[34]고 했다. 몇 달 전 마오쩌둥은 중국 해안에 미군 부대를 상륙시켜달라고 사실상 간청을 했었다. 그런데 전쟁이 끝나자 상황이 완전히 바뀌어 미군은 더 이상 환영받지 못하고 있었다.

그러나 환영을 하든 말든, 일본이 항복한 지 6주가 지나고 마오쩌둥과 장제스, 헐리가 충칭에서 만나 협상에 매달려 있던 9월 30일 오전에 제3AC 소속의 2만 5000명에 가까운 병력이 호송을 받으며 하이허海河입구 탕구塘沽항 앞에 나타났다.[35] 그곳은 북중국의 대도시 톈진의 초입이었다. 대부분의 현지 사람들에게 그것은 반가운 모습이었다. 한 무리의 중국 삼판선이 어귀에서 나타났고, 해병들은 상륙정上陸艇 난간을 잇대놓고 중국 뱃사람들과 서로 알아들을 수 없는 인사를 나누며 기념품으로 값싼 장신구들을 샀다.

그날 오전 10시 30분, 제7해병 제1사단 지휘관인 루이스 존스 준장은 하이허 입구의 모래톱과 그 상류의 항구까지 상륙정의 행렬을 이끌며 부대 상륙을 준비했다. 존스의 배들이 지나갈 때 어귀에서 항구까지 20여 킬로미터에 이르는 전 구간에 걸쳐 중국 군중들이 서서 지켜보았다. 이튿날 해병 제7사단은 기차를 타고 톈진으로 갔다. 그곳에는 수많은 군중들이 나왔고, 그들 가운데 상당수는 종이로 만든 미국 국기를 흔들었다. 몰려든 사람들 때문에 해병대 트럭은 전에 외국인 거류지였던 곳에 있는 그들의 숙소까지 인파를 헤치며 나아가야 했다.

며칠 안에 해병들은 산개散開해서, 한 대대는 만주와의 경계 바로 남쪽에 있는 친황다오항까지 항해해 나갔다. 그곳에서는 이제는 없어진 꼭두각시 정권의 일부 부대가 공산군 게릴라들과 총격전을 벌이고 있었다.

친황다오는 역사적으로 만주로 들어가는 해안 관문이었을 뿐만 아니라 허베이성 내륙 광산에서 생산되는 석탄 화차의 종점이기도 했다. 미군 지휘관 존 곰리John J. Gormley 중령의 부대가 해병의 외곽 방어를 등에 업고 꼭두각시 군대 대신 들어서자 공산군은 사격을 중지했다. 협력하겠다는 의사 표시였다.

그것은 잠깐 동안의 휴전이었다. 한 달도 되지 않아 공산군은 총격과 반복 공격, 예의를 차린 협상과 _l다지 예의를 차리지 않은 협박 등 지속적인 군사 행동을 개시했다. 미군이 중앙정부의 군사력을 강화할 수 없게 하려는 방해 공작이었다.

해병대의 상륙과 함께 웨더마이어는 국민당 군대의 공수 작전을 개시했다. 대체로 서남부에 있던 기지들로부터 동부와 북부로 수송하는 대규모 작전이었다. 웨더마이어는 장기 재임한 조지 마셜의 후임으로 이제 참모총장이 된 드와이트 아이젠하워에게 보낸 편지에서, 그것이 그야말로 "세계 역사에서 가장 큰 규모의 공중을 통한 부대 이동"[36]이었다고 말했다. 두 달 동안 중국에는 거대한 4기통 C-47 수송기 소리가 윙윙거리고 우르릉거렸다. 그 대부분은 인도로부터 낙타 육봉을 넘어 병사들을 싣고 새 주둔지로 날아갔다가 히말라야 산맥을 넘어 인도로 돌아갔다. 이 비행기들은 3만 5000명의 병사들을 류저우에서 상하이로 실어 날랐다. 1400킬로미터에 이르는 거리였다. 그들은 버마 작전에 참전했던 중국군 병사 4만 명을 즈강에서 1000킬로미터 떨어진 난징으로 실어 날랐다. 수천 명의 다른 병사들은 베이징과 그 인근에 내려주었다.

한편 해병대는 전에 독일 식민지였던 칭다오를 접수했다.[37] 그것은 '베스트팔렌의 유물'이었다. 존스 장군은 베이징에 주둔한 부대를 지휘했는데, 그들은 예전 공사관 구역의 주거지를 차지했다. 위엄 있는 외국 대사관들과 아파트, 클럽, 교회, 호텔들이 모여 있는 곳으로, 수십 년 전 의화단에 의해 포위되기도 했던 곳이다. 해병대의 임무에는 톈진과 베이징, 그리고 톈진과 친황다오 사이의 철로를 지키고 중국인 선로 보수 작업반원들을 보호하는 일도 들어 있었다. 10월 초, 톈진 동쪽 비행장 부근에 있는 이전 프랑스 병기창에 비행단飛行團이 만들어졌다. 다른 비행 중대들은 칭다오와 베이징 인근의 비행장을 차지했다. 흙벽돌집이 늘어선 철로 주변의 수많은 마을에 살고 있는 농민들은 몸살을 앓는 중국 수송망의 정찰 임무에 나선 미국 비행기들의 윙윙거리는 소리에 만성이 되었다.

이 모든 활동은 미군 부대가 전쟁을 마치고 머나먼 새 임지에 배치될 것이 아니라 고국으로 돌아와야 한다는 요구와 기대에 따른 공개적인 귀국 작전으로서 시작된 것이었다. 사상 최대 규모에 속하는 전투 부대 해체는 너무 서두르고 너무 허둥거렸기 때문에, 트루먼은 이를 '붕괴'라고 표현했다. 그가 이를 중지시키려 할 경우 어떤 일이 생겼을지에 대해, 그의 전기를 쓴 데이비드 매컬러David McCullough는 이렇게 결론지었다.

그는 아마도 탄핵당했을 것이다. 이제 전쟁은 이겼고 적은 분쇄되었으니 나라의 젊은 남녀들이 돌아와야 한다는 요구가 온 나라에 팽배해 있었기 때문이다.[38]

이런 국내 분위기는 미국이 중국에서 큰일을 벌일 수 있는 능력을 극도로 제한시켰다. 중국통들은 해병대의 배치를, 연관되어 있지만 서로 다른 이유로 불안스레 바라보았다. 그것은 미국이 중국 문제에 대해 공식 정책으로 피하려고 했던 바로 그런 개입을 수반하는 일이었다. 국무부 중국과장 존 카터 빈센트는 국무부 차관 딘 애치슨에게, 해병대가 통제하고 있는 항구들을 공산 세력이 점령하려고 한다면 미국은 어떻게 해야 하는지를 물었다. 미국은 싸워서 그들을 격퇴하거나 "물러서 있"으면서 그들이 점령하도록 놔둬야 하는데, 어느 쪽도 선뜻 내키는 방안은 아니라고 빈센트는 지적했다. 그는 이렇게 썼다.

미국 해병대가 이런 작전 계획을 수행해야 할 결정적인 군사적 이유가 없는 한, 그 계획을 포기하고 중국군 부대가 점령하는 것을 지지해야 합니다.[39]

빈센트가 제기한 문제는 중요한 것이었다. 미국은 중국에 개입해야 하는가, 개입하지 말아야 하는가? 그것은 1945년에서 1946년으로 넘어가면서 여러 차례 제기되고 검토된 문제였다. 그 시기에 미국은 나날이 격화되고 있는 중국 국내의 다툼에서 공식적으로는 중립 상태에 머물렀지만, 아무리 조금이라도 개입은 하고 있었다. 이 정책은 모호하기도 하고, 모순적이기도 했다. 목표가 양립할 수 없는 것이었기 때문이다. 하나는 국민정부 군대의 이동을 도와서 그들의 행정권을 확립하는 것이었고, 다른 하나는 격화되어가는 장제스와 공산 세력 사이의 분쟁에 휘말려들지 않는 것이었다. 미국이 중국 국내 분쟁에서 초연할 수 있도록 하기 위해 빈센트는 미군이 수행하는 일을 중국군 부대가 맡도록 해야 한다고 생각했던 것이다.

그러나 그 중국군 부대들은 미군 비행기를 타지 않는다면 어떻게 임지로 간단 말인가? 그리고 그들이 질서를 유지할 수 없다면 어떻게 할 것인가? 공산 세력과 그 후원자인 소련이 중국 동북부의 모든 항구를 점령하는 것을 막지 못한다면 어떻게 될 것인가? 미국은 그저 바라만 보고 그런 사태가 전개되는 것을 허용해야 하는가? 그러지 않으면 어떻게 해야 편드는 것을 피할 수 있을까? 편을 든다면 본국의 대중이 평화를 외치고 있는 상황에서 어느 정도나 할 수 있을까?

웨더마이어는 이런 문제점들을 생각하고 있었다. 그는 소련과 관련한 헐리의 낙관론이 순진하다고 생각했다. 그는 소련의 장기 계획은 중국의 공산 세력이 나라 전체를 차지할 수 있도록 촉진하는 것이라고 생각했고, 이에 따라 빈센트와 정반대의 결론을 내렸다. 웨더마이어는 미국이 중요한 항구 지역을 "확실하게" 점령하는 일이 긴요하다고 소리 높여 주장했다. 그는 중국의 상황이 폭발할 수도 있다고 생각했다. 어떻든 400만에서 600만 명에 이르는 일본 국민이 이 나라에 있었다. 그 가운데는 여전히 무기를 들고 있는 100만 명의 병사들도 있었다. 이들은

1945년 9월, 미국 해병대가 톈진으로 들어오고 있다. 전쟁이 끝난 뒤 5만 명의 미군 병사들이 북중국에 상륙했다.

고국으로 돌아가야 했다. 또한 수백만 명의 중국인 피난민들도 고향으로 돌아가기 위해 길을 재촉하고 있었다. 당장 충족되어야 할 절박한 경제적 필요도 있었다. 석탄은 탕산唐山 인근의 광산에서 기차(웨더마이어는 이를 보호하는 것을 "군사적 필요"[40]라고 했다)를 통해 항구들로 수송되어야 했다. 그러지 않으면 다가오는 겨울 동안 상하이 등의 발전소와 공장에 연료를 공급할 수가 없고, 경제가 무너지면 대규모 기아가 발생할 것이라고 웨더마이어는 경고했다.

국민당과 치열한 영토 점령 경쟁을 벌이는 공산 세력은 이미 철로를 공격하고 있었다. 애치슨은 해병대가 꼭 필요하다는 웨더마이어의 의견에 동의했다. 그는 이렇게 썼다.

이 항구들은 문제가 생길 가능성이 가장 높은 곳 근처에 있습니다. (······) 따라서 미군이 주둔해 있으면 국민정부의 입장이 강화되고 혼란이 일어날 가능성을 원천봉쇄하는 데 도움이 되며, 이는 대원수가 바라는 바입니다.[41]

이는 중국에서 벌어지는 전쟁에 초연한 것이라고는 생각할 수 없는 주장이었다.

9월에 트루먼 대통령은 모순된 외교 정책의 극치를 들고 나왔다. 미국은 장제스의 원조 요청에 응해 비행기와 군함을 제공하고 중국 지상군을 지원할 것이라고 말했다. 그는 이 지원이 다가오는 중국 내전의 어느 한쪽 편에도 가담하지 않은 채 이루어질 수 있다고 말했다. 이는 미국이 하고 있는 희망적 사고의 대표적인 사례였다. 트루먼은 중국에 관한 정책을 발표하면서 미국의 민주주의적 이상을 들먹이고, 미국의 도움이 중국 공산당에 맞선 내전이나 "비민주적 기구를 지원하는" 데 "돌려" 사용될 수 없다고 명시했다.[42] 그럴싸하게 들리는 요구지만, 장제스 정부가 비민주적 기구라는 불편한 진실을 무시한 것이었다. 그 시점 이후로 미국 사절들은 계속해서 장제스에게, 미국은 중국에서 내전이 일어나기를 원하지 않으며 내전이 벌어지면 원조를 중단할 것이라고 경고했다.

공산 세력은 당연히 미국의 입장을 비우호적인 것으로 받아들였다. 미국의 공수가 진행되고 해병대가 자기네 활동을 수행하고 있던 1945년 가을 동안에 미국과 공산 중국 사이의 접촉은 긴장과 소규모 대치라는 형태로 전락했다. 8월 25일, 존 버치 대위는 아시아에서 공산 세력에게 살해된 첫 번째 미국인이 되었다(그 이후 수천 명이 살해되었다).

버치는 그 이름이 여러 해 뒤에 극우 정치 운동에 이용되지만, 앞서 말했듯이 OSS에 근무하는 육군 장교였다. 그는 웨더마이어로부터 칭찬을 들었고, 데이비스로부터 존경을 받았으며, 군사부가 "우리 조직의 뛰어난 정보 장교"[43]라고 단언한 인물이었다. 또 다른 정보 장교 폴 프릴먼Paul Frillmann은 창사 시외에 있던 그의 작은 사령부에서 그를 만났는데, 그가 "스물다섯 살쯤 되어 보이고 매력적인 성격을 가진 호리호리하고 쾌활하고 열정적인 젊은이"[44]였다고 말했다. 그는 진주만 공격 이전 2년 동안 중국에 있었다. 이때는 미국이 중일전쟁에서 중립을 지키고 있었는데, 그는 수많은 잔혹 행위를 보고 "확고한 반일주의자"가 되었다. 그는 "업무에 있어 가장 성실하고 박식"했다고 프릴먼은 나중에 썼다. 그는 조지아 주 메이컨 출신이었으며, 신앙심이 깊은 사람이었다. 프릴먼이 지적했듯이 그는 이렇게 생각했다.

"이것은 하느님의 전쟁이며, 우리 편은 모든 것이 선이고 일본은 모든 것이 악이다."

버치는 특히 셔놀트의 제14항공대를 위해 정보를 수집하는 기관인 AGFRTS를 위해 일하고 있었다. 이를 위해 버치는 적 전선 후방에 10여 개의 정보 초소를 두고 있었다. 일본이 항복하자 버치는 산둥성으로 가서 그 지역의 일본군 포로수용소에 수용된 미군 전쟁포로들의 귀환을 위해 제14항공대가 사용할 수 있는 비행장을 물색하라는 명령을 받았다.[45]

공산 세력의 입장에서 볼 때 그의 임무는 성가시고 대체로 바람직하지 않은 일이었다. 산둥은 적의 전선 뒤에서 공산당이 진출하기 위해 상당히 애쓴 지역이었다. 그곳은 전략적으로 중요했다. 그 크기와 중앙이라는 위치 때문이 아니라 남쪽의 칭다오와 북쪽의 즈푸 등 2개의 주요 항구가 중국 해안선 상당 부분에 대한 접근을 통제할 수 있기 때문이었다. 특히 만주에 대해 그러했다. 1945년 초 공산당은 주더가 꼭두각시 군대로부터 무기를 구입하는 데 도움이 되어줄 일종의 비자금으로 요청한 2000만 달러의 대가로 미국이 산둥성 남쪽인 장쑤성 북부의 한 항구를 사용하도록 제안한 바 있었다.

전쟁 기간 동안 산둥성에서의 상황은 공산 세력과 일본 사이에 암묵적인 휴전이 이루어지고 있음을 보여주었다. 어느 쪽도 사실상 군사적으로 궁지에 몰려 있는 상태에서 병력을 소모하고 싶어하지 않았다. 공산 세력은 또한 중앙정부를 주적主敵으로 삼고 있던 꼭두각시 정권과도 물밑에서 약간의 협력을 하고 있었다. 공산당이 국민당 군대의 상당 부분을 묶어둘 수 있다는 사실은 꼭두각시 정부나 일본군 모두에게 유용한 것이었다. 산둥성에서의 이 은밀한 이익의 상호 의존 관계에서 핵심적인 인물이 하오펑쥐郝鵬舉라는 전직 국민당 군 사령관이었다. 그는 꼭두각시 군대로 넘어가서 동중국 주둔군 사령관이 되어 있었다.

버치가 공군 기지 후보지를 조사하는 과정에서 접촉하도록 지시받은 사람이 바로 하오펑쥐였고, 공산당은 그것이 마음에 들지 않았다. 그들은 하오펑쥐 휘하 4개 사단의 여러 지휘관들과 긴밀한 접촉을 가졌었다. 전쟁이 끝나자 장제스는 하오펑쥐에게 중앙정부 군대로의 편입을 위해 대기하라고 명령했다. 공산당은 그를 설득하여 자기네 편으로 만들려고 했다. 또한 미국은 이 계획에 끼어들 생각이 전혀 없었다.

4명의 미국인과 7명의 중국인, 2명의 한국인으로 구성된 버치 팀이 장쑤성 북부를 거쳐 산둥에 도착했을 때, 그들은 공산군의 제지를 받았다. 고성이 오가는 담판이 이어졌다. 버치는 동중국에서 시작되고 있던 국민당과 공산당 사이의 세력 경쟁에 개입하기 위해 그곳에 간 것이 아니었다. 그는 오로지 비행장을 물색하려고 했고, 화를 내며 자신이 임무를 계속하도록 허용해줄 것을 공산당에게 요구했다.

공산군은 그와 그의 부대를 보내주었지만 다른 곳에서 두 번째 제지를 당했고, 8월 25일 황커우黃口 역에서 세 번째 제지를 당했다. 버치의 부관이자 국민당 군 장교인 둥칭성董慶勝이라는 사람이 공산당 군을 설득해보려 했다. 미국인들은 친구이며, 그들을 구금하고 무기를 빼앗을 경우 "공산 중국과 미국 사이에 심각한 오해"를 불러일으킬 수 있다고 말했다. 버치는 일행들의 무기를 내놓으라는 요구를 거부했다. 그는 공산당 군의 지휘관을 만나게 해달라고 요구했다. 그는 화가 나서 행동했고, 심지어 고압적인 태도를 보였다. 이 때문에 일부 역사가들은 그가 죽음을 자초했다고 결론짓고 있다.

어느 순간, 모든 사람들이 현지 공산군 지휘관을 주시하고 있는 가운데 버치는 공산군 병사의 옷깃을 움켜쥐고 그를 흔들며 물었다.

"당신들이 비적이야?"

처음에 그들을 체포하라고 명령했던 지휘관은 이제 버치와 그의 부하들을 무장 해제시키라고 명령했다. 이 사건 때 부상당했으나 살아남아 나중에 미국 조사관들에게 증언한 둥칭성 상위上尉에 따르면 버치는 넓적다리에 총알을 맞아 기차역 부근의 잿더미로 옮겨졌고, 총검에 찔려 숨졌다. 이 작전에 참여했다가 살아남은 밀러W. J. Miller 중위는 나중에 웨더마이어에게 이렇게 보고했다.

시신은 짚자리에 싸인 상태로 발견되었습니다. 손과 발은 묶여 있었습니다. 왼쪽 넓적다리에 커다란 상처가 있었고, 오른쪽 어깨에 커다란 구멍이 나 있었습니다. 그리고 얼굴을 알아볼 수 없을 정도로 훼손되어 있었습니다.

버치 살해는 공산당이 자신들을 방해한다고 생각하는 모든 사람에게 훨씬 더 공격적으로 변하고 있던 시점에 일어났다. 스패니얼 팀의 미군 병사 2명은 여전히 체포되어 있는 상태였다. 몇 주 뒤 또 다른 미국인 OSS 팀이 산시성陝西省에서 공산군에게 붙잡혀 억류되었다.[46] 곧이어 산둥성을 중심으로 한 여러 지역에서 공산당은 미국인들이 오는 것을 일체 반대한다는 것을, 총구를 들이대고 떠들썩하게 알리는 사건들이 일어났다.

만주는 면적이 1500제곱킬로미터가량 된다. 프랑스, 독일, 폴란드를 합친 것보다 크다. 그곳은 현대 공업경제에 필요한 자원이 많다. 러시아와 일본이 1905년에 이곳을 놓고 전쟁을 벌인 이유가 그것이고, 일본이 1931년에 이곳을 점령한 이유가 그것이다. 그곳은 중국 전 인구의 10퍼센트 가까이를 품고 있다. 그곳에는 황해와 보하이渤海 만으로 알려진 넓은 만에 훌륭한 사계절 항구가 자리 잡고 있다. 다롄, 뤼순, 잉커우, 후루다오 같은 항구들이다. 남쪽으로, 만주는 북중국의 핵심 지점들에 위협적으로 가까이 자리 잡고 있다. 특히 만리장성에서 80킬로미터 거리에 있는 베이징은 만주의 가장 남쪽 성인 랴오닝성에서 불과 200킬로미터 정도밖에 떨어져 있지 않다. 전략적으로 가장 중요한 사실은 그곳이 소련과 수천 킬로미터나 국경을 맞대고 있고 소련이 지배하는 몽골과 추가로 국경을 맞대고 있어, 그 지역을 장악한 정당은 소련으로부터 쉽게 무기를 공급받을 수 있고 확실한 피난처 노릇을 할 수 있는 방대한 배후지를 가지고 있다는 것이다.

만주는 과거 적어도 두 차례 전 중국을 정복하거나 정복을 시도한 기지로 이용된 바 있었고, 가장 최근에는 1937년에 일본이 꼭두각시 국가 만주국에서 남쪽으로 군대를 보냈다. 370여 년 전 중국의 중앙정부가 약해지자 만주족 수장 누르하치努爾哈赤는 명 왕조의 마지막 황제에 반기를 들고 군대를 만주와 중국 본토 사이의 산악 지대로 보냈다. 군대는 후대의 일본군과 똑같이 만리장성(이 성벽은 결연한 의지를 가진 침략자에게는 그다지 효과적인 방어벽이 된 적이 없었다)을 기어 올라가 광대한 북중국 평원과 그곳에 있는 수많은 방어되지 않은 마을들로 쏟아져 들어갔다. 마오쩌둥도 나중에 그렇게 들어가서 사상 최대의 전투들을 치러내게 된다. 만주를 장악하는 것이 곧 중국을 장악하는 것은 아니지만, 그것은 어떤 반란 세력에게도 막대한 이점을 제공한다.

마오쩌둥은 그것을 잘 알고 있었다. 그의 이미지, 특히 서방에서 그의 이미지는 시골에 근거지를 두어 도시를 포위할 뿐 승리하기 위해 도시를 점령하지는 않는 농민 게릴라라는 것이다. 그러나 이미 1945년 늦은 봄에 열린 중국 공산당 7차 전국대표대회에서 마오쩌둥은 정부가 상하이 인근의 공업 지역을 장악하고 있는 것과 균형을 맞추려면 중국 공산당은 제조업과 통신 시스템, 부의 창출 방법을 갖출 필요가 있다고 강조했다.[47] 확신에 찬 마오쩌둥은 7차 전국대표대회 마무리 회의에서 이렇게 말했다.

"우리가 동북 지방을 점령하기만 하면, 설사 지금 가지고 있는 기반 지역을 모두 잃는다 하더라도 중국 혁명을 굳건한 토대 위에 올려놓을 수 있습니다."[48]

토대는 일본이 항복한 뒤 몇 주 또는 몇 달에 걸쳐 스탈린의 도움으로 만들어지고 있었다. 그러나 공산 세력의 움직임은 대체로 은밀했고, 스탈린의 도움도 비밀에 부쳐졌다. 따라서 양측은 모두 내전을 피하려 애쓰는 평화 정당이라는 허구를 유지할 수 있었다. 스탈린은 계속해서 중국과 체결한 협정을 준수할 것이라고 다짐했고, 헐리 같은 사람들은 어리석게도 그 말을 믿었다. 미국이 혼란스러워하고 미심쩍어하는 기간이 지나고 나면 스탈린의 정책이 분명하게 드러나게 된다. 그것은 바로 장제스와 맺은 협정에 대해서는 입에 발린 말이나 하고, 한편으로는 미국의 격렬한 반발을 불러일으키지 않는 한 최대한 중국 공산 세력을 돕는 것이었다.

이런 전략을 택한 스탈린은 승자가 될 수밖에 없었다. 공산 세력이 북중국을 장악한다면 스탈린은 그들을 도울 것이고, 자신에게 우호적이고 심지어 순종적인 정권을 국경 너머에 두게 되는 것이었다. 그것은 그가 바라던 최고의 결과일 터였다. 그러나 스탈린은 공산 세력이 질 가능성도 염두에 두었다. 만의 하나 국민정부가 이기더라도 스탈린은 중국의 내부 문제에 개입한 적이 없다고 발뺌하며 얄타에서 얻은 소득을 지켜 소련 전함을 뤼순항에 정박시키고 자신의 호의에 의존했던 정부와 우호적인 관계를 유지할 수 있었다. 어느 경우든 스탈린은 동북아시아의 최 강자로서 일본을 대신하고, 1905년 전쟁과 일본의 만주 점령의 결과를 뒤엎으며, 소련의 시베리아와 아시아의 나머지 지역 사이에 안전한 완충 지대를 두는 데 성공할 것이었다.

스탈린은 국민정부로부터 이런 것을 얻어낼 수 있다면 좀 더 많은 것 을 갖기 위해 핵으로 무장한 미국의 반감을 불러일으키는 위험을 감수할 까닭이 없었다. 이에 따라 그런 위험을 최소화하기 위해 최선을 다해, 때 로는 자기모순처럼 보일 정도로 그렇게 엄청난 유연성을 가진 정책을 추 구했던 것이다. 그는 중국 공산당에게 공격적으로 행동하도록 강요하기 도 했고, 그다음에는 그들을 억눌러 국민정부에 양보하라고 요구하기도 했다. 나중에 상황이 무르익자 그는 다시 더욱 공격적인 정책을 추구하 도록 주문했다. 스탈린은 이를 능수능란하게 운용했다. 그는 결코 중국 공산 세력에 대한 영향력을 잃지 않았다. 심지어 그의 경고가 마오쩌둥 으로부터 울분에 찬 분노의 폭발을 불러일으켰던 시기에도 마찬가지였 다. 그리고 이와 동시에 국민정부와 적절하고 심지어 친밀한 관계를 유 지했다. 자신이 시동을 걸도록 도와준 세력이 그 정부를 망명지로 몰아 내기 전까지.

소련의 불간섭을 확신한 공산당은 미군의 출현이라는 새로운 사태에 대처하기 위한 공격적인 전략을 짜냈다. 해병대가 중국에 상륙한 바로 그날,《해방일보》의 한 사설은 이렇게 명확히 말했다.

미국의 의도가 무엇이든 그들의 상륙은 중국의 국내 문제에 대한 간섭으 로 귀결될 것이며, 불가피하게 국민당을 도와 중국 공산당과 해방 지역 의 1억 인민들에게 맞서게 될 것이다.[49]

며칠 뒤 이 신문은 미군이 "이미 해방되고 일본군이 없는 곳"으로 진군해서는 안 된다고 경고했다. 공산당의 방침은 미국이 "우리의 이익을 존중한다면" 그들에게 예의를 지키고 더 나아가 환영하는 것이라고 밝혔다. 그러나 그들이 공산당 장악 지역으로 억지로 밀고 들어오려 한다면 "우리는 공식적으로 우리의 반대 의사를 통보하고 저항을 위한 군사적 준비를 할 것"[50]이라고 말했다.

중국 공산당의 지침에 대한 첫 번째 검증은 베이징 부근에서 이루어졌다. 저우언라이가 워턴 장군에게 저항이 있을 것이라고 경고했던 지역이다. 10월 5일, 톈진에서 베이징으로 들어오고 있던 미국 해병 수색 정찰대는 길목에 36개의 바리케이드가 여기저기 쳐져 있는 것을 발견했다. 그 때문에 트럭 크기의 차량은 지나갈 수가 없었다. 공산당은 항구에서 베이징으로 들어가는 보급품 배달을 지연시키려 했다. 그곳에는 이미 해병대가 숙영지를 만들었고 국민당 군도 비행기로 도착해 있었다. 이튿날 해병대 공병들이 소총 소대의 호위를 받으며 길을 치우러 오자 40~50명의 공산군 병사들이 나무와 덤불 뒤에서 총격을 가했다. 해병 3명이 부상을 당했고, 소대 전원이 철수했다.[51] 이튿날 소총 중대와 탱크 소대가 현장에 도착했고 해안의 항공모함에 기지를 둔 비행기들이 엄호하는 가운데 그들은 사고 없이 길을 치웠다.

같은 날 해병대 사령관 켈러 로키Keller E. Rockey 소장은 톈진 지역 모든 일본군의 항복을 주재했다.[52] 약 5만 명에 이르는 장교와 병사들이 항복했다. 항복 의식은 이 도시에서 가장 인상적인 유럽풍 구조물인 프랑스 자치구 건물(지금은 제3AC 사령부로 바뀌어 있었다) 앞에서 적절히 화려하게 진행되었다. 해병대 군악대와 기수단이 등장하고, 미국과 중화민국 국기가 휘날렸다. 줄을 쳐서 차단한 항복식 장소로 수많은 중국인들이 밀려들었고, 옥상에서 내려다보기도 했다. 6명의 일본군 장교가 해병대 경비병들을 지나쳐 항복 테이블로 갔다. 그들은 상징적으로 자기네 칼을 로키 앞에 내려놓았다. 그런 뒤에 호위를 받으며 기다리고 있던 차로 향했고, 중국인들은 야유를 퍼부었다.

이튿날 로키는 해군 사령관 대니얼 바비Daniel E. Barbey 소장과 함께 지휘함 카톡틴호를 타고 산둥 북부 해안을 따라 내려갔다. 즈푸항을 점령하는 임무를 수행하기 위해서였다. 미국은 공산 세력이 종전 이후에 일본으로부터 즈푸의 통제권을 넘겨받은 사실을 알고 있었다. 즈푸는 전략적으로 매우 중요한 곳이었다. 이곳을 장악하면 보하이 만 건너 불과 160킬로미터 지점에 있는 다롄을 통해 만주로 병력을 수송하는 데 이용할 수 있었기 때문이다. 만주는 중국의 지배권을 둘러싼 전쟁의 서전緖戰이 일어나게 되는 곳이었다.

며칠 전인 9월 27일, 미국이 이 항구에 병력을 파견할 계획임을 알아차린 공산군 참모장 예젠잉은 웨더마이어에게 전갈을 보내, 그 부근에는 일본군이 없기 때문에 미군 부대가 그 지역에 배치될 경우 중국 내부 문제에 개입하는 것으로 간주될 수 있다고 경고했었다.[53] 그런 일이 있었음에도 불구하고 카톡틴은 순양함 루이빌과 해병 파견대의 호위를 받으며 10월 7일 아침 즈푸에 도착했다. 오리건 주 출신의 수륙 합동 작전 전문가인 바비는 뉴기니, 필리핀, 보르네오에서 벌어진 전투에서 해병대를 지휘한 바 있었다. 그는 미군 대령 하나를 보내 공산군에게 떠날 것을 요구했으나, 미군 대령을 만난 공산군 장교는 정중하게 거부했다. 그는 웨더마이어가 이미 예젠잉으로부터 들었던 말을 되풀이했다. "많은 희생을 치러가며 여러 해 동안 적과 싸워온 지역 주민들의 지원을 받은 중국군 부대"[54] 덕분에 모든 일이 잘되어가고 있다는 것이었다. 이와 동시에 예젠잉은 웨더마이어 사령부에 두 번째 경고를 보냈다. 만약 미군 부대가 상륙한다면 불상사가 생길 것이며, 그것은 미국의 책임이 될 것이라고 했다.

바비는 카톡틴호에 승선한 상태에서 그 지역에 정말로 일본군 병력이 없는지 웨더마이어에게 확인했다. 만약 일본군이 없다면 해병대의 상륙은 일본이 점령한 도시를 해방하는 것으로 보이지 않고 "중국 내부 문제에 대한 간섭"[55]이 되시이 "공산 세력이 몹시 분개하"게 될 터였다. 바비가 재촉하자 미군 고위 지휘부는 즈푸 상륙을 포기하기로 결정했다. 공산 세력은 승리를 거두었고, 현장에 있던 적어도 한 명의 미국 기자는 그 중요성을 알아챘다. 틸먼 더딘은 미국이 "이제 내전의 경계에 있는" 국민당 정부에 이미 많은 도움을 주었다고 《뉴욕 타임스》에 썼다. 정부군 병사들을 북쪽으로 수송하고 톈진, 베이징, 친황다오를 직접 접수했다.

즈푸와 관련한 결정은 미국이 중국의 라이벌 정파와 관련하여 대원수 장제스를 지원하는 일에 있어 현재로서는 넘어가지 않으려는 선을 그은 셈이다.[56]

정말로 사태가 변했다. 일본과의 전쟁이 계속되고 있던 몇 달 전만 하더라도 미국 관리들과 중국 공산당 정치국원들은 옌안에서 함께 토요일 밤의 무도회를 즐겼다. 점령당한 중국의 들과 마을에서는 팔로군 병사들이 목숨을 걸고, 때로는 스스로를 희생하면서 낙하한 미군 항공병들을 구출했다. 이제 공산당의 방침은 공공연하게 전쟁이 벌어지지만 않는다면 미국인들을 아주 불안하게 만들어서 결국 떠나게 하는 것이었다.

그리고 톈진-베이징 도로에서 벌어진 총격전과 존 버치 살해가 보여주듯이, 안전하지가 않았다. 그 위험이 미군 수뇌부에는 그렇게 심각해 보이지는 않았지만 말이다. 신임 군사부 장관 로버트 패터슨Robert P. Patterson은 국무부 장관 제임스 번스 및 해군부 장관 제임스 포레스털James V. Forrestal과 회의를 하는 도중에 중국 공산군과의 사이에 있었던 사건을 별난 '코믹 오페라'[57]라고 일축하고, 미 해병대는 중국의 한쪽 끝에서 다른 쪽 끝까지 "심각한 저지"를 받지 않고 들어갈 수 있다고 역설했다.

그것은 의문의 여지 없이 사실이었다. 소련을 제외하고는 중국 내에 화력이나 전술적 능력 면에서 미 해병대에 필적할 만한 병력이 없었다. 그러나 중국에서의 임무는 긴장되고 어려운 것이었다. 해병들은 본국 송환을 기다리고 있는 일본군들로부터 그들이 북중국의 일반 도로와 철로를 순찰할 때 팔로군 게릴라들로부터 끊임없는 저격과 매복, 지뢰 매설, 선로 및 신호 장비 파괴를 겪었다고 들었다. 그 임무는 미군들에게 떨어졌고, 그들은 더러운 석탄차를 타고 지프나 트럭에 올라 흙무더기에 덮인 철로를 순찰했다. 정장을 빼입은 관리들이 수만 킬로미터 밖에서 뭐라고 씨부리든 해병들은 만만찮은 토박이 무리들과 맞닥뜨려야 했다. 그들은 무장을 한 빨치산들이고, 미군들이 떠나기를 바라고 있었다. 해병대의 역사를 기록한 《만리장성에서 선양까지From the Great Wall to Mukden》는 이렇게 적고 있다.

선로의 모든 구간과 모든 다리, 모든 선로 변환기는 언제라도 공산군의 공격을 받을 수 있는 목표물이었다.[58]

해병대는 중국에 배치되어 있던 전 기간 동안 열여덟 번의 무력 충돌과 공산군에 의한 몇 차례의 소규모 공격으로 12명이 죽고 42명이 부상을 당했다.

10월 11일, 한 해병 수색중대가 칭다오 부두에 상륙했다. 즈푸에서 산둥 반도를 가로질러 건너편에 있는 큰 항구 도시다. 팔로군은 인근 내륙 지방과 해안 상당 부분을 장악하고 있었다. 중앙정부 병력은 그곳에 없었다. 해병대는 항구를 접수하고 도시에서 15킬로미터쯤 떨어진 곳에 비행장을 확보했다.

처음 상륙한 지 이틀 만에 사단장 레뮤얼 셰퍼드Lemuel C. Shepherd 소장 앞으로 편지 한 통이 도착했다. 셰퍼드는 나중에 해병대 사령관이 되는 인물이다. 편지는 산둥의 공산군 사령관이 보낸 것이었고, "남아 있는 일본군 병력과 매국노 군대의 잔당을 소탕"[59]하는 데 협력하겠다는 내용이었다. 매국노 군대란 중국 꼭두각시 군대를 가리켰다. 그는 공산군이 칭다오로 들어갈 준비가 되어 있으며, 해병대가 저지하지 않기를 바란다고 말했다. 또한 해병대가 다가오는 정부군과의 '전면전'에서 중립을 지켜주기를 바란다고도 했다.

셰퍼드는 답장을 보냈다. 자신은 누구든 해치려고 그곳에 온 것이 아니며, 공산군이 칭다오에 들어오는 것은 바람직하지 않다고 썼다. 또한 "제6해병대는 결코 서로 간에 다투고 있는 어느 중국인 집단도 돕지 않을 것"이라고 했다. 그로부터 조금 뒤에 셰퍼드는 1만 명에 달하는 일본 주둔군이 칭다오 경마장(칭다오가 독일 식민지였던 시절에 건설된 것이다)에서 공식 항복할 때 중앙정부 군 사령관과 나란히 서 있었다.

셰퍼드와 지역 공산군 사령관이 그렇게 편지를 주고받은 뒤, 그곳에서는 여러 무장 집단들 사이에 잦은 충돌이 벌어졌다. 꼭두각시 정부 잔병殘兵들, 본국 송환을 기다리면서 경비 업무를 맡고 있는 일본군, 공산군 등이었다. 정부군이 증강되었음에도 불구하고 칭다오는 앞서의 해병대 역사서가 지적하고 있듯이 여전히 "공산당이라는 바다에 떠 있는 하나의 섬"[60]이었다. 오직 해병대만이, 상하이와 톈진 사이에 있는 가장 큰 항구인 이곳을 공산당이 점령하지 못하도록 막고 있었다. 이런 사실은 틀림없이 공산당이 보기에 미국이 한쪽 편을 들어 다른 쪽에 맞서고 있는 것이었다. 셰퍼드의 확언과는 정반대였다.

긴장 상태는 더 북쪽에서도 무장 충돌 사태를 불러왔다. 11월 중순, 캘리포니아 베이커스필드 출신으로 제1해병사단을 지휘하고 있던 드윗 펙DeWitt Peck 소장은 탕산 탄광 지대와 친황다오항 사이의 간선도로상에 있는 구예古冶 마을 부근에서 기차를 타고 있었다.[61] 그 노선은 웨더마이어 장군이 군사적으로 보호할 필요가 있다고 말한 화물 운송로였다. 갑자기 펙과 그가 이끌고 가던 해병 경비대는 선로 북쪽 500미터쯤 떨어진 마을에 근거지를 두고 있던 공산군 병력으로부터 공격을 받았다. 해병 비행 중대 비행기들이 전화를 받고 날아와서 저공 비행하며 공습하는 시늉을 했다. 민간인 사상자가 발생할 위험을 바라지 않았기 때문이다. 그러자 공격하던 공산군들이 사라졌다. 이튿날 제7해병의 구조 중대가 현장에 도착해보니, 밤 사이에 공산군들이 선로를 400미터 가까이 철거한 상태였다. 중국인 철도 노동자 몇 명이 노반路盤에 묻어놓은 지뢰를 밟고 죽었다.

펙은 비행기를 타고 친황다오로 가서 전체 동북 지역 국민당 군 사령관인 두위밍杜聿明 장군을 만나 상의했다. 두 사람은 철로에서 공산 게릴라들을 소탕하기 위해 중앙정부 군을 배치하며, 부대를 이 임무로 돌리기 위해 해병대가 200킬로미터에 이르는 탕산부터 친황다오 사이의 전

구간에서 길이가 100미터 이상 되는 모든 다리의 경비 임무를 맡는다는데 동의했다. 이런 합의는 해병대 입장에서는 내전에서 직접적인 역할을하지 않는 것이었지만, 중국 공산당의 입장에서는 자기네 영토를 중앙정부가 접수하는 일을 해병대가 돕는 것이었다. 그 영토는 일본의 전선 후방에서 공산 세력이 용기와 희생을 통해 자기네 통제하에 둔 곳이었다.

이런 작은 충돌들은 미국 군사사에서 두드러지게 묘사되지는 않는다. 그러나 그것은 미군과 새로운 형태의 적이 처음으로 대치한 사건이었다. 그 새로운 형태의 적은 그 뒤 수십 년에 걸쳐 베트남에서, 그리고더 후대에 이라크와 아프가니스탄에서 자주 부딪치게 된다. 비대칭 전쟁asymmetric warfare(교전 쌍방 간의 전투력이나 전략, 전술의 차이가 매우 크게 나는 전쟁—옮긴이)이라는 용어를 만들어내게 되는 대치다. 호전적인 게릴라들이 낯선 마을에서 나타나 총을 쏘아댄 뒤 미국 전투기가 하늘에 나타나면 슬그머니 사라지는 것이 이후 아시아에서 미국이 맞게 되는 전쟁의 패턴이 되었다.

허베이성의 철로에서 벌어진 이런 작은 충돌들의 배후에는 다가오고있는 냉전이 있었다. 그것들은 미국과 소련의 작은 위임장 쟁탈전이었고, 이들의 영향권과 세력을 둘러싼 경쟁은 이미 시작되고 있었다.

중소 협정의 일부로서 표면상으로는 소련에서 중국으로의 통제권 이양을 감독하기 위해 만들어진 협상위원회는 이미 만주 중남부의 도시 창춘에 자리 잡고 있었다. 그곳에는 말리놉스키 원수와 그의 사령부가 있었다.

근면하고 노련하며 훈장을 많이 받았고 아주 믿을 만한 공산당 간부였으나 "눈곱만큼의 고상함"도 없는 인물이었던 말리놉스키는 우크라이나의 가난한 집안 출신이었다. 그는 열다섯 살 때 제정 러시아 군대에 투신함으로써 끔찍했던 유년 시절로부터 탈출했다. 그는 이후 줄곧 전쟁 터에 나서, 그의 평생 동안 일어난 러시아와 소련의 거의 모든 무력 충돌 에 참여했다. 그는 1차 세계대전에서 두 번 부상을 당했고, 1917년 혁명 이후 벌어진 내전에서 소비에트 편에서 싸웠다. 에스파냐 내전 때는 의 용군으로 참여했고, 고국으로 돌아온 뒤 용맹성을 인정받아 레닌 훈장을 받았다. 1941년 소련이 독일의 공격을 받은 후 그는 유혈이 낭자했던 스 탈린그라드 방어전 영웅의 한 사람이 되었다. 이 전투로 2차 세계대전이 시작된 이후 처음으로 흐름이 소련에 유리한 쪽으로 돌아섰고, 그는 뛰 어난 지휘 능력으로 1급 수보로프 훈장을 받았다.

나중에 말리놉스키는 소련이 독일군을 몰아붙여 베를린으로 진격할 때 부다페스트, 브르노, 브라티슬라바 전투에서 승리를 거두었다. 유럽 에서의 전쟁이 끝나자 그는 아시아로 이동했고, 만주에서 일본군 궤멸을 지휘했다. 여러 해 뒤에 그는 소련 국방부 장관이 되었으며, 1960년에는 '소련의 새로운 강경 노선'이라는 제하의 《타임》 표지 인물이 되었다. 그 는 "거한巨漢"이었고, "무표정"했다고 잡지는 보도했다. 소련 지도자 니 키타 흐루쇼프는 그가 "진정한 사회주의 모국의 아들"[62]이라고 말했다. 말리놉스키는 무뚝뚝하고 건장했으며 웃지 않는 얼굴에 불독 같은 투지 가 드러나 있었다. 또한 공산주의 용어로 부르주아적 인도주의 정서에 의해 겁을 먹거나 시달릴 사람이 아니었다. 중국 대표단이 곧 알게 되지 만, 그는 또한 관료적인 방해와 거짓 변명의 달인이었다.

슝스후이熊式輝 장군이 이끄는 중국 팀은 10월 12일 창춘에 도착했다. 그들은 곧 여러 가지 방법들을 논의했고, 소련은 이를 통해 중앙정부 병 사와 장교들로 소련군을 대체한다는 그들의 목적을 방해할 수 있었다.

작은 장애물들이 있었다. 예를 들어 중국인들은 소련군이 중국은행의 만주 내 영업 정지를 명령해놓은 것을 알게 되었다. 그 때문에 협상 팀은 경비 지불에 어려움을 겪었다. 어느 시점에서 소련은 소련 국내 정치에 대한 일부 언론 기사에 대해 불평하면서 실제로 창춘에 있는 국민당 사무실을 수색하고 심문을 위해 전 직원을 소환했으며, 그들이 소련 사령부의 허락을 받지 않고 선전물을 배포했다고 그들을 비난하며 밤새 구금했다.[63] 그런 뒤 그들에게 만주 여러 곳에 상황 조사단을 보내는 일을 포함하여 모든 활동을 중지하라고 명령했다. 몇 주 동안 소련인들은 만주에서의 '반소 활동'(그들의 표현이다)에 불만을 터뜨리고, 국민당 대표단에게 그 책임이 있다고 간주했다. 소련은 심지어 중국인들이 군복에 쓸 가죽을 구하러 만주 바로 서쪽 지역인 러허熱河에 사람을 보내는 것조차 허락하지 않았다. 러허로 가는 길이 "안전하지 않기" 때문이라고 했다.

대표단의 일원이었던 장자아오張嘉璈라는 미국 유학파 경제학자는 창춘 공항에 도착하니 "소련 장교와 병사들만 득실"[64]거렸고, 중국인은 별로 찾아볼 수 없었다고 기록했다. 그는 일기에 이렇게 썼다.

> 그때 우리는 중국 돈을 쓸 수 없음을 알게 되었다. 같은 날 나는 소련군이 산업 설비를 뜯어가고 있다는 말을 들었다.[65]

그들은 발전기와 용광로, 방송 시설과 자동차, 심지어 사무실 가구까지 뜯어갔다. 중국인들이 각 지역에 자기네 행정 기구를 언제 설치할 수 있느냐고 묻자, 말리놉스키는 자신도 상부의 지시를 받아야 한다고 대답했다. 중국인 대표단에게 교통편을 제공해줄 수 있느냐고 묻자, 말리놉스키는 구할 수 있는 자동차도 없고 배도 없고 비행기도 없다고 말했다.

그러면서 이렇게 덧붙였다.

"이 문제는 중소 협약의 바탕 위에서 양국 정부가 협상할 수 있을 겁니다."[66]

소련은 중국인들에게 꼭두각시 정권의 인쇄 시설을 인수하게 했을까? 말리놉스키에게는 그것 역시 상부의 지시를 받아야 할 문제였다.

당연하게도 소련 사령관과 첫 회담을 가진 장자아오는 "소련이 우리 군대를 동북 지역으로 수송하는 일에 적극적으로 지원할 의사가 전혀 없다"는 인상을 받았다. 그러나 소련의 방해 책동은 언제나 뒤에 어떤 다른 지원 방식에 대한 거짓 제안을 숨기고 있었다. 말리놉스키는 중국인 병사들을 근무지로 이동시키기 위해 철도를 이용하라고 말했지만, 산하 이관의 공산군 부대가 만주와 중국 본토 사이의 철로를 끊어놓았음을 중국인들도 알고 틀림없이 말리놉스키도 알고 있었다.

10월이 지나가면서 소련이 완벽하게 만주를 장악했음은 갈수록 더 분명해졌고, 방해 공작은 줄어들지 않았다. 장자아오가 파블롭스키 중장이라고 알고 있던 말리놉스키의 부참모장은, 자신들은 만주에 있는 과거 일본의 산업 설비들을 소련의 전리품으로 생각한다는 내용을 공식적으로 중국에 통지했다. 중국은 항의했다. 소련은 절충안을 내놓았다. 일본의 국유 산업은 전리품이 될 것이고, 일본인 사유 재산은 중국에 주겠다고 했다. 그러나 사유 재산은 별로 없었다. 소련은 현지에 150만 명의 병력을 두고 있었다. 중국은 저항하려 해도 할 수 있는 일이 별로 없었다.

이른바 협력이라는 것에서 중국이 불리한 위치에 있었음을 상상하기는 어렵지 않다. 협력이라고는 했지만 사실상 불러주는 대로 받아쓰는 것이었다. 말리놉스키는 지구상에서 두 번째로 강한 나라의 승리한 군대를 대표하고 있었고, 그런 그가 약하고 파괴되고 분열된 나라의 대표와 대결하고 있었다. 그들에게 무기라고는 멀리 떨어진 초강대국의 우호 선언밖에 없었다.

이른바 만주에 대한 통제권을 중국 정부에 돌려준다는 일에서 가장 긴급한 문제에 관해, 슝스후이 장군은 홍콩에 있는 중국 부대를 미국 배로 실어 날라 다롄항에 상륙시킬 것이라고 말리놉스키에게 알렸다. 말리놉스키의 대답은 이랬다. 중소 협정은 다롄항을 상업 목적에만 쓰는 개방된 도시로 선언했고, 따라서 중국 군대의 다롄 상륙은 협정 위반이라고. 다시 말해서 소련은 바로 그 조약에서 중국에서 유일한 합법적 권위를 지닌 그 나라의 중앙정부로 승인하고 정신적·물질적 지원을 하겠다고 약속해놓고도, 이제 와서 그 동일한 정부에게 자기 영토의 일부에 자기네 무장 병력을 파견할 수 없다고 주장하고 있었다.

노골적이고 뻔뻔스러운 소련의 방해 공작에 깜짝 놀란 장자아오는 장제스에게 편지를 보내 소련의 의도가 북중국에 "특정 정권"을 세우는 것이라고 경고했다. 동북 지역 성들이 "완전히 포위"된다는 것이다. 장자아오는 "만주 해안이 봉쇄될 위험에 처하지 않을까 우려된다"고 말하고, 그런 일이 일어날 경우 "동북 지역은 소련에게 손쉬운 목표가 될 것이다"[67]라고 했다.

말리놉스키는 언제나 약간의 합리적인 대안을 준비해두고 있었고, 중국과 그 수호자 미국을 이런 말로 설득했다. 만주에서 가장 크고 가장 좋은 심해 항구인 다롄은 열어줄 수 없지만, 더 북쪽의 조금 작은 항구인 후루다오와 잉커우에 병력을 상륙시키면 되지 않느냐는 것이었다. 미국은 싸움을 원하지 않았기 때문에 이를 받아들였다. 그러나 미국의 소함대가 후루다오에 도착해보니 항구는 중국 공산군이 장악하고 있었고, 그들은 정부군이 그곳에 상륙하고자 한다면 맞서 싸우겠다고 벼르고 있었

다.[68]

그것은 특이한 장면이었다. 얼마 전의 즈푸에서와 마찬가지로 대니얼 바비 소장이 미국 배들을 지휘하여 정부가 그 영토의 통제권을 회수하는 일을 돕는 책임을 맡고 있었다. 바비는 공산군과 싸울 수 있는 충분한 병력을 거느리고 있었다. 그러나 그는 충돌을 피하라는 지시를 받고 있었다. 이런 상황에 처하자 그는 국민당에게 이 문제에 대해 소련과 협상하라고 말했다.

슝스후이 장군은 당연히 후루다오 상륙 문제에 대해 말리놉스키가 안전하게 상륙할 수 있다고 보증했음을 지적했다. 말리놉스키는 11월 5일부터 10일까지 상륙할 기회를 주었다. 미국의 기동부대는 7일에 도착했다. 말리놉스키는 공산군 병사들이, 소련이 장악하고 있는 영토를 거치지 않고 남쪽에서 왔는데 자신이 무슨 수로 막을 수 있겠느냐고 응수했다. 언제나 도와주려고 열심인 말리놉스키는 슝스후이에게 팔로군과 얘기해보라고 권했고, 슝스후이는 당연히 그럴 수 없다고 말했다. 그가 요청했다는 이유만으로 공산당이 공손하게 후루다오를 포기하고 정부군이 상륙하도록 가만히 있지 않을 것이 뻔했기 때문이다. 만약 공산군과 정부군이 충돌한다면 소련은 어떻게 할 생각이냐고 슝스후이가 묻자, 말리놉스키는 중국의 내부 문제에 개입하지 않을 것이라고 대답했다.

여전히 바비가 지휘하고 있던 기동부대는 잉커우로 나아갔다. 정부군이 상륙할 수 있는 만주의 마지막 대안 항구였다. 그곳에 가자 부두에서 공산당이 지명한 마을 대표가 난간에 서 있는 미군들에게 소리쳤다. 공산당은 병력을 상륙시키려는 정부의 어떤 노력에도 저항할 것이라는 얘기였다. 바비는 중국의 내부 문제에 개입하지 말라는 명령에 따라 배를 바다로 돌리라고 지시했다. 정부군의 상륙은 더 남쪽의 친황다오항에서 이루어지게 된다. 미국 기동부대는 아무런 성과 없이 보하이를 여러 날 항해한 끝에 11월 중순에 부대를 그곳에 내려놓았다.

이때는 러시아어를 유창하게 구사하는 장제스의 아들 장징궈蔣經國가 창춘에 있는 중국 협상 팀에 합류해 있었다. 장징궈는 11월 4일에 말리놉스키를 찾아가서, 공산군이 정부군의 잉커우 상륙을 막았다고 불만을 표시했다. 말리놉스키는 잉커우에는 소련군 수가 적기 때문에 공산군의 움직임에 대항하는 것은 불가능하다고 대답했다. 장자아오는 일기에서 이렇게 썼다.

소련이 후루다오와 잉커우에 상륙하려는 정부군의 노력을 방해하기 위해 고의적으로 팔로군 병사들을 그곳으로 들어가게 했음은 너무도 분명하다.[69]

장자아오는 소련이 방해 공작을 하는 이유를 이해하기 시작했다. 전시에 우호적이었던 미국과 소련의 관계는 전쟁이 끝나자 틀어지고 있었다. 말리놉스키는 여러 차례 "단호한" 어조로, 미국이 다롄에 전함을 보냈다고 중국 측에 항의했다. 장자아오는 소련이 미군 병력이 만주에 얼씬거리지 못하게 하려는 속셈임을 알았고, 이것이 중국을 곤란한 상황에 빠뜨린 것이었다. 그 배경에는 소련이 일본 점령에 끼어들지 못하게 배제하려는 미국의 조치들이 있었는데, 그것은 소련이 자기네 병사들을 닷새 동안 참전시킨 보상으로 요구하고 있는 것이었다.[70] 소련 선전 매체들은 마오쩌둥이 이미 내놓은 논리를 떠들어대고 있었다. 아시아에서 전쟁의 물길을 돌려놓은 것은 태평양에서 미국이 거둔 연승이나 원자폭탄이 아니라 소련의 만주 침공이라는 주장이었다. 이것은 일본이 만주에 건설한 산업 시설들을 조직적으로 뜯어가면서 소련이 내놓은 명분이었다. 일본이 건설한 공장의 소유물들은 소련이 전쟁에서 입은 손실에 대한 보상일 뿐이었다. 메시지는 분명했다. 미국이 전후 일본을 독점한다면 소련은 동북아시아에서 똑같은 일을 하겠다는 것이었다.

몸짓 퀴즈는 그렇게 계속되었다. 말리놉스키의 유익한 다음 제안은 중앙정부가 병사들을 선양과 창춘으로 공수하라는 것이었고, 이 계획의 실행을 위한 협상이 11월에 느릿느릿 진행되었다. 그러나 이때쯤에는 이미 장제스가 전체 만주 문제에 관해 점점 비관적으로 생각하고 있었다. 이 문제를 더 압박하면 자신이 이길 수 있을지 불확실했고, 내전 쪽으로 한 발이라도 더 나아가면 대중의 분노를 불러일으킬 수 있기 때문이었다. 이는 쉽게 이해할 수 있는 일이었다. 다시 활기를 찾은 중국의 언론들은 내전을 피한다는 희망을 열렬히 표현하는 글들로 넘쳐나고 있었다.

10월 말 전쟁 동안 피난 온 몇몇 대학들이 아직 그대로 있던 쿤밍에서 자유주의적인 교수 10명이 마오쩌둥과 장제스에게 공개 서한을 보냈다. 일당 독재를 끝내고 모든 정당과 정파 대표들로 구성되는 정치 평의회를 소집하라는 요구였다. 이런 분위기가 확산되고 있음을 지적하면서 미국 대사관은 이렇게 경고했다.

이들 교수들은 자신들이 "중국에 관한 미국의 새로운 정책"이라고 한 것으로 인해 고민에 빠져 있습니다. 그들은 미국이 중앙정부에 제공하는 "선폭석인 지원"을 이해할 수 없어 어쩔 줄을 모르고 있습니다. 그들은 이 때문에 장제스가 진정한 연립정부를 구성하지 않고 국민당이 가지고 있는 실권을 전혀 내놓지 않겠다는 결심을 더욱 굳힐 뿐이라고 생각하고

있습니다.[71]

　공산당은 영리하게도 이런 여론의 동향에 맞추어 조정하면서, 국민당의 일당 독재에 불만을 표시하고 똑같이 연립정부를 요구했다. 실제로 장제스는 11월 충칭에서 정치협상회의를 열겠다는 계획을 발표했다. 모든 정파들이 모여 나중에 있을 국민대회 선거를 위한 방법을 결정하게 될 것이었다. 장제스는 여기서 지식인들의 아우성과 미국의 압력에 따라 민주화 쪽으로 움직일 것으로 보였고, 실제로 그는 그런 방향의 몇 가지 조치를 취했다.

　장제스는 중국 공산당이 7차 전국대표대회에서 마오쩌둥에 대해 의례적인 찬양을 하고 있던 바로 그 봄에 6차 국민당 전국대표대회를 주재했다. 1938년 이후 처음 열리는 것이었다. 그 결의 사항에는 여러 정당이 참여하는 새로운 국민대회 선거를 위한 준비를 맡게 될 전국 회의를 연내에 소집하는 내용도 들어 있었다.[72] 장제스는 또한 모든 주요 군 부대에 정치위원을 배치하는 제도도 혁파했다. 이 조치는 미국인 고문들이 요구한 것으로, 군대에 대한 당의 통제를 없애기 위한 것이었다(공산당은 현재까지도 이런 조치를 취하지 않고 있다).

　전쟁이 끝나자 장제스는 정치 개혁에 나섰다. 특히 언론 검열을 폐지하고 정치범들을 석방했다. 이것은 정말로 공산당과 후대의 여러 역사가들이 생각하듯이 전시용이었을까? 장제스 치하의 중국 정부는 여전히 일당 독재였다. 그러나 공개적인 비판이 생겨났고, 이를 관용했다. 변화의 기운이 감돌았다. 정치협상회의를 열겠다는 발표는 그런 기운의 하나였다. 그리고 마오쩌둥은 충칭 회의를 끝내면서 원칙적으로 이에 동의했다. 그러나 앞으로 보게 되지만, 공산당은 실제로는 거기에 결코 많은 기회를 주지 않았다.

마오쩌둥의 진실성은 매우 의심스럽다. 장제스와의 협상이 끝난 뒤 마오쩌둥은 옌안에서 중국 공산당의 선전 매체들을 감독했다. 그들은 중국 공산당이 평화의 정당이라고 광고했다. 그리고 계속해서 군대를 가능한 한 빨리 만주로 보냈다. 팔로군은 친황다오를 제외한 모든 항구를 봉쇄했다. 11월 중순, 린뱌오는 창춘을 점령했다. 그곳은 소련이 정부군의 공수 목적지로 지정했던 도시들의 하나였다. 중국의 내부 문제에 간섭하지 않도록 항상 노력하고 있다고 말하던 소련은 이런 일이 일어나는 것을 막기 위해 아무런 조치도 취하지 않았다.

장제스는 욕심을 버리고 소련과 우호적인 관계만 유지할 수 있기를 바랐다. 자신이 만주에서 아무런 문제를 일으키지 않는다는 것을 입증하면 소련이 공산 세력을 돕지 않도록 그들을 설득할 수 있다는 생각이었다. 그래서 공수 계획은 중단되었다.[73]

제 15 장

어떻게 해야 하나

10월과 11월에 워싱턴의 분위기는 음울하게 변했다. 중국에 있는 미국 외교 포스트로부터 공산 세력의 진격과 국민정부의 곤경에 대한 소식들이 들어왔기 때문이다.

10월 초 시안의 미국 영사관에서 온 소식은 공산 세력이 황하 북쪽에서 "점점 더 활발해"지고 있다는 내용이었다. 미국 정책 입안자들의 생각을 휘어잡고 있던 전망은 공산 세력이 북중국으로 거침없이 침투해 들어가고 있다는 것이었다.

패트릭 헐리의 대사관 직원 숙청 뒤에 부임한 충칭의 새 대리대사 월터 로버트슨은 제임스 번스 국무부 장관에게, 공산 세력이 이미 장자커우張家口 · 베이징 · 다퉁大同으로 이루어지는 삼각형 지역 대부분의 통제권을 확보했다고 말했다. 이 세 지역은 전략적으로 매우 중요하고 인구가 밀집된 곳이었다. 장자커우는 몽골로 가는 관문이고, 다퉁은 만주로 향하는 만리장성의 관문 가운데 하나이며, 베이징은 대도시일 뿐만 아니라 이전 제국의 수도였기에 매우 상징적인 곳이었다. 게다가 공산 세력은 "미국에 대해 극도의 반감"¹을 보이고 있으며, 소련과 그 어느 때보다 더 가까워지고 있다고 로버트슨은 말했다. 소련은 일본의 이전 무기고들을 장악하여 "노획물의 상당 부분을 공산 세력에게 넘겨주"고 있었다. 오직 장제스의 중앙정부에만 넘겨주겠다고 한 약속에 반하는 일이었다.

중국에 부임하기 전에 로버트슨이 경험한 관직은 오스트레일리아의 무기 대여 프로그램 감독관이었다. 나중에 그는 한국전쟁 뒤 국무부 아시아 담당 차관보가 되는데, 그 자리에 있을 때 완고한 장제스 지지자로 알려지게 된다. 그러나 대리대사로 중국에 있을 때 그는 헐리와 매우 달랐다. 그는 예의 바르고 합리적이었다. 한 동료는 나중에 그가 "극단주의자가 아니었다"²라고 했고, 또 다른 동료는 "친절한 사람"이라고 말했다. 그가 나중에 공산주의자를 싫어하고 국민당을 좋아한 것은 틀림없지만, 1945년에 쓴 마오쩌둥과 소련의 책략에 관한 보고는 독단적이지 않고 사실에 근거한 것으로 보인다. 헐리와 달리 로버트슨은 대체로 다른 사람들(현장에 있던 군 인사들과 민간인 모두)과 일치하는 보고서를 썼다.

10월에 몇 가지 좋은 소식이 있었다. 로버트슨은 해병대가 중앙정부를 도와 베이징 주둔 일본군의 항복을 받았다고 보고했다. 그것은 "전쟁이 끝난 이후 지속적으로 커지고 있던 공산 세력의 위협을 줄이는" 효과를 가져왔다고 로버트슨은 말했다. 그러나 몇 주가 지나자 중국 소식의 대부분은 걱정스러운 것으로 바뀌었다. 로버트슨은 미국 대사관의 무관이 작성한 주간 보고를 넘겨받았는데, 거기에는 공산 세력의 진격과 소련의 속임수가 꾸준히 기록되고 있었다. 11월 초에 무관은 신사군이 중부 지역인 장쑤성과 저장성에서 철수하고 있으며, 이는 "북부 지방에서의 공산군의 힘을 증대시킬"[3] 것이라고 보고했다. 그다음 주에 무관은 음울한 소식을 전했다.

"중국에서 대규모 내전의 위험성이 커지고 있는 듯합니다."

공산당은 철도를 공격하고, 국민당이 부대 이동을 중단하지 않으면 계속 공격할 것이라고 다짐했다. 한편 국민당과 공산당의 협상이 곧 타결되리라던 10월의 낙관론은 희미해져갔다. 로버트슨은 이렇게 말했다.

"현재로서는 항구적으로 만족스러운 해법이 도출될지에 대해 거의 희망을 가질 수 없습니다."[4]

악화되고 있는 상황에 직면한 장제스는 추가로 중국군 2개 군을 톈진을 거쳐 북쪽으로 수송하기 위해 미국 배를 빌려달라고 웨더마이어 장군을 압박했다. 웨더마이어는 거절했다. 미국은 이미 중국 정부가 일본군의 항복을 처리하기에 충분한 병력을 수송했으며, 자신은 더 이상 그 일을 할 권한이 없다는 것이었다. 웨더마이어는 마셜에게 전문을 보냈다.

현재의 심각한 문제를 야기하는 것은 일본이 아니라 반대파입니다. 따라서 추가로 병력을 이동시키는 것은 우리 임무의 범위 내에 있지 않습니다.[5]

반대파란 공산 세력을 말하는 것이었다. 웨더마이어는 11월 중순까지 해병대를 철수하기를 원하며, 장제스가 이미 5개 군을 배치한 북부 지방에 병력을 추가로 이동시키는 것은 해병대의 중국 배치를 연장한다는 의미라고 덧붙였다.

며칠 뒤 웨더마이어는 다시, 장제스로부터 중국군을 만주로 수송해달라는 "극심한 압력"[6]을 받고 있다고 보고했다. 그러나 웨더마이어는 모호하게 소련의 행동을 지적하며 "이는 어디까지나 중소 간의 문제라는 것"이 자신의 방침이라고 말했다.

11월 중순쯤에는 대사관 무관의 보고가 점점 더 불안스럽고 비관적으로 변했다.

난국은 결정적인 단계로 접어든 듯합니다. (……) 해결을 위한 아무런 진전도 이루어지지 않고 있기 때문입니다. (……) 충돌은 모든 전선에서 빈번해지고 있어, 중국 대부분의 지역이 이미 내전 상태입니다.[7]

공산 세력은 타이위안太原을 공격하고 있었고, 허베이성과 산시성陝西省 경계 지역에서는 "치열한 전투"가 벌어지고 있었다. 팔로군은 동북부 지역에서 철로 파괴를 계속하고 있었다. 정부군이 그곳으로 이동하는 것을 막기 위해서였다. 대략 비슷한 시기에 톈진 영사는 공산 세력이 "대규모로 기차를 약탈하고, 지뢰를 매설하고, 철로를 떼어내고, 침목을 불태우고, 노반을 파괴"[8]하고 있기 때문에 북중국의 정상적인 철도 운행은 "사실상 존재하지 않는다"라고 워싱턴에 보고했다. 11월 18일자 대사관 무관의 보고서는 북부와 중부의 내전이 "새로운 국면에 접어들었다"라고 결론지었다. 그다음 주에 그는 정부군이 공산 세력을 산하이관(허베이성과 만주 사이에 있는 해안의 관문) 밖으로 밀어내는 데 일부 성과를 내기도 했지만, 공산 세력은 철수하는 소련군이 비운 지역으로 이동하여 이제 10만 명으로 추산되는 병력이 제 위치에 "잘 자리 잡고"[9] 있는 듯하다고 썼다.

중국에 있는 미국 관리들의 마지막 희망은 12월 초로 예정된 정치협상회의였다. 공산당이 참석하겠다고 말한 바 있으니 회의가 열리면 적어도 전투가 중단되지 않겠느냐는 것이었다. 그러나 결국 공산당은 회의에 참석하지 않겠다고 발표했고, 회의는 취소되었다. 이 취소는 "우울한 한 주에서도 가장 어두웠던 부분"[10]이라고 무관은 말했다.

웨더마이어는 중국에서 로버트슨이나 다른 누구보다도 더 기댈 만한 사람이었다. 마셜과 합동참모본부, 그리고 군사부도 그의 조언에 의지했다. 그러나 웨더마이어는 비관적인 동요 상태에 있었다. 몇 달 전 워싱턴에서 그는 헐리와 마찬가지로 공산 세력의 위험성을 일축했다. 공신당이 상대적으로 쉽게 처리될 수 있다고 말했다. 이제 그는 중앙정부가 약하다는 사실과 미국의 정책이 비현실적이라는 사실 모두에 대해 우려하고 있었다.

이 문제에 대한 국무부의 입장은 이런 것이었다. 맞다. 중앙정부에 대한 미국의 지원은 누구나 생각하듯이 장제스에게 "부수적인 원조나 위신"을 가져다줄 것이다. 그러나 그것이 중국 문제에 개입하는 것에 해당하지는 않는다. 장제스가 다시 미국에게 더 도와달라는 '긴급 호소'를 되풀이한 바로 그날인 11월 23일, 웨더마이어는 마셜에게 보낸 긴 전문에서 이런 주장에 억지가 있음을 언급했다. 그는 해병대가 중국에 있어야 할 필요성에 대해서는 의문을 제기하지 않았다. 해병대를 철수시키면 공산 세력에게 "그들의 불쾌한 선전 활동과 위협 행위에서의 완전한 승리"[11]를 선사하게 될 것이라고 그는 썼다. 그러나 국민정부에 대한 지원은 또 다른 문제였다.

〔그것은〕 미군을 확실하게 동족상잔의 전쟁에 끌어들이게 될 것입니다. 이것은 틀림없는 사실입니다. (……) 중국과 만주를 국민정부 통제하에 통합시키는 것이 미국의 정책이라면 이런 결과를 분명히 할 필요가 있습

니다.

중국에서 온 웨더마이어의 보고는 낙관론을 펼 근거가 별로 없었다. 장제스는 "공산 세력의 반대에 맞서 만주를 점령할 준비가 전혀 되어 있지 않다"[12]라고 그는 마셜에게 말했다. 장제스가 장강과 만리장성 사이의 북중국을 수복할 수 있을지조차 불확실했다. 웨더마이어는 마셜에게 이렇게 말했다.

이 지역은 광대하고 통신이 제한되어 있으며, 주민들의 충성심은 의문스럽습니다. 공산 게릴라들과 파괴 공작원들은 (……) 중앙정부 군대의 활동을 공격하고 방해할 수 있으며, 아마도 그렇게 할 것입니다.

웨더마이어는 소련에 관해 지극히 현실적이었다. 그는 소련이 "장제스가 보낸 대표들과 협력하는 척 대외적인 쇼"를 벌이고 있다고 말했다.

[소련은] 확실히, 중국의 공산 세력이 북중국과 만주의 핵심 지역을 차지할 수 있게 하기 위해 유리한 상황을 조성하고 있는 것으로 보입니다.

웨더마이어가 보기에 장제스의 문제점은 주로 군사적인 부분에 있는 것이 아니었다. 그는 장제스를 좋아했다. 그는 장제스가 "진실하고" "사심이 없지만", "주로 자신의 지위 상승에만 관심이 있는 부도덕한 사람들"에 둘러싸여 있다고 생각했다. 이런 중국 정치가들은 "속임수와 술책을 통해 자신을 살찌우려는 목적을 추진"하고 있으며, 대원수는 이런 유해한 문제에 직면하여 "당황스러워하고 무능"하다고 웨더마이어는 말했다.[13] 중국의 반체제 지식인 같은 어투였다.

웨더마이어는 이제 마셜에게, 가장 좋은 해법은 완전히 빠져나와 "중국 내부 문제에 개입될 가능성을 완전히 제거"하는 것이라고 조언했다. 공산 세력에게 커다란 "승리"를 선사할 것이라는 자신의 우려를 잊은 듯했다. 아마도 만주를 새로 창설된 국제연합의 보호령으로 삼는 것이 해법이 될 것이라고 웨더마이어는 제안했다. 그러는 사이에 중앙정부는 북중국에 대한 통제권 회복에 주력하는 것이다. 물론 그것조차도 몇 달이나 어쩌면 몇 년 동안 열심히 노력해야 얻을 수 있다고 웨더마이어는 예측했다. 어느 경우든 미국은 근본적인 선택에 직면해 있다고 했다. 철수하느냐 아니면 중국의 끊임없는 사회적 갈등에 깊숙이 얽혀드느냐의 선택이었다. 후자의 경우 소련과의 직접적인 대결 등 그런 얽힘에 수반되는 모든 위험들을 감수해야 했다.

미국은 아시아와의 관계에서 처음으로 한 가지 딜레마에 직면했다. 나중에는 익숙해지게 되는 딜레마다. 미국은 우호적인 정부의 도움 요청을 거부하는 것을 용인할 수 없다고 생각했지만, 그 도움을 제공함으로써 치러야 할 비용 또한 용인할 수 없기는 마찬가지였다. 나중의 비슷한 상황들에서도 그랬지만, 모든 제안은 그에 대한 역제안을 불러왔다. 해병대를 추가로 투입한다? 국무부 동아시아국장 존 카터 빈센트는 그것이 소련에게 만주에서 철수하지 않는 구실을 줄 수 있다고 우려했다. 소련은 11월 초까지 철수하겠다고 약속하고 있었다(결국 소련은 1946년 4월까지 철수하지 않았다). 해병대를 철수시키고 중국에서 발을 뺀다? 미국이 아시아에서 전쟁을 벌인 주요 목표의 하나가 우호적이고 통일되고 자주적인 중국을 만들어내는 것이었다. 미국은 이 목표를 추구하기 위해 막

대한 인명과 돈을 투자했다. 지금 발을 빼는 것은 그 모든 투자를 내버리는 것이었다.

이 시점에서 그대로 버텨보자는 가장 감명 깊은 호소는 미국의 주중대사 헐리로부터 나올 것으로 기대되었다. 그러나 그 역할은 국무부 중국과(헐리는 이들 대부분이 자신에 맞서 음모를 꾸미고 있다고 생각했다)의 외무공무원인 에버렛 드럼라이트에게 맡겨졌다. 그는 또 한 명의 오클라호마 주 출신의 근면한 직업 외교관으로, 전쟁의 상당 기간 동안 시안 영사를 지내다가 지금은 국무부의 중국과장으로 있었다. 전쟁 기간 동안 그는 동료들로부터, 대부분의 중국통들보다 정치적으로 보수적이라는 평가를 받았다. 그럼에도 불구하고 그는 이전에 전문가들의 공론에 동조했었다. 미국이 장제스를 압박하여 정치 개혁에 나서게 해야 하며, 미국은 무슨 일이든 그에게 속박되지 말아야 하고, 군사적 필요가 있을 경우 공산당과 협력해야 한다는 것이었다.

이제 문제는 달라졌다. 장제스의 생존은 일본이 아니라 공산 세력과 그 지원자 소련에 의해 위협받고 있었고, 그것은 견딜 수 없는 일이라고 드럼라이트는 생각했다. 그는 미국이 해법을 찾지 못해 중국의 절반을 공산 독재 세력에게 넘겨주게 생겼으며 그런 결과는 미국의 이익과 가치에 해로울 뿐만 아니라 굴욕적이라는 내용의 문서를 작성했다. 일종의 도덕적인 분노와 깊은 불안감을 드러내는 글이었다.

중국의 공산 세력은 "북중국의 통제권을 확보하기 위한 최선의 노력"과 만주의 통제권을 장악하기 위한 강력한 시도를 하고 있으며, 그들은 이런 시도들을 하는 과정에서 "소련으로부터 원조와 사주"를 받고 있다고 드럼라이트는 썼다. 다롄이 자유항이라는 조잡한 구실로 정부군의 상륙을 금지하는 것과 같은 수단들을 통해서다. 미국이 이런 노골적인 조약 위반에 어떻게 대처하는가는 "중국의 미래와 동아시아의 미래, 그리고 세계의 미래에 중대한 영향을 미칠 것"[14]이라고 보았다. 중국 공산 세력의 북중국과 만주 지배는 중국 문제에 대한 "외세의 개입", 즉 소련의 개입을 의미하며, 그 결과로 "3차 세계대전"이나 다름없는 일이 일어날 수 있다고 드럼라이트는 단언했다.

아시아-태평양의 전쟁은 하나의 용인할 수 없는 결론(일본의 지배를 받는 중국)을 다른 용인할 수 없는 결론("소련이 지배하는 중국")으로 대체하는 것으로 끝날 위험성이 있었다. 그것은 "일본에 맞서는 전쟁이 도로徒勞에 그친 전쟁"이었음을 의미할 수밖에 없었다. 항구적으로 분단된 중국 또는 소련에게 은혜를 입은 비우호적인 독재 체제에 지배되는 하나의 중국이 되는 것을 막는 일은 정치 개혁이나 "동족상잔의 전쟁"을 피하는 일에 대한 관심 따위를 능가하는 미국의 최우선 관심사였다. 미국은 그냥 발을 뺄 수도 있지만, 정말로 그렇게 하거나 그저 "건성으로 중국에 지원"을 제공한다면 "우리가 이루고자 하는 것들을 무너뜨리게" 될 것이었다. 미국은 "중국의 국민정부를 돕기 위해 단호하고 효과적으로 행동하여 만주를 포함하는 중국의 수복된 지역을 되찾아야 한다"[15]라고 드럼라이트는 결론지었다.

그것은 감동적인 진술이었고, 아시아의 다른 나라들에서 단호하고 효과적으로 대처해야 한다는 미래의 진술들을 미리 보여주는 것이었다. 존 F. 케네디가 1961년에 말했듯이 "성공과 자유의 보존을 보장하기 위해 어떤 대가라도 치르고, 어떤 짐이라도 지고, 어떤 고난이라도 견뎌내고, 어떤 친구라도 지지하고, 어떤 적에게라도 맞설" 준비가 되어 있어야 한다는 것이었다. 드럼라이트의 상사인 빈센트는 그의 보고서를 번스 장관에게 전했다. 그러나 이에 반대되는 주장들이 제기되었다. 대표적인 사람이 빈센트 자신이었다.

　드럼라이트의 분석은 실용적인 미국의 이익이라는 정서에 바탕을 두고 있었다. 소련과 같은 위협적이고 메시아적인 독재 체제가 중국을 지배하게 된다면 미국에게는 좋지 않을 터였다. 그러나 바탕에 깔려 있는 문제는 미국인들이 어떤 세계에서 살고 싶으냐 하는 것이었다. 독립전쟁으로 거슬러 올라가는 미국인들의 확신은 자유민주주의를 향한 진보가 미국에 가장 큰 이익이 된다는 것이었다. 그것이 그 자체로 선이고 억압받는 사람들에게 햇불이기 때문이며, 또한 가장 평화롭고 안전한 세계는 민주주의가 지배하는 사회일 것이기 때문이다. 드럼라이트의 보고서에서는 후대의 케네디 취임 연설에 담긴 감동적인 이상주의가 울려퍼지고 있었다. 그것은 세계 문제에서 선을 옹호하는 미국인들에게 매우 호소력이 있는 우드로 윌슨과 비슷한 구석이 있었다. 그리고 중국에서 나중에 일어난 일들(기아로 인한 수백만 명의 죽음, 문화혁명의 악마적 광기, 기본적 자유의 억압 등등)에 비추어볼 때 드럼라이트의 예방적인 입장은 예언자적인 호소력을 지니고 있었다.

　그러나 당시 중국에서 어떤 선택을 해야 할지는 그리 명료하지 않았다. 장제스가 이끄는 국민당은 중대한 결함을 안고 있었다. 민주주의와 민권의 옹호자 티를 내는 것은 공산당이었고, 그것이 중국에서뿐만이 아니라 미국과 서유럽에서도 스스로 진보적이라고 생각하는 수많은 사람들이 공산당에 이끌린 한 가지 이유였다. 만약 국민당 치하의 중국이 진정한 민주 국가였다면 이 문제는 더 명확했을 것이다. 그러나 후대의 관점에서 볼 때 국민당이 중국인들에게 더 나은 선택지였으리라는 데 조금이라도 의문이 있을까?

　빈센트는 드럼라이트의 주장에 빠진 부분이 상당히 많다고 생각했다. 특히 그 비용과 성공 가능성에 대한 세밀한 검토가 없었다. 자유를 위한 투쟁에 관해 웅변을 토하는 것은 좋다. 그러나 정책 입안자들은 거창하고 이상주의적인 목표가 성취될 수 있는지를 평가해야 한다. 존 데이비스는 이에 대해 나중에 이렇게 말했다.

드럼라이트의 입장은 (……) 당시나 후대의 미국 정부의 여러 정책 내용에 전형적인 것이었다. 어떤 상황에서 현실적인 힘은 그것이 이해할 수 있는 경우라 하더라도 "이루어져야 할 것," 되어야 할 것에 종속되게 마련이다. 선례와 책임, 도덕적인 강박, 정서, 그리고 모든 것을 쓸어 담는 저 '국가 안보' 같은 것들 때문이다. 어떤 정책의 비용 요인은 이렇게 종종 무시당한다.[16]

빈센트는 드럼라이트의 주장에 대한 부분적인 대응으로, 바람직한 행동이 언제나 효과적인 행동은 아니라는 근본적인 주장을 내놓았다. 그는 중국에 관해 세 가지 선택지를 제시했다. 첫째는 철수하는 것이고, 둘째는 기존 정책을 유지하는 것이고, 셋째는 임무를 확대하는 것이었다. 그는 직접적으로 말하지는 않았지만, 이들 가운데 첫 번째를 지지했던 듯하다. 그가 말했듯이 후하게 치더라도 "장제스가 우리의 도움을 받는다 해도 군사적인 방법으로 북중국과 만주에 지속적인 안정을 가져다줄 가능성은 낮았"[17]고, 이미 사라진 대의를 위해 미국인의 생명과 자원과 명예를 쏟아붓는다는 것은 무의미한 일이었기 때문이다.

이튿날 번스는 군사부 장관 로버트 패터슨 및 해군부 장관 제임스 포레스털과 회의를 하면서 빈센트의 보고서를 낭독했다. 특히 패터슨은 그것을 무시하자는 의견이었고, 웨더마이어의 견해 또한 무시하자고 했다.

패터슨은 데이비스가 표현한 대로 '열혈남' 타입이었다. 그는 해병대에 대한 공산군의 공격을 '코믹 오페라' 사건이라고 일축한 사람이었다. 그는 공산 세력의 힘에 대한 보고서들이 '과장되었다'고 확신했다. 그는 포레스털과의 이 회의에서, 자신이 방금 헨리 루스와 이야기를 나누었다고 말했다. 루스는《라이프》에 강력하게 장제스를 지지하는 사설을 실었는데, 여기서 그는 기본적으로 미국이 대원수를 전폭적으로 지원할 도덕적 책무가 있다고 주장했다. 루스는 이 사설이 좋은 반응을 얻었다고 스스로 말했다.

포레스털은 아시아 현장에서 미국이 목표를 이루는 과정에서 맞닥뜨리는 장애물에 대해 그다지 생각하지 않았다. 그는 후방 국민들의 분위기를 생각하고 있었다. 미군 병사들을 고국으로 돌아오게 하고, 부패하고 비민주적인 정부를 대신하여 돈이 많이 드는 작전에 내보내지 말라는 것이었다. '병사들을 고국으로'라는 플래카드를 든 시위대가 행진을 했다. 온 나라의 신문 사설들도 같은 것을 요구했다. 루스는 이렇게 답변했다.

"우리는 중국의 운명과 우리의 운명이 상호 의존적임을 인식해야 한다."[18]

드럼라이트는 중국 국민당의 가혹한 정책 같은 세세한 부분은 무시한다고 말했지만, 대중은 그것을 무시하지 않았다. 대중은 실제로 그로 인해 크게 분열되어 있었다. 미국에서는 장제스의 명성이 천천히 무너지고 있었고, 공산당에 대한 좀 더 낭만적인 시각이 생겨나기 시작했다. '민주주의자 마오쩌둥'에 대한 가장 유명한 옹호자 에드거 스노는 5월에 《새터데이 이브닝 포스트》에 이렇게 썼다.

이 중국의 농업 개혁 운동이 '공산주의'로 불린다는 것은 조금 당혹스럽다. 중국의 공산주의는 물을 타서 묽어진 것이다.[19]

한때 장제스의 정치 고문이었던 중국 전문가 오언 래티모어는《아시아의 해법The Solution in Asia》(1945)이라는 새 책에서 이렇게 썼다.

공산당 치하의 정치 구조는 국민당 치하의 그것보다 더 민주주의에 가깝다.[20]

그는 이어 장제스가 "연립정부의 중심인물"이라고 말했다.

〔그는〕 정부 안에서 자신의 권한을 잃을까 봐 걱정할 필요가 없다. 그 안에서 공산주의자들과의 정당 간 차이는 민주적 과정을 통해 조정될 수 있을 것이다.

루스는 바로 이런 태도들에 맞서 싸우겠다고 결심했던 것이고, 변색된 그의 중국 영웅을 새롭게 단장시키는 것이 그 투쟁의 일부였다. 9월에 그는 장제스를《타임》표지에 실었다. 그 전주에는 처칠이 표지 인물이었다. 루스가 보낸 무언의 메시지는 이들이 전쟁의 두 위대한 승리자들이며, 유럽과 아시아의 장래를 책임질 두 위대한 인물이라는 것이었다. 장제스의 표지 사진은 훈장도 전혀 달지 않은 단순한 군복 차림의 멋진 모습이었다. 한이 가득 서린 듯한 커다란 눈은 앞을 응시하고 있고, 그의 표정은 단호하지만 적절한 미소의 기미로 누그러지고 있다. 딸린 기사는 열광적으로 말한다.

나이 쉰일곱에 장제스는 자신과 자기 나라 역사의 절정의 한 순간에 서있다. 전쟁이 끝나면서 중대한 사실이 분명해졌다. 대원수는 그의 정부가 군건하게 대중의 지지를 받아왔고 평화가 찾아오면 그 정부가 중국에서 효율적인 행정을 펼칠 수 있다고 오랫동안 생각해온 사람들이 옳았음을 보여주었다.[21]

이 기사는 장제스가 현명하고 인기 있는 인물이라는 루스의 묘사를 정당화하려는 것이었다. 그러나 그가 이렇게 하고자 결심함으로써《타임》의 편집자와 중국에 있는 스타 기자는 사이가 틀어지게 되었다. 시어도어 화이트는 루스가 바라는 장제스에 관한 숭배조調의 기사를 쓰지 않겠다고 거부했다. 화이트는 뉴욕에 있는《타임》본사에 보낸 전문에서 루스가 원한 기사는 "의례적인 찬사"[22]로 가득 차게 될 것이며, 그것은 "중국의 어둠침침한 폭군을 다시 한 번 정당화"하게 될 것이라고 불만을 표시했다.

이것은 루스를 향해 싸움을 거는 말이었다. 그 결과 화이트는 고국으로 소환되고, 《타임》에서 해고되었다. 중국을 둘러싼 시선의 불일치가 불굴의 루스와 명석하지만 강골이었던 화이트 사이의 부자간 같았던 관계를 허물어버렸다. 화이트는 한때 충칭의 자기 사무실 밖에, 자신이 쓴것과 잡지에 난 기사 사이에 혹시 비슷한 부분이 있다면 그것은 순전히 우연의 일치일 뿐이라는 내용의 팻말을 내건 적이 있었다. 화이트는 심지어 미국이 중앙정부 군 공수에도 반대했다. 그는 중국에 있는 미군 장교들에게, 그들이 공산군 게릴라들에게 둘러싸일 것이며, 그들이 파견됨으로써 미국은 아시아의 내전에 휘말려들고 결국 중국 공산당을 소련의 품으로 밀어넣을 것이라고 주장했다.

중국은 집안싸움을 생각나게 했다. 모든 사람은 중국에서 별난 짐승을 보았다. 정말로 미국인들은 "중국에서 내전이 계속되었기 때문에 그 나라에 환멸을 느꼈"다고 루스는 《라이프》에 썼다. 미국인들은 스스로에게 이렇게 묻는다.

"지금 미국이 처리할 수 있고 처리해야 하는 (……) 중국이라는 사업이 성업 중인가?"

자신의 질문에 대한 루스의 대답은 '그렇다'이다.

대부분의 미국인들은 중국에 관해 이런 간단한 사실을 극도로 저평가하고 있다. 중국의 합법 정부가 중국 땅에서(망명지에서가 아니라), 적어도 중국 땅의 절반 이상에서 유일 정부로 스스로를 유지해왔고, 다른 절반의 지역에서 대다수의 충성을 받고 있다는 사실 말이다.[23]

정책 입안자들도 루스의 주장과 다르지 않았다. 패터슨과 포레스털은 번스와 만나기 전날인 11월 26일, 자신들은 국민정부가 북중국과 만주를 통제할 가능성이 높지 않다는 웨더마이어의 비관론에 동의하지 않는다는 내용의 메모를 작성했다. 패터슨과 포레스털은 아직 포기하고 싶지 않았다. 웨더마이어의 결론에 대한 구체적인 검토는 없었다. 해군부 장관과 군사부 장관은 한쪽(정부)과 다른 한쪽(소련의 지원을 받는 공산 세력)의 상대적인 힘을 입증하기 위해 전문적인 군사 지식도 전혀 동원하지 않았다. 거기에는 중국 국내의 장제스에 대한 환멸에 관한 이야기도 없었고, 천명天命이 한 황제에게서 다른 사람에게로 옮겨갈 가능성이 있다는 중국의 전통적인 사고에 대한 언급도 없었다. 그들은 장제스가 공산 세력과의 경쟁에서 승리를 확보하기 위해 추진하려는 병사와 보급품 수송을 방해하는 것이 무엇인지에 대해서조차 이야기하지 않았다. 포레스털과 패터슨은 단순히 미국이 오래된 맹방과 관련된 곳에서 "꼬리를 자르고 달아날"(나중에 나온 표현이다) 것이라는 생각이 싫었던 것이다. 그들은 번스에게 이렇게 썼다.

설정된 목표 어느 것에서든, 세심한 고려를 거치지 않은 채 물러서는 것은 (……) 바람직하지 않을 듯합니다.

두 장관은 미국이 장제스를 지원한다는 방침을 수정한다면 "우리는 세계 여론에서 동맹국을 버린 것으로 비치게 될 것"[24]이라고 썼다.

바로 그날 웨더마이어는 마셜에게 또 하나의 전문을 보내 "숙고 끝에 나온 자신의 의견"[25]을 다시 전했다. 장제스는 "미국과 동맹국(또는 '미국이나 동맹국')의 추가 지원"이 없으면 북중국과 만주의 통제권을 얻을 수 없고, 만주의 경우는 "소련의 전폭적인 협조"까지 있어야 한다는 것이었다. 웨더마이어는 장제스와의 대화에서 이 중국 지도자가 "만주 재점령을 잠정적으로 포기"하고 그 대신 북중국에 집중하는 데 동의했다고 말했다. 그러나 그것조차도 그에게는 벅찰 것이라고 했다. 전선은 너무 길고, "공산 세력의 약탈"은 너무 피해가 컸다. 웨더마이어는 미국이 "꼬리를 자르고 달아나"야 한다고 말한 것은 아니었으며, 다만 미국이 중앙정부를 돕기로 결정한다면 그 도움은 상당히 규모가 크고 오랜 시간을 요할 것임을 분명히 한 것이었다. 웨더마이어는 이렇게 경고했다.

"또한 제가 중앙정부 군을 도우라는 명령과, 동족상잔의 전쟁에 개입하는 것을 피하라는 명령을 동시에 수행하는 것은 불가능합니다."[26]

번스는 이튿날 회의를, 패터슨과 포레스털의 편지를 낭독하는 것으로 시작했다. 낭독이 끝나자 포레스털은 "북중국에서 지금 해병대를 빼내는" 것에 대해 반대 의견을 표명했다. 그는 중국에 병력을 계속 투입할 경우 예상되는 대중의 반대에 대한 해법 하나를 내놓았다. 미국은 소련과 대화를 하고 "유엔을 이 문제에 끌어들"여야 한다고 그는 말했다. 그러나 번스는 미국이 소련에게 실제로 무슨 일을 해달라고 요청해야 하느냐고 물었다. 그들이 철수하겠다고 약속한 12월 2일(일주일도 남지 않았다) 이후에도 만주에 남아 있으라고?

〔포레스털〕 "아닙니다. 장제스 정부를 지지해달라고 요청할 수 있죠."
〔번스〕 "아, 소련은 이미 국민정부만을 지지하기로 조약을 맺은 상태입니다. 그래서 이 문제에 관해 정말로 우리가 어떻게 소련 정부에 접근해야 할지 결정하기가 어렵습니다."

번스는 자신이 워싱턴 주재 중국 대사로부터 들은 말을 들려주었다. 소련은 무장한 공산군을 한 명도 만주로 들이지 않겠다고 약속했다는 것이었다.

번스는 소련에게 자기네가 이미 하고 있다고 주장하는(물론 번스는 그들이 하고 있지 않다는 것을 알고 있었다) 일을 하도록 요청하는 것이 요령부득임을 알았지만, 중국의 위기를 풀기 위해 새로이 제안할 수 있는 일이 별로 없었다. 그 대신 그는 이전의 미국 관리들이 장제스와의 관계에서 취했던 바로 그 처방으로 돌아갔다. 그는 이렇게 말했다.

"모든 점을 고려하면 아마도 현명한 방법은 중국 정부와 중국 공산당을 압박하여 타협안에 합의하도록 노력하는 것이고, 대원수 장제스에게는 여기에 찬성하지 않으면 원조를 중단하겠다고 말할 수 있을 겁니다."[27]

그는 헐리 대사를 즉시 중국으로 돌려보내 장제스에게 다시 이 이야기를 전하게 하는 방안을 제시했다. 해병대는 당분간 중국에 머물기로 결정되었다. 정확히 얼마나 머물지는 아무도 몰랐을 것이다. 한편으로 미국은 공산당과 국민당에게 합의를 도출하고 싸움을 중지하라고 더욱 강하게 압박하기로 했다.

이렇게 해서 미국은 중국의 내전에 더욱 깊숙이 얽혀들었음을 알게 된다. 이를 "건성으로" 하는 것에 대한 드럼라이트의 경고와, 그것은 대규모와 장기간의 투입이 필요하며 그러지 않으면 소용이 없을 것이라는 웨더마이어의 경고를 무시한 것이었다. 이 정책은 일종의 중도적 수단으로 떠오른 것이었다. 두 가지 주요 방안인 동맹국을 버리는 것과 상당한 미군 병력을 동원하여 대량으로 들어가는 것 둘 다 불가능했기 때문이다. 번스의 "현명한 방법"은 국민당과 중국 공산당이 여기에 동의하지 않을 경우 미국이 어떻게 해야 하는지에 대한 검토조차 없었다. 이 모든 것은 민주주의가 어떤 성향을 지니고 있는지를 보여준다. 혼란스러운 시기에 여기 조금, 저기 조금 땜질을 하고 분명하거나 부담스러운 노력은 하지 않은 채 반대하는 유권자들을 만족시키려고 하며, 이와 동시에 미국이 중재하는 협상을 통해 양측이 갈등을 해소하면 모든 문제는 사라질 것이라는 희망을 키우는 것이다. 그 희망이 아무리 허망할지라도.

포레스털은 번스와의 회의에서는 아무 말도 하지 않았던 듯하지만, 이 결정이 해병대의 철수를 연기하고 중국 공산당과 국민당 사이의 갈등을 협상을 통해 해결하도록 압박하기 위해 내려졌다고 거의 통상적인 방식으로 적었다. 그것은 "이어지는 시기에 중국 정책에 관한 그 많은 문서들을 엉망으로 만들게 되는, '한편, 다른 한편 병'의 증상"[28]을 보여주었다고 그는 일기에 적었다.

이번에는 헐리가 협조를 거부했다. 번스가 포레스털 및 패터슨과 회의를 하기 전날인 26일, 그는 번스에게 중국으로 돌아가고 싶지 않다고 말했다. 그는 사임을 생각하고 있다고 했다. 번스는 조국은 그를 필요로 한다고 하면서 계속 머물러달라고 설득했다. 장제스도 그가 대사로 있어야 한다고 역설했다. 번스, 포레스털, 패터슨이 회의를 하던 당일인 11월 27일, 헐리는 백악관에서 트루먼을 만났다. 트루먼은 중국의 상황이 심각해 보이므로 그에게 당장 돌아가달라고 말했다. 다음 날이라도 떠나면 좋겠다고 했다.

트루먼은 헐리가 동의했다고 생각하고 장관들과 점심을 먹으러 나갔다. 점심식사 도중 그는 생각지도 않았던 전갈을 받았다. 헐리가 사임한다는 성명을 언론에 발표했다는 것이었다. 끝까지 고집불통에다 변덕스러웠던 헐리는 대통령이나 국무부 장관에게 이 일을 사전에 알리는 예의조차 차리지 않은 채, 쌓였던 분노를 이기지 못하고 그런 선택을 하고 말았다.

헐리는 언론에 보낸 편지에서, 중국과 관련하여 미국이 지닌 문제의 뿌리라고 생각하는 것을 털어놓았다. 소련의 술책이나 공산 세력의 공격성이나 장제스에 대한 대중의 환멸이 아니고, 자신이 자리에서 쫓아내려고 노력했음에도 불구하고 권한과 책임이 있는 자리에 남아 있는 미국의 직업 외교관들이 문제의 뿌리라고 그는 말했다. 헐리는 기자회견과 자신이 쓴 성명에서 누구의 이름도 거명하지 않았다. 그저 "중국의 무장한 공산주의 정당과 중국의 내분 상태를 유지하려는 정책을 갖고 있는 제국주의 블록 국가들 편을 든 직업 외무 공무원들"[29]이라고만 언급했다.

그러나 그는 물론 자신의 판단에 의문을 제기한 충칭과 워싱턴의 중국 전문가들을 말한 것이었다. 존 서비스는 아메라시아 사건의 혐의를 벗은 뒤 도쿄의 맥아더 사령관 고문으로 다시 임명되었고, 거기서 존 에머슨 및 조지 애치슨과 함께 근무하고 있었다. 애치슨은 몇 달 전 국무부에 보내는 편지를 대표 집필하여 중국 문제에 관한 헐리의 보고를 "불완전하고 비객관적"이라고 비판한 바 있었다. 존 데이비스는 헐리가 특히 싫어했던 사람으로, 지금 모스크바에서 조지 케넌이 아끼는 보좌관으로 있었다. 존 카터 빈센트는 국무부 동아시아국장이었는데, 헐리가 편지에서 불평한 바에 따르면 그는 국무부의 "내 상사들" 가운데 한 사람이었다.

그것은 세상을 뒤흔든 뉴스였고, 당시에 큰 화제가 되었다. 《뉴욕 타임스》는 헐리의 성명을 통째로 전재轉載했고, 별도의 1면 기사에서 이를 "고위 직업 외교관의 외교 정책 당국에 대한 거센 비난"이라고 묘사했다. 《뉴욕 타임스》는 사설에서, 트루먼 행정부는 이런 비난들을 잘 살펴 "나라에 어떤 확신을 주어야 할 것"이라고 근엄하게 충고했다.

꼭대기에서 채택된 그 정책은 사실상 아래에서 올린 것을 충실히 따른 것이었다.[30]

그리고 헐리는 여기에 관여하지 않았다.

충칭의 미국 대사관에서는 이 소식으로 "한바탕 소란"이 일어나고 "모든 장벽이 허물어져 모든 사람들이 오랫동안 하고 싶었던 말들을 쏟아냈다"[31]고, 소련 전문가 존 멜비는 자신의 일기에 적었다. 헐리의 비난은 이제 "우리는 여기서 무엇을 해야 하는가에 대한 내부의 논란과 대립되는 관점들 사이의 깊은 갈등"을 드러냈다. 국민당은 경악했고, 공산당은 환호성을 질렀다. 헐리를 "미 제국주의 분자"의 대표라고 규탄해왔던《라디오 옌안》은 이렇게 말했다.

> 충칭에 있는 중국 내란 선동자들은 그의 사임을 애석하게 생각하지만, 중국 인민들은 미국 인민의 승리라고 생각합니다.[32]

며칠 뒤 위싱턴의 내셔널프레스클럽에서 연설한 헐리는 구체적인 이름들을 거명했다. 애치슨과 서비스의 이름이 나왔다. 미국의 정책을 뒤엎고 중국을 공산 세력에게 넘겨주려고 열심히 움직인 사람들이라는 것이었다. 그리고 그는 상원에 가서 이틀 동안 증언을 했다. 그는 다시 한번 애치슨과 서비스가 장제스를 실각시키기 위해 음모를 꾸몄다고 말했다.《타임》은 그의 출두에 대해 이렇게 전했다.

> 팻(패트릭) 헐리는 고함을 지르고 두 주먹을 휘둘렀다. 그의 흰 코밑수염이 곤두섰고, 검은 리본을 단 그의 코안경이 코 위에서 흔들렸다. 그는 자신의 핵심 주장을 열심히 떠들었다.[33]

이에 대한 대응으로 국무부 장관 제임스 번스는 이 중대한 비난을 공식적으로 조사하여, 그것들이 근거가 없고 따라서 의도하지 않게 투명성을 부풀렸는지 밝혀내라고 지시하지 않을 수 없었다. 번스는 외무 공무원들이 자기네의 견해와 분석을 그들이 생각하는 방식대로 보고했고, 거기에 불충스러운 부분은 없었다고 말했다. 그러나 헐리의 센세이셔널한 비난은 처음으로 중국과 관련한 불충과 표리부동 문제를 대중 앞에 고발한 것이었고, 그것은 수십 년 동안 불쾌한 의심의 눈초리로 거기에 남아 있게 된다.

헐리의 갑작스러운 사임으로 트루먼은 매우 짜증이 났지만 당장 새 특사가 필요했고, 곧 자신이 원하는 인물을 생각해냈다.

그날 밤 그는 조지 마셜에게 전화를 걸었다.[34] 마셜은 막 버지니아 주 리스버그에 있는 자신의 집에 도착하여, 군인과 참모총장으로 바빴던 시절을 뒤로하고 편안한 은퇴 생활을 보내려던 참이었다. 전화 벨이 울렸을 때 마셜의 아내는 집으로 돌아와서 첫 번째 저녁을 먹기 전 잠시 쉬려고 계단을 올라가던 중이었다.

"장군, 나를 위해 장군이 중국에 가주셔야겠소."

트루먼이 이렇게 말하자 마셜은 이 소식을 저녁을 먹고 나서 아내에게 알려야겠다고 생각하며 대답했다.

"그러죠, 대통령님."

그러고는 전화를 끊었다. 한 시간 뒤 라디오 뉴스에서 마셜의 임명에 대한 소식이 흘러나왔다. 마셜은 아내에게 이렇게 말했다.

"나는 당신이 쉴 시간이 되면 말하려고 했소."

마셜이 트루먼과의 짧은 통화에서 그 의미를 완전히 이해했는지는 분명하지 않다. 그는 중국 특사가 되어야 할 뿐만 아니라, 중국의 두 무장 정당을 화해시켜 막 시작되고 있던 내전을 중단시키는 일이 이제 자신의 두 어깨에 떨어질 것이라는 사실을 말이다.

한편 상황은 좀 더 나은 쪽으로 조금 변화했다. 11월 중순, 장제스는 소련의 농간에 지쳐 이에 대한 세계의 관심을 호소할 작정으로 협상 팀에게 창춘을 떠나도록 지시했다. 소련의 처음 반응은 공격을 강화하는 것이었다. 공산당이 통제하는 경찰대의 대원 한 사람이 살해당했는데, 곧바로 국민당을 비난하고 정부 대표단의 축출을 요구하는 포스터가 도시 전역에 나붙었다. 대표단이 이 나라의 정부 주석으로부터 그곳을 떠나라는 지시를 받았다는 사실을 모른 것이었다. 대표단 본부는 "바람 소리와 학의 울음에 시달렸다"[35](바람 소리와 학의 울음소리만 들려도 적군이 쫓아오는 줄 알고 놀란다는 뜻의 '풍성학려風聲鶴唳'라는 고사를 인용한 것으로 보인다―옮긴이)고, 중국 정부 팀의 경제학자 장자아오는 마치 당나라 때의 시처럼 들리는 구절을 자신의 일기에 썼다. 물 공급과 전화 서비스도 끊겼다.

엄청난 재난이 일어나고 있다는 기분이 들었다.

그날 160명의 국민당 대표단이 비행기를 타고 창춘을 떠나 베이징으로 향했고, 거의 즉각 소련의 태도가 바뀌었다. 그때까지 중국 공산당에 대한 스탈린의 핵심적인 전술적 지시는 만주에서 소련 군대를 이동시켜 정부군을 막는 "행동"은 할 수 있지만 이를 "공개적으로 말"[36]할 수는 없다는 것이었다. 그들은 공개적으로 만주 점령 의사를 표시할 수 없었다. 스탈린은 줄곧 장제스와 정상적이고 독점적인 관계를 맺는다는 시늉을 했고, 충칭에 소련 대사관을 유지하며 옌안과는 공식 접촉이 없는 것처럼 했다. 스탈린은 옌안에 있던 자기네 주재원과, 여러 해 전 코민테른에서 제공한 무선 송신기를 통해 마오쩌둥과 비공식적으로, 그리고 비밀리에 의사소통을 했다.[37]

국민당 팀이 창춘에서 철수한 지 이틀 뒤, 스탈린은 장제스에게 편지를 보냈다. 자신은 만주에서 "모든 집단 행동을 근절"할 것이며, 이러한 노력을 돕기 위해 붉은 군대의 철수를 연기하겠다고 제안했다. 며칠 뒤, 소련은 만주의 주요 도시인 선양과 창춘에 정부군이 공수될 수 있도록 보장하겠다고 장제스에게 말했다. 한편으로 스탈린은 공산당에게 이들 도시에서 그들의 군대를 철수시키고 이들 지역에서 정부군과 충돌을 일으키지 말라고 말했다.[38] 그러면서도 소련은 다롄과 북한의 병기창에서 공산 세력에게 무기 공급을 늘리고 있었다.

창춘에서는 소련군 장교가 지역 신문기자들을 불러 국민정부에 대한 반대를 금지한다고 말했다. 거의 즉각적으로 국민당을 비판하는 포스터들이 사라지고, 그 자리에 국민당을 지지하고 국제 협조를 찬양하는 내용이 대신 채워졌다.[39] 말리놉스키는 중앙정부가 행정 기관을 세운 곳에서는 공산당의 활동을 금지하겠다고 약속했다. 그는 공산군의 지폐 발행을 금지하고, 국민당 대표단이 창춘으로 돌아오기를 희망한다고 말했다.[40]

소련은 언제나처럼 유연한 정책을 취해 공산 세력을 돕는 한편으로 미국의 개입 강화를 불러오는 일은 피하려 했고, 마오쩌둥은 이런 조심성에 초조하고 짜증이 났지만 이를 이해했다. 11월 20일, 옌안 측은 만주의 사무소에 새로운 지침을 내려보내, 공산당의 주력 부대는 만주의 대도시들을 점령하려고 노력하는 대신 "중소 도시와 지선 철도를 초점으로 하고 소련, 북한, 외몽골, 러허를 배경 삼아 강력한 기반 지역을 조성"[41]해야 한다고 통지했다. 당연한 일이지만 전쟁 기간 동안 '해방구'로 이주해온 공산당 하층부의 많은 사람들은 이 정책을 못마땅하게 여겼다. 그들에게는 "대국적으로 보고 '메이美-장蔣'과 싸워야" 한다고 말해주었다. '메이-장'은 미국과 장제스의 동맹을 공산 세력이 경멸적으로 약칭하는 신조어였다.

국민당과 중국 공산당 사이의 경쟁은 다가오고 있는 소련과 미국 사이, '신민주주의'와 자본주의 반동파 사이의 더 큰 세계적 규모의 투쟁에 비하면 사소한 것이었다. 그러나 소련은 전술적 문제로서 미국의 개입을 피하기 위해 "자신을 외견상 중국 공산당과 분리"해야 했다. 마찬가지로 중국의 공산 세력은 "소련과 전혀 연계가 없는 척"하는 한편으로 "미국이 중립을 지키도록 노력"[42]해야 했다.

다른 상황 진전도 있었다. 정부군은 미국으로부터 도움을 받아 팔로군을 친황다오 부근 지역에서 철수하게 함으로써 만주에서 진전을 이루어냈다. 학생 시위가 몇몇 대도시에서 일어났고, 그들은 중앙정부를 목표로 하는 대신 공산 세력이 소련과 밀착하는 데 항의하는 쪽으로 변화가 일어났다.

1945년 12월 16일, 장제스는 베이징을 방문했다. 1937년 전면전이 발발한 이후 이 공인된 중국 지도자가 베이징을 방문한 것은 이때가 처음이었다. 그 기간 내내 영광스러운 과거 제국의 수도였던 이 도시는 일본 침략자들의 수중에 있었다. 10만 명의 학생들이 중국의 가장 장려한 유물인 자금성 문앞의 천안문天安門 광장에 나와 대원수를 환영했다. 그들은 장제스의 전기를 쓴 제이 테일러가 말했듯이 "우레와 같은 환호"[43]를 보냈다. 수많은 사람들이 그와 손을 잡거나 단지 얼굴을 보기 위해 몰려들었다. 자애로운 학자 같은 포즈가 아니라 근엄하고 권위주의적인 모습을 드러낸 그의 대형 초상화가 오문午門(자금성의 정문—옮긴이)에 걸려 있었다.

장제스는 베이징을 떠나 이전 수도였던 난징으로 날아갔다. 그곳 군관학교 구내의 상주할 집으로 들어가기 위해서였다. 그곳에서 그는 "영광스러운 승리"[44]를 주신 "하늘에 계신 우리 아버지"에게 감사를 드렸고, 자신을 환영하기 위해 연도에 나온 주민들의 인파를 둘러보았다.

중요한 전략적 문제, 즉 소련의 역할에 관해 장제스는 틀림없이 공산당의 양면 정책을 알고 있었다. 그럼에도 불구하고 그는 소련의 명백한 태도 변화에 흡족해했다. 러시아어를 할 줄 알아 창춘에서 말리놉스키와 협상을 했던 그의 아들은 12월 초 그에게 이렇게 말했다.

"〔소련이〕 정부의 제안에 거의 모두 동의했습니다. 정부 이외의 모든 무장 세력을 일소하는 일까지도요."[45]

중앙정부의 지도자들이 이를 믿을 수 있었을까? 특히 소련이 뒤에서는 공산 세력의 무기고를 채워주고 있었는데 말이다. 장제스는 언제나 자신이 강하게 보이고 중국 공산당이 자신을 전복시킬 가능성이 없다는 것을 보여줌으로써 소련이 마오쩌둥과 거리를 유지하도록 유도하고 싶어했다. 그래서 장제스는 소련이 만주에서 일본이 남긴 수십억 달러 상당의 산업 설비들을 몽땅 뜯어가는데도 항의하지 않기로 했다. 그는 소련이 다롄, 뤼순과 만주 철도에서 취한 신식민주의적 이권을 줄이려는 노력도 하지 않았다. 그는 소련을 만족시켜, 그들의 이익이 마오쩌둥이 아니라 자신을 지지하는 데 있음을 납득시키고자 했다. 이는 당시에는 합리적인 계산이었지만, 여러 사건들을 통해 곧 드러나게 되듯이 그것은 완전히 틀린 계산이었다.

중국의 상황에 대한 미국 외교 당국자들의 보고는 눈에 띄게 낙관적인 것으로 변했다. 12월 초의 대사관 무관 보고서는 정부 비행기가 저우언라이를 충칭으로 데려오기 위해 옌안으로 떠났다고 밝혔다. 타결되지 않고 있는 정치협상회의 소집에 관해 더 논의하기 위해서였다. 또한 공산당 언론의 사설들도 "타협안 논의에 더 긍정적인 태도를 보여주고 있다"[46]라고 했다. 무관은 공산 세력의 반대가 "누그러졌다"고 결론짓고,

이제 "공산 세력이 지금 투입된 잘 무장되고 훈련된 중앙정부 군을 상대로 오래 버틸 수 없을" 것 같다고 말했다.

12월 초까지 정부군 7개 군軍이 북부 지방을 접수하기 위해 세 갈래로 나뉘어 대규모 이동을 시작했다. 한 부대는 베이징 북쪽에 있어 만주로 가는 주요 육상로를 통제하고 있는 장자커우를 점령하기 위해 이동하고 있었다. 두 번째 부대는 만리장성 지역의 관문들을 점령하기 위해 베이징-구베이커우古北口 철로를 따라 전진하고 있었다. 공산당 언론들이 전에 없애버렸다고 말한 바 있는 부대들로 이루어진 세 번째 갈래는 중요한 싸움이 시작되려고 하는 선양에서 50킬로미터 떨어진 곳에 있었다. 이들 정부군 부대들은 국민당 군의 최정예 부대들이었다.

12월 중순 무렵, 미국 정보기관들은 공산 세력이 선양을 지키는 쪽으로 위축될 것이라고 생각했다. 무관의 보고는 정부군이 장자커우 부근과 러허성으로 이동함에 따라 공산 세력은 "자기네 지배에 좀 더 심각한 위협"[47]에 직면하고 있다고 말했다. 그사이에 정부의 제8군은 미군의 도움을 받아 칭다오에 상륙하여, 공산 세력이 통제하고 있던 산둥성 내의 항구들(가장 중요한 곳이 전에 미국 해병대 상륙을 막았던 즈푸였다)에서 그들을 몰아내기 위해 이동하고 있었다.

12월 셋째 주에는 저우언라이가 충칭으로 돌아와서, 정치협상회의 소집은 "기정사실"로 보였다. 흐름은 정부에 유리한 쪽으로 돌아섰고, 타이밍도 완벽했다. 새 중국 특사가 곧 도착할 예정이었고, 미국은 공산 세력과 정부 사이의 협상(그것이 통일되고 민주적인 중국을 탄생시킬 터였다)을 중재하기 위한 또 한 번의 혼신의 시도를 시작하려 하고 있었기 때문이다. 그리고 조지 마셜은 흠 잡을 데 없는 매너와 명성과 자격을 가진 인물이었고, 두 대륙에서의 군사적 승리를 기획한 사람이었으며, 위상과 명성에서 경박한 헐리와는 비교가 안 되는 사람이었다. 그런 마셜은 중국에서 벌이는 미국의 외교적 노력이 과거에는 실패했지만 이번에는 꼭 성공할 것이라고 확신하고 있었다.

제 16 장

거의 이룬 타결

"**모**든 사람들이 마셜을 기다리고 있고, 그에게 너무 많은 기대를 걸고 있다."[1]

존 멜비는 트루먼이 보내는 유명한 새 특사가 도착하기 이틀 전 일기에 이렇게 썼다. 누군가 중국의 내전을 피하게 할 수 있는 사람이 있다면 바로 마셜이었다.

여기서는 모두들 일도 별로 하지 않으면서 허둥거렸다. (……) 그리고 모두는 거물의 도착이 임박하자 잔뜩 긴장했다. (……) 그것은 용두사미의 특징들을 드러내기 시작하고 있었고, 나는 이 모든 일이 압박과 공포 속에서 짜낸 것이라는 느낌을 점점 강하게 받았다. 이곳의 많은 사람들은 이제 그것을 안타깝게 생각하고 있으나, 무슨 일을 할 수 있을지 알 수 없었다. 그저 지켜보는 것 외에는. 대부분의 사람들은 그 훌륭한 명성에 흠집이 갈 수밖에 없다는 데 동의하고 있었다.

멜비는 마셜이 특사로 오게 된 것을 왜 많은 사람들이 안타깝게 생각했는지는 말하지 않았다. 그러나 십중팔구 그 안타까움은 미국이 불가능해 보이는 일에 자원을 쏟아붓고 위신을 위태롭게 하는 것에 대한 걱정이었을 것이다. 중국에 있는 미국인들과 고국에 있는 미국인들 사이에는 간극이 있었다. 전자는 다투고 있는 양쪽이 절대로 화해할 수 없다는 현실적인 인식을 가지고 있었고, 후자는 정치적인 타협 및 제도화된 비폭력적 권력 투쟁에 대한 변함없는 믿음을 지니고 있었다. 고국의 미국인들이 믿고 있는 두 가지는 중국의 전통에는 전혀 없는 것이었다.

그러나 아마도 이 모든 것을 능가하는 것은 관록 있는 인물인 마셜 자신과 그의 위상, 그리고 실패한 적이 없는 그의 실적이었을 것이다. 그의 고위 보좌관 가운데 한 사람은 그를 처음 얼핏 본 뒤에 집에 보낸 편지에서 이렇게 썼다.

"그는 겸손한 사람이고, 자만심이라고는 눈곱만큼도 없다."[2]

그는 전쟁 기간에 어떤 상이나 훈장도 거부한 사람이었다. 전쟁터에서 병사들이 죽어나가고 있는 마당에 훈장을 받는다는 것은 부적절하다고 생각했다. 군사부 장관 헨리 스팀슨은 마셜의 참모총장 퇴임식에서 그에게 이렇게 말했다.

"나는 일생 동안 군인들을 수도 없이 보았습니다만, 귀하는 제가 알고 있는 군인 가운데 가장 훌륭한 군인입니다."[3]

12월 말 충칭에서 마셜을 처음 만난 멜비는 그가 생각했던 것만큼 키가 크지는 않았지만 "솔직하고 좋은 인상"을 받았다. 추축국을 무찌른 부대와 운용 계획과 지휘부를 조직했던 마셜은 야전에서 부대를 이끌도록 자신이 임명한 부하들에게 간섭하거나 전쟁터에서 이루어진 결정을 원격 조종하려는 시도를 절대 하지 않는 사람으로 유명했다. 멜비는 그를 알게 되면서 "그가 정말로 겸손하고 자신을 대단치 않게 생각한다는 점에서 참으로 위대한 군인이고 위대한 인물이라는 인상이 점점 더 강해"⁴졌다. 그러나 그는 또한 중국에서의 외교적 중재라는 것이 심지어 세계대전에서 승리하는 것보다 더 실망스럽고 예기치 못한 장애물이 널려 있는 일임을 제대로 인식하지 못했다. 멜비가 보기에 마셜은 "시야와 경험에서 직업군인이라는 한계가 있는" 인물이었다.

모든 사람늘이 마셜을 기다리고 있었다. 1945년 12월 20일 그가 탄 비행기가 상하이에 착륙했을 때 중국과 미국의 의장대가 나와 있었다. 중국 주둔 미군 사령관 앨버트 웨더마이어가 검은색 뷰익 세단을 타고 캐세이 호텔까지 그를 수행했다. 이 호텔은 상하이의 유명한 와이탄外灘에 있는 웅장하면서도 칙칙한 건물로, 16년 전 노엘 카워드가 희곡《사생활Private Lives》(1930)을 썼던 곳이다. 상하이 공공조계의 부동산 거물인 이라크계 유대인 빅터 서순이 지은 캐세이 호텔은 상하이 외국인 지구의 명소로서, 정크선, 삼판선, 증기선과 지금은 미국 해군의 배들로 북적거리는 넓은 황푸강黃浦江을 내려다보고 있었다.

마셜은 사실상 미군이 점령한 시기에 이 도시에 머물렀다. 미국 해병대가 존재감을 뽐내고 있었던 것이다. 그들은 상하이의 유명한 경마장에서 풋볼과 야구를 했고, 밤에는《타임》이 조심스럽게 상하이와 기타 "도시의 방탕한 쾌락"이라 부른 것을 찾아다니며 흥청거렸다.

마셜의 수행원 몇 명이 이 미국의 점령지를 구경하러 외출했다. 밤늦게 자기네 배로 돌아가던 해병들이 심심풀이로 세발자전거 경주에 열중하고 있었다. 쿨리들이 고용되었다. 군인들은 승객 자리에 앉았다. 경주자들은 상하이의 또 다른 주요 도로인 넓은 징안쓰루를 달려 내려가기 시작했다. 마셜의 수행원 한 사람은 그것이 그리 나쁘지는 않았다고 말했다.

"다만 그들은 쿨리들을 몰아대기 위해 이런저런 방법을 썼는데, 그것이 언제나 허리띠로 쿨리들의 등짝을 후려치는 것이었다는 점이 문제였다."[5]

마셜이 중국에 도착할 때쯤에는 일본의 패망으로 인해 촉발된 도취감이 불쾌하고 불만에 차고 비관적인 분위기로 바뀌어 있었다. 8년에 걸친 일본의 점령 뒤에 나라가 이미 내전 상태에 돌입했다는 사실이 분명해졌다. 중앙정부 군과 공산 세력 사이의 격렬한 전투가 서쪽의 산시성陝西省에서 동쪽의 산둥성까지 여러 지역에서 벌어졌다.

일본에 대한 승리의 감격을 망치는 것은 공산당과 국민당 사이의 분열만이 아니었다. 비공산계 안에서도 심각한 논쟁이 있었다. 특히 국민당과 몇몇 민주 정당들 사이에서 그랬다. 이 정당들은 전시 정치활동 제한이 풀리면서 떠오르기 시작한 기업인, 지식인, 학생들을 대표하고 있었다. 여러 부류의 사람들 사이에서 장제스는 여전히 저항의 시기에 나라를 이끌어온 영웅으로서 존경받고 있었다. 그는 중국에서 가장 유명한 사람이었고, 그의 사진이 어디에나 걸려 있었으며, 그의 연설은 당연히 친국민당 언론에 보도되었다. 또한 그에게는 워싱턴 방문 때 백악관에 묵었던 매력 넘치는 아내가 있었다. 그러나 지배 정당에 대한 거센 환멸도 나타나고 있었고, 많은 사람들은 전후 중국에 미국이 들어온 것이 신제국주의가 덮씌워진 것이라고 생각하고 있었다. 해병들이 허리띠로 세발자전거 운전자를 후려친 것이 상징적인 사례였다.

11월 말 쿤밍에서는 학생 시위가 터졌다. 그곳에는 전시에 피난 온 몇몇 대학들이 여전히 남아 있었다. 쿤밍은 전쟁 기간 동안 셔놀트의 비호부대 사령부가 있었던 곳이고, 윈난성의 군벌인 룽윈龍雲의 정치적 통제를 받고 있었다. 따라서 이곳은 언제나 일본에 점령당하지 않은 대부분의 지역보다 자유로웠고, 국민당의 전시 제한을 덜 받았다. 그곳은 또한 일본에 대한 저항과 반격에서 드물게 성공한 중심지였다. 중국군은 긴요한 셔놀트 부대 전투기의 지원을 받아 버마의 살윈 협곡에서 일본군을 몰아낸 바 있었다. 한 유명한 전투에서 룽윈은 궤멸당하기 직전의 상황을 뒤집어 승리하는 데 도움을 주었다. 그는 어느 중국 장군이 총탄에 맞아 죽은 뒤 지휘권을 맡아 중국군 병사들을 결집시키고 적이 살윈 강을 건너지 못하도록 했는데, 적이 강을 건넜더라면 엄청난 참사가 일어날 뻔했다. 그러나 전쟁이 끝나자 장제스는 쿤밍에 자기 휘하 부대를 보냈다. 며칠 동안 그곳에서 피비린내 나는 전투가 벌어진 끝에 그들은 도시를 점령했고, 룽윈을 충칭의 한직으로 쫓아버렸다.

이제 도시를 완전히 장악한 국민당 군은 대원수의 방침을 강요하여, 윈난 대학 중앙 홀에서 집회를 갖지 못하도록 막았다. 그러나 옥외에서 집회를 열고, 교수들이 연설을 하자 병사들은 군중의 머리 위로 총을 쏘아 집회를 해산시켰다. 해산되기 전에 학생들은 요구 사항을 발표했는데, 그 가운데 하나가 미군의 철수였다. 시위는 주로 국민당 정부를 표적으로 삼았다. 그들이 일당 지배를 영속화하고 부패했으며, 비밀경찰이 테러를 유발하는 활동을 벌이고 있다는 것이었다.

학생 시위는 중국에서 특별한 의미를 지녔다. 1915년 일본의 21개조 요구에 대한 떠들썩한 저항과 5·4 운동으로 알려진 1차 세계대전 전의 들끓던 시절로 거슬러 올라가는 역사의 경이驚異였다. 이 쿤밍의 시위 도중 정부가 억지로 질서를 잡으려 하면서 경찰의 습격으로 학생들이 살해되고 부상당했다는 보도가 나왔다. 그러나 시위는 1946년에도 계속되었다. 그것은 마셜의 협상에 대한 반대자들의 배경 소음이자, 중앙정부의 인기가 떨어지고 있다는 징표였다.

멜비는 일기에서 12월 초 쿤밍에서 일어난 사건들을 언급하며 이렇게 썼다.

"그곳에서 벌어진 살인과 잔학 행위는 충격적이다. 많은 국민당 사람들은 정말로 겁에 질렸지만, 그것은 여전히 계속되고 있다."[6]

물론 멜비는 쿤밍에 있지 않았고, 그곳에서 일어난 살인들에 대해서도 불분명하고 구체적이지 않다.

중국의 상황도 불확실하고 모호했지만, 미국의 정책 역시 모순과 애매함투성이였다. 마셜은 중국으로 떠나기 전에 국무부 장관 제임스 번스와 그 보좌관들의 일요일 아침 회의에 참석했다. 국무부의 2인자 딘 애치슨과 존 카터 빈센트 등이 참석했다. 중국에서는 웨더마이어가, 더 많은 병사들을 북중국과 만주로 수송하는 일을 도와달라는 장제스의 끊임없는 요청을 보고하고 있었다. 병사들은 그곳으로 이동하면 분명히 공산 세력의 확장을 막는 데 이용될 터였다. 중국의 "동족 내분"에 개입하는 것은 미국의 정책에 반하는 것이었기 때문에 자연스럽게 이런 질문이 제기된다. 미국은 이 요청에 응해야 하는가? 만약 미국이 응한다면 장제스가 연립정부를 형성할 동인動因은 줄어든다. 따라서 대답을 미루는 것이 적절해 보였다. 그러나 마셜은 바람직한 타결을 방해하는 것이 공산 세력이 아니라 장제스라면 미국은 어떤 정책을 취해야 할 것인지를 알고 싶었다.

이 문제에 관해서는 심각한 의견 대립이 있었다. 빈센트는 장제스가 마셜의 활동에 장애가 된다면 더 이상 그를 지원해서는 안 된다고 강력하고 완강하게 주장했다.[7] 장제스에게 무기를 더 주면 내전으로 이어질 것이고, 그러면 공산 세력이 이길 듯하다는 것이었다. 빈센트는 그런 일이 일어나도 미국에 엄청난 영향을 미치지는 않을 것이라고 생각했다. 그는 중국이 거대하고 독립에 대한 열망이 강하기 때문에 소련의 위성 국가가 될 것이라고는 생각하지 않았다. 설사 위성국가가 된다 해도, 그게 어떻단 말인가? 중국은 완전히 결딴난 나라이고 밑바닥부터 재건과 복구가 절실하게 필요하기 때문에, 모든 에너지를 절박한 내부의 필요에 쏟아야 한다. 따라서 장제스가 정치적 타결을 거부한다면 미국은 그의 병사들을 수송해주는 일을 거부해야 한다. 설사 그 결과로 일본이 비워놓고 떠난 지역의 통제권을 공산 세력이 차지한다 해도 말이다. 중국은 분단될지도 모른다. 그것이 물론 좋은 일은 아니지만 그렇다고 재앙도 아니다. 어쨌든 결국 중국의 운명을 결정하는 것은 중국인 자신들이지 미국이 아니다. 빈센트의 이야기는 외교 관계에 대해 깊이 숙고한 견해를 표명한 것이었다. 그는 세계를 자신의 구상대로 만들어가는 미국의 힘에는 한계가 있고 차선의 결과를 받아들일 필요가 있다고 인식했다.

빈센트의 주장은 별다른 영향을 미치지 못했다. 다가오고 있는 냉전이 그것을 소멸시켰다. 번스는 일요일 아침 마셜 및 대통령과의 회의에서 이 문제를 자세히 설명했다. 번스는 미국이 장제스를 돕지 않는다면 소련은 약속했던 만주에서의 철수를 늦출 것이고, 그곳에서 공산 세력이 장악하고 있는 허베이, 산시, 산둥 등 북중국 땅들의 통제권을 강화하는 것을 도울 것이라고 주장했다. 결국 아직 북중국에 있는 수십만 명의 일본군은 공산당에게 항복하지 않을 수 없을 터였다. 소련은 그들이 이미 동유럽을 지배하게 된 것과 거의 비슷한 방식으로 중국을 지배하게 될 것이다. 동유럽에서 그들은 나치스 점령기 동안에 세워진 부역 정권들을 대체하여 고분고분한 공산주의 독재 정권을 세웠다.

마셜은 전적으로 동의하고, 이 주장을 트루먼에게 입증하는 데 힘을 보냈다. 중국의 양측이 서로 합의에 도달할 수 있도록 동기를 부여하기 위해, 장제스를 더 지원할 것인지의 여부를 분명하게 대답하지 말아야 한다고 그는 말했다. 미국 외교에 의도적인 모호성의 요소가 있어야 한다는 것이다. 마셜은 이 회의에서 자신의 입장을 요약하여 이렇게 말했다.

"[장제스가] 합리적인 양보를 하지 않는다면 중국이 분단되고 아마도 소련이 만주에서 다시 권력을 장악하는 비극적인 결과를 낳을 것입니다. 이 두 가지가 합쳐지면 우리가 태평양에서 전쟁을 한 목적이 꺾이거나 사라지는 것입니다."[8]

이는 모든 반대를 다 날려버리는 생각이었다. 그 모든 희생과 진주만 공격과 바탄에서의 죽음의 행군, 이오지마·사이판·산호해 전투와 히말라야 상공을 넘는 공수 작전, 원자폭탄이 투하되고, 태평양 전구에서 10만 명 이상의 미군 전사자와 20여만 명의 부상자가 발생하고, 2만 1000명 이상의 미군이 일본 포로수용소에 억류되어 겪은 공포, 이 모든 일의 최종 결과는 심지어 일본의 지배를 받는 중국보다도 더 나쁜 것이 될 터였다. 일본 대신 스탈린의 지배하에 있는 중국.

트루먼은 수긍했다. 번스는 받아들였다. 마셜은 한 역사가가 요약했듯이 공식적으로 "휴전을 위해 양측의 합리적인 양보를 이끌어낼 수 있도록 노력"하라는 지시를 받았다.

공산당이 그렇게 하기를 거부할 경우, 그는 정부군을 그 지역에 수송할 수 있는 권한을 부여받았다. 그러나 대원수가 그렇게 하기를 거부할 경우에도 (……) 그를 버려둘 수는 없었다.[9]

다시 말해서 장제스가 어떻게 나오든 미국은 그의 병사들을 전쟁터로 이동시키기 위해 배와 비행기를 제공하게 될 것이다. 다만 장제스에게는 그 순간이 될 때까지 이 사실을 알리지 않기로 했다. 중국에서 마셜의 목표는 평화적인 정치적 해결이었고, 그러면 정부군을 더 수송할 필요가 없어진다. 그러나 다른 모든 일이 실패로 돌아갈 경우 미국의 대안이 장제스에게 지원을 계속하는 것임을 부정하지는 않았다. 그리고 이 지원은 중국의 "동족 간 다툼"에서 국민당 편을 들어 개입하는 것이 될 터였다.

마셜 특명은 꼭 성공해야 했다. 그리고 아마도 그렇기 때문에, 또한 성격 때문에도 마셜은 자신의 방문 이전에 나온 비관적 전망들을 전혀 신뢰하지 않았다. 그가 중국에 갈 때 수행한 수석보좌관 헨리 바이로드Henry A. Byroade 대령은 워싱턴에서 그가 성공할 확률은 2퍼센트라고 그에게 말했다.[10] 젊은 마셜이 1920년대에 중국에서 파견 근무를 할 때 중국 주둔 미군 사령관이었던 아이잭 뉴얼Isaac Newell은 이렇게 말했다. "당신은 (……) 방금 푼 문제만큼이나 어려운 문제를 받았습니다."[11]

마셜이 크리스마스 직전 상하이에 도착했을 때, 그는 비슷한 경고성 의견들을 들었다. 그는 캐세이 호텔에 투숙한 뒤 곧 웨더마이어를 자신의 스위트룸으로 불렀다. 웨더마이어는 나중에 이렇게 회상했다.

나는 마셜 장군에게, 공산당과 국민당 사이에서 효과적인 타협안은 결코 만들어낼 수 없을 것이라고 말해주었다. 여전히 대부분의 권력을 갖고 있는 국민당은 그 가운데 작은 것도 내놓지 않으려고 단단히 마음먹고 있었고, 반면에 공산당 쪽에서도 소련의 지원을 받아 모든 권력을 잡

으려고 역시 단단히 마음먹고 있었기 때문이다.[12]

이런 현실적 예상에 대해 마셜은 단호하게 대답했다.

"나는 나의 임무를 완수할 것이고, 당신은 나를 도울 것이오."[13]

전쟁이 끝났을 때 마셜은 예순다섯 살이었다. 그는 버지니아의 유서 깊은 가문 출신으로, 제4대 연방 대법원장 존 마셜의 후손이었다. 그는 버지니아 군사학교에 다녔고, 필리핀에서 중대장으로 복무하면서 게릴라 반군을 무찔렀다. 1차 세계대전 때는 유럽 파견 미군 총사령관 존 퍼싱John J. Pershing의 부관이 되었다. 전후 3년 동안 마셜은 의화단 운동 이래 중국에 배치되었던 유명한 제15보병연대를 지휘했다. 이때 그는 제15보병대 대장이었던 조지프 스틸웰을 만났으며, 두 사람은 이후로 줄곧 친하게 지내면서 서로를 밀어주었다. 1939년 독일이 폴란드를 침공한 날 루스벨트 대통령은 마셜을 육군 참모총장에 임명했고, 그는 1945년에 중재 특명을 받고 중국으로 떠나기 조금 전까지 6년 동안 그 자리에 머물렀다.

장제스는 마셜이, 자신이 가장 혐오하는 미국인인 스틸웰과 친하다는 사실에 신경이 쓰였으나, 마셜의 중국 체재 이틀째 되던 날에 두 사람이 난징에서 만났을 때 이 주제를 조심스럽게 피해갔다. 마셜은 트루먼의 정책 가운데 "중국 공산당의 군대 같은 독자적인 군대를 없애는 일"[14]이 들어 있다는 말로 대원수를 안심시켰다. 그것은 확실히 장제스가 듣고 싶어하던 이야기였다. 마셜은 자신의 목표, 그리고 트루먼의 목표는 "중국의 내부 문제를 평화적인 방법으로 해결"하는 것이라고 말했다. 장제스는 이에 대해 반대를 표시하지는 않았으나, 그의 목표는 전혀 아니었다. 장제스의 목표는 무슨 수단을 써서라도 공산 세력이 자신의 지배를 위협하지 못하게 하는 것이었다. 만약 군사력을 사용하는 것이 최선의 방법이라면 그 방법을 선택할 용의가 있었다.

마셜이 정리해 표현했듯이, 장제스는 "소련과 중국 공산 세력 사이에는 분명히 연계"가 있고 중국 공산당은 소련에 의존하고 있다고 그에게 말했다. 소련은 만주에서 중국 공산 세력에게 무기와 장비를 주었고, 다롄, 후루다오, 잉커우에서 "비우호적이고 비협조적"이었다. 장제스는 소련의 목표가 "만주에 중국 공산당이 통치하는 꼭두각시 정권을 세우는 것"이라고 단언했다. "만주 주둔 소련군 사령관은 공산 세력을 돕는 방편의 하나로서 만주에서 소련군을 철수하는 일을 의도적으로 늦추고 있다고 그는 말했다."[15]

마셜은 미국적인 방식으로, 그리고 자신의 성공이 다른 사람을 절충안으로 설득하려는 의지에 달려 있는 협상자의 방법으로, 이 초기 단계에서 국민당과 중국 공산당의 갈등을 상호 간의 오해 탓으로 돌렸다. 그의 표현대로 하자면 "라이벌 정당들 사이의 공포와 불신과 의혹의 장벽"[16] 때문이었다. 그는 장제스가 중국 공산당과 소련의 연계가 갖는 중요성을 과장했으며, 그것은 깊숙한 이데올로기적 책무의 반영이라기보다는 전술적으로 필요한 일이었다고 생각했던 듯하다. 실제로 장제스는 공산 세력을 바라보는 관점에서 마셜보다 더 현실적이었다. 중국에서의 갈등은 의사소통의 부재 때문이 아니었다. 그것은 독점적 권력을 추구하는 두 정당이 존재하기 때문이었고, 양립할 수 없는 사회적·정치적 비전을 반영한 것이었다.

마셜과 장제스는 난징에서 회담한 다음 날 함께 충칭으로 날아갔다. 그곳은 이제 더 이상 이 나라의 수도는 아니었지만, 여러 정부 기관들과 대사관들이 남아 있었다. 저우언라이는 그곳의 허물어질 듯한 공산당 지휘소에 자리 잡고 있었고, 그곳은 또한 마셜의 협상이 진행되거나 적어도 시작은 될 곳이었다. 멜비는 이렇게 전했다.

온갖 부류와 직급의 고관들이 미국과 중국의 두 대원수가 도착하는 것을 보기 위해 공항에 나와 있었다.[17]

경찰은 공산당 사람들을 쫓아내려 했고, 미국인들은 경찰의 그런 행동을 막기 위해 개입하지 않을 수 없었다고 멜비는 회상했다. 그리고 그 때문에 분위기가 "결코 즐겁지는 않"았다.

충칭은 음산한 겨울철로 접어들고 있었다. 안개가 끼고 비가 내리고 추웠다. 검은 구름이 아래 강에서 피어올랐다. 전날 멜비는 마셜의 방문 사전 작업을 위해 행상 좌판이 늘어서 있고 진창으로 미끄러운 골목을 내려가서 공산당 지휘소에 갔었다. 미국인 일행이 충칭에 도착한 다음 날 새 특사는 저우언라이를 만났고, 마셜에 따르면 그는 "적대 행위를 중단하고 연립정부를 수립하고자 하는 열망을 강조"했다. 저우언라이는 전날 공항에 나왔었고, 거기서 그는 마셜에게 링컨의 '인민의, 인민에 의한, 인민을 위한 정부'라는 생각과 워싱턴의 독립 정신을 존경한다고 말했다. 공산당이 이들과 비슷하게 독립적이려 하고 소련에 굴종하지 않겠다고 안심시키고자 하는 말이었다. 마셜은 저우언라이의 협력 장담이 어떤 문제를 안고 있는지 알고 있었다. 공산당은 이전에는 자기네 군대의 통제권을 포기해야 하거나 장제스가 하나의 국가, 하나의 군대를 고집할 경우에 국민당과 연립정부를 구성할 의향을 보인 적이 결코 없었다.

중국 공산당은 마셜의 활동을 환영하기로 결정했다. 그리고 이것이 당분간은 그들의 전반적인 전략과 맞아떨어지기도 했다. 12월 초 마오쩌둥은 현장에 있는 기간 요원들에게 겨울 동안 싸우는 일보다는 나중에 있을 국민당과의 결전을 위해 만주에서 힘을 키우는 데 주력하라는 지시를 내려보낸 바 있었다. 이런 지시는 부분적으로, 언제나 미국의 군사적 개입 가능성을 걱정하고 있던 스탈린이 원했기 때문이기도 하다. 마셜이 움직이기 시작한 지 불과 몇 주 안 되는 1월에 스탈린은 중국 공산당에 미국의 힘을 절대 과소평가하지 말고, 따라서 미국이 장제스 편에 서서 중국에 깊숙이 개입하는 일을 초래하지 않도록 조심하라고 충고했다.[18]

번스에 따르면 스탈린은 12월 모스크바에서 열린 외무 장관 회담에서 "국민정부를 지지하고 그 책무를 준수하겠다는 자신의 의지를 확인"했다. 스탈린은 만주에서 중국 공산 세력을 돕는다는 사실을 부인했다. 그는 공산당이 약하고 대수롭지 않은 세력이라고 일축했고, 번스는 아마도 희망적 사고 때문에 이런 거짓 장담에 감쪽같이 속아넘어갔던 듯하다. 번스는 "나의 평가"는 스탈린이 "통일된 중국을 위한 우리의 노력을 망가뜨리는 어떤 일도 의도적으로 하지 않"[19]으리라는 것이라고 결론지었다.

모스크바에 있던 조지 케넌이 1월 초 번스에게 썼듯이, 소련은 확실히 마셜의 활동을 방해하기 위한 어떤 공개적인 노력도 하지 않을 터였다. 케넌이 보기에 소련은 "혁명적 전통에 의해, 민족적 열망에 의해, 그리고 운동의 본성에 의해" 추동된 "팽창주의 세력"[20]이었다. 케넌은 소련이 중립적인 중국을 원하지 않을 것이라고 덧붙였다.

"크렘린이 생각하기에 '나를 지지하지 않는 자는 나를 반대하는 자'이기 때문이다."

케넌은 또한 스탈린의 고질적인 기만성에 대해서도 경고했다. 소련의 시스템은 이론상 정부와 공산당이 별개이기 때문에 정부가 "경건하게 거짓 맹세한" 정책을 당이 추구할 수 있었다. 바로 그런 이유로 소련 정부는 중국의 공산 세력에게 아무런 지원도 하지 않았다고 스탈린이 번스에게 말할 수 있었다. 소련 공산당이 하는 것은 별개의 문제였다. 케넌이 말했듯이 크렘린은 혁명 전통에 따라 중국에서 공산당이 성공하기를 바랄 수밖에 없었다. 그러나 그들이 너무 약하다면 고분고분한 국민당이 이끄는 중국 역시 받아들일 수 있는 결과였다. 소련은 이렇게 순종적인 중국 정권을 세우기 위해 헛갈리는 양다리 정책을 유지할 터였다.

이것은 또한 마오쩌둥의 판단이기도 했다. 마오쩌둥은 스탈린이 중국 공산당을 도울 것이고, 공산당이 만주에서 힘을 키우는 것을 그가 돕고 있다는 사실을 알고 있었다. 그러나 적어도 당분간은 소련이 중소 협정에 따라, 만주의 통제권을 되찾는 작업을 수행하고 있는 국민정부를 지원하는 척하는 쇼를 계속하리라는 것도 알고 있었다. 설사 마오쩌둥이 이 소련 지도자의 훈계성 조언을 거역하고 싶다 하더라도 군사적 불균형이 이를 허용하지 않았다. 1945년 연말까지 국민정부는 미국인들에 의해 훈련되고 미국인들에 의해 무장된 정예 부대(이른바 '알파부대'들이다) 일부를 후루다오와 선양 사이에 배치했고, 그들은 청더承德, 러허, 장자커우의 공산당 근거지들로 진군하고 있었다. 1월 5일자 미국 대사관 무관의 보고는 이러했다.

"공산 세력의 입지는 중앙정부가 러허를 향해 이동하고 허난과 장쑤에서 부대를 집결시키면서 악화되고 있습니다."[21]

공산 세력은 "보급의 곤란, 많은 사상자, 극도로 추운 날씨, 대포 부족" 등을 겪고 있었다.

이런 상황에서 마셜 특명은 공산 세력에게 정치적 공세를 지속할 수 있는 기회였다. 장제스에게는 공산당에 국가 권력의 일부를 나눠주어야 하는 부담이 지워질 터였다. 미국이 이를 요구하리라는 것을 공산 세력은 알고 있었다. 그것은 또한 중국의 여론이 원하는 것이기도 했다. 공산 세력은 마셜이 자신들에게 독자적인 군대를 포기하도록 요구할 것임을 알고 있었다. 그러나 그들은 그 요구에 대해 확답을 하지 않고 시간을 끌면서, 한편으로는 새로운 징집병을 모집하여 힘을 키울 작정이었다.[22] 이와 동시에 공산 세력은 싸우는 것이 자신들에게 이득이 될 때는 국민당과 마찬가지로 싸울 용의가 있었다. 그들의 둘도 없는 사절 저우언라이가 마셜의 활동에 충실하게 참여하고 있는 와중에도 말이다. 다시 말해 싸우면서 동시에 대화할 수 있는 절호의 기회였다.

마셜은 충칭의 한 집에 자리를 잡자마자 국민당 및 중국 공산당 대표들과 일련의 집중적인 회담을 시작했다. 이 회담에 참여한 장제스의 부하는 장췬張群이라는 육군 장성으로, 10대 때부터 장제스와 알던 사람이었다. 공산당 대표는 저우언라이였다. 이들 세 사람은 매우 급박한 상황에서 몇 차례 긴 회담을 가졌다. 양측은 몇몇 지역에서 발발한 내전 중단을 원하는 듯했고, 마셜은 완벽한 중재자임을 입증했다. 인내심이 있고, 실무에 밝으며, 세부 문제에 신경을 쓰고, 양쪽 모두에게 공정하게 보일 수 있었다.

중국의 양측을 갈라놓고 있는 문제는 휴전에 동의하는지의 여부가 아니었다. 양측은 모두 적어도 잠시 동안만이라도 싸움을 중지하기를 원했다. 특히 상대 당이 우세한 지역에서는 더욱 그러했다. 어려운 문제는 싸움을 중지한 뒤 어떤 병력 이동이 허용되어야 하느냐였다. 어느 쪽도 적대 행위 중단을 미래의 적대 행위에서 승리하는 데 이용할 수 없어야 했다. 일반적으로 병력 이동이 거의 없어야 한다는 데는 합의가 이루어졌다. 전투에 나선 부대들은 나중에 합의안이 마련되어 모든 무장 세력들이 하나의 국민군으로 통합(이것 역시 양측이 원칙적으로 받아들인 생각이었다)될 때까지 자신의 위치에 그대로 있어야 했다.

중앙정부는 과거 일본의 꼭두각시 국가 만주국이 있던 동북 지방의 만주를 자기네가 접수하도록 허용하지 않는 협상안이라면 절대로 받아들일 생각이 없었고, 따라서 그들은 미국의 도움을 얻어 그곳으로 병력을 이동시킬 필요가 있었다. 그것은 그들이 중국의 합법 정부로서 할 수 있다고 허용된 일이었다. 심지어 소련조차도 중소 협정의 조항에 따라 중앙정부가, 그리고 중앙정부만이 그것을 할 수 있도록 도와주기로 약속한 상태였다. 그러나 이전 만주국은 바로 공산 세력이 강한 지역이었다. 그들은 그곳에 병력을 침투시켜 일본의 무기고를 장악했다. 그럼에도 불구하고 공산당은 타협을 위해 놀라운 열의를 보이며, 휴전 후 만주에서 병력을 이동시키지 않는다는 원칙의 '예외'라고 협상 참여자들이 이야기한 것을 받아들였다. 정부는, 만주로 병력을 보내고 그들을 만주 내부에서 이동시켜 소련이 철수한 뒤 중국의 주권을 회복할 수 있도록 허용되었다.[23] 중국 공산당은 자기네 병력을 있던 곳에 머무르도록 해야 했다.

며칠 동안 이어진 마라톤 회담 끝에 그런 합의를 도출했지만, 협상은 거의 깨질 지경이 되었다. 지금의 네이멍구內蒙古 자치구 동남부에 있는 츠펑赤峰과 그로부터 서쪽으로 약 200킬로미터 지점에 있는 둬룬多倫에 대한 이견 때문이었다. 두 도시는 각기 베이징 북동쪽과 북쪽의, 당시 러허성과 차하얼성察哈爾省으로 알려진 성의 관할이었다. 그 이후 두 도시는 모두 네이멍구 자치구 산하로 들어갔다.

국민당은 철도 교차점인 두 곳을, 소련이 철수한 뒤 자기네가 접수하기로 소련과 합의했다고 주장했다. 저우언라이는 소련이 이미 두 곳에서 떠났고, 두 곳 모두 팔로군이 점령하고 있다고 주장했다. 그는 국민당 병력이 그곳을 향해 가고 있으며, 그렇게 되면 충돌이 거의 불가피하다고 말했다. 결국 군대가 합쳐질 텐데 정부에서 "이 시점에 무력으로 이들 지역을 접수하려고 서두를"[24] 까닭이 없다는 것이었다. 논쟁은 이튿날인 1월 9일에도 계속되었고, 저우언라이는 만주에서의 예외를 받아들였지만 "이 문제만은 동의할 수 없다"[25]고 말했다.

이 문제는 마지막 순간까지 갔다. 이튿날은 오랫동안 연기되고 오랫동안 고대했던 정치협상회의 첫 모임이 열리기로 한 날이었다. 모든 정당을 대표하는 38명의 대표들이 회의에 참석할 예정이었다. 국민당 대표 8명, 공산당 7명, 민주동맹 9명, 청년당 5명, 무당파 9명이었다. 몇 년 전부터 제안되었지만 한 번도 이루어진 적이 없던 이 모임이 갑자기 중국 정치의 장래 모습을 결정하는 일을 떠맡게 되었다. 그러나 내전이 여전히 불을 뿜고 있다면 정치협상회의는 성공할 것 같지 않았다. 마셜은 회담을 계속하는 것은 무의미하다며 1월 9일 회담의 종결을 요구하고 이렇게 말했다.

"이 회담이 마지막 순간에 실패한다는 것은 비극입니다."[26]

그날 밤 마셜은 나중에 트루먼에게 보고했듯이 장제스를 만나기 위해 그의 집을 찾아갔다. 이튿날 아침에 그는 장췬 및 저우언라이를 만나 돌파구가 열렸다고 그들에게 말했다. 그는 이렇게 전했다.

"〔대원수께서는〕 너그럽게도 츠펑 및 둬룬 문제와 관계 없이 적대 행위 중지 명령을 발포하는 데 동의하셨습니다."[27]

문제는 해결되었다. 세 사람은 말 그대로 정치협상회의 개막 몇 분 전에 정전 합의를 발표했다.

마셜은 기뻤다. 중국의 두 정당은 실패를 예측한 모든 비관론자들이 예상했던 것보다 훨씬 협조적이었음이 드러났다. 1월 13일, 장제스와 마오쩌둥은 휘하 부대들에 전투를 중지하고 현재 위치에 머물러 있으라는 명령을 내려보냈다. 양쪽 명령은 모두 만주의 중앙정부 군은 '예외'로 한다고 인정했다.

그런 뒤에 장제스는 정치협상회의에서 연설을 해서 미국인들의 마음을 기쁘게 했다. 여러 해 동안 미국은 그에게 정치 개혁을 하고 그의 통제를 완화하며, 경쟁 정당들을 합법화하고 그들이 정부 안에 실질적으로 참여할 수 있게 하라고 압박해왔다. 미국인들은 중앙정부가 억압적이고, 언론을 검열하며, 다이리와 그의 비밀경찰이 반대 의견을 가진 사람들을 멋대로 협박하고 고문하고 투옥할 수 있도록 허용한 것을 규탄해왔다. 웨더마이어는 마셜에게 이렇게 말했다.

"나는 장제스에게 자유화를 해야 하며, 억압을 하면 지식인과 중소기업인, 학생들이 반대파에 가담할 것이라고 말해주려 노력했습니다."[28]

이제 장제스는 미국인들이 그에게 원했던 것을 하겠다고 공식 선언을 하고 있었다. 중요한 순간이었고, 커다란 몸짓이었다. 중국 역사에서 처음으로 자유민주주의적 이상이 국가 정책으로 제시되었다. 장제스는 열흘 안에 중국에서 모든 인민의 자유가 보장되고, 언론 검열이 폐지되며, 정당들이 합법화될 것이라고 약속했다. 또한 일주일 이내에 모든 정치범이 석방될 것이라고도 했다. 물론 친일 매국노는 제외되었다. 동시에 1월 10일 징치협상회의의 개막으로 중국은 또 하나의 전례 없는 발걸음을 내디뎠다. 이 나라에서 자유롭게 경쟁하는 정당들의 회합은 이전에도 소집된 적이 없었고, 나중에 드러나게 되지만 이후에도 소집되지 않았다.

정치협상회의는 그동안 그다지 주목을 받지 못했다. 존속 기간이 매우 짧았고, 그 영향도 오래 지속되지 못했기 때문이다. 그러나 당시에는 실질적인 힘과 실질적인 위신을 지니고 있었다. 회의는 연립정부의 틀을 짤 예정이었다. 그 가운데는 여러 정당이 참여하는 새로운 국부國府위원회 구성도 포함되어 있었다. 이 기구는 대체로 내각에 해당하는 것으로, 국민당이 자리의 절반만 차지할 예정이었다. 추후에 새로운 헌법을 제정하기 위한 국민대회가 소집될 예정이었고, 헌법은 미국의 사례를 모델로 삼아 견제와 균형 시스템을 갖추고 행정권을 제한할 것으로 기대되었다. 요컨대 정치협상회의가 계획을 짜서 국민당의 권력 독점을 포기하도록 할 예정이었고, 이는 수천 년 동안 절대권력을 지닌 황제가 다스리던 나라에 엄청난 변화였다.

이것이 당시 세계에서 미국이 일반적으로 장려한 방식이었음을 지적할 필요가 있다. 그것은 언론 자유와 법에 의한 지배로 뒷받침되는 정당의 자유 경쟁 시스템이었으며, 실제로는 경찰력의 억제를 의미했다. 그런 제안을 소련이 하지는 않았을 것이다. 그들은 자유롭게 경쟁하는 정당이라는 생각 자체가 없었다. 그것이 의문의 여지가 없었던 부분적인 이유는 정치협상회의가 발표한 프로그램이 약속한 민주적 본질이 중국에서 열렬히 환영받았으며 그 상당 부분은 마셜 덕분으로 여겨졌다는 것이다. 헐리가 실패한 일에서 그는 성공했고, 성공은 아니더라도 적어도 그렇게는 보였다.

중국의 양측은 감사를 표했고, 특히 공산당 쪽에서 그랬다. 정전이 발표되고 정치협상회의가 열린 지 이틀 후인 1월 12일에《해방일보》는 이렇게 주장했다.

중국 인민이 국민당과 중국 공산당 사이의 정전을 기쁨으로 맞은 정도는 왜놈의 항복 발표를 환영한 것에 결코 못지않다. (……) 그것은 중국 현대사에서 독특한 평화적 발전과 평화적 개혁과 평화적 재건의 국면이 시작되었음을 알렸다.[29]

저우언라이는 이제 공산당이 "미국 정부의 목표에 협조"할 용의가 있다고 마셜에게 장담했다. 저우언라이는 1년도 더 전에 비행기를 타고 가면서 데이비드 배럿에게 한 말을 되풀이했다.

"사회주의는 우리의 목표입니다."

중국의 공산주의자들은 진정한 공산주의자라고 그는 말했다. 그러나 중국에서 사회주의가 가능하려면 수십 년은 더 기다려야 하며, 그사이에는 이런 것이 필요하다고 말했다.

"중국에서 도입하게 될 민주주의는 미국 방식을 따라야 합니다. (……) 미국의 민주주의와 과학, (……) 자유 기업과 개성의 발전을 습득해야 한다는 거죠."[30]

저우언라이는 재빨리 옌안으로 날아가서 충칭 결정에 대한 중국 공산당 중앙위원회의 승인을 받았다. 충칭으로 돌아온 저우언라이는 마오쩌둥이 마셜에게 쓴 편지를 직접 전달했다.

"민주주의로 가는 문이 이제 열렸습니다. 그 틈새가 아직 좁기는 하지만 말입니다."

저우언라이는 공산당의 태도를 잘 보여주는 일화를 하나 전해주겠다고 마셜에게 말했다.[31] 저우언라이는 옌안에서 마오쩌둥이 곧 모스크바를 방문한다는 소문이 돌았다고 전했다. 마오쩌둥은 그 이야기를 듣고 웃었다. 그는 휴가를 가는 것이 자신의 건강에 도움이 된다 하더라도 갈

1946년 평화 협상에 나선 3인. 왼쪽부터 국민당 대표 장췬, 트루먼 미국 대통령의 중국 특사 조지 C. 마셜, 공산당 대표 저우언라이.

계획이 없다고 말했다. 어떻든 그가 어딘가를 간다면 차라리 배울 것이 무척 많은 미국이 될 것이라고 말했다는 것이다.

협정에 서명한 지 몇 시간 만에 베이징에 휴전을 감독하게 될 군사조처집행부軍事調處執行部가 세워졌다. 마셜이 트루먼에게 보고한 바에 따르면 여기에는 125명의 장교와 350명의 사병이 근무했고, 무선 송신기, 비행기, 지프, 트럭 등의 장비를 갖추고 있었다. 모두가 미국 수송기로 실어 온 것들이었다. 마셜은 휴전 감독 업무를 실행하는 일의 어려움을 설명하면서 이렇게 말했다.

"거리가 너무 멀고, 지역은 광대하며, 통신 시설은 형편없거나 아예 없습니다."[32]

충칭의 전 대리대사 월터 로버트슨이 미국 측 수석대표로 베이징에 파견되었다. 마셜 특명 초기부터 함께했던 서른두 살의 인디애나 주 출신 육군사관학교 졸업생인 바이로드 대령이 비서실장을 맡게 되었다. 바이로드는 나중에 이렇게 회상했다.

"우리는 말 그대로 바로 다음 날 그곳에서 팀 하나를 꾸렸다."[33]

미국은 국민당과 공산당 팀들도 베이징으로 실어다주었다. 그들은 다른 호텔에 묵었다. 본부는 베이징 셰허의학원協和醫學院에 만들어졌다. 이 대학은 1906년에 미국 선교사들이 세웠고, 록펠러 재단에서 거의 돈을 대고 있었다. 스무 동의 장중한 벽돌 건물로 지어진 이 대학은 일본의 점령 기간 동안 거의 버려져 있었다.

거의 즉각적으로 양측은 상대방의 휴전 위반에 대해 항의하기 시작했다. 저우언라이는 휴전 발표 다음 날인 1월 14일 충칭에서 마셜과 이야기하면서, 장제스가 츠핑 문제는 이후 회담으로 미뤄놓겠다고 약속했음에도 불구하고 정부군이 이 도시로 진군해오고 있다고 항의했다. 마셜은 장제스로부터 정부가 휴전 협정을 준수하겠다는 개인적인 다짐을 받았으며, 장제스가 이를 실천하지 않는다면 그는 정말로 "난감한 상황"[34]에 처하게 될 것이라고 대답했다. 마셜은 계속되고 있는 적대 행위는 "낮은 수준의 사소한 행동들이며, 집행부가 이를 바로잡을 수 있을 것"이라고 말했다.

마셜은 바이로드에게 전문을 보냈고, 그는 베이징에서 공산당 측 수석대표로 있던 대장정 원로 예젠잉을 만났다. 긴장된 나날들이 흘러갔다. 수석대표들은 이튿날 그 지역에 휴전을 알리는 전단을 살포하기로 합의했다. 바이로드는 심하게 망가졌다고 하는 츠핑 공항에 휴전 팀이 착륙할 수 있는지 알아보기 위해 미국 비행기를 보냈는데, 이 비행기는 돌아오지 않고 조종사인 에스텔 심스Estele I. Sims 중위와도 연락이 닿지 않았다. 이튿날 또 다른 비행기를 보냈는데, 이 비행기는 심스와 무선 접촉을 할 수 있었다. 심스는 자신이 소련군에게 억류되어 있고 비행기도 붙잡혀 있다고 말했다. 적절한 신분증도 없고 자신의 임무를 적은 명령서도 없기 때문이라는 것이었다. 이 해프닝은 관리를 담당한 과거 경험도 없이 일을 너무 빨리 처리한 대가였다.

바이로드는 휴전 팀을 당장 츠펑에 보내고 싶었지만 예젠잉이 반대했다. 팀에 합류할 공산당 측 사람들이 아직 도착하지 않았다는 것이 이유였다. 1월 16일, 미국 비행기가 공산 세력의 수중에 있던 장자커우로 날아갔다. 중국 공산당 휴전 팀 멤버들을, 미국과 정부 측 멤버들이 기다리고 있는 베이징으로 실어오기 위해서였다. 그러나 공산당 측 사람 14명을 싣고 돌아와 보니 그들은 휴전 팀 멤버들이 아니라 예젠잉을 호위하기 위한 장군 하나와 경호원 13명인 것으로 드러났다. 공산당은 화물로 베이징 주민들에게 뿌릴 선전 책자까지 싣고 와서 미국인들을 화나게 했다. 로버트슨과 바이로드는 17일 마셜에게 이렇게 보고했다.

예젠잉 장군은 츠펑이나 장자커우 어느 곳에도 팀을 보내고 싶지 않은 것이 분명합니다. 현재까지 지연의 모든 책임은 대표를 내놓지 않는 예젠잉 장군에게 있습니다.[35]

그들은 이것이 그 두 지역에서 공산 세력이 강하기 때문일 것이라고 추측했다.

그러나 며칠 안에 시스템이 돌아가기 시작했다. 바이로드는 일일 휴전 상황 요약 보고서를 보냈다. 그는 마셜에게 이렇게 말했다.

"양측은 상대방의 위반을 엄청나게 과장해서 주장하고 있습니다."[36]

1월 21일, 2명의 미국 언론인이 휴전 팀 비행기를 타고 츠펑에 갈 수 있었다. 다섯 달 전 소련이 만주로 침공해 들어온 이래 미국 기자가 만주 지역으로 들어간 것은 그때가 처음이었다. 《뉴욕 타임스》의 헨리 리버먼Henry A. Lieberman은 양가죽 코트와 양털 장식 모자, 펠트 장화 차림의 친절한 소련군이 점령한, "드넓게 뻗어 있는 목가적인 도시의 비바람 맞은 흙집"[37]을 우호적으로 묘사했다. 그는 당장 고국으로 돌아가고 싶다는 소련군 사령관의 말을 인용했다. 거의 같은 시기에 충칭의 저우언라이는 기자들에게 싸움이 잦아들고 있다고 말했다.

분위기는 좋았다. 장제스의 부인 쑹메이링이 소련 점령군 사령부가 있는 창춘에 나타났다. 그녀는 일본을 물리치는 데 참여한 것에 감사를 표하기 위해 소련군 병사들에게 줄 캔디 3만 통을 들고 왔다. 바이로드는 여러 해 뒤에 이렇게 말했다.

"싸움은 끝났다. 상품과 의약품들이 유통되기 시작했다. 포위되었던 많은 곳에서 포위가 풀렸다."[38]

3인 1조의 휴전 감시 팀들이 현장으로 나갔다. 미국 신문들은 집행부의 한 관계자가 했다는 말을 인용했다.

"두 당이 평화를 원하고 있고 그것을 얻기 위해 무엇이든지 하리라는 것에 대해서는 더 이상 의심할 여지가 없습니다."[39]

마셜은 2월 4일, 지난 몇 주 동안에 진전된 상황을 요약하여 트루먼에게 보고했다.

"일은 상당히 순조롭게 진행되고 있습니다."[40]

3월 초 마셜은 분쟁 지역을 직접 둘러보기 위해 5000킬로미터에 이르는 북중국 여행에 나섰다. 그곳은 지금 3인 1조의 휴전 감시 팀들이 돌아다니고 있었고, 각 팀은 미군 장교가 이끌고 있었다. 여행의 하이라이트는 서비스, 데이비스, 헐리, 배럿 등 다른 미국 관리들이 전에 다녀갔던 옌안이었다. 그곳에서 그는 마오쩌둥을 직접 만났다.《라디오 옌안》은 이렇게 보도했다.

수많은 사람들이 오성장군 출신의 특사를 먼발치에서라도 보려고 들판에 몰려들었습니다. 특사는 공산당원들이 중국에 지금의 평화를 가져온 가장 중요한 인물로 생각하고 있습니다.[41]

마셜은 마오쩌둥과 만난 일에 대해 트루먼에게 이야기하면서, "나는 매우 솔직"[42]했다고 썼다. 공산 세력에게 미국이 무기와 그 군대에 대한 훈련을 포함하는 진정한 협력을 하겠다는 의사를 표명했다는 의미였다. 그러나 공산당이 평화의 길을 가는 데 있어 진실해야 한다는 조건이 달려 있었다. 마셜은 마오쩌둥이 "아무런 적의를 보이지 않고 내게 협력하겠다고 거듭 장담"했다고 말했다.

마셜은 공산 세력이 장악하고 있는 곳 어디를 가나 그에 대한 영접이 "열렬했고, 도시가 떠들썩"했다고 보고했다. 그리고 그것은 놀랄 일이 아니라고도 했다. 대일전 승리의 위대한 영웅이, 몇 달 전까지만 해도 비적의 소굴로 여겨졌던 공산당 근거지를 방문한 것이다. 트루먼이 말했듯이 살아 있는 가장 위대한 미국인이 옌안을 하나의 수도로서, 염두에 두어야 할 권력의 소재지로서 공식 인정하고 있었다. 그의 옌안 방문은 공산 세력의 새로운 위상을 확인해주는 것이었다. 그들은 정치협상회의에 참여하고 있었다. 그들은 군사조처집행부의, 그리고 미국 비행기에 실려 중국의 광대한 동북부 지역 전역에 배치된 휴전 감시 팀의 정식 멤버였다. 이 팀들의 미군 장교들은 "놀라운 일을 해냈"[43]다고 마셜은 트루먼에게 썼다. 그것은 "펜실베이니아 주보다 더 넓은 지역을 장악하고, 18 년 동안이나 싸워왔던 두 정파가 평화롭게 서로 이해할 수 있도록 만드" 는 일이었다.

2월에 양측은 마셜의 중재 때보다 더 긴 마라톤 회의 끝에 군대 규모를 감축하기로 합의했다. 힘의 균형은 국민정부 쪽에 상당히 유리하게 되었다. 국민당 쪽은 모두 합쳐 90개 사단(1개 사단은 1만 4000명에 가까운 장교와 사병들로 구성되었다)이 남게 되는 데 비해 공산당 쪽은 고작 18개 사단이었다. 대략 18개월 이내에 양쪽의 군대는 하나의 지휘 체계 아래 통합되도록 했다. 양측은 군대의 정치위원을 없애기로 했다. 이에 따라 군대는 처음으로 정치색을 배제하고 정당이 아니라 정부의 통제를 받게 되었다. 이들 조항은 모두 놀라워 보였지만, 그 가운데서도 가장 놀라운 것은 아마도 공산당이 만주에 있는 병력을 1개 군으로 줄이는 데 동의했다는 점이다. 마셜이 주도하는 회담이 진행될 때 그들은 그곳에 30개 군을 가지고 있었다. 국민당에는 6개 군이 허용되었다.

이것은 모두 너무 좋아서 믿기지 않는 일들이었다. 공산당은 그렇게 하면 자멸하는 것이라고 늘 주장해왔던 일을 한 듯했다. 바로 정부군을 공산당이 강한 지역으로 이동하도록 허용하고, 공산당 군대의 통제권을 포기한 것 말이다. 그러나 실제로는 그렇게 할 의사가 전혀 없었다는 강력한 증거가 있다. 2월 12일, 마셜이 주도한 회담이 막바지로 접어들 무렵에 마오쩌둥은 정치국 회의에서 이렇게 말했다.

"미국과 장제스는 전국의 군대를 통합하는 방법을 통해 우리를 도려내려 하고 있습니다."

이 말은 마오쩌둥이 여전히 군대의 통합을 항복으로 보고 있었음을 드러낸다. 그는 이렇게 계속했다.

"우리는 통합을 원하지만 도려내지는 것은 원치 않습니다. 원칙적으로 우리는 전국의 군대를 통합하는 것을 지지해야 합니다. 그러나 우리가 이에 대해 어떻게 대처해야 할지는 그때그때의 구체적인 상황에 따라 결정되어야 할 것입니다."[44]

마오쩌둥의 말은 모호했지만, 그는 군사 회담이 주로 보여주기 위한 것임을 동료 정치국원들에게 확인시키고 싶었던 것으로 보인다. 1945년 가을에 장제스와 만난 뒤 했던 '휴지 조각' 발언과 마찬가지로 그는 실제로 협정은 별 의미가 없다고 생각했다. 왜냐하면 그것을 실행할지 말지는 자신에게 달려 있기 때문이었다.

창춘에서는 소련과 벌이고 있는 경제 회담의 중국 측 대표 장자아오가, 발표된 휴전과 군사 통합 협정의 세부 내용을 들여다보고 있었다. 그의 반응은 예언처럼 회의적이었다. 그는 일기에 이렇게 썼다.

"국민정부는 분명히 동북 지역이 '예외'이기 때문에 우리 주권을 회복하기 위해 군대를 보낼 수 있다고 생각하고 있다."

그러나 중앙정부가 간과하는 것이 있었다.

"소련의 은밀한 지원 덕분에 그곳의 공산당 군대는 오랫동안 나날이 힘을 키워왔다."

게다가 만주가 소련과 긴 국경선을 맞대고 있기 때문에 중국 공산당은 쉽게 지원을 받을 수 있다고 장자아오는 보았다. 정부의 보급선은 길고, 하나의 철도와 2개의 작은 항구에 의존하고 있었다. 장자아오는 이렇게 썼다.

"나는 미래를 전망하고 곰곰이 생각해보면서 몸서리를 쳤다."[45]

그러나 그것은 흔치 않은 비관적인 생각이었고, 더구나 개인적인 생각이었다. 당시에는 분위기가 들떠 있었다. 마오쩌둥은 정치국 회의에서 군사 협정이 사실상 휴지 조각이라고 말하기 사흘 전인 2월 9일에 한 미국 기자에게 다른 태도를 보였다. 그는 이렇게 말했다.

"일반적으로 말해서 중국은 민주주의 단계로 들어섰습니다. 내전을 끝내고 평화, 통일, 민주주의를 촉진하려는 마셜의 노력은 의문의 여지 없이 훌륭합니다."[46]

3월에 마셜은 트루먼에게 보고하기 위해 워싱턴으로 갔다. 트루먼은 그를 영웅처럼 맞았다. 마셜은 기자회견에서 중국 지도자들이 "지난 20년 동안의 적대 행위를 종식시키는 데 성공했다"[47]라고 말했다. 그는 또 이렇게 말했다.

"〔양당은〕 이제 거대한 병력을 줄이고 남은 병력은 중앙군으로 통합하는 작업을 하고 있습니다."

마셜의 진정성에는 의문의 여지가 없다. 그는 정직한 사람이고, 직설적인 화법의 소유자였으며, 어려운 일을 얼버무리고 넘어가는 법이 없었다. 마오쩌둥은 바로 '권력은 총구에서 나온다'라는 유명한 말을 한 사람이었다. 공산당이 독자적인 군대를 가져야 하며 평화적인 정치 투쟁에만 의존해서는 안 된다는 함축성 있는 주장이었다. 그러나 마셜은 분명히, 공산 세력이 정말로 민주적인 시스템이라고 확신할 수 있다면 그들이 독자적인 군대를 포기할 것이라고 진정으로 믿었던 듯하다. 그는 기자회견에서 이렇게 단언했다.

"불가능한 상황처럼 보였던 것을, 그리고 중국 국민들에게 비극적인 결과였던 것을 이렇게 빨리 바로잡은 것은 너무도 놀라운 일입니다."[48]

제 17 장

희망에서 적대감으로

3월에 조지 마셜이 미국에 있는 동안, 중국에서는 일이 무너져 내리기 시작했다. 그는 4월에 충칭으로 돌아왔지만, 그들이 이전에 가졌던 낙관론은 그가 트루먼에게 보고한 지 몇 주 되지 않아 날아가버렸다. 그는 4월 6일 대통령에게 보낸 편지에서 이렇게 말했다.

전망은 밝지 않습니다. 저는 만주 문제에 관해 정부와 공산당 사이의 관계가 완전히 단절된 것을 발견했습니다. 적대 행위의 강도가 높아지고, 공산당은 남쪽의 중국 본토로 밀고 내려오겠다고 위협하고 있습니다.[1]

국민당은 군대를 만주로 보내 공산당을 물리치려는 노력을 시작했지만, 초기 단계에서 몇 번 승리를 거두었음에도 불구하고 마셜 자신의 전문가적 견해로는 그들이 지금 "군사적으로 매우 약하고 위험한 상황에 처해 있으며, 공산당은 그것을 잘 알고 있고 따라서 우위를 점하고 있"[2]

었다. 마셜은 12월 백악관 회의에서 장제스의 행동이 평화 회담을 깨는 경우에도 그에 대한 지원을 계속하기로 결정했던 사실을 기억하고 있었다. 그럼에도 휴전이 깨진 데 따른 실망감을 완화시켜줄 수는 없었다.

마찬가지로 기운이 빠지는 일은 공산당이 갈수록 강해지면서 미국을 더욱 적대시한다는 점이었다. 7월 미국의 한 정보 분석은 1945년 말 마셜의 도착과 봄의 새로운 적대 행위 발발 사이에 미국에 대한 중국 공산당의 태도는 "절제된 희망에서 공개적인 적대감"[3]으로 바뀌었다고 결론지었다. 마셜은 "절충안 합의"(그것은 점점 어려워지고 있었다)가 없다면 "북중국이 완전히 혼란에 빠지고 전쟁은 불가피하게 그곳으로 확산될 것"[4]이라고 말했다.

무엇이 잘못되었을까?

마셜은 처음에 문제가 중앙정부와 그가 '완고파頑固派'라 부른, 자신들의 특권적 지위를 잃지 않으려는 한 무리의 장군들, 그리고 'CC파'로 알려진 국민당 내의 그룹에 있다고 생각했다.[5] CC파는 천궈푸陳果夫·천리푸陳立夫 형제의 성 영문 머리글자를 따서 부른 것이었는데, 이들 형제는 1911년 혁명 이전부터 장제스와 알고 지내던 사이였다. 장제스의 가장 중요한 동지들, 즉 참모총장 허잉친과 비밀경찰 수장 다이리 같은 사람들은 1920년대 초 장제스가 황푸 군관학교 교장으로 있을 때의 제자들이었다. 그러나 천궈푸·천리푸는 장제스의 생애에서 좀 더 이른 시기에 만난 사람들이었다. 1911년 혁명 직전 그가 일본에서 군사학교를 마치고 돌아와서 청 왕조를 무너뜨리려고 하는 혁명 세력에 가담했을 때였다. 장제스는 상하이의 지역 혁명 지도자이자 호군滬軍 도독都督이었던 천치메이陳其美의 휘하에 들어갔다. 당시 10대였던 천궈푸·천리푸는 천치메이의 조카들이었고, 그들은 장제스의 보호 아래 국민당 간부로 성장했다. 여러 해 뒤 그들은 당의 열렬한 반공 우익의 강력하고도 이론의 여지가 없는 지도자가 되었다.

마셜은, 장제스 자신은 부패하지도 않았고 정치협상회의를 통해 이루어지기 시작한 정치 자유화에 헌신하고 있지만, 작정하고 이를 방해하려는 국민당 내부의 극우파들을 통제하지 못하고 있다고 생각했다. 이런 견해를 입증하는 증거는 매우 많았다. 정치협상회의가 열리고 있는 동안에 민주동맹은 시국 토론을 위해 최대 2000명이 참석하는 대규모 집회를 조직했다. 엄청난 민주주의의 열기가 분출되고 있음을 보여준 것이었다. 그러나 집회는 이 사건을 워싱턴에 보고한 미국 외교관이 '조직 폭력배'라 부른 사람들로부터 방해를 받았다. 천씨 형제가 부추긴 것이었고, 아니면 적어도 그런 의심을 받았다. 물론 증거는 없었다. 집회에서는 추한 장면이 연출되었다. 정체를 알 수 없는 폭력배들이 평화로운 토론장에 난입해서 저명한 자유주의자들을 두들겨 팼다. 1월 말, 민주동맹은 비밀경찰이 자기네 대표 한 사람의 집을 수색했다며 앞으로 정치협상회의 모임에 참석하지 않겠다고 발표했다. 다만 나중에 드러나게 되지만 민주동맹이 그 위협대로 하지는 않았다.

자유주의에 반하는 폭력 행위의 역사에서 이 사건들은 상대적으로 경미한 것이었다. 그러나 그것들은 흔적을 남겼다. 역사 기록을 뒤져보면 이 몇 달 동안에 두 건의 암살이 일어났다. 일반적인 공포정치에 걸맞은 숫자는 아니지만 너무 많은 것이었다. 언제나 우익의 악행을 까발릴 태세가 되어 있는 공산당의 언론들조차도 정치협상회의가 열리던 1946년 봄에 있었던 새로운 정치적 방해 행위들에 대해서는 보도하지 않았다.

그러나 우익 폭력배들의 반민주적 행동들은 미묘한 시기에 나왔다.

당시는 많은 정치 행위자들이 장제스 쪽의 진실성의 징표를 찾고 있던 때였다. 많은 사람들은 1920년대와 1930년대에 다이리의 남의사가 저질렀던 백색테러를 기억하고 있었다. 그때 장제스 정권에 반대하던 수많은 사람들이 처형되거나 투옥되었다. 다른 나라들에서 훨씬 더 조직적인 반자유주의적 잔혹 행위가 일어난 것이 사실이라 하더라도, 그것이 신뢰가 가장 필요한 시기에 국민당의 신뢰성에 대한 평판을 높여주지는 못했다. 이 사건들은 반국민당 나팔수들이 중앙정부를 '파시스트'라고 표현할 수 있는 기회를 제공했다. 공산당 언론들은 이 말을 자주 사용하기 시작했다.

전시정보국(OWI) 책임자였던 존 K. 페어뱅크는 12월 말에 지난 2년 동안의 "가장 두드러진 변화"[6]는 미국이 가장 길러내고 싶었던 미국 유학파 중국인들이 "결국 대원수를 버린 일"이었다고 국무부에 경고했다. 페어뱅크는 이렇게 말했다.

"자유주의자들은 그의 정권에 아무런 희망이 보이지 않는다고 말하고 있다."

그리고 2월과 3월에 이런 사람들을 겁주려 했던 시도들은 그런 감정을 더욱 강화했다.

장제스의 정치협상회의 연설이 있고 몇 주가 지나가면서 더욱 눈에 띄었던 것은 아마도 약속했던 정치범 석방이 이루어지지 않았다는 점일 것이다. 적어도 많은 정권 반대자들은 그렇게 주장했다.《라디오 옌안》은 이에 대해 격렬하게, 그리고 반복적으로 문제를 제기했다. 1월에 공산당을 지지하는 작가 궈모뤄郭沫若가 경찰에게 두들겨 맞았다. 충칭에서는 반소련 집회가 조직되었다. 미국 외교관들은 CC파에 의한 것이라고 생각했다. 그리고 친공산당《신화일보》와 민주동맹의《민주일보民主日報》

가 수색을 당했다. 이런 폭력 행위들은 공산 세력의 분노에 찬 선전 공세를 부채질했다. 멜비는 일기에 이렇게 썼다.

> 폭력의 징후가 점점 짙어지고 있다. 정치협상회의가 시작된 이후 매일 밤 현안들을 공개적으로 토론하기 위한 대규모 대중 집회들이 열리고 있다. 집회 때마다 다이리의 경찰들은 야유를 퍼붓고 돌을 던졌다. 그 강도는 집회가 계속될수록 점점 높아진다. 정치범 문제는 특히 뜨거워지고 있다. 지난 월요일, 정부는 모든 정치범을 일주일 안에 석방하겠다고 약속했다. 그러나 많은 사람들이 죽었다는 이야기가 끊이지 않고 있다. 이곳에 흔한 말라리아가 죽음의 원인으로 지목되고 있다.[7]

멜비는 이렇게 적었다.

마셜은 매우 화가 나 있다. 그리고 아마도 조금 좌절감을 느낀 듯하다.

마셜이 좌절한 것은 이런 완고한 행위들 때문이었다.

1946년 전반기에 일어난 이 억압과 우익의 폭력 행위는 장제스의 지위가 하락하는 이정표로 지적되어왔다. 그러나 이런 사건들 모두가 폭력 행위였던 것은 아니었고, 특히 중국 전역의 여러 도시에서 일어난 반소 시위의 경우는 분명히 아니었다. 오히려 그 사건은 만주에서의 소련의 행동에 대한 애국적 반응이었던 것으로 보인다. 소련은 2월 1일에 중국의 동북부 지역에서 떠나겠다고 약속했다. 그러나 그들은 떠나지 않았다. 얄타 회담 1주년 기념일인 2월 11일, 세계의 신문들은 스탈린과 루스벨트 사이의 상세한 비밀 협정을 폭로했다. 이 비밀 협정으로 소련은 만주에서 신식민주의적 특권을 얻었던 것이다. 이 사실은, 다른 나라가 중국의 주권국으로서의 자존심을 빼앗아가는 시대가 끝났다고 생각하던 많은 중국인들을 화나게 했다. 31년 전인 1915년, 분노하고 정치적으로 각성된 중국 학생들은 일본이 중국에 제기한 21개조 요구에 항의하는 대규모 시위를 벌였었다. 이 요구에는 남만주 철도 운영권과 다롄항과 뤼순항의 조차 기간 연장이 들어 있었다. 그것은 얄타에서 소련이 가지기로 한 특권과 사실상 같은 것이었다. 21개조 요구에는 만주에서 일본의 "우월적 위치"를 확립한다는 문구가 있었고, 얄타에서는 소련의 "우선적 이익"이 보장되었다. 비공산계 중국인들의 반응이 강력하고 부정적이었음은 놀라운 일이 아니며, 특히 이런 비교를 통해 보면 더욱 그렇다.

중립지《대공보》의 한 사설은 중국이 만주에서 지불할 것으로 예상되는 비용을 언급하면서 이렇게 말했다.

중국은 이미 비용을 지불했기 때문에, 우리는 중국이 더 이상 무언가를 지불하도록 요구받지 않게 되기를 희망한다.[8]

《뉴욕 타임스》는 충칭에서, 공산계《신화일보》를 제외한 도시의 모든 신문들의 일치된 논조를 이렇게 보도했다.

과거 공산당에 동조적이었던 많은 신문들을 포함한〔도시의 신문들은〕소련의 정책에 날카로운 비판을 가할 뿐만 아니라, 만주에서 일어나고 있는 사건들을 뒤에 숨기고 있는 장막을 걷어치우도록 중국 정부를 압박하는 캠페인에도 합류했다.[9]

2월 22일, 1만 명의 충칭 학생들이 거리로 나가서 대중 시위에 참여했다. 한커우, 베이징, 청두, 난징, 칭다오에서도 동시에 시위가 벌어졌다. 일부에서는 그들을 행동에 나서도록 한 것이 아마도 CC파였을 것이라고 하지만, 1915년 시위자들의 애국심에 의문의 여지가 없는 것처럼 이 시위자들의 진정성을 의심할 이유는 없다. 충칭의 학생들은 이런 슬로건을 들었다.[10]

소련 = 독일 + 일본

스탈린 = 히틀러 + 히로히토

상하이에서는 학생들이 소련 영사관 앞에 모여 이렇게 외쳤다.

"만주에서 나가라!"

적어도 한 사람 이상의 시위자가 스탈린의 대형 초상화에 '뱀'을 뜻하는 한자를 써넣어서 들고 있었다. 《신화일보》와 《민주일보》의 사무실이 수색당한 것은 이런 시위들이 벌어지고 있던 와중이었다.

공산당은 신문과 자유주의 지식인들을 공격했다며 국민당 비밀경찰을 비난했지만, 《해방일보》와 《라디오 옌안》은 소련은 만주에서 나가라거나 그들이 이 지역의 산업 설비와 발전소를 뜯어가는 일을 중단하라는 학생들의 요구에는 전혀 동조하지 않았다. 학생들의 시위가 계속되고 있는 가운데 《신화일보》는 공산 세력이 소련으로부터 어떤 지원도 받지 않았다며 부인하고, 공산당 "지하 투사들"이 만주에서 14년 동안 활동해 왔다고 주장했다.[11]

창춘에 있던 장자아오는 강덕제의 궁을 방문했던 일을 일기에 적었다. 일본이 이 중국의 마지막 황제 푸이를 만주국의 꼭두각시 황제로 만들어 들어가 살게 했던 대궐이다. 소련의 붉은 군대가 궁궐에 쳐들어갔는데, 소련 병사들은 그곳의 모든 것을 털어갔다. 심지어 전구電球까지 빼갔다. 장자아오는 이렇게 썼다.

〔도서관에는〕 책과 그림이 담긴 상자들이 여기저기 널려 있었다. (……) 약탈자들은 두루마리와 그림과 서예 작품들을 가져가버렸다.[12]

그들은 두루마리를 가져갈 때, 아래쪽 둥근 모양의 막대 부분은 떼어내고 가져갔다.

장자아오가 이전 황제의 거처를 방문하던 거의 그 시각에 중앙정부 동북행영東北行營 공광처工鑛處 부처장이었던 장신푸張莘夫라는 기술 관료가 푸순시撫順市 부근의 광산들을 방문하고 있었다. 그의 목적은 광산들에 대한 중국의 소유권을 회복하는 것이었다. 그는 소련 측 상대역 1명과 중국인 기술자 7명, 그리고 통제권을 장악하기 위해 철도경찰 파견대와 함께 갔다. 일행이 도착하자 소련군은 철도경찰의 무기를 압수했다. 그들은 장신푸에게 그 대표단은 광산들을 접수할 수 없으며 당장 푸순을 떠나라고 말했다. 이에 따라 중국인들은 창춘으로 돌아가기 위해 기차를 탔다. 소련 경비대 한 소대가 다른 칸에 타고 갔다. 기차가 푸순에서 25킬로미터 떨어진 리스자이李石寨 역에 도착했을 때 팔로군 병사들이 올라타더니 장신푸와 7명의 기술자를 끌어내리고 그들의 옷을 벗긴 뒤 총검으로 찔러 죽였다.[13]

이 살인 소식이 중국 정부에 전해지자 중국 측 차석 보좌관이 장춘 지역의 책임을 맡고 있던 소련 장군인 예핌 트로첸코Yefim Trotsenko 중장에게 항의했다. 중장은 이 사건이 중국 측의 잘못이라고 대답했다. 장신푸가 곧 그곳에 갈 예정임을 소련군 총사령부에 알리지 않았다는 것이다. 자신의 항의에 이런 식으로 얼버무리는 데 놀란 중국 관리는 장신푸가 소련 장교와 함께 여행하고 있었으며 그들이 공격을 받을 때 기차에 타고 있던 소련 경비 소대는 이를 막기 위해 아무런 노력도 하지 않았다고 지적했다. 트로첸코 장군이 어떻게 대답했는지는 기록되지 않았지만, 장자아오는 이 사건의 의미를 확실히 알 수 있었다. 즉 소련이 "경제 협조 문제가 타결"[14]되기 전에는 푸순 광산들에 대한 중국의 소유권을 허락하지 않을 것이라는 의미였다. 그리고 장자아오가 '경제 협조'라고 한 것은 만주의 거의 모든 대규모 제조업체를 소련과 중국이 공동 경영하자는 소련의 요구를 중국이 묵인하는 것을 의미했다.

중국 공산당과 소련군의 합작 폭력 행위는 충칭에서 국민당을 대신하여 일으킨 폭력 행위보다 더 심각한 것이었지만, 주목을 덜 받았던 듯하다.

소련이 만주에 들어오고, 경제적인 요구를 하며, 아무런 설명도 없이 군대 철수를 연기하고, 심지어 강덕제 궁의 그림과 서예 작품들을 훔쳐 간 행위에 대해 중국 공산당이 침묵한 것은 아마도 놀랄 일이 아닐 것이다. 마오쩌둥은 스탈린을 거스르고 싶지 않았다. 공산당은 그 대신 장제스와 국민당 우익, 궁극적으로는 미국 '제국주의'가 중앙정부를 원조한 것을 분노의 표적으로 삼았다. 미국이 1943년 중국에서 치외법권을 포기한 사실이나, 영국의 홍콩 재점령과 함께 중국에서 가장 현저한 '제국주의적' 행동을 보인 것이 소련의 행태였음은 전혀 안중에 없었다.

그러나 우리가 알다시피 마오쩌둥은 더 큰 맥락에서 움직이고 있었다. 1946년 2월은 마셜이 중국에서 벌인 중재 활동의 하이라이트였을 테지만, 그것은 또한 냉전이 모양을 갖추고 소련과 서방 사이의 갈등이 분명하게 인식되던 시기이기도 했다. 2월 11일, 처칠은 미국 미주리 주 풀턴에서 유럽에 쳐져 있는 '철의 장막iron curtain'의 실체를 밝히는 유명한 연설을 했다. 스탈린은 이에 맞서 연설에서 소련과 서방 사이의 전쟁은 "불가피하다"고 선언했다. 이후 같은 달에, 여전히 모스크바 주재 미국 대사관에 근무하던 조지 케넌은 국무부에 그의 유명한 "장문의 전문"을 보내 나중에 봉쇄 정책으로 구체화되는 정책의 초석을 쌓았다.

3월에 소련은 중국 공산당 지도자들에게 만주의 몇몇 대도시에서 철수할 예정임을 알리고, 중소 협정에 따라 이들 지역을 정부군에게 넘겨줄 것이지만 중국 공산당은 행동을 위한 준비를 해야 한다고 귀띔해주었다. 이에 따라 팔로군은 남만주로 진군하여 여러 개의 중소 도시들을 점령했다.

중국에 있던 미국 외교관들이 공산당의 태도 변화를 알아차리기 시작한 것은 바로 이 시기였다. 1944년 딕시 사절단의 일원으로 공산당 장악 지역을 방문하고 그들이 현지에서 인기가 있음을 알렸던 레이먼드 러든은 마셜에게 긴 메모를 보내, 중국 공산당이 소련의 노선에 어느 때보다도 가깝게 다가서 있다고 말했다. 예를 들어 공산당 신문들은 유럽과 아시아 양쪽에서 2차 세계대전 승리의 주역은 소련이었다는 소련의 공식 입장을 거듭 보도하고 있으며, 반면에 미국과 영국의 공헌은 언급조차 하지 않고 있었다. 그는 이어 중국 공산당이 선전물에서 '파시스트'라는 말을 사용하기 시작했다고 말했다.[15]

완전히 소련 측에서 생각하는 파시스트입니다. 그것은 누구든 소련에 반대하는 자를 지칭하며, 이제는 마찬가지로 중국의 공산 세력이 바라는 대로입니다.

러든은 이런 말들로 나타내는 제스처가 중국 공산당이 더 이상 일차적으로 "민족주의적 개혁가들"이 아니고 "아시아에서의 소련 팽창의 위성 세력"으로 변모했다는 징표가 아닐까 하고 생각했다.

러든은 변화하는 상황에 너무 가까이 있었기 때문에 자신이 받은 느낌이 사실인지 확신하기 어려웠지만, 후대의 역사가들, 특히 마이클 셩은 3월 20일까지는 중국 공산당의 새로운 전략이 떠오르고 있었음을 발견했다. 그것은 만주를 남과 북의 두 지역으로 나누는 것이었고, 분할의 기준점은 창춘이었다. 마오쩌둥은 이렇게 말했다.

"우리 당의 방침은 우리의 모든 역량을 동원하여 창춘, 하얼빈과 창춘 철도 전체의 통제권을 확보하는 것입니다."[16]

한편 저우언라이는 마셜이 워싱턴에 가 있는 동안에 중재 임무를 책임지고 있던 앨번 길렘Alvan C. Gillem 중장에게, 미국이 중앙정부를 돕고 있다고 격렬한 항의를 계속했다. 3월 30일, 그는 이렇게 경고했다.

"미군 사령부가 계속해서 정부군을 만주로 이동시킨다면 우리는 그러한 행위를 중국에 대한 미국의 정책이 변화했고 만주에서 진정한 평화를 이행하기 위한 정부 쪽의 신의가 부족하다는 증거로 간주할 것이오."[17]

저우언라이는 휴전 협정에 중앙정부는 "만주 쪽으로, 그리고 만주 안에서" 부대를 이동할 수 있도록 허용되었고 이들 부대는 미국이 수송한다고 명시되었음에도 불구하고 이렇게 위협한 것이었다. 협정을 위반한 쪽은 병력을 남만주에 침투시킨 중국 공산당이었다.

3월 18일, 마오쩌둥은 저우언라이에게 전문을 보내 장제스에 대한 견해를 피력했다. 마오쩌둥은 이렇게 썼다.

"최근 일어난 모든 사건들은 장제스의 반소·반중국 공산당·반민주주의적 본성이 변치 않으리라는 것을 입증하고 있소."[18]

이틀 뒤 마오쩌둥은 다시 저우언라이에게 편지를 써서, 중국 공산당은 중국의 새 헌법을 기초할 예정인 국민대회에 더 이상 참가하지 않을 것임을 알렸다. 중국의 혁명이 전쟁터에서 얻어져야 한다고 결정한 것이었다.

마오쩌둥은 자신의 실망감 표출에 충실했는지는 모르지만, 그는 장제스의 반민주적 행동보다도 냉전 강화에 훨씬 더 반응한 것으로 보인다. 3월 20일, 충칭 미국 대사관의 참사관 로버트 스미스Robert Smyth는 번스에게 빠르게 변화하는 중국 상황의 전개를 보고하면서 이렇게 말했다.

대원수는 (……) 훌륭한 협조 정신과 타협 의지를 보여주었습니다. 〔…… 장제스는〕 정치협상회의 프로그램을 이행하기를 원하고 있으며, 사실상 그의 권위에 도전할 만한 사람은 없습니다. (……) 공산 세력은 현재 국민당에 대한 격렬한 공격으로 자신들의 책임을 미리 부인함으로써, 만일의 사태를 준비하고 있는 것으로 보입니다.[19]

이것은 국민당 강경파가 더 민주적인 중국을 위한 움직임을 탈선시켰을 가능성이 없다거나 그들이 그렇게 하기를 원치 않았다는 의미는 아니다. 헌법은 5월에 열릴 국민대회에서 기초될 예정이었고, 국민당은 그 국민대회를 지배하기를 원했다. 그러나 중국에서는 대중의 지지를 받는, 그리고 이미 국민당으로부터 전쟁 기간 동안 행사했던 식의 구속받지 않는 권력을 박탈하는 정치적 과정이 시작된 상태였다.

마오쩌둥이 피력한 견해는 옌안에서 시작한 격렬한 선전 활동에서 되풀이되었는데, 자신이 권력을 차지하겠다는 조급증의 산물이라는 것 말고는 설명하기가 어렵다. 이 선전들은 비밀경찰의 협박과 반체제 인사 투옥, 학생들의 저항에 대한 탄압, 언론인들에 대한 핍박을 고통스러워 하는 용어로 언급하고 있는데, 신과도 같은 중국 지도자가 되는 마오쩌둥은 미래의 행동들에서 이런 일들이나 아니면 인민의 자유 일반에 대해서는 거의 관심을 가지지 않는다.

1946년 전반기에 마오쩌둥은 마셜의 협상으로 만들어진 청사진을 고수할 수도 있었다. 국민회의를 선출하고, 새 헌법을 기초하고, 궁극적으로 선거에서 권력 경쟁을 하는 것이었다. 그것은 그가 마셜에게 "중국에 도입될 민주주의는 미국식을 따라야 한다"라고 말하면서 내비친 의도였다.

그러나 그 말이 마오쩌둥의 의도를 그대로 표현한 것이었다는 증거는 없다. 그의 야망은 중국이 민주화되는 것이 아니었다. 오히려 중국의 스탈린이 되어 절대권력을 잡는 것이었다. 그는 이미 중국 공산당 내에서 그것을 이루었다. 그는 마셜의 중재와 정치협상회의에 대한 열의를 표명했다. 그러나 그것은 시간을 벌고 내전에 대한 비난을 피할 필요가 있어서였지, 언론의 자유가 이루어지고 비공산 정치범이 석방되기를 바라서가 아니었다.

4월 초, 그때까지는 장제스에 대한 개인적인 비판을 삼가고 있던 《해방일보》가 그에 대한 거친 공격을 퍼부었고, 이는 당연히 충칭의 《신화일보》에도 전재되었다.[20] 이 신문은 이 중국 지도자가 내전을 조장하고 있고, 자신이 정치협상회의에서 했던 네 가지 약속도 모두 이행하지 않고 있다고 비난했다. 인민의 자유를 허용하고, 모든 정당을 합법화하며,

지방 선거를 실시하고, 정치범을 석방한다는 약속이었다.

중앙정부 공보당국은 공산당의 공격에 대해 설득력 있고 심지어 감동적이기까지 한 답변을 내놓으면서, 네 가지 약속 모두 이행되고 있다고 주장했다.[21]

완고파의 술책이 어쨌단 말인가? 물론 이들보다 더 융통성 없고 근시안적으로 자기 잇속만 챙기며 냉소적이고 부패한 정파는 역사 기록에서 찾기 어려울 것이다. 마오쩌둥이 권력을 잡으려는 억누를 수 없는 충동에 내몰렸다면, 완고파는 그것을 잃을지 모른다는 공포 때문에 움직였을 것이다.[22]

1946년 7월에 최악의 순간이 찾아왔다. 민주동맹 소속의 유명 인사인 리궁푸李公樸와 원이둬聞一多가 쿤밍 경비사령부 병사들에게 암살당한 것이다. 경비사령부는 아마도 최근의 학생 시위에 자극되어 정치협상회의 내에서 공산당을 지지하는 경향이 있던 민주동맹 소속 인사들을 죽이라는 일반명령을 내렸던 듯하다. 장제스가 이 암살들을 승인했다는 증거는 없다. 그리고 정말로 제이 테일러가 주장했듯이 그런 탄압 행위 때문에 발생하는 홍보 비용을 감안하면 그는 그런 일이 일어나기를 바랄 이유가 별로 없다.

새로운 주중 미국 대사 존 레이턴 스튜어트John Leighton Stuart는 워싱턴에 보낸 보고에서 자신이 '게슈타포'라 부른 자들에 의한 공격을 지적하며 "쿤밍에 잔인한 테러리즘이 난무하고 있다"라고 말했다.[23] 이런 살인 사건들이 일어난 뒤, 아마도 국제적으로 가장 유명한 중국 지식인이었을 인류학자 페이샤오퉁費孝通을 비롯한 민주동맹 인사 몇 명이 한동안 미국 영사관으로 피신하기도 했다. 스튜어트는 장제스와 만난 자리에서 이런 암살들에 대해 항의하고, 지식인들이 전체적으로 반감을 가지게 되었다고 경고했다. 장제스는 조치를 취하겠다고 약속했다.

그 이후로 쿤밍이나 다른 곳에서 반체제 지식인에 대한 암살 소식은 없었다. 따라서 아마도 장제스가 그런 식의 탄압을 중지하도록 지시를 내렸던 듯하다. 페이샤오퉁이나 우리가 앞서 종전 시기의 분위기를 이야기하면서 보았던 추안핑 같은 저명한 지식인들은 하고 싶은 활동을 했고, 국민당에 대한 환멸을 숨기지 않았던 마인추 같은 다른 저명 인사들도 마친가지였다. 천씨 형제가 이끈 국민당 우파는, 채택될 경우 정부 주석에게 독재에 가까운 권력을 부여하게 되는 헌법을 밀었던 것으로 보인다. 그러나 그런 노력은 성공을 거두지 못했다. 그런 노력들이 장제스의 지지를 얻지 못했던 듯하고, 적어도 미국인들이 보기에는 그랬다. 한편 장제스의 비밀경찰의 활동에도 불구하고 공산계《신화일보》는 충칭에서 계속 발간되었고,《해방일보》의 거친 반장제스 사설들을 전재했다. 저우언라이와 다른 공산당 대표단은 국민당 비밀경찰의 밀착 감시를 받았으나, 그들은 좁은 골목에서 별다른 방해를 받지 않고 살 수 있었다.

하지만 공산당 선전 도구들은 당연하게도 쿤밍의 암살 같은 사건들을 장제스와 국민당을 공격하는 데 이용하려 안간힘을 썼다. 이런 측면에서 완고파의 행동들에는 엄청난 아이러니가 있다. 그들은 개혁 프로그램을 탈선시키는 노력을 하고자 했지만, 그들의 중요성은 거기에 있는 것이 아니었다. 그들은 20세기의 다른 여느 혁명 운동과 마찬가지로 비밀스럽고 무자비하고 비민주적이었던 중국 공산당에게 정치적 개방성과 자유 언론, 그리고 민권의 열렬한 옹호자로 과시할 수 있는 기회를 제공하고 말았던 것이다.

마셜은 1946년의 겨울과 봄 동안에 휴전 상태를 회복하고 잘 작동될 수 있는 민주 정부를 수립하기 위해 계속해서 움직였다. 그는 말 그대로 수백 차례 회담을 가졌다. 그 기록은 모두 국무부 기록보관소에 충실하게 보존되어 있는데, 다 합쳐 수백 쪽에 이른다. 그러나 그 회담들은 일종의 가상의 세계였으며, 그 나라 현실과는 차단된 누에고치 속의 일이었다. 회담 기록은 따분하고 피곤하며 반복적인 내용이다. 곳곳에서 튀어나오는 상호 비난, 거짓된 평화 의지 선언, 그리고 싸움을 끝내기 위한 마셜의 구체적이고 상세하고 실질적인 제안. 이 모든 것들은 갈수록 공허해진다. 양당은 제안된 협정안이 실제적인 효과를 지니고 발효되기라도 할 것처럼 아주 미세한 부분까지 꼼꼼하게 들여다보았다. 그러나 발효된 것은 없었다.

국민당과 중국 공산당 사이의 타협 가능성은 CC파나 다른 어떤 집단 때문에 깨진 것이 아니라 내전의 재개 때문에 깨졌다. 국민당과 중국 공산당은 서로를 비난했다. 어느 쪽도 평화의 기회를 깬 정당으로 보이고 싶지 않았지만, 양쪽 모두가 거기에 책임이 있었다. 마셜은 저우언라이에게 이렇게 말했다.

"양쪽은 모두 언제나 상대방의 잘못과 악한 의도에 대해 서로 엄청난 비난을 퍼붓고 있습니다."

그는 이어 "견해가 완전히 상반"[24]되어 있다고 말했다. 그의 목표는 큰 잘못과 작은 잘못을 판별하는 것이 아니었다. 그것은 불가능한 일이었을 것이다. 그는 그저 양쪽이 상호 비난 단계를 넘어서서 이미 만들어진 협정을 갱신하는 쪽으로 나아가기를 원했다. 그러나 양측은 상황이 유리하면 으레 공격에 나서곤 했다.

마셜의 노력은 1947년까지 계속되지만, 1946년 3월 7일에 사실상 끝난 것이었다. 이때 중국 중앙정부에는 아무런 통지도 없이, 기차 40량 정도의 소련군 병력이 한 무리의 탱크, 트럭, 대포와 전해 8월 이래 붉은 군대 사령부를 장식했던 스탈린의 대형 초상화를 가지고 선양에서 빠져나갔다. 소련군의 철수는 영토 쟁탈전을 촉발시켰다. 4년 뒤에 내전이 공산당의 승리로 막을 내리기까지 실제로 끝나지 않는 전쟁이었다.

소련이 철수할 때 미군 추산으로 약 10만 명의 공산군 병사들이 선양 주변에 있었다. 그러나 정예 부대가 친황다오에서 기차를 타고 이동한 국민당 군은 그들을 앞질렀고, 공산군 파견대를 교외에서 몰아내고 도시 안으로 쏟아져 들어갔다. 국민당 군 사령관 자오궁우趙公武 중장은 공산군에 "결정적 승리"[25]를 거두었다고 선언했으며, 그의 주장에 따르면 공산군은 도시에서 15킬로미터 이상 밖으로 쫓겨났다.

이렇게 의기양양한 데는 이유가 있었다. 국민당 군의 제52군이 선양에 들어간 것은 1931년 일본 침략 이래 중앙정부 병사들이 이 만주의 최대 도시에 들어간 최초의 일이었다. 게다가 미군으로부터 훈련받고 그들로부터 무기를 보급받은 정부군이 잘 싸워 공산군을 효과적으로 몰아내자 장제스는 자신감을 얻었다. 그는 자신이 단호하게 행동한다면 마셜의 끈질긴 간청과는 반대로 마오쩌둥의 군대를 힘으로 쳐부술 수 있다고 생각하게 되었다. 마셜은 장제스의 군대가 너무 벌어지고 분산될 것이라고 경고했는데, 세계에서 조지 C. 마셜보다 전력 편성이나 보급 및 병참의 중요성에 대해 잘 아는 사람이 누가 있었겠는가?

장제스는 선양을 장악했지만, 사태는 다른 곳에서 좋지 않게 돌아갔다. 워싱턴에서는 여전히 마셜이 일을 잘했다고 칭찬하고 있던 4월에 소련군이 만주 주둔군 사령부가 있던 창춘에서 철수했다. 그들은 자기네가 떠난다는 사실을 미리 중국 공산당에 통지하고 이전과 마찬가지로 행동을 위한 준비를 하라고 일렀다.

중앙정부는 이 도시에 7000명가량의 병력을 두고 있었다. 소련군이 떠난 다음 날(국민당 측 선전은 떠난 지 30분 뒤라고 주장했다) 2만 명의 공산군이 공격해왔다.[26] 《뉴욕 타임스》의 헨리 리버먼 등 대여섯 명의 미국 언론인들이 현장에 있었는데, 리버먼은 치열한 시가전이 벌어져 엄청난 사상자가 발생했다고 전했다. 언제나 그렇듯이 동북민주연군東北民主聯軍이라는 가명으로 행세한 공산당의 팔로군은 "규율이 있고 훈련되고 조직화되고 좋은 지휘관을 갖춘 전투 조직"이었다고 리버먼은 말했다. 그들은 일본의 대포, 기관총, 소총 등 인상적인 무기를 갖추고 있었다. 리버먼은 공산군이 이 무기들을 소련군으로부터 얻었다는 사실을 부인했다고 말했다. 대규모 공격군은 이미 6개월 전에 산둥성의 항구 즈푸를 떠나 정크선을 타고 항해하여 만주에 도착했다. 즈푸는 지난가을 공산군이 미군을 막아 정부군이 상륙하지 못하게 했던 곳이다.

결정적인 공격이 창춘 시내 한가운데 5층짜리 은행 건물 안에 있던 중앙정부 사령부를 상대로 이루어졌다. 그곳에서 1500명의 국민당 군 병사들은 우세한 병력을 상대로 리버먼의 표현대로 "알라모 전투식의 방어"(1836년 텍사스 독립전쟁 때 200명 안팎의 텍사스 주민이 알라모 요새에서 1000명이 넘는 멕시코 정규군에 포위된 채 13일 동안 맞서 싸우다가 거의 전멸했다─옮긴이)를 펼쳤다. 공격자들은 건물에 집중적인 사격을 퍼부어 그곳을 "불바다"로 만들어버렸다. 정부군은 결국 도망치려다 은행 회전문에 끼기도 했고, 수백 명은 건물 앞 광장에서 사살되었다.

창춘 점령은 이때까지 공산당이 정부를 상대로 거둔 최대의 군사적 성공이었고, 그것은 마셜의 중재와 1월 10일의 휴전, 정치협상회의의 결의, 군대 재편 계획 등을 모두 휴지 조각으로 만들어버렸다. 《뉴욕 타임스》 4월 30일자 1면 제목은 이러했다.

마셜의 노력, 물거품으로

공산당은 정부가 휴전 협정을 어겼으며, 특히 러허성 츠펑을 향해 병력을 이동했다는 이유를 들며 자신들의 공격 재개를 정당화하려 했다. 《라디오 옌안》과 《해방일보》, 그리고 충칭의 《신화일보》는 이런 기조에 따른 비난을 계속해서 쏟아냈다. 휴전 협정을 위반했을 뿐만 아니라 우파가 정치적 타결을 방해하고 있다는 것이었다. 저우언라이는 전쟁 재개에도 불구하고 계속해서 열린 마셜과의 긴 회담에서 이런 비난을 반복했다. 그는 무엇보다도 정부가 병력을 만주로 수송하는 일을 미국이 돕는 것에 대해 격렬하게 항의했다. 그러나 공산군의 창춘 공격은 명백한 휴전 협정 위반이었다. 중앙정부를 자주 비판했던 중국에서 가장 인정받는 중립 신문 《대공보》는 이를 "부끄러운 짓"[27]이라고 표현했다.

공산군의 창춘 점령은 마셜이 워싱턴에 머물다가 중국에 막 돌아왔을 때 일어났다. 따라서 그가 저우언라이 및 정부 측 대표와 회담을 재개하자마자 그것이 첫 번째 의제가 되어야 했을 것이다. 그러나 이상하게도 그는 4월 23일 저우언라이와의 첫 회담에서 이에 관해서는 아무 말도 하지 않았다. 그는 공산당의 공격적인 행동에 대해 한 마디의 항의도 하지 않았다(그렇지만 그는 나중에, 자신이 그렇게 힘들여 협상했던 협정이 붕괴된 결정적인 요인이 창춘 점령이었음을 인정했다). 저우언라이에게 그는 그저 새로운 휴전 제안을 내놓았을 뿐이다.[28]

이와 대조적으로 마셜은 같은 날 늦게 장췬을 대신한 정부 대표 쉬융창徐永昌 장군을 만났을 때 국민당에 대한 짜증을 거의 숨기지 않았다. 그는 국민당이 이제 무의식중에 "공산당에게 권력에 대한 새로운 감각을 가르쳤다"고 말했다. 그는 베이징에 있는 공산주의자들의 가택 수색을 위한 병력 이동에 관한 보고를 제출하지 않는 것 등 여러 가지 정부의 잘못을 열거했다. 그러나 마셜이 생각하기에 가장 중요한 것은 역시 정부의 츠펑 공격이었다. 마셜은 쉬융창에게 말했다.

"공산당은 이제 정부에 과도한 요구를 할 수 있는 위치에 서게 되었습니다."[29]

정부가 좀 더 슬기로운 정책을 폈다면 피할 수 있었을 창춘 점령으로 공산당이 전에 차지할 수 없었던 군사적 우위를 선사받은 듯하다는 의미였다.

며칠 뒤 마셜은 트루먼에게 장문의 보고서를 썼는데, 여기서는 더 공평하게 책임을 평가했다. 공산당은 창춘을 점령하여 "득의만면"해 있다고 썼다.

틀림없이 장군들이 자기네 대표들의 협상을 좌지우지하고 있을 것입니다.

공산당은 자기네가 거둔 성공으로 자신감을 얻어, 미국이 정부군을 만주로 수송한 일을 겨냥한 선전 활동을 시작했다고 그는 말했다. 그는 저우언라이가 "배로 수송해주는 지원을 중단하여 대원수를 압박하라고 나에게 요구"했다고 말했다. 그러나 대원수 자신은 휘하의 조언자들과 장군들로부터 "힘을 중시하는 정책"을 취하라는 말을 듣고 있었다.

그들은 우리가 병참 지원을 하고 해병대를 북중국의 칭다오·톈진항과 친황다오항으로 가는 철도에 투입해도 [그 정책을] 실행할 능력이 없습니다.

마셜은 말을 바꾸어 이렇게 결론지었다.

전망은 밝지 않습니다. 그리고 절충안이 합의되지 않는다면 제 생각으로는 불가피하게 전쟁이 확산되어 북중국이 완전히 혼란에 빠질 수밖에 없습니다.

정말로 진망은 밝시 않았다. 물론 장제스가 패배로 가는 길과 공산당이 승리로 가는 길에 몇 번의 중대한 우여곡절을 겪게 되지만 말이다.

장제스는 창춘이 함락된 뒤 휘하 장군들의 조언에 따라 선제 조치를 취했다. 그의 정예 제1군은 선양에서 철로를 통해 쓰핑四平으로 이동한 뒤 5월 24일에 창춘을 탈환했다. 그런 뒤에 더 북쪽으로 공산당의 수중에 있는 북만주의 대도시 하얼빈을 향해 진군했다. 6월 초, 장제스는 더 많은 국민당 군을 전쟁터로 수송해달라는 요청을 마셜이 거부한 채 집요하게 새로운 휴전을 간청하자 이에 동의했다. 휴전은 3주 동안 지속되었고, 그것은 치명적인 것이었다.

자기 군대가 주도권을 잡은 것으로 보이는 바로 그 시점에 장제스가 휴전에 동의한 것이 공산 세력을 모든 전쟁터에서 완전히 몰아낼 좋은 기회를 차버린 것인지 아닌지는 깊이 생각해보아야 할 문제일 것이다. 그러나 마셜은 그렇게 생각하지 않았고, 논쟁의 추는 마셜의 견해 쪽으로 기울고 있는 듯하다. 공산 세력은 미국이 무장시킨 정부군에 비해 열세였지만, 전쟁이 길어진다면 과거에 늘 그랬던 것처럼 시간은 그들 편이었다. 공산 세력에게는 소련과의 국경이 길다는 이점이 있었다. 스탈린은 이를 이용하여 필요할 경우 마오쩌둥에게 피난처를 제공해줄 수도 있고 무기도 공급해줄 수 있었다. 정부군은 마셜이 지적했듯이 지나치게 펼쳐져 있고 분산되어 있었다. 그들의 보급선은 끝없이 길고, 산시성, 허베이성에서 공산군 게릴라의 습격에 시달릴 수밖에 없었다. 게다가 정부군이 만주를 공격하면서 공산 세력은 만리장성 남쪽으로 더 밀고 내려올 수 있었다. 산둥성이 대표적이었는데, 그곳의 칭다오 교외에는 공산당 군대가 있었다.

장제스는 여러 차례 공산 세력을 자신의 손아귀에 넣었다고 생각했던 듯하다. 그는 1930년대 초 장시성에서의 비적 소탕 작전 이후 공산당을 대장정에 나서지 않을 수 없게 했다. 그리고 1936년에는 기진맥진한 대장정의 잔당들을 쓸어버리기 직전에 있는 듯했다. 그러나 일본의 침략과 외세에 맞서 나라를 지키기 위해 불구대천의 적과 협력하라는 민족적 요구로 인해 저지당했다. 그리고 이제 다시 한 번 승리가 그의 손아귀에서 빠져나가게 된다.

미국은 돈과 무기를 주어 장제스를 상당한 정도로 돕게 되지만, 그것은 언제나 한계가 있었다. 4월에 일시적으로 창춘을 상실한 이후 장제스는 또다시 미국에 중국군 2개 군을 만주의 전쟁터로 수송해달라고 요청했다. 그러나 마셜은 이를 거부했다. 그는 트루먼에게, 미국은 이미 22만 8000명의 정부군을 수송해주었고 더 이동시켜주는 것은 "현재의 상황에서 내전을 지원하는 것이나 마찬가지"[30]라고 설명했다. 마셜은 스스로 말했듯이 "곤경에 빠진 〔중국 정부를〕 버려두"고 싶지 않았지만, 장제스로 하여금 총력을 기울여 만주를 점령하도록 부추기고 싶지도 않았다. 그가 보기에 그것은 손해가 나는 일이었다.

이와 동시에 마셜은 북중국의 몇몇 항구와 베이징에 있는 해병 파견대를 여름까지 5만 5000명에서 2만 8000명으로 줄이는 세부 계획을 세웠다. 해병대가 병력 수송과 베이징의 군사조처집행부 및 그곳에서 북중국의 여러 지역으로 계속해서 파견되고 있는 휴전 감시 팀의 안전을 위해 필요했지만 말이다. 마셜은 또한 미군이 공산군 병사들을 훈련시키는 문제를 저우언라이와 의논했다. 훈련은 군대 재편성 계획이 발효되면 시작될 예정이었다.

요컨대 마셜은 중국 내전에서 어느 정도 공정성을 유지하려는 노력을 계속했다. 미국의 장제스 비판자들이 말한 백지수표를 주지 않으면서 미국이 중국 중앙정부에 대한 의무를 이행하기 위한 일종의 편향된 중립이었다.

회담은 계속되었다. 그러나 대체로 전쟁이 다시 한 번 나라를 집어삼키고 있는 가운데서도 두 정당이 평화를 원하는 정당으로 보이고자 하는 데 필요한 장치일 뿐이었다. 책임은 양쪽 모두에게 물을 수 있지만, 내전을 막을 수 없는 것으로 만든 것은 공산당의 창춘 공격이었다. 그 공격이 없었더라도 장제스가 정치적 타결을 받아들였을지 아닌지는 생각해봐야 할 문제다. 그러나 공산당이 창춘을 공격하자 그는 더 이상 힘 아닌 다른 어떤 것이 중국의 분단 상태를 해결할 것이라고 믿을 이유가 없어졌다.

한편 공산당의 선전은, 미국과 친하게 지내겠다는 가면을 벗어던지고 미국을 중국의 최대 적으로 간주한다는 공산당의 결정을 추적하는 데 이용될 수 있다.

그것은 매우 빨리 찾아왔다. 1946년 2월 《라디오 옌안》은 중국과 미국의 협력에 관한 훈훈한 이야기를 전하고 있었다. 한 미군 항공병의 추도식에 관한 산둥성 웨이현발 기사로, 그는 전해 5월에 타고 있던 비행기가 일본군의 대공 사격에 맞아 사망했다.[31] 방송은 추모 장소를 장식한 화환들과 "여러 해방구의 각계각층에서" 보내온 메시지들을 감동적으로 묘사했다. 웨이현의 주민 대표가 추모식을 주재했고, 그는 "중국과 미국의 우정이 영원히 계속되기를 바라는 연설을 했다"라고 방송은 보도했다.

마셜이 옌안을 방문하기 직전이었던 3월 초, 《해방일보》는 그의 "빼어난 성과"를 칭송하며 이렇게 말했다.

중국 인민이 〔그를〕 따뜻하게 환영한 것은 그의 노력이 지향하고 있는 바가 중국 인민의 기본적인 관심과 미국 인민의 기본적인 관심, 그리고 세계 평화와 일치하기 때문이다.

그런 뒤에 물론 마오쩌둥의 잘 알려진 감사의 말과 "모든 협정을 성실하게 준수"하겠다는 약속, 이것이 "장제스 대원수의 리더십"과 "미국의 친구들" 덕분이라는 치하가 이어졌다.

4주 뒤에 미국에 대한 구두 공격이 재개되었다. 이와 함께 불평과 모호함의 분위기도 되살아나서, 그것이 이후 공산당 선전의 특징이 되었다. '재개'라고 한 것은 이 새로운 공격이 여러 가지 측면에서 전해 가을 미국 해병대의 북중국 상륙에 대한 공산당의 격렬한 반대를 빼닮았기 때문이다.

1946년 4월 4일, 공산당 신문들은 미군 전투기들이 쓰핑에 있는 공산군 진지에 기총소사를 가했다고 분노에 찬 기사를 실었다. 쓰핑은 창춘 남쪽에 있는 중요한 철도 교차로였다. 이 비행기들 가운데 한 대가 격추되었고, 그 잔해에서 미군 조종사의 시신이 발견되었으며 이는 "미군 비행기와 장교들이 공개적으로 국민당 군대의 부도덕한 행위에 가담"[32]

했다는 증거라고 공산당 언론들은 보도했다. 마셜은 이런 비난에 대해 조사하도록 명령했는데, 미국 비행기는 쓰핑 근처에 간 적이 전혀 없는 것으로 나타났다. 이 조사 내용을 저우언라이에게 제시하자 공산당 언론은 정정 보도를 내고, 죽은 조종사가 미군 군복을 입은 중국인이었으며 그의 모습이 심하게 훼손되어 신원을 잘못 파악했다고 인정했다.

그러나 미국이 공산 세력에 대한 군사 행동에 참가하고 있다는 그들의 당초 비난은 강력한 것이었고, 어떻든 이 비판적인 북치기는 계속되었다. 공산당 언론은 미국에 정부군의 수송 중지를 요구하고 미국이 중국 정부에 제안한 차관 공여에 반대하는 중국의 여러 민주 정당들과 관련이 있는 지식인들에 관한 기사들을 반복해서 보도했다. 지식인들은 "중국 인민들에게 재앙을 초래한다"[33]는 이유로 반대하는 것이었다.

5월에 옌안의 방송들은 다른 주장을 끼워넣었다. 정부에 대한 미국의 원조는 공정한 중재자로서의 마셜의 역할을 방해한다는 것이었다. 이는 그 자체로는 사실일 수 있지만, 정부에 대한 미국의 원조는 마오쩌둥이 "충실하게" 따르겠다고 약속한 그 협정에서 허용하고 있었다. 싸움이 치열해지면서 《라디오 옌안》은 이렇게 주장했다.

미국의 원조가 지금 만주의 내전을 악화시키고 있는 중요한 요인임은 부인할 수 없는 사실입니다.[34]

이 라디오는 공산 세력에 대한 소련의 원조나 그런 원조가 마오쩌둥으로 하여금 국민당과의 정치 협상에 나설 가능성을 줄인다는 부분에 대해서는 전혀 언급하지 않았다.

6월 5일에 《라디오 옌안》은 이렇게 보도했다.

미군은 또한 중국의 내란 선동자들을 위해 공군 및 해군 병력도 편성했습니다. 미군은 그들에게 수많은 비행기, 전함, 바주카포, 대포, 탱크와 휘발유 및 모든 필요한 전쟁 물자들을 공급했습니다. (……) 그런 방대한 원조가 없다면 중국의 반동 패거리들이 결코 대규모 내전을 치를 수 없으리라는 것은 분명한 사실입니다. (……) 미국의 그러한 군사적 간섭은 제국주의적 구상과 관계가 없는 것이 아닙니다. 미국이 중국에 군사 기지와 정치적·경제적 권리를 요구하고 이에 따라 중국이 미국의 피보호국이나 식민지로 전락했음을 〔국민당 반동들이〕 깨닫게 되는 날이 시작되고 있는지도 모릅니다.

제국주의 미국이 요구할 것이라고 가정하는 이권들은, 중국 공산당의 반대 없이 만주에서 소련이 차지한 이권들과 완전히 똑같은 것임은 전혀 염두에 두지 않은 주장이었다.

역시 6월에, 그동안 공산당의 비판을 받지 않았던 마셜이 인신공격을 받게 되었고, 이것이 경향으로 고착되어 나중에는 중국에 제국주의의 지배를 확립하려는 미국 내 반동파를 지칭하는 '트루먼–마셜 패거리'라는 상투적인 표현이 사용되기에 이른다. 이 언론은 정부가 새로운 병력을 만주의 전쟁터로 이동시키지 못하도록 마셜이 제지할 수 있었음에도 그러지 않았다고 보도했다. 그러나 실제로는 앞서 본 것처럼 마셜은 또다시 정부군을 만주로 이동시켜달라는 장제스의 요구를 거부했고, 해병 파견대의 규모 감축을 명령하고 있었다.

6월 7일자 《해방일보》는 이렇게 보도했다.

지난 100년간의 중국 역사에서 중국의 국내 문제에 대한 제국주의의 간섭과, 자유와 민주주의를 얻기 위한 중국인들의 운동에 대한 노골적인 탄압이 지금의 수준에 이른 적은 없었다.[35]

이 말은 과장의 정도라는 측면에서 놀라운 것이다. 19세기 중반의 아편전쟁과 애로호 전쟁(2차 아편전쟁), 20세기로 접어들 무렵의 의화단 운동 탄압, 그 결과로 중국에 부과된 배상금, 그리고 일본의 타이완 점령과 만주 점령, 그 뒤에 일어난 1937년 일본의 전면 침공 등의 사건이 일어난 100년 동안의 역사를 두고, 당시 미국이 국제적으로 승인된 중국 정부에 군사적 지원을 제공하는 것을 중국 문제에 대한 최악의 제국주의적 간섭으로 보는 것은 말도 안 되는 소리였다. 당시 미국 입장에서 가장 중요했던 것은 분노에 찬 말투가 더욱 격렬해짐으로써 공산당이 거침없이 반미 적대감을 표출하는 쪽으로 돌아섰다는 것이었고, 미국은 이런 상황을 바꾸기 위해 할 수 있는 일이 별로 없었다.

8월에 선전 매체들은 다시 한 번 마셜을 비난했다. 《라디오 옌안》이 말한 "중국 내전의 격화"[36]를 막지 못했다는 것이었다. 이때는 마셜이 지적했듯이 공산 세력이 바로 그 내전 격화에 한몫을 하고 있었다. 4월에 창춘을 점령한 일과 6월에 산둥에서 공세를 취한 일 같은 것들이다. 그해 연말께 마셜이 트루먼에게 자신은 더 이상 중재 노력을 계속할 이유가 없다는 말을 꺼내기 시작했을 때, 가장 큰 이유로 "거짓말과 격렬한 공격으로 점철된 공산당의 악랄한 선전"[37]을 지적했다.

마셜은 이런 분노에 찬 적대감의 표출이 "부정확한 이야기들로 가득 차" 있긴 하지만 내전을 피하려고 노력하는 과정에서 공산당의 선의가 완전히 끝났음을 보여준다는 사실을 깨달았다. 그들은 홍보를 위해 대화를 계속하기는 하겠지만, 또한 싸움도 계속할 터였다. 그들은 겉으로는 원하지 않는 것처럼 가장했던 내전이 이미 진행되고 있고 끝까지 싸워야 할 것임을 알고 있었다. 그들이 미국에 대해 공개적인 적대감을 드러내고 중앙정부를 제국주의 외세의 '종'으로 표현한 것은 승리를 얻기 위한 전략의 필수불가결한 요소였다.

7월 29일, 톈진에서 베이징으로 가는 도중에 있는 안핑安平에서 공산당의 전략을 잘 드러내주는 사건이 일어났다. 그곳에서 공산군 부대는, 국민당과 중국 공산당의 협정 준수를 감시하기 위해 용감하지만 무익한 노력을 계속하고 있는 군사조처집행부와 중국에서 인도적 활동을 개시한 유엔구제부흥기구(UNRRA)에 보내는 보급품을 싣고 가던 호송대를 습격했다.[38] 다른 모든 호송대와 마찬가지로 미군 해병 1개 소대가 호송을 맡고 있었는데, 베이징과 톈진을 연결하는 도로의 길가 나무와 농가 뒤에서 총성이 울렸다. 그로 인해 대원 3명이 죽고 12명이 다쳤다.

이 사건에 관한 마셜의 나중 기록을 보면 공산당은 그 공격을 자기네 부대가 했다고 "개인적으로 인정"했으나, 공개적으로는 분노에 차서 중앙정부를 비난했다. 정부가 공산당에게 누명을 씌우고 나라를 내전으로 몰아넣으려는 교활한 계획으로 해병들을 죽였다는 것이었다.

마셜이 저우언라이에게 이 공격에 대해 말하자 그는 조사해보자고 요구했다. 마셜은 미군의 보고를 읽은 뒤라 무슨 일이 일어났는지에 대해 아무런 의문을 느끼지 않았지만 이에 동의했다. 공산 세력은 미군의 철수를 유도하기 위해 미군 병사들에 대한 저격을 재개했다. 조사가 시작되자 조사팀의 공산당 측 성원은 절차상의 요구들을 들이대고, 몇 시간씩 격앙된 목소리로 연설하고, 목격자의 증언을 허락하지 않고, 그런 뒤에 다시 이전 요구 사항들이 받아들여지면 새로운 절차상의 요구들을 내세우고, 다른 모든 수단이 실패하면 예정된 회의에 나타나지 않는 방식으로 조사를 방해했다고 마셜은 말했다.

마셜을 지친 끝에 이렇게 결론지었다.

그것은 공산주의자들의 익숙한 패턴의 반복이었다. 정당한 것이든 아니든 어떤 사건을 붙잡고, 진실이나 정확성과는 상관없이 그것을 꾸며, 신경질적인 배도 활동의 토대를 만들어냈다.

안핑 사건은 동아시아의 오랜 전쟁과 살육의 역사에서 아주 작은 사건이었지만, 그럼에도 불구하고 인상적인 일이었다. 공산당은 공격을 한 뒤 완전히 사실과 다르게 그것을 선전 활동에 이용했다. 그들의 목적은 미국을 제국주의 적국으로 묘사하는 것이었다. 이것은 이후 26년 동안 반복되는데, 그동안 일어날 필요가 없는 전쟁들을 치르느라 수많은 중국과 미국의 젊은이들이 죽었다.

에필로그

중국 혁명의 비극

한밤중에 경찰이 들이닥쳤을 때 메이즈梅志와 중국의 가장 유명한 문학평론가였던 그의 남편 후펑은 세 아이들에게 자기네가 체포될 것이라는 말을 차마 할 수가 없었다.[1] 대신 그들은 손님들이 왔다고 말했다. 그들은 남자아이 2명과 여자아이 1명을 잠자리에 눕히고 잘 자라고 말했다. 그런 뒤에 그들은 끌려갔다.

수필가이고 시인이고 아동문학 작가였던 메이즈는 6년 뒤 감옥에서 풀려났으나, 그때까지도 중국인들이 말하는 '우파 모자'가 씌워져 있었다. 자본가 계급과 관련된 사상에 물들어 있다는 뜻이었다. 그는 그것을 제거하기 위한 정치적 재교육을 받아야 했다.

1930년대 초 상하이 좌익작가연맹 창설 멤버이자 반일 애국 운동 지도자였던 후펑은 이후 25년의 거의 전 기간을 중국의 감옥 시스템 속에 파묻혀 있었다. 그사이에 그는 자신의 '죄'를 고백하기를 거부했다. 나중에 그가 말한 바에 따르면 자신은 어떤 잘못도 저지르지 않았기 때문이

에필로그: 중국 혁명의 비극 591

었다. 후평의 죄는 중국의 새 지도자들이 예술과 문화에 제한을 가하고 있다고 비판하는 글 '수년래 문예 실천 정황에 관한 보고(關于幾年來文藝實踐情況的報告)'를 써서 유포한 것이었다. 이 장문의 글은 곧바로 유명해졌다. 이로 인해 마오쩌둥은 그를 반혁명파의 괴수로 지칭했다. 마오쩌둥은 이렇게 못박았다.

"반혁명파는 쓰레기다. 그들은 해충이다."[2]

마오쩌둥이 죽은 지 3년이 지난 1979년에 후평은 감옥에서 풀려났고, 그로부터 3년 뒤 공식적으로 혐의를 벗었다. 그러나 그는 육체적, 정신적으로 망가져 있었다. 그는 1985년에 극심한 정신이상 상태에 빠져 사망했다.

후평은 이 책에서 언급한 저명한 중국의 학자, 작가, 교수들 가운데 한 사람이며, 장제스와 국민당에 대해 공개적으로 환멸을 드러내 여론의 물결을 그들에 반대하고 덜 알려진 공산당 쪽으로 돌리는 데 기여한 중국 지식인의 전형이었다. 그들은 여러 부류의 사람들이었다. 후평 같은 일부 사람들은 확고한 마르크스주의자였다. 다른 사람들은 서방 세계에 유학했던 자유주의자들이었다. 그들 모두는 세계의 다른 지식인들과 마찬가지로 공산주의의 영향을 받았다. 그것은 자본가이자 제국주의자인 적들을 제외한 모든 인류의 진보적 열망을 구현한다고 주장했다. 쿠바에서 체코슬로바키아까지 다른 여러 지역들과 마찬가지로 중국에서도 그 호소력은 중앙정부의 부패와 악덕과 무능에 의해 더 커졌다. 많은 중국의 지식인들은 공산주의의 실체에 대한 지식이 많지 않은 상태에서 마오쩌둥과 그의 군대가 1949년에 권력을 잡자 그들을 열렬하게 환영했다.

그들이 한 일은 위험한 것이었다. 좌익작가연맹 같은 공산당을 지지하는 조직에 몸담거나 그저 장제스와 국민당을 비판하기만 하는 것도 투옥과 고문을 무릅써야 하는 일이었다. 하지만 자신의 신념 때문에 심하게, 경우에 따라서는 치명적인 고통을 당한 소수의 사람들을 제외한 대부분의 반국민당 인사들은 직업을 유지하고 자신의 일을 할 수 있었다. 소설, 시, 수필을 발표하고, 학생들을 가르쳤으며, 마인추의 사례에서 보았듯이 자신의 견해를 대중 집회에서 발표했다.

중국의 문학평론가 후펑과 그의 아내 메이즈. 후펑은 전쟁 기간 동안 국민당을 비판한 저명한 마르크스주의자였고, 공산당이 정권을 잡은 뒤 마오쩌둥의 숙청에 처음으로 희생된 사람들 가운데 하나였다.

그러나 1949년 공산당이 중국 본토에서 정권을 잡은 뒤, 마오쩌둥에게서 중국의 새로운 시작을 기대했던 이들 남녀의 거의 대부분은, 몇 년 전 공산당을 지지하게 만들었던 바로 그 자주 정신을 드러냈다는 이유로 모진 박해와 처벌을 받았다. 일부 경우에는 삶이 완전히 망가졌다. 다른 사람들은 오랜 기간 동안 비판을 받고 대중으로부터 수모를 당했지만, 결국 정상적인 생활 비슷한 것을 회복할 수 있었다.

그들에 대한 처우는 27년에 걸친 마오쩌둥의 지배가 지닌 중요한 특징 하나를 잘 보여준다. 바로 내부의 적을 색출하고 근절하려는 '위대한 조타수'로 알려진 인물의 충동이다. 마오쩌둥과 그의 충실한 막료들은 소름 끼치게도 스탈린을 흉내 내어, 과거에는 전우였으나 이제는 반혁명 분자였음이 밝혀진 사람들을 숙청했다. 이 일을 함께 한 막료 가운데 가장 중요한 인물은 이제 강력한 보안 기구를 이끌게 된 캉성이었다.

그들은 좀 더 정상적인 사람들, 즉 작가, 시인, 교수들과 미국에 유학한 사람들, '부르주아'라는 애매한 딱지를 붙일 수 있는 사람들을 위해서는 곳곳에 세운 독자석인 강제노동수용소와 신체적·심리적 고문과 협박 방법까지 갖춘 이데올로기 정화 시스템을 만들어냈다. 1942년부터 1944년까지 정풍운동 기간에 써먹었던 방법들(그것은 이미 중국식 스탈린주의였다)이 새로운 박해에 다시 이용되었다. 완전히 고립시키고, 대상자를 가족과 친구, 그리고 정서적 지원이나 법률적 도움을 줄 수 있는 모든 원천으로부터 격리시키며, 무방비 상태의 이데올로기적 희생자를 박해하기 위해 모든 전체주의 국가의 도구들, 즉 언론과 선전 도구, 아우성치는 군중을 동원하는 것이다.

말할 필요도 없이 후펑에게는 변호인이 없었다. 중국의 어떤 언론인도 그가 투옥된 사건을 독립적으로 조사하지 않았다. 공개 청문회도 없었고, 정부가 그의 구금이 정당함을 입증해야 하는 인신보호영장 청구도 없었다. 후펑이 투옥되고 처음 10년 동안 그들은 메이즈에게 남편이 어디에 갇혀 있는지, 심지어 그의 생사 여부조차 알려주지 않았다. 그러다가 당의 '관용'을 과시하려는 조치에 따라, 남편을 면회하고 먹을 것과 옷 같은 작은 선물도 보낼 수 있게 되었다.[3] 공안부 관리는 그녀에게 이렇게 말했다.

"당을 믿으세요. 우리는 당신의 남편을 개조하기 위해 전력을 다하고 있습니다."[4]

반대자 또는 날조된 반대자에 대한 처벌은 국민당 치하에서보다 공산당 치하에서 더 가혹하고 심리적으로 교활했다. 또한 개인의 자유는 훨씬 범위가 줄어들었다.

1946년 7월, 이미 살펴본 바와 같이 민주동맹 회원 몇 명은 동료 회원 2명을 암살한 우익 폭력배들이 두려워 한동안 쿤밍의 미국 영사관에 피신했다. 그 가운데 한 사람이 중국 인류학의 개척자이자 소농의 대변자로 국내외에 널리 알려진 페이샤오퉁이었다. 그는 베이핑의 옌징燕京대학을 졸업했으며, 런던 정경대학(LSE)에서 선구적인 인류학자 브로니스와프 말리노프스키와 함께 수학했다. 그는 많은 동료들과 마찬가지로 대체로 공산당을 지지하는 민주동맹 회원이었다. 그는 상당한 이유가 있어 국민당의 비밀경찰과 고용된 폭력배들을 두려워했지만, 장제스가 집권한 동안에는 투옥되거나 박해를 받지 않았다. 전쟁 기간 동안 그는 쿤밍으로 피난 온 한 대학에 재직했고, 윈난성의 여러 마을에서 연구를 수행했다. 그는 미국에서 1년을 보낼 수 있었다. 그는 중국의 출판물들에 많은 글을 썼고, 상당한 명성을 누렸다.

1949년 이후 몇 년 동안 마오쩌둥은 대체로 비공산계 지식인들에 대해 유화 정책을 추구했다. 그가 전쟁 기간과 오랜 권력 투쟁 기간에 채택했던 정책이었다. 국민당을 비판했던 많은 지식인들이 새로운 사회에서 중요한 직위에 올랐다. 페이샤오퉁은 중앙민족학원 부원장에 임명되었고, 실권은 없지만 명예직인 전국인민대표대회 의원이 되었다.

1956년, 마오쩌둥은 반대자들을 쫓아내기 위해 백화제방百花齊放으로 알려지게 되는 운동을 일으켜 중국 지식인들에게 생각한 바를 털어놓고 말하도록 부추겼다. 페이샤오퉁은 몇 가지 비판적인 의견을 냈다. 그 결과로 그는 아우성치는 군중 앞에 서서 "인민에 대한 죄"를 인정해야 했다. 나중에 문화혁명으로 알려진 1960년대 중후반의 대규모 숙청 시기에 그는 홍위병紅衛兵으로 알려진 마오쩌둥 휘하의 젊은 폭력배들에게 구타당하고 화장실 청소를 해야 했다. 페이샤오퉁은 마오쩌둥의 잔학 행위에 희생된 다른 많은 사람들과 달리 살아남아 나중에 베이징 대학에서 강의했다. 그러나 그는 자신이 가장 생산적이고 유용한 시간이었을 23년을 잃어버렸다고 말했다.

다른 사람들도 비슷한 고통을 겪었다. 1944년에 장제스를 '진공관'에 비유했던 미국 유학파 출신의 경제학자 마인추는 베이징 대학 총장이 되었다.《객관》에 실린 글들로 일본 항복 이후의 시기에 유명 인사가 된 추안핑은 주로 지식인들이 읽는 신문《광명일보光明日報》의 편집인이 되었다. 마인추는 마오쩌둥이 인구 조절은 제3세계를 약하게 만들기 위한 제국주의 강대국들의 음모라고 생각하던 시절에 인구 조절 프로그램을 도입하자고 제안했다가 눈밖에 났다. 마오쩌둥이 아닌 다른 유형의 지도자 아래에서였다면 출생률을 줄이자는 제안은 있는 그대로 받아들여져서 토론 주제가 되었을 것이다. 그러나 마오쩌둥 치하에서는 중국의 적과 내통할 가능성이 있는 일종의 사상범죄로 간주되었다.

마인추는 캉성이 소집한 베이징 대학 학생 및 교수들의 집회에서 개인적으로 조롱을 받았다.[5] 또한 여러 해 동안 공산당 선전 기구만이 불러일으킬 수 있는 과장되게 부풀린 공격의 대상으로 선택되었다. 조지 오웰이 소설《1984년》에서 묘사한, 행사가 진행되는 동안 모든 사람들이 일어나서 주먹을 흔들며 큰 적에게 욕설을 퍼붓는 매일매일의 '증오의 시간'을 예증하는 것이었다. 그는 공적 생활에서 배제되었고, 터무니없는 여러 가지 정치적 범죄를 저질렀다고 비난받았으며, 마오쩌둥이 살아 있는 동안에는 일종의 무시당하는 존재가 되었다. 그는 페이샤오퉁과 마찬가지로 마오쩌둥이 죽은 뒤에 복권되어 학자 생활을 다시 시작할 수 있었다.

마인추는 적어도 투옥되는 일은 면할 수 있었다. 그러나 다른 많은 사람들은 그러지 못했다. 1957년에 마오쩌둥은 옌안의 정풍운동 이래 첫 대량 숙청을 시작했다. 수많은 사람들이 우파라는 이유로 비난을 받았다. 그들 가운데는 서방에 유학했다가 '신중국新中國' 건설에 보탬이 되고자 고국으로 돌아온 사람들이 다수 포함되어 있었다. 그들 가운데 상당수는 사상을 '개조'하기 위해 강제노동수용소로 보내졌다. 많은 사람들이 거기서 죽었다. 1958년 추안핑에게는 '반당·반사회주의 부르주아 우파'라는 딱지가 붙었다. 그는 거리를 청소해야 했다. 사람들이 '프롤레타리아의 세계관'을 갖도록 하기 위한 방법으로 그들에게 고된 육체노동을 강요하는 것이 마오주의의 표준 관행이 되었다. 그는 투옥되었고, 풀려난 뒤에 실종되었다. 확실하지는 않지만 아마도 자살했을 것이다.

1930년대 국민당에 의해 3년 동안 투옥되었고 마오쩌둥 치하에서 1960년대에 4년 동안 투옥되었던 작가 왕뤄왕王若望은 그의 자전적 소설 《기아삼부곡飢餓三步曲》(중국에서는 판매 금지되었다)에서 두 정권의 차이를 증언했다. 당시로서도 정당하지 않은 것이었지만 장제스의 비밀경찰이 고문을 사용한 것은 공산당 당원들의 활동에 대한 정보를 캐내기 위해서였다. 공산당 치하에서도 고문이 일상적으로 자행된 것은 마찬가지였는데, 차이점은 저지르지도 않은 범죄나 불법적이지 않은 사상에 대한 자백을 받아내기 위해서 사용되었다는 것이다. 왕뤄왕은 이렇게 썼다.

"심문의 이유는 다름 아닌 아무개를 쳐야 한다는 상부로부터의 명령이었다."[6]

메이환짜오는 앞에서 인용한 전후 몇 달 동안의 상하이를 묘사한 기사를 쓴《대공보》의 젊은 기자였다. 1949년 '해방' 이후《대공보》는 회사를 베이징으로 옮겼고, 메이환짜오는 또 다른 신문《문회보文匯報》편집인의 초빙을 받아 상하이에서 일했다. 그 편집인은 공산당을 환영했던 또 다른 유명한 중립적 지식인 쉬주청徐鑄成이었다. 쉬주청은 중국에서 이런 부류에 드는 거의 모든 사람들과 마찬가지로 1957년 숙청 때 우파로 낙인찍혀 심리적 고통과 자아비판이라는 통상적인 과정을 강요당했다. 당의 선전 부서에서 임명한 새로운 편집인이《문회보》의 지휘봉을 잡았다.

어느 날 새 편집인은 메이환짜오에게 정치 캠페인에 대한 그의 의견을 물었다. 편집인은 메이환짜오에게 '뱌오타이表態'로 알려진 마오쩌둥 통치의 한 의례에 참가할 기회를 주고 있는 것 같았다. 이는 공개적으로 태도를 표명하는 것으로, 그 과정에서 당사자는 마오쩌둥에 대한 미리 준비된 찬사를 나열하고 공산당을 찬양하며 당이 중국의 사회주의 시스템을 전복시키려는 '반혁명 분자'들의 음모를 분쇄하는 일을 지지한다는 발언을 해야 했다. 그러나 메이환짜오는 그 대신 쉬주청이 곤경에 처한 데 대한 괴로운 심정을 토로했다. 그는 곧바로 험악한 표정을 한 사람들에 둘러싸였다. 학교와 신문사와 지역사회 등 중국의 모든 기관에 똬리를 틀고 있는, 마오쩌둥의 의사를 관철하는 집행자들이었다. 그들은 메이환짜오에게 그것이 무슨 의미인지 설명하라고 요구했다. 어찌어찌해서 메이환짜오는 변명을 할 수 있었다. 그는 화장실에 가야겠다고 말했는지도 모른다. 그는 곧바로 계단을 올라《문회보》건물 옥상으로 가서 뛰어내려 죽었다.[7]

후펑이 체포된 지 41년이 지난 중국은 훨씬 자유로운 나라가 되어 있었다. 그러나 2006년에 또 다른 문학 평론가, 수필가이자 표현의 자유

옹호자이며 베이징 사범대학 교수인 류샤오보劉曉波가 공안국에 의해 체포되었고, 몇 시간 동안 진행된 비공개 재판 끝에 11년형을 선고받았다. '국가 권력 전복' 혐의였다. 류샤오보는 2010년 노벨 평화상을 받았는데, 그에 대한 박해는 수그러들지 않고 이어져온 억압의 새로운 전환점이었다.

2013년 8월, 중국 공산당은 한 회람에서 중국의 일곱 가지 이른바 파괴적인 주제에 대한 토론을 금지했다. 그 가운데는 '서구식 입헌민주주의'라 부르는 것과 공산당의 '지난날의 과오' 같은 것들이 포함되어 있었다.

중국은 마오쩌둥 주석의 시대 이후 더 나은 쪽으로 발전했다. 그러나 고위 지도자들의 관행은 여전히 미국인들이 빼앗을 수 없다고 생각하는 가치들과 근본적으로 양립할 수 없는 상태로 남아 있다.

1949년 10월 1일 마오쩌둥이 중화인민공화국 수립을 선포하기 두 달 전, 미국 국무부는 1054쪽에 이르는 문서 모음을 공개했다. 그 목적은 이제 분명해진, 중국을 공산 세력에게 "잃게" 될 것이라는 사실에 미국이 책임져야 한다는 비난에 맞서 미국 정부를 변호하기 위한 것이었다. 이 유명한 문서의 공식 제목은《1944~1949년의 미중 관계와 구체적인 참조물United States Relations with China with Specific Reference to the Period 1944~1949》이지만 일반적으로《중국 백서White Paper on China》로 알려져왔다. 딘 애치슨이 쓴 서문(1949년 1월에 국무부 장관일 때 썼다)은, 중국이 공산주의 진영에 떨어진 일과 관련하여 미국은 아무런 질못도 없고, 중국은 "타락하고 인기 없는" 상태가 된 장제스 정부 때문에 "잃었다"고 주장했다.《중국 백서》가 보여주듯이 미국은 몇 년 동안 그것을 막기 위해 엄청난 노력을 기울였지만 구하지 못했다고 했다.

그러나 트루먼 행정부의 희망이나 기대와 반대로 《중국 백서》는 논쟁을 잠재우지 못했다. 무엇보다도 그것은 패트릭 헐리가 1945년 말 중국 대사직에서 물러나면서 제기한 그릇되고 추악한 비난이 되살아나는 것을 막지 못했다. 국무부에 있는 일단의 친공산주의적 중국 전문가들이 미국의 중국 정책을 방해하고 중국의 합법적이고 친미적인 정권을 약화시켰다는 주장 말이다. 그것은 중국에서 마오쩌둥이 승리한 일에 대한 미국 국내의 중요한 반응이었다. 장제스가 패배한 데 따른 충격으로 인해 고개를 든 우익 선동가들이 꾸민 부끄러운 사냥이었으며, 그 패배를 정부 안의 몇몇 음모가들의 불충한 행동 탓으로 돌리려는 것이었다.

전쟁 기간 동안 중국에서 일했던 모든 사람이 비난의 화살을 맞은 것은 아니었지만, 많은 사람이 맞은 것은 사실이었다. 중국 전구 사령관으로서 유능하고 현명하게 대처했던 앨버트 웨더마이어도 외무 부문의 중국 전문가들이 미국의 이익을 해쳤다는 분별 없는 무더기 비난 대열에 합류했다. 웨더마이어의 비난은 이상스럽게도 때늦은 것이었다. 그는 1945년 말에서 1946년 초에 만주의 통제권을 둘러싸고 국민당과 공산당이 각축을 벌이던 운명적인 몇 달을 포함하여 중국에 있는 동안 여러 차례 워싱턴에 보고서를 보냈다. 그러나 그 어느 보고서에서도 국무부의 중국통들이 불충의 죄를 범하고 있다는 입장을 취한 적이 없었다. 그는 이런 비난을 나중에 퍼부었다. 그는 1985년 레이건 대통령으로부터 대통령 자유훈장을 받았다.

패트릭 헐리는 갑작스러운 대사직 사임 이후 고향 오클라호마로 돌아갔다. 그는 세 차례 연방 상원의원에 출마했으나 한 번도 당선되지 못했다. 그는 1963년에 죽을 때까지 들어주는 사람만 있으면 누구에게나 중국통들이 불충했고 재앙을 초래했다고 주장했다.

그러나 비난의 임무를 주로 짊어진 것은 위스콘신 주 출신 공화당 상원의원 조지프 매카시Joseph McCarthy였다. 그는 국무부의 공산주의자들 때문에 중국을 잃게 되었고 그들이 그 밖의 여러 가지 손실을 초래했다고 비난하여 경력을 쌓았다.

심지어 조지 마셜처럼 매우 존경받고 아무런 의혹의 여지가 없는(사람들은 그렇게 생각할 것이다) 사람조차도 매카시의 시야에 걸려들었다. 마셜은 국민당과 중국 공산당을 중재하려고 무진 애를 쓰다가 결국 1947년에 제임스 번스 후임으로 국무부 장관이 되어서 중국을 떠났다. '마셜 플랜'으로 불리게 되는 유럽에 대한 대규모 경제 지원 계획을 입안한 것이 바로 이때였다. 매카시는 1951년에 공산당의 중국 점령 문제로 마셜을 비난하는 책을 출판했다. 그는 이후 그 터무니없는 과장으로 악명 높은 문장을 통해 마셜이 "이전에 인류 역사에서 시도되었던 모든 일을 능가하는 너무도 거대한 음모와 너무도 음흉한 악행"을 저지른 패거리의 일원이라고 비난했다.

마셜은 대체로 매카시 광풍에 다치지 않고 헤쳐나올 수 있었다. 1953년에 그는 노벨 평화상을 받았다. 그러나 하급 중국 전문가들은 그렇게 운이 좋지 못했다. 그들 대부분은 전쟁이 끝나면서 일을 계속할 수 있었지만, 결국 중국을 "상실"하면서 거의 모두 비운을 맞게 되었다.

존 페이튼 데이비스는 소련, 독일, 페루에서 근무했다. 1948년, 그는 1943년에 다른 사람들과 함께 타고 가던 비행기가 버마에서 추락한 뒤 보인 용기와 리더십을 인정받아 자유훈장을 받았다. 그러나 1954년 국무부 애국보안위원회는 아무런 설득력 있는 증거도 없이 그가 "판단력, 분별력, 책임감"이 없다고 판정했다. 그는 국무부에서 해고되었고, 비밀

취급 인가도 박탈당했다. 그는 페루의 리마에서 가구 제조업자로 성공했고, 1999년에 죽었다.

존 스튜어트 서비스는 일본 점령군에서 더글러스 맥아더 장군의 보좌관으로 복무한 뒤 1952년에 비슷하게 해임되었다. 그는 1957년 연방 대법원의 판결에 의해 복권되었으나, 아메라시아 사건에 연루되어 기소되는 바람에 외교관으로서 아무 곳에도 가지 못했다. 그는 사직한 뒤 캘리포니아 주 버클리의 캘리포니아 대학 중국학연구소 사서와 편집자로 일했다.

존 카터 빈센트는 몇 년 동안 스위스에 배치되었다가 모로코로 발령받았다. 그러나 그 역시 매카시 마녀사냥 때 공격을 받아, 너무도 엉성한 전문傳聞 증거로 공산주의자라는 비난을 받았다. 그는 1952년에 타의에 의해 국무부에서 물러났다.

존 K. 페어뱅크 역시 매카시 일파로부터 불충하다는 비난을 받아 긴장되고 고통스러운 시기를 보냈다. 다른 중국 전문가들(그들 가운데 유명한 인물로 오언 래티모어가 있다)과 함께 의회로부터 조사를 받았던 것이다. 그러나 국무부 관리들과 달리 페어뱅크는 하버드 대학 역사학 교수라는 자리 덕분에 보호를 받았다. 그곳에서 그는 선후배 학자, 언론인, 외교관들과 함께 중국에 관한 지식을 쌓았다. 필자도 그 무리 가운데 한 사람이다.

누구 때문에 잃었든, 중국이 소련과 긴밀하게 협력하고 아시아의 다른 지역의 혁명 운동을 지원하는 공산주의 국가로 떠오르게 된 것이 미국의 엄청난 패배였음은 의문의 여지가 없다.

마오쩌둥은 미국의 손실에 사실상 흐뭇한 미소를 지었다. 마오쩌둥은 《중국 백서》가 발표되고 며칠 지나지 않은 1949년 8월에 한 유명한 연설에서, 바로 애치슨의 말을 이용하여 미국의 입장을 비꼬았다. 그는 장제스의 정부가 "타락하고 인기 없"었기 때문에 구제받지 못했음을 애치슨이 인정했다고 지적했다. 그렇다면 미국인들은 중국 인민이 더 이상 장제스를 원하지 않고 있음을 알면서도 왜 국민당에 원조를 제공했느냐고 마오쩌둥은 물었다. 가능한 대답은 단 하나라고 마오쩌둥은 단언했다. 미국이 제국주의 국가이고 그 목표 가운데 하나가 "중국을 미국의 식민지로 만드는 것"이기 때문이라고 했다. 장제스와 "중국 인민을 도살하기 위한" 전쟁은 이 목표를 달성하기 위한 도구였다. 그러나 미국은 실패했다고 마오쩌둥은 말했다. 그 이유는 이러했다.

중국 인민은 각성되어 있고, 중국 공산당이 지휘하는 군대와 인민의 조직된 힘은 그 어느 때보다도 더욱 강력해졌습니다.[8]

마오쩌둥은 또한 자신의 표현대로 "엄청난 소련의 존재"를 강조했다. "유럽과 아시아에 걸쳐 있는 이 전례 없이 강력한 평화의 방벽"은 미국이 "중국에 대한 대규모의 직접 공격"을 하지 못하도록 막았다고 그는 말했다.

이렇듯 의기양양한 마오쩌둥의 연설은 두 가지로 해석될 수 있다. 하나는 공산 중국과 제국주의 미국이 그 적대적인 본성 그대로 적이 될 수밖에 없다는 진술로 보는 것이다. 다른 하나는 미국이 중국에서 좀 더 현명한 선택을 하라는 우회적인 표현으로 보는 것이다. 내전에서 국민당에 대한 지지를 철회하라는 것이다. 그렇게 하면 정상적이거나 적어도 비적대적인 관계가 가능할 것이기 때문이다. 그러나 실제로는 미국이 공산당을 적대시하는 쪽을 선택함으로써 마오쩌둥이 1949년의 다른 연설에서 말했듯이 그로 하여금 "한쪽으로 기우"는 수밖에 다른 도리가 없게 만들었다. 그 '한쪽'은 물론 소련 쪽이다. 그리고 이것이 25년 동안 상호 불신과 적대의 길로 이끌었다.

다른 길을 선택할 수 있었을까? 작가, 정치가, 학자들은 반세기 이상이 어려운 문제에 대한 치열하고 서로 모순되는 대답들을 내놓았다. 논쟁의 한쪽에는 미국이 좀 더 난호하고 좀 더 통찰력 있게 행동했다면 공산당의 맹공격으로부터 장제스를 구하고 중국은 친서방-민주주의의 방향으로 서서히 전진했을 것이라는 주장이 있다. 미국이 국민당에 더 많은 원조를 제공했더라면, 그들이 중국에서의 전략적 목표를 좀 더 분명하게 했더라면, 일본의 점령 기간 동안 그들이 중국 정부에 공산 세력과의 싸움을 중단하라는 요구를 해서 압박하지 않았더라면, 장제스가 1946년 초 거의 성공적인 공세를 취하고 있을 때 더 많은 국민당 병력을 만주로 공수했더라면, 스틸웰과 중국통들이 마오쩌둥과 공산당 때문에 곤경을 겪고 있는 장제스의 평판을 손상시키지 않았더라면. 그러면 공산당의 승리를 막을 수 있었으리라는 것이다.

일본과의 전쟁 기간 동안 소수의 사람들이 이런 주장을 했었다. 가장 대표적인 사람이 조지프 앨솝이었다. 그는 프랭클린 루스벨트의 친척으로 집안이 좋은 사람이었고, 전쟁이 끝난 뒤에 영향력 있는 신문 칼럼니스트가 되었다. 앞서 보았듯이 앨솝은 들어주는 사람이 있으면 누구에게나 중국 공산당이 소련의 졸개가 되리라고 보지 않는 것은 "멍청한" 일이며, 장래에 공산당과 치르게 될 투쟁에 집중하려는 장제스의 바람에 반대하는 것은 치명적인 잘못이라고 말했다.[9] 앨솝은 전쟁이 끝난 뒤 미국은 국민당이 중국을 장악할 수 있도록 많은 수의 자국 병사들을 중국으로 이동시킬 태세를 갖추어야 한다고 생각했다.

앨솝은 또한 미국인들이 관련된 전략적 이해관계를 알아차린다면 중국에서 공산주의에 맞서는 싸움을 지원할 것이라고 생각했다. 그러나 전쟁이 끝나면 미군 병사들이 고국으로 돌아와야 한다고 대중이 아우성쳤던 사실은 앨솝이 이 문제에 관해 틀렸음을 보여준다. 미국이 그의 권고를 따랐다면 20년 뒤 베트남에서 경험하게 되는 것과 같은 상황에 처했을 가능성이 매우 높다. 아시아 대륙에서 이길 수도 없고 비용만 많이 들고 힘이 빠지는 전쟁에 말려드는 것이다. 공산 세력은 너무 견고하고 너무 강하고 너무 굳건하게 소련의 지원을 받고 있었고, 그 소련은 세계 곳곳에서 냉전이 벌어지고 있는 동안에 미군이 중국에서 피를 흘리고 죽는 것을 본다면 너무도 신이 났을 것이다. 그리고 애치슨이 올바르게 말했듯이, 국민당 정부의 결함을 극복할 수 있도록 하기 위해 미국이 할 수 있는 일은 아무것도 없었다. 중국인들은 스스로 선택을 했다. 그것이 잘못된 선택이었을지도 모르지만, 그들을 위해 선택을 해주는 것은 미국의 특권이 아니었다.

정반대의 선택지는 미국이 국민당에 대한 지원을 중단함으로써 마오쩌둥의 노여움을 사지 않는 방안이었을 것이다. 그것은 중국통들의 주장이었고, 앨솝의 주장보다는 나은 것이었다. 데이비스나 서비스 같은 사람들은 똑똑하고 헌신적인 공무원들이었다. 그러나 불행하게도 그들은 1944년과 1945년에 옌안에서 마오쩌둥 및 그 집단과 자주 접촉하면서 순신하게도 공산주의자들에게 현혹당했다. 그들은 마오쩌둥을 더 좋아했지만, 그것이 미국 정책의 방향을 바꾸지는 못했다. 책과 기사에는 국민당에 대한 환멸이 담기고 공산 세력이 영웅으로 그려졌지만, 미국은 중국에서 벌어진 "동족상잔의 내전"에서 공산당 편이 아니라 장제스 편을 들어 개입했다.

마오쩌둥이 1949년 8월의 연설에서 모호하게 제시했다고 생각되는 것과 같이 미국이 진작 장제스를 버리고 중국의 내전에서 중립을 지켰더라면 적대의 세월은 피할 수 있었을까? 여러 해 동안 이 문제에 대해 여론의 주류는 "그렇다"고 대답해왔다. 특히 베트남 전쟁 이후 많은 학자와 언론인들과 외교 정책 전문가, 그리고 일반인들은 미국이 아시아의 혁명 세력에 반대하고 그 대신 장제스를 비롯한 우익 독재자들을 지지함으로써 역사적인 잘못을 저질렀다고 생각했다. 그리고 이 근본적인 잘못이 세계 여러 나라의 혁명 정당들로 하여금 미국을 적으로 간주하게 만들었다는 것이다. 중국이나 베트남의 공산주의자든 나중의 이란의 이슬람교도든 말이다. 이런 관점에서 보면 중국과 미국 간의 적대감은 오도된 미국의 결정 때문에 생긴 것이고, 그런 결정은 미국 내부의 토론에서 현명한 목소리에 귀를 기울이지 못한 사실을 반영하는 것이었다.

이런 주장은 세계의 다른 지역에서라면 타당할지 모르지만, 중국의 경우에는 설득력이 없다. 우선 중국에서 엄격한 불간섭 정책을 취하는 것은 대규모 군사 개입을 하는 것과 마찬가지로 정치적으로 불가능했다. 민주주의는 첨예한 의견 대립을 불러오는 문제에 있어서는 일종의 중간 지대로 향하게 마련이다. 대규모 개입은 많은 미국인들의 반대에 부딪혔을 것이다. 멀리 있고 그다지 민주적이지 않은 정권을 구하기 위해 엄청난 노력을 들인다는 것은 대중에게 거의 정당화될 수 없는 일이기 때문이다.

그러나 비슷하게 많은 사람들은 오랜 맹방이 무서운 도전에 직면해 있는데 당신네 일이니 알아서 하라는 식으로 떠나는 것은 부끄러운 일이고, 속 좁은 이기심이며, 강대국에 걸맞지 않다고 확신했을 것이다. 냉전이 임박한 분위기와, 메시아적이고 반자유주의적이며 위협적인 세력이 떠오르고 있다는 확신은, 장제스에게 결함이 있을지라도 그를 위해 무언가를 해야 한다는 믿음을 미국인들의 마음속에서 키워가고 있었다. 1945년 말에는 스탈린이 중국 중앙정부에 대한 협정상의 의무를 노골적으로 저버리고 만주를 마오쩌둥에게 넘겨줄 것이라는 사실이 명백했고, 이를 방관한 채 아무런 도움을 주지 않는 것은 미국인들의 공명정대 정신에 반하는 것이었다. 지금 생각해보면 그때 했던 일은 충분하지 않았고, 장제스가 중국 본토를 잃게 되리라는 것을 쉽게 알 수 있다. 그러나 당시에는 전혀 분명하지 않았다. 워싱턴에서 장제스를 돕는다는 결정이 내려졌을 때, 그는 만주까지는 아닐지라도 만리장성 이남에서는 분명히 성공적인 전쟁을 수행할 충분한 자원을 가지고 있는 것으로 생각되었다.

중국과 중국의 미래 관계를 결정한 중요한 요소는 미국의 선택이 아니었다. 그것은 소련과 마오쩌둥의 본성과 행동이었다. 그 시기 전환점이 된 것은 워싱턴에서 내려진 몇 가지 결정이나, 패트릭 헐리의 기자회견이나, 미국 해병대의 베이징·톈진·상하이 파견이 아니었다. 그것은 1945년 8월에 있었던 소련의 중국 동북부 지역 침공이었다. 그 이후로는 미국의 중재자들이 타협을 이루어내려고 아무리 총력을 기울이더라도 마오쩌둥과 공산당이 더 이상 국민당과 정치적인 타협을 할 가능성이 없어졌다. 스탈린이 100만 명 이상의 병력을 보내 만주를 점령하자 중국의 내전은 불가피해졌다. 마오쩌둥은 중앙정부가 더 이상 자신을 군사력으로 제거할 능력이 없음을 알았기 때문이다. 물론 미국 대통령이 얄타에서 스탈린을 만나 만주에 소련 군대를 보내달라고 간청하고, 소련의 침공이 미국의 무기 대여 프로그램에 따른 무기 공급으로 용이해졌다는 것은 아이러니다. 그러나 애버렐 해리먼과 조지 케넌이 당시에 알고 있었던 것처럼, 미국이 요청하든 하지 않든 스탈린은 무자비한 로디온 말리놉스키가 이끄는 11개 군을 보낼 예정이었다. 이런 측면에서 중국은 장제스 때문에 "잃었"을지 모르지만, 대체로 스탈린과 그의 충실한 똘마니 마오쩌둥이 얻은 것이었다.

미래의 중미 관계를 결정한 것은 미국의 장제스 지원이 아니었다. 그것은 마오쩌둥이 스탈린에게서 느낀 이데올로기적 친밀성과 그가 생각했던 소련의 지원 필요성이었다. 마오쩌둥은 애증이 엇갈리고 멀리 있는 미국보다는 강력하고 이웃에 있는 소련의 지원과 호의가 훨씬 더 필요했다. 냉전은 시작되었다. 소련과 미국의 적대는 기정사실이었고, 설사 마오쩌둥이 그러고 싶었다 하더라도 "한쪽으로 기울"라는 스탈린의 요구를 무시할 수는 없었을 것이다. 스탈린이 지배하는 세계에서 중립은 허용되지 않았다.

그러나 마오쩌둥은 중간 입장을 취하고 싶지 않았다. 마오쩌둥은 힘의 균형을 모색하는 탈레랑-페리고르(프랑스의 외교관으로, 노련한 협상가로 이름이 높았다—옮긴이)가 아니었다. 그는 볼셰비키 혁명으로부터 충격파처럼 뿜어져 나와 세계를 휩쓸던 급진적이고 폭력적인 변혁의 문화에 깊이 물든 몽상가이자 혁명가였다. 마오쩌둥의 성격, 신념, 야망과 그가 이끈 운동이 중국 역사를 인도했다. 워싱턴에서 내려진 몇 가지 결정이 인도한 것이 아니었다.

그가 아니었으면 달랐을 것이다. 덜 이데올로기적인 인물이고 아마도 더 민주적인 인물이었더라면 세계에서 가장 부유하고 가장 강력한 나라와 일찍 화해하려 움직였을 것이다. 그런 사람이라면 당시 갓 독립한 인도가 그랬던 것처럼 두 세계 초강대국과의 관계에서 이득을 얻으려고 노력했을 것이다. 그런 사람이라면 여러 해 뒤에 넬슨 만델라가 그랬던 것처럼 과거의 적들 사이에서 치유의 화해를 선택했을 것이다.

그러나 스탈린주의는 마오쩌둥에게 그가 갈망하던 절대권력으로 가는 길을 제공했고, 계급 투쟁은 언제나 그의 신념이었다. 마오쩌둥은 자신이 '자애'라고 부른 것보다는 폭력을 좋아했다. 그에게 자애는 어리석은 의지 박약을 의미할 뿐이었다. 마오쩌둥은 국민당이 휘청거리고 있고 자신이 권력을 장악할 준비를 하고 있던 1949년 여름에 이렇게 말했다.

"양다리를 걸칠 수는 없다. 세계에서는 예외 없이 제국주의 쪽으로 기울거나 사회주의 쪽으로 기울거나 해야 한다."[10]

마오쩌둥에게 냉전에서 중립으로 보이는 것은 심리적으로 불가능했을 것이다. 자신이 지나간 자리에 자신의 가장 가까운 혁명 동지들의 시체(문자 그대로이면서 비유적인 것이다)를 남겨놓은 사람. 동지를 배반하는 것이 자신의 절대권력의 핵심 요소였던 사람. 문화혁명이 휩쓸었던 10년 동안 세계 여러 나라 가운데 오직 작고 당시에 극단적인 스탈린주의의 나라였던 알바니아 한 나라와만 친밀한 관계를 유지했던 사람. 이 사람은 미국이 1945년에 호의를 보이고 열심히 구애를 했을지라도, 미국이 1949년 이후에 중국의 새 정부와 정상적인 관계를 수립하고자 모색했을지라도 미국과 오랫동안 친밀한 관계를 유지했을 것 같지 않다.

마오쩌둥이 이끄는 혁명 세력의 중국은 미국을 적으로 지목하고 오랫동안 그런 상태를 유지하게 되어 있었다. 중국에서 혁명 열기가 소진되고, 자신보다 더 크고 가까이 있는 경쟁자이자 자신의 독립을 위협하는 존재와 맞닥뜨리게 될 때까지.

감사의 글

언제나처럼 가장 먼저 편집자 존 시걸에게 감사드린다. 충실하게 지원해주었고, 훌륭한 판단을 내려주었으며, 도움이 되는 편집을 해주었고, 우정을 보여주었다. 이 책을 만드는 데 도움을 준 서니 메타 등 크노프 출판사 실무 팀에게도 감사드린다. 특히 메건 하우저를 언급해야겠다. 물론 충실한 에이전트 캐시 로빈스와 그 사무실의 직원들에게도 고마움을 표한다. 그들의 친절함과 이해심과 격려는 언제나 그렇듯이 없어서는 안 될 것이었다.

다른 분들도 여러 가지로 도움을 주었다. 대학원 시절의 두 친구 앤드류 J. 네이선과 스티븐 I. 레빈에게 고마움을 표한다. 두 사람은 모두 지금 중국사와 중국 정치에 가장 박식하고 가장 훌륭한 전문가들인데, 원고를 쓸 때 여러 가지 중요한 제안과 비평과 수정을 해주었다. 물론 말할 필요도 없지만, 이 책에 사실과 평가에 잘못이 있다면 전적으로 내 책임이다. 또한 컬럼비아 대학의 매우 똑똑하고 재능 있고 수단 좋은 연구원 저우윈이에게도 감사한다. 그의 연구는 주목할 만한 것이었고, 내가 불쑥불쑥 묻는 여러 가지 질문에 친절하고 너그럽게 응대해주었다. 또한 이 연구 초기 단계에 앨리스 쑤가 중국의 자료들과 관련하여 여러 가지 유익한 도움을 준 데 대해 감사한다. 뉴욕 공공도서관의 제이 바크스데일과 컬럼비아 대학 동아시아 도서관의 왕청즈에게 감사드린다. 낸시 허스트, 케이티 마턴, 데이비드 마골릭, 에드워드 제이 엡스타인, 마이클 M. 성, 맥스 헤이스팅스, 벤 거슨, 스펠먼 부부(더그와 낸시), 캐서린 털리즈에게도 감사드린다. 모두가 이 책을 만드는 작업이 순조롭게 진행되도록 도와주었다.

그리고 물론 내 삶의 두 기둥인 중메이와 일라이어스도 빼놓을 수 없다. 내가 없는 생활을, 브루클린의 위층 서재에 틀어박혀 괴상하게도 70년 전의 사건들에 매달려 있던 시간들을 잘 견뎌주었다.

역사에는 가정假定이 없다지만, 역사책을 읽으면서 늘 하게 되는 것이 가정이다. 이 책을 번역하면서는 더욱 그런 생각을 많이 했다. 그것은 이 책이 다루고 있는 시대와 장소 때문이었다. 1945년, 그리고 중국.

이때는 일본의 진주만 공격(1941)으로 미국이 태평양 지역의 전쟁에 뛰어들면서 새로운 양상으로 전개된 '2차 세계대전 ─ 아시아 편'이 막바지로 치닫고 있던 때다. 그리고 중국에서는 전쟁 와중에도 전후의 권력을 놓고 국민당과 공산당이 서로 우세한 상황을 만들기 위해 치열한 경쟁을 벌이고 있었다. 이 경쟁은 중국 내부의 문제에 그치는 것이 아니었다. 전후 세계의 재편을 놓고 예비 전승국 가운데 양강兩强인 미국과 소련의 생각이 달라, 배후에서는 이들 사이의 대결도 벌어지고 있었다. 19세기 이래로 외세의 침탈과 전쟁이 이어지면서 피폐해지긴 했지만, 중국은 세계에서 가장 많은 인구와 넓은 땅덩어리를 가진 나라여서 양강은 그 향배에 촉각을 곤두세우지 않을 수 없었다.

이 이중의 대결은 묘하게도 닮은 구석이 있었다. 중국 내부에서는 국민당이 세계의 공인을 받은(심지어 소련으로부터도) 중국의 기존 집권 세력이고, 공산당은 그 권력을 빼앗으려는 도전자였다. 세계로 시야를 넓히면 미국은 세계가 모두 인정하는 최강국이었고, 소련은 영향력을 확대하려는 도전자였다. 두 층위의 도전자들인 소련과 중국 공산당은 새로운 이데올로기인 공산주의를 내세우고 있었다. 요컨대 중국 내부적으로도 세계적으로도 새로운 이데올로기 공산주의가 기존 질서에 도전하는 상황이었고, 아래 층위의 경쟁인 중국 내부 경쟁의 승패는 위 층위의 경쟁인 미소 간의 경쟁에 중대한 영향을 미칠 요소였다.

알다시피 전쟁이 끝나는 순간까지는 미국과 소련이 '동지'였다. 공통의 적을 꺾기 위해 긴밀히 협력했다. 테헤란-얄타-포츠담으로 이어지는 일련의 정상회담은 그런 협력의 징표였다. 그러나 '도전자' 소련은 전쟁이 완전히 끝나기도 전에 영향력 확대를 노린 독자 행보를 보였다. 유럽에서 독일을 본토로 몰고 가서 그 사이에 있는 동유럽 지역을 자기 손안에 넣어버린 것이다.

이런 동지적 관계는 중국 내부의 양당 사이에서도 마찬가지였다. 공통의 적인 일본의 존재는 경쟁하는 두 당이 힘을 합쳐 일본을 물리쳐야한다는 끊임없는 여론의 압박을 만들어냈다. 그 결과 양당은 두 차례에 걸쳐 연합전선을 구축하지 않을 수 없었다. 이른바 국공합작이다. 그러나 '두 차례'가 '한 차례'보다 더 강력한 것은 아니다. 한 차례 깨졌다는 의미이기 때문이다. 여론에 밀려 합작을 했던 국민당은 우세한 군사력으로 공산당을 탄압하여 그들이 중국 남부와 서부 산악 지대를 돌아 쫓겨가는 이른바 장정長征(1934~1935)에 나서지 않을 수 없게 했다. 시안 사변(1936) 이후 다시 합작을 했지만 곧 흐지부지되고, 양당은 실질적으로는 대결 상태에 있었다. 위 층위의 미소 관계와 달리 처음부터 본성을 더 드러낸 '이름뿐인 동지'였고, '동지'라는 이름조차 민망한 상태였던 셈이다.

중국을 무대로 펼쳐진 두 층위의 경쟁은 자연스레 국민당과 미국, 중국 공산당과 소련이 각각 한 팀을 이루는 '복식複式 게임'으로 발전한다. 중국 공산당은 탄생부터가 소련이 지도하는 국제 공산주의 운동과 연계되어 있었기 때문에 소련과 한 팀을 이루는 것이 당연했다. 소련으로부터 재정 지원을 받는 것은 물론이고 조직과 선전의 기법이나 토론 방식까지 배우는 등 절대적인 의존 관계였다. 국민당-미국 팀은 이념적 동지 관계가 아니었기 때문에 중국 공산당-소련 팀처럼 강한 결속력(더 정확하게 말하자면 상하 관계지만)을 가지지 못했다. 미국에게 국민당은 동맹국 집권당으로서 협력하는 관계일 뿐이었다.

이런 상황에서 네 '선수'들은 각기 어떤 움직임을 보이고 있었을까?

중국 공산당은 대장정의 어수선함에서 벗어나 옌안에 근거지를 마련하고 북부 곳곳에 '해방구'를 만들며 기반을 넓혀가고 있었다. 그러면서 열세를 만회하여 역전승을 거두기 위한 방법으로 선전전宣傳戰을 택했다. 유명한 에드거 스노의 《중국의 붉은 별》로 대표되듯이 외국 언론인들을 불러들여 우호적인 여론을 조성하기 위한 출판물들을 만들어냈다. 심지어 미국 대표들을 옌안으로 초청하여 미국 정책 실무자들까지 공략하고자 했다.

이런 공산당에게 국민당은 여론전에 관한 한 '밥'이었다. 집권당으로서 부패와 무능을 드러내고 있었고 이에 대한 비판을 잠재우기 위해 폭압적인 방법을 쓰고 있었기 때문이다. 공산당이 정권을 잡고 싶은 것만큼이나 국민당도 정권을 내놓고 싶지 않았기 때문에 무리한 방법에 의존할 수밖에 없었고, 그럴수록 지식인들과 공산당에게는 비판거리가 늘었다. 일본과의 전선이 아닌 공산당 근거지 남쪽에 병력을 대거 배치한 것도 부정적인 여론을 초래했다.

소련은 유럽에서의 전쟁이 끝나고 동유럽을 손아귀에 넣는 일이 마무리되면서 중국 쪽에 본격적인 관심을 보이기 시작했다. 공산주의 이념을 수출하기 위한 것이기도 했지만, 놀랍게도 공산주의 이념이 그렇게 비판하던 제국주의 정책을 추구하고 있었다. 즉 20세기 초에 제정 러시아가 동북아시아의 세력 경쟁에서 일본에 패해 빼앗긴 만주 등지에서의 식민지 이권을, 얄타 회담에서 루스벨트와의 밀약을 통해 확보한 것이다. 물론 이념 수출은 그것대로 중국 공산당에 세세한 부분까지 지시를 내려가며 진행하고 있었다.

그리고 미국. 소련이 공산주의를 수출하려 했다면, 미국 역시 온건하기는 했지만 자기네 방식의 민주주의를 수출하고자 했다. 전후 중국의 상황에 대해서는 '미국에 우호적인 민주주의 정권'이 들어서도록 하는 것이 목표였다. 그러나 국민당은 여론이 좋지 않아 무작정 밀기에는 망설여지는 후보였다. 이에 따라 대일 항전을 명분으로 중국 공산당과도 협력 관계를 구축하는 등거리 정책이 대안으로 제시되었다. 미국이 선택의 고민을 더는 길은 유명무실한 국공 합작을 되살리는 것이었다. 따라서 미국은 전쟁 막바지에 양당을 중재하며 연립정부를 만드는 데 집중적인 노력을 쏟게 된다. 중국 내의 두 당도 여론 때문에 이를 무시할 수 없었다.

이 책은 바로 전쟁 막바지 단계에서 중국을 무대로 이 네 '선수'들이 어떤 생각을 하고 어떤 행동을 보였는지를 상세하게 정리하고 있다. 특히 미국 외교 담당자들의 대對중국 정책 논쟁을 뼈대로 해서 당시의 상황을 흥미진진하게 재현한다. 저자는 하버드 대학에서 중국사를 전공하여 탄탄한 기본기를 갖추고 있는 데다 기자로 중국에서 근무한 현장 경력도 있어, 대중을 위한 역사서를 여러 권 써낸 경험이 이 책에서도 유감없이 발휘되고 있다. 여러 가지 사건들의 진상을 전해주는 것과 함께, 장제스와 미군 사령관 스틸웰 사이의 갈등과 장제스 암살 계획설, 《타임》의 장제스 띄우기, 저우언라이의 초창기 비밀경찰 수장 경력, 미국의 언론인과 외교관들을 사로잡았던 매력적인 저우언라이의 여성 비서 궁펑 이야기, 미소 정상의 얄타 밀약 등 여러 가지 에피소드와 당시 역사를 이끌어간 세계적 거물들에 대한 세세한 정보와 이력, 심지어 성격까지 '덤'으로 살펴볼 수 있다. 전쟁 시기 중국 민중이 겪었던 고난은 같은 처지였던 한국의 독자들도 공감할 수 있는 내용이다.

다시 서두의 이야기로 돌아가보자. 당시 이 네 '선수'들의 관계 설정이 조금 다르게 전개되었다면 우리의 현대사도 상당히 달라졌을 가능성이 높다. 우리 현대사 역시 미국과 소련이 절대적인 영향력을 미치는 가운데 전개되었는데, 중국의 정치 지형 변화는 그들의 한반도 전략에도 변화를 초래했을 것이다.

중국에서 만약 연립정부가 성사되었다면? 당시의 대체적인 세력 구도대로 중국이 남북으로 분열되었다면? 미국이 양당 사이에서 중립을 지켜 공산 세력과 적대적인 관계가 되지 않았다면? 시간을 더 거슬러 올라가서 미국이 소련을 아시아의 전쟁에 끌어들이지 않았다면? 시안 사변이 일어나지 않았다면?

남의 나라 이야기를 놓고, 가능성조차 제대로 짚어보지 않은 채 부질없는 여러 가지 가정을 해보는 것은 우리 현대사가 겪은 아픔들 때문인지도 모르겠다. 분단과 전쟁. 중국에서 판이 저렇게 짜이지 않았더라면 피할 수도 있지 않았을까 하는 아쉬움이다. 물론 다른 사태 전개로 우리가 더 나은 여건을 맞았으리라는 보장은 없으니, 이 책 맨 앞에 인용된 마키아벨리의 말처럼 늑대 피하려다 호랑이 만나는 격이 되었을지도 모르지만 말이다.

이재황

주

들어가는 글

1 *New York Times*, 2013. 12. 14; 12. 17.

2 *Global Times*, 2013. 12. 21.

제1장 희귀한 승리

1 Donovan Webster, *The Burma Road: The Epic Story of the China-Burma-India Theater in World War II* (New York: Farrar, Straus and Giroux, 2003), p. 45.

2 Charles F. Romanus and Riley Sunderland, *The United States Army in World War II: Stilwell's Command Problems* (Washington, DC: Office of the Chief of Military History, Department of the Army, 1956), p. 34.

3 *Ibid.*, pp. 340~349.

4 *Ibid.*, p. 346.

5 Theodore H. White, *In Search of History: A Personal Adventure* (New York: Harper and Row, 1978), p. 222.

6 Charles F. Romanus and Riley Sutherland, *United States Army in World War II: Time Runs Out in CBI* (Washington, D.C.: Office of the Chief of Military History, Department of the Army, 1959), p. 370.

7 *Ibid.*, p. 135.

8 *New York Times*, 1945. 1. 4.

9 *New York Times*, 1945. 1. 24.

10 Webster, p. 60.

11 *New York Times*, 1945. 2. 9.

12 Romanus and Sutherland, *Time Runs Out in CBI*, p. 332.

13 William Jones, "Correspondence Sheds Light on FDR Post-War Vision," *Executive Intelligence Review*, 2007. 7. 6.

14 Cornelius Ryan, *The Last Battle: The Classic Battle for Berlin* (New York: Simon & Schuster, 1966), p. 162.

15 David D. Barrett, *Dixie Mission: The United States Army Observer Group in Yenan, 1944* (Berkeley: Center for Chinese Studies, University of California, 1970), p. 73.

제2장 장제스와 미국인들

1 Jay Taylor, *The Generalissimo: Chiang Kai-shek and the Struggle for Modern China* (Cambridge, MA: Harvard University Press, 2009), pp. 257~258.

2 *Ibid.*, p. 258; Frank Dorn, *Walkout: With Stilwell in Burma* (New York: T. Y. Crowell, 1971), pp. 77~79.

3 Taylor, pp. 247~248.

4 *Ibid.*, p. 258.

5 *Ibid.*, p. 125. 테일러는 Zhang Guotao, *Rise of the Chinese Communist Party* (Lawrence: University Press of Kansas, 1972), pp. 478~479 및 杨奎松, 西安事变新探－张学良与中共关系之研究 (台北: 东大图书公司, 1995)를 인용하고 있다.

6 Taylor, p. 126.

7 *Ibid.*, p. 134.

8 *Ibid.*, p. 135.

9 F. F. Liu, *A Military History of Modern China, 1934~1949* (Westport, CT: Greenwood Press, 1981), p. 99.

10 Owen Lattimore, *China Memoir: Chiang Kai-shek and the War Against Japan* (Tokyo: University of Tokyo Press, 1990), p. 149.

11 Han Suyin, *Destination Chungking* (Boston: Little, Brown, 1942), p. 17.

12 *Ibid.*, p. 131.

13 Albert C. Wedemeyer, *Wedemeyer Reports!* (New York: Henry Holt, 1958), p. 279.

14 *Ibid.*

15 *Ibid.*, p. 280.

16 *Ibid.*

17 *Ibid.*

18 Taylor, p. 136.

19 Barbara W. Tuchman, *Stilwell and the American Experience in China, 1911~1945* (New York: Grove Press, 1970), p. 371.

20 *Ibid.*, pp. 250~251.

21 *Ibid.*, p. 320.

22 *Ibid.*, p. 378.

23 United States Department of State, *Foreign Relations of the United States* (이하 *FRUS*), 1944, vol. 6, pp. 6~7.

24 Wedemeyer, p. 205.

25 Taylor, p. 243.

26 Oliver Caldwell, *A Secret War: Americans in China, 1944~45* (Carbondale: Southern Illinois University Press, 1972), pp. 8~9.

27 Taylor, p. 226.

28 Tuchman, p. 153.

29 *Ibid.*, p. 273.

30 *Ibid.*, p. 274.

31 Lattimore, p. 190.

32 Alan K. Lathrop, "The Employment of Chinese Nationalist Troops in the First Burma Campaign," *Journal of Southeast Asian Studies* 12, no. 2 (Sept. 1981): 405.

33 Tuchman, p. 214.

34 *Ibid.*, p. 225.

35 Lathrop, p. 410.

36 Tuchman, p. 279.

37 Taylor, p. 201.

38 Tuchman, p. 284.

39 Taylor, p. 205.

40 *Ibid.*, p. 208.

41 Taylor, p. 207.

42 Don Lohbeck, *Patrick J. Hurley* (Washington, DC: Henry Regnery, 1956), p. 308.

43 Taylor, p. 285.

44 *Ibid.*, p. 286.

45 *Ibid.*

46 *Ibid.*

47 *Ibid.*, p. 287.

48 *Ibid.*, pp. 287~288.

49 *Ibid.*, p. 289.

50 *Ibid.*

51 *Ibid.*, p. 291.

52 *Ibid.*, p. 289.

53 *Ibid.*, pp. 291~292.

54 *Ibid.*, p. 292.

55 *FRUS*, 1944, p. 170; Taylor, p. 294.

56 Peter Rand, *China Hands: The Adventures and Ordeals of the American Journalists Who Joined Forces with the Great Chinese Revolution* (New York: Simon & Schuster, 1995), p. 246.

57 *New York Times*, 1944. 10. 31.

58 Lohbeck, p. 305.

59 Wedemeyer, p. 277.

60 *Ibid.*

61 *Ibid.*, p. 278.

62 *Ibid.*

63 Romanus and Sutherland, *Time Runs Out*, p. 52.

64 *Ibid.*, p. 65.

65 *FRUS*, 1945, vol. 7, p. 7.

제3장 피폐해진 나라

1 Peter Harmsen, *Shanghai 1937: Stalingrad on the Yangtze* (Philadelphia: Casemate, 2013), p. 20.

2 Michael Schaller, *The U.S. Crusade in China, 1938~1945* (New York; Columbia University Press, 1979), p. 42.

3 Arthur Waldron, "China's New Remembering: The Case of Zhang Zhizhong," *Modern Asian Studies* 30, no. 4 (Oct. 1996): 948.

4 Graham Peck, *Two Kinds of Time: Life in Provincial China During the Crucial Years 1940~1941* (Boston: Houghton Mifflin, Sentry Edition, 1967), p. 298.

5 *Ibid.*, p. 298.

6 *Ibid.*, p. 241.

7 *Ibid.*, pp. 244~245.

8 *Ibid.*, p. 252.

9 *Ibid.*, p. 256.

10 *Ibid.*, p. 27.

11 John K. Fairbank, introduction to Peck, p. 3.

12 John F. Melby, *Mandate of Heaven: Records of a Civil War, China, 1945~1949* (Toronto: University of Toronto Press, 1968), p. 21.

13 Ruth Altman Greene, *Hsiang-ya Journal* (Hamden, CT: Archon Press, 1977), p. 6.

14 Edward Gulick, *Teaching in Wartime China: A Photo Memoir, 1937~1939* (Amherst: University of Massachusetts Press, 1995), pp. 72~73.

15 *Ibid.*, p. 74.

16 Nora B. Stirling, *Pearl Buck: A Woman in Conflict* (Piscataway, NJ: New Century Publishing, 1983), p. 57.

17 Greene, p. 111.

18 *Ibid.*

19 Diane Lary, *The Chinese People at War: Human Suffering and Social Transformation, 1937~1945* (Cambridge: Cambridge University Press, 2010), p. 63.

20 Greene, p. 112.

21 *Ibid.*, p. 113.

22 *Ibid.*, p. 114.

23 *New York Times*, Nov. 21, 1938.

24 Greene, p. 114.

25 Lary, pp. 63~64.

26 Gulick, pp. 238~239.

27 Greene, p. 115.

28 Tuchman, p. 144.

29 Martha Gellhorn, *The Face of War* (New York: Atlantic Monthly Press, 1988), p. 77.

30 Cecil Beaton, *Chinese Diary & Album* (Hong Kong: Oxford University Press, 1991), p. 12.

31 Theodore H. White and Annalee Jacoby, *Thunder Out of China* (New York: William Sloan Associates, 1946), p. xiii.

32 Nancy E. Riley, "China's Population: New Trends and Challenges," *Population Bulletin* 59, no. 2 (June 2004): 6.

33 Richard Tawney, *Land and Labor in China* (New York: Farrar, Straus, and Giroux, 1972), p. 73.

34 John K. Fairbank, "The New China and the American Connection," *Foreign Affairs* 51, no. 1 (Oct. 1972).

35 Stephen R. MacKinnon, Diana Lary, and Ezra F. Vogel, eds., *China at War: Regions of China, 1937~1945* (Palo Alto, CA: Stanford University Press, 2007), p. 178.

36 White and Jacoby, p. 169.

37 *Ibid.*, p. 170.

38 Peck, p. 30.

39 MacKinnon, p. 178.

40 Lary, p. 64.

41 Gellhorn, pp. 99~100.

42 *New York Times*, Sept. 25, 1937.

43 Frederic Wakeman Jr., *The Shanghai Badlands: Wartime Terrorism and Urban*

Crime, 1937~1941 (Cambridge: Cambridge University Press, 1996), p. 7.

44 Harmsen, p. 246.

45 *Ibid.*, p. 245.

46 Diana Lary and Stephen R. Mac-Kinnon, eds., *Scars of War: The Impact of Warfare on Modern China* (Vancouver: UBC Press, 2001), p. 57.

47 Harmsen, p. 247.

48 White and Jacoby, p. 52.

49 Lary, p. 50.

50 Lary, p. 98.

51 MacKinnon, p. 103.

52 Gellhorn, pp. 85~86.

53 Hans J. van de Ven, *War and Nationalism in China, 1925~1945* (London: Routledge Curzon, 2003), p. 233.

54 *Ibid.*, p. 243.

55 Edward Dreyer, *China at War, 1901~1949* (London: Longman, 1995), p. 258.

56 Van de Ven, p. 246.

57 Herbert P. Bix, *Hirohito and the Making of Modern Japan* (New York: HarperCollins, 1990), p. 367.

58 Harmsen, pp. 246~247.

59 Wakeman, p. 271.

60 Emily Hahn, "Black and White," *The New Yorker*, 1945. 5. 5, pp. 21~23.

61 Wakeman, p. 273.

62 *Ibid.*

63 *Ibid.*

64 *Ibid.*

65 *Ibid.*, p. 275.

66 Max Hastings, *Inferno: The World at War, 1939~1945* (New York: Alfred A. Knopf, 2011), p. 416.

67 袁成毅·丁贤勇, 烽火岁月中的记忆－浙江抗日战争口述访谈 (北京: 北京图书馆出版社, 2007), pp. 10~11.

68 *Ibid.*, p. 76.

69 *FRUS*, 1944, pp. 191~192.

70 Romanus and Sutherland, *Time Runs Out*, p. 66.

71 *FRUS*, 1944, p. 211.

72 Lary, p. 9.

73 Danke Li, *Echoes of Chungking: Women in Wartime China* (Urbana: University of Illinois Press, 2010), p. 56.

74 *Time*, 1938. 12. 26.

75 Lary and MacKinnon, p. 105.

76 Jack Belden, *Still Time to Die* (New York: Harper & Brothers, 1944), p. 84.

77 Li, p. 57.

78 Beaton, p. 63.

79 *Ibid.*

80 Wedemeyer, p. 278.

81 Taylor, p. 194.

82 Wedemeyer, p. 278.

83 Li, p. 87.

84 *Ibid.*, p. 58.

85 *Ibid.*, p. 60.

86 巴金, 桂林的受难, 인터넷 www.xiexingcun.com 접속.

제4장 마오쩌둥, 저우언라이, 그리고 미국인들

1 John Paton Davies, *China Hand: An Autobiography* (Philadelphia: University of Pennsylvania Press, 2012), p. 217.

2 Barrett, p. 14.

3 크롬리와 스텔의 이력은 Maochun Yu, *OSS in China: Prelude to Cold War* (New Haven, CT: Yale University Press, 1996), p. 163에 나와 있다.

4 Brooke Dolan II, *Road to the Edge of the World* (Philadelphia: Proceedings of the

Academy of Natural Sciences, 1937).

5 Davies, p. 214.

6 *FRUS*, 1944, p. 489.

7 *Ibid.*, p. 400.

8 *Ibid.*, pp. 401~405.

9 *Ibid.*, p. 406.

10 Harrison Forman, *Report from Red China* (New York: Henry Holt, 1945), p. 1.

11 Taylor, p. 265.

12 Warren Tozer, "The Foreign Correspondents' Visit to Yenan in 1944: A Reassessment," *Pacific Historical Review* 14, no. 2 (May 1972).

13 *FRUS*, 1944, p. 408.

14 Barrett, p. 30.

15 Harry Harding and Yuan Ming, *Sino-American Relations, 1945~1955: A Joint Reassessment of a Critical Decade* (Wilmington, DE: R Books, 1989), p. 21.

16 Carolle J. Carter, *Mission to Yanan: American Liaison with the Chinese Communists, 1944~1947* (Lexington: University Press of Kentucky, 1997), p. 37.

17 Forman, p. 46.

18 *FRUS*, 1944, pp. 517~520.

19 Davies, pp. 215~216.

20 *Ibid.*, p. 160.

21 *Ibid.*, p. 183.

22 *Ibid.*, p. 196.

23 *Ibid.*, p. 139.

24 *Ibid.*, p. 225.

25 *Ibid.*, p. 221.

26 *Ibid.*, p. 224.

27 Barrett, p. 46.

28 Davies, p. 224.

29 *FRUS*, 1944, pp. 38~39.

30 *Ibid.*, pp. 100~101.

31 Fraser J. Harbutt, *Yalta 1945: Europe and America at the Crossroads* (Cambridge: Cambridge University Press, 2010), p. 55.

32 *FRUS*, 1944, p. 39.

33 *New York Times*, 1943. 7. 20.

34 *New York Times*, 1938. 1. 9.

35 Alexander V. Pantsov and Stephen I. Levine, *Mao: The Real Story* (New York: Simon & Schuster, 2007, pp. 1~2.

36 Rand, pp. 148~151.

37 *Ibid.*, pp. 155~156.

38 *Ibid.*, p. 157.

39 *Ibid.*, pp. 157~158.

40 *Ibid.*, p. 159.

41 *Ibid.*, p. 166.

42 *Ibid.*, p. 167.

43 *Ibid.*, p. 165.

44 Davies, *China Hand*, pp. 25~30.

45 *Ibid.*, p. 25.

46 Stephen R. MacKinnon, *Wuhan, 1938: War, Refugees, and the Making of Modern China* (Berkeley: University of California Press, 2008), p. 104.

47 Steven R. MacKinnon and Oris Friesen, *China Reporting: An Oral History of American Journalism in the 1930s and 1940s* (Berkeley: University of California Press, 1987), pp. 37~47.

48 Nathanial Peffer, "The China at War and the China Behind the Lines," *The New York Times Book Review*, 1939. 12. 24.

49 Taylor, p. 192.

50 *FRUS*, 1945, vol. 7, p. 2.

51 *Ibid.*, p. 8.

52 *Ibid.*, p. 12.

53 Michael Sheng, *Battling Western Imperialism: Mao, Stalin, and the United States* (Princeton, NJ: Princeton University Press, 1997), p. 76.

54 Theodore H. White, *In Search of History: A Personal Adventure* (New York: Harper & Row, 1978), p. 117.

55 *Ibid.*, p. 118.

56 *Ibid.*, p. 120.

57 *Ibid.*

58 *Ibid.*, p. 121.

59 John K. Fairbank, *Chinabound: A Fifty-Year Memoir* (New York: Harper & Row, 1982), p. 268.

60 乔松都, 乔冠华与龚澎－我的父亲母亲 (北京: 中华书局, 2008), p. 23.

61 Fairbank, *Chinabound*, p. 272.

62 *Ibid.*, p. 268.

63 *Ibid.*, p. 273.

64 Eric Severeid, *Not So Wild a Dream* (New York: Alfred A. Knopf, 1947), pp. 327~338; Rand, p. 237.

65 Fairbank, *Chinabound*, p. 270.

66 *Ibid.*, p. 268.

67 *Ibid.*, p. 267.

68 Severeid, p. 329.

69 *Ibid.*, p. 328.

70 E. J. Kahn Jr., *The China Hands: America's Foreign Service Officers and What Befell Them* (New York: Viking Press, 1972), p. 107.

71 Rand, p. 276.

72 乔松都, p. 70.

73 Rand, p. 310.

74 William Stevenson, *Past to Present: A Reporter's Story of War, Spies, People, and Politics* (Guilford, CT: Lyons Press, 2012), p. 240.

75 Godfrey Blunden, "The Two Faces of Chou En-lai," *Life*, 1954. 6. 28.

76 Freda Utley, *The China Story* (Washington, DC: Regnery, 1951), p. 143에서 인용.

77 *Ibid.*

78 Israel Epstein, *My China Eye: Memoirs of a Jew and a Journalist* (San Francisco: Long River Press, 2005), p. 174.

79 *Ibid.*, p. 175.

80 Forman, p. 4.

81 *Ibid.*, pp. 5~7.

82 Epstein, p. 179.

83 *Ibid.*, p. 180.

84 *Ibid.*, p. 183.

85 이에 대한 사진들과 기타 마오쩌둥에 대한 북종의 의식에 관해서는 Liu Heung Shing, ed., *China: Portrait of a Country* (Cologne: Taschen, 2009), pp. 178~183을 보라.

86 *New York Herald Tribune*, 1944. 6. 23. (Tozer의 책에서 재인용)

87 *Christian Science Monitor*, 1944. 6. 23. (Tozer의 책에서 재인용)

88 Taylor, p. 220.

89 *FRUS*, 1944, p. 103.

90 Dieter Heinzig, *The Soviet Union and Communist China, 1945~1950: The Arduous Road to the Alliance* (Armonk, NY: M.E. Sharpe, 2004), p. 22.

91 Carter, p. 42.

92 Barrett, pp. 50~51.

93 Forman, pp. 88~89.

94 *Ibid.*, p. 177.

95 *Ibid.*, p. 178.

96 *Ibid.*, p. 179.

97 Davies, *China Hand*, p. 218.

98 Barrett, p. 33.

99 Davies, *China Hand*, pp. 18~219.

100 Henry Kissinger, *White House Years* (New York: Little, Brown, 1979), p. 1058.

101 Davies, *China Hand*, p. 222.

102 "Report of Capt. Varoff Crew Rescue," Mar. 22, 1945, 40th Bomb Group Association, 인터넷 www.40thbombgroup.org. 구조에 관한 기사는 *New York Times*, 1945. 1. 17 을 보라.

103 Barrett, p. 37.

104 *Ibid.*

제5장 어두운 부분

1 Yu, p. 166.

2 高华, 红太阳是怎样升起的-延安整风运动的来龙去脉 (香港: 中文大学出版社, 2000), p. 234~236.

3 Dai Qing, *Wang Shiwei and "Wild Lilies": Rectification and Purges in the Chinese Communist Party, 1942~1944* (Armonk, NY: M. E. Sharpe, 1994), p. 4.

4 *Ibid.*, p. 91.

5 *Ibid.*, p. 18.

6 Philip Short, *Mao: A Life* (New York: Henry Holt, 1999), p. 381.

7 *Ibid.*, p. 384.

8 *Ibid.*, p. 385.

9 Dai Qing, p. 50.

10 *Ibid.*, p. 5

11 *Ibid.*

12 *Ibid.*, p. 20.

13 Short, p. 386.

14 *Ibid.*

15 Vladimirov, p. 26.

16 高华, p. 227.

17 师哲, 峰与谷-师哲回忆录 (北京: 红旗出版社, 1992), p. 229.

18 Pyotr Vladimirov, *The Vladimirov Diaries, Yenan, China, 1942~1945* (New York: Doubleday, 1975), p. 10.

19 Dai Qing, p. xvi.

20 高华, pp. 483~484.

21 师哲, pp. 200~202.

22 Short, p. 389.

23 Dai Qing, pp. 31~32.

24 Jonathan D. Spence, *The Gate of Heavenly Peace: The Chinese and Their Revolution, 1895~1980* (New York: The Viking Press, 1981), p. 345; Short, pp. 527~529.

25 Lynne Joiner, *Honorable Survivor: Mao's China, McCarthy's America, and the Persecution of John S. Service* (Annapolis, MD: Naval Institute Press, 2009), p. 330.

26 *Ibid.*, p. 331.

제6장 엉뚱한 사람

1 Barrett, p. 57.

2 Davies, p. 226.

3 *Time*, 1945. 1. 1.

4 Barrett, p. 57.

5 Herbert Feis, *The China Tangle: The American Effort in China from Pearl Harbor to the Marshall Mission* (Princeton, NJ: Princeton University Press, 1953), p. 214.

6 Waldron, "China's New Remembering": 972에서 인용.

7 Barrett, p. 57.

8 Arthur R. Ringwalt, "Oral History Interview with Arthur R. Ringwalt," Truman Memorial Library, 인터넷 www.trumanlibrary.org/oralhist/ringwalt.htm 접속.

9 Kahn, p. 136에서 인용.

10 Davies, China Hand, p. 227.

11 Barrett, p. 57.

12 Lohbeck, passim. Russell D. Buhite, *Patrick J. Hurley and American Foreign Policy* (Ithaca, NY: Cornell University Press, 1973), passim.

13 Lohbeck, p. 49.

14 *Ibid.*, p. 148.

15 *Ibid.*, p. 153.

16 *Ibid.*

17 *Ibid.*

18 *FRUS*, 1944, p. 201.

19 *Ibid.*, p. 199.

20 *Ibid.*, p. 159.

21 *Ibid.*, pp. 157~158.

22 *FRUS*, 1944, p. 287.

23 *Ibid.*, p. 159.

24 Barrett, p. 60.

25 *Ibid.*

26 *Ibid.*

27 *Ibid.*, p. 61.

28 마오쩌둥과 헐리의 이 대화는 Barrett, pp. 60~62에서 인용했다.

29 *Ibid.*, p. 63.

30 Barrett, p. 63.

31 *Ibid.*, p. 64.

32 Davies, China Hand, pp. 228~229.

33 Barrett, p. 65.

34 Tang Tsou, *America's Failure in China, 1941~1950* (Chicago: University of Chicago Press, 1968), p. 91.

35 *Ibid.*, p. 112.

36 Yu, p. 156. Davies, *China Hands*, p. 287.

37 Yu, p. 144.

38 Fairbank, *Chinabound*, p. 215.

39 Yu, p. 138.

40 *Ibid.*, p. 99.

41 National Archives and Records Administration, College Park, Maryland (이하 NARA), RG 38, Office of the Chief of Naval Operations, Records of the U.S. Naval

Group, Box 39b.

42 Yu, p. 44.

43 Davies, *China Hand*, p. 288.

44 Yu, p. 102.

45 NARA, RG 38, Box 39.

46 Davies, p. 289에서 인용.

47 NARA, RG 38, Box 39b.

48 Taylor, pp. 104~105.

49 *Ibid.*, p. 273.

50 *Ibid.*, p. 105.

51 NARA, RG 38, Box 39.

52 *Ibid.*

53 Yu, p. 199.

54 Davies, p. 229.

55 Tsou, p. 93.

56 Romanus and Sunderland, *Stilwell's Mission*, p. 270.

57 Davies, p. 228.

58 Kahn, pp. 145~146.

59 *FRUS*, 1944, vol. 6, p. 748.

60 마오쩌둥이 배럿과 한 대화는 Barrett, pp. 70~75에서 인용.

61 Feis, p. 219.

62 Davies, p. 235.

63 Ringwalt, 구술 자료.

64 Davies, *China Hand*, p. 235.

65 *Ibid.*, p. 236.

66 Kahn, pp. 122~123.

67 *Ibid.*

68 Melby, p. 23.

69 Davies, *China Hand*, p. 238.

70 *Ibid.*

71 Davies, p. 239.

72 Wedemeyer, p. 319.

제7장 특사의 분노

1 Barbara Tuchman, "If Mao Had Come to Washington," *Foreign Affairs* 51 (Oct. 1972).

2 *FRUS*, 1945, vol. 7, p. 168.

3 *Ibid.*, p. 176.

4 *Ibid.*

5 John Paton Davies, *Dragon by the Tail: American, British, Japanese, and Russian Encounters with China and One Another* (New York: W. W. Norton, 1972), p. 385.

6 Yu, p. 166.

7 *Ibid.*, p. 167.

8 *Davies, Dragon by the Tail*, p. 361.

9 *Ibid.*, p. 362.

10 *Ibid.*

11 *Ibid.*

12 *Ibid.*, p. 363.

13 Memo from Willis Bird to chief of staff, subject: Yenan trip, 24 Jan. 1945, RG 38, Entry 148, Box 7, Folder 103, "Dixie." Yu, p. 187에서 인용.

14 Wedemeyer, p. 313.

15 Yu, p. 93.

16 *New York Times*, 1945. 2. 15.

제8장 도덕상의 양보

1 Sheng, pp. 93, 211.

2 *Ibid.*, p. 93.

3 周恩来, 周恩来年谱 (北京: 人民出版社, 1991), pp. 600~603.

4 *New York Times*, 1944, 11, 17.

5 *FRUS*, 1945, vol. 5, pp. 817~820.

6 Walter Isaacson and Evan Thomas, *The Wise Men: Six Friends and the World They Made* (New York: Simon & Schuster, 1986), p. 249.

7 *FRUS*, 1945, vol. 5, p. 843.

8 S. M. Plokhy, *Yalta: The Price of Peace* (New York: Viking, 2010), p. 131.

9 Rudy Abrahamson, *Spanning the Century: The Life of W. Averill Harriman, 1891~1986* (New York: William Morrow, 1992), p. 370.

10 Plokhy, pp. 166~167.

11 James Reardon-Anderson, *Yenan and the Great Power: The Origins of Chinese Communist Foreign Policy* (New York: Columbia University Press, 1980), p. 74.

12 Isaacson and Thomas, p. 246.

13 Davies, *China Hand*, p. 248.

14 *Ibid.*, p. 250.

15 Tsou, p. 71.

16 Plokhy, pp. 223~224.

17 *Ibid.*, pp. 224~225.

18 Abrahamson, p. 390.

19 Davies, *China Hand*, p. 247.

20 John Lewis Gaddis, *George F. Kennan: An American Life* (New York: Penguin Press, 2011), p. 188.

21 Abrahamson, p. 345.

22 *Life*, 1945, 9, 10.

23 Gaddis, p. 189.

24 Sheng, p. 82.

제9장 칼을 감추고

1 Lynne Joiner, *Honorable Survivor: Mao's China, McCarthy's America, and the Persecution of John S. Service* (Annapolis, MD: Naval Institute Press, 2009), pp.

·   130~131.

2   Joseph W. Esherick, ed., *Lost Chance in China: The World War II Dispatches of John S. Service* (New York: Random House, 1974), pp. 372~373.

3   *Ibid.*, p. 383.

4   *Ibid.*, p. 308.

5   *FRUS*, 1945, vol. 7, pp. 337~338.

6   Pantsov and Levine, p. 346.

7   *Ibid.*, p. 326.

8   *Time*, 1945. 6. 18.

9   Esherick, pp. 350~353.

10 Davies, *China Hand*, p. 232.

11 Pantsov and Levine, p. 343.

12 Mao Zedong, "On the People's Democratic Dictatorship," *Selected Works of Mao Zedong*, vol. 4 (Beijing: Foreign Languages Press), online edition, www.marxists. org/reference/archive/mao/selected-works/volume-4/mswv4_65.htm.

13 Pantsov and Levine, p. 343.

14 Robert Carson North, *Moscow and Chinese Communists* (Stanford, CA: Standford University Press, 1963), p. 96.

15 Mao, "On the People's Democratic Dictatorship."

16 Pantsov and Levine, p. 250.

17 Sin-Lin, *Shattered Families, Broken Dreams: Little-Known Episodes from the History of the Persecution of Chinese Revolutionaries in Stalin's Gulag*, trans. Steven I. Levine (Portland, ME: Merwin Asia, 2012), pp. 86~89.

18 *Ibid.*, p. 91.

19 *Ibid.*, p. 118.

20 Pantsov and Levine, p. 329.

21 Sheng, p. 58.

22 White, *In Search*, p. 73.

23 Pantsov and Levine, p. 310.

24 Sheng, p. 31.

25 Sheng, pp. 22~23.

26 Pantsov and Levine, p. 334.

27 Mao, "Interview With New China Daily correspondents on the New International Situation," Sept. 1, 1939, in Collected Works, vol. 2, online at https://www.marxists.org/reference/archive/mao/selected-works/volume-2/mswv2_17.html.

28 *Ibid.*, p. 70.

29 *Ibid.*, p. 72.

30 Mao, "On the People's Democratic Dictatorship."

31 Sheng, p. 49.

32 *Ibid.*, p. 71.

33 *Ibid.*, p. 73.

34 Taylor, p. 188.

35 Lyman P. Van Slyke, ed. *The Chinese Communist Movement: A Report of the United States War Department, July 1945* (Palo Alto, CA: Stanford University Press, 1968), p. 220.

36 Sheng, p. 90.

제10장 중국 정책을 둘러싼 전쟁

1 Buhite, p. 191.

2 *FRUS*, 1945, vol. 7, p. 115.

3 Ringwalt, 구술 자료.

4 *Ibid.*

5 Feis, p. 222.

6 Kahn, p. 149.

7 *FRUS*, 1945, vol. 7, p. 201.

8 *Ibid.*, p. 158.

9 *Ibid.*, p. 157.

10 *Ibid.*, p. 218.

11 Gary May, *China Scapegoat: The Diplomatic Ordeal of John Carter Vincent* (Washington, DC: New Republic Books, 1979), p. 120.

12 *Ibid.*

13 *Ibid.*, p. 124.

14 Romanus and Sutherland, *Time Runs Out*, p. 337.

15 Taylor, p. 302.

16 *Ibid.*

17 *FRUS*, 1945, vol. 7, pp. 239~240.

18 Kahn, p. 152.

19 *Ibid.*

20 Feis, p. 268.

21 *FRUS*, 1945, vol. 7, pp. 87~92.

22 Feis, p. 271.

23 Lohbeck, p. 381.

24 Feis, p. 272.

25 May, p. 126.

26 *New York Times*, 1945. 4. 3.

27 Buhite, p. 203.

28 *Ibid.*, pp. 203~205.

29 Kahn, p. 158.

30 Romanus and Sutherland, *Time Runs Out*, p. 49.

31 Bix, p. 362.

32 *Ibid.*, p. 366.

33 *New York Times*, 1945. 2. 9.

34 Severeid, pp. 337~338.

35 Romanus and Sutherland, *Time Runs Out*, pp. 53~54.

36 *Ibid.*, p. 62.

37 *Ibid.*, pp. 174~175.

38 *Ibid.*, p. 176.

39 *Ibid.*, p. 179.

40 *Ibid.*, p. 282.

41 *Ibid.*

42 *Ibid.*, p. 285.

43 *Ibid.*, pp. 285~286.

44 *Ibid.*, p. 287.

45 *Ibid.*, p. 290.

제11장 마오 신과 스파이

1 Pantsov and Levine, p. 342.

2 Short, p. 393.

3 Chang and Halliday, p. 269.

4 Short, p. 393.

5 *Ibid.*, p. 395.

6 Panstov and Levine, p. 338.

7 *Ibid.*

8 *Ibid.*, p. 339.

9 Sheng, p. 44. Chang; Halliday, p. 269.

10 Mao, "On Coalition Government," Selected Works, vol. 3.

11 *Liberation Daily*, 1945. 7. 11.

12 杨奎松, 毛泽东与莫斯科的恩恩怨怨 (南昌: 江西人民出版社, 1999), pp. 519~520.

13 Chang and Halliday, p. 282.

14 杨奎松, 中共与莫斯科的关系 (南昌: 江西人民出版社, 1997), pp. 519~520.

15 May, p. 169. Harvey Klehr and Ronald Radosh, *The Amerasia Spy Case: Prelude to McCarthyism* (Chapel Hill: University of North Carolina Press, 1996), p. 54.

16 *Time*, 1945. 6. 18.

17 *New York Times*, 1945. 6. 2.

18 Klehr and Radosh, p. 26.

19 Kahn, p. 169.

20 Klehr and Radosh, p. 20.

21 *Ibid.*, p. 62.

22 *Ibid.*, p. 31.

23 Kahn, p. 168.

24 Klehr and Radosh, p. 100.

25 *Ibid.*, p. 98.

26 Kahn, p. 170.

27 *Liberation Daily*, 1945. 6. 25.

28 *Ibid.*, 1945. 7.11; 7.20.

29 NARA, RG 226, Box 148, Folder 9.

30 Yu, pp. 220~221.

31 *Ibid.*

32 *Ibid.*

33 *Ibid.*, p. 223. NARA, 마오쩌둥과의 만남에 관한 웨더마이어의 메모, Aug. 30, 1945. 8. 30.

34 Yu, p. 222.

35 NARA, 메모.

36 Yu, pp. 222~223.

제12장 가슴과 정신

1 杨建业, 马寅初 (石家庄: 花山文艺出版社, 1997), p. 87; 邓加荣, 马寅初传 (上海: 文艺出版社, 1986), p. 98.

2 彭华, 马寅初全传 (北京: 当代中国出版社, 2008), p. 52.

3 马寅初, 马寅初全集 (杭州: 浙江人民出版社, 1999), p. 263.

4 彭华, pp. 52~53.

5 马寅初, 马寅初全集补编 (上海: 三联书店, 2007), p. 328.

6 Jonathan Spence, *The Gate of Heavenly Peace: The Chinese and Their Revolution, 1859~1980* (New York: Viking Press, 1981), pp. 256~260.

7 *Ibid.*, pp. 207~236.

8 *FRUS*, 1944, p. 472.

9 师哲, 峰与谷 – 师哲回忆录 (北京: 红旗出版社, 1992), p. 17.

10 储安平, 储安平文艺 (上海: 东方出版中心, 1998), pp. 3~8 (客觀, 1945. 11. 11에 실렸던 글).

11 路翎, 求爱 (北京: 海燕書店, 1946), pp. 194~202 ('中国胜利之夜').

12 White, *In Search*, pp. 235~236.

13 夏衍, 夏衍自传 (南京: 江苏文艺出版社, 1996), p. 172.

14 *Time*, 1945. 9. 3.

15 John Hart Caughey, *The Marshall Mission to China, 1945~1947* (Lanham, MD: Rowman & Littlefield, 2011), p. 53.

16 Taylor, p. 320.

17 *Ibid*.

18 胡风, 胡风自传 (南京: 江苏文艺出版社, 1993), pp. 343~344.

19 客觀, 1945. 11. 11.

20 *Ibid*.

21 大公報, 1945. 12. 22~25.

22 *Ibid*.

23 Lattimore, p. 206.

24 Rand, p. 275.

25 Caughey, p. 53.

26 *Ibid*., p. 61.

27 *Ibid*., p. 207.

28 大公報, 1945. 12. 24.

29 *Ibid*.

제13장 스탈린이 원한 모든 것

1 David M. Glantz, *Soviet Operational and Tactical Combat in Manchuria, 1945, "August Storm"* (Portland, OR: Frank Cass Publishers, 2003), pp. 1~2 and passim.

2 "Survey of the Mukden Area Situation as It Has Developed from 16 August 1945 to 10 September 1945," NARA, RG 226 (Records of the OSS), Entry 148, Box 6.

3 *Ibid.*

4 Lisle Abbott Rose, *Dubious Victory: The United States and the End of World War II* (Kent, OH: Kent State University Press, 1973), p. 132.

5 Davies, *Dragon*, pp. 406~407.

6 *FRUS*, 1945, vol. 7, p. 348.

7 *FRUS*, 1945, vol. 7, p. 433.

8 Sergei N. Goncharov, John W. Lewis, and Xue Litai, *Uncertain Partners: Stalin, Mao, and the Korean War* (Stanford, CA: Sanford University Press, 1993), p. 3.

9 *Ibid.*, p. 5.

10 Lohbeck, p. 405.

11 *Time*, 1945. 9. 3.

12 *New York Times*, 1945. 10. 14.

13 Pantsov and Levine, p. 346.

14 Goncharov et al., pp. 8~9.

15 Sheng, p. 102.

16 师哲, p. 215.

17 Mao, *Collected Works*, vol. 4.

18 Goncharov et al., p. 7.

19 Sheng, p. 100.

20 Mao, "The Situation and our Policy After the Victory in the War of Resistance Against Japan," 1945. 8. 13, in *Collected Works*, online at http://www.marxists.org/reference/archive/mao/selected-works/volume-4/mswv4_01.html.

21 *FRUS*, 1945, vol. 7, p. 325.

22 Sheng, pp. 98-99.

23 *Time*, 1945. 9. 10.

24 师哲, p. 21.

25 *Time*, 1945. 9. 10.

26 *Time*, 1945. 9. 10.

27 *Ibid.*

28 Taylor, p. 319.

29 *Time*, 1945. 10. 8.

30 *Time*, 1945. 9. 24.

31 Taylor, p. 321.

32 *Ibid.*

33 *Ibid.*, p. 319.

34 Feis, p. 361.

35 Mao, "On the Chungking Negotiations," *Collected Works*, vol. 4, online.

제14장 현장의 진실

1 *FRUS*, 1945, vol. 7, pp. 519~520.

2 Feis, pp. 340-41.

3 Davies, *Dragon*, p. 406.

4 Feis, p. 346.

5 Vladimirov, p. 26.

6 *Ibid.*, p. 40.

7 Schaller, p. 256.

8 David McCullough, *Truman* (New York: Simon & Schuster, 1992), p. 424.

9 Melby, p. 26.

10 Schaller, p. 214.

11 Taylor, p. 315.

12 Goncharov et al., p. 9.

13 Taylor, p. 318.

14 Sheng, p. 106에 인용된 朱元石, "刘少奇与抗战结束后争夺东北的斗争," (近代史研究 1988年 第5期): pp. 124~145.

15 杨奎松, 毛泽东与莫斯科的恩恩怨怨, p. 223.

16 *Ibid.*

17 曾克林, "大地重光-榆关东北进军回忆," 人物 184 (1984. 5): 77~78.

18 Ivan D. Yeaton, *Memoirs of Ivan D. Yeaton* (Stanford, CA: Hoover Institution on

War, Revolution, and Peace, 1976), p. 116.

19 Sheng, pp. 106~107.

20 Taylor, p. 317.

21 Goncharov et al., pp. 10~11.

22 *New York Times*, 1945. 10. 30.

23 杨奎松, 毛泽东与莫斯科的恩恩怨怨, p. 228.

24 Yu, p. 231.

25 *Ibid.*, p. 226.

26 Yu, p. 232.

27 *Ibid.*, pp. 232~233.

28 OSS Records, NARA, RG226, Entry 148, Box 7.

29 OSS "Survey of the Mukden Area," NARA, Entry 148, Box 6, Folder 87.

30 *Ibid.*

31 *Ibid.*

32 *Ibid.*

33 Schaller, p. 266.

34 Benis M. Frank and Henry I. Shaw, *The History of U.S. Marine Corps Operations in World War II, vol. 5, Victory and Occupation* (Washington, DC: Headquarters, U.S. Marine Corps, 1968), pp. 547~548.

35 Henri I. Shaw, *The United States Marines in North China, 1945~1949* (Washington, DC: Historical Branch, G–3, U.S. Marine Corps, 1968), p. 1.

36 Schaller, p. 265.

37 Shaw, pp. 3~4.

38 McCullough, p. 474.

39 *FRUS*, 1945, vol. 7, pp. 570~571.

40 Shaw, p. 10.

41 *FRUS*, 1945, vol. 7, p. 571.

42 *Ibid.*, pp. 559~562. Feis, pp. 371~373.

43 Yu, p. 235.

44 Paul Fillmann and Graham Peck, *China: The Remembered Life* (Boston: Houghton Mifflin, 1968), p. 186.

45 W. J. Miller, "Account of the Death of Captain John Birch," OSS Headquarters, Central Command, 1945. 9. 14, NARA retained file. Yu, pp. 235~241.

46 Yu, p. 241.

47 Steven I. Levine, *Anvil of Victory: The Communist Revolution in Manchuria* (New York: Columbia University Press, 1987), p. 26.

48 Goncharov et al., p. 9.

49 Sheng, p. 116.

50 *Ibid.*

51 Shaw, p. 2.

52 *New York Times*, 1945. 10. 8.

53 Feis, p. 365. Sheng, pp. 116~117.

54 Ronald H. Spector, *The Ruins of Empire: The Japanese Surrender and the Battle for Postwar Asia* (New York: Random House, 2007), p. 54.

55 Frank and Shaw, p. 559.

56 *New York Times*, 1945. 10. 9.

57 *FRUS*, 1945, vol. 7, p. 646.

58 Shaw, p. 8.

59 *Ibid.*, p. 6.

60 *Ibid.*, p. 7.

61 *Ibid.*, p. 9.

62 *Time*, 1960. 5. 30.

63 Donald G. Gillin and Ramon H. Myers, eds., *Last Chance in Manchuria: The Diary of Chang Kia -Ngau* (Stanford, CA: Hoover Institution on War, Revolution, and Peace, 1989), pp. 88-89.

64 *Ibid.*, p. 72.

65 *Ibid.*, p. 73.

66 *Ibid.*, p. 75.

67 *Ibid.*, p. 76.

68 Feis, pp. 384~385.

69 Gillen and Myers, p. 104.

70 Feis, pp. 390~395.

71 *FRUS*, 1945, vol. 7, pp. 476~479.

72 Taylor, pp. 305~306.

73 *Ibid.*, p. 324.

제15장 어떻게 해야 하나

1 *FRUS*, 1945, vol. 7, pp. 578~579.

2 Nancy Bernkopf Tucker, *China Confidential: American Diplomats and Sino-American Relations, 1945~1996* (New York: Columbia University Press, 1996), p. 91.

3 *FRUS*, 1945, vol. 7, p. 601.

4 *Ibid.*, p. 602.

5 *Ibid.*, pp. 603~604.

6 *Ibid.*, pp. 611~612.

7 *Ibid.*, p. 613.

8 *Ibid.*, p. 618.

9 *Ibid.*, p. 687.

10 *Ibid.*, p. 691.

11 *Ibid.*, p. 664.

12 *Ibid.*, p. 652.

13 *Ibid.*, p. 653.

14 *FRUS*, 1945, vol. 7, p. 629.

15 *Ibid.*, p. 632.

16 Davies, *Dragon*, p. 418.

17 *FRUS*, 1945, vol. 7, p. 642.

18 *Life*, 1945. 11. 19.

19 Utley, p. 143에서 인용.

20 *New York Times*, 1945. 2. 25.

21 *Time*, 1945. 9. 3.

22 White, *In Search*, p. 241.

23 *Life*, 1945. 11. 19.

24 *FRUS*, 1945, vol. 7, p. 673.

25 *Ibid.*, p. 680.

26 *Ibid.*, p. 684.

27 *Ibid.*, p. 686.

28 James Forrestal, *The Forrestal Diaries*, ed. Walter Millis (New York: Viking, 1951), p. 111.

29 *New York Times*, 1945. 11. 29.

30 *New York Times*, 1945. 11. 28.

31 Melby, p. 39.

32 Radio Yenan, Foreign Broadcast Information Service (FBIS), 1945. 11. 28.

33 *Time*, 1945. 12. 17.

34 John Robinson Beal, *Marshall in China* (Garden City, NY: Doubleday, 1970), pp. 1~2.

35 Gillin and Myers, p. 126.

36 Sheng, p. 113.

37 Goncharov et al., p. 15.

38 Sheng, p. 114.

39 Gillin and Myers, p. 127.

40 *Ibid.*, p. 135.

41 Sheng, p. 114.

42 *Ibid.*

43 Taylor, p. 329.

44 *Ibid.*

45 *Ibid.*

46 *FRUS*, 1945, vol. 7, pp. 694~695.

47 *Ibid.*, p. 700.

제16장 거의 이룬 타결

1 Melby, p. 51.

2 Beal, p. 68.

3 Forrest C. Pogue, *George C. Marshall: Statesman, 1945~1949*, vol. 4 (New York: Viking Press, 1987), p. 27.

4 Melby, p. 69.

5 Caughey, p. 62.

6 Melby, p. 44.

7 May, pp. 139~141.

8 *FRUS*, 1945, vol. 7, p. 768.

9 Feis, p. 419.

10 Henry Byroade, "Oral History Interview with Henry Byroade," Harry S. Truman Library; 인터넷 trumanlibrary.org/oralhist/byroade.htm.

11 Pogue, p. 29.

12 Wedemeyer, p. 363.

13 *Ibid.*

14 Lyman P. Van Slyke, ed., *Marshall's Mission to China: The Report and Appended Document*, vol. 1 (Arlington, VA: University Publications of America, 1976), p. 6.

15 *Ibid.*, p. 11.

16 Van Slyke, *Marshall's Mission*, p. 7.

17 Melby, p. 53.

18 Sheng, p. 123.

19 *FRUS*, 1946, vol. 9, p. 18.

20 *Ibid.*, pp. 116~118.

21 *Ibid.*, pp. 41~42.

22 Sheng, pp. 121~122.

23 *FRUS*, 1946, vol. 9, pp. 73~104.

24 *Ibid.*, p. 104.

25 *Ibid.*

26 *Ibid.*

27 *Ibid.*, p. 105.

28 *Ibid.*, p. 40.

29 FBIS가 모니터한《解放日報》, 1946. 1. 12

30 *FRUS*, 1946, vol. 9, pp. 151~152.

31 *Ibid.*, p. 152.

32 *Ibid.*, p. 351.

33 Byroade, 구술 자료.

34 *FRUS*, 1946, vol. 9, p. 347.

35 *Ibid.*, pp. 362~363.

36 *Ibid.*, p. 373.

37 *New York Times*, 1946. 1. 21.

38 Byroade, 구술 자료.

39 *New York Times*, 1946. 2. 2.

40 마셜이 트루먼에게 보낸 편지 사본 전체가 NARA, Joint Chiefs of Staff, records of
   Admiral Leahy, RG38, Entry 117, Box 2에 있다.

41 FBIS가 모니터한《라디오 옌안》, 1945. 3. 6.

42 NARA, Leahy records, RG38, Entry 117, Box 2.

43 *Ibid.*

44 Sheng, p. 126.

45 Gillin and Myers, p. 231.

46 Sheng, p. 126.

47 *New York Times*, 1946. 3. 17.

48 *Ibid.*

제17장 희망에서 적대감으로

1 NARA, Leahy records, RG38, entry 117, box 2.

2 *Ibid.*

3 NARA, Leahy records, RG 218, entry 117, box 2.

4 *Ibid.*

5 Taylor, p. 25.

6 Fairbank, p. 131.

7 Melby, p. 83.

8 *New York Times*, 1946. 2. 15.

9 *New York Times*, 1946. 2. 20.

10 *New York Times*, 1946. 2. 21.

11 *Ibid.*

12 Gillin and Myers, p. 195.

13 *Ibid.*, p. 223.

14 *Ibid.*, p. 222.

15 *FRUS*, 1946, vol. 9, pp. 513~516.

16 Sheng, pp. 133~134.

17 *Ibid.*, p. 136.

18 Sheng, p. 127.

19 *FRUS*, 1946, vol. 9, p. 157.

20 *Ibid.*, p. 167.

21 *Ibid.*, pp. 173~175.

22 *Ibid.*, pp. 160~161.

23 *Ibid.*, pp. 1380, 1400.

24 *FRUS*, 1946, vol. 10, p. 77.

25 *New York Times*, 1946. 3. 21.

26 *New York Times*, 1946. 4. 30.

27 *New York Times*, 1946. 4. 20.

28 *FRUS*, 1946, vol. 9, pp. 791~793.

29 *Ibid.*

30 *Ibid.*

31 FBIS가 모니터한《라디오 옌안》, 1946. 2. 10.

32 *Ibid.*, 1946. 4. 2.

33 *Ibid.*, 1946. 4. 21.

34 *Ibid.*, 1946. 5. 20.

35 *Ibid.*, 1946. 6. 7.

36 Pogue, p. 125.

37 *Ibid.*, p. 127.

38 Van Slyke, *Marshall's Mission*, vol. 1, pp. 444~450.

에필로그: 중국 혁명의 비극

1 Mei Zhi, F: Hu Feng's Prison Years, ed. and trans. Gregor Benton (London: Verso, 2013), p. 18.

2 *Ibid.*, 뒷표지.

3 *Ibid.*, pp. 56~60.

4 *Ibid.*, p. 11.

5 Peng, p. 190.

6 Wang Ruowang, *The Hunger Trilogy*, trans. Kyna Rubin (Armonk: NY: M. E. Sharpe, 1991), p. 71.

7 徐铸成, 徐铸成回忆录 (北京: 三联书店, 1998), p. 415.

8 Mao Zedong, "Farewell, Leighton Stuart," in *Selected Works*, vol. 4, 인터넷판, www.marxists.org.

9 Klehr and Radosh, p. 20에 인용된 조지프 앨솝의 말.

10 Short, p. 421.

참고 문헌

Abrahamson, Rudy. *Spanning the Century: The Life of W. Averell Harriman*. New York: William Morrow, 1992.

Ba Jin. *Guilin di shou -nan* [Hard Times in Guilin]. Available online at www. xiexingcun.com.

Barrett, David D. *Dixie Mission: The United States Army Observer Group in Yenan, 1944*. Berkeley: Center for Chinese Studies, University of California, 1970.

Beal, John Robinson. *Marshall in China*. Garden City, NY: Doubleday, 1970.

Beaton, Cecil. *Chinese Diary & Album*. Hong Kong: Oxford University Press, 1991.

Belden, Jack. *Still Time to Die*. New York: Harper & Brothers, 1944.

Bix, Herbert P. *Hirohito and the Making of Modern Japan*. New York: Harper – Collins, 1990.

Buhite, Russell D. *Patrick J. Hurley and American Foreign Policy*. Ithaca, NY: Cornell University Press, 1973.

Byroade, Henry. "Oral History Interview with Henry Byroade." Harry S. Truman Library. Online at trumanlibrary.org/oralhist/byroade.htm.

Byron, John. *The Claws of the Dragon: Kang Sheng – the Evil Genius Behind Mao -and His Legacy of Terror in People's China*. New York; Simon & Schuster, 1992.

Caldwell, Oliver. *A Secret War: Americans in China, 1944~45*. Carbondale: Southern Illinois University Press, 1972.

Carter, Carolle J. *Mission to Yanan: American Liaison with the Chinese Communists, 1944~1947*. Lexington: University Press of Kentucky, 1997.

Caughey, John Hart. *The Marshall Mission to China, 1945~1947*. Lanham, MD: Rowman & Littlefield, 2011.

Chang, Jung, and Jon Halliday. *Mao: The Unknown Story*. New York: Alfred A. Knopf, 2005.

Chu Anping. *Chu Anping Wenyi* [Collected Essays of Chu Anping]. Shanghai: Dongfang Chuban Zhungxin [Eastern Publishing Center], 1998.

Dai Qing. *Wang Shiwei and "Wild Lilies": Rectification and Purges in the Chinese Communist Party, 1942~1944*. Armonk, NY: M. E. Sharpe, 1994.

Davies, John Paton. *China Hand: An Autobiography*. Philadelphia: University of Pennsylvania Press, 2012.

_____. *Dragon by the Tail: American, British, Japanese, and Russian Encounters with China and One Another*. New York: W. W. Norton, 1972.

Deng Jiarong. *Ma Yinchu Zhuang* [The Biography of Ma Yinchu]. Shanghai: Arts and Literature Publishing House, 1986.

Dorn, Frank. *Walkout: With Stilwell in Burma*. New York: T. Y. Crowell, 1971.

Dreyer, Edward. *China at War, 1901~1949*. London: Longman, 1995.

Epstein, Israel. *My China Eye: Memoirs of a Jew and a Journalist*. San Francisco: Long River Press, 2005.

Esherick, Joseph W., ed. *Lost Chance in China: The World War II Dispatches of John S. Service*. New York: Random House, 1974.

Fairbank, John K. *Chinabound: A Fifty‐Year Memoir*. New York: Harper & Row, 1982.

_____. "The New China and the American Connection." *Foreign Affairs* 51, no. 1 (Oct. 1972).

Feis, Herbert. *The China Tangle: The American Effort in China from Pearl Harbor to the Marshall Mission*. Princeton, NJ: Princeton University Press, 1953.

Fillmann, Paul, and Graham Peck. *China: The Remembered Life*. Boston: Houghton Mifflin, 1968.

Forman, Harrison. *Report from Red China*. New York: Henry Holt, 1945.

Forrestal, James. *The Forrestal Diaries*. Edited by Walter Millis. New York: Viking, 1951.

Frank, Benis M., and Henry I. Shaw. *The History of U.S. Marine Corps Operations in World War II. Vol. 5, Victory and Occupation*. Washington, DC: Headquarters, U.S. Marine Corps, 1968.

Gaddis, John Lewis. *George F. Kennan: An American Life*. New York: Penguin Press, 2011.

Gao Hua. *Hong taiyang she tsenyang shengqi de: Yenan zhengfeng yundong de lai long qumai* [How Did the Red Sun Rise: A History of the Yenan Rectification Movement]. Hong Kong: Chinese University Press, 2000.

Gellhorn, Martha. *The Face of War*. New York: Atlantic Monthly Press, 1988.

Gillin, Donald G., and Ramon H. Myers, eds. *Last Chance in Manchuria: The Diary of Chang Kia-Ngau*. Stanford, CA: Hoover Institution on War, Revolution, and Peace, 1989.

Glantz, David M. *Soviet Operational and Tactical Combat in Manchuria, 1945, "August Storm."* Portland, OR: Frank Cass Publishers, 2003.

Goldman, Merle, *Literary Dissent in Communist China*. Cambridge, MA: Harvard University Press, 1967.

_____. *China's Intellectuals: Advise and Dissent*. Cambridge, MA: Harvard University Press, 1988.

Goncharov, Sergei N., John W. Lewis, and Xue Litai. *Uncertain Partners: StaBern lin, Mao, and the Korean War*. Stanford, CA: Stanford University Press, 1993.

Greene, Ruth Altman. *Hsiang-ya Journal*. Hamden, CT: Archon Press, 1977.

Gulick, Edward. *Teaching in Wartime China: A Photo Memoir, 1937~1939*. Amherst: University of Massachusetts Press, 1995.

Hahn, Emily. "Black and White." *The New Yorker*, May 5, 1945.

Han Suyin. *Destination Chungking*. Boston: Little, Brown, 1942.

Harbutt, Fraser J. *Yalta 1945: Europe and America at the Crossroads*. Cambridge: Cambridge University Press, 2010.

Harding, Harry, and Yuan Ming. *Sino-American Relations, 1945~1955: A Joint Reassessment of a Critical Decade.* Wilmington, DE: SR Books, 1989.

Heinzig, Dieter. *The Soviet Union and Communist China, 1945~1950: The Arduous Road to the Alliance.* Armonk, NY: M. E. Sharpe, 2004.

Hu Feng. *Hu Feng Zizhuan* [Memoirs of Hu Feng]. Beijing: People's Literary Publishing House, 1993.

Isaacson, Walter, and Evan Thomas. *The Wise Men: Six Friends and the World They Made.* New York: Simon & Schuster, 1986.

Jeans, Roger B., ed. *The Marshall Mission to China, 1945~1947: The Letters and Diary of Colonel John Hart Caughey.* New York: Rowman & Littlefield, 2011.

Joiner, Lynne. *Honorable Survivor: Mao's China, McCarthy's America, and the Persecution of John S. Service.* Annapolis, MD: Naval Institute Press, 2009.

Kahn, E. J., Jr. *The China Hands: America's Foreign Service Officers and What Befell Them.* New York: Viking Press, 1972.

Kissinger, Henry. *White House Years.* New York: Little, Brown, 1979.

Klehr, Harvey, and Ronald Radosh. *The Amerasia Spy Case: Prelude to McCarthyism.* Chapel Hill: University of North Carolina Press, 1996.

Lathrop, Alan K. "The Employment of Chinese Nationalist Troops in the First Burma Campaign." *Journal of Southeast Asian Studies* 12, no. 2 (Sept. 1981).

Lary, Diana. *The Chinese People at War: Human Suffering and Social Transformation, 1937~1945.* Cambridge: Cambridge University Press, 2010.

Lary, Diana, and Stephen R. MacKinnon, eds. *Scars of War: The Impact of Warfare on Modern China.* Vancouver: UBC Press, 2001.

Lattimore, Owen. *China Memoir: Chiang Kai-shek and the War Against Japan.* Tokyo: University of Tokyo Press, 1990.

Li, Danke. *Echoes of Chungking: Women in Wartime China.* Urbana: University of Illinois Press, 2010.

Liu, F. F. *A Military History of Modern China, 1934~1949.* Westport, CT: Greenwood Press, 1981.

Liu Heung Shing, ed. *China: Portrait of a Country*. Cologne: Taschen, 2009.

Lohbeck, Don. *Patrick J. Hurley*. Washington, DC: Henry Regnery, 1956.

Lu Ling. *Qiu Ai* [Night of the Chinese Victory]. Beijing: Haiyan Bookstore, 1946.

Ma Yinchu. *Complete Works*. Vol. 12. Hangzhou: Zhejiang People's Publishing House, 1999.

MacKinnon, Stephen R. *Wuhan, 1938: War, Refugees, and the Making of Modern China*. Berkeley, CA: University of California Press, 2008.

MacKinnon, Stephen R., Diana Lary, and Ezra F. Vogel, eds. *China at War: Regions of China, 1937~1945*. Palo Alto, CA: Stanford University Press, 2007.

Mackinnon, Stephen R., and Oris Friesen. *China Reporting: An Oral History of American Journalism in the 1930s and 1940s*. Berkeley: University of California Press, 1987.

May, Gary. *China Scapegoat: The Diplomatic Ordeal of John Carter Vincent*. Washington, DC: New Republic Books, 1979.

Melby, John F. *Mandate of Heaven: Records of a Civil War, China, 1945~1949*. Toronto: University of Toronto Press, 1968.

Pantsov, Alexander V., and Steven I. Levine. *Mao: The Real Story*. New York: Simon & Schuster, 2012.

Peck, Graham. *Two Kinds of Time: Life in Provincial China During the Crucial Years 1940~1941*. Boston: Houghton Mifflin, Sentry Edition, 1950.

Peng Hua. *A Biography of Ma Yinchu*. Beijing: Dangdai Zhongguo Chuban She [Contemporary China Publishing House], 2008.

Plokhy, S. M. *Yalta: The Price of Peace*. New York: Viking, 2010.

Qiao Songdu. *Qiaoguanhua yu Gong Peng: wo di fuqin muqin* [Qiao Guanhua and Gong Peng: My Father and Mother]. Beijing: Zhonghua Shu Ju, 2008.

Rand, Peter. *China Hands: The Adventures and Ordeals of the American Journalists Who Joined Forces with the Great Chinese Revolution*. New York: Simon & Schuster, 1995.

Riley, Nancy E. "China's Population: New Trends and Challenges." *Population Bulletin*

59, no. 2 (June 2004).

Romanus, Charles F., and Riley Sutherland. *United States Army in World War II: Time Runs Out in CBI*. Washington, DC: Office of the Chief of Military History, Department of the Army, 1959.

_____. *The United States Army in World War II: Stilwell's Command Problems*. Washington, DC: Office of the Chief of Military History, Department of the Army, 1956.

Rose, Lisle Abbott. *Dubious Victory: The United States and the End of World War II*. Kent, OH: Kent State University Press, 1973.

Schaller, Michael. *The U.S. Crusade in China, 1938~1945*. New York: Columbia University Press, 1979.

Severeid, Eric. *Not So Wild a Dream*. New York: Alfred A. Knopf, 1947.

Shaw, Henry I. *The United States Marines in North China, 1945~1949*. Washington, DC: Historical Branch, G – 3, U.S. Marine Corps, 1968.

Sheng, Michael. *Battling Western Imperialism: Mao, Stalin, and the United States*. Princeton, NJ: Princeton University Press, 1997.

Short, Philip. *Mao: A Life*. New York: Henry Holt, 1999.

Sin – Lin. *Shattered Families, Broken Dreams: Little – Known Episodes from the History of the Persecution of Chinese Revolutionaries in Stalin's Gulag*. Translated by Steven I. Levine. Portland, ME: Merwin Asia. 2012.

Spector, Ronald H. *The Ruins of Empire: The Japanese Surrender and the Battle for Postwar Asia*. New York: Random House, 2007.

Stirling, Nora B. *Pearl Buck: A Woman in Conflict*. Piscataway, NJ: New Century Publishing, 1983.

Tawney, Richard. *Land and Labor in China*. New York: Farrar, Straus, and Giroux, 1972.

Taylor, Jay. *The Generalissimo: Chiang Kai – shek and the Struggle for Modern China*. Cambridge, MA: Harvard University Press, 2009.

Tozer, Warren. "The Foreign Correspondents' Visit to Yenan in 1944: A Reassessment."

Pacific Historical Review 14, no. 2 (May 1972).

Tsou, Tang. America's Failure in China, 1941~1950. Chicago: University of Chicago Press, 1968.

Tuchman, Barbara W. "If Mao Had Come to Washington," Foreign Affairs 51 (Oct. 1972).

_____. Stilwell and the American Experience in China, 1911~1945. New York: Grove Press, 1970.

Tucker, Nancy Bernkopf. China Confidential: American Diplomats and Sino – American Relations, 1945 – 1996. New York: Columbia University Press, 1996.

Utley, Freda. The China Story. Washington, DC: Regnery, 1951.

van de Ven, Hans J. War and Nationalism in China, 1925~1945. London: Routledge Curzon, 2003.

Van Slyke, Lyman P., ed. The Chinese Communist Movement: A Report of the United States War Department, July 1945. Palo Alto, CA: Stanford University Press, 1968.

_____, ed. Marshall's Mission to China: The Report and Appended Documents. 2 vols. Arlington, VA: University Publications of America, 1976.

Vladimirov, Pyotr. The Vladimirov Diaries, Yenan, China, 1942~1945. New York: Doubleday, 1975.

Wakeman, Frederic, Jr. The Shanghai Badlands: Wartime Terrorism and Urban Crime, 1937~1941. Cambridge: Cambridge University Press, 1996.

Waldron, Arthur. "China's New Remembering: The Case of Zhang Zhizhong." Modern Asian Studies 30, no. 4 (Oct. 1996): 945~978.

Wang Ruowang. The Hunger Trilogy. Translated by Kyna Rubin. Armonk, NY: M. E. Sharpe, 1991.

Wedemeyer, Albert C. Wedemeyer Reports! New York: Henry Holt, 1958.

Webster, Donovan. The Burma Road: The Epic Story of the China – Burma – India Theater in World War II. New York: Farrar, Straus and Giroux. 2003.

White, Theodore H. In Search of History: A Personal Adventure. New York: Harper & Row, 1978.

White, Theodore H., and Annalee Jacoby. *Thunder Out of China*. New York: William Sloan Associates, 1946.

Xu Zhucheng. *Xu Zhucheng Huiyi Lu* [Memoirs of Xu Zhucheng]. Beijing: Sanlian Shudian [Sanlian Bookstore], 1998.

Yang Chengyi, ed. *Feng‐huo meng‐yue‐zhong di ji‐pin: Zhejiang kangri zhanzheng kousu fangtan* [Memories in the Blaze of Wartime: Oral Interviews on the Japanese Occupation in Zhejiang]. Beijing: Beijing Library Publishing, 2007.

Yang Jianye. *Ma Yingchu*. Shijiazhuang: Huashan Wenyi Chuban She [Huashan Arts and Literature Publishing House], 1997.

Yang Kuisong. *Mao Zedong yu Mosike de enen yuanyuan* [The Love‐Hate Relationship Between Mao Zedong and Moscow]. Nanchang: Jiangxi Renmin Chuban She [Jiangxi People's Publishing Co.], 1999.

_____. *Zhonggong yu Mosike di Guanxi* [Relations Between the Chinese Communists and Moscow]. Nanchang: Jiangxi Renmin Chuban She [Jiangxi People's Publishing Co.], 1997.

Yeaton, Ivan D. *Memoirs of Ivan D. Yeaton*. Stanford, CA: Hoover Institution on War, Revolution, and Peace, 1976.

Yu, Maochun. *OSS in China: Prelude to Cold War*. New Haven, CT: Yale University Press, 1996.

Zhang Guotao. *Rise of the Chinese Communist Party*. Lawrence: University Press of Kansas, 1972.

Zhou Enlai. *Zhou Enlai nianpu* [Chronological Record of Zhou Enlai]. Beijing: People's Publishing Co., 1991.

Zhu Yuanshi. "Liu Shaoqi yu kangjan Jiesu Hou Zheng‐duo Dongbei di Douzheng" [Liu Shaoqi and the Struggle for Power in the Northeast After the End of the War of Resistance]. *Jindaishi yanjiu* (Modern History Research), no. 5 (1988).

巴金, "桂林的受难" 인터넷 www.xiexingcun.com.

储安平, 储安平文艺, 上海: 东方出版中心, 1998.

邓加荣, 马寅初传, 上海: 文艺出版社, 1986.

高华, 红太阳是怎样升起的 - 延安整风运动的来龙去脉, 香港: 中文大学出版社, 2000.

胡风, 胡风回忆录, 人民文学出版社, 1993.

路翎, 求愛, 北京: 海燕書店, 1946.

马寅初, 马寅初全集 第十二册, 杭州: 浙江人民出版社, 1999.

彭华, 马寅初全传, 北京: 当代中国出版社, 2008.

乔松都, 乔冠华与龚澎 - 我的父亲母亲, 北京: 中华书局, 2008.

徐铸成, 徐铸成回忆录, 北京: 三联书店, 1998.

袁成毅 · 丁贤勇, 烽火岁月中的记忆 - 浙江抗日战争口述访谈, 北京: 北京图书馆出版社,
    2007.

杨建业, 马寅初, 石家庄: 花山文艺出版社, 1997.

杨奎松, 毛泽东与莫斯科的恩恩怨怨, 南昌: 江西人民出版社, 1999.

＿＿＿＿, 中共与莫斯科的关系, 南昌: 江西人民出版社, 1997.

周恩来, 周恩来年谱, 北京: 人民出版社, 1991.

朱元石, "刘少奇与抗战结束后争夺东北的斗争," 近代史研究 1988年 第5期.

찾아보기

1945 중국, 미국의 치명적 선택

1판 1쇄 2016년 3월 15일

지은이 | 리처드 번스타인
옮긴이 | 이재황

펴낸곳 | (주)도서출판 책과함께
　　　　주소 (04022) 서울시 마포구 동교로 70 소와소빌딩 2층
　　　　전화 (02) 335-1982~3
　　　　팩스 (02) 335-1316
　　　　전자우편 prpub@hanmail.net
　　　　블로그 blog.naver.com/prpub
　　　　등록 2003년 4월 3일 제25100-2003-392호

ISBN 979-11-86293-47-8 03900

이 도서의 국립중앙도서관 출판예정도서목록(CIP)은 서지정보유통지원시스템 홈
페이지(http://seoji.nl.go.kr)와 국가자료공동목록시스템(http://www.nl.go.kr/
kolisnet)에서 이용하실 수 있습니다.(CIP제어번호: 2016005484)